Jeanne-Françoise VINCENT

Princes montagnards du Nord-Cameroun

Les Mofu-Diamaré et le pouvoir politique

Tome 1

Ouvrage publié avec le concours
du Centre National de la Recherche Scientifique

Editions l'Harmattan
5-7 rue de l'Ecole-Polytechnique, 75005 Paris

1991

à Pierre,
qui jamais n'en douta ...

© L'Harmattan, 1991
ISBN : 2-7384-0997-0

Plan détaillé

Introduction : genèse de la recherche, méthodologie, options générales   15

1ère partie : PRESENTATION DES CHEFFERIES MONTAGNARDES MOFU-DIAMARE   29

chapitre I : LE GROUPE MOFU-DIAMARE   31

1. le pays : cadre administratif et milieu naturel   31
   a) le Nord-Cameroun   31
   b) le pays mofu-Diamaré   36
        notes des pages 31 à 38   39

2. les hommes : ethnies, effectifs et densités   41
        notes des pages 41 à 45   46

3. "Mofu", l'histoire d'un nom   47
   a) une appellation inadéquate   47
     - la période allemande   47
     - l'administration française   48
   b) une confusion tenace   50
   c) le point de vue des intéressés   52
        notes des pages 47 à 54   55

4. montagnards et gens des plaines   57
   a) les "gens des montagnes"   57
     - la délimitation des "gens des montagnes"   57
     - l'utilisation partielle du nom "Mofu"   63
   b) les critères utilisés   64
     - critères propres aux montagnards   64
       . l'argument linguistique   64
       . l'absence de circoncision   65
       . les interdits alimentaires   66
       . le critère de la parenté   69
       . l'importance du critère religieux   70
       . les cycles de fêtes religieuses   72
     - critères matériels des observateurs extérieurs   77
   c) les habitants de la plaine vus par les Mofu-Diamaré   81
     - les Giziga   81
     - les Peuls   84
     - les Mandara   86
        notes des pages 57 à 88   89

5. montagnards et Peuls : une hostilité séculaire   94
   a) les captures d'esclaves montagnards par les Peuls : le discours mofu   94
   b) les données historiques   102
     - la conversion des Peuls à l'Islam et la prise de Marva   103
     - l'esclavage dans le nord du Cameroun aux XIXème et début du XXème siècle   104
        notes des pages 94 à 106   107

chapitre II : LA CHEFFERIE MONTAGNARDE

1. premiers contacts historiques — 109
    notes des pages 109 à 112 — *113*

2. le terroir et ses limites, fondement de la chefferie — 114
    notes des pages 114 à 118 — *119*

3. les subdivisions de la chefferie — 120
    a) les quartiers, une réalité ancienne — 120
    b) le clan et ses lignages, une structure de base transcendant les quartiers — 122
        - la segmentation du clan en lignages et segments lignagers — 128
    c) répartition des clans dans les quartiers — 131
    notes des pages 120 à 133 — *134*

4. la chefferie, un ensemble solidaire — 136

5. inventaire des chefferies et "montagnes" mofu-Diamaré — 139
    a) l'ensemble Dugur-Duvangar-Durum-Wazang — 139
    b) l'ensemble Molkwo-Mikiri-Tsere — 145
    c) l'ensemble Zulgo-Gemzek-Meri-Mboko — 146
    notes des pages 139 à 147 — *148*

chapitre III : MYTHE ET HISTOIRE

1. les récits mythiques : peuplement et constitution des chefferies — 149
    a) nature des récits mythiques — 149
    b) les débuts de l'occupation des chefferies: autochtones et premiers arrivés — 153
        - les autochtones sauvages — 155
        - les autochtones discrets — 159
    c) les courants migratoires : apports de l'est et de l'ouest — 161
        - les migrations parties des montagnes-îles — 162
        - les migrations venues des plateaux montagneux — 165
        - les motifs de migration — 167
    d) un problème particulier : l'apparition du fer — 170
    e) l'émergence et la consolidation du pouvoir — 174
        - l'apprivoisement des premiers occupants ou l'échange inégal — 175
        - le concours pour le pouvoir : les ordalies faussées — 178
        - l'élimination violente des premiers occupants — 180
        - le renforcement du pouvoir par l'exclusivité des pierres de pluie — 181
        - l'éclatement en nouvelles chefferies — 183
    notes des pages 149 à 184 — *185*

2. l'interprétation des récits mythiques — 188
    a) autochtones et premiers occupants sauvages — 188
    b) les nouveaux arrivants conquérants du pouvoir — 190
    c) l'utilisation du fer dans les montagnes — 192
    d) la croissance des chefferies — 193
        - le sort réservé aux évincés du pouvoir — 193
        - la signification de la détention des pierres de pluie — 195
    e) proposition de schémas historiques pour la constitution des chefferies — 196
    notes des pages 188 à 202 — *203*

3. rites et mythes de peuplement : un même message historique — 204
   a) rappel par les fêtes religieuses de l'antériorité de certains clans — 204
   b) le souvenir des lieux d'origine: les trésors de chefferie — 206
   c) les liens anciens de parenté avec des non Mofu-Diamaré — 208
   d) différence d'ancienneté entre clans et quartiers — 209
   e) rappel de l'extension passée des chefferies — 210
   e) les cycles de fêtes révélateurs de l'ancienneté des chefferies — 211
           notes des pages 204 à 211 — *212*

4. le temps des princes : l'histoire récente — 213
   a) la référence à l'arrivée des Peuls — 213
   b) les généalogies et les listes dynastiques — 214
   c) le décompte du temps en périodes de quatre ans, les "houes de chefferie" — 217
   d) les princes, repères historiques — 219
   e) les luttes récentes pour le pouvoir — 226
           notes des pages 213 à 228 — *229*

5. une stratification sociale à fondement historique :
           "gens du prince" et "gens de rien" — 230
   a) les inférieurs, "gens de rien" — 230
   b) les "gens du prince" — 236
   c) de la noblesse à la roture — 239
   d) stratifications dualistes dans les groupes ethniques proches — 242
           notes des pages 230 à 243 — *244*

2ème partie : LES PORTEURS DE POUVOIR — 247

chapitre IV : LE PRINCE : LES SIGNES EXTERIEURS DE POUVOIR

1. le château du prince — 249
   a) matériaux et construction — 250
   b) les différents éléments — 250
           notes des pages 249 à 254 — *255*

2. la polygamie et la vie familiale — 256
   a) nombre d'épouses — 256
   b) choix de l'épouse — 257
   c) "l'épouse de pouvoir" — 264
   d) fécondité et postérité — 265
   e) reprise des épouses du père — 272
   f) entente entre co-épouses — 275
           notes des pages 256 à 276 — *277*

3. les serviteurs du prince — 279
   a) les envoyés — 279
   b) le page — 281
           notes des pages 279 à 281 — *282*

4. la part du prince — 283
   a) part du prince sur la viande de taureau — 283
   b) part du prince sur la bière de sacrifice — 285
   c) absence de part du prince sur le fer — 286
   d) part du prince sur les esclaves — 287
           notes des pages 283 à 288 — *289*

5. les redevances en travail — 290
- a) les plantations du prince et le travail gratuit — 290
- b) les greniers d'emprunt du prince — 294
- c) les autres formes du travail gratuit — 295
- d) la signification politique du travail gratuit — 296
  - *notes des pages 290 à 299* — *300*

6. l'organisation en classes d'âge et le service du prince — 301
- a) le rassemblement de la promotion — 302
- b) les trois classes d'âge quadriennales — 305
- c) les responsables de promotion — 308
- d) l'entrée dans la classe d'âge — 309
- e) le service du prince — 312
  - le travail pour le prince — 316
  - les glissements de promotion — 319
  - les danses de *mazgla* — 324
- f) signification et conséquences de l'institution des *mazgla* — 324
- g) l'organisation en classes d'âge chez les autres Mofu-Diamaré et dans le nord du Cameroun — 328
  - *notes des pages 301 à 329* — *330*

chapitre V : LE PRINCE : L'EXERCICE ORDINAIRE DU POUVOIR

1. les décisions dans le domaine religieux — 333
- a) la décision des fêtes religieuses communes — 333
  - la décision de la "fête de l'année", *mogurlom* — 334
  - la décision de la fête "bière de Dieu", *zom Erlam* — 345
  - la décision de la fête du taureau, *maray* — 347
- b) les ordres donnés aux desservants d'esprits de la montagne — 351
- c) la décision des purifications collectives du terroir — 353
- d) les interventions du prince dans le culte individuel aux ancêtres — 356
  - *notes des pages 333 à 358* — *359*

2. les décisions concernant la terre de la chefferie — 361
- a) droits du prince sur la terre cultivée — 361
- b) le prince initiateur des travaux des champs — 367
  - *notes des pages 361 à 370* — *371*

3. les décisions concernant la justice — 372
- a) motifs de jugements et étapes de la justice — 372
- b) le déroulement des jugements du prince — 374
- c) sanctions et moyens de la justice du prince — 376
  - les amendes — 376
  - les ordalies — 378
  - le mouvement anti-sorcier Mokwiya — 381
  - la divination-accusation — 382
  - les exécutions — 383
  - les bannissements — 384
- d) chef et justice chez les autres Mofu-Diamaré — 385
  - *notes des pages 372 à 387* — *388*

4. les décisions concernant la guerre	390
a) les ennemis	390
b) les motifs de guerre	391
c) les interventions du prince dans le déroulement des guerres	394
- la présence du prince à la guerre	395
d) les rites d'établissement de paix et d'alliance	400
notes des pages 390 à 404	*405*

chapitre VI : LES AUTRES DETENTEURS DE POUVOIR

1. les chefs de quartier	407
a) appellation	407
b) origine de la charge et transmission	407
c) la responsabilité d'un autel de *mbolom*, signe et fondement de la charge	408
d) les desservants non responsables de quartier	409
e) rôle des chefs de quartier	411
notes des pages 407 à 418	*419*
2. Les dignitaires de la chefferie	420
a) le *maslay*, un ancien "maître de la terre" devenu assistant du prince	420
- définition du terme	420
- identité clanique et origine de la charge	421
- liens institutionnalisés entre prince et *maslay*	422
- responsabilités particulières du *maslay*	423
- rôle religieux du *maslay*	424
b) le *gurpala*, servant du prince	427
c) la figure du kaygama	430
notes des pages 420 à 433	*434*
3. Les spécialistes-devins : le pouvoir de voyance face au pouvoir du prince	435
a) désignation	435
b) le phénomène de la possession	436
- l'initiation du spécialiste-devin	436
- les génies de divination, "enfants des *mbidla*"	437
- le vécu de la possession	439
c) les domaines de compétence du spécialiste	440
d) place du spécialiste dans la société	445
e) collaboration entre prince et devins	447
notes des pages 435 à 451	*452*
4. Les assemblées d'hommes vrais	454
a) les participants de base : de l'initié à l'homme vrai	454
b) les petites assemblées	460
c) les grandes assemblées de chefferie devant le prince	462
d) les pouvoirs de l'assemblée	463
notes des pages 454 à 465	*466*

3ème partie : LA THEORIE MOFU DU POUVOIR POLITIQUE   467

chapitre VII : LA SYMBOLIQUE DU POUVOIR

1. Etiquette et privilèges — 469
  a) interdits particuliers propres aux princes — 469
  b) manifestations de respect devant le prince — 473
    - attitudes corporelles — 473
    - termes d'éloge — 475
  c) la tenue du prince — 476
        notes des pages 469 à 479 — *480*
2. La transmission du pouvoir — 482
  a) la mort du prince — 482
    - toilette mortuaire et dernière exposition — 484
  b) le candidat au pouvoir — 488
  c) l'enterrement du prince — 496
  d) l'intronisation du nouveau prince — 500
        notes des pages 482 à 508 — *509*
3. Les attributs symboliques du pouvoir — 511
  a) la victoire sur le temps — 511
  b) une situation dominante — 513
  c) une fécondité exceptionnelle — 517
  d) la marque des princes, la générosité — 518
        notes des pages 511 à 521 — *522*

chapitre VIII : LA SACRALITE DU POUVOIR. LE PRINCE-PRETRE

1. Le prince et les esprits protecteurs de la chefferie — 523
  a) origine, pouvoir, personnalité des esprits de la montagne — 523
  b) le "grand esprit de la montagne" — 533
  c) le prince desservant du "grand esprit de la montagne" — 539
  d) un supplément de protection, le *mbolom* de Halalay — 545
  e) esprits de la montagne et Dieu du ciel — 548
  f) chefs et esprits de la montagne chez les autres Mofu-Diamaré — 551
        notes des pages 523 à 553 — *554*
2. Le prince et ses ancêtres — 557
  a) identité des ancêtres, autels et transmission — 557
  b) personnalité, pouvoir et ambiguïté des ancêtres — 570
  c) ancêtres et Dieu du ciel — 577
  d) le culte aux ancêtres princiers — 578
    - les autels princiers, nombre et apparence — 578
    - l'équipe sacrificielle du prince — 579
    - les sacrifices aux ancêtres princiers concernant la chefferie — 582
        notes des pages 557 à 586 — *587*

chapitre IX : LA FACE OBSCURE DU POUVOIR : LE PRINCE DE LA PEUR

1. Le prince et la sorcellerie	591
a) la sorcellerie et ses manifestations	591
b) le don de voyance : les "hommes de tête"	600
c) les formes de lutte contre les sorciers	604
d) prise en mains par le prince de la lutte contre les sorciers	606
e) prince et voyants contre sorciers	608
f) le monde des sorciers vu par les autres Mofu-Diamaré	610
notes des pages 591 à 612	*613*
2. Le prince de la pluie et de la sécheresse	615
a) description et utilisation des pierres de pluie	615
- le déroulement normal du retour des pluies	615
- les pierres à faire pleuvoir, *bizi yam*	621
- les pierres de sécheresse, *kwalay*	625
b) la détention des pierres de pluie par le prince	630
- l'exclusivité des pierres de pluie, privilège du prince	631
- le lien physique entre prince et pierres de pluie	634
- l'unité politique définie par la détention des pierres de pluie	635
- les détenteurs illégaux de pierres, concurrents du prince	641
c) la manipulation des pierres par le prince de la pluie	644
- les rites de venue des pluies	645
- les rites d'arrêt d'une sécheresse subie	651
- les rites de déclenchement d'une sécheresse volontaire	652
d) le prince, maître de la sécheresse	654
- la supplication des sujets devant l'arrêt des pluies	654
- le maniement de la sécheresse, arme des princes	658
e) le pouvoir sur les pluies chez les autres Mofu-Diamaré	659
notes des pages 615 à 664	*665*
3. Le prince-panthère	668
a) la place de la panthère dans la société	668
b) la capture des panthères, souci du prince	674
c) l'identification du prince à la panthère : le prince-panthère	677
d) la production de la peur, racine du pouvoir	682
e) princes, chefs et panthères chez les autres Mofu-Diamaré	684
notes des pages 668 à 686	*687*

Conclusion : Les enseignements de l'étude du pouvoir mofu-Diamaré   689

Pourquoi un souverain ?	689
Pouvoir et maintien de l'ordre : le pouvoir sur les pluies	700
Symboles et pouvoir.	705
bibliographie	717
informateurs	729
index	735
annexes	743
table des matières	773

Liste des cartes

Carte de localisation.	Le Nord-Cameroun dans l'Afrique noire	14
Carte 1	Organisation administrative du Nord-Cameroun	32
Carte 2	Esquisse géographique : Monts du Mandara, montagnes-îles et réseau hydrographique	34
Carte 3	Localisation des ethnies du Nord-Cameroun	42
Carte 4	Les langues "mofu" au Nord-Cameroun	58
Carte 5	Localisation ethnique : les Mofu-Diamaré et leurs voisins	62
Carte 6	Les interdits alimentaires mofu-Diamaré	67
Carte 7	Les chefferies peules voisines des Mofu-Diamaré vers 1850	85
Carte 8	Localisation des chefferies et "montagnes" mofu-Diamaré	140
Carte 9	Le peuplement des chefferies mofu-Diamaré. Migrations parties des montagnes-îles de l'est	163
Carte 10	Le peuplement des chefferies mofu-Diamaré. Migrations parties du plateau montagneux de l'ouest	166
Carte 11	Localisation des clans autochtones et premiers arrivés	189
Carte 12	Implantation des clans et constitution progressive de la chefferie de Duvangar	197
Carte 13	Implantation des clans et constitution progressive de la chefferie de Durum	199
Carte 14	Implantation des clans et constitution progressive de la chefferie de Wazang	201
Carte 15	Le pouvoir sur les pluies chez les Mofu-Diamaré et leurs voisins	662

Cartes en annexes

Carte 1	Reproduction de la Carte Moisel (1912)
Carte 2	Localisation des cycles de fête du taureau chez les Mofu-Diamaré et les Mafa
Carte 3	Le terroir de Duvangar
Carte 4	Le terroir de Wazang

Liste des tableaux

Tableau 1	Hauteur des pluies à Duvangar de 1958 à 1985	37
Tableau 2	Périodicité comparée de la fête du taureau, *maray*, chez les Mofu-Diamaré et chez les Mafa	74
Tableau 3	Nom et localisation des clans mofu (Duvangar, Durum, Wazang)	123
Tableau 4	Répartition des clans et cellules familiales dans les quartiers de la chefferie de Wazang	132
Tableau 5	Inventaire des chefferies et montagnes mofu-Diamaré	142
Tableau 6	Autochtones et premiers arrivés : localisation et sort actuel	153
Tableau 7	Schémas mythiques communs aux différentes chefferies : l'émergence et la consolidation du pouvoir	172
Tableau 8	Stratigraphie des clans par ancienneté dans dix chefferies mofu-Diamaré	en annexe
Tableau 9	Les princes de Duvangar : liste dynastique et essai de reconstitution chronologique	219
Tableau 10	Les princes de Durum et Mangerdla : liste dynastique et essai de reconstitution chronologique	221
Tableau 11	Les princes de Wazang et Ngwahutsey : liste dynastique et essai de reconstitution chronologique	223
Tableau 12	Durée comparée des règnes de princes à Duvangar, Durum et Wazang aux XIX° et XX° siècles	225
Tableau 13	Interdictions de mariage chez les Mofu-Diamaré. Le cas du prince Bello de Wazang	259
Tableau 14	Clans et alliances du prince Bello dans sa chefferie	260
Tableau 15	Epouses et enfants du prince Bello de Wazang	266
Tableau 16	Epouses et enfants du prince Bizi-Durum de Duvangar	270
Tableau 17	Parenté oblique entre fils de prince	274
Tableau 18	L'enchaînement des classes d'âge quadriennales	305
Tableau 19	Calendrier lunaire et religieux des Mofu de Duvangar-Durum-Wazang	336
Tableau 20	Fabrication de la bière de la fête, *mogurlom*, et interventions du prince	339
Tableau 21	Culte rendu par un "chef de maison" à ses ancêtres dans les chefferies de Duvangar, Durum et Wazang	357
Tableau 22	Chefs subordonnés et chef souverain chez les Mofu-Diamaré et les Giziga	418
Tableau 23	Les dignitaires de la chefferie et leurs fonctions chez les Mofu-Diamaré et leurs voisins	429
Tableau 24	Identité des ancêtres honorés par un couple marié et localisation de leurs autels	565
Tableau 25	Substitution d'autels et d'esprits d'ancêtres de père à fils	567
Tableau 26	Calendrier lunaire, agricole et musical	616

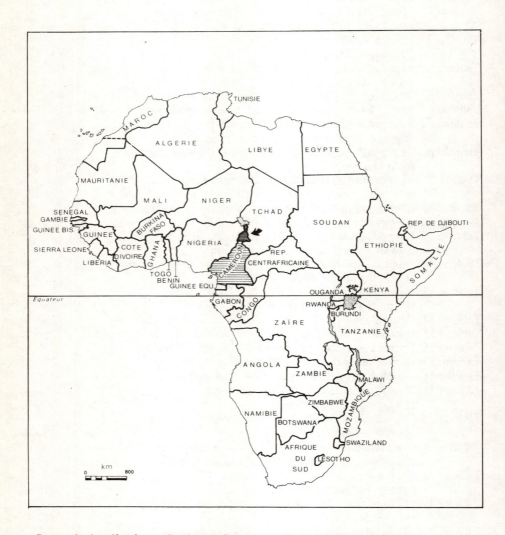

Carte de localisation : Le Nord-Cameroun dans l'Afrique noire

Introduction

Avant de laisser la parole aux Mofu-Diamaré et à leurs princes il n'est sans doute pas inutile de préciser comment notre route en est venue à croiser la leur (1).

Choix du terrain et méthodes de travail

Rien ne laissait présager au départ que le Cameroun allait devenir pour nous une contrée familière. Nos études ont été tournées d'abord vers la littérature - française, latine et grecque - et c'est seulement après les avoir terminées que, par chance, nous avons pris avec l'Afrique des contacts qui nous ont poussée à bifurquer vers l'ethnologie. La formation littéraire reçue nous avait donné le goût de l'étude minutieuse des textes et la pratique d'une méthode, cette "explication de textes" qui s'efforce de retrouver en chaque fragment littéraire non seulement un homme mais, au-delà de lui, une société et aussi une époque. Il nous faut bien reconnaître aujourd'hui encore - avec un certain amusement - l'empreinte de cette formation première dans notre façon de pratiquer l'ethnologie. L'attention portée aux paroles de nos informateurs et au sens littéral de certaines de leurs expressions, le souci de les rapporter avec exactitude voire minutie et de collecter ainsi une série d'"ethnotextes", but premier puis substrat de la recherche, tout cela nous paraît en conformité avec les exigences des littéraires qui nous avaient d'abord été inculquées.

Pourquoi les montagnards Mofu du Nord-Cameroun ? Ils n'ont pas été notre premier objet d'études, ils ne sont pas restés le seul. Nous avons pu faire l'expérience de plusieurs terrains, africains puis français, avant et pendant la poursuite de nos recherches chez eux. C'est chez d'autres montagnards d'Afrique noire, les Hadjeray du Tchad, que nous avions commencé à pratiquer le métier d'ethnologue. Ensuite, en 1968, nous avons pris contact au Nord-Cameroun avec ceux qu'on appelait alors en toute innocence "Kirdi", terme qu'eux-mêmes rejettent aujourd'hui se voulant seulement "gens des montagnes". Cette fois il s'agissait bien pour nous d'un choix : nous avons opté pour les Mofu-Diamaré après un examen attentif des groupes voisins, tenant compte de leur revendication spontanée de "vrais montagnards", par opposition aux gens du piémont, les Mofu-Gudur par exemple.

---

(1) C'est le "nous" et non le "je" qui est employé dans cette thèse. Il n'y a là aucune volonté de majesté, seulement le désir de respecter une tradition bien ancrée. Toutefois nous demandons au lecteur de ne pas se laisser abuser par cet emploi. Même si le "nous" paraît, plus que le "je", introduire une distance entre l'observateur et l'objet de son observation, il ne parvient pas, ainsi que nous le faisait remarquer récemment G. Balandier, à faire oublier ce fait essentiel : tout ethnologue s'implique profondément dans son observation puis sa description d'une société; l'ethnologie est nécessairement une ethnologie du "je".

Cette option a été poursuivie avec persévérance : nos recherches chez les Mofu-Diamaré couvrent pour le moment une période de vingt années (de 1968 à 1988). Elle ne leur a cependant pas été entièrement consacrée - nous en avons eu d'autres terrains français dans les montagnes du Massif Central - mais au long de ces années nous ne les avons jamais perdus de vue, continuant à publier sur eux à l'époque d'autres recherches.

Notre prise de contact avec les Mofu avait coïncidé avec un désir de prendre en compte tous les aspects de leur vie sociale et nous pensions leur consacrer une monographie de groupe, en concertation avec Roger Bastide, premier responsable de nos travaux. Ce souci s'est traduit par des enquêtes de terrain approfondies sur des thèmes variés : statut de la divination et des devins et connaissance des pratiques et procédés divinatoires, nature et fonctionnement des divers cultes - aux esprits de la montagne, aux ancêtres, aux génies de possession - mariage et situation de la femme, techniques et symbolisme de la culture du mil, et bien d'autres encore. Pendant plusieurs années les matériaux se sont accumulés, mais la monographie n'a pas vu le jour, ayant été remplacée par une étude sur le pouvoir.

Pourquoi le pouvoir ? Parce que la disparition de Roger Bastide en 1974 nous avait poussée à revenir au thème du pouvoir et du sacré. Nous l'avions déjà abordé chez les Hadjeray du Tchad et il avait donné lieu à la première de nos recherches de terrain - dès 1961, puis en 1965 et 1966 - puis à la publication d'un ouvrage (2), mais nous l'avions mis de côté au début de nos enquêtes par souci d'aboutir à une description exhaustive de la société mofu.

Georges Balandier nous a aidée à ce retour vers l'étude du pouvoir et de ses "racines" - dans le sens où les volcanologues parlent des "racines" d'un volcan - nous encourageant à reprendre la "petite musique" - suivant son expression - jouée par nous chez les Hadjeray. Le système du pouvoir élaboré par les Mofu-Diamaré est donc devenu à partir de 1975 notre souci principal sinon exclusif, pouvoir dont, en même temps, nous avons décidé de situer les étapes et les manifestations par rapport à l'histoire du groupe : en 1973 un colloque du CNRS nous avait fait saisir concrètement - compréhension qui fut une révélation - la possibilité de mener une étude véritablement historique de la société mofu, en soulignant l'importance du lien entre pouvoir et histoire.

En choisissant de travailler chez les montagnards mofu-Diamaré nous avions imaginé que notre installation parmi eux pourrait être reçue comme le témoignage d'une amitié spontanée. Nous n'avions pas réalisé qu'allant plus avant, les montagnards pourraient l'interpréter comme une volonté de notre part de prendre nos

---

(2) J.F. VINCENT, 1975 : *Le pouvoir et le sacré chez les Hadjeray du Tchad*, Préface de G. BALANDIER, Ed. Anthropos, Paris, 167 p.

distances vis-à-vis des Peuls, ces éleveurs de plaine jadis leurs ennemis, devenus aujourd'hui souvent employeurs, voire administrateurs de ceux qu'ils razziaient jadis. Venir étudier les montagnards c'était, selon les Mofu, nous ranger à leurs côtés dans l'opposition qui les dresse souvent encore contre les Peuls. Ce choix avait été d'autant mieux reçu que divers signes extérieurs - Land-Rover (louée au CNRS ...), magnétophone, flash, polaroïd - semblaient nous mettre du côté des gens importants. Pourtant au début des enquêtes nous avions senti des réticences sporadiques : notre intérêt pour un clan mofu ressenti comme magicien, et des liens d'amitié établis avec certains de ses anciens avaient fait courir le bruit que nous étions une femme-ancêtre, fille de ce clan revenue de l'autre monde pour aider les siens. Les Mofu se demandaient si nous faisions partie des mortels, d'où de violentes apostrophes lors d'un enterrement. Il fallut vaincre ces craintes - plusieurs séjours en montagne de nos proches (fille et nièce, parfois mari) ayant joué leur rôle dans cette familiarisation - avant d'être considérée, par les vieux n'ayant jamais quitté leur massif comme par les jeunes ayant poussé loin leurs études, sinon comme une femme de la montagne - il n'est montagne que du pays mofu... - du moins comme une amie des montagnards.

Notre rythme de travail a consisté en missions courtes de trois à huit semaines, menées au début à partir du Cameroun même - nous avons habité la capitale du Cameroun, Yaoundé, jusqu'en 1972 - puis après cette date à partir de la France, de l'Auvergne devenue notre nouvelle résidence. Quinze séjours ont été ainsi effectués, échelonnés dans le temps, ce rythme permettant entre deux missions d'assimiler le résultat de chaque collecte, et sur le terrain de maintenir l'intensité de la recherche.

Au cours de nos missions nous avons toujours logé dans la chefferie même, en zone de piémont, le plus souvent dans une habitation du pays vide, "concession" prêtée par le souverain local, moins souvent par le propriétaire lui-même. Il nous est arrivé aussi de loger au sein d'une famille, solution agréable et instructive mais peu propice aux veillées sous la lampe ...

Dans un premier temps nous avons eu recours à des entretiens au domicile des montagnards, après un rendez-vous fixé parfois plusieurs jours à l'avance. Ce principe nous a amenée à parcourir les massifs de bas en haut, partant de notre maison de plaine et grimpant vers les escarpements ou pitons, lieux d'habitation obligatoires des hommes importants. Promenades parfois épuisantes en fin de saison sèche mais portant en elles-mêmes leur récompense : la familiarité avec les splendides paysages de ce rebord des Monts Mandara qui tombe sur la plaine par une succession de gradins et de ressauts granitiques domptés en terrasses, et se prolonge par d'imposantes montagnes-îles.

Au début de nos enquêtes nos entretiens n'avaient pas de relations avec la vie du groupe et ils cherchaient seulement des réponses à une de nos interrogations du moment. Puis ils sont partis d'événements observés - cérémonie religieuse, consultation divinatoire, scène du quotidien - quêtant des commentaires, apportés de bonne grâce mais parfois déconcertants. Très vite pourtant nous est apparu le côté insatisfaisant de ces conversations qui, de surcroît, utilisant largement le mode de l'interrogation directe, pouvaient être ressenties comme des agressions et mettaient nécessairement l'ethnologue en situation d'autorité. Nous nous sommes efforcée alors d'amener les montagnards à s'exprimer eux-mêmes, suivant leur plan et leur logique. Les résultats ont été inégaux aussi avons-nous ensuite privilégié l'observation des phénomènes spontanés, devenue possible et de plus en plus facile grâce aux relations de familiarité qui étaient en train de s'établir. C'est ainsi que nous avons participé à des temps forts de la vie quotidienne - constructions de maisons, séances de bière après travail en commun - et à des moments clés de la vie rituelle - funérailles, fêtes de jumeaux, et surtout très nombreux sacrifices de toutes sortes, offerts chez les gens du commun comme chez de grands personnages.

Parmi ces hommes d'importance les chefs de groupes, les souverains, nous ont été particulièrement précieux. Dans leurs châteaux au sommet de leurs montagnes il se produisait toujours quelque événement d'intérêt - le passage d'un devin, la comparution d'un accusé, l'aboutissement d'une corvée - et ces belles demeures de granit taillé, où nous étions accueillie avec une bienveillance constante, ont constitué pour nous - au-delà du témoignage que leurs occupants pouvaient personnellement nous apporter - des lieux d'observation privilégiés.

En travaillant chez les Mofu-Diamaré il nous a fallu résoudre un problème important, celui de la connaissance de la ou plutôt des langues utilisées par ces montagnards, puisqu'il n'existe pas moins de six langues mofu-Diamaré, sans intercompréhension, parlées dans une trentaine d'unités politiques différentes. Entre ces six groupes de locuteurs notre intérêt s'est porté plus particulièrement sur un, représenté par les habitants des chefferies de Duvangar, Durum et Wazang, près de 20 000 personnes. Nous avons fait effort pour apprendre cette langue, dénommée par les linguistes de façon précise mais incommode "le Mofu de Duvangar-Durum-Wazang", commençant par l'acquisition de son vocabulaire, sans parvenir toutefois à la parler couramment : il n'existait ni grammaire ni textes écrits pour cette langue mofu à laquelle, au début de nos séjours, nul linguiste ne s'était intéressé. Nous avons eu recours non pas à un assistant unique mais à un ensemble d'interprètes, près d'une douzaine en tout. Lors des premières enquêtes la scolarisation avait à peine commencé dans les montagnes mofu et nos interprètes étaient de jeunes célibataires, devenus progressivement hommes mariés, "chefs de maison", donc interlocuteurs valables aux yeux des hommes âgés que nous allions voir. A deux reprises seulement, en raison de la rareté des scolarisées, ces interprètes ont été des femmes. Dans chaque chefferie nous nous sommes efforcée de choisir pour interprète et accompagnateur un "enfant de la montagne", avec qui nous confrontions longuement au retour nos points de vue mais qui n'a jamais joué le rôle d'informateur privilégié.

Afin de recueillir les documents les plus complets possibles nous avons utilisé de façon constante le magnétophone - même durant les marches à pied pour nous rendre à nos rendez-vous dans la montagne - d'où le soir de longues séances de travail, éprouvantes parfois. Certaines de ces conversations, particulièrement vivantes et intéressantes, ainsi que des enregistrements de cérémonies religieuses, ont été archivées comme documents illustratifs de la langue.

De plus - et surtout - après avoir contrôlé, grâce à des compléments d'explication, la précision de la première traduction obtenue, nous avons transcrit ces formulations : durant toutes ces années de terrain nous avons été, infatigablement, "la main qui écrit", ne laissant perdre aucune des paroles de nos interlocuteurs - les différentes versions des narrations mythiques en particulier - les archivant systématiquement en les engrangeant dans nos "cahiers-greniers". (Ayant vécu au milieu des imposants silos de terre où les Mofu versent chaque année leur récolte de mil il nous est impossible, pour décrire cet emmagasinement de données, d'utiliser une autre image... Elle nous a été dictée par le contexte culturel où nous vivions - non par une mode - et nous y avions souvent recours pour parler avec les montagnards de notre travail).

Nous avons fait cette collecte auprès d'hommes, et aussi auprès de quelques femmes, tous identifiés avec précision et situés dans le lieu et le temps, si bien que lorsque nous parcourons les textes les visages ressurgissent aussitôt.

Dans chaque chefferie nous avons eu nos informateurs préférés, entre cinq et quinze par chefferie, soit près d'une centaine en tout. Nous avions choisi surtout des gens d'âge, ayant au moment de nos premières rencontres entre 65 et 80 ans, aussi le nombre de ceux qui sont encore vivants est-il faible aujourd'hui... Beaucoup parmi eux appartenaient à des clans de "nobles" - ces clans sont partout les plus importants sur le plan démographique - mais nous avons eu aussi pour interlocuteurs des "hommes simples", des "gens de rien", en particulier des devins, nos premiers initiateurs. La sympathie a joué ensuite, faisant fi de l'origine sociale et transformant de simples relations en amitié, sentiment qui a eu l'occasion de se manifester et de progresser au fil des retours successifs. Notons aussi que plusieurs informateurs âgés se sont montrés de remarquables pédagogues, tenant compte de notre ignorance du début et nous donnant des explications graduées.

Nous n'avons pas cherché à mettre en forme sur le terrain, à chaud, les documents recueillis. La formulation des paroles notées est celle des montagnards eux-mêmes, sans qu'ait été ajouté en même temps un commentaire ou une explication personnelle et sans qu'ait été possible - nous semble-t-il - un gauchissement des observations. Cette fidélité aux expressions des informateurs laissait ouverte la possibilité - parfois plusieurs années plus tard - d'une interprétation nouvelle des explications recueillies, le temps de prendre nos distances par rapport à notre propre subjectivité, de voir apparaître d'autres logiques, et effectivement nous avons été amenée à plusieurs reprises à des réinterprétations.

Autres matériaux bruts, les nombreuses photos, conçues comme de simples illustrations, mais qui, utilisées au cours des dernières missions comme point de départ d'enquêtes, sont apparues comme un intéressant moyen d'investigation, faisant naître des commentaires, source d'informations nouvelles. Dernière collecte enfin, celle de dessins d'enfants, souvent remarquables par leur composition et leur esthétique, apportant là aussi des précisions, parfois inattendues.

Avec les Mofu-Diamaré nous nous trouvions devant un ensemble ethnique pour lequel les sources écrites étaient des plus maigres : il n'existe pas encore d'étude sur les Mofu dues aux Mofu eux-mêmes, seulement un recueil inédit de proverbes réunis à notre demande par un jeune homme de la chefferie de Wazang. Aussi avons-nous prêté attention aux quelques travaux des premiers administrateurs français en relations avec les Mofu. Ils consistent en deux articles seulement, datant des années 1940, quelques dizaines de pages auxquelles il faut toutefois ajouter des rapports écrits couvrant la période de 1918 à 1950, un peu plus nombreux, disponibles dans divers services d'Archives du Cameroun, que nous nous sommes efforcée de consulter dans leur totalité. Néanmoins ce sont les discours des montagnards qui ont été notre principale source.

Comment utiliser au mieux l'importante documentation de terrain recueillie ? Collectée au jour le jour, elle passait constamment d'un sujet à un autre. Le découpage des cahiers de terrain, suivi du regroupement sur fiches perforées des informations concernant un même thème principal, a été notre première tâche, complétée par un encochage correspondant aux thèmes secondaires abordés. L'ensemble de nos cahiers de notes s'est ainsi transformé progressivement en près de 6 000 fiches, classées suivant le plan de l'étude que nous souhaitions consacrer aux Mofu-Diamaré.

Pour chaque thème, le tri à l'aiguille - méthode informatique avant la lettre, que l'on peut aussi qualifier de préhistoire de l'informatique...- a rendu possible la sortie de la totalité des informations rassemblées, non seulement de celles déjà regroupées mais aussi des allusions recueillies dans des chefferies différentes au long de nombreuses années, éparpillées dans les parties les plus inattendues des fichiers. La méthode s'est révélée convaincante par le caractère complet du rassemblement à chaque fois opéré, mais consommatrice de beaucoup de temps : il eût été plus facile et satisfaisant de faire la saisie sur ordinateur de l'ensemble de nos notes de terrain puis d'en effectuer le classement par voie informatique mais ... le coût de l'opération rendait cette opération utopique.

Sur un même thème il nous est arrivé de sortir de leurs boîtes plusieurs centaines de fiches dont la confrontation a souvent mis en évidence des aspects nouveaux du problème que nous n'avions pas ou mal perçus sur le terrain. La prolifération des informations ne rend que plus remarquables ces convergences.

Au cours de la rédaction nous avons eu le souci - ancien chez nous mais sporadique dans nos précédentes publications et devenu cette fois constant - de garder le plus souvent possible la formulation même de nos interlocuteurs, volonté qui est aujourd'hui celle de divers ethnologues. Ce recours constant aux paroles des montagnards a entraîné la constitution d'une mosaïque de petites phrases, parfois de simples termes venus des Mofu. Cette volonté de restituer les expressions mêmes des informateurs essaie de garder le caractère vrai de certains détails. Nous avons eu le désir d'éviter une reconstruction à partir des faits recueillis qui aurait masqué les modalités de leur présentation et qui aurait risqué d'apparaître comme artificielle, révélatrice davantage de nos catégories d'observateur plutôt que de celles des observés. Il y avait toutefois dans cette volonté de citations un danger, celui d'un alourdissement, que nous espérons avoir évité mais que nous avons accepté, afin de donner à notre texte un cachet d'authenticité.

Notre préoccupation constante a été de recueillir et transmettre une documentation de terrain précise et détaillée. Il nous était arrivé d'être gênée lors de lectures ethnologiques par l'impossibilité de diserner dans les descriptions d'institutions - parfois dans les développements théoriques - leur base concrète, mais existe-t-il un état brut des faits ethnographiques ? Et pourtant nous avions noté dans les synthèses théoriques un appel insistant aux matériaux de terrain, présentés comme insuffisamment nombreux. Nous avons donc eu le souci de nous placer sur le "terrain solide de l'observation empirique" selon l'expression de R. Bastide. Nous avons fait le choix non seulement de relever minutieusement des faits concrets et démonstratifs mais ensuite, dans le cours de la rédaction, de les laisser apparents afin de montrer, documents en mains, comment marche - "travaille" disent les Mofu - le pouvoir chez ces montagnards.

Dans le courant de la rédaction et afin de l'"animer" nous avons eu fréquemment recours à des ouvertures vers des sociétés réagissant de façon comparable à celle des Mofu-Diamaré, ou au contraire en différant totalement, ces rapprochements étant susceptibles de nourrir en retour notre réflexion sur les Mofu. Ce souci d'échappées vers d'autres sociétés s'explique bien sûr par notre pratique de plusieurs terrains différents des Mofu. Toutefois afin d'éviter à notre étude tout caractère disparate ces comparaisons n'ont pas été systématiques. Nous avons éliminé volontairement, de plus en plus sévèrement en fonction de l'avancement de la recherche, les "comparaisons parasites" concernant des sociétés où le thème étudié chez les Mofu aurait été traité trop rapidement ou aurait joué un rôle différent interdisant un rapprochement significatif. C'est ainsi que nous avons écarté les sociétés de langues bantou de part et d'autre de l'équateur - Kongo, Djem, et dans une moindre mesure Beti - étudiées par nous entre 1960 et 1970.

Les comparaisons introduites correspondent donc à des choix. Limitées volontairement à l'Afrique - sauf cas exceptionnels - elles ont été faites suivant quatre cercles concentriques d'intérêt. Elles ont concerné d'abord la petite région géographique, le Nord-Cameroun, où sont implantés les Mofu-Diamaré ainsi que leurs voisins proches, de montagne et aussi de plaine : elles passent des Mafa aux Mundang, incluant les Muktele, les Podokwo, les Guidar et les Giziga. Ces comparaisons se sont aussi étendues à des populations du restant de la république du Cameroun chez qui le rapprochement avec les Mofu-Diamaré était instructif sur le plan du pouvoir : Bamiléké, Bamoum et Beti. Enfin l'attention accordée, de façon identique à celle des Mofu, par des populations d'Afrique de sahel à certains thèmes nous a amenée à citer d'ouest en est les Hausa du Niger et les Zaghawa du Tchad, en passant par les Hadjeray et les Sara de la même république. Lorsque la convergence dans la façon de traiter les thèmes était particulièrement apparente, il nous est arrivé enfin de faire entrer dans le champ de nos comparaisons des sociétés n'appartenant pas à l'Afrique de sahel. C'est ainsi par exemple qu'en traitant du pouvoir sur la pluie nous avons fait état de matériaux concernant les Lovedu, Alur ou Nyamwezi, d'Afrique du sud, d'Ouganda ou de Tanzanie.

Dès le début de notre rédaction s'est posé pour nous le choix des termes français permettant de rendre compte de deux notions mofu de base : *ngwa*, et *bi ndwhana*. L'embarras que nous avons éprouvé alors illustre bien les remarques de G. Balandier sur les difficultés à "identifier et qualifier le politique" (3).

Ngwa dans son sens premier signifie "pierre", "rocher". Toutefois il s'applique aussi à une unité sociale faisant "bloc", placée sous l'autorité d'un responsable et il fallait lui trouver un équivalent privilégiant cette fois l'aspect humain du terme. Nous avions pensé d'abord rendre *ngwa* par le terme "seigneurie". Nous y avons renoncé car un *ngwa*, ayant son propre souverain et répondant à un nom particulier, est généralement indépendant.

Pour désigner cette unité politique distincte deux mots, "royaume" et "chefferie", restaient à notre disposition - nous avions écarté non sans hésitations le terme "principauté", peu maniable. Pour beaucoup de chercheurs en anthropologie politique ces deux termes correspondaient récemment encore à des réalités distinctes sur le plan typologique, entre lesquelles il fallait choisir à l'aide de critères précis. L'accord a fini par se faire pour constater - conclusion à laquelle nous avions abouti il y a près de vingt ans chez les Hadjeray du Tchad - que la séparation existait surtout dans les mots, et portait moins sur les réalités : "chefferie" et "royaume" se retrouvent dans la même catégorie, celle des "états" formant autant de systèmes politiques indépendants. Le choix que nous avons fait du mot "chefferie" ne traduit

---

(3) G. BALANDIER, 1967 : *Anthropologie politique*, Ed. Presses Universitaires de France, Paris, 240 p; cf. p.29

donc pas une nature particulière du *ngwa*, il insiste seulement sur la taille modeste de cet état, critère secondaire que nous considérons cependant comme recevable. "Royaume" - que nous n'avions pas non plus voulu utiliser chez les Hadjeray - contient selon nous une idée de grandeur le rendant disproportionné, hors d'échelle : il existe chez les Mofu-Diamaré, se pressant sur moins de 500 km 2, une quinzaine de *ngwa*, dont certains comprennent à peine quelques centaines de membres : nous avons estimé impossible de les dénommer "royaumes".

Pour parler du responsable d'une "chefferie", *bi ndwhana*, "chef grand", "chef vrai", nous avons écarté le mot "chef" tout court - trop plat et sujet à confusions car polysémique - et aussi "grand chef" qui aurait été mal ressenti en français - et nous avons parlé de "prince", employant le mot dans le sens de "premier personnage". Ce terme nous a paru convenir à la réalité observée mieux que le mot "roi". C'est bien à l'observateur qu'il appartient de faire un choix car là où nous hésitons entre trois termes français, les langues mofu n'en proposent qu'un, *bi*, doté seulement de spécifications. Notre choix de "prince" a été motivé aussi par le fait que la plupart des *ngwa* n'ont pas établi d'hégémonie sur les groupes voisins. Or peut-on parler de "roi" s'il n'existe pas de suzeraineté ?

Notre choix du terme "prince" de préférence à celui de "roi" s'explique là encore par le caractère plus modeste du premier terme mais il ne cherche pas à souligner une différence de nature entre le pouvoir de ces responsables puisque - en Afrique noire au moins - on ne peut opposer de façon pertinente les "chefs" aux "rois", encore moins aux "princes".

Par ailleurs le mot français "prince" correspond dans l'une de ses acceptions à "souverain indépendant", manifestant son autorité en des domaines variés, et traduit exactement la réalité du pouvoir du *bi ndwhana*. C'est en ce sens que le terme "prince" est employé par Machiavel et il existe bien des exemples historiques - des "princes baltes" aux "princes celtes" récemment redécouverts - rappelant que de petits états ont pu être gouvernés par des "princes" n'ayant au-dessus d'eux aucun "roi".

Options théoriques et but du travail

Les Mofu-Diamaré représentent sur le plan politique un ensemble d'unités distinctes, nommées dans les différentes langues par des mots ayant la même signification, *ngwa*, *ngma*, correspondant, on l'a vu, à "rocher", "portion de montagne particulière", "communauté habitant la même montagne", enfin "groupe indépendant sur le plan politique". Ces mots désignent aujourd'hui - nous l'avons constaté après un temps d'enquête exploratoire - deux réalités différentes malgré une évolution sémantique au départ identique. Chez les Mofu-Diamaré du sud et de l'est *ngwa*, *ngma* s'applique à un état, petit ou grand mais possédant le même type de fonctionnement, chez qui le pouvoir politique s'étend à de multiples domaines, et nous le désignons par "chefferie". Dans ce premier ensemble mofu-Diamaré figurent des chefferies nouvellement fondées - NgwaHutsey et Makabay - d'un grand intérêt théorique puisqu'elles peuvent nous permettre de saisir quelles sont, selon les montagnards, les manifestations essentielles du pouvoir caractérisant ce type de formation politique. Par contre chez les Mofu-Diamaré du nord, au moins chez les Meri et les Gemzek, on ne peut traduire *ngma* ni par "chefferie", ni - encore moins - par "état". Il faut garder ici le sens originel du mot, plus restreint, et parler seulement de "montagne" ou de "groupe montagnard", car les structures sociales - le type de pouvoir sur les hommes en particulier - et aussi la division de l'espace y sont peu différenciées.

Au fur et à mesure que progressaient nos enquêtes nous avons réalisé que les Mofu-Diamaré représentaient un laboratoire politique dont il nous a paru nécessaire de faire usage. Cet usage a été toutefois relativement restreint : les Mofu-Diamaré du nord correspondent à plusieurs sociétés aux langues différentes et nous n'avons pu les étudier avec la même intensité que les groupes du sud et du sud-est. Les enquêtes chez les "gens du nord", commencées plus tard, n'ont pu atteindre le même niveau de développement. Malgré ce décalage nous les avons poursuivies, dans le but de montrer en quoi ces Mofu-Diamaré différaient par leurs institutions de leurs voisins des chefferies. Nous souhaitions aussi faire ainsi ressortir l'étendue et la complexité du pouvoir des princes.

Le souci de l'histoire manifesté dans les grandes chefferies permettait de se poser la question du choix de l'époque à sélectionner. La période immédiatement antérieure à l'arrivée des colonisateurs allemands - les premières années du XX° siècle - aurait convenu à ces premiers groupes qui récitent des listes dynastiques montrant la succession de leurs princes et de leur durée. Toutefois afin de préserver la possibilité de confronter les données provenant de tous les types d'unités politiques, nous avons dû nous contenter de la société mofu-Diamaré avant 1950.

Nous n'avons pas essayé dans cette étude de pénétrer plus avant dans la période moderne. Malgré le rassemblement d'une documentation précise - elle a seulement fait l'objet d'allusions dans cette étude, et permis aussi la rédaction d'un article sur la scolarisation et la christianisation des jeunes - on ne trouvera pas dans ce livre de description des changements actuels. Ils pourront constituer le thème d'une autre recherche qui prolongerait celle-ci.

Le système de pensée que nous présentons comme mofu-Diamaré résulte de la confrontation de divers types de réflexions. Il faut souligner chez les Mofu l'existence d'une réflexion explicite émanant de penseurs issus du groupe. Dans chaque chefferie nous avons rencontré des hommes se posant le problème de la signification des rites en usage dans leur société et en proposant une interprétation :: au cours d'une description ou d'une discussion on rencontre souvent sur les lèvres de l'un ou l'autre l'expression *"c'est pour dire que"*. Pour ces exégètes mofu leurs institutions possèdent un sens et répondent à une logique particulière qu'ils s'efforcent de dégager et que nous avons relevée à leur suite. Elles constituent un code, un langage.

Nous avons voulu aller au-delà des explications données par des membres du groupe, en essayant de mettre en évidence certaines caractéristiques échappant à leur perception consciente. Nous nous sommes appuyée surtout sur l'étude des images et des symboles, relevant leur cohérence et mettant en évidence au moyen d'une prudente méthode structuraliste l'existence d'un système symbolique propre aux Mofu. Tout en signalant au passage ces modèles dont la recherche nous paraît à la fois légitime et souhaitable, nous n'en avons pas fait le but premier de nos recherches : nous concevons que la démarche spéculative puisse constituer un complément précieux à la recherche de terrain; nous estimons pourtant qu'il s'agit là d'étapes distinctes qu'il est possible d'aborder à des moments différents. Les années qui s'écoulent ne peuvent qu'aider à approfondir cette signification. Pour l'instant nous nous sommes contentée de faire apparaître l'existence de cette pensée mofu implicite concernant la signification des rites et des institutions observés, déterminée par les convergences, entre des informateurs parfois très éloignés géographiquement, d'expressions, de formulations et de schémas explicatifs.

Pour présenter le pouvoir mofu-Diamaré nous avons privilégié une approche allant de l'extérieur vers l'intérieur. Nous avons choisi de décrire l'environnement géographique et ethnique des montagnards avant de montrer la réalité de la chefferie, avec son terroir, son histoire, sa cohésion particulière. Nous sommes passée ensuite au responsable de cette chefferie, faisant apparaître les signes de puissance immédiatement perceptibles qui le caractérisent : demeure et plantations, nombreuses épouses, serviteurs, redevances, corvées de toutes sortes. Cette première étape franchie nous avons voulu cerner le principal moyen d'affirmation par le prince de son pouvoir, sa faculté de décision - parfois partagée - qui se manifeste concrètement dans tous les domaines de la vie sociale. C'est seulement ensuite que nous avons abordé la partie secrète, tue, du pouvoir qui tire sa force du maniement des symboles, de la responsabilité personnelle des cultes, de l'arme ambiguë de la sécheresse. Ainsi le prince s'affirme-t-il comme façonné dans la différence, profondément à part, ajoutant à son pouvoir, en plus de la composante religieuse existant dans l'ensemble des groupes mofu-Diamaré, une coloration magique et terrifiante.

En choisissant d'exploiter nos données mofu-Diamaré sous l'angle du pouvoir nous savions - ne fut-ce que par notre expérience des montagnards hadjeray du Tchad - que nous serions amenée à nous poser plusieurs problèmes classiques d'anthropologie politique. Nous n'avons pas cherché pour autant à établir au préalable une grille d'enquête théorique. Nous avons attendu d'être confrontée à ces problèmes par le biais d'explications données par les montagnards ou à la suite de nos propres réflexions partant d'observations de terrain.

C'est donc concrètement que nous avons étudié l'origine du pouvoir. Y a-t-il chez les Mofu - comme souvent en Afrique - un lien entre pouvoir et antériorité dans l'occupation des lieux ? Et le souverain doit-il être un descendant des autochtones ? Ou bien ceux-ci constituent-ils dans la société - suivant un autre schéma que nous avions relevé chez les Hadjeray et qui a été ensuite reconnu en diverses société africaines - une classe à part, éloignée en apparence du pouvoir et pourtant y participant ? A moins que ce lien entre pouvoir et terre, pouvoir et montagne, montagne, ne se manifeste chez les Mofu que de façon spécifique et plus détournée ?

Autre problème, celui de la définition du pouvoir. Pour les Mofu le pouvoir politique se déduit de l'existence de manifestations diverses, liées en règle générale à la faculté de prendre des décisions au nom d'un groupe. Toutes ne sont pas identiques et, suivant le type d'unité politique, le domaine du politique est étendu ou restreint, englobant par exemple le champ de l'économique, du judiciaire, voire des hostilités guerrières, ou n'y exerçant au contraire aucun droit de regard.

Toutefois chez tous ces montagnards, des chefferies et des "montagnes", c'est à travers des manifestations religieuses que nous avons vu le pouvoir politique s'exprimer. Pour les Mofu-Diamaré politique et religieux sont inextricablement liés. Cette mise en évidence n'a pas correspondu de notre part à une option antérieure à nos séjours en pays mofu-Diamaré. Même si nous avions eu dans le passé l'occasion de souligner chez d'autres populations pareil rapprochement entre pouvoir politique et fonctions rituelles - il a été remarqué d'ailleurs en Afrique noire dès les débuts de l'anthropologie politique (4) - nous n'avons pas cherché, par commodité ou simplification, à le retrouver ici. Ce sont les faits qui nous ont montré la place privilégiée prise, à l'intérieur du pouvoir politique mofu, par le pouvoir de nature religieuse. En même temps, nous avons été amenée à remarquer comment chez les Mofu-Diamaré ces responsabilités religieuses constituent les premières manifestations du pouvoir. Dans les grandes chefferies comme dans les "montagnes" le politique s'exprime d'abord par le religieux.

Nous nous sommes donné pour tâche la compréhension, puis la description, de cette imbrication entre fonctions politiques et religieuses. Celle-ci est plus ou moins poussée suivant le niveau de complexité de l'unité politique. Les responsabilités religieuses d'un simple chef de "montagne" sont peu étendues : elles sont représentées uniquement par son rôle de desservant de l'esprit dominant sa petite "montagne". Celles d'un prince, au contraire, apparaissent sur plusieurs plans, différents quoique relevant tous du religieux : le prince honore lui aussi un esprit de la montagne mais cet esprit, le seul sur la chefferie à être présenté comme "grand",

---

(4) M. FORTES et E.E. EVANS-PRITCHARD, 1964 (1ère éd. 1940) : *Systèmes politiques africains*, p.17

est lui-même prince des esprits plus humbles à la protection limitée dans l'espace. Il est donc normal que le prince, son desservant, contrôle à son tour - suivant des modalités révélatrices de l'ingéniosité mofu - les cultes rendus à ces petits esprits des lieux. De plus les princes ont la charge - inconnue dans les "montagnes" - d'un esprit protecteur de la chefferie dont ils sont les desservants exclusifs, s'affirmant détenteurs d'un pouvoir doublement religieux, sur-sacralisé. Enfin les princes, et eux seuls, ont la responsabilité des fêtes religieuses collectives. "Chefs des sacrifices", ils sont ceux qui "crient les fêtes", obligeant leurs sujets à honorer au même moment leurs ancêtres, et aussi le "Dieu du ciel". La variété de ces manifestations souligne l'imbrication extrême existant dans les chefferies entre pouvoir politique et pouvoir religieux.

Comment l'interpréter ? Comme un besoin de renforcer le domaine politique par le religieux, ou inversement le domaine religieux par le politique ? A moins qu'à la limite cette imbrication ne constitue dans ces sociétés, ainsi que le remarque G. Balandier (5), une caractéristique du pouvoir politique, "jamais complètement désacralisé" ? L'exemple mofu invite à considérer politique et religieux comme les visages différents d'une même réalité. L'existence de fêtes religieuses structure l'espace politique et donne à une "montagne" ou à une chefferie la possibilité d'exister en tant qu'unité distincte. En empêchant un petit prince de "crier sa fête" à l'époque de son choix, en l'obligeant à attendre la fin de sa fête à lui, son puissant voisin paraît traduire surtout sa domination politique. Toutefois son incapacité à supprimer la responsabilité religieuse du vaincu, tout comme l'échec de certains princes dans leur tentative pour se débarrasser de "chefs d'esprits de la montagne" de leurs propres chefferies, semble montrer que pour les Mofu le pouvoir politique ne peut s'exprimer de façon indépendante et a besoin du domaine religieux. Politique et religieux semblent incapables chez ces montagnards d'exister l'un sans l'autre.

Les observations faites chez les Mofu-Diamaré invitent aussi à souligner l'ambiguïté du sacré, notion familière aux ethnologues mais dont il convient de déterminer la pertinence dans cette société. Pour ces montagnards le pouvoir des princes, originellement religieux, doit se combiner avec un pouvoir sur les pluies et la sécheresse, qu'eux-mêmes présentent comme lié au pouvoir religieux mais d'une nature différente et autrement redoutable, et qu'il nous faut bien qualifier de magique et symbolique. La société mofu est-elle en mesure d'utiliser conjointement ces deux types de pouvoir ? A moins que le dualisme ne soit pour les Mofu le propre du pouvoir - et du sacré - ce qui obligerait le souverain à présenter tout à tour un visage lumineux et une face assombrie ?

---

(5) G. BALANDIER, 1967 : *Anthropologie politique*, p.46

Les faits recueillis chez les montagnards mofu-Diamaré, par leur variété et la diversité des approches qu'ils suscitent, permettent de poser ces problèmes liés au pouvoir tout en restant - possibilité d'ordinaire peu fréquente - à l'intérieur du même ensemble ethnique. Il nous reste maintenant à faire un bond analogue à celui des jeunes hommes mofu : du rocher des observations à l'autre rocher qui, de l'autre côté de l'abîme, lui fait face, celui de leur interprétation théorique...

Première partie

PRESENTATION DES

CHEFFERIES MONTAGNARDES

MOFU-DIAMARE

CHAPITRE I LE GROUPE MOFU- DIAMARE

1. LE PAYS : CADRE ADMINISTRATIF ET MILIEU NATUREL

a) le Nord-Cameroun

La partie septentrionale du Cameroun apparaît sur la carte comme une juxtaposition de deux triangles, le plus au nord atteignant par son sommet le lac Tchad. Elle formait jusqu'en 1984 une vaste région administrative de 157 000 km^2 - le tiers de la République - située entre le 6° et le 13° parallèle, désignée par l'appellation "Nord-Cameroun" (1). En fait ce "Nord-Cameroun" débordait largement le nord géographique puisqu'il descendait jusqu'au coeur du pays. Suivant un usage déjà bien établi (2) nous utiliserons l'expression "Nord-Cameroun" pour désigner la seule pointe de la république, une région de 35 000 km^2 ayant pour base le 10° parallèle. Il convient en effet de prendre la même unité de mesure que les chercheurs qui nous ont précédée.

Cette région a fait l'objet en 1984 d'une réforme administrative (3). L'ancien "Nord-Cameroun administratif" a été découpé en deux "provinces", "le Nord" et "l'Extrême-Nord" qui seule correspond au "Nord-Cameroun" des chercheurs. On y trouve six départements, au lieu des quatre qui y figuraient précédemment. Trois - au nord, à l'est et au sud - sont situés en plaine : le Logone et Chari, le Mayo-Danaï et le Kaélé, ayant pour chefs-lieux respectivement Kousseri, Yagoua et Kaélé. Deux, dans la partie ouest, sont entièrement ou partiellement montagneux : le Mayo-Tsanaga et le Mayo-Sava dont les chefs-lieux sont Mokolo et Mora. Enfin au centre de la région se trouve le département du Diamaré au coeur duquel est implantée la ville de Maroua, capitale historique et administrative de la province (cf. Carte 1 : Organisation administrative du Nord- Cameroun).

Géographiquement le Nord-Cameroun est enserré entre deux zones de basse altitude, les plaines entourant le lac Tchad, au nord, et le bassin de la Bénoué et du Mayo-Kebbi, au sud (4). Seule est montagneuse la partie ouest de la région, 7 000 km^2 environ. Encore s'agit-il de montagnes d'altitude modeste, dépassant rarement 1 200 m : le point culminant situé au nord de Mokolo, l'"hosséré" (5) Oupaï, atteint 1 442 m (6). Elles ont été appelées "Monts Mandara" par les géographes allemands en raison de la présence du royaume du même nom installé à leur pied (7). En réalité l'emprise historique du Mandara sur les montagnards ne s'est jamais exercée que sur les habitants du nord de la chaîne (8).

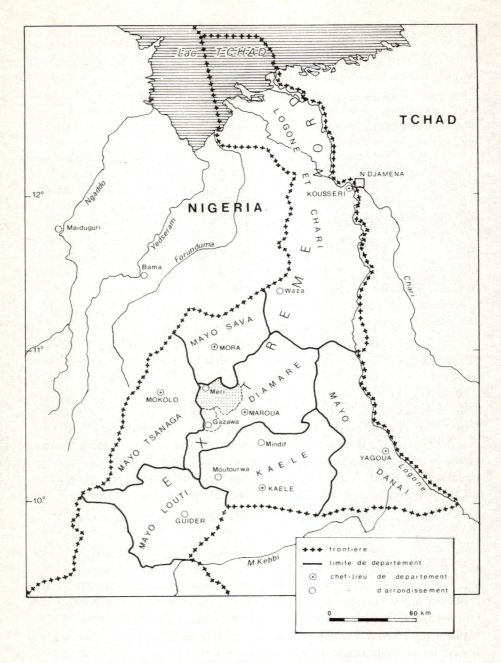

Carte 1 : Organisation administrative du Nord-Cameroun

Les "Monts Mandara" ou "Monts du Mandara" s'allongent sur environ 200 km (Carte 2 : "Esquisse géographique du Nord-Cameroun : Monts du Mandara, montagnes-îles et réseau hydrographique"). Ils comprennent dans leur partie centrale un plateau intérieur - au milieu duquel se trouve implanté Mokolo - situé à une altitude moyenne de 800 mètres et vers l'est ils s'arrêtent abruptement à la hauteur d'une ligne presque nord-sud, de Mora à Méri. Dominant la plaine du Diamaré avec un dénivelé de 300 à 500 mètres ils forment une barrière continue, impressionnante pour le voyageur venant de Maroua.

L'ensemble des Monts du Mandara est constitué de roches pré-cambriennes, vieilles de plusieurs centaines de millions d'années, représentées presque uniquement sur le plateau par du granit. Dans les montagnes-îles par contre on peut trouver, à côté des roches granitiques, des roches volcaniques appartenant à un complexe volcano-sédimentaire, également très ancien (9), contrastant fortement par leur faciès et leur débit avec les roches granitiques. Cette opposition avait déjà frappé le premier Européen à visiter les lieux, le Major Denham, circulant au pied de la chaîne en 1823 (10).

Toutes ces roches se décomposent souvent en énormes blocs. Certains, allongés et dressés sur une base étroite, semblent échapper à la pesanteur. Situés sur un sommet ils constituent alors un repère pour le voyageur, telle la célèbre "lanterne de Méri", ainsi nommée par les premiers voyageurs européens (11), depuis longtemps lieu sacré pour les montagnards. On trouve aussi de gigantesques chaos rocheux sur les pentes des montagnes. Leurs interstices ménagent parfois des abris sous roches, plus rarement des grottes ou de profondes cavernes, présentées par les mythes de peuplement comme le premier habitat des autochtones de ces montagnes.

La pluviosité annuelle du Nord-Cameroun est relativement importante, avec toutefois un nombre moyen de jours de pluie assez faible puisque ceux-ci ne sont pas plus de 75 (12). Elle est assez forte en zone de montagne mais décroît d'ouest en est : 961 mm à Mokolo, pour 793 mm en arrivant en plaine, à Maroua (13). L'essentiel des pluies tombe de juin à septembre, cependant que les mois de novembre à mars sont absolument secs. D'un endroit à l'autre les différences peuvent être marquées : tel massif montagneux sera abondamment arrosé tandis que son voisin immédiat ne recevra rien.

Le climat du Nord-Cameroun est de type tropical mais les divers cours d'eau de cette zone appartiennent à des régimes différents, sahélien au nord, tropical au sud. La limite entre eux passe exactement au milieu des six départements au sud de la région, entre Mora et Maroua (14). Le mayo (15) Louti, affluent du mayo Kebbi, à l'ouest de la zone, est le seul à appartenir au bassin de la Bénoué, et donc

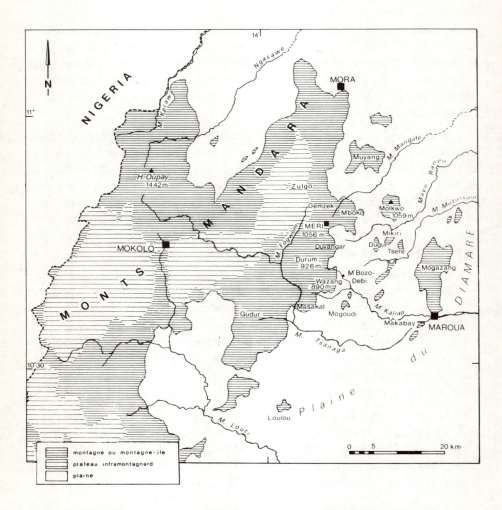

Carte 2. Esquisse géographique : Monts du Mandara, montagnes-îles et réseau hydrographique

du Niger : il se dirige, lorsqu'il coule, vers le sud. Les autres cours d'eau - la Kérawa, la Tsanaga, le mayo Motorsolo, le mayo Ranéo et le mayo Mangafé - suivent une direction totalement différente : tributaires du lac Tchad ils coulent vers le nord-est. La Kérawa effleure à peine le Nord-Cameroun ; c'est un affluent de la rivière Forunduna située entièrement au Nigeria, qui rejoint directement le lac Tchad. Les autres mayos, malgré leur largeur remarquable et leur fort débit en période de hautes eaux - n'excédant pas trois mois, de juillet à septembre - n'arrivent pas jusqu'au lac Tchad, ni même jusqu'au Logone. Ils se perdent dans l'immense nappe d'eau marécageuse au sud du lac, le grand Yaéré, déjà alimenté par des affluents du Logone (16). Seul le dernier cours d'eau de cette zone, l'imposant Logone, coulant suivant un axe assez différent, du sud-est vers le nord, parvient, après avoir reçu le Chari, à se jeter dans le lac Tchad.

Le Nord-Cameroun connaît la température moyenne annuelle la plus élevée de la république, diminuant avec l'altitude et la proximité de cours d'eaux permanents : en plaine elle est de 28° ; cette moyenne n'est plus que de 27° en zone montagneuse, à l'ouest et aussi dans l'angle sud-est, près des cours d'eaux permanents. Avril est le mois des plus fortes chaleurs, avec une température maximale moyenne de 41° en plaine, ailleurs de 38 à 40° et même de 37° en zone d'altitude supérieure à 1200 m, à la frontière du Nigeria. Pour ce même mois d'avril la température minimale moyenne varie entre 23° et 25°. Janvier est le mois le plus frais, avec une température minimale moyenne variant entre 14° et 19°, cependant que pour ce même mois les maxima s'échelonnent entre 32° et 34° (17). Les différences entre températures diurnes et nocturnes sont donc considérables, pouvant en toutes saisons dépasser 15°.

La végétation est de type soudanien avec des contrastes marqués entre plaine et montagne. La steppe à épineux est particulière à la plaine où l'on peut retrouver pourtant les mêmes arbres qu'en montagne, mais beaucoup plus rabougris et moins hauts. Ils sont aussi beaucoup moins nombreux. C'est que la plaine a été pour les montagnards, au moins les deux derniers siècles, une réserve à bois, qui pouvait paraître inépuisable et qui pourtant s'est peu à peu éclaircie. Là où, il y a cent cinquante ans, le voyageur Denham, circulant en piémont, notait la présence de "bois touffus" ou de "forêts", entre les montagnes-îles de Dugur et de Mikiri par exemple (18), il n'y a plus aujourd'hui que maigres taillis.

En montagne, par contre, les arbres sont souvent très beaux. La montagne est mieux arrosée et, grâce au travail de générations de paysans, elle est couverte d'un réseau de terrasses, empêchant l'érosion et permettant à la végétation de bien profiter des pluies. La densité humaine est forte, on le verra, aussi les terrasses sont-elles surtout cultivées. On y trouve pourtant des arbres. Ce sont généralement des arbres utiles, sélectionnés, voire plantés (19), en particulier l'acacia albida, véritable marqueur de l'occupation de l'homme, puisqu'il ne se développe pas sans son intervention (20). On remarque aussi des ficus divers, des tamariniers, et des jujubiers (21). Comme en plaine les arbres ont été très denses autrefois, formant des bois épais, auxquels font souvent allusion les mythes de peuplement. La réalité est toute différente aujourd'hui : aucun peuplement arboré ne mérite plus le nom de "bois", encore moins de "forêt"; tout juste peut-on voir quelques bosquets.

Une particularité de la région consiste en la fréquence - en montagne et aussi en plaine - d'une euphorbe rampante (22), jouant un rôle de premier plan dans le rituel de nombreuses ethnies.

b) le pays mofu-Diamaré

Par rapport à cette région contrastée, quelles sont les spécificités du pays mofu- Diamaré ? Sur le plan administratif, il est compris presque entièrement dans les limites de la petite sous-préfecture de Méri, 550 km^2, située un peu au-dessous du 11e parallèle. C'est là que s'est déroulée la majeure partie de nos enquêtes, mordant seulement sur la partie sud du Mayo-Sava (23).

Cette région où nous avons travaillé se trouve située dans la retombée de la chaîne des Monts Mandara qui, sur une bande de 25 à 30 km de large, se prolonge dans la plaine par une douzaine de montagnes-îles. Certaines sont modestes mais plusieurs présentent un relief vigoureux : elles frôlent ou dépassent les 1000 mètres d'altitude, telles Dugur ou Molkwo, alors que leur emprise au sol n'excède pas quelques kilomètres carrés. La montagne de Mogazang, la plus à l'est de cette frange, mériterait par sa taille une mention spéciale; cependant pour des raisons historiques elle était, jusqu'à une époque récente, presque vide.

Seuls les cours d'eaux drainant les Monts du Mandara intéressent le pays mofu-Diamaré. Parmi eux la Tsanaga est le plus important, par le volume et la longueur. Elle prend sa source au coeur de la chaîne, tout près de son point culminant, l'Housséré Oupaï, et se présente, avant même d'atteindre la plaine, comme une rivière importante dont le large lit de sable - vide, il est vrai, la majeure partie de l'année - peut atteindre deux cents mètres. Elle constitue une barrière naturelle entre les populations situées de part et d'autre de ses rives. Ses deux principaux affluents, le mayo Fogom, son dernier affluent de montagne, et le mayo Kaliao qui la rejoint en plaine, jouent également ce rôle. C'est par rapport à ces trois cours d'eaux que les Mofu-Diamaré que nous avons étudiés se distinguent, on le verra, de leurs voisins immédiats.

La pluviométrie du pays mofu-Diamaré était jusqu'à ces temps derniers, assez satisfaisante, plus abondante que celle de la plaine de Maroua, quoique n'atteignant pas celle du plateau montagnard de Mokolo. Duvangar, chefferie mofu située sur le rebord des Monts Mandara, avait, d'après des travaux datant de 1968, enregistré au cours des années précédentes une hauteur de pluie moyenne de 889 mm. Toutefois, font déjà remarquer en 1968 les hydrologues, une année sur dix la pluviométrie annuelle peut "dépasser 996 mm ou ne pas atteindre 606 mm" (24). Les relevés effectués dans ce même massif depuis un quart de siècle (1958-1984) confirment bien cette extrême irrégularité. On constate de surcroît que cette pluviométrie est en train de diminuer. La moyenne générale n'est plus que de 840 mm, car de 1979 à 1984, elle est tombée à 704 mm (25). Ceci est dû en partie au fait que 1982, 1983 et 1984, années critiques dans toute l'Afrique de sahel, connurent de très faibles pluies, en particulier 1983 où la hauteur des précipitations tomba au-dessous du seuil des 600 mm (597 mm), jamais atteint jusque-là (26).

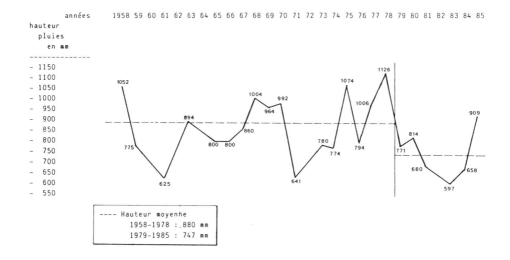

Tableau 1 : Hauteur des pluies à Duvangar de 1958 à 1985

Dans ce pays qui nourrit beaucoup d'hommes les animaux sauvages sont peu nombreux et le gros gibier presque inexistant. La langue mofu possède pourtant un mot pour désigner l'éléphant, *bigney,* mais aucun Mofu actuel n'en a vu de ses yeux. De même les lions, *mobor*, ne sont plus représentés dans la région. Et pourtant c'est en le saluant du nom de lion que les Mofu font honneur à leur prince. Les panthères, *duvar*, sont par contre fréquentes (27), particulièrement au coeur des massifs qui comportent souvent des éboulis aux énormes rochers, entre lesquels les fauves trouvent eau et abri. Elles sont familières aux montagnards qui redoutaient leurs incursions dans les étables à chèvres, ou même leurs attaques meurtrières de femmes et d'enfants, fréquentes autrefois. Elles n'en ont pas moins occupé une place particulière dans la conception du pouvoir politique élaborée par les habitants de la région. Divers petits félins - chat sauvage, genette, civette - se rencontrent aussi dans les montagnes avec une certaine fréquence; le chat sauvage, *bologwada*, a donné son nom par exemple à un groupe d'habitants de la chefferie de Wazang.

Quelques espèces de grosses antilopes ont pu exister autrefois, l'antilope-cheval, *bangalaf*, ou plus modestement la gazelle à bandes noires que l'on rencontre encore parfois de nuit. Seule la petite "biche-cochon", *vuglan*, est encore tuée de temps à autre, et le chasseur responsable se hâte alors de lui élever un autel spécial, tout comme le fait le chasseur de panthère. Les singes verts sont assez nombreux, ainsi que les cynocéphales, mais peu recherchés, à la différence du daman, *hutsam*. Il représente le seul animal sauvage vraiment commun dans les montagnes, originale marmotte des rochers que les zoologistes ont du mal à classer (28). Il est très prisé par les montagnards qui le vendent sur les marchés à des fins utilitaires - utilisation de sa peau comme pièce d'habillement et de sa graisse pour divers usages - et religieuses - le daman est par excellence l'animal de la purification et il constitue de surcroît pour les esprits de la montagne une offrande appréciée. Citons aussi le lièvre et l'écureuil terrestre, *veyeng*, que l'on rencontre plus souvent dans les contes - où ils représentent l'intelligence et la ruse (29) - que dans la réalité. Les souris des champs sont capturées par les seuls petits garçons d'une dizaine d'années, au point que cet âge est parfois désigné comme "celui où on chasse les souris".

Les oiseaux sont peu nombreux et peu chassés. Le seul dont on parle souvent est l'engoulevent, *pilgawak*, qui fait son nid dans le sol et dont on peut écraser les oeufs par mégarde. Il occupe une place à part, ayant droit à un culte spécial, très répandu.

Parmi les très nombreux insectes, qu'il n'est pas question de passer en revue ici, signalons les termites, objet d'un véritable élevage en montagne, permettant aux femmes de nourrir leurs poulets, et une petite araignée semblable à du velours rouge, *tek a mandula* (30), dont l'apparition annuelle est très remarquée car elle coïncide avec le retour de la saison des pluies.

1. LE PAYS : CADRE ADMINISTRATIF ET MILIEU NATUREL

Notes des pages 31 à 38

(1) La "région du Nord-Cameroun", correspondant à l'"Inspection Fédérale de l'Administration du Nord", comprenait six "départements", l'Adamaoua, la Bénoué, le Diamaré, le Logone et Chari, le Margui-Wandala et le Mayo-Danaï.

(2) Le "Nord-Cameroun" tel que nous le définissons a fait l'objet en 1967 du premier atlas régional de la région, établi par l'Office de la Recherche Scientifique et Technique (ORSTOM). Toutefois les auteurs l'ont nommé "Atlas Mandara-Logone", du nom des deux grands repères naturels qui le délimitent (A. HALLAIRE et H. BARRAL, 1967).
Une étude pluridisciplinaire due à douze chercheurs de l'ORSTOM (géographes, linguistes, sociologue) vient d'être consacrée au "Nord du Cameroun", correspondant à l'essentiel de l'ancien "Nord-Cameroun", en excluant toutefois la partie extrême-nord (le département du Logone-et-Chari) et en débordant vers le sud jusqu'à Garoua (J. BOUTRAIS et al. 1984).

(3) La réorganisation administrative de 1984, oeuvre du gouvernement de l'actuel président du Cameroun, Paul Biya, a fait apparaître sur l'ensemble du pays 10 provinces - terme nouveau - divisées en 49 départements et 182 arrondissements.

(4) Cf. carte oro-hydrographique au 1/2 000 000e, Atlas du Cameroun (édité par l'ORSTOM en 1976, mais dont certaines cartes datent de 1957).

(5) Le terme *hosséré*, "mont", "montagne", en langue peule a été adopté par l'I.G.N. pour ses désignations toponymiques.

(6) selon l'ouvrage collectif *Le Nord du Cameroun*, 1984, Carte "Le milieu naturel"; 1494 m. selon la carte I.G.N. au 1/ 200 000e "Mokolo", 1973

(7) Carte au 1/ 300 000e "Kusseri", 1912. La célèbre "Karte von Kamerun", oeuvre du géographe M. MOISEL, remarquablement renseignée pour l'époque, fait déjà figurer le détail des ensembles montagneux, avec ombrage et courbes de niveaux. Nous avons pu prendre connaissance des feuilles concernant le Nord-Cameroun : "Kusséri", 1912, "Mubi", 1912, "Marua", 1912 et "Bikoa", 1913 (cf. "Annexes chap. I : "Reproduction de la carte Moisel"). Le nom "Mandara", en larges lettres, est placé en travers de la partie nord de la chaîne, toutefois le nom que se donne à elle-même cette population est "Wandala" (M. RODINSON et J.P. LEBEUF, 1956, p. 233, E. MOHAMMADOU, 1975).

(8) Sur la limite sud du royaume du Mandara et ses variations au XIXe siècle cf. résumé in J.F. VINCENT, 1979, p. 86 et 1981, p. 280

(9) J.C. DUMORT et Y. PERONNE, 1957, "Notice de la carte géologique de Maroua"

(10) Major DENHAM, 1826, p. 336

(11) signalée par la carte IGN au 1/ 200 000e, 1972

(12) M. GENIEUX, cartes climatologiques, Atlas du Cameroun

(13) J.F. NOUVELOT et G. DELFIEU, 1968, p.11. La pluviométrie indiquée pour Maroua en 1968 représentait la moyenne de 34 années

(14) H. PELLERAY, "Fleuves et rivières du Cameroun", p.4, Atlas du Cameroun, cf. carte du même auteur, annexe 1

(15) De même le terme *mâyo*, "rivière" en langue peule, a été adopté par l'IGN

(16) H. PELLERAY, "Fleuves et rivières du Cameroun", p. 2

(17) M. GENIEUX, cartes climatologiques, Atlas du Cameroun

(18) Maj. DENHAM, 1826, p. 334, 337, 341, 344, (J.F. VINCENT, 1979, p. 598)

(19) J. BOUTRAIS, 1973, p. 25

(20) L'acacia albida, *manzarav* en mofu de Duvangar, est très utilisé en pays mofu-Diamaré. C'est dans son bois que l'on taille les gouttières, les planches-lits, les portes. Ses fruits et ses feuilles sont donnés en nourriture aux chèvres

(21) Signalons parmi les ficus *Ficus populifolia*, *mbezang*, "l'arbre du prince", et *Ficus obutilifolia*, *membezl*, et parmi les tamariniers *Tamarindus indica*, *mblor*, déterminations faites à Maroua en 1976 par G. FOTIUS, botaniste ORSTOM
(22) *Cissus quadrangularis*, *mezeved*, détermination G. FOTIUS, 1976. Outre les Mofu-Diamaré, les Mada et les Mouyang l'utilisent (M. RICHARD, 1977). Pour les Fali, montagnards plus au sud, elle est également la plante des rituels, funéraires en particulier (J.P. LEBEUF, 1938, p.111)
(23) Où sont implantés les Zulgo, Gemzek, M'Boko et Molkwo
(24) Contre 793 mm à Maroua et 961 mm à Mokolo, on l'a vu (J.F. NOUVELOT et G. DELFIEU, 1968, p.11)
(25) Nous devons ces chiffres à l'amabilité de la mission de Duvangar qui a mis à notre disposition ses cahiers de relevés pluviométriques
(26) L'année 1985 a été bonne : 909 mm enregistrés à Duvangar, mais avec un déficit en mai et juin, entraînant une mauvaise récolte du mil de montagne, *lderaway*, mais 1987 a été à nouveau catastrophique : cette fois les 500 mm n'ont pas été atteints; toutefois la pluviométrie de 1988 a été correcte, et celle de 1989 excellente.
(27) De même chez les Mafa voisins les panthères, encore nombreuses et actives, sont presque les seuls animaux sauvages de grande taille (J.Y. MARTIN, 1970, p. 23). L'éléphant existant autrefois était l'éléphant d'Afrique (*Loxodonta africana*), *bigney* en mofu de Duvangar-Durum-Wazang, le lion (*Felis leo*), *mobor* en mofu . Quant à la panthère, *duvar*, elle appartient à l'espèce *Felis pardus* ou "léopard d'Afrique" (R. MALBRANT, 1952, p.118, p.143, p.147).
(28) *Procavia ruficeps* (R. MALBRANT, 1952, p.116), rangé parfois avec le rhinocéros en raison de la forme de son sabot
(29) L. SORIN-BARRETEAU, 1976, p.22
(30) littéralement "la chose du mal d'oeil", car on assure que celui qui a l'oeil rouge et gonflé sera guéri s'il frotte la partie malade avec cet arachnide.

2. LES HOMMES : ETHNIES, EFFECTIFS ET DENSITES

Si on le compare au reste du Cameroun dont la densité moyenne était de 12 habitants au km^2 en 1970 (1), le Nord-Cameroun est une région fortement peuplée. Il comptait, à la même date, 1 300 000 habitants, soit une densité moyenne de 35 habitants au km^2 (2) - recouvrant de fortes disparités - trois fois plus importante que dans le reste du pays. Couvrant en surface le douzième de la république, le Nord-Cameroun en représente presque le cinquième par la population.

Parmi ces habitants on distingue des "Kirdi" et des islamisés. Le terme "Kirdi" a une longue histoire. Le major Denham, premier voyageur à parcourir la région, on l'a vu, l'utilise déjà et parle de "Kerdi" pour désigner aussi bien les habitants de plaine riverains du lac Tchad, les "Kerdis Biddomahs" que les montagnards des environs de Mora (3). Il ne fait ainsi qu'imiter ses compagnons bornouans et arabes, expliquant à leur suite que ce "terme général" désigne les non-islamisés, "ceux qui ne croient pas". Toutefois, selon nos enquêtes orales, la langue mandara utilisait, elle aussi, à la même époque, un terme presque identique, "Kirdi", ayant la même signification, sans qu'il soit possible de préciser si l'une des langues l'a emprunté à l'autre. Le mot est d'ailleurs toujours utilisé par les Mandara d'aujourd'hui (4), avec la même double acception, "incroyant de plaine" et "incroyant de montagne".

Les militaires français l'emploient dès leurs premières tournées dans la région en 1918 (5). Quant aux premiers administrateurs ils l'adoptent eux aussi tout de suite, sans doute en raison de son sens extensif (6), peut-être également à cause du récit du voyageur anglais (7), le remplaçant parfois par le terme "païen". "Kirdi", passé dans l'usage courant, a été employé longtemps par les différentes administrations camerounaises (8). Pour les habitants du pays pourtant, "Kirdi" n'est pas neutre. Ils ressentent comme profondément méprisant ce terme qui, peut-être en raison de ces réactions, est en train de disparaître du vocabulaire administratif. Pour notre part nous éviterons de l'utiliser et nous parlerons de "montagnards", éventuellement pour des raisons de commodité de "païens", mais le moins souvent possible car ce dernier terme lui-même est mal accepté aujourd'hui.

Si l'on s'en tient au seul point de vue numérique les "païens" - de montagne et de plaine - devraient peser d'un grand poids dans le Nord-Cameroun dont ils représentent presque les trois quarts de la population. Les Islamisés - Peuls, Mandara, Bornouans, Kotoko et Arabes Choa - en constituent seulement, à eux tous, un peu plus du quart (9).

Kotoko et Arabes Choa peuplant le Logone-et-Chari sont très dispersés, aussi en 1967 la densité moyenne de ce département était-elle inférieure à 10 habitants au km^2, s'élevant seulement un peu aux abords du lac Tchad, à l'extrême pointe du pays, pour atteindre 18 habitants au km^2 (9). Par contre à l'intérieur des islamisés

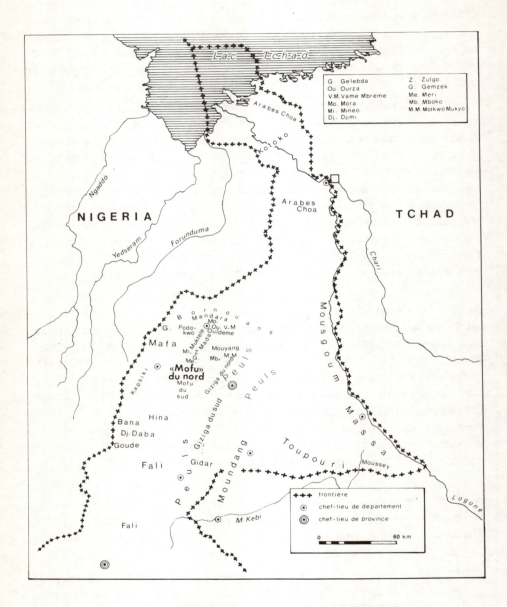

Carte 3 : Localisation des ethnies du Nord-Cameroun
(d'après la carte "Localisation des groupes humains", *Le Nord du Cameroun*, 1984)

le groupe peul occupe une situation dominante par sa masse numérique : il représentait en 1967 un ensemble de 160 000 personnes (9) et apparaissait ainsi comme le plus important de tous les groupes ethniques du Nord-Cameroun. Dans le département du Diamaré la densité de quelques cantons habités en majorité par des Peuls sédentaires pouvait à cette date atteindre, et même dépasser, 100 habitants au km^2.

Cette rapide présentation d'ensemble considérera les ethnies du Nord-Cameroun, islamisées ou païennes, comme des ensembles déjà définis, à prendre tels quels. Nous constatons en effet que parmi les dizaines d'anthropologues qui ont étudié ces populations, la plupart ont accepté la notion d'ethnie comme une réalité et n'ont aucunement cherché à la remettre en cause. Ils ont mené leurs études dans le cadre qui leur était proposé, redécoupant seulement parfois au sein d'un ensemble jugé trop vaste, ou au contraire le dépassant pour amalgamer plusieurs groupes ethniques. Toutefois en 1981 un groupe de chercheurs ORSTOM réfléchissant sur l'existence de l'ethnie s'est étonné de voir que la quasi-totalité de ses collègues l'admettait comme "un postulat". Cette remise en cause du concept dépassait le cadre du Cameroun et préfigurait les études qui depuis ont montré le caractère souvent artificiel de "l'objet ethnique" (10).

Ainsi qu'on le verra plus loin nous avons été amenée à constater nous aussi, à propos des montagnards que nous avons étudiés, les Mofu-Diamaré, que la notion même d'ethnie pose problème. Il faut choisir entre une définition extérieure, celle des observateurs, et celle des intéressés, s'appuyant sur d'autres critères et aboutissant à une vision assez différente.

Les "païens de plaine" et les "païens de montagne" s'équilibrent exactement. Ils représentaient en 1967 le même chiffre de population, près d'un million de personnes en tout, correspondant à une trentaine d'"ethnies". Parmi les païens de plaine il n'existe qu'un nombre limité de groupes aux effectifs relativement importants : Gidar, Giziga (11), Moundang, Toupouri, Massa, Mousgoum et Moussey, les cinq derniers, coupés par la frontière, étant également représentés au Tchad (cf. Carte 3 : "Localisation des ethnies du Nord- Cameroun"). En 1967, mis à part les Moussey qui n'étaient que 5 000, ils comptaient entre 30 000 et 80 000 personnes. Plus au large sur leur espace que leurs voisins montagnards ils présentent des densités d'habitation au km^2 plus faibles : dans une bonne moitié du département du Mayo-Danaï, riverain du Logone, la densité humaine était en 1967 inférieure à 25 habitants au km^2 (12).

Les montagnards se fragmentent en groupes ethniques nombreux d'importances numériques très variables : le plus important, celui des Mafa ou Matakam, l'est nettement plus que les Toupouri ou les Massa, les premiers pourtant par le nombre parmi les païens de plaine. On comptait en 1967 100 000 Mafa face à 83 000 Toupouri et 72 000 Massa (13).

Toutefois les effectifs des groupes montagnards suivants décroissent très vite : loin derrière les Mafa on trouve d'abord, en allant vers le sud, les Mofu du nord de la Tsanaga, 25 000 environ selon les critères des géographes de 1967 (14). Dans notre classification les Mofu du nord comportent en outre cinq petits groupes comptés séparément en 1967 : les Zulgo (7 000), les Gemzek (4 000), les Meri (4 000), les Mboko (4 000), enfin les Molkwo-Mukyo (7 000), l'ensemble représentant alors plus de 50 000 personnes en 1967 (cf. Carte 5 : "Les Mofu-Diamaré et leurs voisins"). A côté d'eux, distincts et moins nombreux, leurs homonymes et faux-parents, les Mofu du sud de la Tsanaga, étaient 22 000 environ en 1967.

Viennent ensuite les Fali (14 000, mais 40 000, en fait, avec leurs parents de la Bénoué), les Kapsiki (25 000) et les Daba (22 000). On passe ensuite à trois groupes du nord des Monts Mandara, les Podokwo (12 000, toujours d'après les chiffres de 1967), les Mouktele (11 000) et les Mada (11 000).

Puis ce sont de nombreux petits groupes, parmi lesquels six sont très peu importants puisqu'ils comptaient en 1967 moins de 5 000 membres. Ce sont, dans le nord de la chaîne, les Gelebda, les Ourza, les Vamé-Mbrémé, les Mora et les Mineo et, dans le sud, les Djimi. Cinq autres groupes, un peu mieux fournis, ont néanmoins leurs effectifs limités entre 5 000 et 10 000 personnes : les Ouldeme et les Mouyeng dans le nord, les Hina, les Bana et les Goudé dans le sud (15).

Avec les montagnards on se trouve devant des densités moyennes de populations parfois très élevées. En 1967 elles dépassaient généralement 60 habitants au km^2, atteignant souvent 100 habitants, voire 150 et même 200 habitants au km^2. Chez les Mafa le vaste canton de Koza présentait 122 habitants au km^2. En région muktele la densité était de 173 habitants au km^2, pour parvenir au chiffre remarquable de plus de 200 habitants au km^2 dans un des cantons Podoko. Les Mofu au nord de la Tsanaga connaissaient aussi une forte densité : 80 habitants au km^2 par exemple dans le canton de Duvangar, 108 dans celui de Durum, 90 enfin dans celui de Wazang (16).

Le recensement de 1976, dont les résultats ne sont pas encore tous dépouillés, a fait apparaître une spectaculaire augmentation dans ces trois derniers cantons (17). Cette croissance est due sans doute en partie à la disparition de la crainte des agents recenseurs : beaucoup d'entre eux appartenaient en effet au groupe ethnique dénombré. De 13 000 environ les montagnards de ces trois massifs sont passés à 19 900 : 5 150 à Duvangar, soit une densité de 151 habitants au km^2 et 10 230 à Durum, avec une densité de 179 habitants au km^2. Les habitants du canton de Wazang enfin sont devenus 4 520, avec la densité la plus faible, représentant tout de même 129 habitants au km^2. Pour l'ensemble des trois cantons la densité est de 158 habitants au km^2.

Certains géographes ont cru noter en Afrique sahélienne et soudanienne une corrélation entre ethnies numériquement importantes et fortes densités (18). Ici on se trouve devant une nette dissociation des deux faits. C'est ainsi que les montagnards Uldeme, 7 000 personnes environ en 1976, atteignent pourtant la densité record de 250 habitants au km^2 (19).

Cette densité correspond à une population jeune, présentant une proportion importante d'enfants de moins de 15 ans, et dont les femmes, mettant au monde en moyenne 6 enfants et plus, figurent parmi les femmes les plus fécondes du Cameroun. Les travaux d'A.M. Podlewski mettent en évidence l'existence au Cameroun de quatre zones où les femmes, en moyenne, mettent au monde plus de six enfants : au sud dans la région autour de la capitale, Yaoundé, chez les Beti; à l'ouest, dans la partie centrale du pays bamiléké; dans le Nord-Cameroun, chez les Massa-Musey, en plaine. Les montagnes mafa et mofu constituent la dernière de ces régions en nette expansion démographique (20).

2. LES HOMMES : ETHNIES, EFFECTIFS ET DENSITES

Notes des pages 41 à 45

(1) A. M. PODLEWSKI, 1972, notice de la carte démographique, *Atlas du Cameroun*
(2) 1 600 000 h. d'après les chiffres officiels de 1984 (réforme administrative), pour une surface de 34 260 km^2 , soit une densité moyenne de 47 habitants/ km^2
(3) Major DENHAM, 1826, I, p. 268
(4) J.F. VINCENT, 1979, p.580
(5) Lieutenant BLANVILLAIN, 1918, chef de la "subdivision de Maroua", "Tournée du 13 février au 12 mars", (Arch. Yaoundé, APA 12 037). En revanche, les premiers colonisateurs allemands ne paraissent pas l'avoir utilisé.
(6) Il a été popularisé par le premier essai de synthèse ethnologique consacré à ces populations, paru en 1950, dû à B. LEMBEZAT, intitulé "*Kirdi, les populations païennes du Nord-Cameroun*"
(7) connu de B. LEMBEZAT, par exemple (commun. pers. 1976)
(8) cf. le timbre à 60 F CFA, 1979, "Village Kirdi"
(9) Ces proportions ont été établies d'après les chiffres de 1967 concernant la population de la "région Mandara-Logone" (A. HALLAIRE et H. BARRAL, 1967, p. 14)
(10) Ph. COUTY et al. 1981, p. 13; J.L. AMSELLE, E.M. BOKOLO et al., 1985, pp. 21-23.
(11) Les Giziga étaient considérés en 1967 comme un groupe unique. Les travaux récents font apparaître deux groupes apparentés mais distincts, au moins sur le plan linguistique, que l'on peut désigner comme les Giziga du nord et les Giziga du sud
(12) L'orthographe des noms d'ethnies adoptée est, pour l'essentiel, celle de la carte d'A. HALLAIRE et H. BARRAL, 1967.
(13) A. HALLAIRE et H. BARRAL, 1967, "Carte des densités"
(14) Nous utilisons ces chiffres anciens car ils sont les seuls disponibles, le recensement de 1976 n'ayant pas fait figurer l'ethnie parmi ses critères.
   C'est d'ailleurs sur ces chiffres de 1967 que se sont appuyés les géographes ORSTOM pour établir leur récente carte par signes de localisation des ethnies du "Nord du Cameroun" (J. BOUTRAIS et al., 1984) qui a servi de base à notre propre esquisse (Carte 3 : "Localisation des ethnies du Cameroun"). Pour une estimation numérique personnelle des Mofu-Diamaré en 1985, on se reportera au Tableau 5 "Inventaire des chefferies et montagnes mofu-Diamaré".
(15) Pour les montagnards non-Mofu, nous suivons la classification d'A. HALLAIRE et H. BARRAL (1967, p. 26)
(16) homogènes sur le plan ethnique et pour lesquels les données chiffrées sont donc utilisables
(17) Une analyse récente des résultats globaux du recensement de 1976 montre que cette progression n'est pas le seul fait des Mofu-Diamaré : l'arrondissement de Meri tout entier augmente numériquement, passant de 36 000 habitants en 1967 à 48 000 en 1976 (A. BEAUVILAIN et P. GUBRY, 1982, p. 146)
(18) S. DAVEAU, 1970, p. 328
(19) A. HALLAIRE, 1985, comm. pers.
(20) A.M. PODLEWSKI, 1972, notice de la carte démographique, *Atlas du Cameroun*

3. "MOFU", L'HISTOIRE D'UN NOM

a) une appellation inadéquate

- la période allemande (1)

Le terme "Mofu" apparaît déjà dans les textes allemands : une montagne "Mufu" est représentée en 1912 sur la carte Moisel, à 36 km à vol d'oiseau au nord-ouest de "Marua" (2). Figurent dans son voisinage divers autres noms dont la graphie montre qu'ils désignent aussi des montagnes : "Durum", Duwungar", "Murey", "Boku, "Sulgo", Gemschek", qui concernent - parfois avec des errreurs de localisation - des massifs géographiques dont le nom n'a pas changé (2). En cette partie de la feuille le nom "Mufu" est donc seulement ponctuel et, selon les géographes allemands, il ne correspond pas à une dénomination d'ensemble.

La même carte Moisel localise pourtant des populations : les "Matakam" par exemple, et la grosseur des caractères montre que les auteurs avaient compris l'importance numérique et l'extension du groupe. En outre, à une quarantaine de kilomètres au sud du nom "Matakam", figure un terme "Mufu", placé en travers de montagnes au sud de la Tsanaga. Il s'agit cette fois d'un nom de population, mais une distance de 25 km vers le nord-est le sépare de la montagne de "Mufu" - suivant l'orthographe de la carte - et des autres lieux cités. On trouve également "Mufuen", placé tout près du précédent mais couvrant un plus large espace et avec une graphie différente. Le suffixe de pluriel utilisé, *en*, appartient certes à la langue allemande mais on le retrouve aussi dans la langue peule (-'*en*) (3) ce qui semblerait indiquer que le cartographe a utilisé des données fournies par des Peuls. Ce serait là une première indication d'une tendance à s'appuyer principalement sur les témoignages peuls qui se rencontre sporadiquement, aujourd'hui encore, chez les chercheurs. La façon dont ces nouveaux "Mufu" ont été placés par les cartographes allemands montre que pour eux ce nom correspond à une population, différente de celles des environs de "Marua".

Tel semble avoir été l'avis à la même époque d'un autre auteur allemand, K.Strumpell, un historien cette fois. Il emploie lui aussi le terme (orthographié "Moffou"), mais uniquement pour désigner des populations situées dans la partie sud des Monts Mandara : il cite les "Mouffou", aux côtés des "Falli" et des "Daba", parmi les populations attaquées par les Peuls au début du XIXe siècle, et il situe ces "Mouffou" près de "Gasaoua" (Gazawa) (4). Les montagnards dont il parle se trouvent à nouveau sur la rive droite de la Tsanaga et ne peuvent pas être ceux qui aujourd'hui, sur la rive gauche de cette même rivière, sont appelés "Mofu".

- l'administration française

C'est aux Français que l'on doit l'emploi du même terme, "Mofu", sous des graphies diverses, pour désigner ces autres montagnards, situés au nord des précédents, dans la mouvance du lamidat de Maroua.

Il est possible de consulter au Cameroun sur le département du Diamaré, à la différence d'autres régions, un fonds d'archives relativement abondant où l'on trouve les premiers rapports, de tournées et de fin d'année, rédigés par les militaires français (5). A partir de 1916 ils avaient pris en mains le Cameroun et exécutaient de nombreuses tournées dans les Monts Mandara. Les appellations qui font alors leur apparition dans les rapports sont à la fois géographiques et ethniques. Le même nom désigne un massif montagneux et la population qui y demeure. C'est ainsi que le lieutenant Blanvillain raconte en 1918 ses heurts avec les "Mada" et son ascension de "Zoulgo" (6). "Ouassam", "Durum" et "Méri" sont cités en 1919 par le capitaine Petit (7). Le même parle l'année suivante des "Mouyengué" (8).

Une population "Moufou" apparaît pour la première fois un peu plus tard, en 1923, dans le rapport d'un autre capitaine, le capitaine Menguy (9). Sur place depuis quelques années il s'intéresse aux groupes humains qu'il administre et il les nomme, parlant de "Moufou" et de "Giziga". Cette fois il ne s'agit plus d'appellations ponctuelles mais de termes d'ensemble, désignant ce qu'il appelle "les tribus de la région de Maroua". Sous le terme unique de "Moufou" le militaire français regroupe les habitants de montagnes-îles voisines qu'il énumère : "Dugur, Mekeri et Tsere". Effectivement ces montagnards étaient et sont toujours proches voisins des Giziga et on comprend qu'ils soient cités en même temps qu'eux. Toutefois, pour la plus grande frustration de l'ethnologue, aucune justification n'est fournie à l'emploi du nom "Moufou" qui fait ainsi une brusque apparition dans les textes.

La démarche des officiers français avait consisté à entériner les termes géographiques utilisés dans la région. Elle fut ensuite celle des administrateurs. Il pouvait s'agir, par chance, d'un nom que se donnaient les populations elles-mêmes. Ces noms étaient alors généralement ceux d'unités sociales de taille modeste - "montagnes" ou "massifs" - soit ceux de groupes plus vastes - "populations" disaient-ils, groupes ethniques, dirons-nous - le lien entre "massifs" et populations étant parfois indiqué. On ne trouve par contre dans les archives aucune trace d'enquêtes qui auraient cherché soit à déterminer les critères utilisés par les gens eux-mêmes pour se présenter en unités distinctes, soit à justifier les appellations retenues.

Cinq ans plus tard, en 1928, un administrateur civil, qualifiant toujours de "Moufou" ces montagnards proches de Maroua, étendra le nom aux "villages" de "Douvangar", "Durum" et "Oizan" (10). Les rapports administratifs parlaient pourtant de ces massifs depuis une dizaine d'années, mais ils n'avaient pas cherché jusque-là à leur accoler une étiquette ethnique.

De "Moufou" le terme se modifie en "Mofou" en 1935 (11), graphie qui est parfois encore utilisée aujourd'hui. Toutefois dès 1936 un administrateur s'intéressant spécialement aux problèmes d'ethnologie, J. Fourneau (12), avait commencé à écrire "Mofu", conformément aux conventions phonétiques internationales (13), et cette transcription sera employée, parallèlement à la précédente, par ses collègues et successeurs soucieux d'ethnologie.

Les frontières de cet ensemble "mofu" sont assez flottantes et varient suivant les administrateurs : tel nouveau venu n'est parfois plus de l'avis de ses prédécesseurs et explique comment certain groupe de montagnards lui paraît devoir être, ou ne pas être (14), compté comme "mofu". Toutefois l'accord se fait vers 1935-1940. Les administrateurs de la région de Maroua en viennent progressivement à appeler "Mofu" :

- les habitants des montagnes-îles proches de Maroua. Il s'agit des "villages" de "Saki-Djebe, Dougour, Mohol, Mikiri" auxquels est ajouté "Tchéré" (13),
- les habitants du rebord montagneux de la chaîne du Mandara, Meri, Duvangar, Durum et Wazang (14),
- les Mboko peuplant un massif montagneux distinct, au nord-est de Méri (15),
- les "Moukio-Molkwa" (16), habitant la puissante montagne-île au nord de Mikiri et à l'est du pays mboko (17).

On notera qu'il n'est pas question des habitants du massif de Gemjek, à l'ouest du pays des Mboko, ni de ceux de Zulgo, plus au nord. Il y a à cela une raison très simple : ces montagnards ne font pas partie alors de la circonscription administrative de Maroua mais relèvent de celle de Mokolo, par l'intermédiaire de Mora. L'arrondissement de Mokolo comprend à cette époque la quasi-totalité des Monts Mandara, encerclant de tous côtés la petite partie du rebord montagneux commandée par Maroua. Les massifs de Gemjek et Zulgo, proches des "Mofu" de Maroua aussi bien par la situation géographique que par la culture matérielle et les structures sociales, relèvent de Mokolo, aussi les administrateurs en poste, enfermés dans leurs circonscriptions, n'ont pas pu réaliser cette parenté (18).

Et pourtant, dans la circonscription de Mokolo à la même époque, entre 1920 et 1950, le terme "Mouffou" - passant par les mêmes évolutions graphiques - était employé, là aussi par les militaires d'abord, puis les administrateurs. Toutefois, dans la continuité de l'usage allemand, il servait à désigner uniquement des montagnards situés dans le sud de la région, sur la rive droite de la Tsanaga. Parmi les massifs occupés par ces "Mofu" figurait cette fois une montagne portant le nom même de "Mofu" : une tournée, faite en 1929 par un administrateur qui est encore un militaire, passe à "Tchouvouk, Diméo, Sidim" et "Mofu" (19).

De l'identité des appellations à l'affirmation de l'existence d'un groupe unique il n'y avait qu'un pas. Celui-ci fut franchi par les administrateurs dans les années 1930 et sans aucune marche arrière. Les rapports administratifs des années 1945-1950 affirmeront, comme s'il s'agissait d'un fait établi par les prédécesseurs, que "le" groupe des Mofu est "à cheval sur les subdivisions de Maroua (ouest) et Mokolo (est)" (20).

b) une confusion tenace

Les études ethnologiques, produites de surcroît par ces administrateurs ou des fonctionnaires de leurs services, ont tout naturellement continué en cette voie. Leurs auteurs avaient pourtant fait pour la circonstance des séjours sur le terrain, mais des séjours très brefs : ils n'ont pas pu voir qu'il y avait problème.

On doit le premier article sur les "Mofu", paru en 1944, à J. Mouchet, ancien membre de l'expédition Dakar-Djibouti dirigée par M. Griaule, fixé ensuite dans le Nord- Cameroun (21). J. Mouchet se limite aux habitants du massif de Duvangar qui, note-t-il, "disent appartenir au groupe de populations mofu". Il localise "les Mofu" exclusivement dans la région de Maroua, au nord donc de la Tsanaga, et il donne sa propre définition du groupe, assez restrictive par rapport à l'usage des autres administrateurs : il écarte les Mboko et les Molkwo. Par contre il ajoute un petit massif au sud de Wazang, Masakal.

G. Marchesseau, auteur du second - et dernier - article sur "les Mofu", paru juste un an après celui de J. Mouchet, va beaucoup plus loin dans l'extension du terme. Bien que la majeure partie des "Mofu" réside, dit-il, dans la région de Maroua "ils ont franchi la vallée du Fogom et sont parvenus dans la subdivision de Mokolo, "jusqu'à Diméo, Sidim et dans Gudur", lieu, ajoute-t-il, qui "fut le centre d'une chefferie mofu importante" (22). G. Marchesseau a cherché, pendant son enquête à Durum, à trouver les traces d'une "alliance ou dépendance (de Durum) avec la chefferie de Gudur". Il annonce même que "la tradition (en) a gardé souvenir", ajoutant que "les chefs de Durum y recevaient, semble-t-il, l'intronisation" (23). En fait, l'interprétation avancée est basée uniquement sur le fait que le prince de Durum, lors de ses rencontres avec l'auteur, tenait en mains une belle pipe de cuivre qu'il disait provenir de Gudur. Cette affirmation du prince traduisait peut-être de bonnes relations avec son voisin, mais le dossier des faits de terrain était insuffisant pour conclure à une forme de sujétion politique.

G. Marchesseau qualifie de "Mofu" les gens de Durum sans dire, à la différence de J. Mouchet, s'ils reconnaissent ou non ce nom comme leur. Pour l'administrateur qu'il est, et qui a vu souvent le terme utilisé dans les rapports, la question ne semble pas se poser.

Un autre administrateur écrivant à la même époque, G. Lavergne, confond résolument, lui aussi, "Mofu" du nord et "Mofu" du sud. Il commence son long article consacré au grand groupe montagnard voisin, les "Matakam", par quelques pages historiques concernant l'ensemble de la région. C'est un étonnant pot-pourri d'allégations fantaisistes, où il décrit les "Giziga-Mofu" - Marva est "leur" capitale - dans la région de Marva et en butte aux assauts peuls, mais il s'agit en fait des seuls "Mofu" du sud. Il les divise en "ralliés" et "réfractaires". Les "ralliés", fixés dans les plaines, auraient "fusionné avec leurs anciens adversaires", c'est-à dire les Peuls. Les "réfractaires" auraient entamé une migration les menant à Gudur, "capitale des émigrés mofu qui devait finalement succomber" à ces mêmes Peuls (24).

Il sera ensuite difficile à B. Lembezat - ayant pourtant administré lui-même les "Mofu" des montagnes en contact avec la plaine du Diamaré - de remettre en cause dans ses synthèses ethnologiques l'existence de ces "Mofu" composites (25). Ses études d'ensemble avaient d'ailleurs pour but d'exploiter des rapports et notes, historiques ou ethnologiques, restés pour la plupart inédits, et non d'apporter des matériaux neufs. Il lui faudra simplement beaucoup d'ingéniosité pour concilier entre elles les affirmations concernant ces "Mofu", dont il ne pouvait que constater les contradictions, et pour expliquer leur implantation actuelle comme le résultat d'un éclatement à partir de la "confédération" de Gudur (26).

Malgré quelques réserves et points d'interrogation, il faisait sienne la présentation d'un groupe "mofu" unique et - plus grave - il lui donnait place dans le seul ouvrage ethnologique d'ensemble consacré aux populations du Nord, si bien que cette première méprise a été reprise ensuite sans contrôle par de nombreux chercheurs.

Les premiers chercheurs, géographes, démographes et historiens, travaillant entre 1960 et 1968, ont en effet considéré les "Mofu" comme formant un tout. L'"Atlas Mandara-Logone" d'A. Hallaire et H. Barral, chercheurs ORSTOM, présente le groupe comme le deuxième groupe montagnard après les Mafa (27) et ses intéressantes cartes, celle des localisations ethniques en particulier, le traitent comme un ensemble unique.

Autre auteur à entretenir cette confusion, J. Lestringant, à nouveau un ancien administrateur, dont l'"essai d'histoire régionale" concerne "les pays de Guider", frange méridionale du Nord-Cameroun. Esprit synthétique, J. Lestringant a traduit par des cartes diverses données, telle l'implantation des ethnies au début du XIXème siècle et les "lignes de marche" des Peuls. Cette carte sera, elle aussi, souvent reprise (28), or les "Mofou" y apparaissent comme un groupe homogène.

Les travaux du démographe A.M. Podlewski, de l'ORSTOM également, feront de même. Ils évaluent la "dynamique des principales populations du Nord Cameroun" (29), cherchant à montrer - démarche intéressante - comment chaque "population" possède sa personnalité sur le plan démographique. Chacune en outre se détermine, montre-t-il, par une endogamie rigoureuse : c'est dans son cadre que se noue la quasi-totalité des mariages. L'ethnie constitue une donnée de base pour les travaux de ce chercheur. Aussi a-t-il de son côté dressé un inventaire des ethnies d'après ses enquêtes sur le terrain, qu'il résume en une carte situant "les principaux groupes ethniques du Nord-Cameroun". On y voit les "Moufou" figurer à nouveau comme un très grand groupe, s'allongeant sur une cinquantaine de kilomètres, comparable par l'extension aux Mafa. La lecture de l'ouvrage confirme qu'A.M. Podlewski appelle "Mofou" aussi bien les massifs au sud de la Tsanaga - celui de Gudur par exemple, auquel il s'est particulièrement intéressé - que d'autres, bien au nord de la Tsanaga, tel celui de Méri. Le mélange de données si diverses aboutit à des "Mofou" hybrides, ce qui rend difficilement utilisable cette partie de son travail, intéressante néanmoins par sa démarche (30). Et pourtant l'esquisse ethnique synthétique d'A. Podlewski, n'ayant été relayée par aucune mise au point récente, continue à être utilisée aujourd'hui (31). Même le récent ouvrage collectif de l'ORSTOM consacré au "Nord du Cameroun" - dont certains textes datent, il est vrai, de 1978, et même de 1972 - continue à ne faire qu'un seul groupe des différents "Mofou" (32). Aussi n'est-il pas étonnant que les ouvrages de vulgarisation affirment l'existence d'un seul ensemble ethnique "mofu". Vulgarisation érudite et vulgarisation scolaire, y compris les plus récentes, vont dans le même sens, montrant ce groupe situé en partie sur Mokolo, en partie sur Maroua (33).

Il est temps de nous tourner vers les montagnards eux-mêmes pour montrer où nous puisons la conviction de l'existence de deux groupes différents. Pour les habitants de ces régions à quoi correspond ce nom de "Mofu" ? L'adoptent-ils pour parler d'eux-mêmes ? Quels groupes répondent à cette appellation ?

c) le point de vue des intéressés

Nous avons tenté de résoudre ce problème d'identité culturelle et ethnique dès 1968 et le début de nos enquêtes chez les montagnards de la sous-préfecture de Méri (34). Nous l'avons ensuite repris les années suivantes, au hasard des conversations. Non seulement les habitants de Durum, Duvangar et Wazang ont été interrogés mais aussi certains de leurs voisins de montagnes, proches ou éloignés ("Mofu" de la région de Maroua, Mafa et "Mofu" de la région de Mokolo) et certains voisins de plaine (Giziga et même Peuls). La confrontation entre ces informateurs très différents fait pourtant apparaître de nombreux points d'accord.

Le premier problème à résoudre était le nom même de "Mofu". D'où venait-il ? Avait-il été emprunté par les premiers observateurs aux montagnards eux-mêmes ? La réponse est venue aussitôt, très clairement. Il s'agit là d'une appellation ancienne, antérieure en tout cas à l'arrivée des Européens."*Ce nom existe depuis très, très longtemps, avant que les Blancs arrivent*", mais les habitants de Duvangar, Durum et Wazang ne l'utilisaient pas pour se désigner. Ils le connaissaient pourtant "*mais nous, nous appelons "Mofu" les gens de Mokolo : ce sont eux les vrais 'Mofu'!* ". "*Les vrais "Mofu" sont là-bas, loin, au-delà de Durum !*", "*à Rua*", en plein pays mafa, donc. "*Ce nom désigne nos voisins, là-bas, qui ne parlent pas notre langue.*

Ils sont vers l'ouest et nous sommes vers l'est. Et un cours d'eau nous sépare qui fait la limite entre nous ". (Il s'agit du cours septentrionnal du mayo Fogom, prolongé par la Tsanaga). Ainsi, pour les montagnards riverains de la plaine du Diamaré il existe bien des "Mofu", appelés ainsi depuis de nombreuses décennies. Ils qualifient souvent ces voisins montagnards de "vrais Mofu", mais eux-mêmes n'en font pas partie : ces "Mofu" sont en fait les Mafa.

De rapides enquêtes comparatives chez les Mafa nous ont permis de constater qu'effectivement les Mafa utilisent ce nom "Mofo", "Mafa", pour se désigner : *"Nous, les montagnards d'ici, nous nous appelons entre nous "Mofo". On dit 'I Mofo', 'Je suis un Mofo'"*. Ce terme "Mofo" aurait d'ailleurs selon certains informateurs mafa une signification débordant largement le groupe montagnard appelé aujourd'hui ainsi : il concernerait tous les non-musulmans. *"On peut dire que tous ceux qui ne sont pas circoncis sont des "Mofo".*

Ces explications nous ont fait prendre conscience de la prononciation particulière du phonème /o/ par tous ces montagnards. Il s'agit d'une réalisation très ouverte, intermédiaire entre /o/ et /a/. Ainsi "Mafa" se prononce-t-il aussi bien "Mofa" et de même "Mofu" pourrait s'expliquer à partir de cette dernière prononciation (35). Les Peuls, premiers étrangers en contact avec les Mafa, pourraient s'être inspirés de leur usage du terme "Mofo". (Ce sont pourtant certains d'entre eux, semble-t-il, qui les ont baptisés "Matakam", nom que les Mafa refusent et dont ils ont horreur,*"c'est une injure! Une insulte !"*).Les Peuls auraient enregistré le terme "Mofo", et ils l'auraient étendu à d'autres montagnards, ceux du Diamaré. De nombreux informateurs nous ont en effet expliqué que les Peuls portent la paternité de ce nom qui les désigne et qu'ils ne connaissaient pas jusque-là.

Les Giziga, voisins de plaine des Peuls, utilisaient eux aussi le même terme "Mofu" pour désigner les montagnards riverains de la plaine du Diamaré, disent aujourd'hui les habitants de Wazang, Durum et Molkwo. Giziga et Peuls l'appliquaient non seulement aux habitants des trois massifs mais à leurs voisins, même les plus éloignés. *"Les Peuls ont appelé 'Mofu' tout le monde"*, *"tous les païens"*, *"tous ceux qui portaient la peau"* (36) (le vêtement traditionnel étant - pour les hommes comme pour les femmes - fait à partir de peaux, de chèvres, moutons ou taureaux). D'autres précisent : *"'Mofu' est un vieux mot qui désigne tous les incirconcis"* ; *"on appelle "Mofu" ceux qui ne prient pas, ceux qui ne sont pas musulmans"*. Comme les Mafa ces informateurs estiment que le mot concerne non seulement l'ensemble des montagnards mais celui des non-islamisés. *"Depuis très longtemps tous ceux qui ne sont pas musulmans sont des "Mofu"*.

Pour résumer la situation certains informateurs du Diamaré expliquent qu'il y a deux sortes de "Mofu", *"ceux de Mokolo et ceux d'ici"*, les premiers, les Mafa, portant ce nom légitimement en quelque sorte, les seconds, eux-mêmes et les massifs environnants, se contentant de le supporter depuis plusieurs décennies à la suite d'une confusion des Peuls. Ceux-ci, appelant "Mofu" même les non-Mafa, établissent ainsi une parenté culturelle entre des groupes qui se considèrent pour leur part comme distincts.

L'attribution du nom "Mofu" a suivi le même cheminement sur la rive droite de la Tsanaga, chez les autres montagnards "Mofu". Certains parmi eux - de rapides enquêtes nous l'ont montré - considèrent aussi le terme comme importé. Par qui ? Par les Peuls, répondent pour eux les informateurs de Wazang, chefferie en bordure de la Tsanaga, proche donc de ces montagnards. Toutefois les "Mofu "intéressés, aussi bien à Gudur qu'à Zidim, attribuent eux, la paternité du terme aux Européens - Allemands et Français confondus.*"Ce sont les Blancs qui ont pris ce nom de Mofu et l'ont étendu à toutes les montagnes"*, disent par exemple les gens de Zidim. De surcroît le nom de Mofu était traditionnellement celui d'une montagne de la région, on l'a vu, ce qui aurait aidé les premiers administrateurs à l'étendre aux montagnards les plus proches.

Nous avons essayé de nous tourner vers les Peuls eux-mêmes, en interrogeant à ce sujet le chef du seul village peul proche des montagnes (37), Mbozo-Debi, fondé vers 1920, à égale distance de Duvangar, Durum et Wazang (38). Pour lui l'origine du nom "Mofu" est à chercher du côté des *"montagnards eux-mêmes qui l'ont inventé"*, et il fait ainsi écho aux affirmations mafa. Sans dire s'il s'agit là d'un usage dû aux Peuls il reconnaît que le nom Mofu est appliqué par ceux-ci aussi bien aux montagnards du Diamaré qu'à ceux de "Mokon, Dimeo etc...". Toutefois, dit-il, les deux groupes sont absolument distincts : *"ils ne sont pas de la même race"* (39).

Au-delà des divergences de détails il faut conclure qu'aucun des groupes montagnards désignés de part et d'autre de la Tsanaga comme "Mofu" n'est de façon sûre à l'origine de ce nom. Il peut s'agir d'une appellation qui, ayant glissé hors de son lieu d'origine - le pays mafa, selon toute vraisemblance - en est venue, sans doute en raison d'un usage peul, à désigner les habitants de massifs situés en bordure immédiate des Mafa.

Il est possible aussi que le cheminement ait été différent pour les deux groupes. Chez les "Mofu" du Nord l'appellation n'aurait aucune base traditionnelle. Chez ceux du sud, par contre, l'existence d'un massif portant anciennement ce nom aurait permis de nommer les habitants qui en étaient proches.

On voit l'équivoque créée par l'attribution d'une étiquette ethnique, imposée de l'extérieur à ces montagnards à la suite de plusieurs erreurs conjuguées, celles des Peuls, relayés par les colonisateurs allemands puis français. On notera que c'est vers les Peuls, se présentant comme les suzerains des montagnards, et non vers chacune des sociétés concernées, que se sont tournés les premiers colonisateurs désireux de connaître la région. Auraient-ils pu faire autrement d'ailleurs ? Ce sont donc les connaissances qu'avaient les Peuls de ces populations et leurs façons de les nommer, qui ont été enregistrées.

3. "MOFU", L'HISTOIRE D'UN NOM

Notes des pages 47 à 54

(1) Rappelons que les Allemands ont occupé le Nord-Cameroun près de vingt ans après avoir pris possession du Sud. La prise de Maroua par le Major H. Dominik le 21 janvier 1902 marqua l'effondrement des Peuls et le début de l'installation allemande dans le Nord (H. DOMINIK, 1902, "Combat contre Maroua les 20 et 21 janvier 1902", Archives Yaoundé, AZ 126-640). Cette installation fut de courte durée puisqu'elle prit fin en 1916, avec la reddition sous les assauts anglo-français du dernier bastion allemand, Mora, enlevé après un siège de dix-huit mois. Prise de Maroua et prise de Mora ont laissé des souvenirs vivaces aux montagnards (J.F. VINCENT, 1981 (1973), p.281).

(2) Nous avons pu prendre connaissance aux archives de Yaoundé des feuilles de la carte Moisel concernant le Nord-Cameroun, et l'Institut Géographique National de Yaoundé a bien voulu effectuer pour nous, en 1976, un assemblage et un retirage partiel de ces quatre feuilles, centrés sur la région de Maroua, cf. Annexe 5 du Chapitre I.

(3) Ainsi que le remarque D. Barreteau (comm. pers. 1985)

(4) K. STRUMPELL, 1912, trad. franç. (1918 ?) p. 11 et p. 38.

(5) Nous nous apppuierons ici sur les documents provenant d'archives camerounaises : archives préfectorales de Maroua, dépouillées en 1968, archives du fonds IRCAM de Yaoundé (Institut de Recherches Camerounaises, ex-Centre IFAN du Cameroun) dépouillées en 1968 et 1969 et, surtout, archives nationales de Yaoundé, dépouillées en 1968, puis en 1976 et 1980.

(6) Lieut. BLANVILLAIN, 1917, "Rapport de tournée du 13 février au 12 mars", Archiv. Yaoundé APA 12 037

(7) Cap. PETIT , 1919, "Rapport annuel pour 1919", Archiv. Yaoundé APA 12 037

(8) Cap. PETIT, 1920, "Rapport de tournée du 20 février au 24 mars dans le Mandara", Archiv. Yaoundé APA 12 033

(9) Cap. MENGUY, 1923, "Rapport pour le 3ème trimestre 1923", Archiv. Yaoundé APA 12 033

(10) Adm. LENOIR, 1928, "Rapport de tournée du 28 novembre au 3 décembre", Archiv. Yaoundé APA 11 513

(11) Adm. NOUET, 1935, "Tournée du 7 au 19 mars en pays mofou", Archiv. Maroua, sans numérot.

(12) Ayant passé plusieurs années au Nord-Cameroun il est l'auteur de divers articles parus au Journal de la Société des Africanistes et aussi au Bulletin de l'IFAN.

(13) Adm. FOURNEAU, 1936, "Rapport de tournée", Archiv. Maroua, sans numérot. J. FOURNEAU ajoute, il est vrai, à sa liste Kakata, à l'extrémité sud-est de la même montagne-île de Tsere, mais néanmoins village Giziga-Marva

(14) Adm. MARCHESSEAU, 1944, "Répartition des races dans la subdivision de Maroua", Archiv. Yaoundé, APA 11 618

(15) Adm. SALASC, 1943 "Rapport de tournée", Archiv. Maroua, sans numérot.

(16) Adm. LEMBEZAT, 1947

(17) On remarquera que parmi ces massifs montagneux ne figure pas la montagne "Mufu" de la Carte Moisel.

(18) B. LEMBEZAT, détaillant en 1961 les massifs mofu de la subdivision de Maroua, ne souffle mot des Gemzek mais il fait figurer parmi eux les Zoulgo (1961, p. 8)

(19) Cap. REMIRE, 1929, "Rapport de tournée du 7 au 13 janvier", Archiv. Yaoundé, TA 11 832/J

(20) Adm. DELMOND, 1949, "Rapport annuel pour la région du Diamaré", Archiv. Yaoundé, APA 11 618

(21) J. MOUCHET, 1944
(22) G. MARCHESSEAU, 1945, p. 9
(23) ibid. p. 16
(24) G. LAVERGNE, 1944, pp. 20-21
(25) La première, parue en 1952, est intitulée "Kirdi, les populations paiennes du Nord-Cameroun". La seconde, qui la reprend et la développe, devient en 1961 - par disparition du terme "Kirdi" - " Les populations païennes du Nord-Cameroun et de l'Adamaoua"
(26) B. LEMBEZAT, 1961, p. 8 et p. 13
(27) A. HALLAIRE et H. BARRAL, 1967, p. 26
(28) J. LESTRINGANT, 1964, p. 470. Cette carte a par exemple été reprise en 1977 par Ch. COLLARD (1977, p. 98 et p. 105) et plus récemment par A. ADLER (1982, p. 41)
(29) A.M. PODLEWSKI, 1966
(30) ibid. pp. 137-150
(31) Ph. COUTY et al., 1981, p. 31
(32) J. BOUTRAIS et al. 1984, p. 136, p. 185 etc...
(33) E. MVENG, 1962, "Carte des populations", p. 210 et p. 220 ; R. BRETON, 1979, "Carte des ethnies et des langues".
(34) J.F. VINCENT, rapp. inéd. 1968 b p. 2; 1969, Carte 1 "Extension du groupe dit mofu"
(35) Selon D. Barreteau, linguiste ORSTOM. La langue mofu de Duvangar-Durum-Wazang, fait-il remarquer, ne possède pas la voyelle /o/. D. Barreteau y a reconnu l'existence du triangle vocalique

$$\begin{matrix} e & & o \\ & a & \end{matrix}$$

/o/ suivant l'environnement étant prononcé "a" ou "o", voire "u" (D. Barreteau, 1979, communic. pers.)
(36) Il serait intéressant de pouvoir mener chez les Peuls une enquête parallèle spécifiant l'origine et l'extension du nom "mofu".
(37) Le lawan Buba-Njoda (1895-1977) s'est révélé un informateur particulièrement précieux. Rencontré en 1971 et 1973 il a montré qu'il connaissait bien la société "mofu", à la fois dans son fonctionnement et dans son histoire (J.F. VINCENT, 1981, p. 283). Il a été également l'informateur d'E.Mohammadou, lors de ses enquêtes sur l'histoire des Peuls du Diamaré (E. MOHAMMADOU, 1976).
(38) Les relations entre le village peul de Mbozo-Debi et les montagnards de Wazang viennent de faire l'objet d'une importante étude due à J. BOUTRAIS, géographe ORSTOM (J. BOUTRAIS, 1987) que nous n'avons malheureusement pu utiliser dans ce travail.
(39) *"Ce sont des 'Kora Daba' qui ont leur langue à part "*. Lawan Buba-Njoda (Mbozo-Debi, 31-7-73). Ce nom de *'Kora Daba'* qui signifie en réalité "je dis que" a été relevé également par E. Mohammadou, qui n'en donne pas l'origine (E. MOHAMMADOU, 1976, p.73, p.307). Toutefois selon nos informateurs montagnards cette façon de caractériser une langue par cette expression serait courante. C'est également d'après la façon de dire "je dis que" que procédaient dans le sud du Cameroun les groupes dialectaux Bënë/Beti pour se distinguer entre eux (P. LABURTHE-TOLRA, 1977, pp.10-11)

4. MONTAGNARDS ET HABITANTS DES PLAINES

a) les "gens des montagnes"

- la délimitation des "gens des montagnes"

Le rejet du terme "Mofu" par tous les montagnards du nord de la Tsanaga pourrait laisser croire qu'il existe là un ensemble se donnant son propre nom ignoré des voisins et des étrangers. Les faits ne confirment pas cette vision et l'on se trouve seulement devant des groupes juxtaposés dont le manque d'unité se traduit dès l'abord par l'absence d'une langue unique.

Chez ces montagnards, petit à petit appelés "Mofu" par les administrateurs, on ne trouve pas moins de six langues. Elles appartiennent au groupe des langues mafa - au nombre de dix-sept - groupe qui lui-même se range dans les langues tchadiques comprenant la majorité des langues parlées au Nord-Cameroun, en plaine comme en montagne (1). Elles constituent bien des langues distinctes, aussi différentes entre elles, selon les linguistes, que le français et l'espagnol, voire le français et le polonais. Les habitants de l'ensemble Duvangar-Durum-Wazang parlent une langue commune; à côté d'eux Meri parle sa propre langue et Mboko la sienne. Dans les montagnes-îles on trouve encore deux autres langues : l'une propre à Molkwo, l'autre commune à Dugur et Mikiri. Zulgo, Gemzek et Mineo possèdent enfin une langue qui leur est commune (cf. Carte 4 : "Les langues "mofu" au Nord-Cameroun").

Parmi ces six langues une seule, la plus importante par le nombre des locuteurs - les habitants des chefferies de Duvangar, Durum et Wazang - est qualifiée de "Mofu" par les linguistes qui la dénomment "Mofu-nord", reprenant l'appellation "Mofu" pour désigner la langue des habitants de Gudur et ses environs qui devient le "Mofu-sud". Pour notre part il nous paraît logique de qualifier également de "Mofu" - au-delà du caractère artificiel de cette appellation - les langues de tous les groupes montagnards appelés "Mofu" depuis plusieurs décennies. Nous parlons donc non seulement du "Mofu de Duvangar-Durum-Wazang" mais du "Mofu de Meri", du "Mofu de Mboko", du "Mofu de Molkwo", du "Mofu de Dugur-Mikiri", du "Mofu de Zulgo-Gemzek-Mineo".

Quatre de ces langues sont de faible extension, parlées par 3 000 à 8 000 personnes - les Mofu de Meri, Mboko, Molkwo et Dugur-Mikiri - tandis que deux sont utilisées par un nombre de locuteurs un peu plus important : le Mofu de Zulgo-Gemzek-Mineo est parlé par près de 15 000 personnes, et celui de Duvangar-Durum-Wazang par 20 000.

Quelle que soit leur langue ces montagnards se dénomment tous de la même façon. Ils sont "les hommes des rochers", *ndu ma ngwa hay* en Mofu de Duvangar-Durum-Wazang (2), *ndu i ngma hay*, en Mofu de Dugur-Mikiri et de Meri, etc...

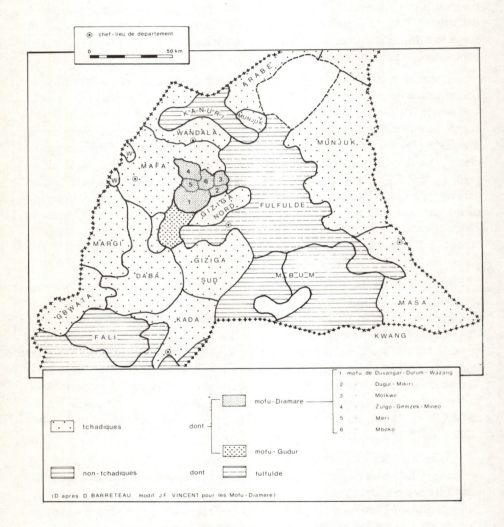

Carte 4   Les langues "mofu" au Nord-Cameroun

Ngwa et *ngma* dans cette acception concrète signifient certes "caillou", "pierre", "rocher", mais ces termes possèdent aussi un autre sens plus extensif : "massif rocheux, montagne". Les *ndu ma ngwa hay* et *ndu i ngma hay* sont alors, simplement et noblement, les "gens des montagnes", "les montagnards", expression globalisante formée de façon identique, la seule différence étant constituée par la diversité des moules linguistiques. Déjà dans le monde antique se rencontraient par dizaines des communautés se désignant simplement comme "les hommes" et s'opposant ainsi à leurs voisins considérés implicitement comme barbares (3). Pour nos interlocuteurs le principal critère de différenciation est la présence de montagnes : il y a "les gens des montagnes" et tous les autres, les étrangers proches ou lointains, de toutes races et origines, supposés ne pas avoir de montagnes chez eux et même n'en avoir jamais vu avant de venir chez les *ndu ma ngwa hay* (4). Ce manque de familiarité avec la montagne en fait des hommes totalement différents. On pressent alors que le sens du terme *ngwa* ne se limite pas à la réalité immédiate d'un milieu géographique spécifique. *Ngwa*, *ngma*, ne désignent pas seulement un ensemble de blocs rocheux, un relief montagneux; ils s'appliquent aussi à une montagne façonnée par l'homme, ayant sa propre identité, ses techniques, ses structures sociales et religieuses (5).

L'expression *ndu ma ngwa hay* perd alors la limpidité qu'elle avait pour l'étranger : les "gens des *ngwa*" sont non seulement les habitants des montagnes mais *"tous ceux qui ont leur propre ngwa"*, tous ceux qui vivent rassemblés en *ngwa*, en unités politiques et sociales distinctes, et donc tous ceux qui ont des structures sociales identiques.

Parmi ces *ngwa*, *ngma*, "montagnes" pressées les unes contre les autres et cependant distinctes, les "Mofu" du nord de la Tsanaga opèrent certains regroupements qu'ils désignent à l'aide d'appellations d'ensemble, mais leur extension et leur contenu varient suivant l'origine géographique des informateurs. Il sont fonction aussi de leur âge. Les montagnards nés au début du siècle ont peu voyagé - on comprendra plus loin pourquoi - aussi pour eux le monde connu s'arrête-t-il rapidement, à quelques heures de marche à peine de leur montagne. Ils ne se hasardent à nommer, situer et classer que leurs voisins immédiats. Même dans ces conditions connaissances et ignorances varient de proche en proche, selon que la questionneuse se déplace d'une extrémité à l'autre du rebord du plateau - du massif de Gemzek au nord à celui de Wazang au sud, par exemple - ou suivant que l'on passe d'une montagne-île à l'autre, ainsi de Molkwo à Dugur.

Un point est commun à ces diverses présentations des "gens des montagnes", mais il est d'ordre négatif : aucune ne cherche à faire apparaître une population unique, composée de "montagnes" soeurs. Chacune correspond à un regroupement géographique d'extension modeste.

Nous aurions pu amalgamer ou tout au moins juxtaposer ces synthèses partielles, à la portée chaque fois différente, car en rapprochant ces faisceaux de connaissances, on pourrait composer artificiellement un portrait robot des "Mofu du nord de la Tsanaga". Nous avons préféré nous limiter à la présentation des "gens des montagnes" propre au groupe qui, au sein de ces "Mofu", est le plus important sur le plan numérique, l'ensemble des Duvangar, Durum et Wazang (6).

Pour nommer le groupe qu'ils constituent ces montagnards n'ont pas d'autre appellation que *ndu ma ngwa hay*. Les "gens des montagnes", les "hommes des rochers", ce sont d'abord et avant tout... eux-mêmes, habitants des trois grandes chefferies. A ces trois groupes, certains montagnards de Duvangar et de Durum ajoutent celui de Meri, voisin privilégié puisque encastré entre eux. Malgré leur langue différente les habitants de Meri sont souvent présentés comme faisant partie eux aussi des "vrais" "hommes des rochers".

L'expression *ndu ma ngwa hay* ne se borne pas à désigner cet ensemble restreint d'environ 25 000 montagnards. Elle possède aussi, fait-on remarquer, une signification générale. En plus d'eux-mêmes les habitants des trois chefferies comptent parmi les "gens des montagnes" certains voisins.

- Les premiers nommés sont les habitants des trois montagnes-îles face au massif de Duvangar - Dugur, Mikiri et Tsere - désignés souvent collectivement comme *ndu ma bizi hay*, les "gens de l'est". Avec eux sont comptés les habitants de Molkwo, puissante montagne-île, voisine septentrionale de Mikiri. Les habitants de ces quatre montagnes constituent par rapport aux montagnards de Duvangar-Durum-Wazang un ensemble distinct, le plus proche d'eux sur le plan culturel et pour cette raison nommé le premier.

- Meri, voisin le plus proche, est toutefois associé généralement à trois autres massifs, Mboko, Gemzek et Zulgo. Ces quatre groupes sont appelés collectivement *Tsklam* (7), mais cette énumération n'est pas constante, même à Duvangar qui l'utilise couramment, où certains y ajoutent les Minéo. D'autres montagnards à Durum limitent les *Tsklam* à Meri et Gemzek. A Wazang au contraire on y inclut... les Duvangar, et non pas les Durum car trop proches. *Tsklam* apparaît alors comme un simple regroupement géographique, désignant "ceux qui habitent du côté du nord". Les *Tsklam* sont ressentis cependant par la plupart des informateurs comme un ensemble cohérent de "gens des montagnes", assez proches sur le plan culturel des habitants des trois massifs mais présentant avec les "vrais" *ndu ma ngwa hay* plus de différences que les "gens de l'est". Ils constituent une seconde masse juxtaposée au bloc des montagnards de Duvangar- Durum-Wazang, où les éléments *ndu ma ngwa hay* sont néanmoins encore suffisamment nets pour que leur groupe puisse être reconnu et accepté.

Les *Tsklam* constituent les derniers groupes montagnards à être nommés et connus par les vieux informateurs des trois massifs. Pour eux les voisins septentrionaux des *Tsklam* sont des inconnus, les Mada et les Muyang par exemple ou encore les Uldeme, proches pourtant sur le plan culturel des *ndu ma ngwa hay* aux yeux d'observateurs étrangers. Même leurs noms sont ignorés par les anciens des trois massifs, faisant figure d'autorités en matière de société traditionnelle, Bi-Kaliao ou Kadegal de Wazang, par exemple (8). En citant les noms des Muktele et des Podokwo - encore plus au nord et séparés de Durum par exemple par une distance de 25 à 30 km en ligne directe - on est assuré de n'éveiller aucun écho : le monde connu a pris fin. Pour les habitants des trois massifs à une distance pareille il n'y a plus ni montagnes, ni "gens des montagnes".

Du côté de l'ouest figurent d'autres voisins appartenant tous au même ensemble, celui des "Mofo", déjà évoqués. Ce sont les habitants de Durum qui les connaissent le mieux : ils sont en contacts immédiats avec eux, une fois franchi le mâyo Fogom. Dans l'ensemble des trois massifs on décrit les "Mofo" comme un groupe très important par le nombre - mais possédant néanmoins une seule langue - s'étendant sur une surface si vaste que personne n'en connaît les limites exactes. Et pourtant avec ces "Mofo" les habitants des trois massifs se sentent suffisamment d'affinités pour les considérer comme *ndu ma ngwa hay*, mais ils le font cette fois avec précaution, en soulignant en même temps le caractère ténu de ce rapprochement. Les "Mofo" constituent par rapport à eux-mêmes une troisième extension des *ndu ma ngwa hay*, la moins perceptible, celle avec qui le sentiment d'une parenté est le plus dilué.

Les *ndu ma gwa hay* présentent leurs voisins immédiats de l'est, du nord et de l'ouest, comme appartenant au même grand ensemble culturel qu'eux-mêmes : tous sont "gens des montagnes". Il paraîtrait donc logique qu'ils englobent dans une nouvelle extension leurs voisins du sud occupant les massifs au-delà de la Tsanaga. Et pourtant il n'en est rien. Ils affirment au contraire n'avoir jamais entretenu de relations avec eux et n'avoir aujourd'hui avec eux rien de commun. Pour eux ces voisins - qu'à Wazang on appelle parfois "les gens de l'ouest", *ndu a mi ngwa hay* (l'ouest étant "*mi ngwa*", "la bouche des montagnes") - n'ont rien de commun avec eux-mêmes : ils les considèrent comme complètement différents (9).

Cette attitude de rejet est d'autant plus déconcertante que ces voisins habitent également en montagne : eux-mêmes se désignent dans leur langue comme "les gens des montagnes". Et surtout eux aussi, depuis des décennies, sont appelés "Mofu" à leurs corps défendant par les rares étrangers ayant été amenés à les côtoyer. Cette méprise commune n'a pourtant créé de part et d'autre de la Tsanaga aucun rapprochement et les deux groupes sont restés des étrangers.

Les habitants de Duvangar, Durum et Wazang, appellent ces voisins du sud "*Gudal-hay*", "les gens de Gudur" (10), appliquant ce terme d'ensemble à plusieurs massifs géographiques distincts, présentés par eux comme dominés jadis par le massif de Gudur (11). Pour les plus âgés de nos informateurs les "Gudal" ne sont pas "gens des montagnes". Par cette affirmation les habitants des trois chefferies ne

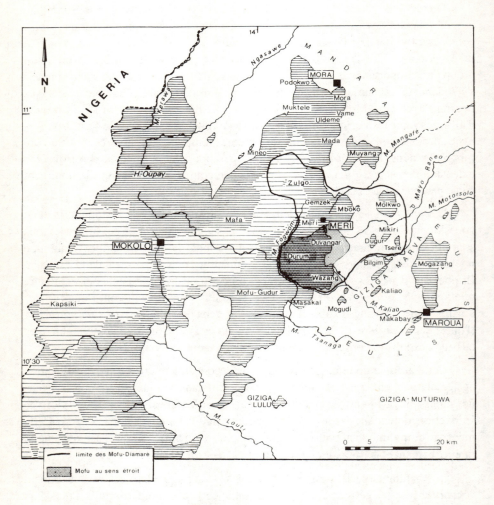

Carte 5 Localisation ethnique : les Mofu-Diamaré et leurs voisins
(Mofu-Diamaré: enquêtes J.F. Vincent; autres ethnies: enquêtes A. Hallaire)

cherchent pas à gommer la présence des rochers et des massifs "gudal". Ils laissent seulement entendre qu'il est impossible de les rapprocher d'eux, les "Gudal" étant dans une sphère culturelle différente.

Ainsi les "Mofu" du nord de la Tsanaga ne peuvent être définis que négativement, et par rapport aux seuls "Gudal". Eux-mêmes ne cherchent pas à se présenter comme un groupe structuré, seulement comme un regroupement lâche d'ensembles distincts. Il y a là une illustration saisissante de "déconstruction de l'objet ethnique" (12). L'unique bloc ethnique que l'on voit surgir au milieu de ces "Mofu" est celui des montagnards de Duvangar, Durum et Wazang, qui, lui, proclame son unité. Aussi est-ce à lui que nous nous sommes d'abord et surtout intéressée. Cependant nous ne nous sommes pas limitée à cet ensemble. Au début de notre étude nous sommes allée travailler chez ses voisins parce que, sur la foi de la bibliographie, nous croyions à l'unité des "Mofu" du nord de la Tsanaga. Les enquêtes de terrain nous ont obligée à la remettre en cause, mais nous avons continué à nous intéresser à ces autres "Gens des rochers" : *Tsklam* et surtout "Gens de l'est". Nous avons cherché à mieux cerner les différences entre eux et ceux qui nous apparaissaient comme le noyau dur des *ndu ma ngwa hay*, les montagnards des trois chefferies-soeurs. Nous avons estimé en effet que ces variations pouvaient s'éclairer l'une l'autre et nous faire déboucher sur une meilleure compréhension du fonctionnement de chacune des sociétés.

- l'utilisation partielle du nom "Mofu" :
"Mofu-Diamaré" et "Mofu-Gudur"

Nos enquêtes de terrain sont parvenues très vite à une conclusion sûre : le terme "Mofu" était inadéquat pour nommer les montagnards du nord de la Tsanaga. Fallait-il alors utiliser la seule appellation générale qu'ils emploient, *ndu ma ngwa hay* ? Nous ne l'avons pas voulu. D'abord parce qu'il s'agit là d'une expression propre à la seule langue des Duvangar, Durum et Wazang. Pourquoi la privilégier alors que les groupes qu'elle reconnaît comme parents ont chacun leur propre langue, donc leur propre formulation ? L'utilisation constante de *ndu ma ngwa hay*, d'ailleurs peu facile en raison de la consonance des termes, aurait eu en plus des relents passéistes : les vieux récusent le terme "Mofu" ou font la grimace mais les jeunes considèrent désormais qu'il les concerne, attitude d'acceptation qui, d'ailleurs, est la même au sud de la Tsanaga.

Pour garder le terme "Mofu" tout en soulignant la spécificité culturelle et ethnique des deux ensembles montagnards, les chercheurs travaillant chez eux (13) parlent désormais de "Mofu-Diamaré" pour désigner les "gens des montagnes" du nord de la Tsanaga. Leurs massifs et leurs montagnes-îles dominent la plaine du Diamaré et ils ont toujours relevé sur le plan administratif de Maroua. Au sein de cet ensemble nous désignerons par simple convention les habitants des massifs de Duvangar, Durum et Wazang, à l'aide du terme "Mofu" sans spécification. Quant aux montagnards du sud de la Tsanaga, administrés par Mokolo, ils sont appelés "Mofu-Gudur" par les chercheurs qui les étudient, en raison du rôle important joué jadis par la chefferie de Gudur (cf. Carte 5 : "Localisation ethnique : les Mofu-Diamaré et leurs voisins").

A peine décollée, l'ancienne étiquette ethnique plaquée de l'extérieur est remplacée par deux étiquettes nouvelles. Il n'y a là nul besoin, presque maniaque, de rangement. Nous n'avons fait que transposer la classification des montagnards eux-mêmes : ceux que nous appellerons désormais "Mofu-Diamaré" correspondent à l'ensemble *ndu ma ngwa hay* défini par eux.

Ce regroupement des *ndu ma ngwa hay* s'appuie sur des critères qu'il faut évoquer et dont la description peut enrichir le débat théorique sur la notion d'ethnie.

b) les critères utilisés

- critères propres aux montagnards : l'argument linguistique

Le rebord de la chaîne du Mandara se caractérise par la coexistence d'"une cinquantaine de langues", correspondant à une remarquable fragmentation, "une des plus fortes du monde", selon les linguistes (14). Les "gens des montagnes" ne s'appuient pas sur ces différences de langues pour se regrouper entre eux ou pour rejeter certains groupes montagnards voisins. Ils n'en tiennent pas compte et ces distinctions passent à travers leur classement sans l'influencer : *"Parmi les ndu ma ngwa hay",* ont-ils fait remarquer dès le début, *"il y a d'abord Durum, Duvangar, Wazang qui parlent la même langue, et d'autres dont la langue est différente"*. Cette affirmation surprend au premier abord. N'a-t-on pas souvent répété, dans et hors du Cameroun, que pour qu'un groupe puisse proclamer son originalité ethnique il fallait qu'il corresponde à un ensemble linguistique ? Ainsi au Nord-Cameroun G. Lestringant, pionnier des études de sciences humaines, s'est attaché à définir l'ethnie dont la cohésion tend, selon lui, à s'opérer sur la base linguistique (15). De même B. Juillerat abordant le problème chez les montagnards Muktele, constate que ceux-ci ne sont "unifiés que sur le plan culturel et linguistique", laissant ainsi entendre que la langue constitue un trait de culture primordial (16).

Pourtant au Nord-Cameroun même on rencontre le cas d'une ethnie, dont les membres, les Kotoko, ne parlent pas la même langue et dont l'unité, observe A. Lebeuf, est créée par d'autres facteurs, un élément historique - leur sentiment commun de descendre des Sao - et un élément géographique, l'existence du fleuve du Chari reliant les cités kotoko l'une à l'autre (17). A l'extérieur du Cameroun les Bwa et les Gourounsi, les uns et les autres habitants du Burkina, fournissent également l'exemple de "groupes ethniques" à l'intérieur desquels on observe pourtant un grand foisonnement linguistique (18).

Inversement une parenté linguistique étroite ne traduit pas l'existence entre groupes de locuteurs de liens ethniques ni même simplement culturels. Les Mofu-Gudur sont rejetés par les Mofu-Diamaré en dehors des *ndu ma ngwa hay* et ils sont considérés par eux comme de véritables étrangers, on vient de le voir. Et pourtant les linguistes considèrent le Mofu de Duvangar-Durum-Wazang et le Mofu-Gudur comme étroitement apparentés (19). D'autres exemples africains de cette absence de coïncidence entre parenté linguistique et cohésion ethnique peuvent facilement être trouvés, tel celui des Nar, groupe sara du Tchad, dont la langue est proche de celle des habitants du Baguirmi, leurs ennemis pourtant et leurs razzieurs pendant des décennies (20).

Finalement les cas d'unité ethnique sans cohésion linguistique sont relativement fréquents - telle est d'ailleurs la conclusion des travaux récents sur l'ethnie (21) - et il nous paraît probable qu'ils se feront de plus en plus fréquents, au fur et à mesure que les populations africaines seront étudiées en profondeur.

L'exemple des *ndu ma ngwa hay* qui, sans rejeter les groupes voisins, mettent tout de même à part Duvangar, Durum, Wazang à la langue unique, montre qu'il est possible de parler à leur propos d'un "ensemble ethnique" aux langues diverses et c'est à l'intérieur d'un des groupes composant cet ensemble que l'utilisation de la même langue crée un sentiment de parenté plus étroit.

- l'absence de circoncision

Elle constitue un premier trait qui caractérise l'ensemble des *ndu ma ngwa hay*. En fait nos informateurs ne font pas la remarque d'eux-mêmes mais ils la suggèrent. Ils rappellent en effet que les Peuls, en parlant d'eux, les appellent *Kâdo*, traduisant ce mot par "les incirconcis", ce que nous sommes effectivement, disent-ils : face aux Peuls, ces circoncis, ils sont, eux, *"les hommes dont la verge n'est pas coupée"*. Le mot *kâdo* serait donc selon eux uniquement descriptif. En fait la traduction proposée par les montagnards pour *kâdo* n'est pas exacte. Si l'on se réfère aux spécialistes du monde peul, le nom *kâdo* constitue bien une appellation d'ensemble mais il n'a pas le sens qui nous a été indiqué par les montagnards. Au Cameroun ce terme désigne "l'animiste, le païen, par rapport aux musulmans"(22), si bien qu'il en vient à s'appliquer à n'importe quel non-Peul, montagnard ou habitant de plaine. C'est dans ce sens général - et en utilisant de façon plus correcte le terme pluriel *"Hâbe"* - que divers administrateurs l'avaient employé pour opposer aux Peuls les populations non-islamisées du Nord-Cameroun. Ainsi *Kâdo* ne contient par lui-même aucune référence à la circoncision et l'on est bien obligé de conclure que ce sont les montagnards qui l'y ont introduite. Ce sont eux qui attachent de l'importance à cette absence ou présence de la circoncision. Ce sont eux enfin qui restreignent le sens du mot en en faisant un synomyme d'habitant des montagnes.

Selon certains informateurs le nom *Kâdo* signifiant "incirconcis montagnard" ne fait qu'établir un constat et constituerait un terme relativement neutre : Si un montagnard est appelé *kâdo* par un Peul il ne relève pas l'appellation.*"Au contraire si un Peul te dit : ' toi tu es un Kirdi', tu te bats avec lui ! Il t'a injurié"*. En effet selon les montagnards, le mot *Kirdi* signifie *"celui qui n'a pas de religion, qui ne prie pas car il est considéré comme un animal"*. Le seul emploi de *Kirdi* mettrait le montagnard*"du même côté que le chien"*. Le terme *Kirdi* est donc très injurieux et se faire traiter de *Kirdi* est insupportable. Au contraire les montagnards utilisent de plus en plus souvent le terme *Kâdo* pour parler d'eux-mêmes, comme un équivalent de "Mofu" (23).*"Tous ceux qui veulent venir habiter ici peuvent le faire"*, nous expliquaient récemment des montagnards ayant fondé en piémont un nouveau village non loin de Wazang.*"Des gens de Durum sont déjà venus. Nous sommes tous Kâdo, nous sommes tous des Mofu..."*.

L'emploi du terme *Kâdo* recèle donc les mêmes limites que l'appellation *ndu ma ngwa hay*. Ces montagnards dont l'étendue des connaissances est restreinte pensent être les seuls incirconcis et ils ne réalisent pas que le critère ainsi retenu est singulièrement imprécis.

- les interdits alimentaires

Quelques informateurs ont eu recours aux interdits alimentaires pour essayer de classer la masse des montagnards. Il existe en effet au Nord-Cameroun des interdits, s'appliquant non à des clans mais à des groupes humains très larges, englobant plusieurs massifs géographiques, voire plusieurs villages de plaine, et coïncidant parfois avec des ethnies. Ces interdits concernent non pas des animaux sauvages mais des animaux domestiques : l'âne et le chien et, dans une moindre mesure, le cheval.

C'est ainsi que parmi les Mofu-Diamaré les membres du groupe *ndu ma ngwa hay* le plus restreint - Duvangar, Durum et Wazang - sont présentés spontanément comme*"ceux qui ne mangent pas l'âne, dzungov"*, ce qui, nous faisait-on remarquer, les différencie des massifs du nord car les *Tsklam* - Meri, Gemzek, Zulgo, Mboko et, semble-t-il, Minéo - n'hésitent pas à manger cet animal alors que pour les autres Mofu-Diamaré*"manger l'âne c'est comme manger une personne"*. Les Mafa eux aussi sont des consommateurs d'âne. Toutefois, les "gens de l'est" ne constituent pas un bloc homogène face à cette consommation : Molkwo, Dugur et Mowosl s'interdisent cettte viande; au contraire, à Mikiri et Tsere, elle est permise (24).

L'interdit de l'âne semblerait isoler le bloc des Duvangar-Durum-Wazang, prolongé par la majeure partie des "gens de l'est". Ils s'opposent ainsi en effet à l'ensemble de leurs voisins montagnards : non seulement les *Tsklam*, mais les Mada et les Muyang, et surtout les nombreux Mafa, sont consommateurs de cet animal (cf. Carte 6 : " Les interdits alimentaires mofu-diamaré"). Toutefois cet interdit n'est

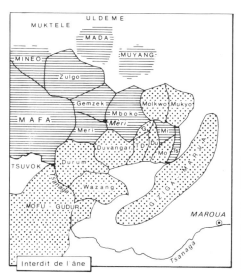
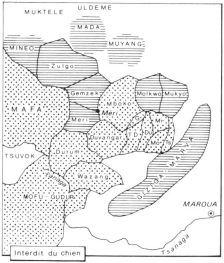
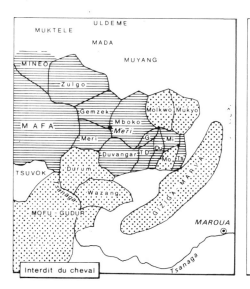

Carte 6   Les interdits alimentaires mofu-Diamaré

pas particulier aux Mofu-Diamaré du sud et de l'est : leurs voisins du sud-est et du sud rejettent également la viande de cet animal. Cette fois cet interdit concerne aussi bien des montagnards comme les Mofu-Gudur que des gens de la plaine comme les Giziga - qui d'ailleurs définissent par lui l'originalité de leur ethnie (25). Il concerne aussi, en allant encore plus au sud, les Moundang (26).

En examinant le problème de façon globale on constate que l'interdit de la viande d'âne fait apparaître deux grands ensembles : au nord-ouest les consomma-teurs, regroupant uniquement des montagnards, habitants du plateau montagneux et de son rebord, au sud-est et au sud les non-consommateurs - poussant pourtant une pointe vers le nord avec les Molkwo - comprenant le reste des Mofu-Diamaré, les Mofu-Gudur et les Giziga.

On ne peut tirer de conclusions de ce clivage car il change lorsqu'on s'intéresse au deuxième grand interdit alimentaire du nord-cameroun, le chien, *gidey*. Les Duvangar, Durum, Wazang - et cette fois encore les Mofu-Gudur - continuent à se l'interdire mais ils sont rejoints par la majeure partie des "gens de l'est" - Dugur, Mikiri et Tsere, mais pas Molkwo - et cette fois par la grande masse des Mafa auxquels il faut ajouter cette fois encore, les Mofu-Gudur et ... les Mundang (26). C'est à l'intérieur des Mofu-Diamaré que passe le clivage entre consommateurs et non-consommateurs de chien : les *Tsklam* qui mangeaient déjà l'âne mangent aussi le chien, mais ils sont rejoints cette fois par les Giziga et Molkwo qui, non-consommateurs d'âne, le sont du chien.

La consommation de la viande de cheval fait apparaître une dernière configuration, au sein de laquelle l'unité des Duvangar-Durum-Wazang est rompue : Duvangar rejoint les *Tsklam* et mange le cheval comme eux et comme la majorité des Mofu de l'est (Cf. Carte 6). Les Mafa sont également des mangeurs de cheval, cette consommation ayant été relevée il y a un siècle et demi par le voyageur Denham (27). Par contre Durum et Wazang n'en mangent pas. Ils se sentent ainsi différents de leurs voisins montagnards mafa et soulignent cette opposition. Par cette abstention ils se rapprochent à nouveau des Mofu-Gudur, des Giziga et des Mundang (26).

Ainsi on ne parvient pas à mettre en évidence par le biais des interdits alimentaires l'existence d'un ensemble ethnique mofu-Diamaré. Les groupes définis précédemment comme proches les uns des autres font preuve de comportements alimentaires différents et, en plus, passent du refus à l'acceptation suivant les cas : Molkwo par exemple mange le chien, mais non pas l'âne ni le cheval; Mboko consomme l'âne et le cheval mais non pas le chien. Parmi leurs voisins les Mafa s'interdisent le chien mais ni l'âne ni le cheval, enfin dans la plaine les Giziga qui ne mangent ni âne ni cheval consomment le chien .

Les trois chefferies de Duvangar, Durum et Wazang se caractérisent pourtant par une attitude presque constante de refus. L'âne et le chien constituent deux interdits pour l'ensemble. Le cheval l'est aussi pour Durum et Wazang. Duvangar seul se désolidarise, mais cette consommation du cheval est située dans le contexte des hostilités passées entre montagnards et Peuls :*"Quand on tuait un Peul avec son cheval on mangeait le cheval!"* .

On pourrait presque croire à l'existence d'un petit bloc ethnique défini par ses répulsions si l'on n'était obligé de constater que les Mofu-Gudur, eux aussi, s'interdisent la consommation de ces trois animaux domestiques. En empruntant la piste des interdits alimentaires on ne parvient pas à mieux définir l'ethnie, puisque, on l'a vu, les trois grandes chefferies se veulent différentes des Mofu-Gudur. Peut-être cette convergence dans les interdits ne s'explique-t-elle que par des influences anciennes, celles qu'auraient pu subir par exemple des clans détenant aujourd'hui le pouvoir mais se sachant d'une origine différente du reste de leur groupe .

Pour les habitants des trois chefferies les différences d'interdits alimentaires entre eux et leurs voisins montagnards constituent un moyen de jalonner l'espace. Ainsi l'Ouest est le pays des Mafa, ces mangeurs d'âne et de cheval, le Nord celui des Tsklam, ces consommateurs de chien. Les interdits alimentaires sont à la fois des bornes géographiques et des marqueurs culturels. Ni ceux qui les respectent, ni ceux qui regardent leurs voisins les respecter ne les interprètent en termes religieux.

- le critère de la "parenté"

Afin de mieux décrire l'ensemble montagnard auquel ils se sentent appartenir, certains emploient le langage de la parenté. Entre *ndu ma ngwa hay*, entre Mofu-Diamaré, des liens de fraternité existent, expliquent-ils.*"Tous se considèrent comme des frères, malam"*. Enumérant les noms des divers groupes *"Molokwo, Dugur, Tsaki-Dzebe, Duvangar, Durum, Wazang"* ils concluent : *"Nous sommes les mêmes"*, *"nous sommes un"*. Même entre frères il existe cependant des degrés : *"Tout de même, parmi les ndu ma ngwa hay il y a des vrais frères de même mère, et d'autres qui sont frères plus éloignés"*. Les "vrais frères" sont les habitants de Duvangar, Durum, Wazang - ainsi définis par eux-mêmes - auxquels sont souvent ajoutés ceux de Meri. *"Nous nous connaissons, nous pouvons aller les uns chez les autres"*. *"Nous nous appelons frères entre nous, nous trouvons la nourriture partout"*. Cette "fraternité" n'excluait pas jadis les possibilités de combats : *"Nous étions parents malgré les guerres. Après les morts nous nous réunissions quand même"*.

A côté des "vrais frères" il y a les "frères plus éloignés". Pour Sariya de Wazang ce sont par exemple les habitants de Gemzek,*"avec qui nous avons moins de liens qu'avec les gens de Duvangar ou de Meri"*. La distance qui les sépare est en effet trop forte pour des contacts réguliers. Même la guerre ne les mettait pas face à face : on ne combat que son voisin. Duvangar a pu mener des guerres contre les Meri ou Mboko, mais Wazang n'en a jamais eu l'occasion.

Ces "frères éloignés" sont aujourd'hui des "frères de marché". Ils ne sont familiers que parce qu'ils fréquentent les mêmes marchés : ainsi connaît-on par soi-même les noms de leurs montagnes et peut-on entendre résonner leur langue. L'existence des marchés joue en effet un grand rôle dans la vie des Mofu-Diamaré, comme dans celle de tous les habitants du Nord-Cameroun. Les marchés, presque tous récents (28), représentent le lieu de la sociabilité, des échanges, des découvertes. A côté des petits marchés fréquentés par les seuls habitants d'un groupe, celui de Wazang le jeudi par exemple, il y a les marchés importants situés à la jonction d'ethnies différentes, jouant le rôle de plate-forme de rencontres, tels Meri fréquenté par les divers groupes mofu-Diamaré - des Gemzek aux Wazang - et par certains Mafa, ou encore Tokombere où se côtoient tous les groupes montagnards du nord, voire Mingliya, sur les terres de la chefferie de Mangerdla-Durum, à la frontière entre Mofu-Gudur et Mofu-Diamaré.

En dehors des marchés une occasion de rencontrer les "frères plus éloignés" est offerte par la "fête de l'année", *mogurlom* en langue de Duvangar, célébrée à sa propre date par chaque groupe, s'ouvrant ce jour-là à ses voisins.

Les "frères plus éloignés" des habitants des trois massifs sont représentés par leurs voisins du nord, les *Tsklam*. Les "gens de l'est" occupent, eux, une situation intermédiaire dans cette classification familiale : avec eux la parenté est plus étroite qu'avec les *Tsklam* - "frères de même père mais de mères différentes", proposons-nous - *"car ils sont tout proches de nous dans l'espace"*, et surtout *"eux et nous avons presque les mêmes sacrifices"*.

Ainsi l'emploi des termes de parenté permet-il d'étayer la distinction entre plusieurs groupes.

- l'importance du critère religieux

Le recours au langage de la parenté n'est cependant qu'une façon de se faire entendre. Le principal moyen de distinction entre voisins, utilisé spontanément par nos informateurs, fait référence à un comportement religieux. Le critère religieux apparaît chez les montagnards comme le plus important, éclipsant tous les autres : langue et interdits alimentaires mais aussi, on le verra, critères matériels et techniques. Dans cette démarche les Mofu-Diamaré ne sont pas seuls. Les Peuls, pourtant si différents d'eux, classent aussi les groupes ethniques qui les entourent en fonction uniquement de leur religion, distinguant "les gens qui prient", donc qui ont la même religion qu'eux-mêmes, les Musulmans, et "ceux qui ne prient pas" (29), le deuxième terme contenant une nuance péjorative sous-jacente : ne pas "prier" c'est faire preuve d'une religion inférieure, peut-être même ne pas avoir de religion du tout (30). On peut donc supposer que cette classification des groupes ethniques au nom de critères religieux se retrouve largement chez la majorité des groupes ethniques du Nord-Cameroun, de montagne et de plaine, les groupes s'identifiant entre eux à partir de ce qu'ils savent de leurs pratiques religieuses et rituelles.

Pour les Mofu-Diamaré sont "gens des montagnes" ceux qui font les mêmes *"sacrifices"* qu'eux-mêmes, *"kuli asta"*, littéralement "sacrifice un" (31), "sacrifice" désignant les fêtes communes à un groupe.

La première nommée est la fête *maray*, présentée comme la plus importante de toutes les cérémonies religieuses pratiquées par les montagnards. Les "gens des montagnes" sont ceux qui "font le *maray*", qui offrent un taureau *"maray"*, élevé et enfermé pendant plusieurs années en vue du sacrifice aux ancêtres. La fête *maray* constitue la grande référence, celle qui permet immédiatement de distinguer entre les voisins. Sont "gens de montagnes", *"ndu ma ngwa hay"*, "Mofu", dit-on même en 1986, tous ceux qui célèbrent ce sacrifice ressenti comme profondément original. *"On reconnaît les Mofu par le maray. Celui qui ne fait pas le maray n'est pas Mofu"*. Par ailleurs cette célébration rapproche les montagnards qui la pratiquent. C'est grâce à elle que des montagnards peuvent parler de "fraternité". Les habitants de Molokwo sont-ils des frères ? s'interrogeait, pensif, le vieux Medingway de Wazang. Molokwo est si loin... et il concluait : *"S'ils font le maray ils sont des frères !"*. Le même raisonnement pousse certains Mofu-Diamaré à englober les Mafa qui célèbrent le *maray* dans le même ensemble qu'eux-mêmes : *"les Mafa font le maray : ils sont donc ndu ma ngwa hay "*, "gens des montagnes".

La référence au *maray* ne suffit pas cependant. Dans les montagnes de Duvangar, Durum et Wazang, la fête *maray* est couplée avec une autre institution qui en est le prolongement : la fête des jeunes hommes - *mazgla* - fête marquant l'investiture d'une nouvelle classe d'âge. Un groupe de montagnards "fait les *mazgla"*, tout comme il "fait le *maray"*. Sont alors comptés en premier lieu comme "gens des montagnes" ceux qui, comme les habitants des trois chefferies, "font à la fois *maray* et *mazgla"* : Meri, entraînant à sa suite Gemzek, Zulgo et Mboko (32) - les *Tsklam* - et aussi les "gens de l'est", de Molkwo à Dugur. Tous peuvent ainsi être qualifiés de "vrais montagnards".

Ces fêtes servant de référence sont à périodicité large, tous les quatre ans ou tous les trois ans suivant les groupes. Il n'est jamais question de la grande fête annuelle que l'on rencontre chez tous les montagnards, la "fête de l'année", *mogurlom*. Cette institution dépasse en effet le cadre de la montagne. Elle est célébrée aussi par les gens des plaines et n'est pas discriminante. *"Les Giziga ont les mêmes sacrifices que nous ; ils ont la fête de l'année comme nous"*, faisait remarquer un vieux Zulgo, pour conclure aussitôt : *"Oui, mais ils ne font pas le maray !"*.

La référence à la "fête de l'année" étant insuffisante les "Gudal" - les Mofu-Gudur - sont explicitement rejetés de l'ensemble des "gens des montagnes". *"Les Gudal sont différents de nous"*, dit-on à Wazang; *"ils ne font pas le maray, seulement la fête de l'année. Puisqu'ils ne font ni maray, ni mazgla, ils ne sont pas des frères"*.

Les montagnards qui ont en commun l'institution du *maray* suivie de l'investiture des *mazgla* occupent, selon les habitants de Duvangar-Durum-Wazang, dix massifs géographiques. Parmi eux ils introduisent des distinctions, s'appuyant cette fois sur les différences de comportement religieux lors de la célébration de ces fêtes, différences qu'ils connaissent par le biais des alliances ou par des voyages. Pour eux ces particularités dans la façon de procéder aux sacrifices constituent des différences majeures. Viennent étayer ce classement des descriptions minutieuses sur la consommation du sang du taureau sacrifié, ou sur les modalités de la danse des nouveaux jeunes hommes, les *mazgla*, ou encore sur la façon de verser la bière en libation aux ancêtres. C'est ainsi que Durum et Duvangar sont frères de Wazang *"parce que pour tous les trois les sacrifices sont pareils"*. Effectivement, d'une montagne à l'autre, la similitude entre les rites est absolue. Quant aux autres "gens des montagnes" - de Molkwo à Zulgo en passant par Dugur et Meri - ils ont seulement *"presque les mêmes sacrifices que nous"*.

Au-delà on trouve les Mafa dont la liturgie, connue seulement par ouï-dire, est présentée comme déconcertante par ses différences avec celle des gens de Duvangar, Durum et Wazang.

- les cycles de fêtes religieuses

Lorsqu'ils parlent de leurs voisins montagnards nos informateurs nomment non pas des montagnes prises une à une mais des séries de noms, regroupés par ensembles de trois ou quatre énumérés à la suite, un nom apppelant l'autre.

Ils font ainsi allusion au comportement religieux des montagnards : ce qui justifie ces ensembles distincts c'est le rassemblement de plusieurs groupes montagnards célébrant la fête du taureau, *maray*, à la suite l'un de l'autre. Une simultanéité absolue n'est pas recherchée. Il y a décalage dans le temps : un groupe organisant sa fête puis un autre la sienne, quelques jours, parfois quelques semaines après celui qui en a été l'initiateur; puis un autre encore prenant le relais après le même laps de temps. La fête circule d'une "montagne" à l'autre, toujours dans le même ordre, et finit par s'arrêter. La célébration du *maray* fait ainsi apparaître plusieurs cycles religieux qui traduisent l'existence d'ensembles montagnards séparés les uns des autres.

Ces distinctions sont renforcées par des différences de cadence dans la célébration du *maray*, si bien que les années d'allégresse et d'abondance ne coïncident donc pas chez tous les *ndu ma ngwa hay*.

- Les habitants de Duvangar, Durum, Wazang sont inclus dans un cycle de quatre ans qui englobe de plus la montagne de Dugur. A Dugur de commencer, à Wazang de terminer, sans que soit jamais remis en cause cet ordre lié, explique-t-on, à l'ancienneté relative des chefferies. Les montagnards ayant opté pour cette périodicité apparaissent comme des originaux. Celle-ci est quadriennale - peut-être par intérêt pour le chiffre quatre (33) - et l'année du taureau *maray* coïncide - par simple hasard - avec les années bissextiles. Ces montagnards appartiennent à un cycle unique et sont beaucoup moins nombreux que les montagnards vivant au rythme triennal de la fête du taureau. Ces derniers constituent au moins cinq cycles distincts, deux cycles mofu-Diamaré et trois cycles mafa (cf. Tableau 2 : "Périodicité comparée de la fête du taureau maray"; cf. également carte en annexe: "Les cycles de fête du taureau chez les Mofu-Diamaré et les Mafa").

- Un cycle de trois ans unit entre eux les *Tsklam*, occupant les quatre massifs mofu-Diamaré les plus au nord sur le rebord de la chaîne des Mandara. Il commence par le massif des Zulgo (et par leurs parents Mineo, semble-t-il (34)), se poursuit chez les Gemzek, puis est repris par les Meri et les Mboko.

- Un deuxième cycle triennal le relaie la même année, parcourant du nord au sud la montagne-île de Mikiri puis celle de Tsere. La montagne-île de Molkwo est à part. Elle célèbre la fête du taureau tous les trois ans, elle aussi, mais avec un décalage d'un an qui l'isole par rapport à ses voisins les plus proches.

Nul lien entre ces trois cycles, encore moins de préséance. Aucun ne se soucie du voisin, ils sont simplement juxtaposés les uns aux autres. Les divers montagnards connaissent le principe de leur existence. Ils savent que telle montagne *"marche avec"* telle et telle autre, mais il leur arrive d'oublier de nommer une montagne éloignée de chez eux. Zulgo par exemple ne sera pas citée dans le cycle du nord. Inversement beaucoup de nos informateurs de Duvangar, Durum, Wazang sont persuadés que Molkwo fait comme eux le *maray* tous les quatre ans. Quant aux gens de Dugur ils nous ont affirmé que le massif de Masakal terminait le cycle du *maray* alors que cette montagne, appartenant à l'ensemble mofu-Gudur, ignore cette fête.

Il nous est apparu nécessaire de dresser un tableau-calendrier donnant les dates de célébration de chaque cycle : il permet de visualiser les trois cycles quadriennaux et triennaux, relevés chez les Mofu-Diamaré, et les données concernant les cycles existant chez les voisins mafa (35).

Ce tableau fait apparaître trois ensembles distincts de montagnards, chacun étant soudé par la périodicité adoptée : quatre, trois ou deux années. Le bloc le plus important est constitué par les montagnards célébrant le *maray* tous les trois ans. De façon remarquable l'année de célébration est la même pour les cinq cycles triennaux. On aurait pu imaginer pourtant que les montagnards se rattachant à l'un de ces cycles chercheraient à souligner leur originalité en choisissant une année de célébration distincte de celle des cycles voisins (c'est le cas de la seule "montagne" de Molkwo, on l'a vu). On constate en fait que c'est la convergence qui a été recherchée, une célébration de la fête du taureau se situant à la même époque constituant la seule façon de créer une certaine unité entre ces groupes montagnards juxtaposés.

Chefferies ou montagnes appartenant au même cycle			1968	1969	1970	1971	1972	1973	1974	1975	1976	1977	1978	1979	1980	1981	1982	1983	1984	1985	1986	1987	1988
MOFU - DIAMARE		CYCLE QUADR	Dugur - Duvangar - Durum - Wazang	x				x				x				x				x				x
MOFU - DIAMARE			Molokwo	(x)			.x.			.x.			.x.			.x.			.x.			.x.		
MOFU - DIAMARE			Mikiri - Tsere				(x)			.x.		(x)			(x)			(x)			(x)			(x)
MOFU - DIAMARE			Zulgo - Gemjek - Meri - Mboko			x			(x)			(x)			(x)			(x)			(x)			(x)
MAFA	de l'est	CYCLE TRIENNAL	Fogom - Madakonay - Roua - Ouzay - Mazars Soulede - Mdimiche - Bao - Midere				+			+			+			+			+			+		
MAFA	de l'est	CYCLE TRIENNAL	Koza - Djingliya - Oulad - Oudahay				+			+			+			+			+			+		
MAFA	de l'est	CYCLE TRIENNAL	Ldamsay - Duvar - Mokola - Mandaka - Mendeze				+			+			+			+			+			+		
MAFA	de l'ouest	CYCLE BIENNAL	Mafa de l'Ouest (Magoumaz, etc ...)			+		+		+		+		+		+		+		+		+		+

Légende

x   enquête personnelle directe, avec observation au moins partielle
.x.   date relevée au cours de nos enquêtes
(x)   déduction d'après enquête personnelle
\+   proposition d'après d'autres enquêtes

Tableau 2 Périodicité comparée de la fête du taureau, *maray*, chez les Mofu-Diamaré et chez les Mafa

L'examen de ce tableau aide à comprendre la façon dont les habitants de Duvangar, Durum et Wazang distinguent parmi leurs voisins montagnards des parents proches et des parents plus éloignés. Ils citent souvent Molokwo le premier parmi les *ndu ma ngwa hay*. Cela tient sans doute à la fois à sa position au nord-est - l'est étant une direction bénéfique, à l'origine des pluies par exemple (36) - et à son isolement lors de la célébration de la fête du taureau. Celui-ci peut le faire apparaître comme un initiateur pour les montagnards célébrant le *maray* suivant un rythme quadriennal. En effet - tous les douze ans seulement il est vrai - il célèbre sa fête du taureau l'année précédant le *maray* de Dugur, Duvangar, Durum et Wazang (en 1971, puis 1983 par exemple). De plus à intervalles réguliers, toujours de douze ans, sa fête du taureau tombe la même année que celle du cycle quadriennal (1968, puis 1980).

Les Zulgo-Gemzek-Meri-Mboko connaissent aussi un rythme triennal de célébration, se manifestant, on vient de le voir, la même année que pour les Mikiri-Tsere. Tous les douze ans leur fête coïncide donc avec la fête quadriennale de leurs voisins (37), (cela s'est produit par exemple en 1976 et 1988). Les uns et les autres ne peuvent qu'être ainsi renforcés dans leur sentiment d'une parenté entre leurs groupes.

Cette convergence tous les douze ans à l'intérieur de l'ensemble des cycles de fêtes du taureau, triennaux et quadriennaux, n'est pas une déduction solitaire de chercheur. Les montagnards la connaissent et l'attendent. A Duvangar on explique que périodiquement *"la fête du taureau réunit toutes les montagnes ! Après cette réunion deux maray ont lieu, puis le troisième arrive et les réunit à nouveau, et toujours ainsi"*. Et notre interlocuteur précisait : *"Avec les Mafa aussi, ça coïncide !"* Tous les montagnards viennent de connaître durant l'année 1988 la grande rencontre entre les fidèles de la religion traditionnelle offrant un taureau à leurs ancêtres. La rencontre suivante se situera... en l'an 2 000.

Parallèlement il existe dans l'est du pays mafa, contigu à la région mofu-Diamaré, au moins trois cycles triennaux de célébration de la fête du taureau (38), son appellation, *maray*, étant identique en langue mafa et en mofu de Duvangar-Durum-Wazang.

Pour nos informateurs il y a continuité entre les cycles mofu-Diamaré et les cycles mafa. Souvent après nous avoir énuméré les cycles triennaux mofu ils ajoutaient *"et ensuite, le maray continue chez les Mafa"*, sans toutefois citer un seul nom de massif mafa. C'est cette conviction d'un relais du *maray* mofu-Diamaré par le *maray* mafa qui, selon nous, fonde le sentiment d'une parenté entre les deux groupes éprouvé par nombre d'informateurs.

Ces cycles triennaux mafa se placent les mêmes années que les cycles triennaux mofu-Diamaré : 1979, 1982, 1985 par exemple. Cette coïncidence dans le temps est troublante. Faut-il l'interpréter comme la trace d'un emprunt de l'institution d'un groupe à l'autre ? Le sentiment de fraternité ethnique déjà noté ne peut qu'en être renforcé. Il a cependant d'autres bases puisque les Mofu-Diamaré de Dugur-Duvangar-Durum-Wazang, dont le cycle est quadriennal, l'éprouvent également : leur *maray* ne coïncide pourtant avec celui de ces Mafa de l'est qu'une fois tous les douze ans.

Par ailleurs dans l'ouest du pays mafa de très nombreuses montagnes, correspondant sans doute à plusieurs cycles, célèbrent leur *maray* sur un rythme plus rapide, qui est de deux ans. Or beaucoup de ces Mafa sont ceux qui pratiquent une rotation biennale obligatoire des cultures : une année les champs sont cultivés en sorgho, la suivante en petit mil (39). Ils célèbrent leur *maray* - sans que la coïncidence soit absolue - à la lune suivant la récolte du sorgho, c'est-à-dire les années impaires (40). Les Mafa de l'ouest se retrouveraient ainsi - mais les faits ne sont pas totalement établis - sur un rythme totalement différent de celui des Mofu de Duvangar-Durum-Wazang dont le *maray* ne peut avoir lieu qu'une année paire. Ils seraient en dehors de la grande rencontre duodécennale des fêtes du taureau à laquelle participent leurs frères de l'est. Par contre ce rythme biennal permet aux cycles de *maray* mafa de coïncider entre eux une fois tous les six ans, ce qui contribue à maintenir une unité mafa relativement étroite : ainsi l'année 1985 a vu la célébration du *maray* dans l'ensemble du pays mafa (41).

Les fêtes religieuses autres que la fête du taureau ne créent pas de nouveaux cycles. Elles s'inscrivent seulement dans les cycles existants. Ainsi la fête d'investiture des jeunes hommes, *mazgla*, commence à Dugur pour se terminer à Wazang. Ainsi également la "fête de l'année" - *mogurlom*, *maduvokwo* suivant les langues - resserre les liens entre voisins créés déjà par la fête du taureau. Chaque année les montagnes *Tsklam*, par exemple, célèbrent leurs "fêtes de l'année" à la suite l'une de l'autre. Il en est de même entre Dugur et Wazang. Quant à Molkwo, isolée lors de la fête du taureau, elle se retrouve avec Mikiri et Tsere pour cette fête et c'est elle qui commence le cycle.

Les cycles de fêtes religieuses existent malgré les différences linguistiques. Aucun ne concerne chez les Mofu-Diamaré des gens de même langue : les habitants de Duvangar, Durum et Wazang présentant une communauté de langue sont englobés dans un ensemble comprenant aussi Dugur à la langue différente. De même Zulgo, Gemzek et Minéo à la langue unique font corps avec Meri et Mboko parlant deux autres langues. Inversement des montagnards formant une communauté linguistique peuvent appartenir à des cycles différents; c'est le cas de Dugur et Mikiri; c'est celui de tous les Mafa, répartis entre plusieurs cycles. Quelle que soit la situation linguistique l'institution fonctionne, permettant aux montagnards de se sentir liés les uns aux autres. Comme l'affirmait l'un d'entre eux :*"Si les langues sont différentes, la pensée, elle, est la même"*.

Sans que nos informateurs l'aient souligné on constate la coïncidence entre l'appartenance à un cycle de fêtes religieuses et l'appellation *ndu ma ngwa hay* : pour être reconnus comme "gens des montagnes" il faut entrer dans l'un de ces cycles, quelle que soit sa périodicité.

C'est donc le sentiment de former une communauté religieuse qui permet à cet ensemble montagnard de prendre conscience de son individualité ethnique. Cette identité culturelle est concentrée d'abord au niveau du *ngwa*, de la chefferie, on le verra, mais elle est aussi capable de s'élargir et d'englober un groupe de "montagnes", celles qui correspondent au même cycle qu'elle ou, de façon plus large encore, celles dont le cycle est considéré comme parallèle au sien.

On notera que les montagnards n'utilisent pas pour se définir le critère de l'absence de forgerons castés parmi eux. Celui-ci les éloigne aussi bien des vrais montagnards de l'intérieur des Monts Mandara - Mafa par exemple - que des montagnards de piémont - Mofu-Gudur - mais il les rapproche d'autres occupants du rebord des Mandara - Muktele, Podokwo, Uldeme - et ... des gens des plaines, ainsi les Giziga.

- les critères des observateurs extérieurs

Parmi les raisons mises en avant par les montagnards ne figurent pas les critères matériels. Même s'ils frappent les observateurs étrangers par leur convergence ils ne sont pas valorisés par les montagnards. Ils viennent néanmoins renforcer la classification qu'ils opèrent d'eux-mêmes car l'existence d'un ensemble *ndu ma ngwa hay* se manifeste par l'existence de nombreuses techniques communes, facilement repérables de l'extérieur. Si l'on examine par exemple l'architecture rurale on constate que les *ndu ma ngwa hay* ont élaboré un même type d'habitation, reconnaissable non seulement par sa forme et le volume de ses constructions, mais aussi et surtout par son plan (42).

Sans doute, ainsi qu'on le voit dans toutes les montagnes du Nord-Cameroun, les maisons se présentent comme de petits hameaux isolés, regroupés suivant un plan grossièrement circulaire et implantés au milieu de leurs champs (43). Toutefois la maison des Mofu - au sens restreint du terme, les habitants des chefferies de Duvangar, Durum et Wazang - possède des traits spécifiques qui la différencient de ses voisines, la maison des Mafa ou des Muktele par exemple (44). Elle se caractérise par le regroupement de tous les greniers à mil en une pièce unique, *dal-ay*, "ventre de la maison", désignée en français par l'expression "salle des greniers". Placée au centre du hameau familial elle se fait remarquer par ses dimensions imposantes, inconnues des autres groupes ethniques. On note aussi l'absence d'une chambre à coucher propre au chef de famille d'où l'existence - originale elle aussi - d'une chambre à coucher commune, *gudok*, vaste pièce équivalente par ses dimensions à la "salle des greniers", où se retrouvent tous les membres d'une même famille restreinte, même en cas de polygamie. Cette maison mofu comporte encore des cuisines individuelles, une par femme, et des étables pour taureau, et pour chèvres et moutons.

C'est la répartition de tous ces éléments, et donc son plan-type différent de celui des voisins immédiats, qui donne à cette habitation sa physionomie particulière. Les Mofu sont conscients - même s'ils ne le mettent pas en avant - du caractère particulier de la disposition interne de leur habitation. A Wazang, grâce au voisinage immédiat du massif mofu-Gudur de Masakal, on sait que chez ces montagnards *"le plan de la cuisine est inversé par rapport au nôtre : chez eux ils ont leur table à moudre le mil à gauche en entrant, et non pas à droite. A droite ils ont un siège-banquette arrondi"*.

Ces dispositions intérieures sont complétées par le choix des matériaux, murs de pierres éclatées et retaillées, par exemple, pour les deux pièces principales, contrastant avec les murs d'argile lissée des cuisines ou les murs grossiers des étables. Une aire individuelle à battre le mil, placée à l'extérieur, constitue un autre élément caractéristique (45). Sans pénétrer dans la maison mofu il est possible de l'identifier immédiatement par la dimension de ses pièces, par la régularité de ses murs de pierres et la maîtrise et l'adresse dont ils témoignent. Elles ont valu aux montagnards de cette région une réputation justifiée de bâtisseurs. La maison mofu - et au-delà d'elle les autres maisons mofu-Diamaré - apparaît ainsi comme une création originale, une création ethnique, ainsi que le soulignent de leur côté les géographes (46).

Il en va de même pour le costume, les tenues des jeunes filles et des femmes, par exemple. Les premières portent autour de la taille plusieurs rangs de perles de couleur - parfois une simple lanière de cuir - et un petit cache-sexe de ficelle orné de perles; dans le dos, une longue bande de cuir s'élargit en forme de queue de poisson, partant des reins et battant presque les chevilles. Ce gracieux ensemble est remplacé chez les femmes mariées par une épaisse ceinture de cuir, *hutet*, faite d'une longue lanière de peau de taureau de plus de quatre mètres de long, enroulée sur elle-même encore et encore, en un paquet épais où s'engoncent les formes de la porteuse. Une bande d'écorce dépliée passant entre les jambes - changée fréquemment - est fixée à la ceinture par devant et par derrière. Sur les reins une minuscule peau de chèvre protège-fesses, *babazey*, portée pendante, recouvre la ceinture. Au début de nos enquêtes, dans les années 1970, cette grosse ceinture se rencontrait d'un bout à l'autre de l'aire mofu-Diamaré, chez les Gemzek, Molkwo ou Mikiri et jusque chez les habitants de Wazang, avec seulement de légères différences d'un groupe à l'autre : ainsi le bout de la ceinture fixé dans une bride de cuir, était laissé pendant sur le côté gauche dans la plupart des "montagnes", mais à Mboko il se retrouvait sur le côté droit. Ces menues variantes vestimentaires traduisaient des différences plus profondes entre groupes et elles permettaient de saisir en quoi les *ndu ma ngwa hay* constituent un ensemble ethnique et non un groupe homogène. Ces tenues, même quasi identiques, permettaient d'identifier immédiatement une "femme des *ngwa* ", et de la différencier d'une femme mofu-Gudur ou giziga, à plus forte raison d'une femme peule (47).

Les techniques de la poterie constituent une autre façon d'identifier cette personnalité ethnique, si frappante pour les observateurs. Chez les Mofu-Diamaré par exemple la jarre servant à puiser l'eau est haute et étroite, en forme d'amphore, munie de deux anses à l'extrémité pointue. Elle est totalement différente de la jarre à eau des Mofu-Gudur, large cruche arrondie, décorée à l'encolure et munie d'une seule poignée (48) : ainsi se manifeste matériellement l'opposition ethnique entre *ndu ma ngwa hay* et "Gudal" sur laquelle insistent tant nos informateurs. La jarre à eau mofu-Diamaré diffère également de la jarre à eau giziga, courte et ronde comme la jarre mofu-Gudur mais sans aucune anse.

La forme des greniers est aussi un moyen d'individualiser un ensemble ethnique homogène. Le grenier mofu-Diamaré se cache dans le "ventre de la maison" mais une fois aperçu il ne peut être oublié; haut et étroit, il est semblable à un énorme obus, à la tête pointue et à l'unique ouverture arrondie en oeil de cyclope (49).

Moins faciles à isoler mais tout aussi probantes sont les façons de cultiver le mil de montagne, qui peuvent même s'individualiser au niveau d'une simple "montagne". Le plus souvent l'existence d'un groupe ethnique se révèle par une sélection de variétés de mil ou de haricot particulières. Ce groupe a aussi mis au point sa propre façon de sarcler et le rythme de ses sarclages; il a opté aussi pour certaines modalités de la coupe des épis. Le mil de montagne développe une tige démesurément longue, pouvant atteindre plus de trois mètres de hauteur. Pour récolter l'épi il est donc possible soit de couper la tige à mi-hauteur en laissant sur place une longue partie inférieure, soit de trancher la tige presque à ras. Aucun de ces deux choix ne s'impose pour des raisons techniques. Mafa et Mofu-Diamaré, voisins montagnards proches mais différents, ont opté pour des solutions distinctes : aux Mafa la tige de mil tranchée par le milieu, aux Mofu-Diamaré celle coupée près de la racine. En traversant après la récolte une plantation de mil en l'absence de son propriétaire il est donc possible de discerner auquel des deux groupes ethniques il appartient.

Le séchage des épis constitue un autre trait révélateur. Les Mofu-Diamaré ont l'habitude de laisser sécher en pleins champs les tiges portant les épis : rassemblés en grosses gerbes, elles restent posées sur des rochers pendant plusieurs semaines, ponctuant les chaumes dorés de leurs masses brun-roux. Puis les épis sont séparés sur place des tiges, et alors seulement ils sont rapportés dans les maisons. Ce séchage en plein champ constitue là encore une solution ethnique car la plupart des autres groupes montagnards font sécher les épis fraîchement coupés sur le toit des vérandas dans les concessions familiales. Les détails de ces humbles techniques différant suivant les groupes manifestent donc, sans que ces choix soient toujours conscients, l'existence d'une individualité ethnique (50).

Citons encore le mode de préparation de la bière de mil qui offre une possibilité non seulement de classer les groupes ethniques entre eux mais d'introduire des subdivisions à l'intérieur de ces groupes. Suivant la mouture de la farine de mil, suivant l'ajout ou non d'épices - piment ou écorce de caïlcédrat - plusieurs bières différentes peuvent coexister; il existe trois types de fabrication par exemple à l'intérieur des Mofu-Diamaré.

Nous avons récemment découvert un dernier trait venant renforcer cette constatation d'un particularisme culturel des ethnies, l'existence de calendriers distincts, largement décalés les uns par rapport aux autres. Elle nous est apparue grâce à l'étude comparée des façons de compter et nommer les mois lunaires et surtout par celle du choix du début de l'année (cf. Tableau 19 "Calendrier lunaire et religieux des Mofu"). Tout comme au Moyen Age français où le début de l'année variait suivant les provinces (51), l'année commence à des moments différents d'un bout à l'autre des Monts du Mandara, et nous avons d'ailleurs mis quelque temps à le comprendre. Pour les Mofu de Duvangar-Durum-Wazang l'année démarre en novembre-décembre du calendrier grégorien, mois qui correspond à leur "lune un", cependant que pour les Mafa, par exemple, le début d'année se situe une lune plus tard en décembre-janvier (52). L'absence de parenté culturelle entre Mofu-Gudur et Mofu-Diamaré s'exprime aussi par l'usage d'un calendrier différent, connu de leurs voisins de Wazang : *"Les gens de Masakal commencent l'année trois mois plus tôt que nous, au milieu de la saison des pluies"*. La "lune un" des Mofu-Gudur - août-septembre du calendrier grégorien - est en fait la "dixième lune" de leurs voisins de Wazang.

Enfin à l'intérieur d'un groupe composé de montagnards apparentés sur le plan culturel peuvent s'exprimer des différences calendaires. Zulgo et Gemzek ont beau parler la même langue et appartenir au même cycle religieux, ils utilisent des calendriers entre lesquels existe un décalage d'une lune et ils font remarquer cette disparité.

La délimitation des aires d'endogamie constitue un autre moyen de déterminer de l'extérieur l'existence d'une ethnie. Les démographes - et tout particulièrement A.M. Podlewski au Nord-Cameroun - ont constaté de proche en proche une volonté de fermeture aux autres et un souci de conclure des alliances à l'intérieur d'une zone homogène. Celle-ci dessine l'extension d'un groupe humain particulier. A partir de cette constatation un taux d'endogamie a été calculé en fonction de l'origine des femmes mariées vivant sur telle montagne. Chez ceux qu'A.M. Podlewski appelle "Mofou" il a trouvé - massif par massif - un coefficient d'endogamie de 95 % (53). Nous avons vu que ces "Mofou" étaient composés en partie de Mofu-Gudur et en partie de montagnards mofu-Diamaré. Nous sommes obligée de conclure qu'un fort coefficient d'endogamie ne traduit pas nécessairement l'existence d'un groupe ethnique homogène qui existerait par lui-même, en dehors du démographe. Ce taux est fonction seulement de l'extension de l'aire matrimoniale envisagée par le chercheur. Ces montagnards étroitement enracinés ne concluant des alliances qu'avec des gens proches dans l'espace, de préférence montagnards - jamais peuls - si l'on choisit d'étudier l'endogamie à l'intérieur d'une zone large, on découvrira un coefficient d'endogamie fort, dû à l'existence de plusieurs zones de mariage restreintes, centrées sur elles-mêmes mais admettant quelques voisins. En passant de l'une à l'autre on balaiera la totalité des alliances possibles, délimitant une aire d'endogamie qui peut ou non correspondre à une seule ethnie.

Une enquête sur le mariage menée par nous à Duvangar et Wazang nous permet d'apporter une contribution partielle à ce problème des rapports entre endogamie et groupe ethnique. Menée à Duvangar et Wazang elle a découvert que 83 % des mariages étudiés avaient été conclus à l'intérieur de l'ensemble Duvangar-Durum-Wazang (54). De plus parmi ces mariages une proportion forte de plus d'un sur deux (57 %) concernait deux conjoints déjà originaires du même *ngwa*, de la même chefferie. Ces proportions ressemblent, en plus accentuées, à celle établie chez les Mafa par J.Y. Martin (55). Les 17 % d'alliances extérieures aux trois chefferies correspondent à des mariages non préférentiels, avec des montagnards néanmoins proches dans l'espace, appartenant au même ensemble religieux (Dugur par exemple) ou non (mais néanmoins proche - Meri, Mboko pour les Duvangar) ou à un ensemble différent sur le plan religieux (Masakal et Mofu-Gudur pour les Wazang).

Ces chiffres viennent donc confirmer les distinctions établies par nos informateurs montagnards : Duvangar-Durum-Wazang constitue un ensemble distinct, mais il n'est pas totalement clos sur lui-même et il s'ouvre à quelques voisins proches avec qui il constitue un ensemble ethnique (56).

Ainsi, malgré quelques points de divergence l'identité ethnique des *ndu ma ngwa hay* - des Mofu-Diamaré - existe. Elle se manifeste sur un double plan. Le premier, celui qui apparaît immédiatement aux observateurs, est celui des techniques matérielles. Le second, moins visible et pourtant seul retenu par ces montagnards, est l'existence de fêtes religieuses identiques.

c) les habitants de la plaine vus par les Mofu-Diamaré

- les Giziga

Les *ndu ma ngwa hay* sont bien informés sur ces voisins dont ils connaissent à la fois l'histoire et les structures sociales. Alors que les gens de Duvangar donnent à ce groupe le nom de "Giziga" par lequel il est aujourd'hui connu de tous, ceux de Durum et Wazang l'appellent "Bozom"; quant aux montagnards de Méri ils le dénomment "Marva", nom par lequel les Giziga désignaient Maroua, leur ancienne patrie.

Nos informateurs distinguent parmi les Giziga deux sous-groupes, ceux de la plaine au nord-ouest de Maroua qu'ils nomment *Blenge* et qu'ils considèrent comme les plus anciens, et ceux du sud de Maroua qu'ils appellent *Muturwa*, les plus nombreux et pourtant considérés par eux comme inférieurs aux *Blenge* car, expliquent-ils, ils dépendent sur le plan religieux du chef *blenge*, "Bi-Marva", le "prince (de) Marva" (57).

Cette présentation des Giziga par les Mofu correspond assez mal aux descriptions des administrateurs qui voyaient en eux un seul groupe, divisé en chefferies mais unifié par sa langue (58). Or les linguistes viennent de constater qu'il existe non pas une mais deux grandes langues giziga - qu'ils baptisent " Giziga-nord" et " Giziga-sud" (59) - sans intercompréhension, très proches à la fois du Mofu de Duvangar-Durum-Wazang et du Mofu-Gudur. Cette distinction linguistique semble bien correspondre aux deux ensembles définis par nos informateurs.

Les *ndu ma ngwa hay* se sentent aujourd'hui différents des Giziga, ce qui n'empêche pas les deux groupes d'avoir toujours été en excellents termes : aucune guerre, aucun acte d'agression même, n'a pu nous être cité ni d'un côté, ni de l'autre. D'ailleurs les quelques enquêtes orales menées chez les Giziga du nord il y a une trentaine d'années étaient déjà parvenues à la même conclusion (60).

Cette entente cordiale est ancienne. Sans doute existait-elle avant l'arrivée des Peuls dans la région et s'explique-t-elle en partie par l'origine commune de certains clans de princes mofu et giziga, qui a entraîné le maintien de relations, bonnes mais intermittentes (61). Elle semble avoir été renforcée par la longue période d'hostilités entre les Peuls et l'ensemble des païens de la région du Diamaré, de plaine et de montagne. Les Mofu savent que les Giziga eurent plus à souffrir des Peuls qu'eux-mêmes, et qu'à la suite *"d'une grande guerre"* ils furent chassés par les Peuls de leur terre de Marva (dont le nom fut ensuite "fulanisé" en Maroua).

Ces relations de bon voisinage entre païens des plaines et des montagnes expliquent que lorsque les Giziga en déroute abandonnèrent Marva et se replièrent sur les montagnes - habitat différent de celui qui était le leur - ils aient pu le faire facilement grâce à l'accueil des divers groupes *ndu ma ngwa hay* qui leur firent place sur leurs terres, à Dugur essentiellement, mais aussi à Tsere et jusqu'à Wazang, où nous avons retrouvé un minuscule groupe se considérant toujours comme giziga.

Ceci pose le problème de l'ancienneté de l'implantation en montagne des Mofu qui sera repris plus loin. Disons seulement que selon des traditions peules les Mofu auraient commencé par habiter la plaine et qu'ils auraient même été les fondateurs de la ville de Marva (62). Toujours d'après ces sources les Giziga, venus par la suite, auraient "refoulé les Mofu dans la montagne". Toutefois les traditions giziga sont d'un avis tout différent. D'une part elles récusent l'idée d'une hostilité passée entre Giziga et Mofu, d'autre part elles "affirment que les Mofu vécurent toujours dans la montagne" (60). Les montagnards interrogés vont dans le même sens en affirmant : *"Il n'y avait pas de Mofu à Marva, seulement des Giziga"*. Pour les Giziga aussi *"les habitants de Marva n'étaient pas des montagnards"* (63).

Lorsque les *ndu ma ngwa hay* parlent "des Giziga" il ne s'agit que des *Blenge* : ils ne connaissent pas les *Muturwa*, sinon indirectement. Les Mofu de Dugur et Wazang sont particulièrement instruits de leurs voisins *Blenge*, contre lesquels ils viennent buter à l'est : *"Tout l'est est blenge"*, disent-ils. Ces Giziga constituent en effet dans la plaine un ensemble allongé sensiblement nord-sud sur une trentaine de kilomètres, tout proche des Mofu. Les montagnards y distinguent deux strates de peuplement. La plus ancienne occupe le piémont de six petites montagnes-îles de Dogba à Mogudi, du nord du mayo Raneo au sud du mayo Kaliao. Elle est composée d'unités sociales de taille modeste reconnaissant l'autorité du prince de Kaliao (64). La deuxième strate, située au pied de montagnes occupées par des Mofu, est plus récente. Elle est venue s'installer là après la prise de Marva par les Peuls, ayant à sa tête son "Bi-Marva", le "prince (de) Marva" de l'époque, nommé ainsi aujourd'hui encore malgré son départ définitif de la ville qui porte toujours son nom. Les liens de parenté exacts entre Bi-Marva et les chefs de Kaliao ne sont pas connus des Mofu. Ils présentent pourtant Bi-Marva comme toujours *"plus grand"*, malgré ses revers historiques, que le prince de Kaliao (65).

Les Giziga-Marva confirment et développent ces vues en exposant comment la chefferie de Kaliao, commandée au début par celle de Marva, avait réussi à en devenir indépendante peu avant la chute de Marva. Ayant accueilli ensuite un des fils de Bi-Marva dans son exil, elle lui laissa le commandement politique. Depuis cette époque Kaliao est à nouveau dépendant, au moins théoriquement, de la chefferie de Marva repliée à Dulek.

Tandis que Bi-Marva s'installait à Dulek, sur les terres des habitants de Dugur, d'autres groupes venus aussi de Marva prenaient place à Kakata au sud de la montagne de Tséré, à Hulom au nord de celle de Mogazang, enfin à Dogba à l'est de la montagne de Molkwo, où cette fois, ils rejoignaient des Giziga implantés anciennement (63). Tous ces groupes continuent à reconnaître la supériorité du "prince de Marva" qui, aujourd'hui, ne se manifeste plus que sur le plan religieux.

Ainsi, malgré les complications créées par la déroute et la réinsertion des Giziga-Marva, nos informateurs distinguent nettement, parmi les groupes situés au voisinage des montagnes-îles, ceux qui sont *ndu ma ngwa hay* et ceux qui sont giziga, expliquant éventuellement dans quelles circonstances chacun en est venu à occuper son espace. Certes les groupes ethniques sont imbriqués; ils ne sont pas pour autant mêlés ou confondus, ainsi que l'estime G. Pontié, observateur des Giziga, qui qualifie de "guiziga-mofu" la zone de plaine et de montagnes-îles au nord-ouest de Maroua (66). Selon lui certains des habitants de cette région "se considèrent comme des Mofu évolués" (67). Cette formulation malheureuse tout en restant vague - elle ne précise pas de quels Mofu ni de quels Giziga il s'agit - suggère une prééminence des Giziga par rapport à l'ensemble des Mofu. Il faut rappeler pourtant, avec J. Gallais s'interrogeant sur la signification du groupe ethnique (68), que la hiérarchie entre ethnies constitue un problème aigu jamais résolu. Quelle que soit la bonne opinion que peuvent avoir d'elles-mêmes les différentes ethnies - et, au-delà d'elles, les chercheurs qui les étudient - l'existence d'une hiérarchie unique n'apparaît nullement comme établie.

- les Peuls

Présenter le groupe giziga c'est, on vient de le voir, parler des Peuls puisque l'implantation actuelle des Giziga-Marva ne s'explique que par rapport à eux. Ces Peuls, les Mofu leur donnent des noms différents, "Plata" pour les uns, "Bozom" pour les autres (69). Beaucoup savent que les Peuls n'ont pas été de tout temps dans leur région, et qu'il y eut *"un temps sans les Peuls"*. Ils présentent les débuts de leur infiltration comme pacifiques, par tout petits groupes de pasteurs poussant leurs troupeaux de zébus. *"Ils étaient à cinq seulement et ils se sont installés entre nous et les Giziga. Ils n'ont pas fait la guerre car ils étaient peu. On ne connaissait pas leur langue. On se disait : 'Qui sont ces gens-là ?'"* (70).

Cette présentation mofu de l'arrivée des Peuls dans la plaine du Diamaré est conforme à la vision qu'eux-mêmes en donnent. Dès la fin du XVIIIème siècle ils avaient commencé à s'installer dans le Cameroun actuel. La plupart étaient arrivés par le nord du pays, où quelques familles s'étaient fixées au passage (71). Ils venaient de l'empire du Bornou, dans l'actuelle Nigeria, de la région de Dilara située au nord-ouest de Kouka et du lac Tchad (72). Ils s'étaient d'abord sédentarisés à 50 km au nord-est de Mora, dans la plaine, mais ils poursuivirent leur progression vers le sud en deux branches distinctes, l'une empruntant une route de plaine nettement à l'est de la chaîne, l'autre cheminant parallèlement à elle, à travers les montagnes-îles (73). Une fois au cœur du Diamaré ils s'éparpillèrent (74).

Cette migration contournant par le nord les Monts du Mandara avant de piquer vers le sud était le fait d'une fraction peule portant le nom de Ferôbé. Toutefois on trouve aussi dans le Diamaré d'autres Peuls, les Yillaga, indépendants politiquement des Ferôbé, venus pourtant eux aussi de la région de Dilara au Bornou, mais partis

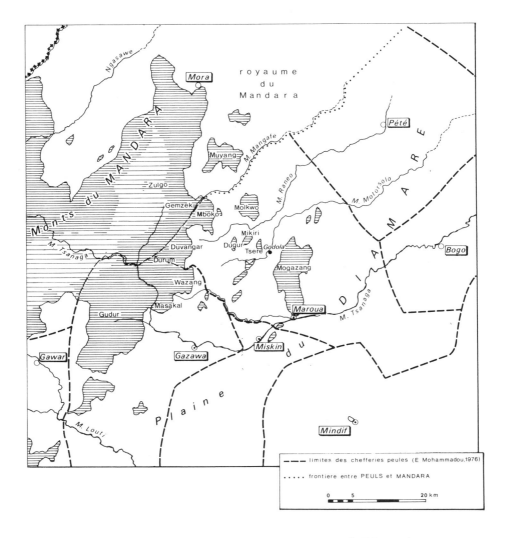

Carte 7 Les chefferies peules, voisines des Mofu-Diamaré, vers 1850

avant les Ferôbé, semble-t-il, et par un autre itinéraire (75). Ils descendirent vers le sud en longeant la chaîne du Mandara par l'ouest. Puis ils traversèrent la zone montagneuse et abordèrent la plaine du Diamaré par sa partie sud, y fondant Gazawa (76) et Miskin, chefferies distinctes de celles de Maroua, et ayant chacune son propre responsable, son *lâmîdo* (77).Quelques-unes des traditions orales giziga-Marva recueillies par nous font allusion à cette très ancienne cohabitation paisible avec les Peuls. Cette présentation des faits est confirmée, il faut le noter, par les traditions peules ferôbé. Elles racontent comment à cette époque les Peuls "se laissaient commander par les animistes", "bien plus nombreux et de ce fait bien plus forts", allant jusqu'à payer une sorte de tribut au prince giziga de Marva (78).

Les pasteurs peuls arrivés par petits groupes ne s'installèrent pas par la force. Ils s'adressèrent aux premiers occupants des plaines, et, les uns après les autres, demandèrent "l'hospitalité" au prince giziga, Bi-Marva. Il la leur accorda, donnant même une de ses filles en mariage à l'un d'entre eux, et les laissa s'installer dans les environs immédiats de Marva (78). Nos informateurs giziga insistent sur un autre aspect de cette soumission, essentiel à leurs yeux : les Peuls suivaient les fêtes religieuses giziga, chômant ces jours-là tout comme leurs hôtes (79).

La façon dont les Peuls pénétrèrent au Diamaré explique qu'ils constituent aujourd'hui une couronne incomplète autour de la ville de Maroua, l'enserrant par le nord, l'est et le sud. Dans la partie ouest par contre, là où se pressent les montagnes-îles, il n'y eut pas de colonisation peule. Un seul petit bourg, Godola, est ancien (80). Encore se trouve-t-il presque à l'extérieur de la zone. C'est seulement vers 1920, juste après l'implantation française, que sera fondé le village peul de M'Bozo-Débi, tout proche de la chaîne du Mandara (81).

Pour quelques Mofu-Diamaré - les habitants de Wazang presque uniquement, en raison de leur proximité géographique - parler des Peuls c'est faire allusion aux deux chefferies yillaga de Gazawa et Miskine, mais pour tout le reste de nos informateurs "les Peuls" sont les habitants de la ville de Maroua, formant la plus vaste, la plus peuplée et la plus puissante des trois chefferies, cette fois une chefferie ferôbé. Certains de nos informateurs - particulièrement parmi les habitants des montagnes-îles - ont été capables de citer quelques noms de *lâmîdo* de Maroua, ayant régné autour des années 1900 (82), mais sans aller jusqu'à individualiser leur action. La plupart toutefois sont mal renseignés sur l'histoire et la société peules qu'ils n'aiment guère évoquer. Les relations entre montagnards et Peuls ont été en effet pendant près d'un siècle et demi marquées par l'hostilité la plus vive car à la première phase de cohabitation sans heurts succéda très vite la lutte armée permanente entre les Peuls et l'ensemble des païens, de plaine puis de montagne.

- les Mandara

Les païens n'étaient d'ailleurs pas les seuls ennemis des Peuls. Au nord de la chaîne du Mandara avait été fondé plusieurs siècles auparavant - au début du XVIème siècle, semble-t-il - un petit état noir, le royaume du Mandara. Celui-ci s'était converti très vite à l'Islam au moins en la personne de son suzerain, qui, dit une tradition mandara, fit ensuite circoncire de force ses sujets (83). Cette identité de religion n'empêcha pas les deux états d'entrer rapidement en belligérance (84), là aussi après une première période calme coïncidant avec l'installation des Peuls (85).

Les montagnards ont gardé le souvenir des expéditions lancées par les Mandara contre les Peuls, qui n'étaient parfois que des opérations de pillage : les Mandara venaient razzier le bétail des éleveurs peuls. Selon eux les Mandara étaient plus puissants que les Peuls : *"Les Mandara pouvaient venir à Maroua comme ils voulaient ! Ils avaient bien plus de cavaliers. Ils étaient plus forts que les Peuls car ils avaient beaucoup d'enfants, et les Peuls très peu"*. Cette opinion est à nuancer : les deux états étaient de force à peu près égale, semble-t-il. Elle montre surtout la bonne opinion dont le Mandara jouit auprès des montagnards, expliquant que beaucoup d'entre eux parlent de lui aujourd'hui en termes amicaux.

Parmi les massifs mofu-Diamaré étudiés il n'y eut que Molkwo à souffrir du Mandara. Entre Mandara et Peuls une frontière avait été fixée, et en principe reconnue par les deux parties. Marquée par le mayo Mangafé au nord du massif, elle aurait dû mettre Molkwo en dehors des terres du royaume du Mandara. Toutefois elle était contestée de part et d'autre et Molwo subissait à la fois les assauts des Peuls et ceux des Mandara, les derniers étant cependant les plus acharnés, selon nos informateurs Mukyo et Molkwo.

Les armées mandara traversaient aussi le Mangafé pour porter la guerre contre les chefferies peules, celle de Marva en particulier. Toutefois les habitants des massifs exposés, Duvangar par exemple, disent n'avoir jamais souffert de ces guerres qui ne les concernaient pas. *"Les Mandara faisaient la guerre aux Peuls mais ils ne nous touchaient pas : c'était nos amis"*. Selon les Mofu les Mandara en voulaient aux Peuls, non aux montagnards, cherchant au cours de ces expéditions à *"capturer des Peuls qu'ils allaient revendre comme esclaves ailleurs. Mais s'ils trouvaient des montagnards, ils n'y touchaient pas !"* Ils avaient même des gestes positifs d'amitié, abandonnant aux montagnards quelques têtes du bétail pris aux Peuls, ainsi que les chevaux peuls capturés ou tués au combat (86).

Franchissaient également la frontière du Mangafé les commerçants mandara "aventureux", à la recherche de fer, évoqués par le major Denham (87). Les montagnards de Meri et Duvangar ont gardé le souvenir de ceux qui, à la fin du XIXème siècle, n'hésitaient pas à venir chez eux, très loin de leurs bases, pour faire du commerce de troc (88). Plusieurs décennies après le récit du voyageur anglais ces Mandara continuaient à être exclusivement amateurs de fer, sous forme d'objets forgés ou de masses métalliques - houes, plaques de fer en forme de faucilles, boules de fer de différentes tailles - donnant en échange natron et surtout sel (89).

Les cavaliers mandara portaient, disent les vieux de Duvangar *"la peau comme nous"*. Or ce port de la peau est, on l'a vu, une façon pour les Mofu de caractériser les "païens", l'ensemble des non-Peuls. Nos informateurs poussent le rapprochement plus loin : certains d'entre eux n'hésitent pas à traiter les Mandara de "frères". Effectivement il existe une lointaine fraternité ethnique, ou au moins culturelle, entre montagnards et Mandara. Les historiens s'accordent à reconnaître que ce groupe résulte de la fusion entre immigrants et autochtones maya (90). Plus que cette "parenté" ténue, est intéressante la façon qu'ont les Mofu de la démontrer : *"Les Mandara font des sacrifices comme nous. Ils prennent une chèvre, l'égorgent et mettent le contenu de la panse sur les autels, exactement comme nous"*. Les Mandara ne sont-ils pas musulmans ? leur objecte-t-on. *"Peut-être, mais quelques uns agissent ainsi !"* Là encore, spontanément, les Mofu s'autorisent un rapprochement, transformé en fraternité, en s'appuyant essentiellement sur des critères qui, même s'ils apparaissent comme davantage imaginés que réels, sont des critères religieux.

4. MONTAGNARDS ET HABITANTS DES PLAINES

Notes des pages 57 à 88

(1) D. BARRETEAU, R. BRETON, M. DIEU,1984, pp. 167-168
(2) appellation indiquée dès nos premières publications (J.F. VINCENT, 1971, p. 73)
(3) E. BENVENISTE, réed.1975, T.I, p. 371
(4) D'où l'étonnement de vieux informateurs à nous voir arpenter sans peine trop apparente les sentiers de montagnes où, selon eux, nous aurions dû trébucher.
(5) Pour un commentaire plus détaillé sur la signification du terme *ngwa* cf. pp. 136-138
(6) On verra plus loin que ces trois noms constituent une sélection des *ngwa* les plus importants.
(7) appellation signalée également par D. BARRETEAU (enquête-sondage à Duvangar, juill. 85).
(8) Par contre, ils sont connus à Dugur et Mikiri qui en sont plus proches.
(9) Dès nos premières publications nous avons insisté sur la volonté identique - chez les Duvangar-Durum-Wazang, et chez les "Gudal" - à se présenter comme deux ensembles totalement différents (J.F. VINCENT, 1971, p. 72 ; 1972, p. 310 ; 1978, p. 486, etc...)
(10) J.F. VINCENT, 1972, p. 326 ; 1975, p. 139 ; 1978, p. 486.
(11) On retrouve le nom du massif de Gudur dans les traditions d'origine de plusieurs groupes ethniques, les Giziga, par exemple (G. PONTIE, 1973, p. 28). Aussi les premiers administrateurs le considéraient-ils comme le reste d'une chefferie importante (ainsi G. MARCHESSEAU et G. LAVERGNE). L'enquête sur place fait apparaître les limites de l'autorité actuelle de Gudur. La liste des massifs dépendant de Gudur donnée par nos informateurs ne correspond qu'à la partie nord du groupe délimité par la pratique d'une langue commune. Diverses entités politiques autres que celles de "Gudal" ont existé dans le sud. On peut en citer au moins une, dominée par la montagne de Zidim (enquêtes 1971 et 1973).
(12) J.L. AMSELLE, 1985, p. 14
(13) essentiellement le linguiste D. BARRETEAU et nous-même
(14) D. BARRETEAU, R. BRETON, M. DIEU, 1984, p. 159.
(15) J. LESTRINGANT, 1964, p. 80
(16) B. JUILLERAT, 1971, p. 72
(17) A. LEBEUF, 1979, p. 72 et p. 20.
(18) Les populations bwa présentent une extraordinaire variété sur le plan de la langue : elles-mêmes circonscrivent parmi elles dix groupes linguistiques et ce découpage est encore affiné par les linguistes qui en comptent dix-huit (G. MANESSY, cité par J. CAPRON, 1973, p. 37). Les Bwa n'en constituent pas moins selon les observateurs un même ensemble ethnique (J. CAPRON, 1973, p. 37). Dans le même Burkina les Gourounsi présentent un cas identique "d'ensemble culturel relativement homogène", considéré comme un groupe ethnique, "alors qu'il n'est en fait qu'une mosaïque de communautés linguistiques : il existerait 21 langues gourounsi... "
(19) D. BARRETEAU, R. BRETON, M. DIEU, 1984, p. 170
(20) Les Nar parlent une langue "étroitement apparentée" au barma parlé par les habitants du Baguirmi alors qu'il est impossible aujourd'hui de retrouver des manifestations culturelles de cette parenté (E.P. BROWN, 1983, p. 28)
(21) J.L. AMSELLE, 1985, p. 31
(22) E. MOHAMMADOU, réed.1976, p. 288. J.P. LEBEUF utilise cette expression en 1938 pour expliquer le peuplement de la région, opposant les "Fulbe musulmans" aux "païens ou *Habe*" (1938, p. 103)

(23) L'utilisation du terme *kâdo* par les Peuls comporte pourtant "une certaine dénotation péjorative à peine déguisée" note le présentateur et traducteur de l'autobiographie d'un Peul mbororo du Cameroun (N. OUMAROU-H. BOCQUENE, 1986, p. 34)
(24) D'après les enquêtes que nous avons menées de 1968 à 1973, complétées par une enquête faite à notre demande en 1978 (enq. Marc DANGAYLAM, Mofu-Diamaré de Duvangar).
(25) G. PONTIE, 1973, p. 66
(26) A. ADLER, 1982, p. 93
(27) Le Major Denham avait déjà noté en 1823 cette consommation du cheval à propos d'un groupe "Musgô", c'est-à-dire mafa, observé par lui lors de sa visite à Mora (Maj. DENHAM, 1826, p. 313; J.F. VINCENT, 1979, p. 584) Cette consommation du cheval est présentée par les Mandara actuels comme caractéristique de "presque tous (...) les Kirdi des montagnes" (J.F. VINCENT, ibid.).
(28) sauf celui de Mingliya, sur les bords de la Tsanaga
(29) Ce classement a été adopté par l'administration dont "les recensements comprennent la plupart du temps sous la rubrique 'Fulbe' des éléments que leur religion ou leur mode de vie apparentent aux Peuls mais qui n'en sont pas" (P.F. LACROIX, 1953, p. 5)
(30) C'est par ce "religio-centrisme" que s'explique en 1823 le désintérêt du sultan du Mandara envers le voyageur Denham : il n'est pas musulman, c'est donc "à peine un être humain" (DENHAM, 1826, p.306 ; J.F. VINCENT, 1979, p. 579).
(31) Le mot *kuli* est un des plus complexes de la langue mofu, en raison de son caractère extensif.
(32) En fait, on le verra, Mboko ne pratique pas les *mazgla*
(33) Les Mofu-Diamaré ignorent bien sûr les millésimes du calendrier chrétien.
(34) Ch. VON GRAFFENRIED, 1984.
(35) Pour cela nous avons procédé à une confrontation entre les dizaines d'allusions à des dates de célébration contenues dans nos fichiers de terrain.
(36) Sur la signification symbolique des points cardinaux cf. J.F. VINCENT, 1978.
(37) Cette coincidence peut brouiller les observations concernant la périodicité de la fête. Ch. Von Graffenried qui a étudié le sacrifice du taureau en 1976 a conclu au rythme quadriennal de la fête dans la montagne de Mikiri - et même dans celle de Molkwo - (Ch. VON GRAFFENRIED, 1984) alors que des observations sur plusieurs années font apparaître un rythme triennal.
(38) Le premier rassemblerait neuf massifs mafa en contacts immédiats avec des Mofu-Diamaré, (il commencerait par la montagne de Fogom, voisine immédiate de Durum et Meri. Peut-être d'ailleurs y a-t-il là plusieurs sous-ensembles. Un deuxième cycle, contigu au premier, concernerait quatre montagnes autour de Koza, mais il n'a été ni étudié ni même signalé par d'autres observateurs. Un troisième cycle, situé au sud du précédent, serait à ajouter aux deux premiers. Il serait composé de cinq montagnes au nord de Mokolo, dont la montagne de Douvar (enquêtes ponctuelles J.F. VINCENT, 1971 et 1973; enquête de terrain effectuée à notre demande par Wandala DZENGUERE, 1985). Pour le détail des noms de montagnes mafa, cf. Annexes Chap. I, "Carte de localisation des cycles de la fête du taureau".
(39) J.Y. MARTIN, 1970, p. 113
(40) A. HALLAIRE, comm. pers. ; Y. TABART, comm. pers.
(41) Enquête Wandala DZENGUERE, 1985 , Y. TABART. rens. inéd. J. BOISSEAU a consacré une étude détaillée à la description du *maray* mafa (J. BOISSEAU, 1975) mais il ne s'est pas intéressé à l'échelonnement dans le temps et l'espace des différents *maray* mafa.

(42) C. SEIGNOBOS, géographe, ayant travaillé dans les montagnes du Nord-Cameroun sur les différents types d'habitations, considère lui aussi que le plan, variant avec chaque groupe ethnique, constitue "l'élément décodeur, qui permet de classer les familles architecturales montagnardes" (C. SEIGNOBOS, 1984, *Le Nord du Cameroun*, p. 185)

(43) Dès 1851 le voyageur H. BARTH traversant le pays marghi, à la limite de ce qui devait devenir le Nord-Cameroun, avait été frappé par ce caractère disséminé du peuplement (H. BARTH, 1857, T.II, p. 379)

(44) J.Y. MARTIN, 1970, p. 67, p. 69 ; J. BOISSEAU, M. SOULA, 1974, p. 102; B. JUILLERAT, 1971, p. 35

(45) Pour d'autres détails, cf. J.F. VINCENT, 1976 : "les manifestations du pouvoir dans la famille restreinte mofu" (doc. dactyl. inéd. 37 p., pp. 2-3-4. Cf. également "Quatre relevés d'habitations mofu-Diamaré", Annexes chap. I, p. 4. On se reportera aussi aux travaux récents du géographe C. Seignobos (1982, pp. 35, 42-45, 52-55, 74-78, etc...)

(46) C. SEIGNOBOS, 1982, p. 181. J.Y. MARTIN est cependant d'un avis totalement différent, estimant que dans les différents groupes ethniques montagnards "le type d'habitat et la forme même des cases sont quasiment identiques" (1970, p. 15)

(47) cf. Illustration chapitre I, Planche II - Photos 2, 3, 4 : "Femmes et fillette mofu-Diamaré en costumes traditionnels".

(48) D. BARRETEAU et L. SORIN-BARRETEAU, 1985. Sur la différence de style entre poteries à eau mofu-Diamaré et giziga cf. Illustration chapitre I, Planche III - Photo 5.

(49) Pour d'autres détails sur le grenier, cf. J.F. VINCENT, 1982 ; cf. également Illustration chapitre I, Planche III - Photo 6 " Greniers mofu-Diamaré; finition de la "tête" du grenier".

(50) A. HALLAIRE nous avait sensibilisée dès nos premières enquêtes en 1969-1970 à la possibilité d'étudier les techniques agraires comme marqueur ethnique. Elle a exposé en 1974 ses idées sur ce lien entre "personnalité ethnique" et "système de production" dans une étude concernant "les types de systèmes agraires et d'économie villageoise". C. SEIGNOBOS remarque lui aussi que le mode de séchage des mils constitue une "touche ethnique" (1982, p. 35).

(51) P. COUDERT, 1980, pp.53-54

(52) cf. J. BOISSEAU, 1974, p. 758, dont le calendrier est décalé de trois mois par rapport à celui, plus sommaire, de J.Y. MARTIN (1970, p.19)

(53) A.M. PODLEWSKI, 1972

(54) Elle a concerné en 1970 334 femmes mariées interrogées après étude d'un échantillon raisonné. (J.F. VINCENT, 1972, pp. 309-323).

(55) 38 % des femmes mariées à Magoumaz sont originaires de Magoumaz même (J.Y. MARTIN, 1970, p.165)

(56) Il n'y a pas eu d'études démographiques sur les aires d'endogamie des Mofu-Diamaré proprement dits. Plusieurs zones juxtaposées s'y dessinent, outre Duvangar-Durum-Wazang, Dugur-Mikiri, Zulgo-Gemzek-Mboko, etc...

(57) *"Bi"*, dans la plupart des langues de la région, signifie "chef, prince". Chez les Giziga-Marva tout homme devenu prince perdait son nom personnel et n'était plus désigné que par son titre.

(58) présentation encore adoptée dans des travaux récents (Ph. COUTY et al., 1981, p. 35)

(59) D. BARRETEAU, 1918, p. 303. A ces deux langues s'en ajoute une troisième en voie d'extinction, parlée jadis dans la région de Baldama, à 40 km à l'Est de la région actuelle des Giziga-Marva (Ch. SEIGNOBOS et H. TOURNEUX, 1984).

(60) J.C. ZELTNER, 1953, p. 17

(61) L'existence de ces bonnes relations est liée à l'origine lointainement giziga de la plupart des clans de prince mofu (J.F. VINCENT, à par. 1990).

(62) E. MOHAMMADOU, rééd.1976, p. 67. On trouve l'histoire peule dans deux types de documents. Il existe d'une part des traditions orales et des manuscrits en arabe, recueillis et traduits entre 1910 et 1950 par divers administrateurs et missionnaires, allemands puis français. On doit ainsi au Père J.C. ZELTNER d'intéressantes traditions peules complétées par des traditions giziga.

On dispose d'autre part d'enquêtes orales plus récentes, menées d'abord de façon rapide par J. LESTRINGANT (1964), puis reprises de façon systématique par E. MOHAMMADOU à partir de 1968. Ce dernier a livré intégralement ses résultats dans une étude (1970, rééditée en 1976), qui fournit de surcroît en annexe le texte des études effectuées par les premiers militaires et administrateurs, dont certaines sont introuvables.

(63) Afaye, 80 ans ? (Tsaki-Dzebe, août 1973)
(64) Mundor, Mukyo, Bilgim, Dzebe. Ces enquêtes ethno-historiques chez les Giziga de la région de Maroua effectuées entre 1971 et 1980 nous amènent à distinguer dans l'ensemble giziga cinq chefferies traditionnelles -- Marva et Kaliao parlant le Giziga-Nord, Muturwa, Lulu et Midzivin parlant le Giziga-Sud - alors que les chercheurs n'en citent habituellement que quatre : Muturua, Lulu, Midzivin, et Marva.
(65) J.F.VINCENT, à par. 1990, p. 20
(66) G. PONTIE, 1973, "Carte du pays guiziga", p. 24; ibid., p. 33.
(67) ibid. p. 28, expression reprise en 1981 par Ph. COUTY et al., p. 35
(68) J. GALLAIS, 1962, p.121
(69) Le même nom de "Bozom" est appliqué par certains montagnards aux Peuls, par d'autres aux Giziga, ce qui semble indiquer que les montagnards ont pu confondre au début les deux groupes, en raison de leurs alliances et de leurs bonnes relations primitives, sans doute aussi en raison de leur habitat de plaine identique.
(70) Sariya, 63 ans ? (Wazang, décembre 1970)
(71) J. LESTRINGANT, 1964, p. 109
(72) E. MOHAMMADOU, rééd.1976, pp. 57 et 233
(73) cf. dans E. MOHAMMADOU (rééd.1976, p. 59) l'itinéraire détaillé de cette seconde fraction.
(74) ibid. p. 79. Les souvenirs de Buba-Njoda, âgé d'environ 75 ans, chef du village peul de M'Bozo-Debi, proche à la fois de Duvangar, de Durum et de Wazang, concordent remarquablement avec ce schéma général. Il a évoqué pour nous en 1973 la migration de sa famille sur trois générations.
(75) E. MOHAMMADOU, rééd.1976 ; cf. note 76 sur les Peuls Yillaga, p. 312
(76) Nous interprétons le nom " Zouaî", cité par le voyageur DENHAM lorsqu'il parle des Peuls, comme une déformation de Gazawa ["(Ga) Zawa"]. DENHAM éprouve le besoin de préciser "les Peuls de Mosfeîa et de Zouaï" (DENHAM, 1826, p. 311). "Mosfeîa" est, comme nous l'avons vérifié, le nom mandara de Maroua (J.F. VINCENT, 1979, p. 589). Si "Zouaî"est bien Gazawa on comprend mieux la précision : Maroua et Gazawa, bien que s'accordant pour combattre les mêmes ennemis, étaient distinctes par leurs origines.
(77) "chef" en langue peule. Le *lâmîdo* exerce son autorité sur l'étendue de son "lamidat", donc sur les *lawan* - titre d'origine arabe - qui, eux, " commandent à une subdivision plus ou moins étendue du lamidat". Enfin, "à la base", on trouve "le chef de village ou de quartier", portant le titre de *djaouro* , littéralement "le propriétaire du village" (E. MOHAMMADOU, rééd.1976, p. 352).
(78) E. MOHAMMADOU, rééd.1976, p. 79
(79) J.F. VINCENT, à par. 1990
(80) Peut-être est-ce de lui que parle DENHAM en 1823 ? Sa position correspond en tout cas à celle du "Derkolla" réduit en cendres sous les yeux de Denham par l'expédition militaire contre les Peuls à laquelle il s'était joint (J.F. VINCENT, 1979, p. 599)

(81) Suivant les souvenirs de Buba Njoda (M'Bozo-Debi, décembre 1970 ; juillet 1973)
(82) Ainsi un informateur de Duvangar nous a cité les noms des "trois chefs fulbe de Maroua" : "Sudey, Koryanga et Amadu" (Madouvaya, 80 ans, juillet 1973). Un autre informateur de Dugur, celui de "Muhamman Damraka", un des premiers *lâmîdo* de Maroua.
(83) M. RODINSON et J.P. LEBEUF, 1956, p. 249 ; E. MOHAMMADOU, rééd.1982, p. 26; sur cette circoncision forcée cf. M. RODINSON et J.P. LEBEUF, 1956, p. 235; E. MOHAMMADOU, rééd.1982, p. 11
(84) M. RODINSON et J.P. LEBEUF, 1956, p. 235.
(85) E. MOHAMMADOU, rééd.1982, pp. 200-207 ; J.F. VINCENT, 1978, pp. 587-590
(86) Ce sont les habitants de Duvangar qui parlent. Ainsi s'expliquerait l'absence d'interdit alimentaire de Duvangar portant sur le cheval, alors que Durum et Wazang n'y touchent pas.
(87) DENHAM, 1826, p.320, p.363
(88) "du temps du prince Malikwom", qui régna approximativement entre 1896 et 1907 ; cf. Tableau 9 : "Les princes de Duvangar"
(89) Ce sel gemme décrit comme "noir", parfois comme "rouge", était différent de la saumure fabriquée localement. Il joue un rôle important dans les mythes de peuplement.
(90) M. RODINSON et J.P. LEBEUF, 1956, p. 234-235; E. MOHAMMADOU, rééd. 1982, p. 21-25

5. MONTAGNARDS ET PEULS : UNE HOSTILITE SECULAIRE

a) les captures d'esclaves montagnards par les Peuls :
le discours mofu

Pour la majorité des informateurs le nom des Peuls est associé à la violence. Une fois commencée, la guerre contre eux, *vrom*, ne connut jamais de fin (1). Elle fut pendant tout le XIXème et le premier quart du XXème siècle l'élément marquant de la vie des montagnards : aussi certains informateurs, passant sous silence les débuts pacifiques de l'installation peule, estiment que pour retrouver la période heureuse où les montagnes connaissaient une paix relative il faut remonter aux temps anciens d'avant les Peuls. La plupart expliquent pourtant qu'il y eut transformation dans l'attitude peule : c'est seulement lorsque les Peuls eurent augmenté en nombre, et lorsqu'ils possédèrent des chevaux, qu'ils se mirent à combattre les montagnards. *"Les Peuls et leurs chevaux..."*, les deux présences sont indissociables. Les chevaux effrayaient les habitants des montagnes. Certains en avaient pourtant utilisé jadis, si l'on se réfère aux détails de quelques récits de peuplement et à des témoignages isolés (2). Il s'agissait toutefois de races locales différentes, de petite taille (3), et sur leurs chevaux arabes, grands et rapides, les Peuls apparaissaient invincibles, tels des centaures. Les montagnards, en raison de leur terroir accidenté, ne pouvaient élever d'importants troupeaux de chevaux et devenir cavaliers comme leurs persécuteurs (4). Ils ne pouvaient que se dérober, fuir à pied, gagner un terrain accidenté où les cavaliers peuls ne pourraient les suivre.

Les combats des Peuls contre les montagnards avaient tous la même motivation, la quête d'esclaves, *beke*. La traite est présente dans tous les récits des montagnards dès que l'on évoque le passé. Des noms de personnes y font encore allusion (5). On sait toujours par exemple que tel lieu en zone de piémont vit l'enlèvement d'un membre de tel clan. Ces chasses à l'esclave étaient menées par des cavaliers venus d'une des trois chefferies peules, tout particulèrement de Miskin et Gazawa. Ils s'unissaient parfois pour une expédition, sans pourtant, semble-t-il, qu'il y ait eu au niveau des chefferies concertation pour se répartir les terrains de capture.

Pendant une partie de l'année, les quatre mois de la saison des pluies, les montagnards étaient tranquilles car le terrain détrempé était impraticable aux chevaux (6) : une fois le sol redevenu ferme les razzias reprenaient à un rythme soutenu, quatre à six fois dans l'année, particulièrement au moment des récoltes, lorsque les paysans étaient occupés dans leurs champs.

Chaque expédition comprenait entre 30 et 50 cavaliers armés de lances et de sabres, accompagnés par des piétons munis d'arcs. Les Peuls ne procédèrent jamais contre les montagnards mofu à la razzia totale qui était occasionnellement utilisée à la même époque par d'autres chasseurs d'esclaves, chez des populations de plaine, les

Musgum ou les Masa par exemple : un gros village était encerclé, les hommes en état de le défendre exterminés, et les femmes et les enfants capturés par centaines, ainsi que le note le voyageur H. Barth, qui a assisté en 1851 à la prise d'un important village (7). Dans le cas mofu la tactique peule fut celle du harcèlement, de petites ponctions humaines répétées.

Le détachement peul arrivait en fin de nuit. Les cavaliers descendaient de leurs bêtes et se cachaient avec elles sous les arbres touffus poussant dans les lits des cours d'eau à sec. Il ne leur restait plus qu'à guetter les montagnards : femmes descendant vers les points d'eau au pied des massifs, hommes venus ramasser du bois ou, avec leurs faucilles, faisant provision d'herbe pour les chèvres et taureaux à l'étable. Les cavaliers bondissaient en selle, poursuivaient et encerclaient les isolés. Il arrivait que du haut de leurs rochers les montagnards assistent de loin au début de l'enlèvement. Ils accouraient alors en armes mais souvent les razzieurs étaient déjà repartis avec leurs proies.

"On prenait cinq ou six personnes à la fois", nous a raconté le vieux *lawan* peul, Buba Njoda.*"Les guerriers à pied les emmenaient et les cavaliers restaient en arrière pour empêcher leurs frères de venir à la rescousse. On leur attachait la main droite au cou, et, avec des couteaux, on les faisait courir tandis que les piétons couraient derrière eux. Les enfants, eux, étaient placés sur un cheval derrière le cavalier"*. Il arrivait aussi que les hommes adultes capturés soient ligotés, puis placés sur un cheval, pieds dans les étriers. Ces modes de transport supposaient un certain consentement de la victime à son enlèvement qui fut loin d'être général. Il y eut des hommes *"préférant être tués sur place plutôt qu'emmmenés"* et des noms nous ont été cités à Gemzek et Duvangar.

D'après les estimations de nos informateurs une douzaine de personnes, au minimum, était ainsi capturée chaque année dans une chefferie comme Duvangar. Les victimes se retrouvaient mises en vente sur le marché aux esclaves de Maroua, à un emplacement que savent encore indiquer les vieux informateurs. Attachés les uns aux autres, hommes et femmes mélangés, la jambe immobilisée dans une pièce de bois, ils attendaient l'acheteur *"alignés comme des boeufs. On choisissait les plus gras, les plus forts ! Ils étaient vendus comme des animaux"*. Les jeunes gens étaient payés en pièces de tissus, en "gandouras". On les faisait asseoir et on dressait à côté d'eux une pile de gandouras pliées d'une façon conventionnelle, arrêtée lorsqu'elle était aussi haute que l'esclave. Un esclave valait ainsi, juste avant l'arrivée des Allemands, entre 12 et 20 gandouras, auxquelles il fallait ajouter deux à six boeufs, quelques chèvres, du sel (moyenne établie d'après une douzaine de "cours de l'esclave" relevés en diverses montagnes) (8). Une jeune fille valait autant de gandouras, mais moins de boeufs. Le prix d'un adulte âgé n'était plus que de 4 ou 5 gandouras. L'esclave pouvait aussi être payé de 3 à 5 pièces d'argent, *gurs*, ou uniquement en boeufs : un homme fort valait 10 boeufs (9). Les hommes jeunes constituaient les esclaves les plus prisés, en raison, nous a-t-on expliqué, du travail qu'ils pouvaient fournir.

La vie d'esclave paraît dans l'ensemble avoir été relativement supportable. Telle est du moins l'opinion de nos vieux informateurs. Les Peuls avaient compris, semble-t-il, que pour conserver leurs esclaves sans avoir à déployer une surveillance astreignante, le plus facile était encore de les traiter convenablement : les informateurs s'accordent sur un point positif, commun à la plupart des propriétaires, la qualité de la nourriture (10). L'esclave mangeait beaucoup, une nourriture à laquelle il n'était pas habitué mais qu'il appréciait et qui l'aidait à supporter son sort, à tel point que certains informateurs considèrent aujourd'hui qu'il pouvait être "heureux" chez son maître. Ne lui arrivait-il pas de surcroît de posséder en propre des habits de coton ? Les témoignages mofu rejoignent donc celui d'Henri Barth traversant le Nord du Nigeria, tout près des Monts du Mandara. Barth estime que dans cette région l'esclave - sauf, précise-t-il, celui qui était propriété d'un Arabe - était "généralement bien traité" (11).

Toutefois il arrivait que ces avantages matériels soient insuffisants à faire oublier la réalité de la condition d'esclave : le travail toute la durée du jour - le plus souvent des tâches pénibles ou harassantes - et parfois les chaînes durant la nuit. Les enfants, eux, connaissaient un meilleur sort : adoptés par des femmes peules stériles ils pouvaient être traités en fils de la maison et finissaient quelquefois par le devenir (12). Quant aux filles, surtout si elles étaient belles, elles menaient une vie assez facile. Si de plus elles donnaient des enfants à leur maître elles parvenaient à faire partie de la famille : un exemple de cette assimilation nous a été fourni par notre vieil informateur peul, Buba Njoda. Sa grand-mère paternelle était une fille de la montagne de Duvangar, razziée, puis devenue concubine aux enfants reconnus par leur père. Buba-Njoda connaissait aussi bien le "nom de la montagne" que le prénom peul portés successivement par sa grand-mère et grâce à elle il avait été bien informé sur le fonctionnement de la société mofu. Souvent pourtant les origines culturelles et ethniques de l'esclave étaient gommées : on le rebaptisait et on ne l'appelait plus que par son prénom peul; il ne parlait plus sa langue. Il lui arrivait aussi de se convertir à l'Islam ; une fois circoncis, il était définitivement séparé des siens.

Cette assimilation à la société peule était le fait de très jeunes gens, semble-t-il. Il y eut aussi des esclaves qui refusèrent le mode de vie peul, s'échappèrent et revinrent chez eux. Des noms nous ont été cités mais le fait semble avoir été exceptionnel et tardif. Pendant au moins la durée du XIXème siècle, il faut le rappeler, les montagnards furent cantonnés dans leurs massifs : emmenés comme esclaves en plaine, à trente kilomètres à peine de chez eux, ils étaient totalement perdus.

Les différentes montagnes n'assistèrent pas passivement à ces pertes humaines incessantes. Elles tentèrent de lutter contre les razzias. Des fosses furent parfois creusées au fond desquelles une lance était dressée afin que s'y empale le cavalier seul ou son cheval. Toutefois le mode de défense le plus courant fut la construction de murailles, *dle, "pour empêcher les chevaux de passer"*. Duvangar en revendique l'initiative car, nous ont expliqué ses anciens, elle avait été la première à descendre dans la plaine et en avait ressenti plus tôt la nécessité. En fait, ce besoin fut éprouvé à peu près au même moment par toutes les chefferies. Pour ces bâtisseurs qu'étaient les Mofu la formule qui s'imposa presque partout fut celle du rempart. Cette réaction de défense fut la même sur beaucoup de massifs mafa, là où les montagnes et chefferies, situées sur le rebord du plateau montagneux, étaient assez éloignées des Peuls, et où le terrain se prêtait mieux à cette construction (13). Dans les montagnes-îles proches de Maroua les chefferies mofu-Diamaré, de plus petites dimensions et plus exposées, Dugur par exemple, essayèrent également de se doter de cette protection, mais sans succès. A Dugur les habitants *"plantèrent alors des épineux autour de leur montagne"*, afin au moins de blesser les cavaliers ou de lacérer leurs vêtements (14).

De Duvangar le rempart se poursuivit vers le nord, à Gwoley puis Meri, et vers le sud, vers Durum et Wazang. Toutes les chefferies se ceinturèrent d'un et parfois de plusieurs murs parallèles, l'un au pied de la montagne, l'autre englobant une partie du piémont (15). Il ne s'agissait pas d'un ouvrage continu mais de portions de mur prenant appui sur des rochers ou reliant des flancs de montagne. Cette muraille avait la hauteur d'un homme de petite taille, un mètre soixante environ, pas plus car il fallait pouvoir l'escalader rapidement en cas de poursuite; aussi était-elle le plus souvent démunie d'épines. Elle ne pouvait être franchie en temps ordinaire que par un petit nombre de portes, une par quartier, constamment surveillées, hérissées d'épines et fermées chaque soir.

Sa construction fut réalisée sur chaque chefferie, quartier par quartier, en plusieurs sections, au long de plusieurs années, cinq à Duvangar par exemple. Elle eut lieu assez tardivement, autour de 1850 d'après les noms de princes qui nous ont été indiqués, Bi-Bigney à Duvangar, Bi-Zigidem à Durum, Bi-Slakama à Wazang (Cf. Tableaux 9, 10, 11). Cette muraille contre les Peuls ne fut pas à proprement parler une réalisation collective. Pourtant elle contribua sans doute à faire prendre conscience aux différents groupes de l'identité de leur situation : ils combattaient les mêmes ennemis. Aussi durant le temps de sa construction il y eut, nous a-t-on dit à Gwoley, trêve entre les montagnards qui jusque-là s'affrontaient constamment.

L'utilité du mur de défense était double. Il dissuadait les cavaliers peuls de s'avancer, car à son abri les archers mofu pouvaient tirer sur ceux qui passaient à proximité. Par ailleurs situé en zone de piémont, il englobait des zones de culture pouvant être entretenues avec une relative sécurité. En effet la capture-surprise avait rendu dangereuse la fréquentation de la plaine. Les habitants de chaque montagne avaient l'habitude de s'y rendre régulièrement pour défricher des champs d'appoint mais il leur fallut y renoncer. Il se trouva pourtant quelques courageux - des noms sont encore dans les mémoires - pour continuer leurs plantations avec l'arc et les flèches accrochés au corps, et la lance à portée de main. La plupart des montagnes se mirent à mener derrière leur rempart une vie d'assiégées. Leurs habitants, poussés par la nécessité, continuèrent pourtant à descendre en plaine pour y chercher de l'herbe et du bois. De plus, en fin de saison sèche, il leur fallait bien fréquenter les seuls points d'eau restants, les puits creusés en plaine dans les lits à sec des rivières. Les montagnards s'organisèrent alors : des colonnes armées protégeaient les travailleurs, avec un succès inégal, disent les informateurs. Pourtant des guetteurs se relayaient en permanence sur chaque montagne, même en temps de paix, même s'il n'y avait pas eu de razzia depuis longtemps. Placés en un point élevé ils scrutaient la plaine, essayant de déceler le tourbillon de poussière signalant une troupe de cavaliers en train de se rapprocher. Ils hurlaient alors - parfois relayés, voire remplacés, par l'esprit de la montagne protecteur - et les cultivateurs rentraient précipitamment. Parfois aussi les guetteurs appelaient à l'aide les guerriers si les travailleurs n'avaient pu revenir à temps, et un affrontement pouvait se produire. Toutefois les combats en règle semblent avoir été rares, soit que les Peuls se soient dérobés, soit que les montagnards aient redouté de combattre ces hommes à cheval, si différents de leurs ennemis habituels.

Pour freiner les incursions violentes des Peuls les montagnards eurent aussi recours à d'autres moyens, des "cadeaux". Cadeaux ou tribut ? On retrouve la même ambiguïté lorsqu'on étudie les relations entre montagnards du nord de la chaîne et royaume du Mandara dans la première moitié du XIXème siècle (16). Cette époque avait vu, semble-t-il, une intensification progressive de la traite et c'est lorsque le rythme des razzias leur apparut insupportable que les montagnards les plus exposés se mirent à "donner" aux Peuls ce qui semble bien avoir été, au moins à la fin, un impôt. Les Mofu ne disposent en tout cas pour désigner ces versements que d'un mot de la langue peule, *dzangal* - désignant originellement l'impôt sur le bétail - que les jeunes emploient couramment aujourd'hui.

Les montagnes-îles proches de Maroua, Dugur et Mikiri, livrèrent régulièrement un petit contingent de dix esclaves chacune *"pour avoir la liberté de cultiver"* : si elles remettaient des esclaves elles pouvaient descendre en plaine faire leurs cultures, expliquent les informateurs, sinon il fallait y renoncer. Comme le remarque un habitant de Duvangar *"les gens de Dugur ont donné des esclaves pour sauver leurs vies. Leur montagne n'est que blocs de rochers ; ils ne pouvaient pas cultiver dans les rochers ! Ils avaient besoin des plantations en plaine"*. Les montagnes protégées par un mur se mirent pourtant elles aussi à faire des "dons" aux Peuls, *"pour freiner les expéditions de capture d'esclaves"*. Au début, semble-t-il, il y avait eu seulement relations commerciales entre Peuls et montagnards car, malgré les combats incessants, les échanges s'étaient toujours maintenus, tout comme, on l'a vu, ils existaient entre Mandara et montagnards. Les habitants des montagnes étaient en effet producteurs d'une matière première de base, le fer. Dans presque toutes les ethnies des Monts du Mandara à côté des forgerons, castés ou non (17), ont existé des fondeurs transformant le minerai en métal dans des hauts-fourneaux dont on retrouve partout les restes et les scories. Ce caractère banal de la fonte du fer explique que le voyageur Denham ait pu, il y a cent cinquante ans, parler des montagnes du Mandara comme d'une région où "le fer existe en abondance", attirant quelques hardis commerçants (18).

Qu'en était-il du côté peul ? Les écrits sont muets sur ce sujet mais il semble que ce peuple de pasteurs comptait peu de forgerons et peut-être aucun métallurgiste. Telle était en tout cas l'opinion de notre informateur peul le *lawan* Buba-Njoda. Il existe d'ailleurs divers exemples de sociétés africaines n'ayant jamais pratiqué elles-mêmes les arts du feu, se contentant d'utiliser les services de forgerons de passage ou attachant de force à leur service des forgerons étrangers, ainsi les Hadjeray du Tchad ou les Nuba du Soudan (19).

Les Peuls étaient demandeurs de fer tandis que les montagnards, qui avaient dû restreindre leurs cultures par crainte des razzias, avaient besoin de mil. Ils échangèrent leur fer contre le mil repiqué de plaine, produit par les Peuls et leurs esclaves, et aussi contre des vaches. Ils remettaient le fer fabriqué par leurs soins sous forme de houes, *ldogom*. Pourquoi des houes ? Et quel était leur usage ? Pour les Mofu, paysans avisés, une houe ne peut être employée que pour la culture, et plusieurs de nos informateurs semblaient croire que les Peuls avaient demandé des houes parce qu'ils désiraient utiliser ces instruments. En même temps ils s'étonnaient de ce que les Peuls aient attaché peu d'importance à la qualité de l'outil : si on leur donnait une houe *"mal forgée, avec des défauts"*, elle était acceptée, *"pourvu qu'elle soit neuve"*. Cette précision montre bien que les Peuls ne voyaient dans les houes des païens que des plaques de fer à utiliser comme des valeurs monétaires. D'ailleurs à la même époque dans la partie ouest du Cameroun, au Bamenda, des houes de fer jouaient expressément le rôle de monnaie (20).

De l'échange libre on en vint, expliquent les plus vieux informateurs, à la contribution forcée, versée régulièrement *"chaque année, à la fin de la saison sèche"*, au *lâmîdo* de Maroua et aussi, semble-t-il, à celui de Miskin, *"parce qu'on avait peur"*. Par contre il semble que les montagnards n'aient jamais rien remis au *lâmîdo* de Gazawa. Tous les habitants devaient participer à cet effort. Seuls les chefs de quartier remettaient chacun une houe. Les chefs de maison ordinaires, à Duvangar comme à Wazang, se mettaient à plusieurs pour cela, à deux, trois ou quatre. Chaque chef de quartier les rassemblait et le produit de la collecte provenant d'une montagne entière était porté de nuit au *lâmîdo* concerné. Toutefois, notent avec regret les informateurs, les cavaliers espaçaient leurs incursions après cette remise mais ils ne les interrompaient pas totalement : *"Il n'était pas question de paix avec les Peuls, même si on leur donnait des houes"*.

Cette vie quotidienne sous la menace de l'esclavage qui devait durer une centaine d'années marqua durablement les divers groupes montagnards. *"Avant l'arrivée des Peuls il n'y avait pas d'esclaves"*. L'esclavage était en effet jusqu'alors inconnu : lors de guerres entre montagnards il y avait des morts, mais jamais de prisonniers. Les Peuls amenèrent les païens à admettre que les hommes pouvaient être traités *"comme du gibier"*, *"comme de la viande de brousse"*, *"comme des animaux"*. Les montagnards se mirent eux aussi à réduire en esclavage des membres de leurs propres chefferies. Mauvais garçons détournant la femme d'autrui, fortes têtes résistant aux ordres, voleurs enfin se condamnaient d'eux-mêmes. Parfois aussi il y avait concertation du groupe et accord sur des noms. Ainsi était constitué le contingent d'esclaves remis annuellement par quelques montagnes aux Peuls.

Les montagnards réalisèrent aussi que, tout tribut mis à part, citoyens indésirables ou non, les hommes représentaient un capital, susceptible d'être transformé en biens divers : pièces de tissu, bétail gros et petit, monnaies d'argent, sel et natron enfin. Pratiquèrent-ils alors, en vue d'une revente, la capture de prisonniers lors des guerres entre voisins à laquelle ils s'étaient jusqu'alors refusés? Plusieurs témoignages y font formellement allusion. Toutefois la façon la plus courante de se procurer des personnes à vendre fut ce que nos informateurs appellent "le vol". *"Nous les montagnards, nous nous sommes mis à nous voler les uns les autres"*. L'esclave le plus courant était ainsi un "capturé", un voisin ou un étranger enlevé par la force (21). Telle était aussi dans le Bamenda précolonial la façon la plus courante de se procurer des esclaves et l'on y pratiquait là aussi la vente d'un membre du village, parfois déjà marginalisé (22).

La façon de procéder la plus répandue était l'attaque à main armée d'une famille isolée, réalisée par une bande de quelques hommes, appartenant ou non au même lignage. Ces expéditions communes semblent en effet avoir renforcé non pas la cohésion interne des lignages mais plutôt l'entente entre camarades de même classe d'âge (23). *"On partait une vingtaine, de nuit. On s'approchait des maisons comme des voleurs. On faisait un trou dans le mur. On tuait le chef de la maison s'il essayait de se défendre et on emportait femmes, filles, garçons. On leur mettait des chiffons dans la bouche pour les empêcher de crier et on les ramenait chez soi"*. Parfois aussi, pour obliger les habitants du groupe de maisons à sortir, le feu était mis aux toits. Un de nos vieux informateurs, Pemley de Wazang, avait ainsi perdu une de ses filles après avoir été lui-même blessé d'une flèche, et plusieurs ont d'eux-mêmes évoqué leur participation à ces petits gangs d'enlèvements d'enfants, qui fonctionnaient encore dans les années 1930.

Chez qui avaient lieu ces enlèvements ? Les habitants d'une même montagne se volaient rarement entre eux mais ils n'hésitaient pas à opérer dans les montagnes voisines, visant parfois des alliés, voire des parents. Parmi les agresseurs de la famille de Pemley de Wazang, figurait ainsi un de ses parents maternels, un *gumsa*, originaire d'Udegey, montagne toute proche.

Duvangar razziait Mboko de préférence, ainsi que Méri et Mikiri, jamais Dugur, son amie, épisodiquement Durum et Wazang, montagnes peuplées et unifiées, dont les représailles auraient pu être redoutables. Il est vrai que les razzieurs, opérant de nuit, dans le silence, prenaient toutes les précautions pour n'être pas identifiés : la traite avait abouti à l'instauration dans les montagnes d'un banditisme effréné, remettant en cause le modus vivendi existant entre massifs *ndu ma ngwa hay*.

Les réactions des princes devant le développement de ces pratiques furent très différentes d'une chefferie à l'autre. A Masakal, chez les Mofu-Gudur, les princes les déclarèrent interdites :*"Si on surprenait quelqu'un en train de vendre des personnes on le jugeait avec sévérité"*. Plus souvent, semble-t-il - à Wazang ou à Molkwo par exemple - les princes cherchèrent à contrôler la capture et la vente des esclaves. Ils ne les organisaient pas eux-mêmes mais nul ne pouvait partir à la chasse à l'esclave sans leur autorisation. Ils y participaient donc indirectement. Lorsque l'expédition avait été fructueuse et ramenait plusieurs personnes, une d'entre elles leur revenait nécessairement, ou tout au moins une partie des marchandises correspondant à sa vente.

Il est vrai que les princes affirmaient aussi leur autorité en empêchant que la capture d'un de leurs sujets n'aboutisse par sa réduction en esclavage à un départ définitif de la montagne. Si la famille concernée parvenait à savoir par qui et où le malheureux avait été emmené le prince l'aidait à obtenir une restitution. Ainsi Bi-Bigney, prince de Duvangar dans la deuxième partie du XIXème siècle, (cf. Tableau 9 "Les princes de Duvangar"), est-il présenté aujourd'hui comme un grand prince, rachetant tous ceux que les Peuls avaient capturés pour en faire des esclaves,*"même si les Peuls réclamaient beaucoup de biens !"* Restait à connaître le montant de la rançon à verser dont, quelque soixante ans après, Bletey le devin, lui-même ancien "voleur d'enfants", énumérait complaisamment les éléments.

Il fallait faire vite car les victimes de ces enlèvements ne restaient pas longtemps sur la montagne : elles étaient destinées aux Peuls et gagnaient presque aussitôt leur capitale et son marché aux esclaves. Il n'était pas question que les voleurs aillent vendre eux-mêmes leurs prises au marché : ils auraient pu à leur tour se faire prendre et subir le sort qu'ils avaient réservé à autrui. Ils passaient par des intermédiaires, des montagnards comme eux parlant la langue peule, qui prévenaient les commerçants peuls avec qui ils étaient "amis". Ceux-ci venaient de nuit avec les valeurs d'échange habituelles et repartaient avec leur marchandise humaine. Cette présence parmi les montagnards de collaborateurs s'entremettant avec les Peuls devait être courante car le voyageur Barth, après avoir noté l'existence de razzias organisées chez les païens par les islamisés, remarquait lui aussi chez les montagnards marghi, à une centaine de kilomètres à vol d'oiseau du pays mofu, l'existence de "collaborateurs" (24).

L'esclavage aboutissait donc à une dégradation importante du fonctionnement de la société mofu-Diamaré : non seulement il rendait difficile la cohabitation entre chefferies voisines mais à l'intérieur d'une même chefferie il accentuait les clivages sociaux. Entre revendeurs d'esclaves - parents généralement du responsable politique - et non-revendeurs la différence était visible. Les premiers *"mangeaient bien ; ils portaient de beaux habits. En une semaine ils arrivaient à vendre deux ou trois personnes"*.

L'arrivée des colonisateurs eut un résultat positif : la fin de l'esclavage, "la paix", portée à leur actif par tous les informateurs. Le major Dominik s'était emparé de Maroua en 1902, marquant ainsi le début de la courte présence allemande au Nord-Cameroun et cette victoire sur les Peuls avait frappé les montagnards : le nom du vainqueur étranger est encore connu des vieux montagnards qui lui attribuent la paternité de l'abolition de l'esclavage. *"Domnoki a dit :'Maintenant les Peuls ne peuvent plus ramasser les montagnards, c'est défendu. Et ceux qui sont déjà en esclavage, ils sont libres !'"* La traite directe par les Peuls était ainsi frappée à la base, mais il faudra attendre encore une trentaine d'années, et la présence française, pour que cesse la traite entre montagnards, ce "commerce des personnes" qui a laissé des traces dans toutes les mémoires (25).

b) les données historiques

Il faut à présent confronter ces grands traits du passé de la région présentés par les Mofu avec les quelques données historiques existant pour le Nord-Cameroun. Notre exposé sera bref : diverses allusions ont déjà dû y être faites tant le passé peul a pesé sur celui des ethnies voisines.

- la conversion des Peuls à l'Islam et la prise de Marva

Alors que les Mandara s'étaient convertis à l'Islam, on l'a vu, dès la première moitié du XVIIIème siècle, la conversion des Peuls se produisit près d'un siècle plus tard. Lorsque les Peuls pénétrèrent dans le nord du Cameroun ils étaient encore païens et ce n'est qu'après leur installation dans la région de Marva qu'ils se convertirent. Quand exactement ? Et pour quelles raisons ? Les premiers historiens du Cameroun, K. Strumpëll, par exemple, avaient présenté cette conversion à l'Islam comme contemporaine de leur changement d'attitude (de pacifiques ils étaient devenus belliqueux, ainsi que nos informateurs mofu-Diamaré l'ont souligné) et ils avaient lié les deux phénomènes, le premier étant responsable du second.

On sait en effet qu'au début du XIXème siècle se produisit sur le territoire de l'actuel Nigeria un événement capital pour tous les peuples du bassin du lac Tchad, le soulèvement religieux des Peuls, dû à un des leurs, Ousman-dan-Fodio, prêchant la "guerre sainte". A son appel les anciens royaumes haoussa avaient été attaqués par les Peuls, l'empire du Bornou également et c'est ainsi qu'en 1808 était tombée

Gasre-Gommo, sa capitale (26). Il paraissait logique d'imaginer que le même schéma s'était reproduit au Cameroun : la conversion des Peuls les aurait galvanisés et leur aurait permis de secouer le joug, léger pourtant, des Giziga et de s'emparer de Marva, centre de la chefferie giziga la plus importante.

Et pourtant les traditions mises par écrit depuis une trentaine d'années ne vont pas en ce sens. Déjà les lettrés peuls, réunis en 1944 par le *lâmîdo* de Maroua pour exposer les débuts de l'histoire de sa chefferie (27), n'avaient pas évoqué une conversion de leurs ancêtres à l'Islam lorsqu'il décrivaient les circonstances de la prise de Marva. Selon eux cette conversion ne s'était pas encore produite. Ils les montraient seulement s'installant dans la région de Marva par groupes successifs, auprès des "fétichistes" Giziga et se libérant peu à peu de la suzeraineté du "Bi Marva" de l'époque. Ils expliquaient qu'ils se donnèrent dans ce but leur propre chef, "le Moddibo Hamman Selbé" et gagnèrent à leur cause un chef giziga dissident, "Bi-Kaliao", commandant une chefferie distincte de celle de Marva, normalement sous la juridiction de Bi-Marva mais désireux de l'évincer (28). Cette attaque conjointe aurait permis à Bi-Kaliao d'entrer dans Marva, abandonnée par ses premiers occupants partis en exil. Toutefois les Peuls, s'étant retournés contre lui, l'auraient chassé et se seraient installés à leur tour à Marva, définitivement cette fois (29). Cette lente pression des Peuls de plus en plus nombreux, devenue tardivement hostilité ouverte contre les Giziga, est conforme, on le voit, à l'évocation des événements par les Mofu.

Comment se présentait à cette époque Marva, l'enjeu des combats ? S'agissait-il d'une véritable "ville", voire d'une "capitale", comme la dénomment divers auteurs (30). Ces termes semblent excessifs et le mot "village" employé dans les traditions peules, ou celui de "bourgade", paraissent mieux convenir. L'habitat groupé est, certes, caractéristique de la société giziga mais le fonctionnement même de la chefferie supposait un ensemble de villages-satellites dépendant d'un centre, lui-même plus important numériquement que l'un de ceux-ci.

Marva fut prise sous le commandement du premier "Emir", le Moddibo Hamman Selbé, mais, poursuit le manuscrit peul de 1944, celui-ci fut bientôt assassiné par un païen et remplacé par un lettré, "Muhammad Damraka", qui, lui, devait régner 41 ans (31). C'est Muhamman Damraka qui se rendit à Sokoto pour rechercher l'investiture religieuse d'Ousman-Dan-Fodio (32). C'est lui qui ensuite convertit les Peuls de Maroua à l'Islam, ou tout au moins les transforma en musulmans fervents (33). Toujours d'après cette source le début de son règne se situerait en 1804 (34). On est alors amené à placer la prise de Maroua nettement avant 1804, probablement dans les dernières années du XVIIIème siècle (35).

Ainsi la guerre Sainte, prêchée au Nigeria après 1806, et la révolte peule du Nord-Cameroun sont nettement dissociées, non seulement dans le temps mais aussi dans leurs causes, tout comme le sont la prise de Gasre-Gommo et celle de Marva.

A la différence de ce qui se produisit au Bornou le soulèvement des Peuls du Nord-Cameroun contre les Giziga semble n'avoir eu rien de religieux.

- l'esclavage dans le nord du Cameroun au XIXème et au début du XXème siècle

Les Mofu-Diamaré lient l'esclavage aux Peuls. Ce sont eux, disent-ils, qui l'ont introduit dans la région. En réalité la traite existait dans tout le bassin du lac Tchad durant le XVIIIème siècle, avant donc l'installation des Peuls. L'Empire du Bornou l'avait pratiquée à date ancienne et c'est en esclaves que le royaume du Mandara lui payait le tribut annuel qu'il lui versa durant la première moitié du XVIIIème siècle. Son montant en était d'ailleurs faible, cent esclaves (et non pas trois mille (36)...).

Le Mandara exécutait donc des razzias chez tous ses voisins, de plaine et de montagne, et ceux-ci se razziaient entre eux. Lorsque le voyageur Denham arrive à Mora, capitale du Mandara, en compagnie d'une puissante colonne bornouane et arabe, il assiste au bout de quelques jours à une remise spontanée d'esclaves par des "Mosgô" - montagnards de la région de Mozogo et donc Mafa, comme nous l'avons établi (37). Ceux-ci, proches voisins des Mandara, avaient voulu en effet échapper à une razzia-surprise en remettant d'eux-mêmes des esclaves...capturés chez leurs voisins (38). Certains groupes versaient-ils au sultan du Mandara un impôt régulier en esclaves ? La réaction des Mafa-Mozogo rend le fait vraisemblable, même si aucune source n'en fait état (39).

Le voyageur anglais met en évidence un autre fait sur lequel sont muettes les traditions orales, peules et mandara : l'existence de razzias menées par ces musulmans les uns chez les autres. En théorie pourtant le fait est impossible. Comme l'écrit Denham "la loi de Mahomet défend à un croyant d'en lier un autre" (40). La brassée de faits rapportés par le voyageur - confirmés un siècle et demi plus tard par nos enquêtes orales (41) - montre qu'en réalité lorsque Mandara et Peuls lançaient des expéditions militaires les uns chez les autres - telle celle à laquelle Denham a participé involontairement - ils espéraient bien en tirer des succès politiques, et aussi des esclaves, malgré leur commune foi musulmane. Il existait sans doute entre eux l'animosité, banale entre états rivaux, qu'ont retenue les Mofu (42), mais celle-ci semble avoir été exacerbée par les prises d'esclaves réciproques. Il ne faut pas s'attarder toutefois sur ces captures : les Peuls trouvaient l'essentiel de leurs esclaves non chez les Mandara mais chez les peuples païens qui les entouraient.

Quel fut le volume de cette traite chez les Mofu-Diamaré ? D'après les indications données par certains informateurs on peut tenter sur l'ensemble des chefferies de Duvangar, Durum et Wazang une estimation de 80 à 120 personnes disparaissant chaque année, ponction répétée qui dut freiner l'expansion démographique des montagnards. Cette traite des "païens" était-elle interne aux chefferies peules ? Déboucha-t-elle sur la traite à longue distance - traversant le Sahara pour aboutir en Libye - que Denham avait pu observer durant son voyage vers le Bornou, entre mer Méditerranée et Lac Tchad ? Les documents manquent. Les traditions peules, si détaillées lorsqu'elles traitent de l'installation du groupe au Cameroun, ou du règne des premiers *lâmîdo* de Maroua, se taisent lorsqu'elles abordent les relations entre les chefferies peules et leurs voisins païens durant le XIXème siècle. Pas un mot sur la chasse aux hommes, sinon de façon détournée (43). Toutefois les convergences entre les témoignages des groupes païens permettent de restituer à l'esclavage son caractère déterminant. En obligeant ces petites sociétés à vivre repliées sur elles-mêmes, en perpétuelles assiégées, il figea leurs possibilités de contacts, donc d'emprunts et d'influences, entre elles et, a fortiori, avec la société peule.

Tout se passe comme si, consciemment ou non, les Peuls avaient décidé que les gens des montagnes comme les habitants de la plaine ne pouvaient que rester païens. Aucune trace de prosélytisme peul n'a pu être observée au long du XIXème et du début du XXème siècle (44). Ce prosélytisme ne commencera à se manifester timidement qu'autour des années 1950 (45).

5. MONTAGNARDS ET PEULS : UNE HOSTILITE SECULAIRE

Notes des pages 94 à 105

(1) Entre Peuls et Mafa ce fut "la guerre de cent ans", remarque de son côté J.Y. MARTIN (1970, p. 37)

(2) Selon le vieux Bi-Hura de Wazang les princes de cette chefferie auraient élevé des chevaux dans une plaine intérieure au massif sept générations auparavant (9 nov. 76)

(3) probablement des poneys de petite taille. Le voyageur anglais Denham a vu en 1823 des montagnards mafa de la région de Mozogo - voisins éloignés des Mofu - venir porter à Mora un tribut, dans lequel figuraient "plus de cinquante chevaux", cependant que quelques-uns de ces montagnards étaient montés sur les mêmes "petits chevaux bien faits, pleins de feu et hauts de quatorze palmes" (DENHAM, 1826, p. 313 ; cf. également C. SEIGNOBOS, 1983). Sur les caractéristiques du poney du bassin du lac Tchad, cf. C. SEIGNOBOS, 1983.

(4) Au contraire les montagnards hadjeray du Tchad, subissant les assauts des cavaliers du Ouaddaï, s'étaient mis à utiliser eux aussi le cheval (J.F. VINCENT, 1975, p. 58).

(5) Ainsi le grand-père d'un informateur de Durum s'était-il appelé "*Tarak*", "Fente", parce qu'il était né un jour où toute la population, fuyant devant les cavaliers peuls, s'était réfugiée dans les grottes et les fentes de rochers, où, de frayeur, sa mère lui avait donné naissance.

(6) Deux de nos publications ont traité - plus rapidement - ce problème de l'esclavage dans les montagnes du Nord-Cameroun (J.F. VINCENT, 1981 (1973), pp. 291-294 et 1978, pp. 582-587).

(7) Elle avait donné lieu à la capture d'"au moins 500 esclaves dont 170, ayant été blessés, furent froidement égorgés" (H. BARTH, 1857, T. III, p. 195)

(8) Il eut été intéressant de comparer ces cours avec ceux d'Afrique occidentale par exemple. Mais les prix de l'esclave y sont "exprimés dans des unités très diverses, charges de cola, poudre d'or, cauris, monnaies européennes, et la comparaison est malaisée" (E. TERRAY, 1982, p. 127).

(9) prince de Durum, 55 ans ?, 30 déc.1967

(10) J.F. VINCENT, 1981 (1973) p. 294

(11) H. BARTH, 1857, T. II, p. 151

(12) H. BARTH (ibid.) note également que l'esclave "est très souvent considéré comme un membre de la famille". De même le jeune captif hadjeray pouvait être traité par une femme arabe comme son "fils" (J.F. VINCENT, 1975, p.60).

(13) J.Y MARTIN, 1970 p. 25

(14) Sur ces remparts végétaux cf. également C. SEIGNOBOS, 1980.

(15) Un groupe d'architectes, en voyage d'études au Cameroun vers 1950, ayant visité la chefferie de Duvangar signale même "sept enceintes successives" de défense "contre les envahisseurs Foulbé" (J.P BEGUIN et al. 1952, p.15). De nombreux vestiges de ces murailles, souvent écrêtées, subsistent aujourd'hui (cf. Illustration chapitre I , Planche I, photo 1 "Restes d'une ancienne muraille de défense contre les Peuls").

(16) Le major Denham qui a assisté à une entrevue entre eux et les Mandara parle quant à lui de "présents" (DENHAM, 1826, T.I, p.313) mais les Mandara que nous avons interrogés sont formels et soulignent l'existence d'un "impôt" dû par tous les montagnards à leur sultan (J.F. VINCENT, 1978, p. 581)

(17) Castés dans la partie ouest et sud des Monts Mandara les forgerons se marient librement dans la plupart des groupes ethniques du nord et de l'est de la chaîne et chez tous les Mofu-Diamaré.

(18) Maj. DENHAM, 1826, T.I, p.320

(19) J.F. VINCENT, 1975, pp.52-53, J.C. FROELICH, 1968, p.80

(20) J.P. WARNIER, 1983, p. 212. D'autres populations africaines de forêt, tels les Bakwele et les Djem du Congo-Brazzaville, ont utilisé pour des transactions commerciales des objets de métal, de fer et de bronze, ayant la forme d'outils ou d'armes (J.F. VINCENT, 1964)
(21) Suivant la terminologie de C. MEILLASSOUX (1975, p. 21)
(22) J.P. WARNIER, 1983, pp. 269-270
(23) Comme le suppose J.L. SIRAN (1981, T.I, p. 325)
(24) H. BARTH, 1857, T.II, p.390.
(25) C'est ainsi que des informateurs nés entre 1890 et 1900 avaient été eux-mêmes pilleurs ou razziés. Cf. également les souvenirs d'un ancien commerçant qui évoquent l'esclavage dans cette région vers 1925 (ABOU DIGU'EN, 1929, p. 56, 144, 150)
(26) Y. URVOY, 1949, p. 100
(27) Ce manuscrit arabe a été traduit et publié par J.CL. ZELTNER, 1953
(28) J.C. ZELTNER, 1953, pp. 13 et 14
(29) cf. également E. MOHAMMADOU, rééd. 1976, pp. 75-77. E. MOHAMMADOU rapporte ensuite une deuxième version, assez différente, où Kaliao est seulement un village, commandé, de façon inhabituelle, par un petit-fils du Bi-Marva dont le père aurait commandé Gazawa (1976, pp. 85-87).
(30) G. LAVERGNE par exemple (1950, p. 20)
(31) E. MOHAMMADOU, rééd. 1976, p. 89
(32) Les informateurs d'E. MOHAMMADOU intercalent deux courts règnes - cinq ans en tout - entre l'assassinat de Mohamman Selbé et l'avènement de Mohammad Damraka.
(33) J.C. ZELTNER, 1953, p. 14 et p. 16
(34) E. MOHAMMADOU, 1976, pp. 95-99
(35) E. MOHAMMADOU propose une date située entre 1792 et 1795 (rééd. 1976, p. 389)
(36) H. ABBO, J.P. LEBEUF et M. RODINSON, 1949, p. 486), tribut qu'après son islamisation il cessa de remettre (E. MOHAMMADOU, rééd. 1982, pp. 194-196). L'estimation de "3 000 esclaves" faite par J. VOSSART (1953, p. 44) repose, nous l'avons montré (J.F. VINCENT, 1978, p. 584), sur une lecture trop rapide de Denham.
(37) J.F. VINCENT, 1978, p. 584
(38) DENHAM, 1826, T.I, 313. Sur ce problème de l'esclavage entre montagnards au temps de Denham cf. J.F. VINCENT, 1978, pp. 582-586
(39) Interrogés par nous en 1976, les Mandara ont souligné l'existence d'un impôt dû à leur sultan par tous les montagnards au cours du XIXème siècle. Toutefois cet impôt - tout comme celui versé aux Peuls par les Mofu-Diamaré à la même époque - était destiné à freiner, voire à supprimer les razzias, et il ne comportait que des denrées du pays (mil, chèvres, miel, bois coupé). Pas un esclave n'y figurait (J.F. VINCENT, 1978, p. 82).
(40) DENHAM, 1826, T.II, p. 2 ; cf. plus haut p. 38 ; cf. aussi J.F. VINCENT, 1978, pp. 586-587
(41) J.F. VINCENT, 1978, p. 587
(42) et dont ne font pas mystère les traditions orales mandara recueillies par E. MOHAMMADOU (rééd. 1982, pp. 200-207). Cf. aussi, dans la deuxième moitié du XIXème siècle, le témoignage du voyageur Barth (1857, T. II, p.362).
(43) Les traditions orales des Peuls Ferôbé, évoquant au début du XXème siècle les expéditions du *lamido* Soudi contre les païens (entre autres dans le massif de Molkwo-"Mokiyo"), parlent "de nombreux prisonniers" (E. MOHAMMADOU, rééd. 1976, p. 183-85). Ces prisonniers étaient presque sûrement des esclaves.
(44) P.F. LACROIX, 1966, "L'Islam peul de l'Adamawa", p. 402
(45) P.F. LACROIX, corresp. inéd. du 27-9-75.

CHAPITRE II   LA CHEFFERIE MONTAGNARDE

1. PREMIERS CONTACTS HISTORIQUES

On a vu les difficultés des officiers français, premiers observateurs des montagnards, à saisir l'existence des groupes ethniques. Ils se montrèrent pareillement déconcertés lorsqu'il leur fallut entrer dans le détail et qualifier les petites communautés humaines qu'ils rencontraient. Puisque celles-ci, formées d'agriculteurs, appartenaient à un milieu rural ils puisèrent dans les termes français et parlèrent à leur propos de "villages". Les premiers rapports écrits juste après leur arrivée parlent d'opérations de police, en 1917 puis 1918, contre des "villages insoumis", parmi lesquels figurent "Dougour", "Méri" et "Douroum" (1). Dix ans après ils évoquent les réticences de certains de ces "villages" à verser l'impôt qu'ils exigeaient, établissant une distinction soigneuse entre les "villages" dociles pour qui son paiement ne posait pas de problème, "Oizan" par exemple (2) et les "villages" moins souples.

Pourtant, apparemment, le mot "village" convenait mal aux faits observés. Il suggère l'idée d'un habitat groupé, avec au moins un noyau dense d'habitations. Or le pays mofu - et d'une façon générale l'ensemble des Monts du Mandara - se caractérise par une dispersion totale des habitations : si forte que soit la densité humaine, chaque maison, implantée au milieu de ses champs, est isolée de ses voisines. Cet aspect du peuplement n'avait pourtant pas échappé aux officiers français qui comparent les habitations, en raison de leur aspect défensif et de leur éloignement les unes des autres, à autant de minuscules châteaux-forts. On retrouve la même expression sous la plume de P. Mercier décrivant l'habitation des "Somba" du Dahomey septentrional, situés à la même latitude que les Mofu (3). Si les premiers observateurs français employaient malgré tout le mot "village" au sujet des constructions mofu c'était pour montrer, au-delà du caractère éclaté de l'habitat, l'existence d'un regroupement de ces habitations en ensembles distincts, indépendants les uns des autres, bien qu'impossibles à saisir à l'oeil nu.

Utilisé durant une vingtaine d'années par les administrateurs le mot "village" disparaît des rapports autour des années 1940, avec l'avènement d'une nouvelle génération soucieuse d'ethnologie, qui le remplace par le terme "massif" lui paraissant mieux approprié. Ainsi G. Marchesseau parle en 1943 des "quatre massifs de Méri, Douvangar, Douroum et Oizan" (4). Quant à B. Lembezat, il s'intéresse vivement aux "massifs païens" du sud de Mora (5). Des montagnes géographiques les administrateurs glissaient donc à la communauté qui l'habitait, faisant parfois comme si les noms les désignant existaient antérieurement aux hommes. L'un d'entre eux n'écrit-il pas expressément à propos des Mboko, "occupant un massif ils lui doivent leur nom" ? (6).

Le terme "massif" avait l'avantage d'être neuf, de ne pas inviter à des rapprochements avec l'Europe comme "village", et d'insister sur la présence de la montagne, spécifique de cet habitat. Il suggérait aussi une vision simple de l'implantation humaine dans les Monts du Mandara : une juxtaposition de communautés rurales, installées chacune sur un ensemble montagneux facilement délimitable.

Toutefois il avait le gros inconvénient de gommer complètement la signification politique de ces regroupements par montagnes. L'adjectif "politique" n'apparaît d'ailleurs jamais dans les rapports des administrateurs. Certains d'entre eux avaient cependant compris, semble-t-il, que les "massifs" pouvaient correspondre à une organisation politique : dans un rapport de 1940 ceux de Duvangar, Durum et Wazang sont ainsi mis à part par l'administrateur des autres "groupes païens" de la subdivision de Maroua et présentés comme "trois chefferies païennes". Il est vrai que cet homme clairvoyant était B. Lembezat (5) qui sera le premier à tenter la gageure - réussie - d'un ouvrage d'ensemble sur les "païens" du Nord-Cameroun, après avoir manifesté son intérêt d'abord pour les montagnards. Toutefois d'autres administrateurs avaient insisté sur l'émiettement politique des montagnards observés à Méri (6) et la tendance consistera plutôt à chercher à la retrouver dans les massifs voisins. Désormais il ne sera plus question de chefferie mofu dans les documents administratifs. "L'anarchie" des Mofu deviendra un lieu commun et le mot "chefferie" sera seulement employé dans son sens le plus restreint, "pouvoir d'un chef", "commandement".

Les premiers chercheurs en sciences humaines travaillant sur les montagnards continuèrent à parler de "massif". A. Hallaire, première géographe à étudier l'ensemble des montagnards du Nord-Camaroun, l'utilise par exemple dès 1965, tout en soulignant que ce terme géographique désigne en fait un groupe d'hommes, une communauté "bien distincte géographiquement de ses voisines" (7) et nous avons, nous aussi, employé le terme au début de nos recherches. Toutefois en raison des risques de confusion auxquels il prêtait et qui commençaient à devenir perceptibles nous avions proposé - sans succès - une confrontation entre chercheurs en vue d'une redéfinition en commun ou d'un recours à un autre terme (8). Les uns après les autres nous avions employé en effet le mot "massif" dans nos premiers travaux, parce que cet usage était devenu si courant qu'il en paraissait évident. Pourtant au fur et à mesure que les études se faisaient moins extensives et se centraient sur une ethnie l'appellation apparaissait moins adéquate : le "massif" en tant qu'entité humaine peut dépasser largement le massif-montagne proprement dit, remarquait le géographe J. Boutrais tandis que B. Juillerat aboutissait à des conclusions similaires chez les Muktele (9).

Chez les Mofu également le mot vernaculaire désigne à la fois un espace et un groupe humain. A la question "D'où es-tu ?" - littéralement "quel homme es-tu?" - un Mofu répond en donnant une indication spatiale : *"I ndu ma ngwa ma Durum"*, "je (suis un) homme du *ngwa* de Durum", dira-t-il par exemple, montrant que pour lui le *ngwa* est l'unité de référence, correspondant à une situation dans l'espace et à une insertion au sein d'un groupe.

Quelle traduction donner au mot *ngwa*, terme riche aux sens multiples ? Le premier est "pierre, rocher". *Ngwa* désignera la pierre que l'on peut transporter et qui servira par exemple de siège, ou encore un des blocs de rocher dont il faut débarrasser les champs pour pouvoir les mettre en culture. Toutefois *ngwa* possède en même temps un sens beaucoup plus étendu. Il ne s'appliquera jamais à une plaine, si pierreuse soit-elle, mais désigne un espace englobant nécessairement un massif rocheux. Il peut alors être traduit par "ensemble montagneux".

Il ne se limite pas à cette réalité matérielle. Son emploi montre qu'il s'applique aussi à un espace habité. Ainsi que l'ont fait remarquer les informateurs il existe dans la langue mofu, à côté de *ngwa*, un terme spécifique, *mamba*, au sens plus restreint, qui s'applique aussi à la "montagne", mais seulement à la montagne dans sa réalité matérielle, physique : *mamba* désigne l'endroit où l'on va couper le bois, lieu d'habitation des singes et non des hommes.

Du sens de "montagne habitée" le mot *ngwa* passe à "communauté indépendante formée par les habitants de tel lieu" . Le glissement est le même dans les langues voisines : chez les Muktele par exemple le mot *gudan*, montagne, correspond aussi à "massif", en son sens humain (10). Quant au terme mafa *dza*, traduit habituellement par "massif" ou "montagne" il désigne également "une communauté territoriale" (11). On le perçoit clairement chez les Mofu lorsque les devins, au moment de leurs consultations, disposent les pierres correspondant aux chambres divinatoires. La première d'entre elles représente le *ngwa* auquel appartient leur consultant. Afin de l'affecter d'un coefficient positif ou négatif les devins brassent alors leurs galets de quartz en interrogeant les génies qui les possèdent (12). *"Voilà le ngwa de Duvangar. Est-ce-que tout y va bien ? Dans quel état se trouve-t-il ?"*. *Ngwa* correspond bien alors, on le voit, à l'ensemble des habitants de Duvangar. Ce sens apparaît aussi lorsque les assemblées d'anciens se réunissent à la suite d'un malheur collectif. Alors, expliquent les informateurs, un des vieillards prend la parole. *"Il faut que nous parlions de notre ngwa car vous voyez bien que ça ne va pas en ce moment dans notre ngwa !"*.

Comment le passage sémantique de "montagne" à "groupe de montagnards" a-t-il pu se produire ? Sans doute à cause du premier sens du mot, "bloc", d'où celui d'"ensemble unifié, cohérent, faisant un tout". Ainsi s'éclaire le symbolisme d'une étape de l'enterrement du prince sur certains *ngwa* : lorsqu'on a constaté la mort physique du prince on garde secrète la nouvelle jusqu'à ce que des émissaires aient rapporté une pierre qui sera placée dans un autel *"pour dire que le prince n'est pas mort, qu'il est toujours là. Si on ne va pas chercher cette pierre le ngwa va vraiment disparaître !"* La signification du dépôt de cette pierre liée à la chefferie paraît claire :

malgré le départ de son responsable le *ngwa* fait toujours bloc. Par l'emploi de ce terme appliqué à la chefferie les montagnards montrent que pour eux la définition sociale et culturelle d'un groupe est beaucoup plus importante que sa définition proprement géographique.

L'unité du *ngwa* est soulignée par le fait qu'il porte un nom particulier, Duvangar par exemple. Ainsi que le soulignent les vieux Mofu ce nom est un nom englobant, un nom unique auquel répondent ses habitants, par lequel chacun se désigne, même s'il a ses racines dans un endroit déterminé du *ngwa* possédant un nom différent. Faire référence au *ngwa* c'est utiliser ce nom, on l'a vu. Et on a constaté aussi que les officiers français, ignorants du pays et se présentant souvent en ennemis, ont tout de suite su comment nommer la plupart des "villages" qu'ils rencontraient : les noms des petits *ngwa* sont parfois ignorés, on le verra : par contre ceux des *ngwa* importants - Duvangar, Durum, Wazang - sont connus de tous. L'existence de ces noms de "montagnes" explique que le major Denham circulant en 1823 entre les montagnes-îles - dont certaines sont rangées aujourd'hui dans l'aire d'extension des Mofu-Diamaré - ait pu indiquer avec exactitude plusieurs de leurs noms, obtenus auprès de ses guides mandara et toujours utilisés aujourd'hui : "Moyoung" (Muyang), "Memay" (Meme), "Mekeray" (Mikiri), "Douggour" (Dugur), "Makeray" (Mikiri) ou "Cheray" (Tsere), par exemple (13).

Comment traduire en français le mot *ngwa* ? On peut essayer de garder la référence géographique du terme et parler d'"ensemble montagneux", ou, plus simplement, de "montagne". On peut aussi s'attacher uniquement à la signification sociologique de *ngwa*. C'est ce que font certains Mofu parlant français qui rendent le terme par "canton" ou "pays", le "canton de Wazang", le "pays de Duvangar", par exemple. Pour notre part nous utiliserons le plus souvent "chefferie", mot qui correspond de façon plus précise à la réalité politique du *ngwa*, ou encore, unissant les deux sens du mot *ngwa*, nous parlerons de "chefferie montagnarde".

1. PREMIERS CONTACTS HISTORIQUES AVEC LA CHEFFERIE MONTAGNARDE

Notes des pages 109 à 112

(1) Cap. PETIT, 1919, "Rapport annuel pour 1919" (Archiv. Yaoundé, APA 12 032)
(2) Lieut. BELMONDO, 1928, "Rapport de tournée du 11 au 19 avril 1928 " (Archiv. Yaoundé). Le même mot de "village" a été repris par J.Y. Martin à propos des Mafa pour désigner l'ensemble des groupes de parents d'origine différente vivant ensemble sur un même "massif" (1970, p. 63).
(3) "Les remarques admiratives sur l'habitation des "Somba" sont (...) fréquentes. Elle ressemble à un petit château-fort" (P. MERCIER, 1968, p. 24).
(4) Adm. MARCHESSEAU, 1946, "Rapport de tournée à Méri, Douvangar, Dourom et Oizan", doc. dactyl. 19 p. (cf. p. 7) (Archiv. Yaoundé, APA 10 095/B)
(5) Adm. LEMBEZAT, 1947, "Rapport de tournée à Mora du 18 mars au 2 avril" (Archiv. Maroua, sans numérot.)
(6) Adm. SALASC, 1943, "Rapport de tournée chez les Mofu" (Archiv. Maroua, sans numérot.)
(7) A. HALLAIRE, 1965, p. 15
(8) J.F. VINCENT, 1981 (1973), p. 273
(9) B. JUILLERAT, 1971, p. 73 ; J. BOUTRAIS, 1973, p. 34
(10) B. JUILLERAT, 1971, p. 73
(11) J.Y. MARTIN, 1970, p. 65
(12) Sur la possession des devins cf. J.F. VINCENT, 1971, pp. 101-108
(13) Sur l'ancienneté des chefferies cf. J.F. VINCENT, 1978, p. 595 et p. 598

2. LE TERROIR ET SES LIMITES, FONDEMENT DE LA CHEFFERIE

La première façon de saisir l'unité du *ngwa* consiste à déterminer l'étendue géographique correspondant à un nom d'ensemble. Tout *ngwa* est inscrit en effet dans l'espace de façon précise. A chacun correspond un ensemble de terres, *dala*, territoire d'un seul tenant, comprenant non seulement une région montagneuse mais le piémont qui la prolonge et peut s'avancer largement en plaine : la plaine représente par exemple presque la moitié du terroir de Wazang et près des trois quarts de celui de Duvangar (1).

Dala, l'ensemble des terres du groupe, double le *ngwa*. Il est son incarnation matérielle, à tel point que pour s'enquérir de l'origine de quelqu'un et le situer géographiquement un Mofu demandera : "En quel *dala* habites-tu? ", ce que certains Mofu traduisent par : " De quel pays es-tu ?", démarche semblable à celle des Kenga, Hadjeray du Tchad, pour lequel le même mot *nanga* signifie d'abord "la terre" et ensuite le village fondé sur cette terre (2). Pour les Mofu la possession de terre est indispensable à un *ngwa* qui doit être enraciné, lié à elle, donc à une montagne. C'est l'étroitesse de cette relation à la terre, conçue comme un double de la montagne, qui fait l'originalité des chefferies montagnardes.

La taille d'un *dala* est variable : moins de 5 km^2 pour les *ngwa* les plus modestes, celui de Gayam sur la montagne de Dugur, ou de Mowosl sur celle de Mikiri, mais près de 90 km^2 pour le *ngwa* le plus important, celui de Durum (comprenant, il est vrai, celui de Mangerdla). Il semble que cette surface ait été un maximum, ce qui amène à se poser la question d'une "taille optimale" pour une "montagne". Celle-ci était-elle liée à la compatibilité entre surface commandée et forme du pouvoir politique ? Ce n'est là qu'une façon de se poser le problème du pouvoir dans la chefferie qui sera abordé plus loin.

Le terme *dala* signifie à la fois "espace plat" - petit ou grand, d'où "plaine" - également "sol", enfin "terre". Pris en ce dernier sens *dala* est la terre propre à un *ngwa* et, pour être plus précis, son terroir. Ce dernier terme est particulièrement justifié : tout *dala* possède des limites, *kokwi*, et sur chaque *ngwa* plusieurs spécialistes, toujours des hommes âgés, savent les décrire dans le détail. Ce souci de délimitation n'est pas particulier aux Mofu. Le "massif" muktele, correspondant au *ngwa* mofu et constitué par un ensemble montagneux, est, lui aussi, géographiquement délimité par des frontières connues de tous ses habitants (3). A quelques centaines de kilomètres au sud-ouest des Mofu les chefferies bamiléké, une centaine environ, manifestent le même souci de marquer les limites de leurs terroirs, cette fois à l'aide de fossés (4).

Les limites mofu sont précises non seulement en montagne mais en plaine. *"Elles y sont aussi nettes qu'en montagne ! Même si autrefois cet endroit n'était pas habité on savait qu'il appartenait à quelqu'un!"*. Elle sont matérialisées essentiellement par des lits de cours d'eau à sec, *wiyan*, dont chacun a son nom. Puisqu'il n'est pas possible de trouver un cours d'eau ceinturant le terroir la limite sautera d'un *wiyan* à un autre, passant parfois d'un cours d'eau coulant vers l'est à un autre coulant vers l'ouest, de façon à ce que les deux tronçons mis bout à bout constituent un tracé (1).

En montagne il est difficile de trouver un lit de cours d'eau suffisamment large. Un rocher élevé, présentant parfois une forme particulière, pourra servir alors de repère. En son absence les Mofu fabriquent leurs limites en plantant des arbres, parfois deux arbres spéciaux côte à côte - *dedek* et *kurlala* (5) - parfois des tamariniers, *mblor*, peut-être choisis en raison de leur symbolisme particulier évoquant l'amertume, la rancoeur, l'hostilité que l'on a réussi à dominer. Ils peuvent aussi écorcer le tronc d'un arbre quelconque poussant à cet endroit, pour montrer que la limite passe là, ou encore laisser inculte une étroite bande de terre, envahie aussitôt par *dzai*, l'herbe rose servant à tresser les nattes, semblable à un long ruban posé sur le sol et matérialisant la limite du terroir. Il reste encore une dernière façon de marquer les limites, l'utilisation de pierres spéciales, *ngwa ma kokwi*, "pierres de limite", de taille variable, profondément enfoncées dans le sol afin de rendre leur déplacement difficile. Elles constituent de véritables bornes entre chefferies, rappelant en plus important les pierres servant à délimiter les champs des particuliers.

Dans toutes les chefferies, même les plus modestes, on trouve des spécialistes dans la connaissance du terroir, capables d'indiquer avec un luxe de détails remarquable l'infléchissement de ses limites. En effet leur science est réactualisée chaque année par leur parcours à la fin de la saison sèche, lorsque les pluies ne se décident pas à tomber. Pour disperser l'impureté, *madama*, qui, dit-on, constitue du côté de l'est un barrage empêchant la venue des pluies, la chefferie doit organiser la purification de son sol. On saisit alors le lien existant entre le *ngwa* communauté d'habitants, et son *dala*. La faute commise par l'un de ceux-ci retentit sur l'ensemble du terroir sur lequel ne parviennent plus les pluies. Il faut le purifier. Pour cela *"on doit suivre toutes les limites du dala, cours d'eau par cours d'eau"*. Décrire la purification du *ngwa* c'est énumérer ses limites que parcourent d'est en ouest les spécialistes, partis de directions opposées et se rejoignant au même point, situé à l'ouest quels que soient la forme du terroir et son relief. L'ouest est nommé *mi ngwa*, "bouche (de la) montagne", c'est-à-dire "début des montagnes" ; un voyageur venu de la plaine et s'avançant vers l'ouest bute en effet nécessairement sur le massif montagneux. Par ailleurs c'est vers l'ouest que doivent être chassées l'impureté et toutes les sortes de maux.

Nos informateurs, véritables cadastres vivants, tenaient généralement de leur père leur connaissance des limites du terroir, lequel avait été instruit lui-même par le sien. Tous insistent sur l'ancienneté des limites du *dala*, dans sa partie montagneuse : *"Elles ont été fixées lorsque les Blancs n'étaient pas là, bien avant ! Les Peuls n'étaient pas encore venus, il n'y avait que nous !"*. Il s'agit là toutefois d'un temps imprécis, ayant vu parfois la constitution du *ngwa*, où l'on ne dispose pas des repères habituels constitués par le nom des princes. *"On ne sait plus au temps de quel prince ont été mises les pierres qui marquent les limites ; c'est vieux, vieux !"* Les mythes de peuplement font effectivement de fréquentes allusions à la fixation des limites du *dala* avec des bornes de pierre, repoussées au fur et à mesure de l'installation de nouveaux clans.

Le plus souvent les informateurs ne connaissent plus ces premières limites, ils se rappellent seulement que les limites extérieures, celles avec les *ngwa* voisins, ne résultent pas d'un accord à l'amiable entre montagnards. Elles sont le fruit de la violence. *"C'est la guerre qui fixe les limites"*, explique-t-on partout. *"Là où les guerriers voisins ont arrêté de fuir cela a fait la limite"*. *"C'est le plus fort qui trace les kokwi et qui dit : 'Là, ce sont mes limites !'"*. Cette mise en place s'est faite progressivement pendant que le *ngwa* prenait son visage définitif. Elle n'a généralement pas été remise en cause ensuite car les guerres entre montagnards, on le verra, ont rarement été guerres de conquête territoriale. Les combats étaient livrés sur le champ de bataille situé aux frontières entre deux *ngwa*. Chaque partie cherchait à repousser l'autre mais *"des deux côtés on savait où étaient les limites. On savait bien quand l'ennemi arrivait chez lui; à ce moment là, on le laissait"*. Ces affirmations semblent pourtant contenir une certaine idéalisation. C'est sans doute l'arrivée des Peuls, puis celle des colonisateurs, qui ont figé les chefferies dans leur terroir et ont empêché leurs limites de se modifier.

La variété des façons de matérialiser les limites du terroir l'avait déjà laissé supposer : il n'existe pas chez les Mofu de limites naturelles. Le terroir d'une chefferie est taillé par les hommes, aussi bien en montagne qu'en plaine. Ce n'est pas la disposition des massifs montagneux qui a dicté le tracé actuel des limites. Ce sont les chefferies qui par guerres successives ont constitué leur espace, obligeant leurs voisins à fixer le leur. Aussi n'est-il pas possible de discerner dans le paysage, de l'extérieur, où finit le terroir d'un *ngwa* et où commence celui du *ngwa* suivant. Le fait est clair sur le rebord du plateau montagneux, qualifié parfois par les administrateurs de "massif soudé" car effectivement il ne se subdivise pas en plusieurs unités géographiques autonomes, immédiatement perceptibles. Et pourtant, malgré cette absence d'ensembles naturels, les *ngwa* s'y succèdent. Ce manque de corrélation entre milieu géographique et unité sociologique est particulièrement clair au niveau des montagnes-îles, celle de Dugur, par exemple, ou celles de Mikiri et de Molkwo, occupées par plusieurs *ngwa* pressés les uns contre les autres. Il paraîtrait logique de n'en trouver qu'un seul par montagne-île, se présentant ainsi dès les origines ou ayant fait son unification en raison de la configuration des lieux. Pourtant ce n'est jamais le cas. Le milieu naturel a joué son rôle dans le peuplement - les parties montagneuses ont été occupées les premières de préférence à la plaine - mais il n'a pas imposé ce découpage en unités politiques distinctes que rencontrèrent les premiers pasteurs peuls. Nous nous éloignons donc sur ce point de l'opinion des observateurs des groupes montagnards voisins, J.Y. Martin, par exemple, qui, à propos des Mafa, estime que c'est le système orographique compartimentant les massifs qui a déterminé l'existence de communautés villageoises autonomes (6). B. Juillerat manifeste une attitude proche. Il note pourtant que le "massif" mouktele apparaît parfois comme arbitrairement découpé dans le paysage mais sans s'attarder sur ce fait il conclut que c'est l'unité géographique du massif et des montagnes - même si elle est souvent peu apparente - qui a abouti à l'unification des groupes humains (7).

Comment réagirent les Mofu lorsque les premiers pasteurs peuls apparurent en bordure de leur *dala* ? Par un violent refus d'abord. *"Lorsque les Peuls ont commencé à faire pâturer leurs boeufs, là-bas dans la plaine, nous les chassions".* Puis il y eut concession de pâturages. C'était, disent les informateurs, un prêt et non un don définitif, ne pouvant en aucun cas permettre aux Peuls de se constituer à leur tour un terroir. *"Nous leur avions concédé une partie de nos terres pour qu'ils pâturent, c'est tout !".*

A cette époque les limites des *dala* étaient peu ou mal fixées en direction des plaines. A Wazang par exemple le *dala* était ouvert vers le sud-est, en direction des Giziga de Hudegey. La fixation des limites - cette fois par entente avec Hudegey et non par guerre - eut lieu seulement dans les premières années du siècle, sous l'impulsion des Allemands qui s'intéressèrent à l'existence des terroirs montagnards. Soucieux de voir clair dans les problèmes de propriété du sol ils enquêtèrent auprès des uns et des autres. Ils entérinèrent, semble-t-il, les propos des montagnards puisqu'un de leurs administrateurs (8) planta plusieurs bornes métalliques à l'emplacement des "limites historiques", matérialisant l'existence des terroirs de Duvangar, Durum et Wazang dans les zones de plaine, leurs parties les plus fragiles en raison du voisinage avec les éleveurs peuls.

Il est curieux de constater que les Français ne portèrent aucune attention à cette notion de terroir qui n'apparaît pas dans les rapports militaires puis administratifs. On y parle pourtant "des terres des Kirdi", expliquant qu'elles comprennent non seulement les massifs mais une frange de piémont, mais il n'y est pas question de leurs limites. Ces "terres" étaient conçues par les administrateurs, nous semble-t-il, comme un espace délimité seulement en montagne, mordant sur la plaine au gré des défrichements de chacun et présentant ainsi une bordure fluctuante. Pourtant au terme de nos enquêtes, la carte des terroirs mofu nous est apparue comme un puzzle aux morceaux emboîtés, ne laissant entre eux aucun vide, situation rappelant celle d'un canton français dont les différents terroirs de village s'ajustent les uns aux autres.

Lentement constitué au cours de plusieurs siècles le *dala* se présente comme un tout indivisible qu'il n'est plus possible de retailler. L'expression employée, *"metsi dala"*, "couper le terroir", suggère une amputation, insupportable aux habitants de la chefferie. Les limites du *dala* ont la guerre pour origine, ce qui signifie que les deux parties ont fait la paix. Toucher à une limite, chercher à la modifier, constitue une véritable déclaration des hostilités, même dans le contexte de paix prolongée connu par les Mofu depuis plus de trente ans.

Ce caractère intouchable du terroir est apparu nettement en 1979, année où fut menacé le terroir des habitants de Wazang. Représentant aujourd'hui une surface d'environ 45 km^2 (55 avec Morley) il comprend une zone montagneuse et une zone de piémont. Il était plus vaste au début du siècle, mais l'administration lui en prit une partie vers 1920. Elle "coupa" aussi dans le terroir de Duvangar et surtout dans celui de Durum et attribua le tout au groupe peul qui venait de s'installer au pied des montagnes, fondant le village de M'Bozo-Debi (9).

Cette répartition se maintint pendant près d'un demi-siècle malgré les regrets et rancoeurs des montagnards, mais elle fut remise en cause à partir de 1975 par les nouveaux habitants peuls. Ayant décidé d'agrandir leurs terres ils réclamèrent auprès de la sous-préfecture de Meri la portion de plaine située immédiatement à l'ouest de leur terroir. Celle-ci, représentant une surface de 14 km^2, était considérée par la chefferie de Wazang comme partie intégrante de son *dala*, dont elle représentait environ le tiers (cf. Carte en annexe). Toutefois on y trouvait surtout des champs, d'où les revendications des Peuls jugeant ces terres sans maître. Plusieurs sous-préfets firent sourde oreille à ces requêtes patiemment reformulées. En 1979 pourtant, à peine nommé, l'un d'entre eux décida d'acquiescer à la demande peul et de procéder à une redistribution. La réaction des habitants de Wazang fut immédiate. Les hommes adultes dans leur totalité, quatre cents environ, se rendirent à pied à Meri et se présentèrent devant la sous-préfecture. Ils étaient calmes et sans armes, mais par leur présence ils montraient qu'ils n'acceptaient pas l'éventualité d'une redistribution. Plusieurs démarches effectuées par les jeunes lettrés de Wazang eurent lieu auprès de la préfecture de Maroua. Cette détermination obtint finalement gain de cause : les terres réclamées par les Peuls restèrent - mais pour combien de temps ? - dans le *dala* de Wazang.

La même année éclatait un conflit, là aussi latent depuis plusieurs années, à propos de terres réclamées d'un côté, contestées de l'autre. Cette fois il concernait uniquement des montagnards, les habitants de Durum et Duvangar. Les premiers se déclaraient propriétaires d'une portion de plaine - moins importante qu'à Wazang, puisque couvrant environ 3,5 km^2 - mais les gens de Duvangar la leur refusaient farouchement, soulignant leur antériorité. Là aussi il y eut échanges d'arguments devant les autorités administratives de Meri, et finalement, statu quo.

Ces deux conflits que nous avons suivis de près (10) nous ont permis de comprendre à quel point la montagne s'enracine dans son terroir. A l'intérieur des limites du *dala* les habitants forment un tout. Retailler le *dala*, c'est les obliger à faire un choix : partir ou faire partie d'un nouveau *ngwa*, changer d'identité, solutions qu'ils refusent l'une et l'autre.

2. LE TERROIR ET SES LIMITES, BASE DE LA CHEFFERIE

Notes des pages 114 à 118

(1) cf. annexes du chapitre II, "Carte du terroir, *dala,* de Wazang" (J.F. VINCENT, inéd. 1979 b) et "Carte du *dala* de Duvangar" (J.F. VINCENT, inéd. 1981)
(2) C. VANDAME, 1975, p. 83
(3) B. JUILLERAT, 1971, p. 73
(4) C. H. PRADELLES, inéd.1984
(5) Détermination botanique inconnue
(6) J.Y. MARTIN,1970, p. 65 ; cf. également p. 86
(7) B. JUILLERAT,1971, p. 73 et p. 74
(8) Connu chez les Mofu sous le nom de "Bayze" ce personnage n'a pas pu être identifié par nous.
(9) N'ayant pas retrouvé dans les archives du Cameroun les documents concernant la fondation de M'Bozo-Debi et l'attribution de terres qui fut faite alors, nous retranscrivons ici le récit des événements fait par les seuls Mofu.
(10) Intervenant en décembre 1979 en faveur de Wazang auprès de la préfecture de Maroua (J.F. VINCENT, inéd. 1979 b), puis enquêtant à la demande du prince de Duvangar sur les limites traditionnelles de son *dala* (J.F. VINCENT, inéd. 1981).

3. LES SUBDIVISIONS DE LA CHEFFERIE

a) les quartiers, une réalité ancienne

A l'intérieur de ses limites le terroir du *ngwa* constitue un tout mais il est possible néanmoins d'y distinguer plusieurs entités, correspondant à autant de *dala* secondaires. Chacune possède un nom propre, le plus souvent intraduisible, par exemple "Gabo", "Makabay" à Wazang, "Baldak", "Kiluo" à Duvangar. Ces petits *dala* sont d'un seul tenant, comme le grand *dala*, et ils possèdent eux aussi leurs limites, moitié accidents naturels, moitié marques de l'homme (là aussi par mise en place de bornes de pierres). Ces limites sont surtout précises dans les montagnes à forte densité humaine, celle de Durum par exemple, où en 1978 il y eut conflit pour un problème de champs entre deux groupes voisins, Zop et Midjirao, chacun accusant l'autre d'avoir déplacé les bornes de pierre communes afin d'augmenter sa surface cultivable.

Pour désigner ces subdivisions du *ngwa* les Mofu emploient le plus souvent le terme *tlala* que l'on retrouve en langue mandara, parfois aussi *wuro*, mot peul cette fois. Faut-il en conclure qu'ils désignent une réalité récente, calquée sur un modèle étranger ? C'est ce que pense B. Juillerat à propos des montagnards muktele, remarquant pourtant, lui aussi, une division de la "montagne" en parties, auxquelles ne correspond aucun mot de la langue mais seulement un emploi occasionnel du mot mandara *tcala*. Pour B. Juillerat cette absence de terme muktele tendrait à prouver que ce "territoire" s'est surtout différencié depuis l'instauration d'une administration étrangère (1). Pourtant chez les Mofu et les autres groupes montagnards voisins ces subdivisions de la "montagne" apparaissent comme des réalités anciennes, désignées par des termes distincts, purement vernaculaires, *brok* en mofu par exemple.

Les administrateurs français ont traduit ces appellations par le mot français "quartier" qui, effectivement, correspond assez bien à la situation mofu; aussi l'utiliserons-nous à notre tour. *"Il n'y a qu'un seul ngwa qui est divisé en morceaux. Chacun de ces morceaux a son nom mais tous ne font qu'un seul ngwa. Ngwa, ça veut dire le tout et "Makabay", "Gabo", ce sont des quartiers, des wuro"*, dit-on à Wazang cependant que Duvangar tient un discours semblable : *"Il y a un seul ngwa et des parties, tlala. On dit tlala de Mokujek, tlala de Baldak. Tout cela fait un seul ngwa, le ngwa de Duvangar"*.

Ce qui caractérise le "quartier", c'est donc de ne pouvoir exister par lui-même : il n'a sa raison d'être, il ne trouve son identité qu'à l'intérieur du *ngwa*. Il lui est postérieur, ayant pour origine l'arrivée d'un groupe nouveau et son installation en un lieu distinct et les mythes de peuplement expliquent parfois l'arrivée sur le *ngwa* de nouveaux habitants : tel groupe avait demandé un "quartier" pour lui et on lui avait donné un coin de la montagne encore vide. Ensuite, malgré son origine différente, ce quartier n'avait pas tardé à se fondre au sein du *ngwa* (2).

Le nombre de quartiers par "montagne" varie d'un *ngwa* à l'autre : 18 à Durum et 10 à Molkwo, mais 6 à Wazang et 5 à Duvangar, parmi lesquels deux sont constitués depuis peu. Le chiffre moyen semble être de 3 à 4 quartiers par *ngwa*, comme dans les montagnes-îles de Dugur, Mikiri et Tchere. L'importance numérique de chaque quartier connaît aussi de grandes variations : moins de 100 personnes à Midjine, quartier du *ngwa* de Tchere, mais plus de 600 à Gabo, quartier de Wazang.

La division d'un *ngwa* en quartiers constitue une articulation fondamentale, permettant de structurer la vie commune. En effet la précision "quartier par quartier", *ka brok, ka brok*, apparaît dans les circonstances les plus diverses. Tous les hommes d'un même quartier vont ainsi cultiver ensemble la plantation de mil qu'ils entretiennent pour le prince au sommet de la montagne, tandis que les habitants d'un autre quartier en font autant dans leur propre plantation, au même moment ou non, jusqu'à ce que tout le *ngwa* ait accompli le même travail. Et lorsqu'au siècle dernier la construction d'une muraille apparut nécessaire, pour défendre la "montagne" contre les incursions des cavaliers peuls, sa réalisation eut lieu "quartier par quartier" : chacun construisit le morceau qui le concernait. De même c'est par quartiers que les habitants du *ngwa* se regrouperont en cas de sécheresse, pour aller "pleurer la pluie" auprès du présumé responsable de son arrêt. Au moment des funérailles également, hommes et femmes viendront participer aux chants et aux danses de deuil en formant des délégations de quartiers séparées, se manifestant l'une après l'autre. A la guerre aussi la réalité du quartier intervient : chacun a son *bi gaola*, son "chef (des) jeunes", derrière lequel se pressent les guerriers formant un bataillon distinct. De même la détection d'un sorcier se fait quartier par quartier lors d'une ordalie générale à laquelle tous les hommes du *ngwa* doivent être présents. Les hommes d'un premier quartier tiré au sort viennent un à un mettre à l'épreuve leur innocence avant de céder la place aux hommes du quartier suivant.

Chaque quartier a aussi sa vie propre. Il a par exemple ses assemblées à lui, *mokusey*, qui se réunissent pour faire face à une calamité, ou pour prendre une décision commune. C'est aussi dans le cadre du quartier qu'ont lieu certaines fêtes religieuses, *zom Erlam*, "bière (de) Dieu" en particulier.

Inutile de multiplier les exemples. Ceux-ci suffisent à montrer à quel point le quartier est un rouage nécessaire au fonctionnement de la société mofu. Il apparaît comme une de ses structures essentielles, parfaitement insérée, ce qui témoigne en faveur de son ancienneté.

Cette subdivision en quartiers se retrouve chez de nombreux groupes païens du Nord-Cameroun, en montagne comme en plaine. Le quartier a été signalé parmi les groupes montagnards chez les Muktele, on vient de le voir, et aussi chez les Mafa et les Kapsiki par exemple. On le rencontre également en plaine chez les Guidar, les Giziga, les Mundang, ainsi qu'à l'extrême nord chez les Kotoko (3).

b) le clan et ses lignages, une structure de base
transcendant les quartiers

Malgré ses activités et sa vie en commun le quartier mofu ne possède aucune cohésion sur le plan de la parenté. On y observe plusieurs groupes distincts de parents, dont chacun est généralement représenté sur un autre quartier du *ngwa*, et parfois dans une autre ethnie. En dépit de leur éloignement ces petits groupes éclatés connaissent les liens qui les unissent. Ils savent qu'ils font partie d'un même ensemble de parents : à eux tous ils constituent un *mesimbrey*.

Comment rendre en français le terme *mesimbrey* ? Faut-il opter prudemment pour "groupe" (4) ? Ou pour "clan" ? Ou bien faut-il parler seulement de "lignage"? Pareille hésitation peut surprendre. Depuis les travaux d'A. R. Radcliffe-Brown concernant la parenté en Afrique noire la signification des deux termes paraît établie. Impossible apparemment de les confondre, puisqu'ils ne s'appliquent pas à la même réalité. Dans le "lignage", dit A. R. Radcliffe-Brown, "chaque membre peut (...) prouver le lien généalogique qui l'unit à un membre quelconque (...) par l'existence d'un ancêtre commun". Dans le "clan" cette démonstration est selon lui impossible, et pourtant les membres du groupe se considèrent aussi comme des parents (5).

La distinction est ténue; et pourtant les succcesseurs d'A. R. Radcliffe-Brown posent le clan et le lignage comme deux articulations fondamentales des sociétés africaines. Cette opinion ne se justifie aujourd'hui que si l'on renonce à cerner rigoureusement le lien que présenteraient ces groupes emboîtés de parenté avec un ancêtre de référence. Telle est l'attitude de la plupart des chercheurs qui continuent à utiliser les deux termes par référence uniquement à un ordre de grandeur : l'unité la plus vaste sera le clan, l'unité plus restreinte le lignage (6). Nous emploierons nous aussi en ce sens le mot "clan" pour traduire *mesimbrey*. En effet ce groupe de parenté est divisé en groupes plus restreints, *skway*, susceptibles de correspondre à des "lignages", sans pourtant qu'apparaisse dans ce cas comme dans le précédent une référence nécessaire à un ancêtre commun.

Le choix d'un de ces deux termes ne s'impose pas d'une façon absolue puisque les deux observateurs des montagnards voisins des Mofu-Diamaré - confrontés à l'existence de groupes de parenté proches du *mesimbrey* - ont opté chacun pour une traduction différente. J. Y. Martin qui a rencontré chez les Mafa un terme *gwali* le traduit notamment par "clan", terme qu'il emploiera par la suite le plus souvent. Au contraire B. Juillerat observe que les Muktele utilisent un terme *tshay* "qu'il soit un lignage maximal non segmenté ou un segment" mais ce terme "ne s'utilise pas pour les lignages maximaux étendus ou segmentés". Dans les deux premiers cas il ne parle que de "lignage", l'échelon supérieur correspondant au troisième ne semblant pas exister chez les Muktele (7).

nom des CLANS	LOCALISATION							
	montagnards							gens de plaine
	Duvangar	Durum	Wazang	massifs mofu-Diamaré		massifs non mofu-Diamaré		
				contigus	éloignés	contigus	éloignés	
1 Ngamiko			═══			– – –		
2 Bolgwada			═══			– – –		
3 Siler ex.ch.			───					– – –
4 Blenge			───					– – –
5 Deva			───					
6 Mariyam f.c.	━━━						– – –	
7 Meteveler	━━━							
8 Genduver ex.ch.	───						– – –	
9 Gurdelek f.c.	───						– – –	
10 Zéléy	───							
11 Marvay	───							
12 Nduobikluvo	───							
13 Gudzubo	───							
14 Meuley [ch.]		───				━ ━ ━		
15 Zèlèy		───						
16 Mogolok		───				━ ━ ━		
17 Sebe f.c.		───				━ ━ ━		
18 Zangat		───						
19 Zegene		───						
20 Mandzah ch.	───	━━━	───			– – –		– – –
21 Erketze ch.	───	───	━━━	– – –				– – –
22 Laway ch.	━━━	───	───					
23 Dingize [ch.]	───	───	───	━━━				– – –
24 Movu [ch.]	───	───	───		– – –		━ ━ ━	
25 Mokuzek	───	═══	───		– – –			
26 Dongoza	━━━	───	───					
27 Fogom ex.ch.	───	───	───					
28 Sidaway ex.ch.	───	───	───					
29 Moyawan [ch.]	───	───	───	– – –			═ ═ ═	
30 Mambazuway	───	───	───					
31 Diyaf	───	───	━━━					

Diyaf : clan formé sur place.
─── : implanté sous le même nom à travers les différents massifs.
– – – : implanté sous un nom différent.
═══ ou ═══ : lieu d'implantation maximum

Mandzah ch. : détenant la chefferie sur un des trois massifs.
Meuley [ch.] : détenant la chefferie ailleurs.
Genduver ex.ch. : ayant détenu la chefferie sur un des trois massifs.
Mariyam [f.c.] : forgerons castés ailleurs.

Tableau 3 Nom et localisation des clans mofu
(Duvangar, Durum et Wazang)

Nous avons relevé l'existence de 31 clans à travers les trois massifs de Duvangar, Durum et Wazang, dont nous donnons l'inventaire ainsi que la localisation qui, on le voit, déborde largement les massifs considérés. Sur ces 31 noms 24 désignent des groupes qui ont toujours été distincts tandis que 7 se sont séparés d'un clan d'origine, connu et nommé, et portent aujourd'hui un nom différent. On entrevoit alors ce qu'est un *mesimbrey* : un ensemble d'hommes et de femmes portant un nom distinct. C'est ce nom commun - et uniquement lui - qui leur donne un sentiment de parenté. Aussi - on le verra plus loin, en reprenant le problème de l'exogamie - à partir du moment où une partie du clan tisse des alliances avec ses anciens frères, il faut que cette unité soit désignée par un nom nouveau, pour bien montrer qu'elle est devenue elle-même *mesimbrey*. De même, dans le sud du Cameroun, chez les Beti, l'éloignement d'un segment de lignage à partir de son groupe d'origine entraîne pour lui l'adoption d'un nouveau nom (8). On peut citer aussi le cas des Gourmantche du Burkina Faso, chez qui, en cas de "véritable scission" à l'intérieur du clan, chacune des nouvelles fractions se donne un nouveau nom (9).

En dehors du nom les membres d'un même *mesimbrey* ne possèdent pas de caractéristiques communes. On ne rencontre généralement pas d'interdits alimentaires attachés de façon constante à un clan, liaison fréquente pourtant en Afrique. Au Nord-Cameroun la présence d'interdits alimentaires a été signalée par exemple chez les voisins de plaine des Mofu, les Giziga (10). Citons aussi les Hadjeray du Tchad, chez qui chaque clan est en relations avec un animal dont la viande lui est interdite, ou encore les Gourmantche pour qui la segmentation en sous-clans doit se traduire par de nouveaux interdits (11).

Chez les Mofu nous n'avons rencontré que six cas de clans présentant un interdit alimentaire, qui apparaît alors comme le moyen de souligner leur statut particulier. Vient d'abord le clan des Medey-Movu, soumis à de nombreux interdits alimentaires, rigoureusement respectés : cynocéphale, *hulov*, et singe rouge, *duhak*, boa, *tizen*, et reptiles (iguane, *mahunda*, et grand margouillat, *zuwel*), enfin chat sauvage, *magamak*, et panthère, *duvar*. Cinq clans possèdent par ailleurs un interdit alimentaire portant sur la seule panthère. Ces clans sont soit des clans autochtones - Siler à Wazang, Wulger à Tsakidzebe - ou présentés comme très anciens - Mokuzek à Duvangar - soit des clans détenant le pouvoir politique - Erketse à Wazang et Laway à Duvangar. La justification avancée est partout la même : autrefois une femme du clan avait mis au monde une panthère qui, devenue adulte, regagna la brousse. Une fois même, la justification fut poursuivie jusqu'à son terme logique *"donc nous ne mangeons pas de panthère car cet animal est notre frère"*. Cette absence d'interdit alimentaire clanique systématique se retrouve d'ailleurs chez certains voisins des Mofu, les Muktele et les Gidar par exemple (12). Il semble désormais admis que l'association symbolique avec une espèce végétale ou animale se traduisant entre autres par des interdits alimentaires - le "totémisme" - ne fasse pas partie des attributs essentiels ou tout au moins indissociables du clan (13).

La devise constitue une autre caractéristique possible du clan. Elle a été signalée au Nord-Cameroun chez les Gidar (14) et aussi, dans le sud du Cameroun, chez les Bulu, à qui la récitation de leur devise permet de se reconnaître entre frères de clan dispersés (15), mais elle n'existe pas chez les Mofu-Diamaré.

De l'examen des 24 noms de clans originaux, on peut tirer un premier enseignement d'ordre négatif : ces noms ne sont pas formés à partir de lieux-dits, de montagnes ou de pitons, ainsi qu'on le voit chez d'autres montagnards de sahel, chez les Saba, Hadjeray du Tchad, ou encore chez les Zaghawa, du Tchad également (16). Ils apparaissent pour la plupart comme des noms importés, ce qui prouve la rareté des clans véritablement autochtones (17). C'est seulement parmi les clans formés sur place que se manifeste timidement cette tendance : un seul sur les sept relevés, Marvay, porte le nom de la montagne isolée où il habite toujours.

Ces noms ne sont pas non plus des noms d'ancêtres, alors que dans les groupes mofu-Diamaré voisins on rencontre quelques cas de clans portant le nom même de leur ancêtre : à Meri le nom du clan majoritaire, le clan Gaywa, serait celui du fondateur, venu de chez les Mafa voisins (18). Sur Duvangar, Durum et Wazang, les seuls cas de noms d'ancêtres devenus collectivement ceux de leurs descendants concernent à nouveau les clans récents. Ainsi les Zegene et les Zangat à Durum savent qu'ils remontent à des hommes, autrefois Mandzah, mais dont les descendants ont été séparés du tronc commun il y a plusieurs générations. Les Gwolvo et les Meftek de Wazang se considèrent encore comme des Erketse mais sont obligés de préciser leur appartenance à l'aide du nom de leur ancêtre. A Gemzek, suivant un principe d'identification un peu différent, les Klamada (littéralement "Enfants (de) Mada") font remonter leur origine à un certain Mada, qui habitait en pays mafa, avant de se fixer sur le massif de Gemzek et de donner naissance au clan le plus important (19).

Certains noms de clans peuvent pourtant être traduits : *Fogom*, par exemple, signifie "flûte", *Laway* "chicotte", aussi certains informateurs proposent une explication interprétative qui paraît relever de l'étymologie populaire. C'est pour les noms de sous-clans qu'il existe certaines traductions admises de tous, *Mambazuway* signifiant "herbes sèches", *Gudzubo* "haillon", *Nduobikluwo* "homme du chef (de) Kluwo", tous ces sous-clans étant issus par fragmentation du puissant clan de prince Laway.

Il est exceptionnel qu'un clan soit cantonné sur un seul massif. Les seuls cas relevés concernent les Ngamiko de Wazang, les Marvay et les Nduobikluwo de Duvangar (20). Tout clan se connaît, le plus souvent, des parents, ou bien sur un des trois massifs de Duvangar, Durum, Wazang, ou bien sur un autre massif mofu-Diamaré, ou bien encore chez d'autres montagnards non-mofu, ou bien enfin chez des populations de plaine, Giziga et apparentés. Plusieurs de ces possibilités peuvent d'ailleurs être cumulées par le même clan ; le clan Mandzah et le clan Medey sont de bons exemples de cette dispersion (cf. Tableau 3 : "Noms et localisations des clans mofu ").

Il existe 11 clans représentés dans au moins deux des grandes chefferies, parmi lesquels 8 sont des clans détenant ou ayant détenu le pouvoir. Tous sont connus sous le même nom à travers les chefferies, cette conservation du nom étant liée ici, semble-t-il, à l'homogénéité linguistique existant à travers l'ensemble. De même chez les Mafa où l'on rencontre aussi certains clans dispersés dans plusieurs villages et gardant le souvenir de leur origine commune grâce au même nom. Ce maintien du nom est sans doute dû à la pratique de la même langue à travers l'ethnie (21). On pourrait aussi imaginer une autre explication à ce maintien du nom : des réunions périodiques de clans. En fait on ne rencontre pas chez les Mofu et leurs voisins montagnards ces originales réunions profanes qui transcendent parfois les barrières ethniques - prétextes essentiellement à fêtes et à danses - signalées chez les peuples de forêt, les Bulu dans le sud du Cameroun par exemple, ou encore chez les Djem du Congo-Brazzaville (22). Ici les seules occasions de rencontres entre parents de montagnes différentes sont fournies par la célébration des grandes fêtes cycliques du *ngwa*. Elles sont à base religieuse et pourtant il n'existe aucun culte qui serait propre à un clan et nécessiterait la rencontre de tous ses membres. C'est seulement au niveau des subdivisions du clan - lignage, *skway* et segment lignager, *gwalay* - que l'on rencontrera des manifestations religieuses propres à des groupes de parents.

Lorsqu'un clan mofu ne possède des parents que parmi les montagnards non mofu-Diamaré - Mafa, Mofu-Gudur ou Tsuvok - cette parenté a rarement l'occasion de se concrétiser mais les informateurs y tiennent pourtant. Ils insistent sur le fait ténu prouvant selon eux que de part et d'autre le souvenir d'une origine commune se maintient. Les Genduver de Gwoley-Duvangar racontent ainsi que des parents à eux ont jadis émigré plus au sud, à Due, chez les Mofu-Gudur. Lorsqu'ils rencontrent un descendant de ceux-ci au cours de leurs déplacements, au marché de Gazawa par exemple, celui-ci leur demanderait : *"Les trois grands arbres près de la maison du prince de Gwoley sont-ils toujours là ?",* preuve que devenus Mofu-Gudur ces anciens Genduver n'ont rien oublié de leur origine.

Le plus souvent ces parents sont présentés comme portant aujourd'hui un nom de clan différent. Parfois il est précisé qu'ils ont "perdu" le nom originel, et en ce cas, l'antériorité du groupe est affirmée. Le plus souvent cette différence de nom n'est pas expliquée, apparaissant sans doute comme naturelle.

A l'intérieur d'un *mesimbrey* tous sont frères, *malam*. Cette fraternité clanique se manifeste, selon les Mofu, de deux façons : la communauté de sacrifices et l'interdiction de mariage. Ce rapprochement révélateur est présenté spontanément par certains mythes de peuplement. A Mikiri, Tsakidjebe et Gemzek par exemple les narrations mythiques racontent comment un immigrant isolé a été accueilli, puis adopté par le clan en place : *"Tu es venu tout seul ; nous allons te considérer comme notre frère. Il n'y aura pas de mariages entre nous et tu viendras à nos sacrifices"*. Les deux manifestations sont liées : *"Puisqu'on fait les sacrifices ensemble on ne peut pas se marier ensemble"*. Le partage du sacrifice apparaît ainsi comme la face positive, spontanément mise en avant, de l'interdiction de mariage : pour les Mofu les liens de parenté comportent nécessairement un aspect religieux. Le frère de clan est celui qui, passant par hasard le jour où son parent sacrifie à ses ancêtres, peut le rejoindre dans sa maison et offrir avec lui la nourriture préparée, en parlant comme lui à voix haute aux esprits familiaux dont certains lui sont communs.

Les montagnards définissent aussi la fraternité de clan par le partage de nourriture, ordinaire cette fois, le repas pris en commun à l'intérieur de la maison. Les Biya de la montagne de Gudur, parlant des Tsabay de la montagne de Lulu, évoquent leur origine commune mais, disent-ils, *"ce ne sont plus nos frères, car lorsque nous allons chez eux, ils ne nous laissent pas entrer dans leurs maisons. Ils nous apportent de la nourriture, mais sur le chemin seulement"*. Pareille conduite, plusieurs fois répétée, montrait selon les informateurs que la fraternité avait disparu (23).

Toutefois pour le Mofu moyen ce sont les diverses prescriptions liées aux relations sexuelles qui permettent le mieux de circonscrire cette notion de fraternité de clan. Les Mofu s'interdisent en son nom tout mariage à l'intérieur du *mesimbrey*. *"Si nous commençons à nous marier entre nous, nous allons tous mourir, car nous sommes des frères"*. Il s'agit là de l'attitude la plus courante qui, poussée en ses conséquences ultimes, interdit tout mariage, non seulement à l'intérieur du *mesimbrey*, avec les membres portant le même nom que soi, habitant la même montagne ou une montagne avoisinante, mais aussi avec ceux des montagnes éloignées, appartenant parfois à un groupe ethnique reconnu comme différent, et même avec certaines gens des plaines. C'est ainsi que les Meuley de Durum affirment ne pas pouvoir se marier avec les Uley de Masakal, des Mofu-Gudur. Les Dingize de Tsakidzebe disent observer la même interdiction avec les Longwom de Dzebe, devenus Giziga pourtant, et les Fogom de Durum avec les Fogom de la montagne de Fogom, devenus Mafa. Cette volonté d'exogamie est en théorie celle de tous les clans; toutefois on verra plus loin que les clans de prince la manifestent plus rarement.

A l'interdiction de mariage est liée celle de relations sexuelles. Si celles-ci ont lieu *"qu'un enfant aît été conçu ou non"*, il s'agit d'une faute grave, *mazurday*, dont les conséquences seraient fatales non seulement pour le clan concerné, mais au-delà de lui pour la chefferie toute entière. Il faut donc rejeter les coupables, les séparer du groupe. Autrefois, dit-on, la seule possibilité était la mort : ils étaient exécutés devant tous. *"On creusait une fosse, on les couchait l'un sur l'autre, et on les transperçait d'un épieu"*; *"on les enterrait vivants, comme exemple"*; *"on appelait les gens pour les effrayer et ils assistaient à l'exécution"*. Une autre façon d'empêcher les fautifs de contaminer le groupe était le bannissement, mais pas ensemble, chacun de son côté, *"dans une autre montagne dont, jusqu'à la mort, ils ne pouvaient plus revenir"*. *"On les chassait très loin de la montagne, de façon qu'on ne puisse plus les revoir"*. Pour certains de nos informateurs mofu ce châtiment était surtout utilisé si les coupables appartenaient à un clan important numériquement qui aurait pu s'opposer à leur exécution. Les Mofu se montraient ainsi plus sévères que les Dogon qui en cas d'inceste clanique réservent le bannissement à vie à la seule femme (24).

Interdites entre frère et soeur de clan les relations sexuelles le sont également entre un homme et la femme d'un de ses frères de clan; elles constituent un autre type d'infraction, moins grave que le *mazurday*, appelé *magasar*. Toutefois les liens entre frères de clan présentent en matière de sexualité d'autres aspects, positifs cette fois. La femme qui a ses règles n'apporte aucune souillure, *madama*, dans la maison d'un des frères de clan de son mari, alors que c'est le cas partout ailleurs, y compris chez ses propres frères de clan, à qui elle s'interdit de rendre visite durant cette période. De même, si elle a eu la nuit des relations sexuelles avec son mari, elle peut pénétrer librement le lendemain chez un des frères de clan de celui-ci, cependant que chez les autres elle transporte à nouveau une "souillure". La notion de souillure, *madama*, si importante chez les Mofu, apparaît donc comme intimement liée à celles de clan et de fraternité clanique.

- la segmentation du clan : *skway*, "lignage", et *gwalay*, "segment lignager"

En passant en revue les clans Mofu, on a constaté que seule une minorité est cantonnée dans le même *ngwa*. La plupart sont représentés dans plusieurs montagnes-chefferies. Le clan, *mesimbrey*, se subdivise alors en *skway*, groupes de parenté d'extension plus modeste, dont chacun habite la même montagne-chefferie. Nous le désignerons par le terme "lignage". Au sein du grand ensemble que constituent les hommes, les Blancs forment un *skway* à part et les sous-préfets camerounais, *Sara-ay zezengana-ay*, littéralement "les Blancs noirs", sont rassemblés en un autre *skway*, nous expliquait un vieil informateur cherchant à nous faire saisir ce qu'était le *skway*. Toutefois l'échelon intermédiaire du *skway* n'existe pas dans les tout petits clans représentés sur un seul *ngwa* où *skway* et *mesimbrey* sont confondus.

La seule manifestation d'existence du lignage est d'ordre religieux : chacun rend un culte à un esprit de la montagne, *mbolom*, qui lui est propre (25). Pour tous les interlocuteurs, il existe un lien nécessaire entre lignage et autel à l'esprit de la montagne : *"chaque skway possède son mbolom"*. On rencontre pourtant des exceptions : un lignage qui, sur le plan géographique, est trop près de ses frères de clan ne peut avoir de *mbolom* ; ainsi les Mandzah, venus de Durum et installés à Wazang, n'entretient pas de culte à un *mbolom* car *"ceux qui font leur propre mbolom sont ceux qui viennent de loin"*.

Au-dessous du *skway*, les Mofu distinguent un autre groupe de parenté plus restreint, le *gwalay*, que nous désignerons par le terme "segment lignager". Cette énumération des divers groupes de parenté rend mal compte des difficultés que nous avons rencontrées lorsque nous avons abordé cette étude. Il a fallu de nombreuses conversations sur des montagnes différentes pour cerner le sens et l'emploi de chaque terme et comprendre la signification d'affirmations décourageantes suivant lesquelles *"mesimbrey et skway"* - ou au contraire *"mesimbrey et gwalay, c'est pareil"* : du moment qu'il s'agissait du même grand groupe de parenté nos interlocuteurs ne voyaient aucune nécessité d'y établir des distinctions.

Le *gwalay* représente pourtant une unité beaucoup plus facilement saisissable. Elle se situe d'abord dans l'espace, car les membres d'un *gwalay* sont souvent rassemblés en un même lieu. Leurs champs sont alors contigus et constituent à l'intérieur des terres du quartier un petit *dala* à part, ayant lui aussi ses limites, sur lequel sont implantées les habitations des divers chefs de familles qui le composent. Ce terroir n'est pas une propriété collective - comme c'est le cas souvent en Afrique noire, particulièrement en région de forêt (26) - il est seulement la juxtaposition de propriétés individuelles : tout "chef de maison" possède en propre des terres et les transmet en héritage. Aujourd'hui seuls les segments lignagers possèdent leur *dala* ; autrefois c'est au niveau du lignage, parfois du clan qu'il apparaissait.

Sur le plan religieux également, les membres d'un même *gwalay* constituent un ensemble. C'est de cette façon que les Mofu le définissent spontanément : *"Ceux qui se réunissent autour d'un même ludara forment un gwalay". "On distingue les gwalay par les ludara"*. Un *gwalay* est donc un groupe de parents honorant leurs ancêtres communs lors d'un culte périodique célébré sur un autel collectif nommé *ludara*. L'autel, détenu par le descendant direct du fondateur du *gwalay*, constitue le lien entre ces différents parents. C'est par lui et son desservant que l'on définit le groupe qu'ils forment. *"On dit 'Voilà les gens du ludara d'un tel'"*. C'est cet autel *ludara* qui est à l'origine de la création d'un *gwalay*. Il s'agit là d'un acte volontaire, intervenant toutefois sous la pression démographique, lorsque les "chefs de maison" apparentés deviennent trop nombreux pour pouvoir tous se réunir dans la salle des greniers de l'ancien gardien du *ludara*. De même chez les Gourmantche en cas de séparation lignagère il y a fragmentation de l'autel du groupe, afin d'indiquer l'impossibilité de vivre désormais ensemble (27).

On institue un nouveau *ludara* lorsque des disputes, voire des batailles, ont éclaté plusieurs fois de suite pendant ces sacrifices où l'on demande justement aux ancêtres de maintenir l'union du *gwalay*. C'est ainsi qu'à Duvangar l'autel du *ludara* détenu par Padak du clan Genduver a été mis en place à la suite d'une bataille et du renvoi d'une partie des assistants : *"Faites votre ludara ! Ne venez plus chez nous !"*. La segmentation du lignage se traduit donc de façon visible en termes religieux par la création d'autels, fabriqués à partir de l'ancien pot cultuel, cassé et remodelé en plusieurs poteries nouvelles.

On voit la différence entre le *gwali* mafa, groupe de parenté désigné par un terme presque semblable au terme mofu, et le *gwalay*. Il y a inversion totale d'échelle puisque le *gwali* mafa qui se subdivise en *godar* puis en *gibdulom* est le groupe de parenté le plus important. Et c'est le *gibdulom*, le plus petit groupe de parenté au-dessus de la famille restreinte, qui, malgré la différence entre appellations, s'apparente le plus au *gwalay* mofu. Entre *gwali* mafa et *gwalay* mofu il existe par ailleurs une grande différence, car le premier est constitué de façon automatique, rassemblant tous les chefs de famille descendant du même ancêtre situé quatre générations au-dessus d'eux. Le *gwali* mafa possède donc la curieuse particularité de séparer un père de son fils : par définition ils appartiennent à des *gibdulom* différents (28). Au contraire le *gwalay* mofu rassemble divers parents biologiquement apparentés et parmi ceux-ci les pères et leur descendance, même sur plusieurs générations.

Sur une montagne donnée les *gwalay* appartenant au même *skway* sont en nombre restreint. L'exemple presque toujours cité par les informateurs de Wazang était celui du clan Fogom, originaire de Durum et représenté à Wazang par un lignage divisé en deux *gwalay*, chacun se rassemblant autour d'un *ludara*, *"le ludara gardé par Whoringwoy et le ludara gardé par Agedar"*. Toutefois il arrive aussi qu'il n'y ait qu'un seul *gwalay* par montagne; ainsi les Siler à Wazang se regroupent tous autour d'un unique *ludara* (29). *Gwalay* et *skway* sont alors confondus.

C'est la détention de l'autel *ludara* qui constitue le fondement de l'autorité du doyen du segment lignager. Aussi le situe-t-on, non par rappport au *gwalay* mais par rapport au *ludara* : il est *bi ma ludara*, "chef", "responsable du *ludara*", car c'est lui qui convoque les autres chefs de famille au sacrifice du *ludara*. Cette autorité religieuse se prolonge en d'autres domaines. Elle l'autorise par exemple à jouer le rôle d'arbitre. C'est à son niveau que sont portés les conflits à l'intérieur du groupe : il résoudra les plus faciles - une discussion trop vive entre un de ses frères de clan et un homme d'un autre clan par exemple - et portera les autres auprès du chef de quartier. C'est lui aussi qui tranchera les affrontements en matière de champs, s'appuyant sur sa connaissance des bornes-limites. Enfin si un membre du *gwalay* est frappé d'une lourde amende à payer c'est le doyen du *gwalay* qui saura susciter chez les membres du groupe la solidarité nécessaire et rassemblera la somme demandée. On comprend mieux alors cette définition du *gwalay* que nous donnait un vieil informateur : *"le gwalay, ce sont mes frères, mes hommes à moi !"*.

c) répartition des clans dans les quartiers

Entre ces deux divisions du *ngwa*, les quartiers d'une part et les clans d'autre part, y a-t-il coïncidence ? Les divers chefs de famille appartenant à un même *mesimbrey* se regroupent-ils en un seul quartier ? Y a-t-il au contraire dispersion à travers le *ngwa* ? Afin de pouvoir répondre de façon précise à ces questions - et à d'autres qui seront exposées plus loin - nous avons fait procéder à une enquête portant sur la chefferie de Wazang dans chacun de ses six quartiers, peuplés alors par 437 chefs de famille (30).

Les résultats exposés dans le tableau 4 "Répartition des clans et cellules familiales dans les quartiers de la chefferie de Wazang" sont éloquents. Ils montrent une nette dispersion des clans à l'intérieur de la chefferie. A Wazang sur 13 clans recensés, 11 - soit la quasi-totalité de la chefferie - se retrouvent en plusieurs quartiers à la fois ; 2 seulement n'habitent qu'en un seul quartier.

On peut regrouper certaines des données de ce tableau en notant qu'à Wazang :
- 2 clans sont implantés en 1 seul quartier,
- 3 clans se retrouvent en 2 quartiers à la fois,
- 3 clans se retrouvent en 3 quartiers,
- 3 clans se rencontrent en 4 quartiers,
- 1 clan est représenté en 5 quartiers,
- 1 clan se rencontre dans chacun des 6 quartiers.

Le seul argument numérique est impuissant à expliquer cette dispersion. Sans doute le retrouve-t-on à la base et au sommet du tableau : le clan le plus important numériquement, le clan Erketse, est le seul à être présent dans les 6 quartiers, mais c'est aussi, on le verra, le clan du prince. Inversement, les clans implantés en un seul quartier sont aussi les clans les moins étoffés en hommes mais... ce sont des minorités ethniques aujourd'hui assimilées, rassemblées comme pour mieux former bloc et préserver leur originalité.

Entre les deux situations on observe de grandes divergences de comportement. Le clan le plus important après les Erketse, les Bologwada, se retrouve pour l'essentiel en un seul quartier, alors que des clans peu développés comme le clan Siler ou le clan Medey sont émiettés en 3 et 4 quartiers.. Il faut donc faire appel à d'autres explications, d'ordre historique cette fois. Ce sont elles, on le verra au chapitre suivant, qui expliquent la dispersion des Siler, premiers occupants de Wazang, et des Medey, considérés comme de redoutables magiciens : les uns et les autres ont été empêchés de se regrouper. Cette importance de la segmentation clanique constitue également un argument en faveur de l'ancienneté du peuplement des montagnes qui sera abordée plus loin.

QUARTIERS / CLANS	MATSARAY	GANDZUWAY	MEFTEK	GABO	MALDOA	MAKABAY	TOTAL DES CHEFS DE MAISON
Erketse (tous lignages)	◇44◇	9	◇47◇	12	(17)	(21)	150
Bolgwada		◇65◇		1		3	69
Laway (tous lignages)	9			◇35◇		5	49
Mandzah	1		2	◇20◇	4	9	36
Ngamiko	1		◇34◇				35
Fogom		3	◇14◇		7	1	25
Mokuzek				◇11◇	4		15
Mowayan	3	1	3	◇8◇			15
Medey		1	4	2		4	11
Dingize				◇9◇		2	11
Siler	1				2	◇5◇	8
Blenge						◇5◇	5
Deva			◇4◇				4
Divers (dont Mariyam)	1			1		2	4
TOTAL chefs de maison	60	79	110	99	34	55	437

LEGENDE

◇ noyau d'implantation maximum d'un clan

◯ clan dominant numériquement dans un quartier

Tableau 4   Répartition des clans et cellules familiales dans les quartiers de la chefferie de Wazang

La dispersion des clans à l'intérieur de la chefferie risque de masquer une constante importante de leur implantation : même s'ils sont présents en plusieurs quartiers, les clans présentent toujours un noyau maximum de peuplement en un seul quartier, beaucoup plus important que la somme de ses implantations ailleurs. Le tableau 4 souligne cette constatation : on remarque, par exemple, que la quasi-totalité des Laway se trouve dans le quartier de Gabo et que les Ngamiko et les Fogom sont presque uniquement cantonnés dans le quartier de Meftek, tandis que les Siler enfin sont surtout présents dans le quartier de Makabay. La persistance de ce lien entre un clan et un quartier est une indication d'une ancienne indépendance de chaque clan qui, effectivement, se révèlera dans l'histoire des groupes.

On remarquera que dans cinq quartiers sur six on trouve un clan dominant numériquement. Ceci ne signifie pourtant pas que dans ces mêmes quartiers d'autres clans n'aient pas pu, eux aussi, former leur noyau principal de peuplement : les Erketse-Meftek, par exemple, constituent le groupe le plus nombreux du quartier Meftek, même si c'est à Meftek aussi que les Ngamiko se sont surtout implantés, ainsi que les Fogom et les Deva. De même à Gabo, les Laway l'emportent par le nombre et c'est là qu'ils sont surtout concentrés, mais ce quartier représente aussi le berceau de quatre autres clans, les Mandzah, les Mokuzek, les Dingize et les Mowayan.

Il y a donc chez les Mofu une certaine hétérogénéité clanique, non seulement au niveau de la chefferie mais - fait encore plus significatif - au niveau du quartier. Cette hétérogénéité n'exclut pas un net regroupement de chaque clan en un quartier particulier. Les Mofu se trouvent sur ce point à peu près à mi-chemin entre leurs voisins montagnards mafa et muktele. Chez les Mafa le lien entre clan ou lignage et quartier est beaucoup plus accentué que chez les Mofu : à Magoumaz, par exemple, dans quatre cas sur cinq, on trouve un clan ou lignage largement majoritaire par rapport à la population restante du quartier (31). Au contraire on note chez les Muktele une forte hétérogénéité lignagère : sur le "massif" de Baldama, les deux tiers des quartiers ne présentent pas de lignage l'emportant vraiment sur le plan numérique (32).

3. LES SUBDIVISIONS DE LA CHEFFERIE

Notes des pages 120 à 133

(1) B. JUILLERAT, 1971, p. 78
(2) Sur la formation des *ngwa* de Duvangar, Durum, Wazang cf. Cartes 12, 13, 14 : Implantation des clans et constitution progressive des trois chefferies
(3) J.Y. MARTIN, 1970, p.91, J. HURAULT, 1958, p. 111, Ch. COLLARD, 1977, p. 147, J. FOURNEAU, 1938, p. 169, A. ADLER, 1982, p. 158, A. LEBEUF, 1969, p. 103.
Nous avons également noté l'existence de quartiers chez les Hadjeray, montagnards du Centre-Tchad, et là aussi, cette réalité nous est apparue comme ancienne (J.F. VINCENT, 1975, p. 44)
(4) C'est à ce mot prudent que recourait, par exemple, A.R. RADCLIFFE-BROWN traitant de la parenté et des systèmes de parenté en 1924 et 1941 (A.R. RADCLIFFE-BROWN, trad. franç. 1968, p. 96, p. 128, etc...).
(5) A.R. RADCLIFFE-BROWN, 1950, trad. franç. 1953, "Introduction" à A.R. RADCLIFFE-BROWN et D. FORDE, p.49-50
(6) Ainsi que le remarque R. Fox qui poursuit malicieusement : "dans la littérature ethnologique ces termes sont d'ailleurs utilisés fort peu rigoureusement et l'on ne s'embarrasse guère de définitions précises" (1972, p. 51 et p. 124).
(7) J.Y. MARTIN, 1970, p. 75; B. JUILLERAT,1971, p. 78
(8) P. LABURTHE-TOLRA, 1977, p. 97
(9) M. CARTRY, 1966, p. 60
(10) G. PONTIE, 1973, p. 65. Il s'agit seulement d'une mention, sans aucun détail.
(11) J.F. VINCENT, 1975, p. 34. De même chez les Gourmantche la segmentation en "sous-clans" entraîne la création de nouveaux "interdits totémiques" (M. CARTRY, 1966, p. 60).
(12) Les observateurs des Muktele et des Gidar ne signalent pas d'interdits alimentaires.
(13) A. MARIE, 1975, p. 27
(14) Ch. COLLARD, 1977, p.96
(15) M. BERTAUT, 1935, p. 162.
(16) Les noms de clan, constitués à partir de celui d'une montagne déterminée, signifient alors "les gens de la montagne Une Telle" (J.F. VINCENT, 1975, p. 34 ; M.J. TUBIANA, 1964, p. 18).
(17) Sur la présence d'autochtones dans les montagnes cf. III 4-11
(18) J.Y. Martin y a relevé de nombreux noms de clans qui sont ceux-là mêmes de leurs fondateurs : Chiler, Madambron, Wola, Jele, etc. (1970, p. 34).
(19) De même chez les Muktele "le patrilignage le plus vaste de toute l'ethnie (...) ne porte pas de nom particulier" (B. JUILLERAT, 1971, p.56)
(20) Sur une segmentation identique du lignage chez les Muktele cf. B. JUILLERAT (1971, pp.69-72).
(21) Cependant la dispersion est beaucoup plus importante ; elle atteint même une "quarantaine de villages" pour le clan Jele (J.Y. MARTIN, 1970, p. 88).
(22) M. BERTAUT, 1935, p. 167. Nous avons rencontré chez les Djem du Congo certains clans disant avoir des frères chez ces mêmes Bulu ainsi que chez les Maka, habitant les uns et les autres le sud-Cameroun (J.F. VINCENT, 1961, p. 94).
(23) Jadis à Gudur, le groupe aurait été chassé de la chefferie et serait allé se fixer à Lulu où il aurait été appelé Tsabay et serait devenu giziga (Bi-Toko et Bi-Pala, Gudur, 4-12-71).
(24) La femme est en effet considérée comme "seule coupable dans un cas semblable" (D. PAULME, 1940, p. 83-84).

(25) Le *mbolom* apparaît comme un esprit composite, localisé en un point précis de la montagne, formé de tous les esprits d'ancêtres trop éloignés de leurs descendants pour en recevoir un culte. Le même mot désigne l'esprit et l'autel qui lui est élevé.
(26) Les exemples sont nombreux. Citons simplement à nouveau le cas des Djem du Congo-Brazzaville (J.F. VINCENT, 1961).
(27) M. CARTRY, inéd.1985
(28) J.Y. MARTIN, 1970, p. 75
(29) Le problème se complique dans les clans de prince où la segmentation n'est pas souhaitée car elle manifesterait de façon trop éclatante "l'éloignement du prince"; cf. pp. 239-240.
(30) Entre février et avril 1969 nous avons fait effectuer sur la totalité de la chefferie de Wazang une enquête très détaillée par deux enquêteurs mofu-Diamaré. Elle a eu lieu auprès de 437 "chefs de maison" et de leurs 552 épouses. Elle a porté non seulement sur le lieu de naissance des hommes mais sur la répartition des clans suivant les quartiers, sur la taille et la composition de la cellule familiale, la situation matrimoniale des hommes, la chefferie et le clan d'origine des femmes mariées, les premiers mariages et remariages des conjoints, enfin la fécondité féminine et la mortalité infantile. Ceci a testé aussi la vitalité du culte des ancêtres et celle des cultes de possession, en dénombrant les autels détenus dans chaque maison. Certains de ces résultats ont été repris dans notre étude de 1972 sur le mariage et la situation de la femme mofu, mais un grand nombre est resté inédit et nous y ferons appel à diverses reprises.
(31) J.Y. MARTIN, 1970, p. 91
(32) B. JUILLERAT, 1971, p. 79

4. LA CHEFFERIE, UN ENSEMBLE SOLIDAIRE

Divisé en quartiers, eux-mêmes occupés par différents clans, le *ngwa* forme néanmoins un ensemble, un tout, en divers domaines, sur le plan moral et religieux par exemple. C'est ainsi qu'à l'intérieur du *ngwa* les erreurs de conduite de l'un ou l'autre retentissent sur le reste des habitants même si aucun lien de parenté - ni même de voisinage - ne les unit. Avoir des relations sexuelles entre membres d'un même clan constitue déjà une faute grave, on l'a vu, qui amènera l'extinction du clan dont les membres mourront l'un après l'autre, gagnés par une invisible contagion. Toutefois il ne s'agira que d'un premier temps dans les conséquences de cet inceste : la mort attaquera ensuite au-delà du clan, se répandant dans les différents quartiers. Seules les chefferies voisines ne risquent rien ; le châtiment ne peut frapper au-delà des limites d'un *ngwa*.

Un autre type de souillure, *madama*, liée aux relations sexuelles se produit lorsqu'un montagnard quitte son *ngwa* et couche avec une femme étrangère aux montagnes, femme peule surtout, ou encore giziga. L'imprudent qui revient ensuite chez lui chargé de souillure va irriter ses ancêtres qui le frapperont lui et ses proches et ensuite, de la même façon, *"le madama peut attaquer toute la montagne de Wazang!"*. En fait le *madama* n'agit pas par lui-même, il déclenche une catastrophe collective, une épidémie par exemple. Il y a aussi le *madama* plus banal, survenant lorsqu'à l'intérieur du *ngwa* un homme prend la femme d'autrui, acte dont les conséquences néfastes ne tarderont pas à se manifester.

Pour stopper le mal un devin est consulté par les anciens rassemblés : il s'agit de "chercher la montagne", *mespi ngwa*. Il faut déterminer, quartier par quartier, qui porte la responsabilité du dérèglement des choses sur le *ngwa*. C'est alors que le devin appelé brassera ses galets de quartz afin de donner une réponse à la question : "Dans quel état se trouve ce *ngwa* ? Par quoi est-il troublé ?".

Les conséquences d'une souillure importante peuvent être terribles : *"Un grand madama gâte la montagne : il peut empêcher la pluie de tomber"*. L'arrêt des pluies est en effet le châtiment par excellence. Pour y mettre fin il faudra organiser la purification du *ngwa*, on l'a vu. Ainsi, même par son régime météorologique le *ngwa* constitue une zone à part, dans laquelle les pluies s'arrêtent ou tombent au contraire en abondance. La terre du *ngwa* peut parfois subir un sort identique à celles des voisins et connaître en même temps qu'elles sécheresse ou pluies; les Mofu n'en considèrent pas moins qu'un *ngwa* a sa propre destinée et, à la limite, que chaque *ngwa* possède une climatologie distincte.

Ce sont surtout les fêtes religieuses annuelles qui permettent de saisir clairement l'unité du *ngwa* : tous ceux qui célèbrent le même jour les mêmes fêtes appartiennent au même *ngwa*. Ils forment une communauté religieuse, une "paroisse", qui, ces jours-là, ressent son unité en célébrant "sa" fête avec le plus de lustre possible. Les immigrants venus récemment de *ngwa* voisins doivent adopter le calendrier de leur nouvelle paroisse et se joindre aux célébrants, même si parfois, dans le secret de leur habitation, ils continuent à célébrer également la fête de leur *ngwa* d'origine. Chaque *ngwa* constitue donc une zone religieuse indépendante. C'est par le biais des fêtes du *ngwa* que l'on saisit la différence entre quartier et "montagne". Jamais un quartier ne pourra posséder une fête religieuse à lui : il doit s'intégrer avec les autres quartiers dans la fête unique de la "montagne".

Un *ngwa* représente un endroit qui se suffit à lui-même. Il a, selon Maduma de Wazang, *"ses propres droits"*, et, ajouterons-nous, ses propres lois. En cas de litige, un montagnard cherche à se faire rendre justice à l'intérieur de son *ngwa*, qui, de plus, possède sa propre tarification des méfaits. Le plaignant se présentera d'abord devant le chef de son quartier. Si celui-ci ne parvient pas à trancher, il le renverra au responsable du *ngwa* et juge suprême, le "chef grand", *bi ndwhana*, ainsi appelé car il est *bi ma ngwa*, "chef du *ngwa*".

C'est par référence à son prince que le *ngwa* constitue un ensemble organisé. Ainsi que nous l'expliquait le vieux Gonktof de Wazang *"on peut parler de ngwa parce qu'il y a un prince"*. Le prince, disent les Mofu, *"tient le ngwa"*, *"a sga da ngwa"*. *"Cela signifie "*, commentait un jeune scolarisé, *"il prend la montagne. Il la rassemble, il la tient en bloc, unie"*. Grâce à lui le *ngwa* constitue un ensemble humain séparé qui *"se commande"*, et possède donc une indépendance politique. Dans tous les domaines où le *ngwa* fait corps il y parvient grâce aux décisions du prince. En cas de malheur collectif, c'est le prince qui prend l'initiative de convoquer l'assemblée des anciens qui assisteront avec lui à la grande consultation divinatoire. C'est lui ensuite qui non seulement fournit l'animal à sacrifier mais qui parfois lui tranche la gorge de ses propres mains. *"Que ce sacrifice serve à tout le ngwa"*, disait ainsi le prince de Wazang avant de mettre à mort le mouton du sacrifice; *"Avant-hier la pluie est très peu venue à Wazang, beaucoup moins que sur les autres ngwa, à cause du madama de Mamadou. Qu'il pleuve ! "* (cf. Planche XIX, photo 6).

Lorsque le *ngwa* célèbre ses fêtes religieuses, il le fait à l'initiative du *bi ma ngwa*, son chef suprême. Le prince en effet "crie les fêtes". Il donne ainsi l'ordre à tous les chefs de famille dépendant de lui d'exécuter leurs sacrifices dont l'ensemble constitue la fête commune de la montagne. L'autorité du *bi ma ngwa* est telle sur le plan religieux que sans son ordre la fête ne peut avoir lieu.

L'unité religieuse du *ngwa* est renforcée par les sacrifices que le prince exécute afin d'assurer à sa montagne une protection supranaturelle. Il est en effet desservant d'un culte à un esprit de la montagne, *mbolom*. Sur chaque *ngwa*, il existe, on le verra, de nombreux desservants de *mbolom*. Alors que les autres *mbolom* exercent leur protection sur une zone limitée, l'originalité du *mbolom* du prince, présenté comme le plus important, le plus puissant de tous, est d'étendre son autorité à l'ensemble du territoire du *ngwa*.

Les décisions du prince ne concernent pas seulement la vie religieuse de la montagne. Elles s'étendent au domaine économique : c'est le prince qui décide du début des travaux des champs. Il le fait crier là aussi, et aucun homme adulte du *ngwa* ne peut commmencer à retourner ses champs avant d'avoir entendu cet ordre. De plus tout "chef de maison" avant de travailler chez lui doit aller cultiver les plantations du prince, effectuant pour lui avec les hommes de son quartier un travail gratuit.

En retour, le prince assure à ses sujets de bonnes pluies, non seulement en désarmant comme on l'a vu la colère des ancêtres, mais en raison du pouvoir particulier que lui assure sa possession de pierres de pluie, nombreuses pierres à faire pleuvoir, et surtout pierre à arrêter la pluie. Ainsi *"chaque prince fait pleuvoir seulement sur son ngwa"* et inversement il ne peut provoquer une sécheresse que dans les limites de sa chefferie. Tout *ngwa* constitue donc une "unité de pluie".

Comme le montrent ces quelques exemples qui sont loin d'être exhaustifs - les manifestations du pouvoir du prince seront exposées en détail - le *ngwa* et son prince sont solidaires. Chacun n'existe que par rapport à l'autre. Le *ngwa* apparaît alors comme une communauté humaine installée sur un territoire délimité, liée à un homme détenteur de toutes les formes du pouvoir, une chefferie. Cet homme est issu d'un clan, toujours le même, qui en raison de ses liens avec lui occupe une position privilégiée. Lui et son clan constituent une couche sociale distincte qui se considère - est considérée par le reste de la chefferie - comme une aristocratie, une noblesse s'opposant aux gens du commun. Chaque nom de *ngwa* évoque pour les Mofu celui d'un clan détenteur du pouvoir : Erketse sur le *ngwa* de Wazang, Mandzah sur celui de Durum, Laway sur celui de Duvangar, Dingize sur ceux de Dugur par exemple. Cette considération sociale est étroitement enracinée : si le Mandzah quitte Durum pour Wazang, son statut change définitivement.

Rassemblée grâce à son prince la chefferie montagnarde ne doit faire qu'un bloc, se tenir. Lorsque deux Mofu se croisent sur un sentier de montagne ils se saluent en se souhaitant la paix, *"zizey"*. Dans les prières, lors des différents sacrifices, la paix est aussi constamment demandée. La paix traduit en effet la concorde régnant à l'intérieur du *ngwa*. Pour que le *ngwa* soit un, il faut qu'en soient absentes toutes les formes de mésentente, et aussi les rixes, les vols, les divorces. Il faut que les sujets s'entendent entre eux - jeunes et vieux, maris et femmes - et qu'ils soient attentifs aux paroles de leur prince. Sinon "la chefferie va pourrir", *"ngwa a nksi la"*. Pourrir, expliquent les Mofu parlant français, c'est se décomposer, se gâter, se défaire en lambeaux, toutes expressions que l'on peut appliquer au *ngwa*, menacé d'éclatement par les tiraillements et les dissensions devenus particulièrement nombreux, selon les informateurs âgés, avec l'avènement de la vie moderne.

5. INVENTAIRE DES CHEFFERIES ET MONTAGNES MOFU-DIAMARE

Les Mofu-Diamaré, les "gens des montagnes", *ndu ma ngwa ay,* soulignent, on l'a vu, l'existence parmi eux de plusieurs ensembles de groupes montagnards apparentés, dont les noms sont donnés dans un ordre immuable. Ces regroupements correspondent à autant de cycles de fêtes religieuses. Il est temps de détailler la composition de ces cycles, montagne après montagne, en donnant à la fois le nom du massif montagneux et celui du groupe humain qui l'occupe (cf. Carte 8 : "Localisation des chefferies et "montagnes" mofu-Diamaré"). Nous signalerons au passage les montagnes-chefferies que nous avons pu étudier. Il n'est pas inutile de faire remarquer que ce simple inventaire - dont on verra pourtant les manques - est l'aboutissement de nombreuses enquêtes. Présence sur place et persévérance ont été nécessaires pour discerner l'imbrication des chefferies sous la simplicité des noms d'ensemble des massifs montagneux.

a) l'ensemble Dugur-Duvangar-Durum-Wazang

Par rapport aux autres cycles montagnards ce cycle possède une originalité : sa périodicité. Celle-ci ne concerne pas la "fête de l'année" commune à tous les païens, de plaine et de montagne : elle a lieu, ici comme ailleurs, chaque année après la récolte du mil. Par contre la fête du sacrifice du taureau revient tous les quatre ans, alors que dans les deux autres cycles cette périodicité n'est que de trois ans.

Notre connaissance des faits mofu nous vient de l'étude des quatre *ngwa* entrant dans cet ensemble. Wazang est celui où nous avons le plus travaillé. Viennent ensuite par importance des enquêtes, Duvangar et Durum, enfin Dugur.

- Les habitants de la montagne-île de Dugur débutent le cycle. Cette montagne est peu importante par sa surface au sol - 7 km^2 environ, mais son terroir de plaine est près de cinq fois plus vaste - et son altitude est élevée puisqu'elle dépasse les 900 mètres. Elle abrite trois groupes humains distincts, trois *ngma*, trois minuscules chefferies, Dugur à l'est, Tsakidjebe à l'ouest, Gayam au nord; (là aussi le Mofu de Dugur-Mikiri passe du sens de "rocher","montagne" à celui de "chefferie"). Gayam, le plus petit des trois, est le *ngma* le plus ancien. Dugur et Tsakidjebe se sont formés plus tard et constituent deux chefferies jumelles - elles ont le même clan de prince - mais néanmoins indépendantes, chacune ayant son propre prince. Toutefois Dugur a été fondée la première, Tsakidjebe en étant issue par scission .

L'ensemble des habitants de ces trois petits états représente environ 2 300 personnes (1), célébrant le même jour, malgré leurs appartenances différentes, leurs fêtes religieuses, fête annuelle du bouclage de l'année, *mogurlom* et fête quadriennale du taureau, *mbolom tla,* en Mofu de Dugur-Mikiri, dont le nom ici peut être traduit et signifie littéralement "l'année du taureau".

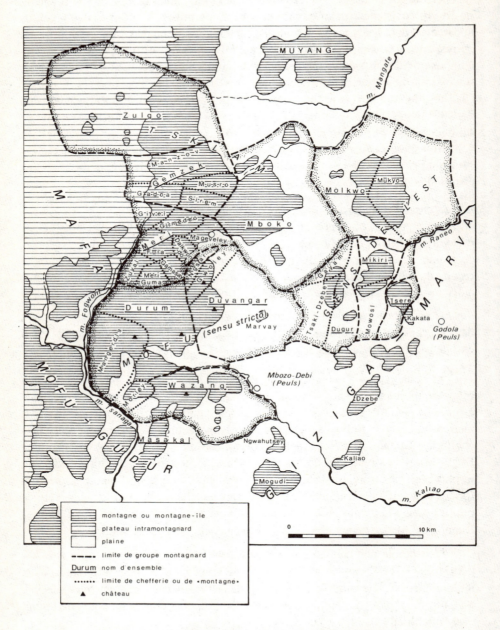

Carte 8   Localisation des chefferies et "montagnes" mofu-Diamaré

Nous avons commencé à enquêter à Tsakidjebe et Gayam dès 1968 - "année du taureau" - et le début de nos enquêtes en pays mofu, passant ensuite à Dugur, la chefferie-soeur. Quoique régulières ces enquêtes ont été rapides, ne comportant à chaque séjour que quelques jours sur place.

◊ Vient ensuite Duvangar, grande chefferie occupant une partie du rebord montagneux des Mandara, ainsi qu'une large portion de plaine (son terroir, *dala*, couvre près de 70 km^2). Duvangar constitue aujourd'hui un *ngwa* unique. Toutefois en étudiant l'origine de ses cinq quartiers on constate que seuls trois d'entre eux ont toujours fait partie de la chefferie. Les deux autres, Gwoley et Ngsar, lui ont été adjoints à date récente. Ngsar est un ancien *ngma* de Meri - on continue d'ailleurs à n'y parler que la langue meri - conquis par Duvangar à la fin du XIXème siècle, situation entérinée par les colonisateurs allemands qui l'ont fait administrer par le prince de Duvangar de l'époque. Cette mise en tutelle, malgré la différence linguistique montrant son caractère forcé, a été maintenue par l'administration, française puis camerounaise. Gwoley, divisé en plusieurs quartiers différents, représente un cas intéressant - et original dans la société mofu - d'un petit *ngwa* (de la taille d'une des chefferies Dugur), soumis par Duvangar juste avant l'arrivée des colonisateurs. Cette fois on y parle la langue de Duvangar-Durum-Wazang, aussi tout en évoquant avec nostalgie son indépendance passée, Gwoley commence-t-il à accepter sa captation dans l'orbite de Duvangar. Tout comme Ngsar il ne peut célébrer sa fête que lorsque le prince de Duvangar a commencé la sienne.

La chefferie de Duvangar est en même temps canton de l'administration, aussi est-il facile de dénombrer ses habitants : au recensement de 1976 ils étaient plus de 5 000, loin derrière ceux de Durum, mais un peu plus nombreux que ceux de Wazang. Nous y avons régulièrement travaillé à partir de 1968, y faisant à diverses reprises des séjours d'une semaine.

◊ Durum, canton elle aussi aujourd'hui, est la plus importante des trois chefferies-soeurs, avec plus de 10 000 sujets et 18 quartiers. A date ancienne le *ngwa*, d'abord unique, s'est scindé en deux parties, Durum et Mangerdla, commandées toutes deux par le même clan de prince. S'agit-il de deux *ngwa* ? Oui, puisque chacun correspond à un ensemble de quartiers aux limites nettes et qu'il est commandé par un prince distinct. Toutefois, il existe entre les deux *ngwa* une union étroite assortie d'une nette différence de rang : Mangerdla est subordonné à Durum et ne possède pas un pouvoir totalement indépendant : c'est ainsi par exemple qu'il ne peut célébrer ses fêtes religieuses que lorsque Durum a procédé aux siennes. Aussi est-il possible de considérer de l'extérieur les deux chefferies comme un ensemble unique.

A la différence de Duvangar dont le terroir comprend une large portion de plaine, Durum a un terroir presque entièrement montagneux, englobant seulement

ENSEMBLE HUMAIN	LIEU D'IMPLANTATION		NOM DES CHEFFERIES OU MONTAGNES	LANGUE PARLEE	SURFACE TERROIR	POPULATION
	ENSEMBLE MONTAGNEUX	MONTAGNE - ILE				
		Dugur	Gayam Dugur (Dingma) Tsakidzebe	Mofu de Dugur - Mikiri	7 14 } 35 km² 14	200 800 } 2 300 1 300
	Duvangar		Ngsar Duvangar Gwoley	Mofu de Meri Mofu de Duvangar-Durum-Wazang	8 50 } 70 km² 12	1 000 3 000 } 5 100 1 100
	Durum		Durum Mangerdla		70 } 90 km² 20	7 000 } 10 100 3 100
	Wazang		Wazang Ngwahutsey Morley	Mofu-Gudur	37 9 } 55 km² 9	3 700 400 } 4 500 400
TOTAL	3	1	11	4	250 km²	22 000
		Molkwo	Mukyo Molkwo	Mofu de Molkwo	150 km²	5 400 5 000 ?
		Mikiri	Mikiri Mowosl	Mofu de Dugur-Mikiri	30 km²	700 350
		Tsere	Tsere	Giziga - nord	10 km²	550
TOTAL		3	5	3	190 km²	12 000 ?

Zulgo	plusieurs montagnes juxtaposées	Mofu de Zulgo-Gemzek	90 km²	7 300
Gemzek	Aldala **Mandzof** Musro Gadoa - Sirem		40 km²	6 000
Meri	Mageviley Dalokwondo Gamasay Merigma Zuval Fula **Girmedeo** Givel	Mofu de Meri	30 km² ?	5 700
	plusieurs montagnes juxtaposées	Mofu de Mboko	70 km²	6 000 ?
TOTAL	3	Mkobo 1	20 ?	3	230 km² ?	25 000 ?
TOTAL GENERAL	6	5	36 ?	10	670 km² ?	59 000 ?

* nom en gras : chefferie ou montagne étudiée

Tableau 5 Inventaire des chefferies et montagnes mofu-Diamaré

une petite frange de la plaine du Diamaré vers l'est, resserrée entre Duvangar et Wazang, mais bénéficiant vers le sud d'une modeste plaine intérieure le long de la Tsanaga. C'est Durum qui a subi le plus grave préjudice lors de l'amputation des terroirs mofu au profit des Peuls. Elle dispose pourtant de près de 90 km^2 (2). Durum et Mangerdla constituent le groupe le plus important : plus de 10 000 personnes, et elles parviennent aussi à la densité humaine la plus forte de tout le groupe mofu-Diamaré, près de 180 habitants au km^2 en 1976.

C'est dans la chefferie vassale de Mangerdla que nous avons commencé nos enquêtes mofu et elle fut notre base de travail durant nos deux premières missions. Toutefois nous avons réalisé par la suite que ce choix n'était pas judicieux car les manifestations du pouvoir traditionnel y étaient irrégulières et incomplètes. Dans un premier temps nous l'avons donc abandonnée, pour y revenir néanmoins régulièrement, après cinq ans d'absence presque complète de 1968 à 1973, afin d'établir des comparaisons avec Duvangar et Wazang.

◊ Dans l'ordre des fêtes religieuses la chefferie de Wazang vient ensuite, et elle termine le cycle. Wazang apparaît comme une chefferie de moyenne importance, avec un territoire d'une quarantaine de km^2 (3). Elle représente un *ngwa* ancien et bien unifié, comprenant, on l'a vu, six vastes quartiers. Elle comporte néanmoins vers l'ouest de son terroir une enclave au peuplement distinct, possédant son nom, Morley, et son propre chef, ce qui la fait considérer par certains informateurs non comme un quartier mais comme un petit mais véritable *ngwa*. Nous trancherons plus loin sur ce point. Enfin il faut rattacher à Wazang la toute petite chefferie de Ngwahutsey, la seule de ce cycle à ne pas être administrée par la sous-préfecture de Méri et à relever de celle de Maroua. Ngwahutsey, fondée il y a cinquante ans par des dissidents de Wazang, constitue sur le plan théorique un exemple intéressant de chefferie récente mais ne représente que quelques centaines de personnes (4).

Wazang a été - et elle est toujours - notre chefferie de référence. Nous sommes venue y travailler dès 1968, à l'invitation de son prince. Aussi est-ce dans d'excellentes conditions que nous y avons mené des enquêtes suivies qu'il nous a été possible d'approfondir. C'est à partir des découvertes faites à Wazang que nous avons pu ensuite travailler dans d'autres chefferies, pour y tester les hypothèses formulées.

Nous avons passé l'essentiel de notre temps d'enquête dans l'ensemble de 22 000 personnes environ auquel appartient Wazang. Il est partagé entre douze chefferies différentes, dont trois aux effectifs relativement importants de 3 000, 5 000 et 7 000 personnes. Toutefois il nous est apparu nécessaire d'aller travailler également - quoique plus rapidement - dans les deux autres ensembles mofu-Diamaré.

b) l'ensemble Molkwo-Mikiri-Tsere

Cet ensemble réunit des chefferies - *ngma* dans les différentes langues - qui ont pour trait commun d'être implantées sur des montagnes-îles.

◊ On trouve d'abord deux chefferies sur la grande montagne-île de Molkwo dépassant 1 000 m d'altitude. Elles occupent chacune une moitié de la montagne suivant un axe nord-sud, Mukyo à l'est, Molkwo à l'ouest, et parlent toutes deux la même langue. Elles disposent d'un très vaste territoire dans lequel la partie montagneuse est beaucoup moins importante que celle de plaine, représentant en tout 150 km^2 environ. Elles comptent 5 à 6 000 habitants chacune. Nous n'y avons commencé des enquêtes qu'en 1973, y retournant ensuite à chaque mission. Bien qu'elles soient commandées par des princes appartenant à des clans totalement différents elles s'unissent au moment des fêtes religieuses : comme Gayam, Dugur et Tsakidzebe sur la montagne de Dugur, elles célèbrent leurs sacrifices communs le même jour.

◊ Les montagnards habitant la montagne-île de Mikiri prennent le relais. Ils sont pourtant géographiquement beaucoup plus proches de ceux de Dugur et parlent de surcroît la même langue. Cela ne les empêche pas d'être inclus dans deux cycles distincts aux périodicités différentes.

On trouve sur Mikiri comme sur Molkwo deux chefferies indépendantes l'une de l'autre, Mikiri au nord et Mowosl au sud, chacune avec son responsable. L'ensemble de leurs terroirs représente une trentaine de km^2 ; il est occupé par un peu plus de 1 000 personnes, 700 à Mikiri et 350 à Mowosl. Distinctes en tous domaines les deux chefferies ne font pourtant qu'un en célébrant le même jour les grandes fêtes religieuses communes. Nous n'avons jamais habité sur le terroir de Mikiri ni sur celui de Mowosl : basée à Tsakidzebe, nous nous sommes contentée d'y venir enquêter en voisine à diverses reprises.

◊ La modeste chefferie de Tsere, implantée sur la partie nord-est de la montagne-île du même nom, constitue l'extrême avancée vers l'est du groupe mofu-Diamaré.

Dans la partie sud de la montagne-île se trouve une autre petite chefferie, Kakata, dont la détermination ethnique aux premiers temps de son existence apparaît incertaine et qui est devenue giziga au début du XIXème siècle sous l'afflux de réfugiés fuyant leur ville de Marva envahie par les Peuls (5). Depuis, Kakata vit dans l'orbite de la chefferie giziga de Kaliao, toute proche. Quant à Tsere, bien qu'il ait adopté la langue giziga - à date récente, semble-t-il - il constitue un petit *ngma*, avec son responsable et ses fêtes à lui. Nous y avons fait de rapides incursions à partir de Dugur. Son terroir représente moins de 10 km^2 et ses habitants sont environ 600.

Cet ensemble de près de 12 000 montagnards réunit, comme l'ensemble précédent, des chefferies hétéroclites du point de vue de la taille. Malgré leurs différences d'importance ces cinq unités présentent un fonctionnement politique très proche des *ngwa* du premier ensemble : ce sont autant de groupes distincts, soudés autour d'un prince qui possède une gamme de pouvoirs aux manifestations variées.

c) l'ensemble Zulgo-Gemzek-Meri-Mboko

Avec cet ensemble nous revenons vers l'ouest et vers le rebord des Mandara sur lequel sont implantés les trois premiers groupes : Zulgo, Gemzek et Meri. Les Mboko, faisant face aux Meri et aux Gemzek, sont établis, par contre, sur un ensemble de reliefs montagneux de moindre altitude, constituant une avancée de la chaîne. Les Meri, situés immédiatement au nord de Duvangar avec qui ils ont une frontière commune, n'en sont pas moins considérés par les habitants de Duvangar, Durum et Wazang, comme des parents moins proches que ceux du cycle précédent installés dans les montagnes-îles. C'est pourquoi nous nous sommes contentée d'étudier deux de ces groupes, Gemzek et Meri. Ici, à la différence des cycles précédents, les unités politiques se pressent en grand nombre sur un même ensemble montagneux.

◊ Nous n'avons fait que passer chez les Zulgo (10). Leur massif est élevé et abrupt, dépassant les 1 000 m d'altitude, mais ils disposent d'un terroir vaste - près de 90 km^2 - comportant une portion de plaine à l'est et une autre de plateau à l'ouest (6). Ce sont les Zulgo - plus de 7 000 personnes parlant la même langue que les Mineo et les Gemzek (7) - qui inaugurent le cycle de fêtes religieuses rassemblant ces quatre massifs montagneux. Selon C. Von Graffenried, unique ethnologue ayant travaillé à date récente chez eux, on y trouverait dix groupes distincts (8).

◊ Les Gemzek occupent un espace montagneux, sans portion de plaine puisque les Mboko leur en barrent l'accès. Ils sont environ 6 000, très à l'étroit sur leur terroir de moins de 40 km^2. Comme les Zulgo ils représentent un ensemble de groupes divers, *ngma* dans leur langue (9). Nous y avons reconnu quatre "montagnes", unifiées au niveau des fêtes religieuses. Nous avons fait plusieurs séjours chez les Gemzek en 1970 et 1971 afin de mesurer leurs différences avec les autres Mofu-Diamaré (10).

◊ Les Meri ont des problèmes d'espace presque aussi aigus que les Gemzek. Eux aussi sont coincés dans leurs massifs. Toutefois c'est à leur pied que passe la grande route Maroua-Mokolo, et c'est chez eux qu'a été fondée vers 1950 la sous-préfecture qui leur a emprunté son nom. En expansion démographique constante - ils sont eux aussi plus de 5 000 - parlant une langue qui leur est propre, ils se divisent en nombreuses "montagnes" (*ngma*, là encore) où nous avons fait plusieurs incursions, menées principalement à partir de Duvangar. Il n'existe pas moins de huit *ngma* meri - neuf si on y ajoute celui qui est devenu quartier de Duvangar - tous indépendants les uns des autres.

Là aussi les différentes "montagnes" célèbrent le même jour leurs fêtes religieuses, avec un léger décalage dans le temps révélateur de leur importance respective, et c'est surtout par ce biais qu'ils apparaissent comme un même ensemble.

◊ Les Mboko terminent le cycle. Au nombre de 6 000 environ (11), ils occupent un assez vaste terroir (70 km^2) et possèdent eux aussi leur propre langue. Ils sont répartis comme les Meri en nombreuses "montagnes", huit d'après l'enquête sommaire que nous leur avions consacrée en 1970.

A eux quatre ces massifs montagneux représentent presque le même volume de population que les deux ensembles précédents mais leurs habitants, montagnards pourtant eux aussi, appartiennent à des unités politiques beaucoup plus modestes : il paraît cette fois difficile d'appeler "chefferies" des groupes dont la taille moyenne est aussi faible - moins de 1 000 personnes - et de baptiser "prince" un chef dont la gamme de pouvoirs est très limitée, on le verra. Aussi nous nous contenterons de parler à leur propos de "montagnes" et de "chefs".

Le pays mofu représente donc un laboratoire vivant, dans lequel coexistent deux types d'unités politiques, séparés par de nombreux traits dont la présence n'est pas liée à l'importance numérique des groupes. Nous nous sommes particulièrement attachée à comprendre le premier type représenté par les "chefferies montagnardes", mais l'existence des "montagnes", correspondant à une structure plus lâche et à un fonctionnement du pouvoir différent, nous a été utile en nous faisant saisir par contraste la complexité des premières.

5. INVENTAIRE DES MONTAGNES- CHEFFERIES MOFU- DIAMARE

Notes des pages 139 à 147

(1) Il est malheureusement impossible d'utiliser des recensements officiels qui sont donnés par "cantons", unités administratives qui se sont révélées ici tout à fait artificielles, mélangeant tantôt les "Mofu-Giziga", tantôt les "Mofou-Foulbe" (cf. A. HALLAIRE et H. BARRAL, 1967, p. 54). Nos estimations sont données d'après les chiffres de populations de 1975 et des renseignements inédits, fournis par P. GUBRY, démographe ORSTOM.
(2) 57 km2 seulement selon A. HALLAIRE et H. BARRAL, 1967, p. 54
(3) 28 km2, d'après l'estimation d'A. HALLAIRE et H. BARRAL, 1967, p. 54, p.56
(4) Sur la fondation récente de Ngwahutsey cf. III-
(5) Sur les brassages de populations giziga et mofu consécutifs à la chute de Marva et sur la chefferie Giziga à Kaliao, cf. J.F. VINCENT, à par. 1990 (1981).
(6) A. HALLAIRE et H. BARRAL, 1967; J. BOUTRAIS, 1973, p. 40
(7) désignée par convention comme le "zulgwa" (D. BARRETEAU, 1982, p. 17)
(8) Ces noms correspondent soit à des "montagnes" - *kuka* - soit à des quartiers (Ch. VON GRAFFENRIED, 1984, p. 40).
(9) Treize noms sont cités par Ch. von Graffenried (ibid. p. 40) qui signale l'existence d'un terme gemzek, *ngma*, "montagne", distinct du zulgo *kuta*
(10) Nous avons ensuite renoncé à leur étude, Ch. Von Graffenried ayant choisi, à partir de 1973, d'étudier les Gemzek surtout, et, secondairement, les Zulgo.
(11) Ils étaient 4 400 aux recensements de 1962-64 (J. BOUTRAIS, 1973, p. 42)

CHAPITRE III MYTHE ET HISTOIRE

En présentant les Mofu et leurs voisins nous avons fait plusieurs allusions à l'ancienneté de ces chefferies montagnardes. Le paysage géographique, lui aussi, avec ses massifs marqués par les lignes parallèles de centaines de terrasses, suggère que les habitants de ces régions ont un long passé. Faut-il donc essayer de le reconstituer avant de démonter les institutions politiques et afin, peut-être, de mieux les comprendre ?

La démarche peut paraître tentante. Pourtant, de quels outils adéquats disposons-nous ? N'y a-t-il pas là déraison, ou tout au moins ambition démesurée ? Si effectivement nous cherchions à faire apparaître une histoire jalonnée de dates, corsetée de chiffres et s'inscrivant avec précision dans la durée, notre entreprise serait comme vouée à l'échec, et d'ailleurs quel intérêt présenterait-elle ici ? Notre but est différent. Nous voudrions montrer que les Mofu-Diamaré ont leur propre vision du passé. On la découvre dans les récits où ils aiment exposer la façon dont se sont formées leurs chefferies. Par ailleurs, l'étude du fonctionnement de ces sociétés, celle en particulier du déroulement des fêtes religieuses et des sacrifices collectifs, fait apparaître leur attachement à une histoire particulière, non pas discursive ou événementielle, mais stratigraphique et s'inscrivant dans les institutions.

1. LES RECITS MYTHIQUES : PEUPLEMENT ET CONSTITUTION DES CHEFFERIES

a) nature des récits mythiques

Dans chacune des chefferies étudiées les informateurs nous ont raconté spontanément l'implantation successive des différents clans. Jamais il ne s'est agi d'un long texte constitué, récité séquence par séquence par un expert, analogue aux grandes épopées tour à tour racontées et chantées en région de forêt, au Gabon ou au Sud-Cameroun, tel le *mvet* des Fang. Nous avons seulement recueilli de nombreux récits individuels, courts ou longs, aux versions légèrement différentes, se répétant parfois, plus souvent se complétant remarquablement. Tout se passait comme si l'ensemble des habitants faisait référence à un même schéma que chacun reprenait en partie, l'agrémentant de variantes, suivant son tempérament, son appartenance clanique ou familiale ou sa situation sociale. Le résultat global peut être considéré comme un texte unique, un mythe de peuplement expliquant comment, à partir de clans nombreux, venus de directions et d'horizons variés, un *ngwa* a réussi à se constituer. Nous préférons l'expression "mythe de peuplement" (1) ou "mythe d'élaboration de la chefferie" à "mythe de fondation" car dans les récits mofu on trouve plusieurs couches de peuplement et plusieurs étapes de transformation de la chefferie, situées toutes à une époque mythique, alors que l'expression "mythe de fondation" sous-entend que le groupe s'est constitué en une seule fois.

Nous ne pouvons pourtant pas dire que nous avons recueilli "les" mythes de peuplement de ces *ngwa* : une nouvelle mission est toujours susceptible de recueillir d'autres détails et d'agrémenter les schémas d'ensemble de variantes supplémentaires (2). Nous ne nous trouvons pas devant "le" mythe de telle montagne mais devant une prolifération de récits mythiques, s'appliquant chacun à une chefferie particulière (3). Pour chaque *ngwa* nous disposons d'un foisonnement de détails, riches et révélateurs, recueillis sur plusieurs années. Nous n'avons ni essayé de trancher entre les différentes versions, ni cherché à reconstituer un mythe unique. Au contraire notre analyse s'est efforcée de partir de l'ensemble des variantes qui constitue le récit d'origine d'une chefferie.

Pourquoi appeler "mythes" de tels récits ? Parce qu'ils se situent aux tout débuts de la vie de l'homme en société, à une époque placée en dehors du temps, et qu'ils utilisent un langage uniquement symbolique. Les récits ethnologiques que nous avons recueillis chez les Mofu-Diamaré racontent l'origine de ce qui entoure les hommes ou les concerne directement : non seulement le monde, le feu, le mil, la mort, le travail, mais encore la coexistence entre groupes humains différents et la compétition pour le pouvoir.

Ce sont surtout ces deux derniers thèmes qui intéressent les Mofu. Les premiers mythes, dont le thème est très général - le mythe du mil merveilleux par exemple, ou ceux des pierres- nourriture ou de l'origine de la mort (cf. Annexes : "Les mythes d'origine") - se retrouvent presque identiques d'un bout à l'autre de l'aire mofu-Diamaré, et on les rencontre même - les rapprochements bibliographiques et quelques enquêtes-sondages nous l'ont montré - chez les voisins immédiats, montagnards et non-montagnards, Mafa, Mofu-Gudur et Giziga (4). Par contre un mythe de peuplement constitue une création unique à l'échelon d'un *ngwa*.

Le ton mythique ne se maintient pas d'un bout à l'autre des récits qui nous ont été faits. Récits de peuplement ils peuvent décrire de façon toute simple l'arrivée sur le *ngwa* d'un clan nouveau et donnent généralement son lieu d'origine. Cette utilisation successive de deux registres différents, ce va-et-vient entre le ton, un peu ennuyeux, de la chronique de voyage et le ton, décroché de la réalité et mystérieux, du récit symbolique, autorisent le chercheur à effectuer plusieurs types d'analyse, chacun partant d'un aspect de ces récits.

Les mythes de peuplement recueillis au long de quinze ans d'enquêtes représentent un matériel de terrain très important : nous avons enregistré et noté les versions successives des mêmes mythes dans sept *ngwa* mofu-Diamaré, à Duvangar, Gwoley, Durum, Mangerdla, Wazang enfin Gayam et Dugur (cf. Tableau 5 : "Inventaire des chefferies et "montagnes" mofu-Diamaré").

Dans ces chefferies où notre présence a été la plus assidue, d'où des enquêtes plus fouillées, la collecte a été particulièrement abondante. Nous avons également recueilli des mythes de peuplement dans cinq autres *ngwa* : Mukyo, Molkwo, Mikiri, Mandzov (Gemzek) et Girmédeo (Meri), parvenant à un schéma cohérent mais plus succinct. Enfin, pour comparaison, nous nous sommes intéressée à quelques mythes mofu-Gudur, recueillis par nous au sud de la Tsanaga dans les chefferies de Masakal et Gudur, et, à l'est des Mofu-Diamaré, au mythe de la chefferie de Marva chez les Giziga-Marva.

Le premier problème que posent les mythes de peuplement est leur origine. D'où viennent-ils et comment se transmettent-ils ? Ils apparaissent à l'observateur comme des créations collectives, écloses sur place, mais pour les Mofu ils transmettent des événements réels et n'ont aucunement été fabriqués. Certes ils entrent dans la catégorie des *mamba*, des "histoires", mais ils sont ressentis comme beaucoup plus récents que les récits sur l'origine du mil ou de la mort par exemple. Les mythes de peuplement sont seulement "la parole des gens d'autrefois", "*guma ma ndo lde lde*", alors que les mythes explicatifs sont des récits "d'autrefois, autrefois, autrefois !", "*lde, lde, lde !*". L'accent d'intensité, beaucoup moins fort en ce qui concerne les mythes de peuplement, et la répétition moins importante de *lde* traduisent une ancienneté moins grande.

Pour les Mofu, les mythes entrent dans la même catégorie que la musique. Tout comme certains instruments de musique, en particulier la flûte-sifflet, *dirlay*, ne peuvent être joués tant que le mil est présent, même s'il est en grain dans la terre, de même les mythes ne peuvent être racontés à cette période : la croissance du mil en serait non seulement gênée, mais peut-être arrêtée, incompatibilité entre mil et musique que l'on retrouve dans d'autres sociétés d'Afrique noire, chez les Mossi par exemple (5). Il ne reste donc pour la récitation des mythes qu'une courte période d'à peine trois mois lunaires commençant avec la fin du battage du mil du prince, à *kya ma makar*, "lune trois", vers janvier-février, et allant jusqu'au moment où le premier grain de mil est semé à sec, vers avril-mai, à *kya ma mukwa*, "lune six" (cf. Tableau 26 : "Calendrier lunaire et religieux").

Le mode de transmission des mythes est généralement individuel : nos informateurs tiraient leurs connaissances de leur père : *"Mon père est mort alors que j'étais un tout petit bébé au sein de ma mère. Il a fallu que je comprenne les choses petit à petit"* s'excusait Agedar de Wazang, capable de donner seulement le schéma d'ensemble de l'installation de son clan. Cette transmission orale de père à fils, parfois de grand-père paternel à petit-fils, ne concerne pas seulement les mythes. Elle a pour objet les lieux d'origine des clans et les motifs de leur départ, parfois aussi les étapes durant leur voyage et les endroits où se trouvent aujourd'hui leurs frères, détails précis tendant à renforcer l'idée que les mythes, appris de la même façon, concernent, eux aussi, des faits véridiques.

Cet apprentissage individuel est progressif. *"Au début je ne m'occupais pas beaucoup de ces récits. Puis j'ai grandi et je suis devenu mazgla* (membre de la classe d'âge des jeunes gens de 16-20 ans) *et on m'a raconté la même histoire que quand j'étais petit. Là je l'ai conservée (...) Un fils qui suit bien peut alors demander des précisions à son père ou son grand-père".* Le temps où les jeunes *mazgla* sont réunis en promotion est également favorable à cet apprentissage. *"Devenus mazgla, nous avons entendu les parties essentielles de ces histoires au moment où l'on versait la bière des sacrifices"*.

La célébration des sacrifices permettra par la suite de consolider cette connaissance des mythes, pourvu que l'époque de l'année le permette. Les conversations d'après-bière peuvent aussi jouer le même rôle. Pendant les sacrifices importants qui durent une journée entière - sacrifices individuels au père ou fête du taureau - il y a de nombreux temps morts. C'est alors que les montagnards revivent le passé de leur chefferie, glorifiant la ruse ou l'habileté de leur ancêtre qui avait réussi tel haut fait, ou se moquant du compagnon dont l'ancêtre, au contraire, avait eu le dessous ou s'était laissé berner. Sur le même plan, de la même façon, ils rappellent certains détails des mythes de peuplement, s'adressant aux descendants des clans mis en scène. Ainsi ces événements apparaissent-ils non seulement comme réels, historiques, mais comme proches. A Durum l'éviction du pouvoir du clan autochtone Fogom, berné par l'immigrant Mandzah, éveille encore aujourd'hui chez les jeunes gens une rancune brûlante, comme si cette spoliation venait de se produire. *"Cela me fait mal au coeur, quand je pense à la façon dont mon ancêtre a perdu le pouvoir, pour un peu de sel !"* nous expliquait avec rage et tristesse Antway, Fogom de Durum.

Un problème particulier à ces mythes est celui de leur langage symbolique. On a constamment l'impression de se trouver devant un code, explicitant ou au contraire brouillant le sens du message véhiculé par le récit. Notre propos n'est pas de relever de façon exhaustive les termes propres à ce langage; (on se référera seulement plus loin au tableau 7 résumant les principaux schémas mythiques rencontrés à travers six chefferies (6)). Nous ne cherchons pas non plus à analyser les images poétiques qui donnent souvent à ces récits mythiques beaucoup de charme. Nous voudrions seulement faire en un premier temps l'inventaire des thèmes abordés par le mythe en montrant comment ils découpent en grandes étapes le peuplement de la montagne qu'ils traitent de façon symbolique. Nous essaierons ensuite de montrer qu'au-delà de ce langage le mythe possède un contenu précis. Il n'est pas toujours aisé de le faire apparaître mais nous tenterons pourtant de le décrypter lorsque ce message nous paraîtra présenter une signification sinon purement historique, du moins culturelle.

b) **les débuts de l'occupation des chefferies :**
   autochtones et premiers arrivés

L'ensemble des récits de peuplement recueillis fait allusion à des clans plus anciens que les autres, autochtones ou premiers arrivés, encore représentés dans la chefferie dans presque tous les cas. Avant de venir chez les Mofu, nous avions travaillé chez les Hadjeray du Tchad, montagnards eux aussi, chez qui nous avions découvert, dans chaque village constituant une petite chefferie indépendante, un ou plusieurs clans autochtones dénommés collectivement les "gens de la terre" (7). Nous nous attendions donc presque à rencontrer là aussi dans chaque *ngwa* mofu-Diamaré un groupe autochtone au caractère particulier. En réalité, la situation, beaucoup plus complexe que chez les Hadjeray, varie d'une chefferie à l'autre et les constantes sont moins aisées à dégager.

MONTAGNE OU CHEFFERIE	CLAN	AUTOCHTONES					PREMIERS ARRIVES			
		Autochtonie sauvage		Autochtonie discrète		TOTAL	Pouv. terre actuel	Pouv. politique perdu	Pouv. politique actuel	TOTAL
		Auton. politique perdue	Pouv. politique actuel	Pouv. politique perdu	Pouv. politique actuel					
Dugur (Gayam)	Wulger	x				1				
Duvangar	Mowayan								x	1
Gwoley (Duvang)	Genduver				x	1				
Durum	Fogom				x	1				
	Mokuzek	x				1				
Mangerdla (Dur.)	Mewuley							x		1
Wazang	Siler	x				1				
Girmedeo (Meri)	Bizimofu				x	1				
Mokyo et Molkwo	Diya	x				1	x			1
Mikiri	Mandza								x	1
Mowosl (Mikiri)	Gaywa								x	1
Masakal (Mof. G)	Wuley		x	x		1				
TOTAL	13	4	1	2	1	8	2	1	2	5

Tableau 6 Autochtones et premiers arrivés
localisation et sort actuel

On remarque d'abord que les autochtones mofu-Diamaré ne se rencontrent que dans à peine plus d'un *ngwa* sur deux. Il existe pourtant une expression particulière pour les désigner. On parle d'eux en disant qu'ils sont "dents du rocher", *ldiringma* en Mofu de Dugur, expression qui nous a été citée à propos des Wulger. Une expression équivalente existe en mofu de Duvangar-Durum-Wazang, *slirmangwa*. Les langues mofu-Diamaré soulignent donc le lien entre ces tout premiers occupants et la substance même de la montagne : la pierre, alors que diverses populations africaines même habitant en montagne - les Mofu-Gudur voisins par exemple (8) ou encore les Mossi (9) ou les Hadjeray (10) - voient en eux les "gens de la terre", "ceux de la terre".

Les difficultés à établir une synthèse tiennent à l'abondance des matériaux recueillis ainsi qu'à leur caractère hétéroclite. Ce sont tantôt de longs récits, tantôt au contraire des résumés en quelques phrases, et parfois de simples allusions. 42 informateurs appartenant aux sept *ngwa* enquêtés nous ont parlé de leurs autochtones. Parmi leurs récits 16 concernaient les seuls Siler de Wazang, 8 les Fogom et Mokuzek de Durum, 7 les Wulger de Dugur.

Nous aurions aimé donner en pièces justificatives l'ensemble des récits mythiques concernant les autochtones de ces trois chefferies mais leur transcription fait problème. Faut-il reconstituer en un récit unique - factice puisque créé de toutes pièces, en éliminant les redites ou les contradictions - les différents récits recueillis sur le même thème au long de plusieurs années ? Faut-il au contraire livrer ces versions à la suite l'une de l'autre telles qu'elles figurent dans nos fichiers ? Finalement nous avons opté partiellement pour cette deuxième solution (cf. Annexes.2 : "Les autochtones des chefferies de Wazang et Dugur").

Ces récits comportent généralement deux volets. Le premier est une présentation des autochtones au moment où ils entrent en contact avec les nouveaux venus. Le deuxième est la rencontre entre les deux groupes et leur fusion en une même unité socio-politique.

La présentation des clans autochtones commence par rappeler leur implantation strictement locale, que celle-ci soit mentionnée de l'extérieur, ou revendiquée par les intéressés. *"Nous n'avons jamais été ailleurs qu'ici"*, affirment les Wulger de la montagne de Dugur, cependant que les Mokuzek aujourd'hui à Wazang disent de leurs frères de clan de Durum, qu'ils sont *"très anciens là-bas"* et qu'ils y ont *"toujours été"*.

De même le clan du prince de Wazang dit à propos des Siler : *"Ils n'ont pas d'autre lieu que Wazang. Leur origine c'est cette montagne. Ils sont sortis de là. On les appelle Siler et on les a trouvés ici même, sur place"*. Et notre interlocuteur ajoutait pensivement : *" Peut-être sont-ils des pierres qui se sont transformées en hommes ? "*. Cette réflexion, émise en incise au récit de l'événement, résume en quelques mots ce qui pour les Mofu est la caractéristique de l'autochtone : un lien étroit entre l'homme et le rocher trouvant sa justification dans une très ancienne identité de l'un à l'autre.

Les détails sur la façon dont sont apparus les ancêtres de ces clans, ou plutôt dont ils sont *"sortis"*, comme disent la plupart des informateurs, renforcent leur qualité d'autochtones. *"Nous sommes sortis d'un trou de crabe de terre, au sommet dela montagne"*, expliquent eux-mêmes sans trop de réticences les Wulger de Dugur, tandis que leurs voisins précisent : *"L'ancêtre des Wulger habitait autrefois avec le crabe, dans le même trou. Le crabe lui-même servait de porte et fermait la montagne. Le crabe était le chef des Wulger et ceux-ci pour sortir étaient obligés de lui demander la permission : il se déplaçait alors. Un jour, le crabe avait donné à un Wulger la permission d'aller dehors et celui-ci a vu que dehors c'était beau. Il n'a plus voulu rentrer et s'est installé dehors. Mais à l'intérieur du trou il restait d'autres hommes qui se sont réunis pour tuer le crabe. Ils ont ainsi réussi à sortir, des hommes et des femmes"*. A Masakal, chefferie mofu-Gudur voisine de Wazang, le jeune prince du clan Wuley nous expliquait également de lui-même : *"Nous sommes sortis de la montagne de Masakal. Il y a là une eau très fraîche comme de la glace, et c'est de cette eau que nous sommes sortis"*.

- les autochtones sauvages

Réunis par une même affirmation d'autochtonie ces clans correspondent pourtant à deux catégories distinctes. Les premiers autochtones se trouvaient à la limite de l'animalité lors de leur rencontre avec ceux qui allaient s'installer à leur côtés. C'était, explique-t-on, des hommes sauvages. Et tous les détails des mythes constituent un tableau cohérent de cette sauvagerie. Première précision révélatrice, leur habitat. Ces premiers occupants des montagnes vivaient sous, ou dans la terre, ne sachant pas se construire une habitation : ils habitaient dans un trou de crabe pour les Wulger, dans un dédale de grottes et de cavernes pour les Siler de Wazang, constitué par les interstices entre d'énormes blocs granitiques. Ils étaient là *"sous les pierres comme des bêtes"*, *"comme des damans"*, *"comme les panthères"*, *"exactement comme les singes"*. Ces grottes n'existent pas seulement dans le mythe. Ainsi celles des Siler de Wazang, situées au pied du château, sont le domaine de jeu des enfants et nous avons pu les visiter, constatant par nous-mêmes leur existence, aussi réelle que celle des cavernes asna dans l'Ader nigérien (10).

Les autochtones étaient "comme des" animaux, mais les Mofu ne franchissent pas le pas qui en ferait des êtres différents des hommes. Interrogés par les immigrants sur leur identité les autochtones répondent : *"Nous sommes des hommes"*. Les Mofu ne vont pas aussi loin que les Asna de l'Ader nigérien ni, à l'autre bout de l'Afrique, que les Alur de l'Ouganda qui, malgré la distance, se retrouvent pour décrire leurs autochtones comme des êtres infra-humains. Là aussi il s'agit d'habitants des grottes, dotés cette fois d'une pilosité surabondante - une véritable fourrure animale - et d'une queue, "tombée" ensuite d'elle-même, disent leurs descendants asna (11), ou coupée, selon les Alur , par ceux qui les "civilisèrent" (12).

Par un autre trait pourtant les "vrais autochtones" mofu sont rapprochés d'un animal, en l'occurrence la panthère. On dit en effet partout qu'une de leurs femmes - Siler, Wulger, Mokuzek, par exemple - avait mis au monde des jumeaux, l'un garçon, l'autre panthère (13). Racontant ce trait après bien d'autres un informateur s'interrogeait : *"Les Siler vivaient dans leurs grottes avec les panthères. Alors ce sont peut-être des panthères qui sont devenues hommes?"*.

Elevée parmi les enfants de l'homme la panthère devenue adulte quitta sa famille d'adoption - en raison de ses trop grandes différences avec elle, précise une variante - et regagna la montagne. Toutefois de part et d'autre l'ancienne parenté ne fut pas oubliée. Seulement on la désigne rarement comme telle, on parle le plus souvent d'"amitié". Aussi les membres de ces clans ne mangent-ils pas la panthère lorsqu'elle a été tuée à la chasse. Mieux, ils lui donnent à boire en saison sèche. La panthère de son côté ne leur fait pas de mal, ni à eux, ni à leurs enfants, ni à leur petit bétail ; par contre à leur demande elle peut nuire à n'importe quel habitant du *ngwa*.

Ce schéma mythique est si constant à travers les différents *ngwa* que sa récitation apparaît comme un moyen d'identifier l'autochtonie d'un clan sur qui manquent d'autres détails caractéristiques. Ainsi les Mokuzek - dont on dit seulement qu'ils ont *"toujours été à Durum"* - sont présentés partout comme les *"maîtres des panthères"*, en raison de liens décrits suivant le schéma évoqué, aussi les considérons-nous comme des "autochtones sauvages" masqués. Il en va de même pour les Wuley de Masakal, dont une partie a émigré à date très ancienne à Mandgerdla de Durum. C'est là qu'on nous a raconté l'enfantement d'une panthère par une femme du clan, or on a vu que les Wuley de Masakal revendiquent leur caractère d'autochtones *"sortis de l'eau"*.

Cette familiarité avec les panthères, trait constant des clans autochtones, se retrouve chez certains voisins montagnards des Mofu-Diamaré, les Muktele par exemple (14), et nous l'avions déjà relevée chez les Hadjeray du Tchad (15).

D'autres détails des mythes mofu lient étroitement les clans autochtones à leur habitat sous la terre. On raconte des Siler que lorsqu'ils se décidèrent à sortir et à dialoguer avec les nouveaux arrivants *"ils étaient tout blancs car ils vivaient dans les grottes"*. Etranges plantes de caves ils n'avaient pas eu de contacts avec la lumière du jour. Quant aux Wulger on précise à leur propos que même après leur sortie du trou de crabe - avant de rencontrer leurs futurs compagnons - ils ne pouvaient pas *"supporter le grand air, aimant seulement rester dans leurs grottes : seules les femmes sortaient"*. Ce sont là des traits qui les rapprochent d'autochtones de l'Ader dont l'un, après avoir quitté son habitat souterrain, était tombé et s'était évanoui *"car il n'avait pas l'habitude du vent"* (16). Là aussi c'étaient les femmes qui affrontaient le monde extérieur (17).

Tous ces autochtones étaient craintifs, ce qui est un comportement d'êtres sauvages. Les Wulger ne sortaient pas de leurs grottes *"de crainte d'être mangés par les lions "*. Les Siler *"cachés dans le rocher"* observent de loin les nouveaux venus. Quant à l'ancêtre Mokuzek il prend certes l'initiative d'aller voir de près le nouvel arrivant Mandzah mais il n'est pas seul; la compagnie des Fogom l'y encourage. Toutefois lorsque tous deux sont en face de lui ils prennent la fuite la première fois, ne pouvant supporter sa vue.

Il est vrai que ces premiers hommes des rochers sont présentés comme très peu nombreux : *"trois seulement"*, dit-on des Wulger de Dugur, cependant qu'à Wazang on se contente de remarquer que les Siler étaient bien moins nombreux que les nouveaux arrivants, qui pourtant n'étaient qu'une poignée d'hommes. L'incapacité des autochtones à s'accroître sur le plan démographique est parfois présentée, à Dugur par exemple, comme un trait lié à leur nature même. *"Ils ne peuvent pas être plus de trois : dès qu'ils augmentent un peu, les autres meurent. Il en a toujours été ainsi"*. *"Ils n'étaient pas nombreux et ils ne se sont pas multipliés"*, fait-on remarquer également à Wazang. De même chez les Madobawa, "Asna des cavernes", *"les couples ne pouvaient avoir plus d'un enfant, ce qui a continué un certain temps après leur sortie"* (18). Ce détail souligne le caractère à part, fragile, des autochtones, espèce en voie de disparition sans l'arrivée des immigrants.

Quelle était leur tenue ? Ignorant la nudité - ce qui les différencie des autochtones de l'Ader vêtus de leur seule fourrure (19) - les Siler étaient couverts de feuilles de ficus car, précise-t-on, ils n'étaient pas habillés de peaux, tenue qui sera ensuite, on l'a vu, celle de tous les Mofu-Diamaré. Au contraire, les Wulger auraient porté des peaux. De quel animal ? Peut-être de daman des rochers mais le récit précise seulement *"des peaux pendantes"*, par opposition aux culottes de peau de chèvres, costume des immigrants.

Sur la nourriture des autochtones toutes les versions concordent : aucun de ces clans n'était cultivateur et ce trait apparaissait dans le paysage. *"Partout, c'était la brousse"*. Et l'on précise parfois : *"La brousse n'était pas cultivée; ils n'avaient pas de champs"*. La présence humaine n'était donc pas apparente et l'on comprend que les nouveaux venus ne se soient pas aperçus tout de suite de leur existence.

Ces autochtones n'étaient pas non plus des éleveurs : *"Ils n'avaient pas de chèvres, pas de poulets, pas de viande"*. Que mangeaient-ils donc ? A cette question le prince de Wazang s'est exclamé : *"Avez-vous vu déjà des pierres manger ? Les Siler ne mangeaient pas ! Ils vivaient comme ça !"*. A nouveau, on le voit, les autochtones sont présentés comme des hommes de pierre, des pierres animées, devenues êtres humains. Puis le prince s'est repris : *"Ils mangeaient des écorces d'arbre"*. A ces écorces s'ajoutaient des fruits sauvages, l'essentiel de leur alimentation selon divers informateurs. *"Ils vivaient seulement de cueillette"*, conclut l'un d'entre eux. De la même façon les autochtones d'ethnies montagnardes voisines, les Matsabayam ouldeme par exemple déclarent "être originaires du massif et montrent le rocher d'où ils sont sortis" et sont présentés comme "très sauvages... Ils ne savaient pas cultiver et mangeaient de la terre", tout comme les autochtones muktele, les clans HaDoay et HaDaô, qui se nourrissaient de boules d'argile et eurent beaucoup de mal à s'habituer au mil (20).

Une variante mofu a donné une présentation de la situation assez proche, expliquant que les autochtones *"ne se nourrissaient pas de mil car ils mangeaient de la pierre molle"*. Avec cette précision on sort du registre des mythes de peuplement pour passer à celui des mythes d'origine, puisqu'un des mythes recueillis fait allusion à un temps où les hommes se nourrissaient non pas de mil mais de pierres, *"en guise de viande, de boule de mil et de graisse"* (cf. Annexe 1 : "Les mythes d'origine"). En jetant une passerelle entre les deux types de mythes cette variante souligne l'ancienneté des autochtones.

Cuisinaient-ils les fruits ramassés ? Les mythes ne le disent pas. Ils précisent seulement que les autochtones ne connaissaient pas le sel, ni le sel minéral importé, ni le sel local résultant du lessivage des cendres. Par contre tous les informateurs insistent sur leur utilisation du feu. C'est en voyant un feu briller la nuit au sommet de la montagne de Dugur que les nouveaux venus, intrigués, viennent voir qui est là. De même à Wazang ils remarquent de la fumée s'échappant de trous et tourbillonnant au-dessus des rochers, signe d'une présence humaine.

Cette connaissance du feu constitue la seule manifestation de maîtrise du milieu naturel par les autochtones car les mythes parlent d'eux en termes presque uniquement négatifs. *"Ils ne connaissaient pas le mil, ils ne connaissaient rien"*. *"Ils n'avaient rien et ne savaient rien faire"*. *"Ils n'avaient pas de techniques"*. A Wazang les nouveaux venus constatent cette ignorance en voyant la façon dont les Siler traitent leurs morts. Quelques variantes ajoutent que *"pour pleurer, ils tapaient les pierres et cela résonnait"* car *"les pierres leur servaient de tambours"*. Tandis qu'*"ils pleuraient dans les grottes"* le bruit ainsi produit alerte les nouveaux venus et leur révèle l'existence d'êtres humains vivant entre les rochers. Autre détail, rapporté cette fois par de nombreux récits, les Siler enveloppaient leurs morts avec les feuilles de ficus leur servant déjà de vêtements. Enfin, *"ils ne savaient même pas creuser un trou pour cacher leur mort. Ils laissaient donc le cadavre comme ça"*, *"le déposant dans une autre grotte"*, précise un récit. Devant pareille ignorance les nouveaux venus se hâteront de leur montrer la "bonne" façon d'enterrer les morts : dans un tombeau creusé de main d'homme, après les avoir enveloppés de peaux de chèvres (21). Pour cela ils devront, générosité notable, offrir aux Siler des bêtes prises dans leur propre troupeau.

De techniques en techniques, les nouveaux venus finiront par avoir *"tout montré"* aux autochtones. Et ceux-ci, *"bien éduqués"*, parviendront au même niveau de connaissances. De même les Ouldeme expliquent à propos de leurs autochtones qu'ils "les apprivoisèrent peu à peu et les firent devenir des hommes" (22).

- les autochtones discrets

En dehors de ces premiers autochtones - hommes sauvages, très frustes et par là même hors du commun - on trouve des autochtones plus ternes et moins déroutants dont l'origine locale est pourtant assurée. Elle l'est nettement pour les Genduver de Gwoley. *"Tout ce que nous savons c'est que nous sommes nés ici. Bien sûr nous savons que le clan du chef sur le* ngwa *de Duvangar vient d'ailleurs, mais pour nous il n'y a pas d'origine extérieure. Nous sommes nés sur cette montagne. Tous sont venus nous trouver ici !"* Il en va de même pour les Fogom de Durum : *"On ne peut pas dire que nous sommes venus d'ailleurs : nous avons toujours été à Durum"*, affirmation confirmée par un ancien d'un autre clan : *"Les Fogom sont nés sur cette montagne. Ils sont les plus anciens de la chefferie"*. Ni les intéressés, ni leurs voisins ne lient leur origine à une grotte, un trou, ou un lieu particulier. Toutefois, ils renforcent le caractère autochtone du clan par la description d'un lien entre Fogom et panthères. On dit en effet qu'une femme Fogom aurait donné naissance à une panthère. Cette fois la parenté entre la panthère et l'enfant est moins étroite : il n'est plus question de jumeaux, l'un enfant et l'autre panthère. On dit seulement que la femme du clan Fogom commença par mettre au monde huit enfants normaux. Le neuvième fut une panthère qui, adulte, quitta sa "famille" pour la montagne. Depuis il y a "amitié" entre Fogom et panthères.

Une autre variante raconte que cet enfantement de panthère s'est produit à la fois chez les Fogom et chez les Mokuzek. *"Chacun avait donné naissance à une panthère"*, dit l'informateur sans s'attarder aux détails de la naissance. Par contre il insiste sur la différence de traitement de l'enfant-panthère par les deux clans. L'un, le Mokuzek, *"s'en est bien occupé jusqu'à l'âge adulte"*, le Fogom par contre l'a négligée : *"Il n'en voulait pas et elle est partie"*. Cette différence de comportement paraît suggérer que malgré leur commune autochtonie les deux clans ne sont pas de la même espèce. Les Mokuzek seraient de vrais hommes sauvages, les Fogom se situeraient sur un autre plan, différence due, on le verra, à la détention du pouvoir.

Face à cette autochtonie affirmée celle des Bizimofu de Meri est seulement probable : ils se contentent de dire qu'ils ne peuvent citer aucun lieu d'origine différent de leur habitat actuel et affirment seulement que leur ancêtre était là *"le premier sur la montagne"* où il est *"resté seul"* quelque temps, habitant sur un gigantesque monolithe de granit au sommet du massif, véritable homme de pierre ayant opté pour un lieu minéral, sans terre ni végétation (23). Là aussi son feu, brillant la nuit en un endroit supposé inhabité, montre aux immigrants qu'ils ont été précédés en ces lieux par un autre être humain dont ils décident d'aller faire la connaissance.

Dans les deux cas les récits soulignent un décalage culturel entre anciens et nouveaux arrivés mais celui-ci est beaucoup moins important que lors des précédentes rencontres. Les faits sont particulièrement nets pour les Fogom qui affirment par exemple qu'*"ils ne se rappellent pas avoir mangé une autre nourriture que le mil"* et se présentent comme des agriculteurs, effectuant néanmoins leurs cultures avec un instrument aratoire particulier puisqu'ils disent avoir utilisé des *"tessons de poterie, gagay"*. De plus il manquait à la nourriture des Fogom un élément important, le *"vrai sel"*, le sel minéral. Un seul condiment, le sel de potasse par lessivage de cendres, était, semble-t-il, connu d'eux. Une variante prétend que les Fogom *"utilisaient comme sel de la terre blanche de la montagne"*. Cette "terre blanche" n'ayant pu nous être montrée, on peut se demander s'il ne s'agit pas là d'une référence discrète au mythe des pierres-nourritures, précédemment mêlé aux descriptions d'autochtones. Cette allusion constituerait une nouvelle affirmation détournée de l'ancienneté de ce clan.

Le troisième cas d'"autochtonie discrète", celui du clan Genduver à Gwoley, est par contre totalement différent : il n'y a aucun décalage culturel entre ce clan et ceux qui le rejoignent par arrivées successives, si bien que sa supériorité dans la hiérarchie sociale pourra rester incontestée jusqu'à aujourd'hui.

En dehors de ces *ngwa* pourvus d'autochtones nous avons rencontré cinq *ngwa* où l'absence d'autochtones est compensée par la présentation d'un clan arrivé avant les autres. En un seul cas, dans la montagne de Molkwo, la présence de ce premier arrivant, l'ancêtre du clan Diya, est décrite en des termes qui rapprochent ce clan des clans autochtones (malgré l'accord entre tous les récits qui en font un immigrant venu du sud). Là aussi, c'est le feu allumé chaque soir par le Diya au sommet de la montagne qui fait comprendre au nouveau venu qu'il y a là-haut un homme. Au moment de sa rencontre avec l'immigrant le Diya *"ne savait pas faire de belles maisons : il agrandissait les cavernes avec des pierres"*. C'est bien un être fruste qui, comme le Fogom de Durum, retourne la terre avec des tessons de poterie car *"il n'y avait pas de houe en ce temps-là"*. Toutefois le mythe va plus loin car le mil ainsi cultivé n'est pas le mil d'aujourd'hui. Plusieurs variantes en font ce mil merveilleux dont un demi-grain suffisait à nourrir une famille (cf. Annexe 1: "Les mythes d'origine"). La présence du Diya sur la montagne de Molkwo est présentée comme si ancienne qu'à nouveau le récit mythique en rejoint les mythes d'origine.

Les quatre autres cas de premiers occupants sont ceux de migrants ordinaires dont on dit seulement qu'ils ont trouvé à leur arrivée une montagne vide : les Mowayan, venus de la montagne-île de Dugur toute proche, s'installent sur le massif de Duvangar; les Mewuley (frères des Uley de Masakal) font de même à

Mangerdla dans le massif de Durum ainsi que les Mandza et les Bizimofu dans la montagne-île de Mikiri, vide jusque-là, chaque clan y fondant une petite chefferie distincte. Cette absence de détails n'est due ni à des récits plus rapides ni à un manque de temps de l'informateur ou du chercheur. Même à Duvangar, un de nos lieux d'enquêtes préférés, il n'a pas été possible d'obtenir une description des Mowayan, premiers occupants du *ngwa*. Chez les Mofu aussi il y a les oubliés de l'Histoire.

c) les courants migratoires : apports de l'est et de l'ouest

Les récits de peuplement se montrent généralement avares de détails concernant les autres clans venus s'installer à leur tour sur la "montagne". Nous les avions sollicités pourtant auprès de divers membres de ces clans, en confrontant leurs informations avec la science officielle, représentée sur chaque *ngwa* par deux ou trois autres anciens désignés par tous comme experts en traditions, mais la moisson a été maigre (24).

Dans chacun de ces schémas partiels on trouve néanmoins presque toujours un détail essentiel : l'origine du clan. Ce berceau du clan est désigné par un nom propre, situé souvent à l'aide de quelques détails - points cardinaux, proximité d'un centre actuel - si bien qu'il nous a été assez facile de le retrouver ensuite sur les cartes détaillées.

Il faut souligner un trait remarquable : ces berceaux d'origine ne se situent presque jamais dans la plaine proprement dite. Pour une soixantaine de clans nous n'en avons trouvé que quatre. L'un, le clan Zele, localisé dans la seule chefferie de Duvangar, a fait, depuis la région de Godola, une courte migration de moins de vingt kilomètres. L'autre au contraire, le clan Midaga, est originaire du pays "molgwor", disent les Mofu - le pays musgum actuel qui commence à 80 km environ plein est. Cette migration est la plus importante de toutes celles relevées ; elle a contribué au peuplement de trois des autres petites chefferies implantées sur les montagnes-îles de Molkwo et Mikiri. Dans les deux derniers cas le clan Musurway et le clan Ftak disent être venus l'un et l'autre de la ville même de Maroua, au temps où elle s'appelait Marva - *"Nous habitions la plaine, là où s'étend la ville actuelle"* - mais l'un a nettement devancé l'autre. Tous deux se présentent comme les frères de clan des "Giziga du prince".

Ce petit nombre de gens des plaines devenus montagnards est une surprise : puisque les Mofu sont en contact presque immédiat avec la grande plaine du Lac Tchad qui vient mourir à leurs pieds, plaine qui a été balayée au cours des siècles par diverses vagues d'envahisseurs, on pouvait s'attendre à trouver parmi les Mofu une forte proportion de migrants originaires des plaines. Telle a été longtemps l'opinion des administrateurs, prêts à admettre qu'une proportion importante des montagnards actuels "ne l'(avait) pas toujours été et (avait), un temps, vécu dans la plaine" (25).

Cette hypothèse ne se vérifie pas pour les Mofu-Diamaré chez qui, dans la quasi totalité des cas, c'est une région montagneuse qui est indiquée par les traditions des clans comme lieu d'origine.

- les migrations parties des montagnes-îles

"Montagne" ne signifie pas nécessairement plateau montagneux : au moins la moitié de ces migrations s'est faite à partir de montagnes-îles de hauteur et d'étendues modestes, dominant faiblement la plaine. Ces montagnes-îles peuvent être assez éloignées du lieu d'habitat actuel des clans pour une raison géographique simple : leur nombre devient important seulement lorsqu'on se rapproche du rebord des Monts du Mandara. Elles sont distantes alors les unes des autres d'une dizaine de kilomètres seulement. Plus à l'est elles sont séparées par une trentaine de kilomètres de plaine en moyenne, et parfois davantage (cf. Carte 9 : "Migrations parties des montagnes-îles"). Les migrants semblant avoir recherché la présence de montagnes il leur fallut parcourir des distances au moins égales à ce chiffre, allant jusqu'à une cinquantaine de kilomètres. Celles-ci paraissaient importantes à nos informateurs, gens âgés pour la plupart, si bien que la plupart n'avait jamais vu ces lieux habités jadis par leurs ancêtres (26). Intervenait sans doute aussi dans cette absence de connaissance directe le sentiment d'insécurité créé par l'esclavage, existant encore sporadiquement jusque dans les années 1930.

Nos informateurs ont tenu néanmoins à préciser que le berceau du clan était un lieu montagneux. *"Nos ancêtres sont venus du sud, de Zumaya. Il y a là-bas quelques petites montagnes"* expliquait un informateur Laway de Duvangar, tandis qu'un autre reprenait : *"Nous, ici, nous ne savons pas exactement où est Zumaya ; sans doute vers le sud, du côté de Mindif : il y avait là des montagnes"*. Effectivement, Mindif est connu pour sa montagne-île à la forme hardie, la "Dent de Mindif", repère pour les premiers voyageurs (27). Par ailleurs, cette région de Mindif est considérée par les chercheurs comme le lieu d'implantation des Zoumaya (28), population sans doute apparentée aux Giziga mais aujourd'hui disparue. On peut donc localiser avec vraisemblance "Zumaya" à 50 km environ au sud-est de Duvangar.

De même les Dingize du massif de Dugur savent qu'ils sont venus *"de Zagara"*, mais aucun d'entre eux n'y était allé et ne situait l'endroit avec exactitude. Ils peuvent seulement indiquer qu'il s'agissait de *"petites montagnes"* au sud de Maroua. Certains précisent *"vers Kaélé"*, ce qui nous a aidée, au cours d'une récente mission, à identifier le berceau du clan avec la montagne-île de "Djagaray" située à côté de Midivin, à une douzaine de km de Kaélé - en une région aujourd'hui Giziga - à 60 km au sud de Dugur (29).

Quant aux Erketse de Wazang, ils disent être originaires de Balda, montagne-île située à 60 km de Wazang, plein est cette fois, avec un arrêt à Zaway (Papata des

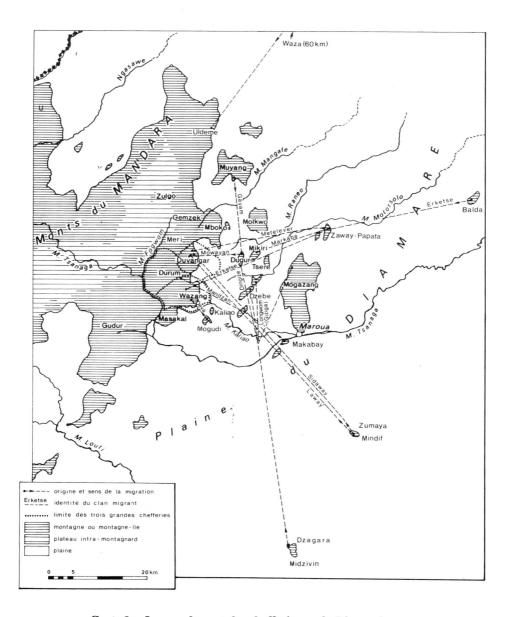

**Carte 9   Le peuplement des chefferies mofu-Diamaré :
Migrations parties des montagnes-îles de l'est et du sud**

cartes), à 35 km de Wazang, puis à Mikiri, ces montagnes-îles constituant deux relais successifs sur la route directe entre Balda et Wazang (30). La même montagne de Zaway est donnée comme lieu d'origine par le clan Metelever de Duvangar.

Les Mandzah de Durum indiquent comme berceau de leur clan la montagne-île de Makabay proche de Maroua - à 25 km environ au sud-est de leur massif - (30). Comme les Erketse ils font mention d'une étape dans une autre montagne-île, Kaliao, à mi-chemin entre Makabay et Durum, siège traditionnel d'une petite chefferie giziga indépendante de Marva (31).

Les Mowayan de Duvangar représentent un dernier cas de migration venue d'une montagne-île, migration particulière puisque très proche : modeste saut de 7 km à partir de Dugur. Toutefois leurs frères de clan de Dugur, les Gayam, se présentent déjà comme des migrants, venus d'une autre montagne-île, Muyang, à 15 km de Dugur. Dugur a donc abrité deux immigrants venus de directions opposées, d'abord le Gayam venu du Nord, puis le Dingize, venu du Sud.

Chez les montagnards Ouldeme occupant sur le rebord des Monts du Mandara une position analogue à celle des Mofu-Diamaré, on trouve également mention d'un premier clan venu rejoindre les autochtones. Lui aussi venait d'une montagne-île éloignée, le "piton" ou le "rocher" de Waza, à 60 km au nord-est du massif ouldeme, également revendiqué par d'autres groupes ethniques du nord des Monts Mandara (32).

En suivant sur une carte les trajets de ces clans jusqu'à leur habitat actuel on constate que les montagnes-îles ont constitué pour les migrants des relais-refuges nécessaires qu'ils n'abandonnaient que pour en retrouver d'autres, allongeant au besoin leurs étapes : elles ont joué le rôle de gigantesques pas chinois au milieu de la plaine du Diamaré, déterminant les trajets migratoires.

Ces migrations à partir de montagnes-îles posent le problème de l'identité, sinon ethnique du moins culturelle, des habitants de ces petits massifs isolés. On a vu plus haut que le premier clivage au sein des "païens" ou "Kirdi" consiste à distinguer des "païens de plaine" et des "païens de montagne". Les administrateurs, ignorant les montagnes-îles, ont considéré ces migrants comme des habitants de plaine. Pour notre part nous avons noté l'insistance de nos informateurs à rappeler le caractère montagneux du berceau de leurs ancêtres, certains nous précisant par exemple que ceux-ci dans leur migration avaient cherché à *"retrouver de nouvelles montagnes"*, ce qui suppose un attachement à ce type d'habitat, aussi les considérons-nous comme des montagnards un peu particuliers.

Les migrations venues des montagnes-îles ont été présentées le plus souvent comme individuelles, une partie du clan d'origine restant sur place. Il semble que pendant un certain temps les anciens migrants aient continué à entretenir des relations discontinues avec leurs frères, puis que celles-ci aient cessé - sauf, on le verra, dans certains clans de prince - l'insécurité déjà évoquée jouant son rôle, mais aussi l'accentuation des différences entre les "frères" séparés.

La plaine du Diamaré se trouvant à l'est du massif montagneux du Mandara, les migrations parties des montagnes-îles ont toutes une composante est, parfois plein est ou nord-est, plus souvent sud-est (33). C'est pourquoi les premiers travaux de synthèse n'avaient pas hésité à faire de l'est la seule direction d'origine des montagnards.

- les migrations venues du plateau montagneux

Pourtant le plateau montagneux a fourni aux chefferies mofu une partie non négligeable de leur population. Toutefois ces migrations venues de l'ouest sont plus courtes - moins de 20 km - que celles parties des montagnes-îles et de la plaine. Elles proviennent d'abord du pays mafa actuel dans sa partie est limitrophe des montagnes mofu-Diamaré : la région de Rwa et Sulede. Telle est l'origine du clan Zeley à Durum et Duvangar (34), des clans Zegene à Durum et Gaywa à Meri, du clan Tsanao à Wazang (qui vient de s'éteindre). Ces migrations ont surtout pour origine la région mofu-Gudur mais il faut remarquer que seules les montagnes mofu-Gudur proches géographiquement des Mofu-diamaré ont fourni des migrants : en proviennent le clan Bologwada à Wazang, le clan Mewuley à Durum, le clan Diya à Molkwo, le clan Medey à Durum et Wazang. Un cas de migration venue du pays Tsuvok a été relevé, celui des Gurdelek, forgerons à Duvangar (cf. Carte 10 : "Les migrations venues du plateau montagneux").

Reste un dernier type de migration montagnarde, à l'intérieur de l'aire considérée aujourd'hui comme mofu-Diamaré. Dugur a envoyé à Duvangar, Durum et Wazang des représentants des clans Mowayan et Dinzige. On trouve à Duvangar des membres des clans Mandzah et Mokuzek venus de Durum, à Wazang des Sidaway et des Laway originaires de Duvangar, à Durum et Tsere des Gaywa provenant de Meri.

Cette énumération, qui deviendrait vite fastidieuse, permet de montrer le caractère particulier de ces migrations montagnardes. Contrairement aux déplacements des clans venus des montagnes-îles orientés sensiblement d'est en ouest, en un mouvement qui paraît impossible à inverser, celles-ci ont lieu en toutes les directions, certaines "montagnes", telles Dugur ou Meri, donnant l'impression de se vider régulièrement d'un trop-plein de populations, d'autres - les chefferies les plus importantes, telles Duvangar, Durum ou Wazang - semblant pratiquer entre elles des échanges de populations, transformant ces migrations en vaste jeu des quatre coins. En fait, on le verra, cette mobilité souvent récente est liée au statut social, les clans ayant détenu ou détenant encore le pouvoir sont presque les seuls à se retrouver dispersés en plusieurs chefferies .

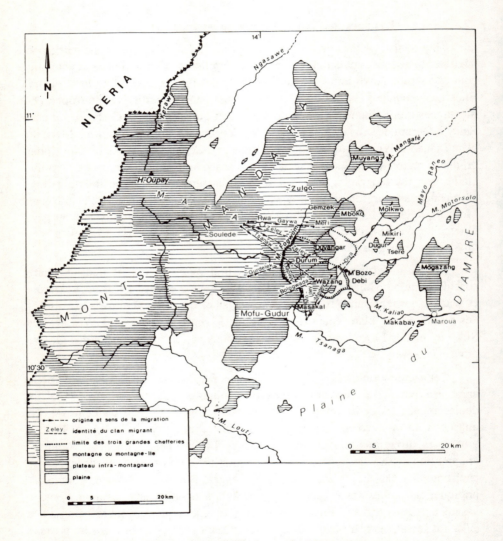

**Carte 10 Le peuplement des chefferies mofu-Diamaré
Migrations venues du plateau montagneux de l'ouest**

- les motifs de migration

Pourquoi leurs ancêtres avaient-ils quitté leur habitat d'origine ? Nombre d'informateurs - un tiers environ - sont restés muets, en particulier dans les clans venus du plateau montagneux, de chez les Mafa ou les Mofu-Gudur actuels.

Les raisons avancées par ceux qui s'expriment sont de deux types. Le manque de champs, donc de nourriture, est d'abord avancé : *"La montagne de Zaway était trop petite. Il n'y avait pas assez de terre,"* disent les Erketse de Wazang. *"Nos ancêtres n'avaient pas assez de plantations à Durum, pas assez à manger"* racontent les Mokuzek de Wazang. *"Les premiers Mowayan ont quitté Dugur parce qu'il y avait trop de rochers; les champs étaient mauvais ; c'était difficile de se nourrir",* expliquent encore les Mowayan de Duvangar. Ce besoin d'une nourriture plus abondante paraissait à nos interlocuteurs si banal qu'en l'absence d'autre motif ils le proposaient spontanément. *"Peut-être n'avaient-ils pas assez à manger ?"* nous suggérait l'un deux pour expliquer le départ de Zumaya par les Laway de Duvangar.

Ces formulations convergentes peuvent être interprétées comme le signe d'une surpopulation ancienne. Celle-ci semble vraisemblable dans les montagnes-îles, surtout si leurs habitants étaient cantonnés dans la partie montagneuse et n'habitaient pas le piémont - et ce serait là un argument pour en faire de vrais montagnards - mais faut-il vraiment conclure des indications recueillies qu' à l'intérieur des Monts du Mandara - à Masakal, à Durum, à Meri - les massifs ont pu, eux aussi, être trop peuplés ? Cette surpression traduirait alors la grande ancienneté de l'implantation humaine. Ainsi s'expliqueraient de fortes densités de population entraînant des famines chroniques, dont l'une aurait pu mettre en mouvement, sinon des populations, au moins des individus.

L'examen attentif de certains récits plus détaillés invite pourtant à la prudence. Divers récits recueillis dans la montagne de Molkwo, du commentaire sur les origines géographiques du clan, passent rapidement au mythe : ainsi le clan Mukyo est présenté comme remontant à un couple venu du massif Mada, à 7 km au nord-est. La femme, enceinte, était partie à la poursuite d'un "criquet" et son mari l'avait suivie. Toutefois une variante recueillie récemment présente les faits différemment : *"A Mada, le père des Mukyo était mort et ses fils orphelins n'avaient plus à manger puisque leur père était mort. Ils n'avaient pas de viande et ils en avaient envie. Ils ont vu un criquet qu'ils ont poursuivi jusqu'à venir sur la montagne de Molkwo"*. Cette fois, la poursuite du criquet, jusque-là énigmatique, prend un sens. Le criquet correspond à une possibilité de nourriture, maigre certes mais préférable à la pénurie connue par une partie du clan et résultant - on le comprend alors - non de la surpopulation ou d'une famine occasionnelle, mais d'une dissension familiale.

Cette conclusion peut être rapprochée de diverses allusions du même type dans l'histoire des clans, concernant des lignages qui, dépouillés de leurs meilleures plantations et réduits à la famine, étaient partis d'eux-mêmes ou avaient été chassés, tels les Diyaf, lignage Laway de Duvangar installé définitivement chez les Meri, ou les Fre, lignage Klamada de Gemzek rejeté en dehors du massif. C'est à l'une de ces brouilles violentes que nous semble faire allusion le récit Molkwo. Le fait que l'ancêtre Mukyo n'avait plus assez de terres dans son propre quartier ne signifierait donc pas forcément que l'ensemble des Mada était également à l'étroit. On peut supposer que seul ce segment lignager avait été dépouillé de ses terres et souffrait de la faim. Si cette supposition est exacte il faut en conclure que l'appropriation du sol est très ancienne chez les Mofu-Diamaré. Effectivement d'autres épisodes mythiques nous invitent à conclure à la superposition des motifs de migration dans les narrations mythiques de peuplement, l'un pouvant occulter l'autre. Il faut se montrer prudent et ne pas conclure trop rapidement que la surpopulation a joué un rôle essentiel.

Les luttes entre frères constituent le deuxième moteur chassant loin de leurs montagnes d'origine les ancêtres des clans mofu. Il s'agit là d'un motif qui revient constamment. Cette fois c'est le pouvoir sur les hommes, le commandement du groupe, et non plus la terre, qui est l'enjeu de leurs rivalités. Le perdant se retire, seul ou avec ses partisans. Souvent cette lutte est présentée en termes de rivalité entre frère aîné et frère cadet. Parfois c'est le cadet qui, contrairement aux usages actuels, réussit à se faire désigner par le vieux prince avant sa mort comme son successeur au détriment de son aîné, ainsi dans le clan Ftak de Molkwo, avec des détails évoquant le récit biblique d'Isaac et de ses fils Esaü et Jacob. Eliminé comme Esaü Ftak *"se fâcha"* et prit le chemin de l'exil qui le mena de Marva à Molkwo. Aîné lui aussi et habitant de la chefferie de TsakiDzebe à Dugur, mais mauvais garçon peu aimé de son père, Sogwom qui aurait dû hériter du pouvoir est écarté au bénéfice de son cadet plus apprécié par leur père. Il vient à Durum où il apporte les techniques de la forge, inconnues jusque-là, et où il est à l'origine du clan Dingize.

Plus souvent, le cadet qui *"voulait commander"* n'y parvient pas. Parfois pourtant comme Getemke, l'ancêtre des Medey de Wazang alors à Gabaga, il s'était déjà installé dans la demeure du prince son père, prêt à lui succéder. Son aîné s'étant ressaisi il part vers d'autres montagnes, soit qu'ayant été *"chassé"* il y ait été contraint, soit que son appétit de pouvoir l'ait *"poussé à partir, pour devenir chef lui-même"*.

Ces descriptions de compétition pour le pouvoir entre aîné et cadet apparaissent comme banales si on les replace dans le contexte de l'Afrique noire. Nombreuses sont les sociétés qui utilisent le langage de la parenté pour décrire une opposition politique. Chez les Soninké par exemple c'est l'aîné qui est évincé par le cadet, usurpant sa place auprès de leur père aveugle grâce à l'utilisation d'une peau de bête (35). Là aussi le trio biblique - Isaac, Esaü et Jacob - reparaît de façon remarquable, la nécessité d'un système pileux développé, rappelé par des sociétés aussi diverses, apparaissant comme lié à une réflexion sur le symbolisme du pouvoir qu'il conviendrait d'approfondir.

Une compétition peut aussi s'élever entre deux "frères de père", *bizi-baba*, demi-frères. A Zagara - montagne-île aujourd'hui giziga - deux frères de deux mères différentes étaient nés ainsi le même jour et revendiquaient le commandement de la chefferie. Le vaincu entraîna toute une bande de frères, de la même mère que lui, dans une migration qui se termina à Dugur et dans les petites montagnes-îles environnantes.

Ce désir de commander peut être seulement raconté en termes symboliques. Ainsi Ndekelek, informateur Mandzah de Durum, parlant de son ancêtre sur la montagne-île de Makabay, nous a d'abord dit que celui-ci était parti parce que la chefferie lui avait échappé. Et tout aussitôt il nous a raconté que cet ancêtre, là-bas chez les Giziga, possédait un taureau qui avait lutté avec un autre taureau, propriété de Bi-Marva, le prince de l'époque. Le taureau de l'ancêtre Mandzah avait eu le dessus et avait tué son adversaire. Il s'était alors sauvé, entraînant toutes les vaches du troupeau. Il ne restait plus à l'ancêtre de Ndekelek qu'à suivre à son tour sa bête, ce qui le mena jusqu'à la montagne de Durum. Le sens général de ce récit venait de nous être indiqué, aussi le décryptage des symboles est devenu aisé : la lutte des taureaux dit celle des frères, moins avouable. Toutefois prenant sa revanche sur le plan symbolique le récit de l'évincé décrit la victoire de sa bête qui remplace la victoire que lui-même n'a pu remporter sur son frère.

Le même récit est raconté par les Mandzah de Mikiri, pour expliquer cette fois leur départ de Durum. On assiste à nouveau à un combat entre deux taureaux possédés par deux frères, mais cette fois le récit précise : l'un est aîné et prince, l'autre cadet. Irrité d'assister à la défaite de sa bête le cadet attache un couteau aiguisé, lame en avant, à une des cornes de l'animal qui reprend le combat et tue le taureau du prince (36). Il est alors chassé de Durum, en même temps que son taureau, par son frère le prince et il part s'installer sur la montagne de Mikiri, vide alors. La coloration mythique est ici moins nette, la relation entre la colère du prince et le départ du cadet pouvant être prise pour une relation causale affective. Seule l'existence du premier récit - recueilli neuf ans avant le second - invite à y découvrir la description d'une lutte pour le pouvoir.

La poursuite d'un bovin échappé apparaît à plusieurs reprises. On la rencontre dans les trois grandes chefferies mofu (37), non comme motif de départ mais comme élément décisif obligeant les nouveaux arrivants, n'habitant jusque-là que le piémont, à escalader la montagne à la recherche de leur bête - taureau à Durum et Wazang, vache à Duvangar - qu'ils retrouvent arrêtée par des arbres touffus (cf. Annexe 2 : "La poursuite ...").

Les étapes de la progression des émigrants dans la montagne sont indiquées de façon précise : des noms de lieux sont d'abord indiqués en plaine - Idenmahay pour Duvangar, Marpay pour Durum, Mazgiya pour Wazang - puis en montagne - Rwede-Rwede pour Duvangar, Givel pour Durum, I-Kwalay pour Wazang. Ces indications géographiques montrent que le temps est intervenu dans cette découverte de la montagne. Parfois, comme à Wazang, il est dit expressément que l'un des migrants Erketse *"s'est d'abord installé quelques années à I-Kwalay "*. Pour le migrant Erketse c'était là l'intérieur du massif montagneux. Toutefois ce lieu ne constitue pas le point culminant du massif et ce n'est que plus tard qu'il gagnera le sommet du massif où, alors seulement, il fera la rencontre fortuite des Siler autochtones. Ces *"quelques années"* semblent pouvoir être traduites en décennies.

En quelques rares cas - de migrations venues des montagnes-îles ou de la plaine - une guerre avec des étrangers a été indiquée comme cause de départ. Un informateur - qui n'est pas Laway - pense que les Laway de Duvangar ont quitté Zumaya parce qu'ils *"avaient été chassés par les Peuls"* et il indique que son propre clan, les Metelever, a quitté Papata et la montagne de Zaway *"par peur des Peuls"*, ajoutant que *"pas un habitant n'était resté à Papata"*. La migration est indéniable mais s'agissait-il des Peuls ou de guerriers étrangers ayant envahi avant eux la région du Diamaré ? Cette dernière supposition, plus vraisemblable on le verra, serait conforme aux enseignements des généalogies. Un autre habitant de Duvangar sait que son clan, le clan Zele, a été refoulé de la plaine par les Peuls et cette fois, s'agissant d'un des clans les plus récemment installés à Duvangar, le motif paraît exact. A Durum un membre du clan Mandzah est le seul à répéter - avec constance, à plusieurs années d'intervalle - que son ancêtre avait quitté Makabay *"parce qu'il y avait les Peuls"*. Guerre avec Peuls ou dissensions internes ? Les autres informateurs n'invoquent que ce second motif. La présence spontanée des Peuls dans les motifs de migration n'apparaît qu'incidemment. Il est vrai qu'on peut la retrouver masquée par le langage mythique. Ainsi chez les Asna de l'Ader les Gobirawa expliquent leurs migrations non par les guerres peules mais par la mort de leur chef brûlé au fond d'un trou, la raison historique connue disparaissant derrière les motifs internes évoqués presque exclusivement (38).

En dehors de ces allusions sporadiques aux Peuls, aucune mention n'est faite de contacts violents avec des populations étrangères : l'histoire mofu n'a gardé mémoire que de ses luttes intestines.

d) un problème particulier, l'apparition du fer

Dans la plupart des chefferies les récits mythiques font allusion à une période où le fer était inconnu qui coïncide avec l'époque des autochtones sauvages, Siler de Wazang, Wulger de Dugur et aussi Fogom et Mokuzek de Durum. Cette absence d'utilisation du fer se retrouve chez certains des premiers immigrants, tels les Diya de Molkwo. Cette ignorance ne signifie pas nécessairement que les premiers groupes montagnards ne pratiquaient pas l'agriculture : ils auraient eu des plantations, disent les Mofu d'aujourd'hui, retournant le sol sans utiliser d'instruments aratoires spécialisés. *"Comme on n'avait pas de forgerons alors, on cultivait les champs avec des morceaux de poterie"*, précision complétée immédiatement : *"Quant aux batailles, elles se faisaient à coups de gourdins".*

Ensuite apparaît l'usage du fer et il est souvent lié à l'arrivée d'immigrants s'emparant du pouvoir. Ces nouveaux venus peuvent être des artisans du fer, dont les connaissances techniques ont disparu aujourd'hui. A Dugur lorsque le Dingize prend contact avec les Gayam et les Wulger il est décrit comme portant un bouclier de fer et des lances de fer. A Durum le mythe raconté par un Mandzah insiste davantage : l'immigrant qui allume du feu au sommet de la montagne - ce qui met en alerte les autochtones - *"possédait un bonnet en fer, une lance en fer, une chicotte en fer, un couteau et un grand sabre de cavalier"*. De même une tradition rencontrée à Gudur, la plus grande chefferie mofu-Gudur, présente l'immigrant, fondateur du clan Ngwadama, tenant en mains "un arc de fer" lors de sa venue (39). Les Fogom mofu-Diamaré reconnaissent d'ailleurs : *"Personne ne connaissait le fer à ce moment-là. Nous avons connu le fer plus tard, après l'arrivée des Mandzah".* Paradoxalement les récits de Durum ne font plus allusion ensuite à une connaissance des arts du feu par les Mandzah, alors qu'à Dugur les immigrants Dingize sont présentés comme d'habiles techniciens, aussi bien fondeurs que forgerons. De même dans le clan du prince de Duvangar, les Laway, une branche ne parvient pas jusqu'au massif montagneux : elle s'installe sur une minuscule montagne-île, Marvay, avancée du massif dans la plaine. Or parmi ces Laway de Marvay figuraient des fondeurs.

On voit ensuite s'implanter des artisans du fer - fondeurs et forgerons, les deux spécialisations sont souvent distinguées - à tous les stades du développement des chefferies. Ils peuvent arriver quand le groupe social commence à s'organiser. Certains groupes forgerons sont alors présentés comme ayant été *"trouvés"* par les clans au pouvoir. A Molkwo le clan du prince a *" trouvé un homme en train de forger et l'a ramassé avec sa famille"*. Des forgerons fixés de force sont, dans cette chefferie, à l'origine du clan Maslay dont beaucoup de membres font encore le travail de la forge. A Dugur le récit concernant le clan Matsusay est plus circonstancié et l'esprit en est différent. *"Les Dingize ont découvert les Matsusay en se promenant en brousse. Ils étaient à la chasse et le chien a trouvé les Matsusay cachés sous les racines d'arbres épineux. Les Dingize les ont encerclés avec leurs filets et se les sont partagés".* Les forgerons constituent un gibier de choix dont il est légitime de s'assurer la capture. Les clans mofu-Diamaré au pouvoir ont donc eu la même attitude que les "gens de la chefferie" hadjeray, n'hésitant pas à razzier et attacher de force à leur service des forgerons étrangers (40).

Les forgerons peuvent aussi survenir, par migration volontaire, lorsque la constitution de la chefferie est presque achevée. Le *ngwa* comporte alors deux strates de forgerons, d'origine et d'ancienneté totalement différentes. Telle est la situation à Durum, Duvangar et Wazang.

CHEFFERIES / SCHEMAS MYTHIQUES		Duvangar	Durum	Wazang	Dugur	Molkwo	Mukyo
autochtone	homme des cavernes		[Mokuzek]	Siler	Wulger		
	personnal. mal caractér.		Fogom				
premiers migrants	premier migrant, niveau matér. peu élevé	Mowayan			Gayam	Ldagal	Diya
	deuxième migrant, techn. plus avancée	Sidaway				Mukuno	Mukyo
nouv. migrant venu de mont.-îles ou plaine	disputes pour chefferie			Erketse	Dingize	Ftak	Musurway
	poursuite bovin	Laway	Mandzah				
feu aperçu de loin	autochtone / 1er arrivé venant trouver migrant		Mokuzek et Fogom/ Mandzah	fumée d'où découv. fortuite Siler et Erketse	Gayam/ Dingize	fumée d'où découv. Ldagal /Mukuno	Diya/ Mukyo
d'où rencontre	migrant venant trouver autochtone						
comparaison d'antériorité par tas de cendres	tas immigrant plus gros (vol) que tas autochtone		Fogom volé par Mandzah	Siler inf. aux Erketse			Musurway/ Mukyo
	1er arrivé: habitation patinée mais vol immigrant					Ldagal volé par Mukuno	Diya volé par Mukyo
échange de nourriture	contre propriété sel		Mandzah/ Fogom	Siler/ Erketse	Dingize/ Gayam		
	terre (pouv. pol.) viande				Dingize/ Wulger		

concours pour pouvoir politique	par fruits enterrés puis échange par immigrant, d'où victoire	Sidaway/Mowayan. Laway/Mowayan	Mandzah Fogom			
	par feu mis à la brousse par imm. jusqu'en haut (grand terroir), imm. vainqueur	Laway/Mowayan Laway/Metelever				
élimination des premiers occupants	par l'eau (barrage démoli) par le feu (maison comm. brûlée)		Mandzah/Fogom Mandzah/Mokuzek			
renforcement du pouvoir par détention exclusive des pierres à faire pleuvoir	pierres à faire pleuvoir propriété d'autres clans, "abandonnées" aux imm.		Fogom: don aux Mandzah		Wulger/Dingize	
	pierre-arc-en-ciel arrête-pluie prêtée à immigrant qui la garde	Mowayan dépossédé par Laway				Mukuno/Moloko-Subo Maya dépossédé par Moloko S
	pierre-arc-en-ciel enterrée avec chef stérile réenterrée par nouvel arr	Sidaway remplacé par Laway				Maya dépossédé par Mukyo
	pierre à pleuvoir et pierre arrête-pluie apportées par immigrant		Mandzah venus avec pierres de pluie	Erketse ont apporté leurs pierres	Dingize avec "charmes" de pluie	
création d'une chefferie parente subordonnée	fils ayant commis une faute, chassé par père, recrée une chefferie		adultère cadet. Aîné éloigné, création chefferie Mangerdla, cl. Mandzah		vol, aîné éloigné création chefferie Tsakidzebe cl. Dingize	

Tableau 7 Schémas mythiques communs aux différentes chefferies : l'émergence et la consolidation du pouvoir

e) l'émergence et la consolidation du pouvoir

Dès que les autochtones ou les premiers arrivés sont rejoints par des immigrants se posent les problèmes de la cohabitation et du commandement du nouveau groupe. Le fait d'avoir occupé les lieux les premiers donne-t-il un droit à la détention du pouvoir comme c'est parfois le cas en Afrique ? Chez les Mofu-Diamaré antériorité d'implantation et pouvoir politique sont aujourd'hui distincts : un seul clan autochtone, sur les sept rencontrés, détient encore le pouvoir politique. Pour les autochtones et premiers installés l'éviction par les nouveaux immigrants représente le sort le plus courant (cf. Tableau 6 : "Autochtones et premiers arrivés").

Les narrations mythiques nous font assister, avec l'aide de symboles variés, à cette prise du pouvoir par les nouveaux venus. Elles nous montrent comment se sont constituées les chefferies suivant les schémas d'antériorité relevés plus haut. Toutefois elles ne s'intéressent qu'aux débuts de cette cohabitation et vont rarement au-delà de la période de fusion entre ces premiers clans. Il existe de nombreuses interférences entre les récits concernant les *ngwa* de Duvangar, Durum, Wazang, Dugur et Molkwo-Mukyo (cf. Tableau 7 : "Schémas mythiques communs aux différents *ngwa*"). En les analysant on constate qu'elles correspondent à un langage symbolique dont les différents éléments se retrouvent à travers cet ensemble de chefferies : le même thème mythique est traité dans deux d'entre elles mais le thème suivant associera l'une d'elles à un autre *ngwa*. Duvangar peut faire ainsi écho à Durum, puis à Wazang, enfin à Molkwo. Toutefois ces différentes séquences mythiques ne sortent pratiquement pas de l'ensemble des six *ngwa* : les termes mêmes de ce langage symbolique constituent un élément supplémentaire dans la définition de l'ethnie.

L'analyse de ces récits mythiques est révélatrice de l'idéologie mofu du pouvoir politique et nous la reprendrons plus loin lorsque nous décrirons le fonctionnement de la chefferie et le pouvoir du prince, nous efforçant alors de faire apparaître la signification des symboles et des détails dans les narrations mythiques. Toutefois nous considérons que les textes recueillis ne constituent pas une construction logique et symbolique détachée d'événements réels. Les rencontres, luttes ou évictions auxquelles ils font allusion nous paraissent pouvoir être considérées comme des jalons historiques. Ces récits ne sont pas seulement "fondateurs" - en ce sens qu'ils justifient l'ordre social propre à chaque chefferie - ils font référence, on le verra, à des événements réels quoique estompés par la brume du langage mythique. Pour nous il n'y a pas un choix à faire entre mythe ou histoire. Il s'agit seulement d'expliciter les messages symbolique et historique, contenus par le même récit.

- l'apprivoisement des premiers occupants
ou l'échange inégal

Comment prendre contact avec ces autochtones primitifs dont on a vu le caractère craintif ? L'offrande de nourriture constitue selon les Mofu le moyen adéquat, et plusieurs chefferies montrent les nouveaux venus parvenant à approcher les autochtones en leur faisant goûter des mets inconnus d'eux. C'est là un facile exploit puisque, on l'a vu, ces premiers occupants des *ngwa* ne vivaient que de cueillette.

A Wazang, à peine sortis de leurs grottes les Siler se voient offrir par les Erketse *"de la boule de mil avec du sel"*, *"de la sauce bien salée, avec de la viande et de la boule"*. Et les informateurs d'insister sur l'émerveillement des Siler après avoir goûté à cette nourriture qu'ils ignoraient jusque-là, leur ignorance du sel constituant la touche ultime au tableau de leur sauvagerie. Peut-être, hésitent les informateurs, connaissaient-ils le sel local résultant du lessivage de cendres. En tout cas, ils ignoraient le *"sel noir"* qui, avant l'arrivée des Européens, donnait lieu à des échanges commerciaux.

A Durum également les Fogom et Mokuzek qui se sont risqués à venir à la rencontre du nouveau venu Mandzah en sont récompensés car, suivant le conseil de sa femme, celui-ci fait déposer devant eux *"une marmite de viande bien salée, préparée avec de la boule"*. Or, *"les Fogom et les Mokuzek n'avaient jamais goûté le sel. C'était la première fois qu'ils en mangeaient"*. Ainsi que le précise parfois une variante du récit mythique, *"ils connaissaient seulement en guise de sel l'eau passée sur les cendres"*.

A Dugur l'immigrant doit également séduire deux clans. En effet l'autochtone Wulger a déjà été rejoint par un premier migrant, l'ancêtre des Gayam, et les deux clans se sont implantés sur des épaulements distincts de la montagne. Au Gayam le Dingize offre du sel, quant au Wulger il lui prépare un repas de viande. Cet apprivoisement de populations locales par de nouveaux venus leur offrant du sel est un thème que l'on rencontre aussi bien au Nord-Cameroun chez les voisins des Mofu-Diamaré, les Mofu-Gudur où nous l'avons relevé dans la chefferie de Gudur, que, sporadiquement, en Afrique, ainsi chez les Alur de l'Ouganda (41).

La viande, tout particulièrement la viande de chasse, joue le même rôle que le sel et permet aussi d'apprivoiser les populations en place, non seulement à Dugur mais à Molkwo, où le mythe est presque semblable à celui de Dugur. L'ancêtre du clan Musurway, venu à cheval également de la plaine de Marva, offre du gibier au Mukyo, lequel est lui-même un immigrant plus ancien qui a fait alliance avec le Diya, le premier occupant. Or, dit le récit mythique, *"le Mukyo ne connaissait pas la viande de chasse et il a été très content"*. On retrouve le même thème dans le récit mythique de la fondation de la chefferie giziga de Marva. Chasseur venu du Sud, l'immigrant se fait apprécier des habitants de la Marva primitive par ses cadeaux de viande, d'abord des femmes puis des hommes (42). Le schéma mythique est le même chez les Mundang de Léré : ses dons de viande mènent le nouveau venu au pouvoir (43).

Une variante dans les récits recueillis à Wazang fait apparaître, après le premier repas *"avec de la sauce bien salée"*, un deuxième repas avec de la viande puis une visite conjointe du Siler et du Erketse à l'habitation de l'un puis de l'autre afin de procéder à une comparaison de leurs tas de cendres respectifs. *"On est entré chez le Siler dans le rocher. Il y avait des cendres, mais pas beaucoup... Puis, on est allé chez le Erketse ; là il y avait beaucoup de cendres. Le Siler a dit : 'Tu es donc arrivé le premier puisque tu as beaucoup de cendres. C'est toi qui vas commander la montagne. Mais il faut que tu me donnes le sel'. Le Erketse lui a donc donné du sel et le Siler a dit : 'Maintenant tu es le chef'"*. Convaincu de la supériorité matérielle de son interlocuteur il renonce à revendiquer son antériorité, feint de croire que le Erketse l'a devancé sur la montagne et consent à un échange. Pour du sel il laisse à l'immigrant le droit au pouvoir politique qu'il détenait en tant que premier occupant.

On retrouve ce schéma mythique à Durum, mêlé là aussi à celui de l'offrande du sel, mais un nouveau thème y apparaît, celui de la ruse de l'immigrant. Si celui-ci parvient à montrer à l'autochtone médusé un tas de cendres plus gros que le sien c'est parce que, le jour précédant leur rencontre officielle il était allé lui voler ses cendres, ayant deviné grâce à la lumière d'un feu dans la nuit la présence d'un autre habitant sur la montagne. Sans moyen surnaturel, par son unique astuce il parvient à présenter les faits en sa faveur. Cette glorification de la ruse, apparaissant non comme un procédé déloyal mais comme une forme d'intelligence, se retrouve dans d'autres récits mythiques, débordant assez largement l'aire mofu-Diamaré.

De la même façon dans les deux chefferies voisines de Molkwo et Mukyo le nouvel arrivant Mukyo vole de nuit au premier occupant Diya, non plus ses cendres mais les traces matérielles de sa longue occupation des lieux : pierres-sièges patinées par l'usage et pailles du toit noircies par la fumée des feux successifs. Dans les deux cas la conclusion est la même : *"D'accord, c'est toi qui es le chef"*.

A Wazang et Durum le schéma mythique de l'antériorité fabriquée de l'immigrant ne fait que doubler celui des offrandes de nourriture prestigieuse. Le récit suggère que par son intelligence, tout comme par ses connaissances matérielles plus développées, l'immigrant ne peut que l'emporter sur le naïf et timide occupant des lieux.

Il est vrai que l'enjeu est d'importance : il ne s'agit de rien moins que de déterminer les droits du nouvel arrivant sur la terre. A Dugur le Gayam descendu de sa montagne qui s'est vu offrir du sel et l'a mangé avec délice dit seulement au migrant comme s'il s'agissait d'une conclusion logique : *"Prends la terre, ital"*. Sur l'échange entre Dingize et Wulger les détails sont plus nombreux mais le résultat est le même : *"Pendant que le Wulger mangeait la viande, il a montré au Dingize la limite de sa terre avec la main, de loin. Le Dingize est parti à cheval, il a trotté et il est allé jusqu'au bout de la limite du Wulger !"*. Même ruse chez le Musurway de Molkwo qui cette fois matérialise l'accord du Mukyo, occupé à manger le gibier offert. *"Partout où le cheval avait trotté, il avait mis des pierres de limites"*. De façon analogue enfin le Mandzah sert copieusement en sel le Fogom puis il le questionne sur la limite de sa future terre. *"'Elle est par là ?' Le Fogom a fait ' Mmm !' : Il ne pouvait pas répondre car il avait du sel plein la bouche ! Et le Mandzah a posé une première pierre. 'La limite est par là ?' et il a mis une deuxième pierre. Quand le Fogom eut sucé tout son sel le Mandzah avait fini de borner, mais le terrain qu'il avait laissé au Fogom était tout petit !"*.

Comme ces détails mythiques le laissent entrevoir propriété de la terre ne signifie pas seulement possession de terrains cultivables. La détention de la terre, *dala*, exclusivité jusque-là de l'autochtone, va entraîner celle du pouvoir politique. Les montagnards de Wazang le disent nettement dans une variante de la rencontre entre Siler et Erketse. *"Les Siler ont demandé : 'Où avez-vous trouvé ce sel qui donne si bon goût aux aliments ? Donnez-nous encore du sel et nous vous donnerons la terre'. En échange d'un sac de sel les Siler ont donné leur terre. Désormais ils ne commandent plus"*.

Ces récits contiennent donc le même message, non pas tant historique qu'explicatif du fonctionnement actuel des chefferies. Les narrations mythiques cherchent ici à justifier et à légitimer le système existant. Leur but est essentiellement de montrer en quoi les origines de la chefferie préfigurent la réalité présente.

La description des ruses de l'immigrant pour se faire attribuer la presque totalité de la terre détenue par l'autochtone invite à s'interroger sur les raisons de cet acharnement. Il montre que pour les Mofu-Diamaré le pouvoir passe par un enracinement à la terre. Aussi revient-il normalement aux premiers occupants, à ceux qui sont dans la montagne depuis si longtemps qu'ils font corps avec elle et sont "dents du rocher". Même si les autochtones sont spoliés ils ne sauraient être totalement écartés : leur présence sera toujours nécessaire lors des sacrifices du nouveau prince qui ne seront acceptés que par leur intermédiaire. L'autochtone apparaît comme celui qui peut conférer la légitimité au pouvoir des autres. Il y a une nuance importante avec la conception de l'autochtonie telle qu'elle apparaît en Grèce antique : seuls les autochtones, nés du sol de la patrie, y seront considérés comme occupants légitimes, "nobles"; les étrangers - les "métèques" - le resteront éternellement car ils ne sont pas "bien nés" (44).

Que les offrandes de l'immigrant mofu-Diamaré soient à base de "sel noir", de "gibier" ou de viande d'animal domestique, peu importe. L'essentiel est de souligner le décalage matériel et culturel entre anciens et nouveaux occupants : d'un côté une pauvre nourriture végétale, de l'autre, la nourriture noble, la viande, accompagnée de sel et de boule de mil, aliments hautement symboliques et valorisés. Tout comme l'avait laissé entendre la description des autochtones, non seulement il existe entre premiers occupants et nouveaux arrivés un important décalage technique et matériel mais on assiste à un véritable affrontement culturel.

Par ailleurs, en se montrant généreux, en étant celui qui donne - à Wazang l'immigrant Erketse non seulement offre de la nourriture mais tue plusieurs chèvres de son troupeau afin d'envelopper de leurs peaux un mort Siler - le nouveau venu montre déjà la qualité qui est par excellence, on le verra, celle du prince, la générosité.

Ces épisodes du récit mythique préparent donc la nouvelle étape des relations entre autochtones et immigrants : l'offrande du pouvoir par les autochtones à leur nouveau voisin. Les Erketse préparent pour les Siler de la boule qu'ils assaisonnent avec du sel et ceux-ci s'exclament : *"Merci à vous ! Vous avez du mil, des vaches, des chèvres et nous rien ! La chefferie est pour vous !"*

- le concours pour le pouvoir : les ordalies faussées

Dans quelques cas les immigrants obtiennent le pouvoir, aux termes non plus d'un échange mais d'un concours, faussé en cours de déroulement par la ruse des nouveaux venus. Ce thème a été rencontré dans deux chefferies, à Duvangar et à Durum. A Durum le concours a lieu entre le clan autochtone Fogom, ayant pouvoir sur les Mokuzek, et le nouvel arrivant Mandzah après que celui-ci ait fait apprécier au Fogom son sel. Fait notable c'est le Fogom qui propose ce concours et en fixe les modalités. Cette initiative le montre en situation de chef même si le récit ne fait pas de lui le commandant du groupe formé par les deux clans Fogom et Mokuzek. Fonctionnant comme une ordalie ce concours constituait *"une espèce de vote"*, expliquent les habitants de Durum. Chaque clan devait choisir des fruits verts dans la montagne ; les fruits seraient enterrés dans des trous distincts, près de la porte des concurrents, et au matin celui dont les fruits auraient été trouvés noirs, donc mûrs et prêts à être mangés, serait proclamé chef du groupe. Le Fogom choisit les fruits de l'arbre *sked*, le Mandzah ceux de *ndelez* (45). Pendant la nuit le Mandzah vient faire l'échange des fruits entre les deux trous, si bien que c'est dans le sien qu'on trouve au matin les fruits de *sked* devenus noirs, car ces fruits, expliquent les informateurs, possèdent la particularité de mûrir artificiellement. Alors, dit une variante, le Mandzah les a jetés aux Fogom et aux Mokuzek en leur ordonnant : *"Allez, ramassez-les !"*, et poursuit le récit *"c'est ce qu'ils ont fait"*, reconnaissant leur nouvelle obligation d'obéissance. Le Mandzah se comporte ainsi en souverain de la nouvelle chefferie.

On retrouve à Duvangar ce thème du concours faussé, exposé presque dans les mêmes termes. Cette fois le concours concerne non un autochtone - Duvangar affirme ne pas en avoir - mais le premier habitant de la montagne, le Mowayan, aux prises avec le nouvel arrivant Laway qui cherche à le dominer ainsi que les autres occupants Sidaway. Ici le concours et ses modalités sont décidés d'un commun accord et c'est à nouveau le plus ancien sur la montagne qui choisit le fruit de *sked*, l'immigrant Laway optant pour celui d'*hewer*. (Deux variantes parlent toutefois d'un autre fruit, *toroz* (45), rouge et brillant - couleur, on le verra, attachée à la chefferie - choisi par le Mowayan tandis que le Laway optait pour le *sked*). Il est dit parfois que tous deux avaient enterré des fruits de *sked*, mais *"le Mowayan avait mis de la cendre dans son trou, ce qui a fait mûrir les fruits de sked tandis que le Laway ne le savait pas et n'avait rien mis"*. Comme l'immigrant de Durum celui de Duvangar triomphe néanmoins, car pendant la nuit il est allé tâter les fruits et s'est emparé de ceux du Mowayan qu'il a trouvés mûrs. Il devient donc chef de l'ensemble Mowayan-Laway.

En cet épisode unique est condensée une compétition pour le pouvoir qui semble avoir été réelle et longue. Le commentaire d'un vieux Mowayan le dit explicitement : *"Les Mowayan et les Laway ont habité ensemble la montagne et ils étaient amis avant que les Laway n'arrachent la chefferie. Les Mowayan ont été chefs un certain temps. Les Laway étaient très malins : pendant que les Mowayan étaient chefs ils faisaient semblant d'être leurs amis mais ils voulaient devenir, eux, les chefs. Peu à peu ils sont devenus nombreux et ils ont pris la chefferie"*.

Dans ces deux séquences du concours faussé le mythe affirme à nouveau l'antériorité du Fogom et du Mowayan, qui se traduit par une meilleure connaissance du milieu naturel. En même temps il considère les représentants de ces clans comme des concurrents des immigrants, des adversaires à manier avec précaution et non plus seulement des hommes sauvages qu'il est facile d'apprivoiser avec de la nourriture. C'est pourquoi l'habileté de l'immigrant doit se déployer : à lui la ruse et par là le succès. Puisque ses descendants détiennent aujourd'hui le pouvoir la narration mythique ne peut que lui attribuer, et à lui seul, l'intelligence calculatrice (46).

Cette idée de la lutte à armes égales apparaît mieux dans la même chefferie de Duvangar où le thème du concours est prolongé par une forme d'ordalie, utilisant cette fois la mise à feu de la brousse, sans aucune possibilité de manipulation. Laway et Mowayan ont décidé de *"diviser la montagne et donner à chacun sa part, en mettant le feu à la brousse à partir de la plaine. Le feu du Mowayan s'est arrêté vite mais celui du Laway a brûlé un grand bout de montagne jusqu'en haut. Chacun a pris alors le morceau qui avait été brûlé par son feu et le Laway a eu une très grande part de terre"*. Là encore les Asna de l'Ader utilisent un langage mythique identique à celui des Mofu-Diamaré : on retrouve chez eux l'utilisation d'un feu de brousse par deux groupes distincts afin de déterminer la limite de leurs terres respectives. Parfois cependant ce procédé permet à un groupe unique de migrants de se tailler son terroir : ce sont les limites du feu qui l'amènent à décider de ses droits sur cette terre, démarche qui est celle des Mossi (47).

Les récits mofu-Diamaré suggèrent l'existence de petites sociétés déjà élaborées, déjà complexes, différentes du groupe unique des autochtones. Il est dit parfois qu'une différence de statut existait entre le clan détenant le pouvoir et le ou les clans qui en étaient exclus, ainsi à Durum le clan Fogom était chef tandis que le clan Mokuzek lui était inférieur. En s'imposant au petit prince Fogom le Mandzah ne fait donc que substituer son pouvoir à un pouvoir qui existe déjà.

Cet accaparement du pouvoir par un étranger qui se substitue au souverain en place constitue un schéma mythique courant dans le bassin du Lac Tchad. Nous l'avons retrouvé dans la chefferie giziga de Marva (42) et les Mundang de Léré racontent eux aussi l'éviction de leur roi autochtone en des termes presque semblables (43). Ailleurs cette mise à l'écart du souverain primitif est mentionnée mais non décrite : les Nyamwezi de l'Ouganda font seulement de leurs rois actuels des descendants d'immigrants ayant usurpé le pouvoir auprès d'un roi autochtone (48). Dans tous ces cas est présentée une société déjà complexe - reconnaissant l'un de ses membres comme souverain, doté de pouvoirs spéciaux - qui ne peut être considérée comme "clanique" ou "pré-monarchique" : il s'agit d'un état multiclanique, comme si les récits mythiques voulaient démontrer que l'existence d'un souverain, d'un chef, d'un pouvoir est aussi ancienne que celle de la société elle-même. Ils laissent entendre que ce pouvoir est différent mais son fonctionnement n'est pas décrit par les informateurs appartenant aux sociétés actuelles et il nous faut nous contenter des menus détails de la narration mythique.

- l'élimination violente des premiers occupants

Dans la plupart des chefferies, l'autorité du migrant, une fois établie, n'est plus remise en question par les premiers occupants qui demeurent sur place. Seule la chefferie de Durum explique comment les deux clans antérieurs aux Mandzah, Fogom et Mokuzek, ont été presque entièrement éliminés physiquement par les Mandzah, car ils étaient devenus *"trop nombreux"*, *"plus puissants que les Mandzah"*. Le prince Mandzah prend peur et il élimine *"les premiers par l'eau, les seconds par le feu"*, ainsi que le résument plusieurs habitants de Durum, cette précision pouvant constituer une allusion à la détention par le nouveau prince des pierres de pluie et de sécheresse.

Pour se débarrasser des Fogom les Mandzah construisent un barrage juste au dessus de leur quartier et, selon certaines versions, lorsqu'il est *"devenu bien profond"*, les Mandzah *"pendant la nuit démolissent le mur qui retenait l'eau"*. Selon d'autres ils y jettent un morceau de boule de mil qui tombe au fond où un Fogom essaie d'aller le retirer, puis un autre. Le résultat est le même : la quasi totalité des Fogom est noyée. S'attaquant ensuite aux Mokuzek les Mandzah les invitent à venir participer à un battage de mil récompensé par de la bière. Ils les font entrer dans une très grande maison à laquelle, après en avoir barricadé les portes, ils mettent le feu. Ils confient la surveillance des issues à un jeune Mokuzek, qui est leur *bizidem*, leur "enfant de fille", et qui a adopté leur cause. Tous les invités périssent brûlés. Seuls survivent les trois ou quatre Mokuzek qui n'avaient pas répondu à l'invitation et que les Mandzah décident de garder.

- le renforcement du pouvoir par l'exclusivité des pierres de pluie

Le thème des pierres de pluie court dans les récits mythiques de toutes les chefferies mofu-Diamaré. Il est le seul dans ce cas (cf. Tableau 7 : "Schémas mythiques communs"). C'est dire son importance. Les pierres de pluie apparaissent en effet comme le symbole du pouvoir politique. Les Sidaway, dit-on à Duvangar, *"avaient des pierres de pluie, donc ils étaient les chefs"*. Cette formulation est valable partout : posséder des pierres de pluie c'est être prince. La progression vers l'exclusivité de leur détention permet de suivre le renforcement de l'autorité politique. Les pierres de pluie sont si intimement mêlées au pouvoir qu'analyser les modalités de leur possession c'est démonter le mécanisme de la réflexion mofu sur le pouvoir politique et sa nature. Nous nous limiterons donc ici à une brève description du cheminement de leur détention (49).

La venue de la pluie est, selon les Mofu, liée à deux sortes de pierres. Les unes, capables de la provoquer, sont appelées *bizi yam*, "enfants (de) l'eau", "enfants (de la) pluie" (50). Les autres peuvent l'empêcher et sont désignées comme des *kwalay*, "arc-en-ciel". Leur détention est aujourd'hui réservée aux princes et les mythes nous montrent comment ceux-ci les ont petit à petit concentrées entre leurs mains.

Les autochtones détenaient-ils des pierres de pluie ? Contrairement à ce que nous avions supposé après nos premières enquêtes (51) cette possibilité semble avoir existé, même chez les "autochtones sauvages". Ainsi les Wulger de Dugur *"avaient des enfants de pluie mais... ne savaient pas s'en servir. Les Dingize ne les leur ont pas arrachées. Ce sont eux qui les ont abandonnées"*. De même si de nombreux informateurs estiment à Durum que ce sont les Mandzah qui ont apporté avec eux l'usage des pierres de pluie on trouve pourtant quelques informateurs dignes de foi - en particulier le chef du clan Fogom - pour affirmer qu'*"avant l'arrivée des Mandzah le Fogom était prince, bi ngwa"* et qu'il *"avait donc des pierres à pluie"*. Toutefois, ajoute-t-on, *"quand les Mandzah sont arrivés le chef Fogom les leur a données en cadeau parce qu'il voyait qu'ils étaient venus nombreux"*. Enfin les Ldagal, premiers arrivés dans la chefferie de Molkwo trouvée vide, déclarent expressément avoir détenu des enfants de pluie : *"Nous avions autrefois des enfants de pluie mais ils ne nous aimaient pas et nous tuaient. C'est pour cela que nous les avons laissés aux Moloko-Subo. Par contre nous n'avions pas de pierre arrête-pluie"*. Ce n'est donc pas la possession d'"enfants de pluie" qui fera la différence entre les deux couches de peuplement.

Les nouveaux arrivés apprennent-ils donc seulement l'existence des pierres à pluie en s'installant sur les massifs montagneux ? Ces récits pourraient le donner à croire ce qui serait conforme aux explications mofu sur l'origine locale de ces pierres. De fait dans la moitié des chefferies étudiées - à Duvangar, Molkwo et Mukyo - les clans détenant aujourd'hui le pouvoir politique disent avoir acquis leurs "enfants de pluie" auprès des clans sur place. Toutefois la situation inverse se rencontre aussi souvent : les Mandzah de Durum, les Erketse de Wazang, les Dingize de Dugur se présentent comme venus de leurs différentes montagnes-îles avec *"les pierres de pluie en mains"*. Sauf à Wazang où les Siler ignoraient leur existence, dans les deux autres chefferies les immigrants se trouvent devant des clans qui possèdent également ces pierres mais finiront par renoncer à leur utilisation pour en laisser l'exclusivité aux nouveaux venus. Alors que les liens avec la terre caractérisent dans une certaine mesure les autochtones mofu-Diamaré - qui se retrouvent ainsi dans une situation fréquemment décrite en Afrique - on ne voit pas se dessiner ici la maîtrise exclusive de la pluie dont sont parfois crédités les autochtones.

La détention des pierres de sécheresse, *kwalay*, vient parachever le pouvoir des princes d'origine étrangère. Les premiers habitants des chefferies, les autochtones, ne possèdent pas de pierre de sécheresse. Lorsqu'on les voit faire leur apparition sur les massifs montagneux elles sont entre les mains de ceux qui sont venus avec elles, les premiers immigrants. A Duvangar, à l'aube de l'existence du *ngwa* on trouve deux *kwalay*, l'un chez les Mowayan, l'autre chez les Sidaway. "Chaque clan," dit le récit mythique, "*avait ses pierres de pluie. Donc chacun était chef chez lui*".

L'existence de deux *kwalay* sur le même massif traduisait pour nos informateurs celle de deux petites chefferies juxtaposées et indépendantes. Le premier *kwalay* était détenu par les Mowayan, ce qui leur permettait d'arrêter la pluie au gré de leur humeur, pour faire sécher leur mil germé par exemple. Ils le prêtent d'abord à leur ami Laway, arrivé après eux mais que le mythe montre déjà bien installé avec maison et récoltes, et celui-ci, ayant expérimenté l'utilité de la pierre arrête-pluie, s'empresse de la voler. Lorsque ensuite le Mowayan veut arrêter la pluie, c'est le Laway qui sort le *kwalay* volé, et la pluie cesse. Le nouveau pouvoir sur les pluies du Laway traduit sa transformation en prince. Une variante du récit mythique ajoute : "*Comme Mowayan et Laway étaient nombreux et à peu près de même force, ils n'ont pas voulu se faire la guerre*".

Cette nouvelle séquence renforce le thème du concours pour le pouvoir déjà rencontré. Elle montre une nouvelle étape dans l'éviction des Mowayan qui ne peuvent plus traiter d'égal à égal avec les Laway. Cette éviction a été facilitée par la progression démographique des Laway, ce qui sous-entend une certaine durée de leur période de soumission aux côtés des Mowayan.

Le mythe nous fait ensuite assister à la domination des Laway sur les Sidaway. Là aussi ils entrent en possession du *kwalay* du Sidaway, mais suivant des modalités particulières. Une sécheresse sans précédent frappe la chefferie après l'enterrement d'un vieux prince Sidaway sans descendance, d'où son nom de Bi-Dzuley, "prince stérile". Un spécialiste en divination, *mbidla*, révèle alors que Bi-Dzuley s'est fait enterrer avec sa pierre de sécheresse cachée volontairement contre sa jambe. Riches en mil, en bétail et aussi en enfants, les Laway prennent à leur charge l'exhumation de Bi-Dzuley et son réenterrement. Ils s'emparent ainsi de la pierre de sécheresse des Sidaway. Le Laway ami de Bi-Dzuley prend sa succession et devient prince, construisant son habitation là où était celle des princes Sidaway, tout en haut de la montagne. Ce glissement de détenteur du *kwalay* traduit l'éviction du pouvoir des Sidaway par les Laway. Comme dans la lutte avec les Mowayan les Laway ne l'ont pas emporté tout de suite. Il a fallu qu'ils atteignent un poids démographique suffisant. "*Les Laway étaient devenus nombreux ; les Sidaway étaient peu; ils ont été obligés de subir*", explique un Sidaway après avoir raconté le transfert du *kwalay*. Ayant perdu le pouvoir ils ont été chassés vers les chefferies voisines, " *partout , à Wazang, à Masakal!*".

A Durum les faits sont peu clairs car les récits mythiques, si détaillés par ailleurs, parlent à peine du *kwalay*. Les Fogom disent avoir possédé "l'arc-en-ciel" avant l'arrivée des Mandzah, puis on le retrouve entre les mains de ces derniers sans que l'on sache comment il y est parvenu. Seule l'éviction des Mokuzek par le feu apparaît comme une allusion au nouveau pouvoir des Mandzah utilisant la pierre desséchante et brûlante.

A Wazang on sait seulement que les Erketse sont arrivés de Zaway déjà pourvus des deux types de pierres de pluie. Un nom de lieu-dit, *I-Kwalay*, "Maison de la pierre arrête-pluie", qui désigne le lieu où les Erketse se sont installés avant de gagner le sommet du massif, montre qu'ils possédaient déjà alors le *kwalay*. Toutefois ils ont renforcé leur pouvoir sur la sécheresse en faisant l'acquisition d'un second *kwalay*, dit "le *kwalay* de Logwone", présenté comme plus efficace et redoutable. Par ailleurs on raconte que les Medey ont possédé des pierres de pluie à Makabay et qu'ils ont donc constitué une unité politique distincte mais qu'ils ont dû renoncer à les utiliser, sinon à la demande sporadique du prince de Wazang. Ils sont aujourd'hui sous sa dépendance et Makabay n'est plus qu'un simple quartier à l'intérieur de la chefferie de Wazang.

L'introduction des pierres arrête-pluie représente aussi une possibilité de découvrir sous les termes mythiques une transformation des deux chefferies voisines de Molkwo et Mukyo. Dans les deux cas on voit les clans de prince renforcer leur pouvoir en se mettant à manier la sécheresse. Chacun a acquis un *kwalay* - pierre arrête-pluie inconnue jusque-là - auprès du même clan, celui des Maya, venus du Nord "poussés par la famine". L'un l'a obtenu par ruse, l'autre l'a arraché par meurtre, et les Maya, réduits à la condition de gens ordinaires, ont été englobés dans les chefferies de Molkwo et Mukyo. Là aussi les pierres de pluie sont liées au pouvoir et objet de contestations .

- l'éclatement en nouvelles chefferies

Les pierres de pluie se retrouvent enfin dans les épisodes les plus récents de ces récits de fondation : l'éclatement des chefferies en chefferies parentes, commandées par le même clan de prince.

Dans les deux cas rencontrés, à Dugur et à Durum, cette partition est présentée comme le résultat d'une lutte entre frères. A Dugur, l'aîné ayant volé à son père une partie de ses pierres à pluie est chassé par lui et fonde du vivant de son père la chefferie de Tsaki-Dzebe de l'autre côté de la montagne. C'est ensuite le cadet aimé du père qui devient prince à Dugur.

A Durum au contraire l'aîné est vertueux et c'est le cadet qui perturbe : juste après la mort du père il a des relations sexuelles avec les femmes de celui-ci - alors qu'elles auraient dû devenir les épouses de son frère aîné - et toutes sont enceintes. Pour essayer d'éliminer ou au moins de transformer la souillure commise par le cadet le conseil des anciens décide de faire de lui le successeur de son père. Pour ne pas trop léser l'aîné, Mangerdla, on l'envoie fonder à l'autre extrémité du massif de Durum, une nouvelle chefferie portant son nom. (Dans des circonstances très proches Unjangamino, chez les Alur d'Ouganda, ayant "commis l'adultère" avec les épouses de son père est banni de la chefferie et en fonde une nouvelle (52)). Mangerdla se voit remettre alors - sans avoir eu besoin de les voler - pierres "enfants de pluie" et *kwalay*, "arc-en-ciel". Alors qu'à Dugur la présence des pierres de pluie constitue l'enjeu même de la lutte entre frères et traduit sans doute un conflit véritable, les raisons de la scission de Durum restent plus obscures. Le récit mythique n'est pourtant pas totalement détaché de la réalité puisque de vieux Mandzah nous ont récité les listes généalogiques partant des deux frères rivaux et aboutissant à l'époque actuelle (cf. Tableau 10 : "Les princes de Durum et Mangerdla").

C'est le même thème qui apparaît dans les deux chefferies, celui de l'aîné partiellement écarté de la succession paternelle et cherchant à retrouver le pouvoir, grâce à sa détention de pierres de pluie. Cette rivalité fraternelle se retrouve exprimée dans des termes très proches chez les Bata et Bachama, populations apparentées du Nord-Nigeria : le cadet s'empare du pouvoir et cette fois d'une "poterie sacrée, servant au culte de la pluie" (on peut la supposer pleine de pierres) et le groupe se scinde en deux ensembles distincts (53).

Le vol de pierres de pluie avant de partir fonder une nouvelle chefferie est un thème fréquemment utilisé dans le Nord-Cameroun. On le rencontre par exemple à Wazang où l'ancêtre du groupe Medey venu s'installer à Makabay est dit être arrivé avec ses propres pierres de pluie, volées au frère qu'il n'avait pu évincer. On le retrouve dans la montagne-île de Mikiri et nous l'avons noté aussi chez les Mofu-Gudur où le fondateur de la chefferie de Gudur, l'ancêtre du clan Biya, est dit avoir volé ses pierres à son père adoptif, le prince de Movo, vol évoquant celui commis par l'ancêtre Bildinguer des Guiziga-Moutouroua, quittant Gudur après avoir volé "un objet totémique vénéré par sa tribu", que nous interprétons comme une pierre de pluie (54).

Les pierres de pluie constituent, on le voit, des marqueurs du pouvoir. A travers le jeu de leur obtention, de leur échange, de leur vol ou de leur partage apparaît la naissance puis le développement ou la partition des chefferies. Elles soulignent les étapes de leur constitution progressive.

1. LES RECITS MYTHIQUES : PEUPLEMENT ET CONSTITUTION DES CHEFFERIES

Notes des pages 149 à 184

(1) employée également par d'autres auteurs africanistes, N. ECHARD (1975) par exemple.
(2) Ainsi lors d'une mission récente en novembre-décembre 84, nous avons obtenu, d'une part à Wazang des détails inédits permettant d'apporter une touche supplémentaire à la sauvagerie des Siler, et d'autre part à Duvangar un nouveau récit de la compétition pour le pouvoir, entre les Mowayan, premiers occupants, et les immigrants Laway.
(3) prolifération semblable à celle des récits mythiques grecs concernant les origines notée par N. LORAUX, qui, souligne-t-elle, ne constituent pas les fragments d'un grand mythe mais existent chacun individuellement (inéd. 1985)
(4) Pour un résumé de ces mythes d'origine cf. J.F. VINCENT, 1979, pp 227-228. Sur l'existence de pierres-nourriture chez les Giziga cf. J. FOURNEAU, 1938, p.170
(5) On retrouve cette même incompatibilité entre mil et musique dans d'autres sociétés d'Afrique noire, les Mossi par exemple (S. LALLEMAND, rens. oral).
(6) cf. Tableau 7 "Schémas mythiques communs aux différents *ngwa* ; l'émergence et la constitution du pouvoir"
(7) J.F. VINCENT, 1975.
(8) Enquêtes J.F. VINCENT, 1969 à Gudur et Diméo ; cf. D. BARRETEAU, 1983, "Introduction" p. 19.
(9) M. IZARD, 1973 a, p.196
(10) N. ECHARD, 1975, p.61. Sur ces chaos de rochers, premier habitat des Siler, cf. Illustration chap. III, Planche IV photo 1.
(11) N. ECHARD, 1975, p.110-111
(12) A.W. SOUTHALL, 1956,
(13) Chez les Asna suivant une formulation un peu différente, c'est la femelle du fennec qui a "mis au monde" les Follakowa, d'où leur système pileux développé (N. ECHARD, 1975, p. 109).
(14) B. JUILLERAT, 1971, p. 63.
(15) J.F. VINCENT, 1975, p. 154.
(16) N. ECHARD, 1975, p. 123.
(17) On retrouve dans le récit mythique mofu les mêmes détails révélateurs d'une certaine conception de la femme ; les femmes des Wulger étaient, elles aussi, plus courageuses que les hommes, sortant régulièrement à l'extérieur et poussant ensuite leur mari le moment venu à converser avec les inconnus (J. F. VINCENT, 1979, p. 229).
(18) N. ECHARD, 1975, p. 112
(19) Toutefois prenant conscience de leur nudité après leur rencontre avec des immigrants ils seront saisis alors de honte (N. ECHARD, 1975).
(20) A. HALLAIRE, 1971, p. 13, B. JUILLERAT, 1971, p. 63
(21) Sur les rites funéraires mofu-Diamaré. Cf. J.F. VINCENT, inéd. 1980 et 1982.
(22) A. HALLAIRE, 1971, p. 13
(23) Il s'agit du piton rocheux, à la fois curiosité naturelle et point de repère, signalé par la carte IGN au 1/200.000 sous le nom de "Lanterne de Meri"
(24) Nous avons procédé à de courtes enquêtes spécialisées dans une douzaine de *ngwa* mofu-Diamaré, appartenant presque uniquement aux deux premiers ensembles de "montagnes": Dugur-Duvangar-Durum-Wazang et Molkwo-Mikiri-Tsere (cf. Tableau 5: "Inventaire des chefferies et montagnes mofu-Diamaré").

Nous avons ainsi recueilli des informations directes sur l'origine d'une quarantaine de clans, et indirectes sur celle d'une vingtaine d'autres, arrêtant notre curiosité aux débuts de la période française vers 1920. En effet les migrations deviennnent ensuite individuelles.

(25) B. LEMBEZAT,1961, p. 11.
(26) avec une exception pourtant pour le vieux Bi-Kaliao (1898 ? - 1975), membre du clan Erketse de Wazang, originaire, on le verra, de Balda puis de Zaway, lequel nous avait raconté être allé jadis dans la région de Zaway pour acheter un boeuf. Il en avait profité pour escalader la montagne et rencontrer ses habitants, parents éloignés.
(27) Le Major Denham qui a pu la contempler à la lunette à partir de "Marva"-Maroua n'hésite pas à la qualifier de "pic alpin" (1826, p. 362), si bien que H. Barth passant au pied des Monts du Mandara trente ans plus tard s'appuyant sur les descriptions de Denham, croira pouvoir identifier à ce "Mount Mendefi or Mendif" le point culminant des Monts du Mandara... (1857, T. II, p. 395).
(28) E. MOHAMMADOU, réèd. 1976, Carte VI "Les populations autochtones avant l'arrivée des Peuls", p. 403.
(29) Une enquête en décembre à ce "Djagaray" des cartes (carte IGN 1/200.000°, "Maroua", Yaoundé, 1973), actuellement village giziga a permis de vérifier le bien-fondé de cette hypothèse.
(30) J.F. VINCENT, 1981 (1973), p.286
(31) Sur les liens entre les chefferies de Kaliao et Marva avant l'arrivée des Peuls cf. J.F. VINCENT, à par.1990, p.19.
(32) B. LEMBEZAT, 1961, p. 11, A. HALLAIRE, 1971, p. 13
(33) Ch. de Graffenried étudiant les mythes de migration et d'installation des Gemzek et Zilgo note pour ces populations la même origine : "les massifs du sud-est, est et nord-est" (1984)
(34) J.Y. Martin a signalé l'existence chez les Mafa d'un important clan "Jele" dispersé dans une quarantaine de villages" et pourtant gardant partout le même nom (J.Y. MARTIN, 1970 p. 88). Peut-être est-ce un de ses membres qui a donné naissance aux "Zeley" mofu.
(35) J. BAZIN, inéd. 1985
(36) Chez les Mbororo aujourd'hui encore, les bergers s'assimilant à leurs taureaux encouragent leurs bêtes à lutter entre elles, et, pour leur faire remporter la victoire, leur aiguisent les cornes rendant ainsi leurs combats dangereux, et parfois mortels (H. BOCQUENE- N'D.OUMAROU, 1986, p.44)
(37) et aussi dans celle, non moins importante, de Gudur chez les Mofu-Gudur (enquête J.F. VINCENT, 1971, D. BARRETEAU, 1983, "Introduction")
(38) N. ECHARD, 1975, p. 155
(39) D. BARRETEAU , 1983, "Introduction", p. 29
(40) J.F. VINCENT, 1975, p.52
(41) enquête J.F. VINCENT, 1971, D. BARRETEAU, 1983, "Introduction" p. 22; A. SOUTHALL, 1956, p. 376
(42) J.F. VINCENT, à par. 1988; cf. la présence du même mythe chez les Guidar, appliqué aux immigrants moukdara, C. COLLARD, 1977, pp.96-97
(43) A. ADLER, 1982, p.36
(44) N. LORAUX, inéd. 1985
(45) L'arbre sked a été déterminé par G. FOTIUS, botaniste ORSTOM (1976) : *Vitex doniana* . Par contre les arbres *toroz*, *ndeleg* et *hewer* n'ont pas été identifiés.
(46) ainsi que le remarque G. BALANDIER, 1985, p.119
(47) N. ECHARD, 1975, p. 127 et p. 168; M. IZARD, inéd. 1982
(48) S. TCHERKEZOFF, 1983, p. 93

(49) En 1973 nous n'avions encore collecté aucun récit mythique concernant les pierres de pluie, c'est pourquoi l'étude sur l'histoire mofu (écrite en 1973) n'y fait pas d'allusion. Notre article de 1975, résumant les mythes que nous venions de recueillir, passe en revue les différentes modalités de détention de ces pierres mais ne les ordonne pas (J.F. VINCENT, 1975, pp. 150-154). Ce sont les matériaux de terrain recueillis en 1976, 1980 et 1984 qui ont permis de faire apparaître une cohérence.
(50) en mofu de Duvangar-Durum-Wazang, *ura-var* en mofu de Molwo-Mukyo, etc... Pour simplifier nous utiliserons les seules appellations de Duvangar-Durum-Wazang.
(51) J.F. VINCENT, 1975, p. 152
(52) A.W. SOUTHALL, 1956, p.187
(53) C. K. MEEK, 1931, p.2
(54) G. PONTIE, 1973, p. 28

2. L'INTERPRETATION DES RECITS MYTHIQUES

Malgré leur recours fréquent au langage symbolique les récits mythiques possèdent un contenu précis. Nous voudrions à présent le faire apparaître pour en proposer une interprétation. Il y a là un risque sur lequel les anthropologues se sont déjà interrogés. Est-il légitime de traduire en termes historiques un langage symbolique ? Les hésitations et les tiraillements ont été nombreux (1). Finalement il semble qu'aujourd'hui un large accord se fasse pour tirer de tels récits, non une histoire précise, datable, mais au moins des schémas résumant les modalités d'implantation de ces populations, ainsi qu'une description succincte faisant apparaître avec la situation actuelle des différences culturelles significatives.

Un trait rend pourtant difficile cette quête, la présence de détails qui donnent à ces récits un caractère cyclique. Les mythes nous montrent la création de la chefferie et en même temps ils nous décrivent la société de cette époque fonctionnant déjà comme celle d'aujourd'hui. Ils font allusion par exemple au lien particulier entre oncle maternel, *gumsa*, et neveu utérin, *bizidem*, ou encore au système d'héritage faisant de l'aîné l'héritier des femmes de son père. Ils nous montrent les premiers habitants des chefferies bornant leurs terres à l'aide de pierres tout comme ceux d'aujourd' hui. Il y a là un effet de miroir qui ne doit cependant pas décourager une quête du sens de ces récits des origines.

a) autochtones et premiers occupants sauvages

De l'ensemble des récits mythiques mofu-Diamaré se dégage une certitude : l'existence d'une première couche de peuplement des *ngwa*, celle des autochtones, très peu importante numériquement mais répartie régulièrement à travers les massifs (cf. Carte 11 : "Implantation des autochtones et premiers occupants sauvages"). Cette présence d'autochtones, bien que fréquente dans les sociétés de sahel, n'est pas une constante et, tout près des Mofu-Diamaré, les Guidar sont un exemple de groupe ethnique chez qui, alors qu'existent dans le paysage et le sol de nombreuses traces matérielles de populations anciennes, aucun clan ne se dit autochtone (2).

Les premiers occupants des montagnes mofu se caractérisaient par ce que les descriptions font apparaître comme une économie de cueillette, correspondant à une emprise faible sur le milieu naturel, peu ou pas modifié par leur présence : forte densité en arbres formant des bosquets au sommet des massifs (ce qui suppose une implantation ancienne, et aussi un paysage différent de celui d'aujourd'hui); nourriture essentiellement végétale (écorces, feuilles et fruits d'arbres) ; chasse peu développée et basée sur la capture du petit gibier; utilisation de feuilles comme vêtements ; absence d'habitations construites et recours aux cavités naturelles; ignorance totale de l'élevage, non seulement du petit bétail mais même de la volaille ; repliement de chaque groupuscule sur lui-même.

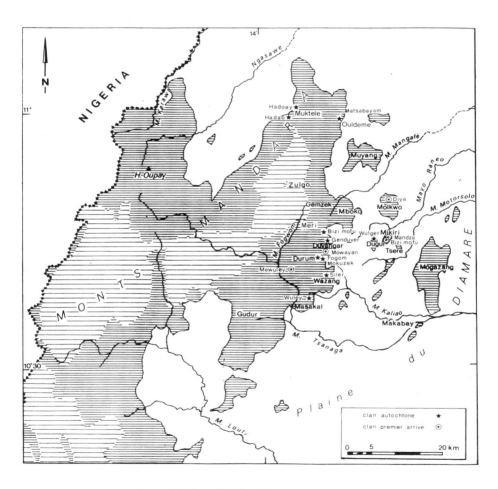

**Carte 11 Localisation des autochtones
et premiers occupants sauvages**

Quelle était la religion de ces premiers habitants ? Mises à part les allusions à un mode d'ensevelissement primitif les récits mythiques sont presques muets sur ce point. Certains informateurs ont pourtant là-dessus des opinions, dont on ne sait si elles sont le résultat d'une tradition ou le fruit de réflexions personnelles. Ils se passionnent surtout pour le problème de l'origine de leurs institutions religieuses : cultes aux *mbolom* - esprits des lieux habitant une portion du terroir de la chefferie dont ils protègent les habitants - fête du taureau *maray* et fête du rassemblement des jeunes en classes d'âge, *mazgla*. Les deux dernières, disent-ils, étaient inconnues des premiers habitants des montagnes. Par contre ceux-ci connaissaient le culte des *mbolom* et les Siler de Wazang, par exemple, leur offraient des sacrifices lorsqu'ils habitaient dans leurs grottes, où, dit-on, des traces de ce culte ancien sont encore visibles. Cette religion était réduite au culte des *mbolom* et c'est ensuite qu'elle s'enrichira.

Ces différents détails composent le tableau cohérent de populations au niveau technique et culturel peu développé qu'on aimerait pouvoir situer dans le temps. Une tentative de datation par le biais des généalogies a été faite chez les Mofu-Gudur qui signalent chez eux la présence d'autochtones primitifs. De très longues généalogies ont été recueillies amenant à l'hypothèse de "22 à 24 générations minimum" pour la mise en place de ces autochtones, correspondant selon l'auteur à sept à neuf siècles, si l'on attribue à une génération une durée moyenne de trente à trente-cinq ans (3). Suivant ce calcul les autochtones mofu-Gudur seraient dans leurs montagnes depuis les XIème-XIIIème siècles. Pour notre part nous n'avons recueilli aucune généalogie de cette longueur dans les clans autochtones rencontrés et nous ne proposons aucune estimation (4).

Des fouilles des cavernes habitées autrefois par les premiers hommes, menées par les préhistoriens, constitueraient par contre un intéressant relais aux enquêtes ethnologiques. A Wazang, par exemple, des investigations dans les grottes, domaine jadis des Siler, doivent pouvoir au moins vérifier les affirmations des montagnards actuels sur le petit nombre de connaissances techniques de ces autochtones, grâce par exemple à l'examen des restes de poteries, différentes des poteries actuelles car beaucoup plus grossières. Des fouilles archéologiques permettraient aussi de collecter des matériaux permettant de proposer une datation pour cette période d'occupation des cavernes.

b) les nouveaux arrivants conquérants du pouvoir

Si les descriptions de migrations relèvent du domaine mythique, on l'a vu, par l'exposé de leurs motifs leur existence elle-même ne peut être mise en doute.

Les détails sur les migrants venus des montagnes-îles de l'est et du sud-est montrent en eux un groupe relativement homogène d'éleveurs de chèvres et surtout de boeufs, se lançant à la découverte de la montagne, entraînés par leurs bêtes. Ce thème de la poursuite de bétail égaré - interprété également comme le récit d'une migration - apparaît à plusieurs reprises dans les montagnes du Nord-Cameroun, qu'il s'agisse de la recherche d'une vache chez les Mafa, ou, plus modestement, d'un mouton chez les Mboko et on la retrouve dans les mythes d'origine des cités grecques (5). La mention fréquente de "troupeaux" de bovins indique un mode d'élevage différent de celui des Mofu-Diamaré actuels où chaque animal est reclus dans son étable, celles-ci étant éparpillées à travers la montagne sans que les animaux soient jamais regroupés. Le thème mythique de la poursuite du bovin échappé survenant après l'arrivée des émigrants à proximité du massif traduit peut-être la réticence de ces étrangers, jadis aux contacts des plaines, à s'installer en un site inhabituel pour eux, puis leur transformation progressive en montagnards véritables.

Ces nouveaux arrivés étaient utilisateurs du cheval grâce auquel ils chassaient le gros gibier. Ils participaient à des échanges commerciaux - alors qu'il n'existait pas de véritables marchés - peut-être grâce à leur petit bétail. On peut interpréter leur possession du "sel noir", sel minéral coûteux et prestigieux, comme une affirmation de leur pratique de l'échange. Enfin ils utilisaient le fer que plusieurs savaient non seulement forger, mais fondre.

Selon nos informateurs leurs lointains ancêtres des montagnes-îles étaient différents des montagnards actuels par certaines techniques particulières, concernant la construction de l'habitation ou la préparation de la nourriture par exemple, et aussi par leur pratique d'une langue différente. Faut-il aller plus loin et leur attribuer une étiquette ethnique ? Les Mofu venus de l'est et du sud ont une opinion là-dessus. Dans leur région d'origine nos ancêtres, disent-ils, étaient *"comme des Giziga"*. Ainsi parlent les Dingize de leurs ancêtres de Zagara, les Erketse de ceux de Zaway, les Metelever de ceux de Balda. Cette approximation et cette prudence nous paraissent justifiées. Les montagnes-îles citées ne sont généralement plus habitées aujourd'hui par des païens - ceux-ci ayant émigré ou s'étant fondus dans la masse peule - et une étude comparative n'est plus possible. On notera pourtant que les études linguistiques qui ont pu être faites récemment sur la langue parlée à Balda avant l'installation des Peuls donnent raison à l'interprétation mofu : le Baldama est compté comme une langue proche du giziga, mais distincte toutefois du Giziga-Marva ("Giziga-Nord") et du Giziga de Lulu et Muturwa ("Giziga-Sud") (6).

Après avoir quitté leur région d'origine ces "proto-Giziga" se sont spécifiés en fonction du voisinage rencontré. Les Erketse, Markaba et Metelever issus de Balda sont devenus Mofu-Diamaré, tout comme les Dingize originaires de Zagara fixés à Dugur. Par contre, venus de la même région montagneuse de Zagara mais installés à Dzebe, Hulom et Kakata les "frères" des Dingize portent aujourd'hui un nom de clan différent et font partie des Giziga-Marva dont ils parlent la langue. Ils sont *"devenus Giziga"*, *"transformés en Giziga"*, disent d'eux les Mofu-Diamaré.

Faut-il en conclure que les étiquettes ethniques sont fluctuantes et ne possèdent pas de signification rigoureuse ? Assurément pas. Ces exemples montrent seulement que les spécifications ethniques sont récentes. A partir d'une culture commune se sont produites des différenciations, devenues ethniques, dont ne tiennent pas compte ceux qui se sentent toujours parents. Même si les cultures matérielles ont abouti à des styles différents, même si les langues ont évolué vers des parlers distincts, les intéressés gardent le sentiment d'une parenté clanique qu'ils proclament et qu'ils matérialisent en particulier par le maintien d'une solidarité et l'interdiction de mariages entre "frères" séparés.

La situation est la même si on se tourne vers les clans venus cette fois de l'ouest ayant une origine purement montagnarde. Ainsi les Mewuley de Durum se disent parents avec les Uley de Masakal - aujourd'hui Mofu-Gudur - les Genduver de Gwoley-Duvangar avec les Genduver de Due, également Mofu-Gudur.

Ces exemples de clivages ethniques passant à l'intérieur des clans montrent que dans les montagnes mofu-Diamaré, qu'il s'agisse du plateau montagneux ou des montagnes-îles, les clans peuvent être antérieurs aux ethnies. Cette conclusion, à première vue déconcertante, a déjà été établie pour d'autres régions d'Afrique. Les Dogon du Mali racontant leurs migrations multiséculaires à partir du Mandé n'expliquent-ils pas que des liens existent toujours entre eux et un clan malinke - dont ils donnent le nom (7) - habitant leur région d'origine ?

c) l'utilisation du fer dans les montagnes

Les allusions des récits mythiques à l'utilisation du fer invitent à se poser plusieurs questions. La première concerne la datation de l'utilisation du fer par les occupants des montagnes. Faut-il prendre à la lettre les nombreuses variantes faisant état d'une période sans fer dans la vie des chefferies ? Cette période aurait correspondu sensiblement, on l'a vu, avec l'occupation des montagnes par des habitants primitifs.

Il semble qu'il soit possible de la dater en se tournant vers les préhistoriens travaillant au Nord-Cameroun et en les interrogeant sur la date d'apparition du fer dans la région. Leurs recherches ne portent pas encore sur les montagnes mais elles ont obtenu des résultats dans la plaine de Maroua où le fer a été découvert en utilisation de parure ou d'armes, mêlé à des outils de pierre, avec une datation très ancienne remontant au IIIème siècle après J.-C. (8). Si l'on tient à serrer au plus près les détails des narrations mythiques et à conserver aux autochtones une étiquette d'hommes sans pratique du fer il faudrait supposer que pendant une vingtaine de siècles ils aient pu se maintenir dans leurs montagnes, sans contacts avec les habitants des plaines qui eux connaissaient et utilisaient le fer, finissant par découvrir le métal lors de l'installation chez eux des immigrants. L'écart ainsi creusé entre les deux groupements humains serait immense, aussi s'impose la seule interprétation de ces affirmations dans un sens symbolique : l'ignorance du fer apparaît comme un des détails visant à renforcer la sauvagerie des premiers occupants de la chefferie afin de faire mieux accepter la domination des nouveaux venus.

On peut s'interroger aussi sur un autre problème concernant le fer, celui de l'origine géographique des techniques de traitement du fer. Pour chaque clan comptant des artisans du fer nous avons généralement obtenu une indication d'origine. Il est donc possible de confronter ces différents lieux afin de voir si les artisans du fer mofu proviennent d'une région définie qui pourrait être considérée comme le foyer d'origine du fer.

Force est de répondre par la négative : les clans comptant des artisans du fer viennent aussi bien de l'est et des montagnes-îles - Metelever (fondeurs), Dongoza (fondeurs), Laway (fondeurs), Dingize (forgerons et fondeurs) - que de l'ouest et du plateau montagneux - Zeley, Sebe, Gurdelek, Mariyam - chez qui se rencontrent également les deux types d'artisans du fer.

Quelle que soit leur origine, forgerons et fondeurs mofu-Diamaré ont le même statut social : recrutés à l'intérieur de certains clans qui apparaissent comme spécialisés, ils se marient néanmoins librement et n'ont pas la responsabilité exclusive des funérailles. Ces particularités les rapprochent des forgerons des ethnies montagnardes du nord des Mandara et aussi des Giziga. Elles les opposent par contre aux forgerons des ethnies montagnardes du sud et de l'ouest, Mafa et Gudur, qui constituent une caste rigoureusement endogame et qui, en même temps, sont les seuls à pouvoir enterrer les morts : exclusivités du maniement de la forge et de la manipulation des cadavres vont de pair (9). Lorsque la migration est récente les forgerons mofu-Diamaré peuvent souligner eux-mêmes leur différence de condition. A Wazang, Durum et Duvangar, on trouve ainsi des forgerons non castés, se souvenant que leurs ancêtres l'étaient, et capables de montrer en quoi leur condition d'aujourd'hui diffère de celle du passé et leur apparaît comme bien préférable. Notons aussi que dans les narrations mythiques on ne trouve aucune allusion à une impureté ou une infériorité des forgerons. Au contraire à plusieurs reprises les clans de princes apparaissent comme des clans où sont connues les techniques de la forge (10). Cette particularité pourrait laisser supposer que la mise en caste des forgerons est un phénomène relativement récent.

d) la croissance des chefferies

- le sort réservé aux évincés du pouvoir

La première étape dans la constitution de la chefferie a été, on l'a vu, la mise sous tutelle des autochtones. Les récits mythiques ne soufflent généralement aucun mot sur la façon dont les vaincus ont accepté leur nouvelle condition. La chefferie de

Durum, on l'a vu, est la seule à faire exception en racontant en termes symboliques comment à l'asservissement a succédé l'élimination.

A nouveau se pose le problème de l'interprétation des détails concrets indiqués. Les Mandzah se sont débarrassés des Fogom en les noyant sous l'eau d'un immense barrage qu'ils ont ouvert de nuit. Les choses se sont-elles vraiment passées ainsi ? La symétrie entre la mort par l'eau et celle par le feu est belle mais en devient suspecte. Pourtant les habitants de Durum précisent l'endroit exact où avait été construit le barrage fatal aux Fogom - *"entre Gwoje et Givel"*, *"sur le cours d'eau au-dessus de Magedan"* - le quartier actuel des Fogom. Remarquons aussi que les Mofu connaissent cette technique des barrages qu'ils utilisent parfois pour la pêche et que certains de leurs princes, Mangala de Duvangar par exemple, ont constitué grâce à elle des réserves d'eau pour leurs sujets, avec une grande habileté technique. Sans trancher nous nous en tiendrons au seul sens général du récit qui nous fait assister aux sursauts des vaincus et à leur défaite finale. L'affrontement violent entre Mandzah et Fogom-Mokuzek s'est sûrement produit, ainsi que la dispersion des survivants chez les Mafa et dans les chefferies mofu voisines, à Duvangar et à Wazang, où leurs descendants expliquent comment leurs ancêtres ont quitté Durum parce que les Mandzah leur avaient ravi le pouvoir, *"ne leur laissant qu'un tout petit terrain qui ne leur suffisait pas"*.

De la même façon dans les chefferies voisines l'enquête directe peut, contournant le silence des récits mythiques, découvrir l'élimination et le départ des clans ayant détenu les premiers le pouvoir. A Wazang on explique que les Siler *"se sont enfuis après l'arrivée des Erketse, la plupart partant pour Galvawa, chez les Gudur, où ils forment aujourd'hui tout un quartier, alors que les Siler de Wazang ne sont même plus dix chefs de famille"*. Le lien établi entre cette "fuite" et l'installation des immigrants suggère sinon une bataille à l'intérieur de la chefferie, du moins des persécutions subies par les Siler (11).

De même les Sidaway ont-ils été chassés de Duvangar dans les chefferies voisines de Wazang et Masakal, nous a-t-on expliqué à Duvangar. Effectivement les Sidaway que nous avons rencontrés à Wazang savent que leurs ancêtres s'y sont réfugiés après avoir perdu le pouvoir à Duvangar. Et dans le petit *ngwa* de Masakal, dont les habitants actuels sont mofu-Gudur (12), le prince de Masakal nous a présenté un clan de sa chefferie portant toujours le nom de Sidaway .*"Ils étaient autrefois chefs à Duvangar mais ils ont été renvoyés par les gens de là-bas et ils ont demandé à s'installer chez nous"*. Toutefois avec ce dernier exemple, on retrouve le langage symbolique : les Sidaway ont été chassés de la chefferie qu'ils avaient fondée après avoir été, explique le prince, dépouillés de leur pierre de sécheresse "arc-en-ciel" par de nouveaux venus, donc après avoir perdu leur suprématie politique.

- la signification de la détention des pierres de pluie

Dans les récits mythiques les pierres de pluie sont le symbole du pouvoir, mais il faut distinguer parmi elles l'existence de pierres différentes, "enfants de pluie" et "pierre arrête-pluie", correspondant à deux stades distincts, et probablement historiques, dans l'exercice du pouvoir.

La détention des pierres à faire pleuvoir, première étape dans les récits mythiques, semble liée à un type d'organisation sociale reconnue comme inférieure - autorité économique moins grande, fêtes religieuses moins diversifiées - par rapport à celle qui va être instaurée par les immigrants lointains. Abandonnés et retournés dans leurs cachettes d'origine, les "enfants de pluie" montrent que leur ancien détenteur, le précédent chef, n'a plus d'autorité. Leur révolte traduit de façon plus nette la disparition de son pouvoir. Le fait de les donner est enfin lié à l'initiative de leur détenteur qui réalise son nouveau statut de dominé et en tire les conséquences. Les pierres de pluie peuvent être enfin "arrachées" à leurs détenteurs par un autre chef, ce qui traduit alors, on le verra, l'absorption d'une chefferie par une autre plus importante. C'est la situation que l'on observe chez les voisins nord Ouldeme chez qui un immigrant mandara d'origine princière est dit avoir utilisé la ruse pour voler ses pierres de pluie au clan détenant jusque-là le pouvoir (13). Les trois schémas mythiques traduisent un même abandon du pouvoir, une même domination.

La pierre arrête-pluie, *kwalay*, est au contraire l'exclusivité d'un clan au statut social élevé, qu'il soit venu d'ailleurs ou qu'il se soit transformé de lui-même. Cette dernière éventualité nous semble représentée dans la chefferie de Wazang où nous interprétons l'acquisition d'un deuxième *kwalay* par les Erketse comme la traduction symbolique d'une nouvelle expansion politique après une période de faiblesse (cf. Tableau 11: "Les princes de Wazang"). On raconte en effet que Wazang s'était fait dépouiller d'une partie de ses terres par sa voisine Durum, puis qu'elle osa la combattre et reconquérir les quartiers perdus.

Par contre à Molkwo et Mukyo c'est auprès d'un clan étranger, les Maya, venus du Nord *"poussés par la famine"*, que les clans de prince ont acquis leur pierre arc-en-ciel arrêteuse de pluie. Le nom des Maya est familier aux chercheurs étudiant cette région. Les Maya constituent en effet le vieux fonds autochtone du royaume du Mandara, ayant d'abord existé en tant que chefferie indépendante avant d'être dominé par les Mandara. Ainsi que l'ont établi les travaux des historiens les Maya habitaient autour de la montagne-île de Doulo (14). Ils auraient possédé un pouvoir sur la pluie s'exerçant au moyen de "secrets" qui n'ont pas été décrits et dont les Mandara-Wandala semblent ne plus rien savoir aujourd'hui. L'éviction des Maya du pouvoir a sans doute entraîné comme pour les Sidaway de Duvangar, des migrations dont l'une a atteint le massif de Molkwo. Et il est intéressant de noter, comme dans le cas du départ des immigrants Mada vers Mukyo, qu'une explication par la "famine" peut cacher l'existence de luttes internes. Le meurtre des Maya et le vol de leurs deux *kwalay*, un pour chaque chefferie, constituent une façon de raconter symboliquement la perte de leur pouvoir et de leur statut dominant, au point d'avoir été asservis par les modestes princes de Molkwo et de Mukyo.

L'irruption des Maya dans les mythes mofu est précieuse pour une autre raison : ils ont été récemment objet de l'attention d'ethno-historiens s'efforçant de situer dans le temps leur assujettissement par les Mandara-Wandala. Une date a été proposée, la fin du XVIème siècle (15). Cette période correspondrait donc à la période d'affermissement et du développement des chefferies mofu. Effectivement, on verra plus loin que cet essai de datation concorde assez bien avec d'autres propositions utilisant les grands repères mofu.

Ce lien entre pouvoir et pierres de pluie constitue un trait culturel dont on peut essayer de cerner l'origine car les nombreux récits mythiques recueillis permettent quelques conclusions partielles. Les clans chez qui est racontée la détention de pierres de pluie sont soit -rarement - des clans d'autochtones soit - le plus souvent - des clans d'immigrants. Ceux-ci proviennent alors de l'est et du sud-est, parfois du nord, jamais de l'ouest. On aboutit ainsi à une certitude négative : cette croyance en un lien entre chef, prince ou roi et pouvoir sur les pluies est limitée aux plaines et au rebord des Monts du Mandara. On ne la voit pas surgir du coeur du plateau montagneux.

e) proposition de schémas historiques pour la constitution des chefferies

La possibilité offerte par ces récits mythiques d'étayer une stratigraphie distincte valable pour chaque chefferie constitue leur apport historique le plus évident. En les scrutant et en les confrontant on obtient un ordre d'antériorité de clans fondateurs, les trois ou quatre premiers arrivés. Par ailleurs, nous avons pu constater que la plupart des autres clans avaient gardé le souvenir de leur ordre d'implantation dans la chefferie, le mentionnant parfois spontanément au passage. En nous appuyant sur les récits mythiques et sur des traditions partielles, nous sommes parvenue à établir avec quelques anciens - parfois laborieusement, il faut le reconnaître, et avec des contradictions non résolues - une liste d'implantation allant des clans premiers occupants aux clans les plus récents, chefferie par chefferie, en commençant par Duvangar, Durum et Wazang. Ce souci stratigraphique n'est pas le nôtre, il est celui des Mofu-Diamaré et nous lui avons seulement donné une expression écrite.

Le recours fréquent au langage symbolique faisant basculer le récit de la formation des chefferies dans le mythe n'empêche pas certains montagnards de déboucher dans le temps historique. Après avoir classé par ordre d'ancienneté décroissante les clans de leur chefferie, plusieurs se sont brusquement placés sur le

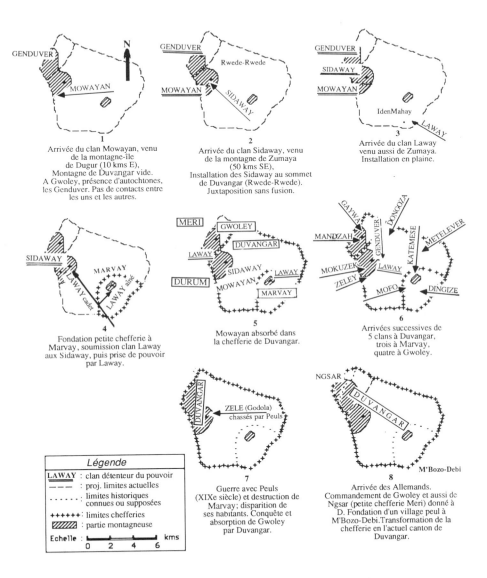

Carte 12 Implantation des clans et constitution progressive de la chefferie de Duvangar

terrain de l'histoire en expliquant comment l'arrivée des clans les plus récents s'était située soit avant, soit après l'installation des Peuls en pays giziga.

La chefferie de Duvangar fournit un exemple assez net de cette stratigraphie relative. Les Mowayan sont considérés comme les premiers occupants du massif, suivis par les Sidaway puis les Laway, aujourd'hui clan du prince. Viennent ensuite les Metelever, les Mokuzek, les Zeley, enfin les Dongoza, les Genduver et les Erktese. Quant aux Zele, ils disent être venus de la plaine de Godola après ces neuf clans, tandis que les Gurdelek, clan de forgerons ayant pour origine les montagnes Tsuvok au sud-ouest - compté parmi les Mafa - se présentent comme les derniers arrivés sur la chefferie. Ils constituent ainsi la plus récente des vagues de peuplement antérieures à l'arrivée des Européens.

Après avoir classé par ordre d'ancienneté décroissante les clans de leur chefferie plusieurs informateurs ont brusquement débouché sur le terrain de l'histoire en situant spontanément l'arrivée de certains clans par rapport au seul marqueur de l'histoire générale du Nord-Cameroun, l'installation des Peuls. Ils ont expliqué que les Zele avaient quitté la plaine parce qu'ils avaient été refoulés vers les montagnes par les Peuls. Les Zele étant le dixième clan par ordre d'arrivée nous pouvons en déduire que la majeure partie du peuplement de Duvangar a eu lieu alors que les Peuls n'étaient pas encore là cependant que les habitants de Duvangar, de leur côté, sont déjà parvenus à cette même conclusion : *"Quand les Peuls sont arrivés la montagne de Duvangar était peuplée depuis bien longtemps !"* Cette stratigraphie clanique correspond bien à un schéma historique mais celui-ci est fragile puisqu'il se trouve enclos dans les limites d'une seule chefferie. Par ailleurs la référence choisie est assez lâche puisqu'elle porte sur l'installation des Peuls qui en elle-même ne constitue pas une période nettement définie. Certains informateurs l'affinent toutefois en citant la prise de la Marva Giziga par ces mêmes Peuls (16). Enfin le rapprochement entre *ngwa* différents permet aux schémas proposés de se renforcer l'un par l'autre.

Nous avons établi la stratigraphie des clans dans dix *ngwa* différents, non seulement à Duvangar (et Gwoley), Durum (et Mangerdla), et Wazang, mais également à Dugur, Mikiri, Mowosl, Molkwo et Mukyo; (cf. en annexe Tableau 8 : "Stratigraphie des clans par ancienneté décroissante dans dix chefferies mofu-Diamaré"). On peut rapprocher ces listes de clans avec les lieux d'origine des migrants. On constate alors qu'il n'existe pas de couche de peuplement homogène qui serait composée soit par les originaires du plateau montagneux, soit par ceux des montagnes-îles. L'ancienneté des uns et des autres varie d'une chefferie à l'autre. Par contre les migrants venus des plaines proprement dites paraissent être partout les derniers arrivés. La plaine joue un rôle peu important dans la formation des chefferies mofu, non seulement parce qu'elle a fourni peu de clans mais parce que ces

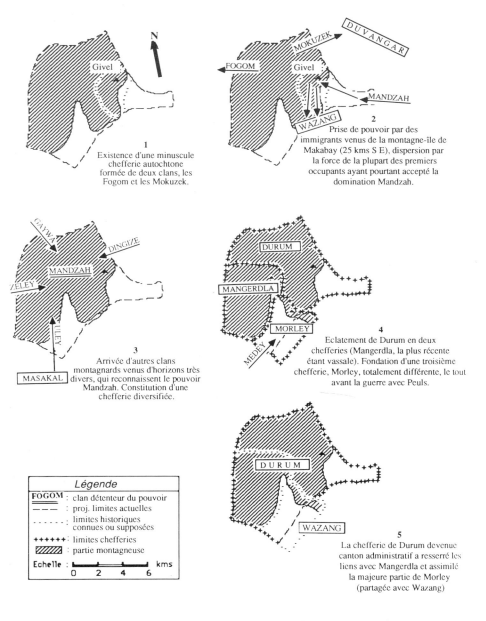

Carte 13 Implantation des clans et constitution progressive de la chefferie de Durum

clans constituent la couche la plus récente du peuplement. Ces remarques invitent à conclure que la plaine a longtemps été presque vide d'hommes, sans doute pour des raisons d'insécurité.

Cette statigraphie clanique peut être recoupée par l'étude de l'organisation de chaque chefferie en quartiers. Ces différents quartiers ne sont pas contemporains : tous sont présentés comme anciens, mais ils le sont inégalement. A Wazang par exemple parmi les six quartiers de la chefferie, Matsaray qui comporte le point le plus élevé du massif, siège de l'habitation fortifiée du prince Erketse, percé de cavernes jadis habitées par les Siler, est considéré comme le quartier le plus ancien. Viennent ensuite le quartier de Meftek, fondé et commandé par un parent éloigné du prince, puis ceux de Gabo et Gandzuway, dont les deux fondateurs appartiennent à des clans distincts du pouvoir, les "Laway" (en réalité Sidaway) venus de Duvangar et les Bologwada provenant au contraire de montagnes mofu-Gudur. Ces trois quartiers entourent le quartier du prince avec lequel ils ont des limites communes. Au contraire les deux petits quartiers de Maldoa et Makabay, reconnus postérieurs, n'ont aucun contact géographique avec lui, particulièrement Makabay, qui occupe une avancée du massif détachée dans la plaine. Il est considéré comme le quartier le plus récent de Wazang et on a vu que le clan Medey qui détenait encore récemment le rôle de chef de ce quartier fait état d'une indépendance ancienne de Makabay, jadis *ngwa,* se traduisant par la détention de pierres de pluie, terminée par son absorption au sein de Wazang, son trop puissant voisin.

En rapprochant les listes d'ancienneté des clans et des quartiers on voit se dessiner un schéma de développement propre à chaque chefferie dont la description détaillée présenterait peu d'intérêt. Nous nous sommes contentée de dresser ceux des trois grandes chefferies mofu- Diamaré, Duvangar, Durum et Wazang.

Bien que ces histoires particulières de chefferies soient centrées avant tout sur elles- mêmes il arrive que des informateurs les mettent en relation l'une avec l'autre. Certains en effet comparent spontanément l'ancienneté des prises de pouvoir par les divers clans de princes, ou du moins ils situent le clan du prince de leur *ngwa* par rapport aux autres clans de princes voisins. A Wazang par exemple, selon plusieurs informateurs, lorsque les Erketse arrivèrent dans la montagne, les Mandzah - le clan des princes - étaient déjà installés à Durum ainsi, précise l'un, que les Laway à Duvangar. Ces informations font donc des Erketse les derniers venus.

De même, à travers les trois montagnes-îles de Dugur, Mikiri et Tsere, l'accord est général pour faire de Dugur la chefferie la plus ancienne, ayant vu se constituer sur les montagnes voisines, vides alors, d'abord la chefferie de Mikiri, fondée par des Mandzah venus de Durum, puis celle de Mowosl, qui doit son existence à des Bizimofu chassés de Méri, enfin celle de Tsere, ayant également pour origine des habitants de Meri, mais appartenant au clan aujourd'hui dominant, le clan des Gaywa, De même sur la montagne-île de Molkwo il est admis qu'entre les deux

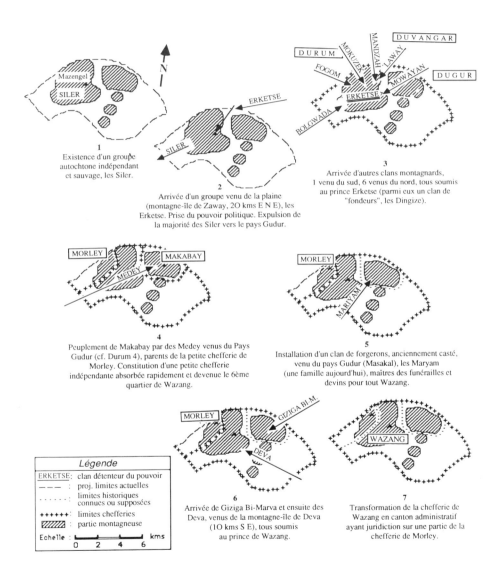

Carte 14 Implantation des clans et constitution progressive de la chefferie de Wazang

chefferies qui l'occupent la plus ancienne est celle de Mukyo. La chefferie de Molkwo s'est constituée ensuite sur la partie ouest de la montagne, restée vide jusqu'alors. On se trouve donc devant une série de schémas d'ancienneté d'extension restreinte classant entre elles quelques séries de chefferies sans qu'il soit possible dans l'état de nos connaissances actuelles de proposer un schéma d'ensemble valable pour la totalité des chefferies mofu-Diamaré.

2. L'INTERPRETATION DES RECITS MYTHIQUES
Notes des pages 188 à 202

(1) Ainsi J. VANSINA (1961) a traité les narrations mythiques comme des documents historiques tandis que L. DE HEUSCH y voyait surtout des créations symboliques (1972), tout en admettant la possibilité d'une démarche historique. Des travaux plus récents, comme ceux de N. ECHARD (1975), ont résolument construit une étude historique à partir de récits de peuplement se présentant souvent comme des mythes.

(2) C. COLLARD, 1977, p.19. Citons également le cas des Agni-Ndenye en région de forêt qui se disent tous immigrants (C.H. PERROT, 1982, p.25)

(3) D. BARRETEAU, 1983, "Introduction", p. 25 ; Y. PERSON, 1962, p. 473

(4) Par contre dans les clans de prince nous avons découvert un savoir généalogique élaboré, basé sur des listes qui cependant n'excèdent pas dix générations

(5) B. LEMBEZAT, 1961, pp. 13 et 14; N. LORAUX, inéd. 1985

(6) D. BARRETEAU, 1983 "Introduction", pp.36-37-38; cf. également Ch. SEIGNOBOS et H. TOURNEUX, 1984

(7) G. DIETERLEN, 1982, p.9. Dans la forêt équatoriale nous avons trouvé des clans Djem originaires du Congo participant à d'importantes réunions périodiques, rassemblant des "frères" portant des étiquettes claniques différentes (enquêtes de 1961)

(8) A. MARLIAC, 1981, pp. 56-57

(9) Ce problème de l'endogamie des forgerons, et en particulier de son origine, a passionné plusieurs chercheurs parmi lesquels on peut citer A. PODLEWSKI (1966) et R. WENTE-LUKAS (1977), ainsi que T. TAMARI (recherches effectuése durant la période 1983-87).

(10) De même en Afrique centrale, en particulier au Congo-Brazzaville, la métallurgie est souvent associée au pouvoir (G. DUPRE, 1981)

(11) Galvawa est une petite chefferie mofu-Gudur située au nord de l'ensemble mofu-Gudur, à moins de 10 km à vol d'oiseau de Wazang. Toutefois nous n'avons pas trouvé trace des Siler dans l'inventaire des clans mofu-Gudur de provenance "étrangère" dressé pour cette chefferie par D. BARRETEAU; nous avons relevé seulement la présence des "Kendever" venus de "Gweley (Duvangar)" (D. BARRETEAU, 1983, "Introduction", p. 27 et p.30). Ils correspondent parfaitement aux Genduver rencontrés par nous à Gwoley de Duvangar qui nous ont parlé de leurs "frères" établis chez les Mofu-Gudur dans la région de Dué.

(12) Masakal étant le *ngwa* mofu-Gudur le plus facile d'accès à partir de Wazang nous y avons effectué plusieurs rapides enquêtes comparatives

(13) A. HALLAIRE, 1971, p.5

(14) M. RODINSON et J.P. LEBEUF, 1956, pp. 234-235, E. MOHAMMADOU, rééd. 1982, pp. 21-25

(15) Des listes des souverains du "Mandara" (Wandala) provenant de manuscrits arabes ont été utilisés par divers historiens et arabisants (dont M. RODINSON et J.P. LEBEUF). E. MOHAMMADOU, travaillant d'après de nouveaux manuscrits plus détaillés, a pu proposer une datation absolue, et non plus relative, pour chacun des souverains wandala (rééd. 1982, pp. 6 à 12 : "Principaux événements de l'histoire du Wandala").

(16) La prise de Marva est située par les historiens aux alentours de 1795-1800

3. RITES ET MYTHES DE PEUPLEMENT :
UN MEME MESSAGE HISTORIQUE

Alors que le langage historique des mythes est allusif, voilé, comprimé par son contenu symbolique, celui des rites est beaucoup plus direct. Les rites disent clairement l'histoire du groupe. Cette histoire se découvre à travers deux types de rites différents, rites périodiques, rencontrés lors des fêtes religieuses annuelles et - surtout - quadriennales, rites funéraires pratiqués lors de l'enterrement des princes, donc beaucoup plus espacés.

L'analyse des rites montre, mieux que celle des narrations mythiques, à quel type d'histoire s'intéressent les montagnards, non pas à une histoire précise, événementielle, mais à une histoire permettant la compréhension de l'organisation sociale actuelle. Cette histoire part sans doute de faits réels - immigration et émigration, éviction, croissance d'une composante de la société aux dépens d'une autre - mais l'historicité de ceux-ci est laissée de côté au profit de la justification du fonctionnement de la société.

a) rappel par les fêtes religieuses de l'antériorité de certains clans

Les renseignements historiques contenus dans le déroulement des fêtes religieuses sont d'abord des rappels de situations connues par ailleurs. Si un membre du clan Siler est présent aux sacrifices du prince de Wazang, c'est au nom de son passé de premier occupant. *"Le pouvoir est passé de nous, les Siler, aux Erketse mais depuis, à chaque sacrifice chez le prince, il faut un représentant de chez nous"* nous a expliqué le doyen du clan. *"Autrefois pour tous les sacrifices, maray, mogurlom, etc... on appelait un Siler qui venait aider le prince puisque Wazang est leur village"*, fait-on remarquer chez les Erketse. Ou encore, comme le justifie le prince de Wazang lui-même, *"un Siler continue à venir car c'est notre sacrifice à nous deux. Pour que le sacrifice soit réussi il faut absolument qu'il soit là !"*

A Durum ce souci de rappeler le mythe du début de la chefferie, et donc son histoire, est encore plus explicite. Lors du sacrifice de la fête d'investiture d'une nouvelle classe d'âge les deux clans autochtones, Fogom et Mokuzek, sont appelés chez le prince. On leur a préparé de la viande accompagnée de la boule des sacrifices et on en jette un peu à terre, *"comme on avait fait avec les fruits de sked"* fait remarquer un informateur qui, précisément, a évoqué ce détail rituel au milieu de son récit mythique décrivant la soumission des Fogom et des Mokuzek à l'immigrant Mandzah (1). Sans doute le rite cherche-t-il à rappeler aussi le caractère primitif des autochtones car un autre détail, concernant les seuls Mokuzek, les oblige, lors du sacrifice accompagnant cette fois les danses de la nouvelle promotion, à manger courbés et à genoux la viande cuisinée déposée dans une auge de pierre, semblable à celle où s'abreuvent les animaux, *"les deux mains derrière le dos"*. Quant au Fogom, poursuit l'informateur, sa situation historique est évoquée au moment du *maray*. Il n'est pas présent au sacrifice du prince mais celui-ci lui fait porter non seulement de la bière, de la boule et de la viande grillée du premier taureau offert, mais la tête de l'animal, le morceau le plus prestigieux, *"parce que c'est le Fogom qui était le premier à Durum"*.

A Duvangar les rites font également allusion à la soumission des Mowayan et à leur entrée dans la chefferie Laway. Les Mowayan formaient autrefois, on l'a vu, une petite chefferie indépendante avec sa propre pierre de sécheresse arrêtant les pluies, *kwalay* (2). A ce titre, expliquent les informateurs, c'est chez le prince Mowayan que, primitivement, la promotion des nouveaux adultes *mazgla* allait danser tous les quatre ans. Cette promotion comprenait non seulement les promotionnaires Mowayan mais aussi les jeunes Laway, arrivés récents à Duvangar. Après le vol de leur *kwalay*, les Mowayan devinrent sujets de la nouvelle chefferie Laway et leur chef perdit le droit aux danses de *mazgla*. Toutefois tous les quatre ans le prince de Duvangar *"doit acheter la danse aux Mowayan"*. Il fait faire plusieurs jarres de bière dont les Mowayan viennent prendre possession, laissant sur place des branches de tamarinier, *mblor*, dont les feuilles ont une saveur amère. Ils montrent ainsi que leur rancoeur devant la lointaine mise sous tutelle de leur ancêtre a aujourd'hui disparu. Ensuite l'ensemble de la promotion des nouveaux *mazgla* ramasse les branches de tamarinier "payées" et vient danser chez le chef des Mowayan, comme elle le faisait autrefois lorsqu'il était prince.

Les rites gardent également le souvenir de l'ancienne indépendance des Sidaway, voisins des Mowayan. Comme les Siler à Wazang le chef du clan Sidaway *"doit être présent quand les Laway font leurs sacrifices en haut de la montagne, sinon le sacrifice ne sert à rien"*.

De façon identique dans la chefferie de Mukyo sur la montagne de Molkwo les rites font allusion aux mythes de peuplement et à la mise sous tutelle du Diya, le premier occupant de la montagne, par l'immigrant Mokyo. Ce lien, parfaitement saisi et mis en relief par les habitants de la chefferie, s'exprime d'une façon encore différente. Sans doute la présence du Diya est-elle requise aux côtés du prince Mukyo au nom de son antériorité lorsque celui-ci célèbre ses grands sacrifices dans sa salle des greniers, tout comme à Wazang ou Duvangar. Là aussi il a droit à une part du taureau offert par le prince à ses ancêtres, recevant ici le gigot gauche, morceau également valorisé (4). Toutefois c'est un autre trait, évoqué spontanément par de nombreux informateurs, qui à Mukyo désigne le plus ancien habitant de la montagne. C'est le doyen du clan Diya qui annonce la fête du nouvel an, *medivokwo* en mofu de Molkwo-Mukyo. C'est lui qui le premier *"crie la fête"*, *"car auparavant il était le chef de la montagne mais les Mukyo qui étaient très nombreux et très malins l'ont envahi et lui ont arraché la place"*.

Dans la même chefferie de Mukyo les rites ne sont pleinement compréhensibles que si l'on connaît les mythes de peuplement. En cas de sécheresse le prince envoie ses fils auprès des membres du clan Maya fixés dans la chefferie et c'est l'ancien de ce clan qui exécute les rites destinés à neutraliser la sécheresse apportée par la pierre arrête-pluie. C'est là une façon de rappeler que les Maya ont été dépouillés de leurs pierres et qu'ils contrôlaient jadis les pluies.

Les rites répondent ainsi à deux intentions différentes qui sembleraient pourtant s'exclure : rappeler les faits passés - fournissant ainsi sa substance à l'histoire - mais pour aussitôt les nier, les atténuer, faire disparaître la portée du présent. Cet emmagasinement de faits historiques par les rites religieux et cette utilisation de la liturgie comme vecteur d'un enseignement historique ont été relevés dans de nombreux groupes ethniques. C'est ainsi que les rites peuvent rappeler une stratification historique entre deux couches de population à l'ancienneté différente. Chez les Sara du Tchad, par exemple, lors de la fête des semailles un descendant des premiers occupants mime à nouveau l'hospitalité offerte jadis à l'ancêtre du chef actuel (5). Chez les Kenga, groupe hadjeray du Centre-Tchad, les autochtones - les "gens de la terre" - exécutent les premiers les rites de prémices auprès de leur esprit de la montagne *margay*, tandis que les immigrants - les "gens de la chefferie" - attendent, ne pouvant offrir un sacrifice identique à leur propre *margay* que le lendemain (6). Chez les Beri du Soudan, d'une façon plus simple rappelant la situation mofu, les autochtones doivent procéder aux rites en même temps que les gens de la chefferie, faisant les mêmes gestes qu'eux pour que leurs rites soient efficaces (7). La démarche est la même : garder le souvenir de ce qui se passait autrefois. Le présent n'est acceptable que si le passé n'a pas totalement disparu.

b) le souvenir des lieux d'origine : les trésors de chefferie

Ces grandes fêtes religieuses permettent aussi de revivifier, particulièrement dans les clans détenant le pouvoir, les liens existant avec des parents éloignés. Ainsi le clan du prince de Wazang, le clan Erketse, sait que dans la chefferie de Mikiri, installée sur la montagne-île du même nom, se trouvent ses frères de clan, les Markaba, venus comme lui de Zaway, mais arrêtés à Mikiri - vingt kilomètres avant Wazang - pendant que le restant du clan poursuivait son chemin. Au nom de cette fraternité quelques Markaba venaient à Wazang à chaque fête quadriennale du taureau et, inversement, des Erketse allaient encore chez eux récemment lorsqu'ils célébraient leur propre sacrifice du taureau tous les trois ans (cf. Tableau 2 : "Périodicité comparée du *maray* chez les Mofu-Diamaré"). De même les Bizimofu de la petite "montagne" meri de Girmedeo continuent-ils à inviter les Bizimofu de la chefferie de Mowosl, implantée sur la montagne de Mikiri également. Toutefois le maintien de pareilles relations demeure exceptionnel et leur portée n'a plus rien de religieux : cette fois l'histoire n'est pas intégrée aux rites ; elle leur reste extérieure et se greffe seulement sur eux, soulignant une origine commune.

Au cours de ces cérémonies apparaissent des objets anciens transportés par le clan du prince au cours de ses migrations. On nous en avait parlé à Duvangar dès le début de nos enquêtes, expliquant que les Laway avaient emporté de Zumaya des bijoux en cuivre, portés à certaines occasions. *"On les remet ensuite dans leur jarre, elle-même cachée dans un trou et on tue un mouton pour purifier les bijoux de l'impureté".* Entre le moment où cette brève allusion nous avait été faite et celui où nous avons réussi à convaincre à Duvangar le vieux gardien de ces objets de nous les montrer il s'est écoulé quinze ans (8). Nous avons été frappée par le nombre de ces bijoux - une quarantaine, enterrée dans une double jarre à l'intérieur de l'ancienne habitation des princes à Rwede-Rwede - et par leur facture inhabituelle. Ce sont pour l'essentiel des bracelets de cuivre jaune, *gura* -"d'or", traduisent les jeunes Mofu - de formes diverses, certains larges et plats ornés de décorations en filigrane, d'autres au contraire très simples, de section ronde et lisse, décorés parfois aux extrémités de motifs en creux, ou encore hérissés de deux appendices dressés partant de la même base. A ces bracelets s'ajoutent cinq plaques rondes dont les bords sont percés, ce qui permet de les porter sur le cou grâce à des liens de cuir : l'une supporte une sorte de bobine faite de filigranes, trois sont prolongées par des objets en forme de phallus, la dernière enfin a une décoration figurative, une fine et expressive petite tête d'antilope. La présence de bijoux de cuivre jaune est remarquable car chez les Mofu-Diamaré pareilles parures ne se rencontrent pas dans la vie courante, ce qui semble confirmer leur origine étrangère à la montagne (9). La technique sûre et l'art confirmé dont témoignent ces bijoux montrent que les émigrants de Zumaya étaient parvenus à une maîtrise technique plus importante encore que celle donnée à entrevoir par les mythes.

Sur le massif de Durum la chefferie de Givel détient un seul bijou, un collier, *guvda*, *"d'or"* également, apporté par les Mandzah de leur montagne-île de Makabay, semble-t-il, cependant qu'à Mangerdla, issue par segmentation de Durum, on conserve un couteau de jet, en fer cette fois, *sewa*, là aussi apporté jadis par les immigrants Mandzah. Enfin à Wazang, nous avons pu entrevoir au cours de cérémonies une parure féminine, *sasay*, dont on nous avait maintes fois parlé, avec laquelle les premiers Erketse sont jadis venus de Zaway. Il s'agit d'un cache-sexe entièrement composé de fer, fait d'anneaux terminés par des cloches.

L'ensemble de ces différentes parures constitue autant de "trésors de chefferie", plus ou moins importants, sortis rarement et avec respect (10). Leur caractéristique commune est de n'apparaître en public que lors des grandes cérémonies religieuses quadriennales. Elles sont portées d'abord par les préparateurs de la nourriture des sacrifices, femmes à Duvangar et Wazang, ayant respectivement revêtu bracelets et plaque frontale de laiton ou cache-sexe de fer; homme à Durum, et là c'est un Mokuzek, membre d'un des deux clans autochtones, chargé de la cuisine sacrificielle qui porte le collier de cuivre jaune. De plus à Duvangar où le trésor de la chefferie comporte de nombreuses pièces, le prince lui-même revêt certains bracelets et il en confie d'autres, ainsi que des plaques en relief, aux trois jeunes gens responsables de leur nouvelle promotion. Puis les bijoux sont enduits d'ocre rouge et regagnent pour quatre ans leur cachette.

Le fait que ces objets chargés d'histoire ne puissent apparaître que dans le cadre des sacrifices renforce le lien déjà constaté entre histoire et rites. Par ailleurs leur présence - et leur apparence extérieure - accrédite les affirmations sur l'origine lointaine de certains clans. Une analyse technique du style très particulier de ces objets permettrait sans doute de les situer par rapport aux autres productions artistiques des populations anciennes du Nord-Cameroun, de plaine et de montagne, et pourrait éventuellement confirmer les parentés dont font état les récits de peuplement (11).

c) les liens anciens de parenté avec des non Mofu-Diamaré

Les rites funéraires constituent une autre façon de faire revivre l'histoire. Là aussi peuvent apparaître des liens anciens de parenté entre clans portant aujourd'hui des noms distincts, voire des étiquettes ethniques différentes. Ainsi à la mort du prince de Durum en 1975, les Giziga de la chefferie de Kaliao, sans venir en personne, ont fait porter certains cadeaux : des bandes de coton tissé à la main, *petekwed*, des piquets de bois dur de *gagaray* pour transporter le corps (12), enfin un bonnet rouge, *gursam*, porté par les princes. Les Giziga de Kaliao ont agi ainsi *"parce qu'ils sont nos frères aînés"*, explique un vieux Mandzah. *"Celui qui est venu prendre la chefferie chez les Fogom s'est détaché de chez les Giziga"*. A ce même enterrement et au nom de liens familiaux identiques, le petit groupe giziga Bi-Marva, fixé à Wazang depuis plusieurs générations, a fait porter lui aussi à Durum du bois de *gagaray*. Ces participations, même modestes, étaient une façon de réaffirmer que la vieille parenté entre Mandzah de Durum et clan Bi-Marva giziga n'était pas oubliée.

De la même façon enfin les Mandzah de Mikiri envoyaient autrefois un des leurs à l'enterrement du prince de Durum : il était chargé de *"soulever la tête du mort"*, permettant ainsi de commencer la toilette funéraire (13). Cette fois il y avait non pas don remis mais service rendu, rappelant à la fois le lien clanique unissant Mikiri à Durum et la situation généalogique du prince de Mikiri, cadet par rapport aux Mandzah de Durum (15).

La parenté avec le clan Bi-Marva revendiquée par les Ftak, clan du prince à Molkwo, s'exprime également par la remise de cadeaux, apparaissant au moment de la mort des princes, mais cette fois avec réciprocité. Lorsque le prince Ftak meurt le prince Giziga, jadis à Marva et fixé aujourd'hui à Dulek, fait porter à Molkwo un pagne de coton de fabrication locale pour envelopper son corps, ainsi qu'une chèvre. Inversement, le prince Ftak envoie les mêmes offrandes à la mort du prince giziga *"car nos ancêtres faisaient partie autrefois de son clan"*.

d) différences d'ancienneté entre clans et quartiers

Les cérémonies religieuses quadriennales marquant la fête du taureau peuvent être aussi l'occasion de rappeler l'ordre d'implantation des différents clans dans chaque chefferie. Des mâts, *kokwol*, faits d'arbre *sesem*, décorés de jaune, de noir et de rouge, sont élevés dans l'habitation de quelques "grands", au fur et à mesure qu'ils procèdent au sacrifice de leur bête. A Wazang on dresse six mâts. Le prince sacrifie le premier et on lui élève son mât d'honneur. Puis c'est le tour d'un autre Erketse, proche parent du prince. Vient ensuite le chef du quartier Meftek, commandé par un Erketse-Meftek, parent éloigné du prince, puis un chef de clan ordinaire, le clan Fogom, dans le même quartier de Meftek et c'est après seulement que le chef du clan Laway à Gabo peut élever son mât *sesem* et enfin que le chef du clan Bologwada, dans le quartier Gandzuway, peut terminer la série en élevant le sien.

Cet ordre traduit d'abord la situation éminente du clan du prince dont deux membres ont droit à cette distinction, mais il rappelle aussi la segmentation ancienne à l'intérieur de ce clan, ayant abouti à la création d'un sous-clan distinct, le clan Erktse-Meftek. Enfin l'ordre dans lequel apparaissent les clans Fogom, puis Laway et Bologwada correspond à leur ancienneté décroissante dans la chefferie. Par contre les chefs des clans Ngwotsevok et Medey, ayant fondé les deux plus petits quartiers de Wazang, Maldoa et Makabay, n'ont pas droit à un mât spécial. Ces quartiers sont en effet les plus récents de la chefferie, et c'est pour cette raison, explique-t-on, qu'ils n'ont pas été intégrés dans le circuit de la fête du taureau. Ce rappel de l'ancienneté d'implantation des clans dans le déroulement d'une cérémonie religieuse se retrouve dans d'autres sociétés africaines : chez les Betammariba du Togo par exemple l'ordre du déroulement des fêtes de clans fait référence à leur ancienneté respective (14).

Les danses rituelles des nouveaux promotionnaires, *mazgla*, reprennent et soulignent cet ordre d'ancienneté : la totalité de la classe d'âge va successivement chez chacun des notables indiqués, avant de se fragmenter en groupes distincts, chacun dansant dans son quartier, où cette fois aucun chef de maison important n'est oublié. De la même façon à Duvangar l'ordre dans lequel les *mazgla* exécutent leurs danses est directement lié à l'ancienneté de l'installation sur la montagne de chaque clan, et donc à l'ancienneté des quartiers.*"Une fois que les Sidaway et les Mowayan eurent été dominés par les Laway, sont arrivés les Mokuzek, aussi c'est chez eux que les mazgla vont danser ensuite"*, rappelle-t-on.

Les rites propres aux sacrifices de *mbolom* - esprits des lieux habitant les sommets - font également allusion à l'ancienneté des différents clans et quartiers de la chefferie. Chaque esprit est desservi par un clan particulier et le plus éminent, le clan du prince, est chargé en la personne du prince lui-même d'entretenir ce *mbolom*, appelé dans la chefferie de Wazang "*mbolom* de Mazengel", du nom du piton rocheux où se trouve son autel. Il est présenté comme le plus puissant de ces esprits, veillant non plus sur une portion de la chefferie mais sur l'ensemble de son territoire. Au cours du sacrifice, particulièrement important l'année du *maray*, où lui sont offerts chèvre et poulet, des fragments des offrandes de viande et de boule de mil sont prélevés et projetés au loin, à l'intention de chacun des *mbolom* existant sur la chefferie, tous étant nommés par leur nom. Un inventaire complet des *mbolom* est ainsi effectué à ces occasions. Cet ordre est imposé, nous a-t-il été expliqué. A Wazang on commence par les *mbolom* du prince - le seul à en desservir plusieurs - ensuite on passe à celui des Siler, les autochtones dominés, puis à ceux des différents clans et sous-clans issus du clan du prince. On retrouve après eux les trois clans Fogom, Laway et Bologwada, ainsi classés, et l'on termine par les *mbolom* des chefs des petits quartiers Maldoa puis Makabay, nommés dans cet ordre correspondant à une ancienneté décroissante.

e) rappel de l'extension passée des chefferies

En assistant récemment à cette cérémonie (15) nous avons entendu avec étonnement nommer, dans la longue liste des *mbolom*, trois *mbolom* relevant aujourd'hui de la chefferie voisine de Durum - ceux de Ngwakuley, Zigdeleng et Gonktof - ainsi qu'un *mbolom* situé sur le territoire de la chefferie mofu-Gudur de Masakal, le *mbolom* de Patsar. En même temps l'officiant projetait en direction de chacun une pincée des offrandes. Bien que ces lieux ne fassent plus partie du terroir de Wazang les rites gardent donc la trace de situations historiques anciennes. En ce qui concerne les terres rattachées à Durum l'évocation s'arrête là. Par contre le souvenir de Patsar - reconnu pourtant aujourd'hui comme partie intégrante de Masakal - est rappelé avec insistance par d'autres rites, liés cette fois à la proclamation de la nouvelle classe d'âge. Tous les quatre ans les *mazgla* de Wazang sont envoyés par leur prince vers Patsar, quartier possédant son propre *mbolom*. Jadis ils étaient chargés de montrer leur transformation en adultes en infligeant à leurs voisins une bonne correction, susceptible de se transformer en échauffourée sanglante. *"Il fallait que les mazgla tuent des gens de Masakal. Deux ou trois, c'était bien !"* L'exploit guerrier, devenu impossible, s'est affadi en prouesse sportive : *"Aujourd'hui on les envoie seulement courir là-bas"*... Par ailleurs les *mazgla* qui vont à Patsar doivent remplir d'une préparation de haricots et de souchet les alvéoles d'une dalle rocheuse. Ils ne mangent que la moitié de la nourriture versée, laissant le reste sur place *"pour les gens de Masakal qui viennent ramasser les derniers grains"*. Par ce geste les gens de Wazang réaffirment leurs droits sur la terre de Patsar, et ses habitants, mangeant le plat offert, se reconnaissent comme dépendant encore de Wazang. Les rites apparaissent ainsi à la fois comme le moyen d'expliquer la genèse de la situation actuelle et comme une possibilité de conserver le souvenir d'événements disparus ou dépassés : ils deviennent alors la mémoire du groupe.

f) les cycles de fêtes révélateurs de l'ancienneté
des chefferies

Les grandes fêtes religieuses constituent enfin le révélateur permettant de classer par ancienneté les chefferies voisines. On a vu comment plusieurs chefferies ou montagnes s'ordonnent en un même ensemble formant un cycle de fêtes, célébrées suivant un ordre fixé. Quelles sont les raisons de cet ordre qui nous avait intriguée les premiers temps de nos enquêtes mofu-Diamaré ? Ce n'est qu'au bout de plusieurs années qu'une explication d'ordre historique nous a été donnée par certains informateurs. L'ordre dans lequel les chefferies célèbrent leurs fêtes de groupe serait directement lié à leur ancienneté relative. C'est, nous a-t-on expliqué, la chefferie formée la première, celle dont les fêtes ont servi de modèle, qui débute le cycle. Tous reconnaissent l'ancienneté de Dugur - n'est-ce-pas de cette montagne qu'est venu le clan Mowayan, premier occupant de Duvangar ? - C'est ainsi que Dugur est l'initiatrice des grands sacrifices, alors que Wazang les termine parce que le clan qui est à sa tête, le clan Erketse, serait arrivé sur ses terres après que Duvangar et Durum aient fait leur unification. L'ordre des fêtes religieuses reliant Dugur à Duvangar, Durum, puis Wazang est un produit historique, et la vision mofu spontanée de l'histoire apparaît comme une stratigraphie.

3. RITES ET MYTHES DE PEUPLEMENT :
UN MEME MESSAGE HISTORIQUE

Notes des pages 204 à 211

(1) Toutefois alors que notre informateur, Ndekelek, nous avait indiqué le détail de ce rituel dès 1968, ce n'est qu'en 1980 qu'il nous a raconté la séquence mythique permettant de l'interpréter.
(2) Sur l'absorption de la chefferie Mowayan dans la chefferie dominée par les Laway cf. pp. 178-179
(3) *Tamarindus indica* (déterm. G. FOTIUS)
(4) Sur la supériorité symbolique de la gauche sur la droite cf. J.F. VINCENT, 1978
(5) J. FORTIER, 1976, p. 24
(6) C. VANDAME, 1975, p. 101
(7) M.J. TUBIANA, 1979 a, p.148
(8) Entretien avec Padak, 73 ans (mai 1969) et enquête de terrain (novembre 1984) terminée par notre offrande d'une chèvre, destinée à faire disparaître *madama*, l'impureté entraînée par la mise à jour des bijoux hors de leur cachette .
(9) On note seulement quelques bracelets de métal blanc (de fer, remplacé récemment par de l'aluminium), bracelets larges et plats pour les femmes, bracelets à section quadrangulaire ou arrondie pour les hommes. Toutefois les membres des nouvelles classes d'âge portent des rangs de clochettes, *mokwiyer*, en cuivre jaune, transmises de père à fils, oeuvre "des forgerons d'autrefois".
(10) évoquant les "objets-témoins" des Anyi de Côte d'Ivoire, tels les tabourets des "rois" (C.H. PERROT, 1982, pp.23-24).
(11) La série de photos prises lors de cette mise à jour a été remise pour étude à A. MARLIAC, archéologue et préhistorien ORSTOM.
(12) *Dalbergia melanoxylon* (détermin. G. FOTIUS, 1976).
(13) Chez les Bamoum le soulèvement de la tête du cadavre était réservé au fils et futur successeur du roi. Toutefois la signification de ce rite n'est pas indiquée (C. TARDITS, 1980, p.706)
(14) M. SMADJA, inéd.1980
(15) au cours de la mission CNRS de novembre-décembre 1984

4. LE TEMPS DES PRINCES : L'HISTOIRE RECENTE

a) la référence à l'arrivée des Peuls

Explicités et cautionnés par les rites, les récits mythiques font entrevoir une première période dans le développement des chefferies mofu-Diamaré, celle qui correspond à leur mise en place et au début de leur fonctionnement. Il est possible de situer cette période dans l'histoire générale du Nord-Cameroun grâce aux références aux Peuls. Pour plusieurs informateurs l'arrivée des Peuls dans la région constitue en effet une coupure décisive et ils distinguent *"le temps où les Peuls n'étaient pas encore venus et où il n'y avait que nous"* et la longue période de guerres et d'esclavage se développant après leur arrivée. Certains événements sont placés par les montagnards durant la première époque : la majeure partie du peuplement des chefferies ou la fixation des limites primitives du terroir alors que la disparition de certains clans se situera pendant la seconde - ainsi la destruction de la chefferie de Marvay, fondée avant celle de Duvangar par des Laway de Zumaya (cf. Carte 12 : "Constitution progressive de la chefferie de Duvangar") - ou encore les scissions à l'intérieur de clans de princes : les Mambazuway de Duvangar ont par exemple été séparés des Laway *"au temps des Peuls"*.

Les schémas historiques proposés par les chefferies mofu-Diamaré elles-mêmes sont ceux d'une implantation en montagne aboutissant à la fondation d'une chefferie, l'une et l'autre très anciennes. Dans cette histoire interne les Peuls n'interviennent que tardivement. Ils exercent sans doute une influence en raison des remaniements et des brassages de population liés à leur venue mais, soulignons-le, ces remaniements ne portent que sur la strate la plus récente et la plus mince du peuplement des chefferies. Les affirmations mofu constituent donc un argument supplémentaire pour repousser la vieille thèse des premiers observateurs du Nord-Cameroun pour qui les habitants de ces régions n'étaient devenus montagnards que sous la pression peule (1).

Il existe pourtant une minorité de Mofu qui ne se posent aucune question sur l'arrivée des Peuls car pour eux les Peuls ont toujours été là. Ils constatent pourtant des différences physiques et culturelles entre Peuls et montagnards. Celles-ci leur posent des problèmes pour lesquels ils tentent de trouver une explication, citant un mythe qui constitue une réflexion sur l'origine de celles-ci. Ce mythe place la coexistence entre Peuls et montagnards au début de l'humanité : c'est à la suite d'une erreur de leur mère que certains enfants robustes à la peau foncée - les montagnards - furent désavantagés par leur père commun, au profit de leurs frères malingres à peau claire, les Peuls (Annexe 1: "Les mythes d'origine : les différences entre races"). Ce mythe, beaucoup moins répandu que les autres mythes d'origine, celui du mil merveilleux par exemple, ne nous a été cité que par quelques personnes, sans doute parce que venu de la plaine il se trouve chez les Mofu-Diamaré au bout de son aire d'expansion : les Guidar par exemple le racontent sous une forme presque identique (2). L'utilisation de ce mythe suffit toutefois à montrer l'existence de niveaux très différents de connaissances historiques parmi les Mofu-Diamaré : certains classent les événements par ordre d'antériorité suivant une démarche rigoureuse, d'autres ont seulement recours à une réflexion symbolique et philosophique.

La première période dans la formation des chefferies mofu s'achève avec l'arrivée des Peuls, leur enracinement dans la région et leurs premiers heurts avec les montagnards. Celle qui lui succède verra malgré les troubles et l'atmosphère de guérilla le plein épanouissement des institutions mofu. Couvrant environ un siècle et demi, elle offre l'intérêt d'être rythmée par le temps. Le passé qui jusque-là n'avait pas de profondeur, étant mis à plat par le mythe, se transforme et se structure. Les chefferies mofu-Diamaré prennent leur visage définitif.

b) les généalogies et les listes dynastiques

Le premier moyen de remonter dans le passé africain est constitué, on le sait, par les généalogies. Ce n'est là qu'un fil, mais qui peut devenir solide, surtout si un recoupement entre plusieurs listes généalogiques est possible. Chez les voisins immédiats des Mofu-Diamaré, les Mafa et Mofu-Gudur, la connaissance de listes généalogiques très longue est répandue. A Magoumaz, "montagne" mafa, la presque totalité des membres de chaque clan connaît ses liens avec l'ancêtre du clan et elle est capable de réciter une liste de douze à quatorze noms correspondant à autant de générations (3). Chez les Mofu-Gudur une liste généalogique de huit noms est une liste courte. D. Barreteau a relevé des énumérations de 16, 22, et même 24 générations, les plus longues concernant les clans reconnus autochtones (4). Dans ces deux populations les généalogies permettent de traverser une tranche de plusieurs siècles : trois à quatre siècles chez les Mafa (suivant le nombre d'années - trente ou trente-cinq - attribué à une génération) , et jusqu'à sept à neuf chez les Mofu-Gudur. Nous avons pour notre part décidé d'adopter les trente ans par génération proposés par Y. Person pour d'autres sociétés d'Afrique de l'ouest, les Malinké par exemple (5). Cette durée nous est apparue en effet comme correspondant à la durée moyenne séparant un père mofu de son fils. Il faut noter pourtant que dans le Bornou tout proche c'est une estimation de trente-cinq ans par génération qui a été retenue (6).

De façon décevante les Mofu-Diamaré manifestent beaucoup moins nettement que leurs voisins montagnards ce souci des généalogies. Un individu ordinaire appartenant à un clan sans prestige - un "homme de rien" - récite à la demande trois ou quatre noms d'ascendants paternels en ligne directe, parfois cinq, mais rarement. Il ne le fait pas de lui-même. Aucune habitude ici de présentation personnelle spontanée du type "je suis Un Tel, fils d'Un Tel, lui-même fils d'Un Tel", comme cela pouvait s'entendre dans le Sud-Cameroun chez les Beti, par exemple. On peut supposer que l'enracinement des Mofu-Diamaré dans leurs montagnes qui leur interdisait tout déplacement ne les poussait pas à cultiver leur mémoire généalogique. Au contraire, les infatigables voyageurs qu'étaient les Beti avaient besoin de démontrer leurs liens de parenté avec leurs hôtes éventuels. Plus ils remontaient haut, plus ils étendaient leur réseau d'accueil (7). Cette absence chez les Mofu-Diamaré de références généalogiques est d'autant plus étonnante que tout homme adulte rend un culte à chacun des cinq ancêtres paternels situés au-dessus de lui (8) : il éprouve donc le sentiment d'une profondeur généalogique, sans manifester le besoin de personnaliser les ancêtres qui la composent.

C'est dans les clans détenant le pouvoir que l'on trouve un réel savoir généalogique. Dans les trois grandes chefferies de Duvangar, Durum et Wazang, il est assez facile de trouver des informateurs appartenant aux clans de prince, capables de réciter les noms de cinq à six ancêtres au-dessus d'eux. Ils sont puissamment motivés pour se les rappeler car il leur faut montrer lequel parmi ces princes a été leur ancêtre et à quel niveau cet ancêtre se situe par rapport au prince actuel. Ils savent ainsi réciter plusieurs noms de prince, correspondant à autant de générations puisque chez les Mofu-Diamaré le pouvoir passe du père défunt à son fils. Un problème se pose alors : faut-il assigner à ces générations de prince la même durée qu'à celles de gens ordinaires ? Souvent en effet les chefs se marient à un âge plus précoce que leurs sujets (9). De plus chez les Mofu-Diamaré c'est le fils aîné qui succède nécessairement à son père, ce qui pourrait diminuer la différence d'âge de trente ans retenue pour un père et un fils ordinaires.

Nous avons pourtant décidé de garder ces trente années comme durée de base d'une génération, même de prince. Grâce au système quadriennal des classes d'âge, nous connaissons avec une relative précision l'âge des princes récents. Or nous avons trouvé chez tous les princes rencontrés une différence d'au moins trente ans entre père et fils aîné et même parfois des différences plus importantes (cf. tableaux 9, 10, 11 "Les princes de Duvangar, Durum, Wazang"). La longueur de ces générations est sans doute due à la forte mortalité infantile qui frappe autant - et même plus selon nous - dans les châteaux que dans les maisons de gens ordinaires. Effectivement si l'on compare les différences d'âge entre les derniers princes du XXème siècle et leurs aînés, on constate que cette différence était de 30 ans à Wazang (Bi-Bello et Usmaanu-Nukokwo), 32 ans à Durum (Bi-Loa et Abdul-Kadri-Kaywadzam) et même de 38 ans à Duvangar (Bizi-Durum et Nanganda) malgré le nombre de fils très important engendré, on le verra, par ces trois princes (10).

Avec ces cinq à six générations au-dessus de l'actuelle le chercheur peut ainsi découper une tranche de temps épaisse de 150 à 180 ans et il parvient à remonter au début du XVIIIème siècle. Une date approximative de 1800 - retenue d'ailleurs par J.C. Zeltner travaillant sur l'histoire du Nord-Cameroun vue des côtés peul et giziga (11) - correspond donc à la limite d'accord facilement obtenue entre informateurs d'une même chefferie.

Si l'on veut remonter plus avant la tâche devient ardue car la mémoire des informateurs devient peu sûre, ce qui n'enlève rien à leur conviction de l'existence de ces anciens princes. Comme l'expliquait le vieux Kadegal de Wazang, citant le nom de six princes que nous connaissions déjà et s'arrêtant au prince Bi-Leleng : *"Il y a eu bien d'autres princes avant Bi-Leleng ! Il n'est pas le premier à être arrivé dans la montagne !"*. De la même façon sur la chefferie voisine de Duvangar Kazekey, incapable d'aller au-delà de son ancêtre Bi-Tokwo - déjà lointain puisque cinq générations au-dessus de lui - faisait remarquer : *"il y a eu plusieurs princes à Duvangar avant Bi-Tokwo ! Simplement on a oublié leurs noms..." ."Si on s'arrête c'est parce que la mémoire fait défaut, pas les princes !"* concluait de son côté Mazumay, prince de Mukyo, après avoir cité le nom de ses sept prédécesseurs. *"Entre Makeltena"* - le plus ancien connu de lui - *"et notre ancêtre venu de la montagne de Mada il y a eu encore beaucoup de princes!"*.

En recherchant les noms des princes situés de plus en plus haut dans l'ordre généalogique et en pénétrant plus avant dans le XVIIIème, voire le XVIIème siècle, on se livre à une démarche dont le caractère conjectural ne doit pas être oublié. Des princes ont été identifiés. Il est possible de les relier les uns aux autres suivant un ordre logique, mais la construction ainsi réalisée reste fragile. Dans chaque chefferie on ne trouve en effet qu'un nombre restreint de spécialistes en généalogies princières auxquels renvoient avec empressement les simples membres des clans de prince. Ils savent en effet que seuls ces experts sont capables d'ajouter plusieurs noms aux cinq ou six générations connues de tous. A Duvangar la généalogie ainsi reconstituée ne comporte que dix noms de princes et ne franchit de façon sûre que sept générations au-dessus de l'actuelle. Il est vrai qu'il y a eu rupture dynastique à ce niveau très ancien et que l'évincement des Sidaway du pouvoir suffit à expliquer l'oubli du nom des princes ayant appartenu à ce clan. Seul le dernier d'entre eux, Bi-Dzuley, est régulièrement cité mais on souligne qu'il n'est pas relié directement aux princes plus récents. Toutefois son nom est connu encore aujourd'hui de tous les habitants de Duvangar, même des jeunes (cf. Tableau 9 : "Les princes de Duvangar"). On peut d'ailleurs supposer que ce nom unique correspond à plusieurs générations antérieures à la sienne (Bi-Dzuley pourrait avoir régné à la fin du XVIIème ou au début du XVIIIème siècle). Les récits mythiques ont insisté sur le long laps de temps nécessaire aux Laway pour s'implanter et se développer sur le plan numérique. En tablant sur quatre générations, on peut proposer le XVIème siècle comme époque de l'installation des premiers Sidaway, fondant une petite chefferie distincte de celle des Mowayan (cf. Carte 12 : "Constitution progressive de la chefferie de Duvangar").

A Durum la liste dynastique est beaucoup plus longue et porte sur onze générations, énumérant dix noms de princes antérieurs au prince actuel. C'est au niveau de la neuvième génération, c'est-à-dire au début du XVIIIème siècle - en continuant à considérer ces générations comme des unités de mesure du temps fiables - que l'on voit se produire l'éclatement de Durum en deux chefferies parentes. L'arrivée du premier prince Mandzah sur la montagne de Durum se serait produite deux générations plus tôt, soit au milieu du XVIIème siècle. Toutefois, cette date paraît tardive si l'on tient compte des remarques des montagnards eux-mêmes sur la lenteur d'implantation en montagne des différents clans de prince et cette installation pourrait être située plutôt au début du XVIIème siècle, ou à la fin du XVIème siècle, à condition de supposer qu'à ce niveau plusieurs générations puissent se combiner en une seule (cf. Tableau 10 : "Les princes de Durum et Mangerdla").

C'est Wazang, présentée pourtant comme la chefferie dernière née, qui possède la liste de princes la plus longue, englobant treize générations et citant quatorze noms de princes ayant régné avant le prince actuel. Le décompte des générations permet de proposer là aussi la fin du XVIème ou le début du XVIIème siècle comme époque correspondant à la fixation à Wazang de Bi-Godemey, l'ancêtre du clan Erketse venu de Zaway (cf. Tableau 11 : "Les princes de Wazang").

Nous nous sommes limitée à la reconstitution minutieuse des listes des princes dans les seules chefferies de Duvangar, Durum et Wazang, mais il serait possible de poursuivre l'entreprise dans les montagnes-îles de Dugur, Mikiri et Molkwo. A Molkwo dans la chefferie de Mukyo nous avons recueilli les noms de sept princes ayant précédé le vieux prince de l'époque, Mazumay, mort en 1981 ; à Dugur nous en avons obtenu six, sept à Mikiri : la connaissance de la succession des princes paraît aussi développée dans les chefferies peu importantes que dans les grandes.

c) le décompte du temps en périodes de quatre ans: les houes de chefferies

Les habitants des chefferies appartenant au cycle quadriennal ont un avantage sur les populations qui les entourent : ils ne se contentent pas d'énumérer les princes qui se sont succédé (toujours de père à fils aîné, si bien qu'une liste de princes se présente comme une liste d'ascendants analogue à celle de n'importe quel sujet). Souvent aussi ils savent dire la durée du règne des princes qui se sont succédé au XIXème siècle. Le prince est en effet responsable religieux. C'est lui, on le verra, qui décide la date de la célébration des fêtes collectives dans sa chefferie : il "crie" les fêtes. La fête des récoltes, *mogurlom*, est annuelle mais la fête du taureau, *maray*, possède, on l'a vu, une périodicité beaucoup plus espacée de quatre ou trois ans. Certains vieux informateurs précisent combien de *maray* chaque prince a fait crier - même si la concordance entre leurs affirmations n'est pas toujours aisée - ce qui permet de déduire combien de temps ce prince a approximativement exercé le pouvoir.

Cette connaissance de la durée de chaque prince en périodes de quatre ans est renforcée par l'existence d'une institution qui est d'abord un procédé mnémotechnique. Une houe, *ldogom*, est mise de côté à chaque fête de taureau. Elle vient rejoindre les autres déjà accumulées, dénommées parfois *ldogom ma bay*, "houes de chefferie", "houes de prince".

Ces houes ne doivent pas être confondues avec celles que tout homme peut garder personnellement, ce qui lui permet de mesurer l'écoulement de son existence. Tout jeune prince vivant encore chez son père commence par mettre de côté dans sa chambre une houe neuve correspondant au *maray* pendant lequel il avait rejoint sa promotion de nouveaux adultes, *mazgla*. Il lui ajoute ensuite deux houes pour comptabiliser les deux classes d'âge suivantes, durant lesquelles il était devenu progressivement adulte complet. Ensuite, à chaque *maray*, il ajoutera une houe, agissant ainsi comme nombre de ses sujets qui, d'ailleurs, utilisent parfois non des houes, mais de simples pailles. *"C'est rare de trouver un homme ayant vécu douze maray après son maray de metsi ar"*, (la dernière des classes d'âge par lesquelles passe l'initié). Effectivement il faut pour cela avoir atteint l'âge d'environ 74 ans.

Le prince distingue entre les périodes de quatre ans qu'il a vécues en simple héritier présomptif de la chefferie et celles qui se sont écoulées après la mort de son père. A partir de son intronisation des houes seront pareillement mises de côté tous les quatre ans, mais avec un cérémonial particulier car elles ont une signification autrement importante. *"Poser une houe de chefferie"* c'est *"compter le temps du prince"*. Ces houes concernent cette fois la durée de son règne.

A Duvangar cette remise de la houe de chefferie est liée au sacrifice marquant une étape dans la succession des classes d'âge, *metki halaga*, "le bouchage de la trompe" correspondant à la fin du temps de travail pour le prince des jeunes gens. Le prince fait porter au chef de promotion, le *magaola*, une calebasse emplie d'une boule de mil et celui-ci doit y placer en échange une houe neuve, qu'il a fait forger par un artisan de la chefferie car il ne doit pas l'acheter au marché. Il partagera ensuite avec le forgeron la boule reçue du prince. La nouvelle houe, blanchie avec une terre spéciale, *saliya*, rejoint les autres houes de chefferie. A Wazang elles sont déposées derrière les greniers du prince dans sa pièce sanctuaire, *dalay* ; à Duvangar elles sont alignées dans la propre chambre à coucher du prince entre toit et mur; à Durum, on les entasse dans cette même chambre à coucher sur une étagère particulière en terre damée.

Les modalités de la conservation des houes de chefferies varient d'une montagne à l'autre mais la conséquence de leur thésaurisation est partout la même : elles constituent un instrument pouvant permettre de comptabiliser les périodes de quatre ans vécues par le prince et de mesurer la durée de son règne. *"A chaque maray on met de côté une houe pour connaître l'ancienneté du prince"*. Au moment de son enterrement un ancien du clan du prince comptera les houes étalées et proclamera le

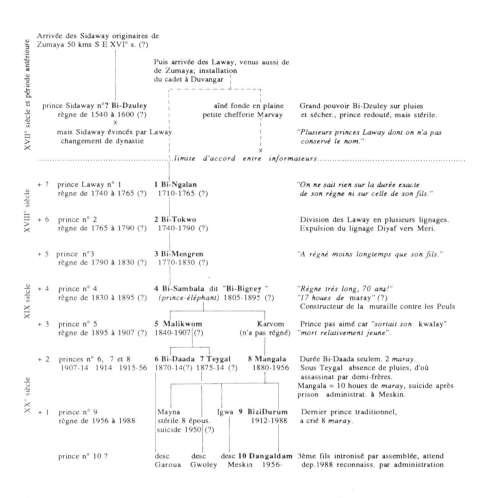

Tableau 9   Les princes de Duvangar (clans Sidaway et Laway)
Liste dynastique et reconstitution chronologique
(d'après une estimation de la durée des règnes en périodes de quatre ans)

résultat en disant : *"Le prince Un Tel a duré tant de houes"*. C'est seulement sur le souvenir du moment où est proclamée la durée du règne du prince que s'appuient ceux qui ensuite en font état. La brièveté de cette proclamation explique que les chiffres recueillis n'aient pas toujours été concordants.

Le souci de déterminer avec exactitude la durée du règne des princes des XIX° et XX° siècles nous a été propre : nous n'avons rencontré aucun informateur ayant procédé de lui-même à de pareilles évaluations. Néanmoins en rapprochant les souvenirs et les estimations des uns et des autres, sur le nombre de *maray* "criés" par chaque prince et sur le nombre de "houes de règnes" comptées à sa mort, nous proposons pour chaque prince des estimations de durées qui, dans les trois chefferies, permettent d'englober un siècle et demi environ mais ne remontent pas au-delà de 1830 (cf. Tableaux 9, 10 et 11).

d) les princes, repères historiques

Sans chercher à établir une véritable chronologie du règne de leurs princes les Mofu-Diamaré situent spontanément les grands événements du XXème siècle - et souvent aussi du XIXème - par rapport au règne de tel ou tel de ces princes. *"Ka lam ma Bi-..."*, *"du temps de tel prince "* - *lam*, signifiant "temps", "époque ancienne" - est une formule qui revient constamment.

Les habitants de Duvangar précisent ainsi que lorsque les Diyaf, lignage Laway devenu trop important sur le plan numérique, furent attaqués à coups de gourdins par leurs "frères" Laway et chassés définitivement vers le massif de Meri, cette éviction de la chefferie eut lieu *"du temps de Bi-Tokwo, père de Bi-Mengren, lui-même père de Bi-Bigney"*, ce que nous traduisons par le milieu du XVIIIème siècle (cf. Tableau 9). Quant aux montagnards de Wazang ils expliquent que l'autel à l'esprit de la montagne, *mbolom*, chargé spécialement de la multiplication des habitants de la chefferie, a été érigé *"au temps de Bi-Godemey"*. Et d'après nos décomptes ce prince qui se situe à l'aube du développement de la chefferie peut être considéré comme ayant vécu à la fin du XVIème siècle (cf. Tableau 11).

Parfois, sans mettre en relations un événement et un prince, les Mofu se contentent de le situer avant le temps de ce prince. La redoutable pierre arrête-pluie de Wazang, dite "le *kwalay* de Logwone", aurait été ainsi acquise *"avant le temps de Summaka et Bi-Leleng"*, donc entre la fin du XVII° et le début du XVIIIème siècle. De même les limites, *kokwi*, du terroir de Wazang sont-elles présentées comme très anciennes, ayant été fixées *"au temps du grand-père du grand-père de Bi-Makabay, et même de l'arrière grand-père de Slakama"*, c'est-à-dire sous le règne de Bi-Leleng et même Bi-Dursosok qui, selon nos calculs, fut prince durant la première moitié du XVIII° siècle, et peut-être même avant. C'est à Bi-Dursosok que certains, avec bien des hésitations il est vrai, font remonter le début de la pratique du sacrifice du taureau, *maray*, dans la chefferie.

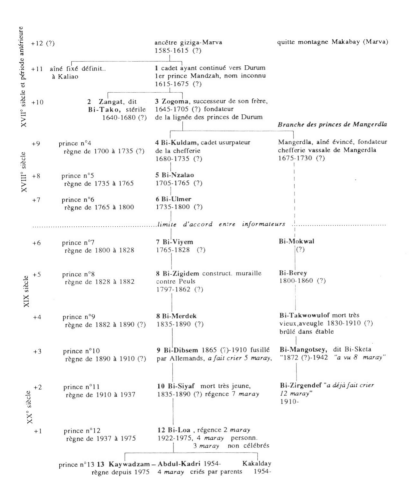

Tableau 10 Les princes de Durum et Mangerdla (clan Mandzah)
Liste dynastique et reconstitution chronologique
(d'après une estimation de la durée des règnes en périodes de quatre ans)

beaucoup plus affirmatifs au fur et à mesure qu'ils descendent dans le temps en récitant la liste dynastique de leur chefferie. Beaucoup situent spontanément les grands événements du XXème siècle, parfois aussi du XIXème, par rapport au règne d'un prince précis. Arrivée des Peuls, première attitude pacifique de ces derniers devenue belliqueuse, prise par eux de la Marva des Giziga, razzias et chasse à l'esclave, construction de murailles autour des chefferies, tout cela est replacé dans "le temps de tel ou tel prince". *"Les Peuls sont arrivés dans la région du temps de Bi-Derlay"*, explique par exemple un informateur de Wazang, ce qui, dans l'état de nos connaissances en généalogie Erketse, situe cet événement dans la deuxième moitié du XVIIIème siècle, époque considérée précisément par les historiens du Nord-Cameroun comme le début de la pénétration peule (12). Toutefois on nous a dit aussi à Duvangar que les Peuls avaient *"arraché Marva aux Giziga du temps de Bi-Bigney"*, et cette fois la référence à ce prince, dont le très long règne se situe entre 1830 et 1890, se révèle manifestement trop tardive (cf. Tableau 9).

Les informateurs relient parfois les règnes de leurs princes à un autre type de repères, les grandes calamités naturelles dont eux-mêmes ou leurs ascendants proches gardent le souvenir. On se rappelle ainsi que tel prince - Bi-Daada de Duvangar par exemple - *"ne parvenait pas à se faire obéir des pierres de pluie"* et que son court règne au début du XX° siècle fut marqué par plusieurs sécheresses, durement ressenties par sa chefferie. Le passage des sauterelles, *dzari-ay*, et les famines ainsi créées constituent un autre type de repère. En dehors de la grande famine due aux sauterelles en 1932-1933 - on peut la dater avec précision car elle apparaît dans les rapports des administrateurs - nos informateurs ont évoqué un passage plus ancien des sauterelles, contemporain, disent-ils, de l'arrivée des Allemands, *Dzaman*, au Nord-Cameroun, vers 1902-1906, semble-t-il. Ainsi doublaient-ils le repère déjà constitué par ces "premières sauterelles" avec leur dernier repère, le début de la présence allemande, moins utile pour nous puisqu'à cette époque des documents écrits commencent à être disponibles.

Tout naturellement enfin les Mofu situent leurs princes par rapport à leur propre existence et celle de leurs parents. Tout jeune homme a connu dans sa vie un grand événement, sa participation à la promotion de nouveaux adultes, *mazgla*, qui a dansé et travaillé pour un prince précis. Chacun se souvient non seulement du nom de ce prince - et aussi de celui du responsable de sa promotion - mais parfois aussi il peut rappeler avec fierté qu'il a été camarade de promotion, *mandala*, de tel futur héritier de la chefferie. Ainsi Ndekelek de Durum faisait-il remarquer qu'il avait été de la promotion du futur Bi-Siyaf (cf. Tableau 10 : "Les princes de Durum"). Le même précisait que lorsque le prince Bi-Merdek était mort (vers 1890, d'après ce même tableau) sa mère était encore *kokwa* : elle commençait seulement à avoir l'âge de donner des enfants.

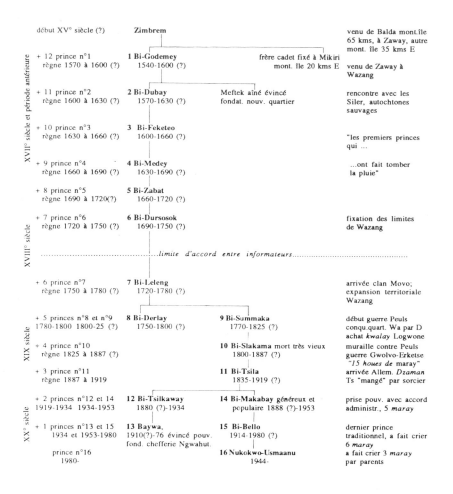

Tableau 11 Les princes de Wazang et Ngwahutsey (clan Erketse)
Liste dynastique et reconstitution chronologique
(d'après une estimation de la durée des règnes en périodes de quatre ans)

On se trouve donc, suivant les individus, devant des niveaux de conscience historique et de mémorisation très différents (13). Grâce au canevas historique à mailles précises, constitué par la fête du taureau et les règnes de princes, certains ont gardé un souvenir net de faits qu'ils situent les uns par rapport aux autres. Pour d'autres au contraire ces faits ont sombré tout de suite dans un temps sans armature, un non-temps, ou bien ils se retrouvent classés par eux avec les *mamba*, les "histoires", récits philosophiques ou distractifs.

On notera que les informateurs qui font référence à des règnes de princes se situent exclusivement par rapport à ceux de leur montagne, sans jamais citer le nom d'un prince voisin ayant vécu à la même époque. Chacun ne se sent concerné que par le prince de chez lui. Aucun, apparemment, ne sait que Bi-Mengren à Duvangar, Bi-Viyem à Durum et Summaka à Wazang ont exercé le pouvoir sensiblement au même moment. Et pourtant il est aisé de faire apparaître cette coïncidence dans le temps en dressant, d'après les informations de ces mêmes experts, un tableau comparatif de la durée du règne des princes dans ces trois chefferies (cf. Tableau 12 : "Durée comparée des règnes de princes à Duvangar, Durum et Wazang"). Même si certains portent un regard d'ensemble sur le passé des montagnes voisines ils ne s'intéressent spontanément qu'à leur chefferie et restent cantonnés dans ce cadre étroit. Il faut se tourner vers des observateurs étrangers pour trouver des préoccupations historiques concernant l'ensemble des trois chefferies (14).

En confrontant les informations que nous ont données au long de nos missions successives ces hommes, derniers témoins d'une époque, il nous serait possible de retracer une courte histoire dynastique de chacune des trois grandes chefferies. Petit à petit, ont commencé à revivre pour nous ceux que nous pouvons appeler "les princes historiques" car les montagnards sont d'accord sur l'ordre de leur succession et aussi, en gros, sur la durée de leurs règnes. A chaque nom - 4 à 6 par chefferie - sont venus s'associer quelques souvenirs précis, des détails concrets, de plus en plus nombreux lorsqu'on se rapproche de l'époque actuelle. Ils sont parfois en nombre suffisant pour permettre de camper la silhouette de l'un ou l'autre prince : Bi-Bigney, le "Prince-Eléphant", ayant régné une bonne partie du XIXème siècle sur Duvangar, à Wazang Bi-Slakama et Bi-Tsila, les grands princes du XIXème siècle, à Durum Bi-Dibsem exécuté par les Allemands et surtout à Duvangar Mangala, conservateur acharné et pourtant ouvert à certaines réalisations étrangères - par bien des aspects il évoque le roi Ndjoya des Bamoum dont il fut le contemporain. Il fut le plus grand des princes de sa chefferie et sans doute le plus grand prince mofu. Toutefois, afin de ne pas alourdir cette étude, il nous a paru préférable de nous limiter aux seuls tableaux dynastiques situant les princes d'une chefferie les uns par rapport aux autres.

temps décompté en maray périodes de 4 ans	1800	1816	10 maray	1832	1848	1864	1880	1900	1912	1928	1944	1960	1976	84
Duvangar	Bi-Mengren (nombre ?)				Bi-Bigney (Sambala) (17)			Mali-Kwom (3)	Bi-Daada (2)	Mangala (10)			Bizi-Durum (8)	
Durum	Bi-Viyen (nombre ?)				Bi-Zigidem (nombre ?)			Bi Mer dek	Bi-Dibsem (5)	Bi-Siyaf (7)		Bi-Loa (14)		Kaywa-dzam (3)
Mangerdla	Bi-Mokwal (nombre ?)		Bi-Berey (nombre ?)				Bi-Takwowulof (nombre ?)			Bi-Mangwotsey (8)		Zirgendef (11)		
Wazang	Summaka (nombre ?)				Slakama (15)				Tsila (8)	Tsilka -way (4)	Bi-Makabay (5)		Bi-Bello (6)	Nuko kwo (1)

Tableau 12   Durée comparée des règnes de prince aux XIX° et XX° siècles
à Duvangar, Durum, Mangerdla et Wazang

e) les luttes récentes pour le pouvoir

Les luttes pour le pouvoir constituent la trame de l'histoire mofu et on a vu la place qu'elles occupent dès le moment où les chefferies prennent corps. Ces compétitions n'ont pas cessé ensuite : de plus en plus visibles, de mieux en mieux décrites et explicitées au fur et à mesure que l'on s'avance vers le XXème siècle, une fois... trouvés les bons informateurs, ceux qui acceptaient de nous raconter les histoires sordides ou violentes éclairant le mécanisme de ces rivalités internes. Les seules réticences vraiment nettes que nous ayons rencontrées ont concerné cette histoire récente. Il est plus facile de décrire une rencontre entre autochtones et immigrants que d'expliquer en quoi la lignée du prince actuel n'est pas légitime...

Les compétitions pour le pouvoir qui se sont déroulées à Wazang ont revêtu plusieurs aspects. Elles ont d'abord opposé le clan du prince, le clan Erketse, à un clan apparenté -*"venu de Zaway comme les Erketse mais après eux"* - issu donc de la même montagne-île, établi à Wazang dans le quartier du prince, tout près du château. Au début ces hommes portaient le nom d'Erketse et pratiquaient avec les Erketse le même culte aux ancêtres, mais ils commencèrent à augmenter et durent se séparer sur le plan religieux en créant leur propre autel collectif aux ancêtres, *ludara*. C'est alors, semble-t-il, qu'ils reçurent un nouveau nom, Gwolvo. Devenus plus nombreux que les Erketse, les Gwolvo commencèrent à contester le pouvoir du prince Erketse puis lui livrèrent une véritable guerre, à lui et à son clan. Les combats eurent lieu "*du temps du prince Slakama*", dans la deuxième partie du XIX° siècle. Le nom du meneur Gwolvo a été conservé par la tradition : Magran. Pour certains informateurs, pas d'hésitation : les Gwolvo ont *"voulu prendre le pouvoir"* et Magran *"a voulu devenir prince"*. D'autres se contentent de rapporter comment les Gwolvo forts de leur nombre tentèrent de prendre les champs des Erketse. Il n'y a pas contradiction entre ces deux versions. Leur coexistence montre en effet, ainsi que les mythes d'origine l'avaient laissé entendre, que pour les Mofu-Diamaré les deux références sont nécessairement liées : parler de la terre, c'est parler du pouvoir. Dans la lutte entre Erketse et Gwolvo - qui ne fit qu'un mort du côté Erketse mais trois du côté Gwolvo - les Gwolvo eurent le dessous et tout le lignage chassé de la chefferie émigra chez les Mofu-Gudur. Toutefois à la génération suivante quelques chefs de famille furent rappelés d'exil par le prince, ce qui permet aux Gwolvo - sans représenter une masse démographique et donc une menace - de figurer à nouveau parmi les habitants de Wazang. Ainsi, tant bien que mal, a été préservée, au moins symboliquement, l'image de l'union, idéal de toute chefferie mofu.

Tsila, fils de Slakama, eut lui aussi à faire face à une guerre civile menée par un lignage Erketse, le lignage Erketse-Meftek, qui, à date ancienne, avait fondé son propre quartier (cf. tableau 11). *"Les Meftek ont voulu prendre le pouvoir", ils avaient leur candidat, Bi-Sogwom"*. Cette guerre éclata*"alors que Tsila était prince depuis 10 ans"* - vers 1895-1900 - et elle fut cette fois beaucoup plus meurtrière : le

Planche I (chapitre 1)

Photo 1 - Restes d'ancienne muraille de défense contre les Peuls (p.97)

Planche II (chapitre I)

Photos 2, 3 et 4 - Jeunes femmes et fillette mofu-Diamaré en costumes traditionnels (l'une parée pour une fête de jumeaux, les autres semant) (p.78)

Planche III (chapitre I)

Photo 5 - Différence de style entre poteries à eau mofu-Diamaré et giziga (à un point d'eau au pied de la montagne-île de Tsere) (p.79)

Photo 6 - Finition de la "tête" d'un grenier mofu-Diamaré (p.79)

Planche IV (chapitre III)

Photo 1 - Chaos rocheux au sommet de la montagne de Wazang, premier habitat des autochtones Siler (p.155)

Photo 2 - Ancienneté du peuplement : l'aménagement de la montagne (p. 213)

Planche V-VI (chapitre IV)

Photos 1-2-3 - Muraille d'enceinte du château de Mangerdla (p. 250)
Vue proche du château de Wazang (p. 249)
Vue lointaine du château de Durum (p. 251)

Planche VII (chapitre IV)

Photo 4 - L'escalier arrière du château de Wazang (p. 251)

Photo 5 - Porte d'entrée du château de Durum (p.251)

Planche VIII (chapitre IV)

Photo 6 - Entrée du souterrain d'accès au château de Duvangar (p. 251)

Photo 7 - Dans le souterrain du château de Wazang (p. 251)

Planche IX (chapitre IV)

Photo 8 - Porte de cuisine chez un simple sujet (p.252)

Photo 9 - La première épouse du prince héritier de Wazang devant sa cuisine (p.252)

Planche X-XI (chapitre IV)

Photo 10 - Banquette de pierre, *mapar*, au château de Wazang (p. 319-320)

Photo 11 - Banquette de pierre au château de Durum (p. 321)

Planche XII (chapitre IV)

Photo 13 - Construction en commun d'une maison, par des hommes revêtus de la tenue traditionnelle (p. 296)

Photo 14 et 15 - Au château de Wazang, remise d'une redevance en viande, *megeged*, placée ensuite au dessus des autels d'ancêtres princiers (p.283)

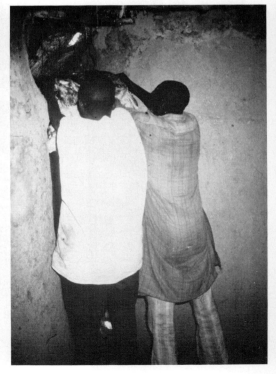

Planche XIII (chapitre IV)

Photo 16 - Travail en commun, *mangawa* : coupe des épis de mil à Wazang (p. 292)

Photo 17 - Livraison de bottes de pailles au château par un quartier de Wazang (p. 296)

11

Planche XIV (chapitre IV)

Photos 18 et 19 - Danse en cercle des nouveaux adultes, portant leur première tenue au somptueux manteau (p. 306)

Planche XV (chapitre IV)

Photos 20 et 21- Les nouveaux adultes parés "comme des filles coquettes" (p.307)

Planche XVI (chapitre IV)

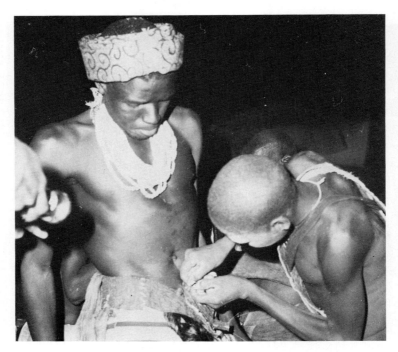

Photo 22 - Echange de costumes entre membres de classes d'âge différentes (p.321)

Photo 23 - Le défi des classes d'âge : anciens et nouveaux adultes (p. 320)

Planche XVII (chapitre V)

Photo 1 - Purification des femmes et des enfants par le feu, durant la nuit de la fête *mogurlom* (p.340)

Photo 2 - Un des tambours de la chefferie de Wazang (p. 340)

Planche XVIII (chapitre V)

Photo 3 - Mise à mort du taureau des ancêtres chez le prince de Gwoley (p. 347)

Photos 4 et 5 : Mâts de *maray* chez les princes de Mangerdla et de Gwoley (p.348)

grand combat qui eut lieu à Meftek fit six morts dans chaque camp, peut-être sept. Comme pour la guerre Gwolvo-Erketse les vieux habitants de Wazang nous ont présenté la lutte entre Erketse du prince et Erketse-Meftek tantôt comme une tentative pour renverser le prince régnant et prendre sa place, tantôt comme la généralisation de conflits ayant commencé par la prise de champs : le pouvoir politique s'exprime nécessairement par l'attribution de la terre.

Parmi les morts Erketse figurait le rival du prince, Bi-Sogwom. Cette fois c'est d'eux-mêmes que certains vaincus s'enfuirent. Cependant la plus grande partie du lignage demeura sur place. Par leur rébellion ses membres s'étaient "éloignés" encore davantage du prince : d'Erketse-Meftek ils étaient devenus Meftek, perdant au moins en théorie le droit à porter le même nom que le prince.

Ces deux exemples de luttes pour le pouvoir dépassent le cadre étroit de Wazang. Ils sont une illustration du rôle moteur joué par l'ambition politique. Cette ambition fut moins celle d'un meneur - même si des noms ont été conservés - que celle d'un groupe faisant bloc derrière cet homme. La compétition opposa non pas le prince et son adversaire personnel mais le prince s'appuyant sur son lignage et, face à lui, un lignage dans son entier. C'est pourquoi ces luttes, devenues guerres civiles, aboutirent à l'expulsion ou au départ volontaire de la chefferie de groupes parfois importants. L'analyse de ces cas récents paraît transposable aux situations anciennes : nombre de migrations se produisirent pour la même raison : la mise à l'écart du pouvoir.

Le dernier épisode violent ayant trait à la quête du pouvoir eut lieu à Wazang il y a juste un demi-siècle, à la mort du prince Tsilkaway. Tsilkaway n'avait régné que quinze ans. Aussi son fils Baywa qui lui avait succédé était-il un tout jeune homme. Il avait été *mazgla* - membre de la première classe d'âge - et devait revêtir la grande peau de *wogwoy* - tenue des membres de la deuxième classe d'âge lorsqu'il devint prince. Il avait donc entre 20 et 24 ans (cf. Tableau 18 : "L'enchaînement des classes d'âge quadriennales"). Il ne resta en place que quelques mois car il fut évincé, non par une lutte armée mais par l'action diplomatique de Bi-Makabay, un des frères de son père qui réussit à convaincre l'administration coloniale, à la fois de ses droits au pouvoir et du manque d'étoffe du nouveau prince.

S'étant fait également accepter des anciens de la chefferie l'usurpateur devint prince et depuis, le pouvoir est resté aux mains de ses descendants. Baywa, accompagné par une trentaine de partisans - des Erketse en majorité, et aussi quelques Ngamiko - quitta alors Wazang pour toujours. Il fonda sa propre chefferie à Ngwahutsey, contrefort d'une montagne-île occupée jadis par des Giziga qui l'appelaient Huduvu. Ngwahutsey fait face à Wazang qui, de l'autre côté de la plaine, apparaît toute proche mais inaccessible (15). Sa création présente un intérêt particulier pour les observateurs des Mofu car Baywa, prince fondateur, mit en place diverses institutions - religieuses et non-religieuses - et sa démarche permet de saisir celles qui dans ces chefferies peuvent être considérées comme indispensables au pouvoir.

On retrouve dans la chefferie de Duvangar, à date récente également, la même éviction de la branche légitime, mais aux termes de manoeuvres qui avaient débuté à la génération précédente. Mangala qui régna sur Duvangar pendant plus de quarante ans, n'était pas fils de prince. C'était son père, Karwom, qui était fils du prince Bi-Bigney et frère cadet du prince régnant, Malikwom. Karwom avait su par sa générosité se faire apprécier des simples montagnards alors que Malikwom, bien que prince en titre, n'était pas aimé. Mangala eut avec les habitants de Duvangar le même comportement de largesse que son père, tout en tissant des liens avec les Allemands et les Peuls. A la mort de Malikwom qui n'avait régné que peu de temps, son fils et héritier, Bi-Daada, ne fut pas considéré par ses sujets comme un bon prince car il ne pleuvait pas. Bi-Daada mourut tôt mais l'heure de Mangala n'était pas encore venue et ce fut Teygal, fils de Malikwom comme Bi-Daada mais par une autre mère, qui devint prince. Il régna à peine un an. A nouveau les pluies tombaient mal et... Mangala lui arracha le pouvoir par accord avec les étrangers, allemands et peuls. Puis il laissa les frères de Teygal l'assassiner. Bi-Daada et Teygal avaient eu des fils mais ceux-ci furent bannis définitivement de la chefferie. Bien que leurs noms soient connus à Duvangar ils n'y sont jamais revenus,*"pas même pour la fête de l'année mogurlom"*.

Ces deux exemples de détournement réussi du pouvoir étant contemporains on peut hasarder que c'est l'irruption d'étrangers dans la vie des montagnards qui a perturbé le déroulement de cette transmission : Bi-Makabay et Mangala ont osé laisser parler une ambition personnelle parce qu'ils pouvaient miser sur la puissance de l'administration coloniale. Sans elle ils n'auraient pu l'exprimer. Toutefois ces cas d'usurpation invitent à nouveau à se demander si les règles de transmission de la chefferie de père à fils aîné n'ont pas eu tendance, de tout temps, à être contournées : la continuité dynastique n'aurait été qu'un idéal, fréquemment mis à mal par la réalité.

4. LE TEMPS DES PRINCES : L'HISTOIRE RECENTE

Notes des pages 213 à 228

(1) Cette thèse a été très rapidement contestée. Citons B. LEMBEZAT par exemple (1961, p. 11) ou E. MVENG (1963, p. 201).
(2) C. COLLARD, 1977, p.26
(3) J.Y. MARTIN, 1970, p. 75
(4) D. BARRETEAU, 1983, "Introduction", pp. 25, 30 et 31
(5) Y. PERSON, 1962, p. 473
(6) D. LANGE, 1974, p. 233
(7) Th. TSALA -J.F. VINCENT, 1985 /1971, prov. 4428
(8) J.F. VINCENT, 1971, pp. 117-125
(9) Y. PERSON, 1962, p. 473
(10) cf. Tableaux 15 et 16 :"Epouses et enfants du prince Bello de Wazang", et du "prince BiziDurum de Duvangar"
(11) Pour J.C. ZELTNER "la tradition orale (...) paraît sûre quand elle remonte à la date approximative de 1800" (1952, p. 5)
(12) E. MOHAMMADOU, 1976, pp. 387-391
(13) C. H. PERROT arrive à la même conclusion chez les Agni-Ndenye de Côte d'Ivoire (1982, p. 54)
(14) Le vieux chef peul de Mbozo-Debi, Buba Njoda, plusieurs fois évoqué déjà, manifestait ces préoccupations d'ensemble. Il était capable de réciter aussi bien la généalogie des princes de Durum que celle des princes de Duvangar, chefferie à laquelle il se rattachait par sa grand-mère paternelle, issue du clan Dongoza. En même temps il connaissait le nom des autochtones de Wazang, les "Sîlèr", "apprivoisés" par des immigrants "venus de Zawaye" grâce à du "sel minéral" suivant le récit qu'il fit à E. MOHAMMADOU (rééd.1976, pp. 71-73).
Toutefois, les deux administrateurs qui à la même époque s'intéressèrent à ces chefferies préférèrent se limiter à une seule. Duvangar pour J. MOUCHET (1944), Durum pour G. MARCHESSEAU (1945).
(15) Ainsi que nous l'expliquaient les habitants ces luttes internes dans la chefferie eurent lieu sous le regard de l'administration. Un rapport d'administrateur y fait expressément allusion : "Bi-Macabay n'est pas le chef coutumier. Ce dernier, fils du précédent chef décédé, a été rejeté il y a trois ans par les habitants du massif. Ils ont voulu Bi-Macabay et ce choix a procuré à ce chef une grosse autorité. Le fils de l'ancien chef est parti depuis plus de deux ans s'installer à Houdouvou. Nous l'y avons recensé avec ses fidèles qui l'ont suivi". Adm. CEDILE, 1937, "Rapport de tournée à Ouazan" (Archiv. IRCAM, Yaoundé, sans numérot.)

5. UNE STRATIGRAPHIE SOCIALE A FONDEMENT HISTORIQUE : "GENS DU PRINCE" ET "GENS DE RIEN"

C'est autour de la détention exclusive du pouvoir par un clan, celui du prince, que s'est construite à Duvangar, Durum et Wazang, une distinction fondamentale. Toute chefferie, expliquent les montagnards, se divise en deux groupes distincts : les "gens de rien", les "inférieurs" et face à eux ceux qui se décrivent orgueilleusement comme les "gens du pouvoir", les "maîtres du pays".

Entre ces deux composantes de la société les relations oscillent de l'opposition et du conflit, voire de l'oppression, à la complémentarité : le bon fonctionnement de la chefferie suppose une coexistence harmonieuse entre "inférieurs" et "maîtres du pays", ainsi que le rappellent fréquemment les prières prononcées lors des grands sacrifices.

a) les inférieurs, "gens de rien"

Parmi les deux groupes, l'un est expressément présenté comme inférieur à l'autre. Les hommes qui le composent sont dénommés *mbidlew* (pluriel *mbidlu-ay*), terme à l'étymologie incertaine (1), dont nos informateurs nous ont présenté divers équivalents. Il comporte, expliquent-ils, une connotation injurieuse, à tel point que certains le rendent par "chien", *gidey* . *"Tout de même on n'ira pas employer à chaque fois gidey, "chien", mais au fond c'est la même chose !"*. Les Mafa emploient eux aussi ce terme de "chien", *këda,* mais la catégorie d'habitants ainsi désignée est moins large que chez les Mofu : le "chien" mafa est l'immigré récent ne possédant pas en propre la terre qui lui a seulement été prêtée (2). Le rapprochement entre *gidey* et *mbidlew* aide à comprendre le peu d'estime dont jouit ce dernier. Méprisé ou regardé de haut le *mbidlew* ne saurait néanmoins être confondu avec l'esclave, *beke*. D'eux-mêmes nos informateurs les ont souvent comparés pour conclure à l'impossibilité de les mettre sur le même plan : le *mbidlew*, homme libre, connaissait un sort totalement différent et bien préférable.

L'expression neutre la plus couramment utilisée est *ndo te dehe*, littéralement "homme de rien" et comment ne pas évoquer malgré la différence des milieux géographiques et des sociétés les Beti du Sud-Cameroun chez qui la même expression "homme de rien", *zeze mot*, qualifie les individus au bas de l'échelle sociale (3) ? Les *mbidlew* représentent une catégorie sans poids social ; ce sont des "pas-grand chose", pourrait-on dire en français. Les Mofu bilingues optent parfois pour les expressions françaises "gens simples", hommes ordinaires", qui atténuent le caractère brutal de l'expression mofu mais lui font perdre son mordant.

Qui sont les *mbidlew* ? Les explications sont de deux types. Les premières s'attachent à l'origine des *mbidlew* : "Ce sont des gens qui sont venus d'ailleurs", "des étrangers venus habiter chez vous", "des gens d'autres pays venus habiter dans *une montagne déjà peuplée"*. Toutefois la langue mofu possède un mot pour désigner l'étranger, *mblak*, que l'on ne peut appliquer au *mbidlew*. Si le *mbidlew* a été un étranger, il ne l'est plus ; il est fixé dans la chefferie depuis de nombreuses générations, parfois plus de dix. Néanmoins malgré le temps passé, bien qu'il ne soit plus question pour lui de revenir en son lieu d'origine, il reste *mbidlew* et il est encore considéré comme plaqué, extérieur à la société.

Il est vrai que les Mofu eux-mêmes distinguent deux catégories parmi les "gens de rien" : *"ceux qui sont arrivés avant les autres mbidlew"* et qui à cause de leur ancienneté ont pu se concilier des esprits de la montagne, *mbolom*, attachés à eux, à qui les doyens de leurs clans, *masa'ay*, rendent un culte. Il existe aussi d'autres "gens de rien" arrivés à date plus récente, il y a quelques générations néanmoins. Ceux-là se trouvent *"au-dessous dès autres"* car ils ne peuvent se prévaloir d'un esprit de la montagne, *mbolom*, qui serait propre à leur clan. Ils bénéficient seulement de la protection de l'esprit de la montagne desservi par leurs voisins de quartier, plus anciens qu'eux dans la chefferie. Dépourvus de *mbolom*, ils sont, aux yeux des Mofu, moins honorables que les autres clans, qui pourtant n'en sont pas moins des *mbidlew* comme eux. Cette différence se retrouve en plus accentué chez les Mafa. Pour eux dans chaque "montagne" on trouve des "chiens", *keda*, qui sont des immigrants récents, qualifiés aussi par les observateurs de "déracinés", de "roturiers". Au-dessus de ceux-ci dans la hiérarchie sociale se trouvent les "gens du pays", venus pourtant d'ailleurs eux aussi, mais ayant été les premiers, chacun dans sa zone, à défricher la montagne et qui, eux, ne peuvent plus être qualifiés de "chiens" (4).

Une autre façon de présenter les *mbidlew* - la plus répandue - les situe par rapport au prince et au pouvoir politique. Les "gens de rien" sont *"ceux qui ne sont pas du clan du prince"*, *"ceux qui ne commandent pas"* et qui, pour cette raison, sont qualifiés d'"inférieurs". *"Du moment qu'on n'est pas du clan du prince on est mbidlew, "inférieur", "homme de basse condition"*, traduisent certains Mofu lettrés. On les appelle aussi "les incapables", "les faibles". *"Etre mbidlew c'est être comme un chien car tu n'es pas prince !"*, et la dégradante assimilation au chien réapparaît. Les *mbidlew*, explique-t-on également, sont *"ceux qui ne commandent pas"* et, poursuivait notre interlocuteur, *"ceux qui, pour cela, ne sont rien." "Ils sont comme des femmes"*, concluait-il.

Sur une chefferie on trouve donc, face au clan du prince, la masse des *mbidlew*, comprenant tous les autres clans éloignés du pouvoir. Une telle organisation dualiste de la société est fréquente en Afrique. Nous avons ainsi décrit chez les Saba, société hadjeray du Tchad, la coexistence de deux couches sociales distinctes, celle des autochtones, dits "gens de la terre", *bulon*, et celle des immigrants, "gens de la chefferie", *maynon* (5). A l'époque de ces recherches, nous avions fait des rapprochements avec d'autres sociétés africaines opposant des "roturiers" à des "nobles" : Bariba du Dahomey, populations nigériennes de l'Arewa, Kotokoli du

Togo, et Kapsiki du Nord-Cameroun (6). Depuis d'autres exemples sont venus enrichir les possibilités de comparaison. Citons par exemple les Hausa du Niger, les Mossi du Burkina, les Nyamwezi de Tanzanie, et au Tchad les Kenga, autres Hadjeray, ou les Zaghawa (7), suivant une énumération non exhaustive. Cette distinction continue à être signalée, se traduisant seulement parfois par la mise en valeur du clan royal, occupant une place éminente qui l'oppose aux autres clans (8).

Un trait paraît pourtant caractéristique des Mofu, ou tout au moins bien mis en valeur chez eux : les inférieurs se définissent seulement de façon négative, par l'absence d'accès au pouvoir politique. Non seulement ils n'entretiennent ontologiquement aucun lien privilégié avec la terre - même si parmi eux figure souvent un clan présenté comme autochtone, *"issu du rocher"* - mais ils sont parfois expressément désignés comme *"ceux qui ne sont pas propriétaires du pays"*. Ne pas participer au pouvoir cela signifie donc ne pas pouvoir revendiquer la terre de la chefferie, *dala*. Chez les Hadjeray au contraire les clans ne participant pas au pouvoir politique sont désignés comme les "gens de la terre", face aux "gens de la chefferie", ou "gens du chef". Cette distinction existe également chez les Mossi, et elle est exprimée presque de la même façon : des "gens de la terre" sont opposés à des "gens du pouvoir" (9). Chez les Mofu la référence à la terre, bien loin de s'appliquer aux "gens de rien", est l'apanage des détenteurs du pouvoir politique qu'elle vient renforcer. Il est révélateur de constater qu'à Mangerdla-Durum, où le prince envoie régulièrement deux hommes vérifier que les bornes marquant les frontières de la chefferie n'ont pas été déplacées, cette mission de surveillance est confiée à des "gens du prince" : *"J'envoie n'importe lequel d'entre eux, mais personne parmi les mbidlew : les limites, ce n'est pas leur affaire !"* déclarait péremptoirement le prince Zirgendef. La conclusion est claire : les *mbidlew* ne peuvent s'y connaître dans les problèmes du terroir. Il leur est d'ailleurs conseillé de ne pas trop s'y intéresser : la terre ne les concerne pas.

Les *mbidlew* sont éloignés du pouvoir intrinsèquement, de par leur nature même. Aussi peuvent-ils manier les "pierres de pluie", symbole du pouvoir. Ils ne risquent pas de déclencher la foudre comme le feraient les "gens du prince" qui, eux, sont intéressés par le pouvoir et pourraient chercher à le capter : lors des sacrifices de demande de pluie, c'est à un *mbidlew* que le prince confie le soin de manipuler et d'oindre de graisse les précieuses pierres de pluie. Comme on le constate fréquemment en Afrique - chez les Mundang par exemple (10) - l'éloignement du pouvoir de certains clans fait de leurs membres des auxiliaires précieux pour les princes : ils constituent aussi les meilleurs des envoyés.

Les tâches réservées aux *mbidlew* confirment leur statut d'inférieurs. On les charge des besognes dégradantes : on affirme avec force qu'eux seuls peuvent et doivent nettoyer la souillure, *madama*, celle des concessions particulières et celle qui s'est accumulée sur l'ensemble du territoire de la chefferie. *"Tous les clans mbidlew peuvent enlever la souillure. Les membres du clan du prince ne le font pas parce qu'ils commandent. Seuls les inférieurs peuvent le faire. Si les autres le faisaient les mbidlew se moqueraient d'eux : 'Vous dites que vous êtes les chefs et vous renvoyez la souillure !'"*.

De même c'est parmi les clans *mbidlew* que se recruteront de préférence les fossoyeurs : l'enterrement des cadavres et le maniement de l'impureté ainsi entraînée ne sont pas ici réservés à une caste de spécialistes chargés par ailleurs du travail du fer (11). En théorie les fossoyeurs devraient se rencontrer dans tous les clans, ceux proches du pouvoir comme les autres, mais l'observation montre que ce sont surtout les *mbidlew* qui affrontent la souillure de la mort. Ils se rapprochent ainsi des "gens de la terre" hadjeray à qui "revenaient de droit les tâches considérées comme impures, ou plus simplement comme dangereuses", en particulier le maniement des cadavres - la toilette funèbre en particulier - et le creusement de la tombe (12).

Inférieurs, les *mbidlew* se souviennent d'avoir été dominés et humiliés par les "gens du prince". *"Autrefois quand un homme du clan du prince passait, il fallait mettre le genou en terre devant lui. S'il entrait dans une case, il ne pouvait en ressortir sans un cadeau"*, une chèvre par exemple... Les "gens du prince" avaient la correction facile. *"On les craignait car ils nous frappaient à coups de bâton"*, se rappelle un vieux *mbidlew* de Duvangar. A Wazang un homme du prince ne s'était-il pas emporté contre un *mbidlew* pour un manquement léger, au point de vouloir lui trancher la gorge ? Pour le calmer le "coupable" s'était hâté de lui faire ouvrir par sa femme l'étable aux chèvres, parmi lesquelles l'"homme du prince" avait choisi la plus grasse. Aussi les *mbidlew* hésitaient-ils à se promener dans les quartiers habités majoritairement par des "gens du prince". *"C'était dangereux d'y aller sans but. On ne s'y rendait que sur invitation"*, car cette venue risquait d'être interprétée comme une provocation par les irascibles "gens du prince". Aujourd'hui encore certains *mbidlew "ne se sentent pas à l'aise avec les "gens du prince"*. Ils redoutent les moqueries d'après bière : *"Qu'est-ce que tu fais ici ? Nous, nous sommes des chefs !'"*.

Arrogance et arbitraire, telle était l'attitude des "gens du prince" vis-à-vis des *mbidlew*. Si l'un remarquait une jolie fille *mbidlew*, il se la réservait et, dit-on, il était impossible de la lui refuser, même si elle était déjà engagée auprès d'un autre. Parfois d'ailleurs les parents faisaient pression sur elle, flattés de cette union.

Malgré les différences de statut le mariage était en effet possible entre les deux groupes et fréquemment réalisé. De même entre "gens de la terre" et "gens de la chefferie" hadjeray le mariage a toujours existé, alors que, non loin de là, chez les Sar les autochtones *noy*, aujourd'hui encore, ne se marient pas avec les autres Sar (13). Ces unions entre "gens du prince" et "inférieurs" avaient lieu dans les mêmes conditions : *"Les 'gens du prince' payaient la dot pour une fille mbidlew. Tout de même !"*. L'absence d'endogamie à l'intérieur des *mbidlew*, l'existence de mariages entre les deux groupes n'ont pu que limiter la morgue des "gens du prince" vis-à-vis des *mbidlew*. Comment auraient-ils pu éprouver l'orgueil de rang propre aux membres d'une caste (14), devant des gens dont certains étaient leurs alliés ou - mieux - leurs parents maternels ?

Dans le domaine de la terre également les *mbidlew* étaient soumis à l'arbitraire des "gens du prince". Pourtant, une fois attribuée et défrichée, la terre normalement se transmet de père à fils. Il est arrivé pourtant que des "fils de prince" s'emparent de la terre de *mbidlew*: *"Si un fils de prince remarquait un champ fertile, aux semailles suivantes il le semait lui-même, et... il n'y avait pas moyen de lui résister"*.

La fin du XIXème siècle avec la généralisation de l'esclavage et les possibilités d'enrichissement qu'il représentait semble avoir exacerbé les différences entre *mbidlew* et "gens du prince". Ces derniers exercèrent presque un monopole sur le commerce des esclaves : la seule possibilité pour un *mbidlew* de "s'enrichir" - de partir lui aussi à la chasse aux esclaves - consistait à le faire avec "la permission" d'un fils de prince : *"Si le mbidlew capturait trois ou quatre esclaves il devait en remettre un à cet homme"*. Passant en revue quelques cas de spoliations et d'exactions dont il avait été témoin, Pemley, du clan Medey, vieux chef de quartier de Wazang, concluait : *"Autrefois les mbidlew souffraient beaucoup !"*.

L'attitude des "gens du prince" reflétait celle du prince lui-même. *"Le prince méprisait les mbidlew ! Il les considérait comme des rien du tout"*. Chez les Hadjeray aussi les "gens de la chefferie" saba manifestaient envers les "gens de la terre" un sentiment de supériorité, et même du mépris, cependant que les "nobles" et "seigneurs" kenga se faisaient remarquer par leur "condescendance" vis-à-vis des "pauvres gens" (15). De même les appellations dont les "gens du pouvoir" mossi usent vis-à-vis des "gens de la terre" sont révélatrices de leurs sentiments : ils les traitent en effet de "gens du commun", de "pauvres types", ou encore de "culs terreux" (16).

Le prince mofu estime pourtant la capacité de travail des "gens de rien" qu'il juge plus importante que celle des "gens du prince". Les *mbidlew* n'ont pas le choix car dans l'entretien gratuit des plantations du prince dû par tous les quartiers de la chefferie, il est entendu qu'eux surtout doivent être présents et travailler dur. Il en va de même lors du service du prince dû par les jeunes gens de la chefferie : tous normalement travaillent le même nombre d'années mais à Duvangar les *mazgla* du clan du prince rejoignent la promotion lorsqu'elle a déjà fourni quatre ans de service, *"Huit ans de travaux c'est trop pour les fils du prince. Ce sont les mbidlew qui font huit ans"*... commentait un jeune "fils de prince".

Tout se passe comme si les "gens de rien" avaient continuellement à faire la preuve qu'ils sont des membres de la chefferie à part entière. Leur enracinement apparaît plus fragile. Négligent-ils les ordres du prince ? Un châtiment s'impose : *"Il n'y a qu'à les chasser tous, ces mbidlew, et nous resterons entre nous sur la chefferie, dans notre ngwa !"* ainsi que nous l'avons entendu chanter par un promotionnaire de la nouvelle classe d'âge à Gwoley en 1976. Cette solution, radicale et ne cherchant pas à se faire prendre au sérieux, est révélatrice néanmoins sinon de la précarité réelle des *mbidlew*, du moins du peu d'importance accordée à leurs droits : les *mbidlew* sont quantité négligeable. Aussi sont-ils présentés de façon dévalorisante : les *mbidlew*, disent les "gens du prince", ne sont pas compétents dans ce qui est la culture scientifique des montagnards, la signification divinatoire des positions des pattes de poulet. Peut-être d'ailleurs, dans les affaires de sorcellerie, est-ce là simple prudence de leur part : en affirmant leur ignorance lorsque le prince et les anciens tuent un poulet pour démasquer un suspect ils n'auront pas à se prononcer sur l'identité de sorciers parmi les "gens du prince" et ils ne risqueront pas leurs représailles.

Présentés comme plus frustes et plus peureux - peut-être plus proches de l'animalité - les *mbidlew* sont censés être particulièrement sensibles aux rugissements de panthère de leur prince, cherchant à impressionner ses sujets. Toutefois leur docilité peut les rendre précieux pour le prince et l'on cite le cas à Duvangar de *mbidlew* ayant réussi à le gagner à leur cause et à lui faire chasser les "gens du prince" qui avaient mal agi envers eux.

Les "gens de rien" représentent peu de poids social et pourtant ils sont loin d'être minoritaires dans la société : dans la plupart des chefferies ils sont plus nombreux que les "gens du prince". Chez les Kotokoli également les autochtones représentent les 2/3 de la population. Toutefois cette proportion est loin d'être constante. C'est ainsi que chez les Rukuba ce sont cette fois les membres de lignages du chef qui - de peu, dans 8 quartiers sur 14 - sont majoritaires. Chez les Hadjeray saba ils l'emportent au point que les "gens de la terre" ne représentent plus qu'1/8 du groupe (17).

A Wazang les "gens de rien" constituent exactement les 2/3 de la population (cf. tableau 4 : "Répartition des clans dans la chefferie de Wazang"). Toutefois ils obtiennent ce résultat en totalisant 13 clans... Leurs clans présentent en effet des effectifs peu importants, au rythme d'accroissement démographique lent : la polygamie est beaucoup moins répandue chez eux que chez les "gens du prince", tout comme chez les Hadjeray saba où *"la polygamie n'était pas pour les "gens de la terre""* (18).

Sur le plan économique, rien en théorie ne condamnait les *mbidlew* à la médiocrité mais ils semblent pourtant avoir connu rarement l'aisance matérielle. On ne signale pas chez eux de thésaurisation du mil en grenier de prêt, alors qu'ils peuvent la pratiquer, ni de détention de tambours dont la fabrication suppose certains moyens économiques. Ils ont possédé pourtant au siècle dernier, tout comme les gens du prince, des boeufs de race mofu, mais lors des années de famine liées aux sauterelles, vers 1930, ils furent les premiers à manger leur bétail : *"Ils n'avaient pas assez de mil"*, explique un "homme du prince", *"ils furent obligés d'égorger leurs bêtes"*. Par contre aucun *mbidlew* ne semble avoir pu s'offrir au XIXème siècle un cheval. On l'a vu, ils n'avaient que rarement accès à la richesse de l'époque, les esclaves : *"or, on achetait un cheval contre une personne"*. Devenir un grand personnage ne leur était pas interdit mais difficile. Entre "gens de rien" et "gens du prince" n'existe au départ qu'une distinction de rang mais cette différence de statut finit par se doubler d'une différence économique.

Il serait aisé de multiplier les rapprochements et de montrer que les *mbidlew*, par le traitement injurieux et méprisant qu'ils reçoivent des "gens du prince", se rapprochent de nombreux "roturiers" d'autres sociétés africaines. Toutefois en comparant ces sociétés à la société mofu on est obligé de remarquer que la situation des *mbidlew* se définit de façon uniquement négative : ils sont les écartés du pouvoir politique, ceux qui n'ont pas accès au pouvoir sur les hommes, au pouvoir de décision. Ils apparaissent donc comme une catégorie totalement démunie car, à la différence des "gens de la terre" hadjeray - saba et kenga- mossi, ou asna, ils ne disposent pas d'un pouvoir différent et compensateur, l'exclusivité des cultes aux divinités supra-naturelles entraînant un pouvoir sur la terre, le pays. Les *mbidlew* ne peuvent pas se dire orgueilleusement "propriétaires du sol" comme les "gens de la terre" saba ou kenga du Tchad. Ils ne cherchent pas à affirmer comme eux : *"Les gens de la chefferie n'ont rien. Qu'ont-ils à eux ? Ils ne possèdent rien ! A nous la terre, à nous la montagne, à nous tout ce qui pousse sur la terre!"* (19).

b) les "gens du prince"

Face aux *mbidlew* se trouvent les *ndu ma bay* (pluriel *ndu ma bi-ay*), les "gens du prince" ou "du pouvoir", puisque *bi, bay*, désigne à la fois le responsable de la chefferie et son pouvoir politique.

En parlant d'eux-mêmes l'ensemble des membres du clan du prince peut dire avec complaisance : *"La bi-ay !", "nous (sommes) princes !"*. Pour les Mofu lettrés les *ndu ma bi -ay* peuvent être décrits comme des "nobles", des "seigneurs". C'est par des expressions semblables que les chercheurs désignent les "dominants" au sein de diverses sociétés africaines : "aristocrates" hausa ou encore "nobles" nyamwezi (20). Les intéressés peuvent s'appeler d'eux-mêmes "gens du pouvoir" ou "fils de chef" chez les Mossi, ou "gens de la chefferie" ou "du chef" chez les Hadjeray saba et kenga (21). Quant au petit groupe d'autochtones, *noy*, existant à l'intérieur des Sar, c'est de lui-même qu'il s'oppose au reste de la société sar, qu'il nomme respectueusement "les chefs" (22).

On peut appeler aussi les "gens du prince" *"ceux qui tiennent la tête de la chefferie"*, commentait pour nous un vieil informateur de Wazang. Pourtant l'expression est plus explicite : "les gens du prince" sont littéralement les *"gens du ngwa, de la chefferie"*, ce qui sous-entend qu'eux seuls sont membres de la chefferie et sujets à part entière. Quant aux *mbidlew* cette expression suggère qu'ils ne sont rien puisqu'elle ne les englobe pas.

On désigne souvent les *ndu ma bi-ay* à l'aide de la périphrase *bi ma dala-ay*, littéralement "les chefs de la terre", "les chefs du terroir", ce que les Mofu traduisent par "les maîtres du pays", "les propriétaires de la terre". Leur parenté avec les princes entraîne une propriété collective : ils sont tout à la fois "les chefs" et "les propriétaires". Certains précisent "les vrais chefs". On les appelle d'ailleurs parfois *ndo ayna-ay*, "les hommes vrais", "les vrais", tout comme les gens de la chefferie kenga se présentent comme *"les vrais Kenga"* (23).

On voit ainsi s'affirmer chez les Mofu le glissement qui met en relation avec la terre les seuls "gens du pouvoir", malgré leur qualité d'anciens immigrants. Ainsi que l'ont montré les mythes ils ont réussi à déposséder de "la terre" les autochtones et les premiers installés dans la chefferie. Ce sont eux désormais qui bénéficient de la légitimité et de l'authenticité que, chez les Mofu-Diamaré comme dans la plupart des sociétés africaines, la terre confère à ses détenteurs.

Cette partition de la société en deux groupes distincts dont l'un est supérieur à l'autre apparaît si fondamentale aux montagnards qu'elle en devient pour eux banale. Elle est le fondement de toute société et ils la retrouvent au sein du monde supranaturel : *"L'esprit de la montagne, mbolom, est comme le prince ; les autres esprits de la maison sont ses mbidlew"*, commentait pour nous au début de nos enquêtes un informateur, soucieux de nous faire saisir la différence entre les "esprits du dehors" et ceux "de la maison".

La partition mofu est simple puisqu'elle se contente d'une division dualiste de la société. Elle souligne la place éminente du clan du prince, mis en valeur et opposé à l'ensemble de tous les autres clans "inférieurs", en accordant seulement une place intermédiaire à quelques clans défricheurs. Toutefois le principal critère retenu est la proximité du pouvoir politique (24).

En décrivant le statut des "gens de rien" nous avons donné par contraste un avant-goût de ce qu'était celui des "gens du prince". Pour eux pas de tâches dégradantes, pas d'enlèvement de la souillure, on l'a vu. Aucune pratique non plus de la divination ou de la guérison : c'est ainsi par exemple que nous n'avons pas trouvé un seul spécialiste *mbidla* dans le clan du prince de Duvangar, le clan *Laway* aux puissants effectifs. Toutefois, inversement, aucune tâche spécifique ne leur était dévolue, pas même l'exercice de la force. C'est là une absence notable car dans diverses sociétés africaines à stratification dualiste les "nobles" sont souvent les seigneurs de la guerre (25).

Néanmoins, les "gens du prince" manifestaient aux dépens des *mbidlew* un sentiment de supériorité toujours prêt à se matérialiser en revendiquant par exemple la charge de chef, *bi ma tlatlam*, dans un quartier où ils ne l'avaient jamais exercée.

Ils disposaient aussi d'une plus grande facilité à se marier et à devenir polygames et, aux temps de l'esclavage triomphant, ils détenaient l'exclusivité presque complète du "vol des personnes", d'où une aisance matérielle marquée. *"Autrefois les fils de prince mangeaient bien et avaient de beaux habits, surtout les fils de Bi-Slakama"* (cf. Tableau 11 : "Les princes de Wazang "). *"Certains avaient sept, huit femmes ! En un mois ils pouvaient vendre sept ou huit personnes"*.

Leur condition sociale se lit dans les détails de leur habitation : seuls ils ont droit aux toits à plusieurs pans, *ldangaz* (26), véritable signe extérieur de noblesse interdit aux "gens de rien", même si l'un d'entre eux était capable de rassembler les importantes quantités de paille nécessaires. On voit souvent aussi les "gens du prince" couronner leurs murs avec des épines, *tsarak*, marque de prestige que l'on retrouve dans tout château de prince, et qui cette fois peut orner aussi l'habitation des chefs de quartier, donc de quelques *mbidlew*.

Envers ces parents, souvent des proches, le prince aura tendance à se montrer plus indulgent : il semble que la justice n'ait pas été rendue de la même façon envers les "gens du prince" et envers les "gens de rien" : dans les conflits les opposant les uns aux autres le prince donnait presque systématiquement raison aux premiers, soutenu d'ailleurs par les anciens l'aidant à juger.

Les "gens du prince" apparaissent comme distincts des *mbidlew* auxquels ils sont hiérarchiquement supérieurs. Cette séparation si nette à l'intérieur de la même société, basée sur l'exercice du pouvoir, constitue une invite à réfléchir sur la possibilité de classer ou qualifier les institutions politiques mofu.

Les premiers théoriciens de l'anthropologie politique, M. Fortes et E.E. Evans-Pritchard, avaient estimé en effet que "les clivages de richesse, privilège et statut" ne pouvaient se rencontrer que dans des sociétés possédant une "autorité centralisée" et un appareil de gouvernement complexe. Ils avaient proposé une classification - adoptée sur le coup sans discussion et devenue fameuse - entre ces sociétés, dites "sociétés A", et d'autres sociétés dites "B", "manquant de gouvernement" (27). La division qui vient d'être décrite entre "gens du pouvoir" et "gens de rien" invite à faire des chefferies mofu des "sociétés A" puisque les "sociétés B" ne connaîtraient "pas de divisions tranchées de rang, de statut ou de richesse". L'existence d'une stratification sociale mofu dénoterait donc l'existence d'une "autorité centralisée" ou de ce que les auteurs de la classification appellent "un gouvernement". La description des manifestations du pouvoir du prince mofu nous permettra de reprendre ce problème de typologie des institutions politiques en montrant comment à l'intérieur même de l'ensemble mofu-Diamaré peuvent coexister plusieurs formes de "gouvernement". Les faits mofu apparaissent dès maintenant comme une illustration de l'imbrication nécessaire entre hiérarchie sociale et pouvoir. Comme le souligne G. Balandier c'est le principe même du pouvoir qui crée une stratification à l'intérieur de la société (28).

c) de la noblesse à la roture

L'état de *mbidlew* est une condition définitive : il ne peut se modifier, quel que soit le nombre des générations qui se succèdent. Au contraire la condition de fils de prince" est sujette à variations : *"un fils de prince peut devenir homme de rien"*.

La première façon pour un "homme du prince" de passer dans la catégorie des "hommes de rien" consiste à quitter sa chefferie. On ne peut être "homme du prince" que dans le cadre d'une chefferie donnée. Si on la quitte pour s'installer dans une autre, même voisine, on perd par là même son statut dominant. Le "seigneur" de Duvangar, installé à Durum ou Wazang, n'est plus là-bas qu'un *mbidlew*. *"A Gwoley les Genduver sont les chefs"*, nous expliquait un vieux Genduver fixé à Duvangar, *"mais ici nous sommes mbidlew, tout comme le sont à Gwoley les Laway qui, à Duvangar, sont chefs.."*. Ces renversements de statut sont très nombreux car, ainsi que l'a montré l'inventaire des clans représentés dans les chefferies mofu-Diamaré, les clans de prince, à la différence des clans *mbidlew*, ne sont jamais cantonnés dans leur chefferie d'origine. Ils sont très mobiles et on les retrouve parfois dans une demi-douzaine de chefferies, où ils sont installés depuis de nombreuses générations (cf. Tableau 3 : "Nom et localisation des clans mofu"). En quittant la chefferie où ils détenaient le pouvoir ils changent de condition : la "noblesse" mofu est étroitement localisée et liée à une terre, un "pays". Les *bi ma dala* sont les seigneurs d'une montagne particulière, d'un pays qu'ils ne peuvent retrouver ailleurs car, sur une trentaine de chefferies mofu-Diamaré, on ne trouve qu'un seul cas de "seigneurs" montagnards - celui des Mandzah de la montagne-île de Mikiri venus de Durum - qui après avoir quitté leur chefferie d'origine et s'être installés dans une autre, aient réussi à y détenir le pouvoir, à transformer cette terre en "leur" pays et à garder ou retrouver leur statut de "maîtres". Les cas de conquête du pouvoir ont presque toujours été le fait d'étrangers venus des plaines.

Les circonstances historiques peuvent aussi transformer un "homme du prince" en "homme de rien". A Durum, au début de l'histoire de la chefferie, les Fogom étaient "gens du pouvoir", font remarquer les informateurs, *"et les Mokuzek étaient les mbidlew des Fogom car ils ne commandaient pas"*. L'arrivée des Mandzah s'imposant comme chefs a transformé les Fogom, exclus à leur tour du pouvoir, en *mbidlew*. A Wazang Bi-Kaliao, expert en histoire de la chefferie, souligne la transformation du statut des Siler, premiers occupants du *ngwa*. Il décrit les Siler découvrant la saveur tonique du sel offert par les Erketse et demandant avec insistance à en recevoir davantage, puis il commente : *"A ce moment-là les Erketse étaient comme les mbidlew des Siler puisqu'ils étaient venus après les Siler. Celui qui vient après est forcément mbidlew !"*. Les anciens *mbidlew* sont pourtant devenus "gens du prince"; quant aux Siler ils sont comptés parmi les clans *mbidlew*, *"même eux, bien qu'ils aient été les premiers à s'installer à Wazang"*.

Ces différentes explications montrent que la division de la société en "gens du prince" et "inférieurs" est indépendante du cours du temps. A la différence de ce qu'on observe parfois en Afrique, où l'antériorité est nécessaire à un clan pour détenir le pouvoir et suffit pour qu'il le conserve, une dynastie et un clan peuvent, chez les Mofu, s'imposer et faire reconnaître leur "noblesse", même s'ils sont arrivés alors qu'un autre prince était déjà en place, le transformant lui et son clan en roturiers.

La dernière façon, la plus courante, de transformer des princes en roturiers consiste à laisser agir le temps. Ainsi que l'expliquaient les membres des clans de prince eux-mêmes, tous ne sont pas situés au même niveau dans la hiérarchie sociale. On trouve d'abord les "vrais princes" : à Duvangar, les "vrais Laway", ou à Durum, les "vrais Mandzah". C'est parmi eux que se trouvent les "seigneurs" les plus arrogants, qualifiés parfois de *"rouges"*, *"car ils sont dangereux comme le feu"*. Pour être "vrai homme du prince" il faut être proche parent du prince régnant, faire partie de ses fils ou de ses frères, constituant un groupe d'hommes à part : au XIXème siècle, époque de la grande puissance des chefferies, ce noyau de "vrais princes" pouvait correspondre à quelques dizaines de "chefs de maison".

A ces parents par le sang s'ajoutent ceux qui, plus éloignés du prince régnant, peuvent néanmoins citer un prince parmi leurs ancêtres proches : tous ceux qui ont un prince comme grand-père paternel ou comme père de leur grand-père paternel. Tant que cet ancêtre est situé à moins de trois générations au-dessus de la sienne, on fait partie encore des "vrais princes". D'eux-mêmes les clans de prince - et les *mbidlew* le soulignent également - ont conscience d'un développement numérique rapide lié à leur hypergamie. Cette nouvelle couche de "gens du prince" s'ajoutant aux "seigneurs" "rouges" étoffe le groupe qui peut alors dépasser la centaine de chefs de famille. Malgré ce nombre important, tous les "gens du prince" rendent ensemble tous les quatre ans sur l'autel *ludara* un même culte à leurs ancêtres communs éloignés. Ce culte célébré chez le prince s'adresse collectivement aux ancêtres d'un même segment lignager, situés à plus de cinq générations de leurs descendants (cf. Tableau 21 : "Culte rendu par un "chef de maison" à ses ancêtres).

Dans les clans *mbidlew* les chefs de famille relevant du même *ludara* représentent un nombre peu élevé de chefs de famille, moins de dix parfois (29). Le sacrifice de *ludara* répond alors pleinement à son but, rassembler et souder les membres du clan éloignés géographiquement. Par contre dans les clans de prince les sacrifices de *ludara* voient se manifester de fortes tensions : le ton monte entre les descendants trop nombreux. Le rassemblement religieux risque de se transformer en bataille, provoquée par ceux qui commencent à considérer comme étrangers leurs anciens frères. Les générations s'ajoutant les descendants des branches cadettes les plus anciennes *"sortent du ludara"*. Considérés comme *"éloignés du prince"* ils rejoignent parmi les gens de leur clan ceux qui sont déjà qualifiés d'"anciens". *"Parmi les Erketse il y a ceux que l'on appelle "Erketse gurmana-ay", "Erketse anciens", qui remontent à un prince déjà éloigné, Bi-Leleng, par exemple"* (cf. Tableau 11 : "Les princes de Wazang "). Ceux-là s'attristent et se vexent de voir souligner la distance qui les sépare du prince régnant et qui peut leur être parfois rappelée cruellement par ceux qui font partie de la couche la plus récente de "gens du prince". Ces parents sont encore *ndu ma bay*, "homme du prince", mais ils ne sont plus *ndu may ma bay*, "homme du château du prince". En effet le château du prince, comme n'importe quelle maison mofu, voit son entrée gardée par l'esprit de l'ancêtre situé quatre générations au-dessus du "maître de la maison", l'esprit de la porte", *mbolom ma mbo* (cf. Tableau 21).

Ainsi à Wazang les Erketse du prince que nous interrogions sur l'identité des Meftek - qui, pour leur part, se désignent comme "Erketse-Meftek" - hésitaient à répondre.*"Ce sont nos gens; nous sommes parents. Mais tout de même à présent on peut les confondre avec les mbidlew. Maintenant ils sont devenus mbidlew"*. La parenté est devenue si ténue - il faut remonter dix générations environ pour parvenir à celle des deux ancêtres-frères (cf. Tableau 11: "Les princes de Wazang") - qu'elle n'empêche plus les "vrais Erketse" de rejeter du côté des roturiers ceux qu'ils peuvent pourtant appeler encore *"nos gens"*.

Souvent cette perte de statut est soulignée par un changement de nom : à Duvangar les Mambazuway, les Nduobikluwo, les Gudzubo, les Diyaf correspondent à autant de lignages jadis Laway, détachés à date ancienne du clan du prince et ne portant plus le nom de Laway. Elle peut s'accompagner aussi d'un départ de la chefferie d'origine - Sidaway de Duvangar émigrés à Wazang et Masakal, Fogom de Durum émigrés à Wazang, par exemple - mais il ne s'agit pas d'exil volontaire : les anciens "gens du prince" ont été contraints au départ par ceux qu'ils appelaient frères. Le dynamisme démographique d'un clan et son expansion continue obligent la partie la plus récente à marquer la distance avec les branches anciennes au point de les séparer du tronc commun.

Le mécanisme qui régit les clans de prince est donc totalement différent de celui qui est à l'oeuvre dans les clans *mbidlew* dont la segmentation lignagère est lente et peu importante. La même société comporte ainsi un système clanique à deux vitesses.

Dans les clans de prince une croissance démographique rapide amène dans un premier temps les "hommes du prince" à coloniser les différents quartiers de leur chefferie. Ils y forment des segments lignagers distincts, d'abord dominants puis en perte progressive de statut. Ce phénomène de colonisation apparaît clairement dans la chefferie de Wazang où le clan du prince est présent dans les six quartiers et majoritaire dans quatre (cf. Tableau 4). Dans un deuxième temps, ces "gens du prince" devenus "anciens" - et tentés parfois de reprendre le pouvoir - sont souvent expulsés de leur chefferie d'origine : ainsi les Erketse-Meftek présents à Wazang ne correspondent qu'à une portion du lignage, reconstitué après l'exil de la majeure partie de ses autres membres. On retrouve ainsi implantés dans l'ensemble des chefferies mofu-Diamaré des membres de tous les clans de prince, devenus "gens de rien".

La mobilité des "gens du prince" apparaît moins forte aujourd'hui. L'expulsion d'un groupe entier vers les chefferies voisines est devenue impossible et les migrations intérieures elles-mêmes, difficiles. Les *mbidlew* en effet peuvent plus facilement faire entendre leur point de vue et s'opposer à la venue des "gens du prince". A Wazang il y a quinze ans deux "chefs de maison", "hommes du prince", n'ont pas pu s'installer dans le quartier Meftek comme ils le souhaitaient. Les habitants de Meftek se soudèrent autour de leur chef de quartier exprimant ouvertement ses craintes - *"les "gens du prince" qui veulent venir risquent de nous brimer, de nous prendre nos richesses, nos chèvres"* - et ils menacèrent le prince de... s'exiler volontairement s'il laissait ses gens s'implanter à Meftek. Bi-Bello céda, signe d'une évolution dans le rapport de force entre "gens de rien" et "gens du prince".

d) stratifications dualistes dans les groupes
ethniques proches

La division si nette dans les trois grandes chefferies mofu, entre *mbidlew* et *ndu ma bi-ay*, "gens de rien" et "gens du pouvoir", se retrouve très apparente et formulée dans des termes presque identiques chez les Mofu-Diamaré des montagnes de l'est, à Dugur comme à Molkwo, en passant par Mowosl et Mikiri. Parmi les deux langues parlées sur les chefferies l'une, le mofu de Dugur-Mikiri, emploie le même terme que le mofu de Duvangar-Durum-Wazang, *mbidlew*, pour désigner les "gens de rien". L'autre, le mofu de Molkwo, utilise un mot différent, *talaga*, dont l'aire d'extension est large puisqu'il existe en mandara, en arabe et jusqu'en mossi (31). La réalité de la condition à laquelle il correspond est pourtant la même - *"Autrefois on pouvait battre les talaga, leur prendre leurs champs"* - et on retrouve en mofu de Molkwo la comparaison infamante avec le chien, *kra*. Dans toutes ces chefferies les membres du clan dominant sont désignés par une expression bâtie sur le même modèle qu'à Duvangar-Durum- Wazang : ils sont "hommes du chef", "du prince", *ndu ma bi-ay* en mofu de Dugur-Mikiri, *ndu ma ba-ay* en mofu de Molkwo.

Les voisins de plaine des Mofu-Diamaré, les Giziga-Marva, connaissent le même clivage social, très fortement marqué, opposant des inférieurs - appelés *talaga* comme dans les chefferies molkwo - à des "gens du pouvoir", des "chefs" (32). Là aussi des glissements de condition se produisent, les anciens "chefs" pouvant tomber parmi les "roturiers", comme ce fut le cas dans la chefferie de Marva avec l'arrivée d'un immigrant venu du sud, à l'origine d'une chefferie remodelée (33). Notons que les Mundang malgré leur organisation en royaumes semblent ne pas pratiquer la même stratification sociale que leurs voisins Giziga (34).

Chez les Meri, représentants des *Tsklam*, seuls Mofu-Diamaré du nord chez qui nous ayons pu enquêter sur ce thème, la situation est assez différente de ce qu'on observe chez les autres Mofu-Diamaré. Le terme *mbidlew* existe en mofu de Meri mais on l'applique uniquement aux migrants nouvellement installés, à des habitants nés ailleurs et venant d'arriver à Meri. *"Quand ils sont là depuis longtemps on ne peut plus les appeler mbidlew. Ils sont devenus comme des originaires, ndu i ngma; ils sont des "gens de la montagne" comme les autres"*. Chez les Meri un émigrant peut donc devenir un "enfant du pays" - situation qui paraît proche de celle des Mafa - alors que dans les autres groupes mofu-Diamaré et chez les Giziga-Marva cette transformation - lente ou rapide - est refusée. Cette différence d'attitude paraît liée au nombre et à l'importance des manifestations du pouvoir politique, traduisant elles-mêmes l'existence de formes différentes du pouvoir. Si la barrière entre nouveaux et anciens habitants paraît si facile à franchir chez les Mofu de Meri, n'est-ce pas parce que le pouvoir politique y est peu diversifié ? Chef politique n'a pas la même signification d'un bout à l'autre de l'ensemble mofu-Diamaré et il est nécessaire de montrer concrètement comment, suivant les groupes, s'expriment ces différences.

5. UNE STRATIGRAPHIE SOCIALE A FONDEMENT HISTORIQUE : "GENS DU PRINCE" ET "GENS DE RIEN"

Notes des pages 230 à 243

(1) Selon R. JAOUEN, observateur des Giziga-Muturwa, qui a retrouvé le même mot dans la langue giziga-sud (communic. person.)
(2) J.Y. MARTIN, 1970, p. 174 ; J. BOISSEAU, 1974, p. 131
(3) P. LABURTHE-TOLRA, 1977, p. 901
(4) J. BOISSEAU, 1974, pp.131-133. Il existerait donc chez les Mafa une possibilité d'intégrer les premiers "déracinés" à la "société villageoise", la "montagne".
(5) J.F. VINCENT, 1975, pp. 44-61
(6) J. LOMBARD, 1965, M. H. PIAULT, 1964, P. ALEXANDRE, 1963, J. HURAULT, 1958
(7) G. NICOLAS, 1969, N. ECHARD, 1975, M. IZARD, 1973, 1985, S. TCHERKEZOFF, 1983, M. J. TUBIANA, 1969, 1985, C. VANDAME, 1975
(8) S. DRUCKER, inéd. 1984
(9) J.F. VINCENT, 1975; M. IZARD, 1985
(10) Pour une même connivence entre souverain et serviteurs, appartenant à des clans éloignés du pouvoir, cf. A. ADLER, 1982, pp. 287-289
(11) comme chez les Mafa et Mofu-Gudur (A.M. PODLEWSKI, 1966)
(12) J.F. VINCENT, 1975, pp. 51-52
(13) J.F. VINCENT, 1975, p. 61; J. FORTIER, 1976, p. 40
(14) noté par H. LABOURET dans les sociétés à castes d'Afrique Occidentale (1941, p. 127)
(15) J.F. VINCENT, 1975, p. 46; C. VANDAME, 1975, p.79
(16) M. IZARD, 1973 b, p. 142
(17) P. ALEXANDRE, 1963, p. 229; J.C. MULLER, 1979, p. 14; J.F. VINCENT, 1975, p. 47
(18) J.F. VINCENT, 1975, p. 46
(19) J.F. VINCENT, 1975, p. 49; C. VANDAME, 1975, p.80
(20) G. NICOLAS, 1969, p. 206; S. TCHERKEZOFF, 1983, p. 33
(21) M. IZARD, 1973, 1985; J. F. VINCENT, 1975, p. 46 ; C. VANDAME, 1975, p.79
(22) J. FORTIER, 1976, p. 40
(23) C. VANDAME, 1975, p.79
(24) Par contre on trouvait chez les Kobe, groupe Zaghawa du Tchad, entre le "clan royal" et les "clans roturiers" des "clans nobles d'envahisseurs et d'autochtones" suivant une stratification sociale différente à la fois du type hadjeray et du type mofu (M. J. TUBIANA, 1979 b, p. 57)
(25) Chez les Hadjeray du Tchad les "gens de la chefferie" saba sont présentés comme seuls aptes à combattre, "par leur nature même" (J.F. VINCENT, 1975, p. 56). Quant aux "gens du pouvoir" mossi ils peuvent seuls "arrêter, emprisonner, piller au nom du roi, tuer au nom du roi" (M. IZARD, 1973 b, p. 146). On notera que dans l'ancienne société indienne les "gens de souche royale", les "gens du roi", sont tous nécessairement guerriers (E. BENVENISTE, rééd.1975, T.I, p.285)
(26) dont l'existence a été également relevée par C. SEIGNOBOS, 1982, p.44
(27) M. FORTES et E. E. EVANS-PRITCHARD, 1964, p. 4
(28) G. BALANDIER, 1967, p. 93
(29) ainsi Polkwo, responsable du *ludara* du clan Ngamiko, avait eu à convoquer lors de son sacrifice - auquel il nous avait invitée - 9 chefs de famille
(30) M. IZARD, 1985, pp. 27-29

(31) Le mot mandara *talaga* désigne le "pauvre", "l'homme sans pouvoir" (D. BARRETEAU, communic. person.). Peut-être ce mot a-t-il été lui-même emprunté à l'arabe *talaka*. Chez les Mossi c'est ce *talaka* d'origine également arabe qui est devenu *talga* (pl. *talse*), "homme ordinaire, sorte de roturier pour l'aristocrate royal du Yatenga" (M. IZARD, 1985, p. 27)

(32) Les Giziga du sud et de la chefferie de Muturwa feraient aussi cette distinction entre *mbur mbidlew*, "l'homme de rien", et *bi-ay*, les "gens du chef" (R. JAOUEN, comm. person.)

(33) J.F. VINCENT, à par. 1990, cf. croquis 5

(34) "Chez eux les clans royaux sont logés à la même enseigne que les autres et ne forment pas une noblesse" note A. ADLER (1982, p.97). Pourtant il remarque que ces mêmes clans royaux "font un ensemble, une sorte de bloc, face au reste des clans dits 'za-seri', 'les gens de la terre'" (A. ADLER, 1982, p. 142).

Deuxième partie

LES PORTEURS DU POUVOIR

CHAPITRE IV
LES SIGNES EXTERIEURS DE POUVOIR

Le prince mofu est nommé *bi ndwhana*, littéralement "chef grand", "chef suprême", par opposition à tous les détenteurs d'une autorité - désignés également comme *bi* par la langue mofu (1) - exercée aussi bien dans le cadre d'une famille restreinte que d'une charge religieuse. Nous nous proposons dans ce chapitre de décrire son pouvoir en partant de l'extérieur, naïvement en quelque sorte. Nous montrerons d'abord les attributs matériels du pouvoir, les avantages détenus par le prince, tels qu'ils peuvent apparaître à l'observateur étranger. Ensuite il sera possible de passer à un deuxième niveau de présentation des faits, celui de leur justification par les Mofu eux-mêmes, et de déboucher sur leur propre conception et leur propre symbolique du pouvoir.

1. LE CHATEAU DU PRINCE

Il suffit de lever la tête pour découvrir l'habitation du prince : sur chaque *ngwa* elle occupe le sommet de la montagne. On aperçoit de loin un fouillis de toits qui le soir, au coucher du soleil, se découpent sur le ciel. Cette grappe compacte de constructions se presse sur la plate-forme rocheuse qu'elle coiffe littéralement. La demeure du prince constitue en effet la "tête" de la montagne, disent les montagnards (2). Ainsi placée, elle domine les habitations des simples sujets dispersées en contre-bas sur les pentes aménagées en terrasses.

Cette position théoriquement dominante a connu diverses modifications depuis les dernières décennies : à Duvangar, par exemple, l'habitation traditionnelle des princes, située tout en haut de la montagne d'Ar-Wede-Wede, à plus de 900 mètres d'altitude, a été délaissée au début du siècle par le prince Mangala qui en a reconstruit une autre, située beaucoup plus bas, sur un épaulement dominant de peu la plaine. La demeure d'Ar-Wede-Wede n'est pourtant pas totalement abandonnée. Les grands sacrifices - l'investiture des nouvelles classes d'âge par exemple, ou le sacrifice des premiers taureaux de *maray* - y débutent encore dans les constructions en ruines, et nous avons pu visiter le site à diverses reprises. Nous nous sommes rendue aussi à Givel chez les princes de Durum et nous avons été accueillie dans leurs demeures par les princes de Gwoley et de Mangerdla. Toutefois c'est l'habitation des princes de Wazang qui nous est la plus familière car nous y avons assisté à des dizaines de sacrifices et de fêtes, y dormant à plusieurs reprises. Nous l'avons vue en pleine activité, traversée en courant par les nombreux enfants du prince, lentement et tête baissée par ses épouses, tandis que, dans une bousculade respectueuse, les visiteurs se précipitaient vers le prince, hôte bienveillant et centre de la demeure. Cette animation n'est plus qu'un souvenir. A la mort du prince Bello en 1980 quelques unes de ses veuves avaient continué à occuper la maison de leur mari mais depuis 1983 elle est vide. Par contre la demeure des princes de Durum a connu une destinée inverse : désertée petit à petit après la disparition du vieux prince en 1975 elle vient de retrouver beauté, grandeur et vie, grâce à l'installation en ses murs d'un nouveau prince.

a) matériaux et construction

L'habitation du prince et celle de ses sujets présentent plusieurs caractéristiques communes. C'est ainsi que le choix des matériaux est identique, variant seulement suivant l'usage des pièces : murs d'argile pour les cuisines et chambres individuelles ou murs de pierre taillée ou éclatée, en n'utilisant que des blocs de même taille, pour les pièces abritant les greniers, les chambres communes, les étables; toit recouvert de chaume, provenant d'une herbe de brousse et non de cannes de mil comme on peut le voir chez d'autres montagnards, les Mafa par exemple. La conception de l'habitation est aussi la même. La langue désigne comme "maison", *ay*, non pas une construction unique et polyvalente, mais un ensemble de "cases" rondes formant un hameau, petit ou étendu. Toutefois l'unité de cet ensemble est décelable de l'extérieur car ses maisons-pièces sont reliées les unes aux autres par des murs et une seule porte d'entrée permet de pénétrer dans ce qu'il est commode d'appeler une "concession". Chacun de ces ensembles occupé par une famille restreinte - un homme avec sa ou ses femmes, ses enfants, parfois sa vieille mère - est placé sous l'autorité et le contrôle du *bi ay*, le "chef de maison" : son siège est placé à côté de la porte qu'il barricade soigneusement chaque soir (3).

La beauté et l'élégance des maisons mofu avaient frappé les premiers administrateurs : l'harmonie de leurs proportions, le fini du travail, la maîtrise de l'utilisation de la pierre, leur donnent un cachet particulier et incitent à voir en elles autant de petits domaines.

Dans les demeures des princes également les qualités de bâtisseurs des Mofu sont manifestes. Les possibilités des sites naturels sont d'abord remarquablement utilisées. Les constructions occupent parfois une simple motte comme à Givel, demeure des princes de Durum (4). Plus souvent, comme à Wazang ou Ar Wede Wede, elles sont bâties sur la partie sommitale de pics granitiques formant une calotte rocheuse. Celle-ci est alors aplanie, voire entaillée, pour ménager une plate-forme qui peut se terminer par des à-pics naturels. Une muraille de pierres taillées de main d'homme, de plusieurs mètres de hauteur et de plusieurs dizaines de mètres de circonférence, ceinture généralement l'ensemble des habitations. Elle double les parois rocheuses à pic mais sans en dépasser. Flanquée d'une épaisse couronne de redoutables épineux, *tsarak*, elle donne à la demeure des princes un aspect défensif, évoquant pour l'observateur étranger l'idée d'un château-fort, mot employé d'ailleurs spontanément par les premiers observateurs (5). Un administrateur ne qualifie-t-il pas de "forteresse" l'habitation des princes de Durum jusqu'à laquelle, avec bien du mal, il est parvenu à grimper ? (6). Il nous a semblé préférable de parler plus simplement de "château" car ce n'est pas seulement la nécessité d'une défense qui justifie ces hauts murs. Si tel était le cas on comprendrait mal la présence d'escaliers permanents aux solides marches de pierres permettant de franchir aisément ces murailles d'enceinte ou celle de portes monumentales de proportions imposantes, ouvertes au long des journées (7). De plus, les entrées officielles sont parfois doublées comme à Wazang d'un escalier situé à l'extrémité de la concession et utilisé par les seuls membres de la famille princière, escalier de service en quelque sorte et pourtant de belles dimensions. Par tous ses détails la demeure du prince cherche - et elle y parvient - à faire impression.

b) les différents éléments

L'intérieur de la muraille délimite un espace dont la surface est fonction de l'importance de la chefferie : à Wazang il est d'environ 800 mètres carrés, et à Duvangar de près d'un millier de mètres carrés (8). A Durum l'existence d'un double mur de soutènement élargit la surface de la concession princière : elle occupe autour de trois mille mètres carrés (9).

Tout château princier doit comporter certains éléments qui, en fonction de la configuration du terrain, peuvent occuper des places différentes. Après avoir franchi l'entrée principale - escalier d'honneur ou simple poterne - on se trouve, à Duvangar et Wazang, devant un long couloir obscur aux murs de pierres, allée couverte d'une vingtaine de mètres de longueur où il faut s'enfoncer pour déboucher dans l'habitation proprement dite (10). A Wazang le plafond de ce couloir est fait d'épais madriers placés côte à côte. A Duvangar - prouesse technique plus remarquable - ce sont des dalles rectangulaires de granit soigneusement ajustées qui le composent.

Nous avions pensé au début de nos visites que la présence de ces souterrains était nécessitée par la montagne elle-même dont une barre rocheuse avait dû être supprimée. Nous avons constaté ensuite qu'il n'en était rien. A Wazang le plafond présente un net caractère rapporté, soulignant l'aspect artificiel de ce couloir d'accès. A Durum le souterrain est remplacé par un surprenant couloir tournant qu'il faut aussi emprunter pour gagner le coeur de l'habitation. La présence de ces passages obligés est révélatrice d'une certaine conception de la nature du prince : seul le château est doté d'un accès détourné car seul le prince doit susciter le respect auprès du reste des montagnards.

Vient ensuite à Wazang une cour intérieure sur laquelle donne un vaste hangar, *dalambo*, réservé aux visiteurs de jour du prince. C'est là aussi que pousse "l'arbre du prince", *mbezang*, majestueux ficus planté par bouture, rencontré, comme son nom le laisse entendre, chez tous les princes, pour son ombre épaisse et aussi parce que ses dimensions l'apparentent au souverain. On y trouve également la "pierre des sacrifices", *ngwa kuley*, utilisée lors des purifications. Sur cette cour donne enfin une grande maison de passage où dorment les visiteurs faisant au château un séjour de quelque durée, devins et guérisseurs le plus souvent, mofu-Diamaré ou non, ou bien parents du prince venus pour une des fêtes de la montagne. Dans cette pièce sont gardés les grands tambours de proclamation des fêtes et des deuils.

De la cour intérieure on pénètre dans une maison-entrée, vestibule commandant l'accès à un ensemble de constructions. Il faut nécessairement le traverser pour pénétrer dans les nombreuses pièces du reste de l'habitation. Celle-ci se compose d'abord des cuisines des épouses, *gedjek*, disposées par ordre d'ancienneté : celles des épouses encore *kokwa* - jeunes mariées n'ayant pas encore d'enfant - sont le plus à l'extérieur. Chaque épouse, en effet, dispose de sa pièce-cuisine, petite maison aux murs d'argile (11), à l'ouverture en forme de trou de serrure, parfois décorée de motifs en creux (12). Ce principe de l'attribution d'une cuisine par épouse a toujours été respecté. Seul à Wazang le prince Slakama qui régna au milieu du XIX° siècle (cf. Tableau 11 : "Les princes de Wazang") est dit avoir eu tant d'épouses qu'il ne disposait pas d'assez de place : il fut *"obligé de mettre deux femmes par cuisine"*. Dans cette pièce qui lui appartient chacune prépare la nourriture et conserve certaines de ses récoltes, sauf le mil qui doit être regroupé avec celui de ses co-épouses et avec le mil du prince. Elle ne dort pas dans sa cuisine car chez les Mofu-Diamaré aucune femme ne peut le faire. Il existe pour cela des maisons-chambres à coucher, *gudok*, communes cette fois à plusieurs épouses, à leurs jeunes enfants et à leurs grandes filles, construites en une même partie du château. Les adolescents enfin ont leurs chambres à part, petites maisons rejetées à la périphérie de l'habitation, qu'ils ont élevées eux-mêmes ou qu'ils ont reprises à des frères plus âgés après leur mariage.

La maison-chambre du prince précédée d'une antichambre - *mi ver*, "bouche de la chambre" - se trouve à l'écart, nettement séparée de celles des épouses. C'est là que le prince se tient habituellement lorsqu'il n'a pas de visites. Il y prend ses repas. C'est dans cette chambre que se tiendra à sa mort son remplaçant, cette retraite de quelques jours faisant de lui un prince. Là enfin se trouvent conservés les objets précieux de la chefferie, parures et bijoux anciens sortis au moment des sacrifices, et aussi "enfants de pluie", ces pierres permettant au prince de faire venir les pluies sur son terroir (13).

La demeure du prince comporte en son coeur une, parfois plusieurs pièces-réserves, les "salles des greniers" - *dal-ay*, littéralement "ventre (de la) maison". Chez les hommes ordinaires trois à cinq greniers-silos y sont rassemblés sous un même toit (14). Ces "salles de greniers" constituent l'originalité des Mofu-Diamaré : ni les Mofu-Gudur, ni les Mafa n'ont choisi de regrouper les récoltes familiales en un même lieu. On en retrouve le principe chez les princes comme chez les simples "chefs de maison", mais cette fois le nombre de greniers est beaucoup plus important. Partout les greniers ont la même forme : ce sont d'énormes obus montés sur pieds, dont la "tête" pointue est percée d'une ouverture ronde permettant d'y descendre. Toutefois, les dimensions des greniers de prince (souvent plus de 3 mètres de haut et 2 mètres de diamètre) sont encore plus imposantes. On y trouve le mil récolté par les épouses du prince et surtout celui provenant des plantations du prince, prévu pour la consommation de la grande maisonnée. Une petite partie de ce mil sert à un autre usage et les greniers qui le contiennent sont placés dans une pièce distincte : ce sont des greniers de prêt, *hataka*. Tous les greniers *hataka* ne sont d'ailleurs pas chez le prince qui se fait souvent relayer par les chefs de quartiers ou quelques "grands". Ainsi pourra-t-il en temps de famine nourrir ses sujets.

Le *dalay* n'est pas seulement une pièce utilitaire. Il est aussi un sanctuaire, placé au centre de l'enclos familial, abritant les autels des ancêtres du chef de famille. C'est par un sacrifice aux ancêtres du prince que commencent ou se terminent les fêtes religieuses du *ngwa*.

Véranda, cuisines, salles des greniers, chambres à coucher, toutes ces pièces communiquent par des passages couverts. Il y règne une semi-obscurité qui rend la circulation difficile et accentue l'impression de dédale. Font encore partie de la demeure du prince, le plus souvent intégrées à elle, quelques étables, une construction par bête. Là sont enfermés à vie, de leur naissance à leur quatrième année, les taureaux destinés à être offerts aux ancêtres, ainsi que quelques vaches permettant au prince, et à lui seul, de pratiquer l'élevage bovin et de disposer ainsi de *sla da ngwa*, ces "taureaux du pays" nés sur la montagne, différents des zébus peuls de la plaine. Alors que les simples chefs de familles sacrifient à leurs ancêtres des taureaux achetés dans les marchés de plaine, donc des zébus peuls, les princes mofu avaient en effet réussi à maintenir une race de bovins différentes, des taurins autochtones qui ont malheureusement disparu lors des grandes famines de 1930-31-32. Les descriptions qui nous en ont été faites montrent que ce taurin mofu possédait une bosse, due sans doute à des métissages avec le zébu peul, et qu'il appartenait donc à un type beaucoup moins pur que le taurin montagnard élevé par les Namchi ou les Kapsiki (15). La totalité des bovins appartenant au prince ne se trouve pas chez lui : les sommets rocheux se prêtent mal à l'élevage et le prince confie à de simples particuliers dans les différents quartiers d'autres bêtes à engraisser.

Compris dans l'enceinte de l'habitation se trouve un vaste emplacement plat, *dala ma megrivey*, la "place des danses". Elle est bordée par une large banquette, formée d'un mur bas, couronné de pierres plates, longeant l'à-pic que domine le château. A Wazang on la rencontre juste après la porte d'entrée mais avant le couloir souterrain (16). A Duvangar elle figure au contraire au coeur même de l'habitation, après le passage couvert près de la véranda où se tient le prince. Tous les quatre ans la classe d'âge des nouveaux adultes, *mazgla*, vient danser là pour son prince.

Le visiteur de ces différents châteaux ne peut manquer d'être frappé par leur aspect ancien. Les pierres des murs extérieurs et intérieurs présentent une patine vénérable et divers détails - ainsi l'accumulation des maxillaires de taureaux offerts tous les quatre ans - montrent que ces habitations ont une longue histoire et sont passées entre les mains de bien des princes. Au hasard d'une visite et d'un détail est évoqué le souvenir de l'un ou l'autre. Ainsi à Wazang on rappelle en montrant le *mbolom a ma mbo*, "l'esprit gardien de la porte", enclavé de façon surprenante à l'intérieur du château, que jadis la demeure des princes commençait à cette porte. Au "temps de Summaka" qui régna au début du XIX° siècle la concession couvrait donc un espace moins vaste et la cour intérieure n'existait pas (17). Cet agrandissement a été réalisé, explique-t-on, par Slakama, fils de Summaka dont le règne couvre la majeure partie du XIX° siècle. Toutefois la construction de ces demeures est bien antérieure à ces princes plus proches de l'époque actuelle et donc mieux connus : partout on explique qu'elle coïncida avec la mise en place des chefferies, il y a donc environ trois siècles (cf. Tableaux 9, 10, 11 : "Les princes de Duvangar, de Durum et de Wazang").

Ces châteaux sont toujours en place et ne s'écroulent pas grâce à leur remise en état et à leur consolidation périodique. Chaque promotion de *mazgla* - 50 à 150 jeunes gens suivant les chefferies - travaille à leur réfection (18). Cette tâche réservée aux jeunes gens de 16 à 20 ans crée un lien personnel entre le prince et ses *mazgla* : en prenant en charge l'entretien de son château ils montrent qu'ils sont devenus adultes.

1. LE CHATEAU DU PRINCE

Notes des pages 249 à 254

(1) Le mot *bi* se retrouve identique dans beaucoup de langues de la région, chez les Giziga-Marva, on l'a vu (cf. p. 82) et chez les Mafa par exemple (J.Y. MARTIN, 1970, p. 82, p. 114, etc...)

(2) Les premiers administrateurs n'avaient pas remarqué cette situation élevée, pourtant générale. Ils avaient seulement noté, à Mikiri par exemple, que le chef habitait sur la montagne et non au pied (X, 1935 : "Rapport de tournée du 5 septembre", Archiv. Maroua, sans numérot.).

(3) Cf. Planche XXIII, photo 5, "Chef de maison franchissant le seuil de sa porte"

(4) Cf. Planche V, photos 1 et 2, "Vue lointaine du château de Durum; vue proche du château de Wazang"; cf. également la représentation du château par un écolier de la chefferie (Annex. chap. IV)

(5) On retrouve ce terme appliqué à la demeure des princes de Duvangar par un groupe d'architectes en voyage d'études au Cameroun (J.P. BEGUIN et al., 1952 p. 16) et à celle des princes de Durum par un médecin de passage (J.B. BENOIST, 1957, p. 133)

(6) Ar. DELMOND, 1950 : "Rapport de tournée à Duvangar-Durum-Wazang-Masakal (juin)", Archiv. Maroua, sans numérot. Ce mot est également employé par les architectes décrivant la demeure des princes de Duvangar (J.P. BEGUIN et al. 1952)

(7) Cf. Planche VI, photo 3, "Muraille d'enceinte du château de Mangerdla"; Planche VII, photo 4, "L'escalier arrière du château de Wazang", photo 5 "Porte d'entrée du château de Durum".

(8) Voir le "plan de l'habitation du chef de Duvangar" relevé en 1949 et publié avec échelle (J.P. BEGUIN et al., 1952, p. 14)

(9) D'après le relevé coté effectué en 1979 par C. SEIGNOBOS, aimablement mis par lui à notre disposition (Annex. chap. IV)

(10) IPlanche VIII, photos 6 et 7, "Le souterrain du château, à Wazang et à Duvangar". La présence à Duvangar d'un "souterrain" permettant l'accès au "sommet de la montagne" a été remarquée par les architectes en visite (J.P. BEGUIN et al., p. 15)

(11) Il s'agit là d'un choix culturel et ethnique : parmi les constructions faisant partie de l'habitation mofu-Diamaré, certaines ont des murs d'argile, d'autres des murs de pierre taillée, sans que les raisons de ce choix apparaissent dictées par des considérations techniques ainsi que le fait remarquer C. Seignobos (1982).

(12) cf. Planche IX, photos 8 et 9, "Portes de cuisine"

(13) Les "enfants de pluie" sont enfermés dans une case-miniature située dans le *mi ver*. C'est là que nous les avons vus et photographiés en mai 1969 (cf. Planche XXXVI, photo 1, "Onction des pierres polies"

(14) Sur les greniers mofu, cf. J.F. VINCENT, 1982, pp. 298-299; cf. également Planche III, photo 6 . Sur les "salles des greniers", cf.p. 77

(15) Sur le taurin montagnard cf. A. BEAUVILAIN, 1984, p. 39

(16) Planche X, photos 10 et 11, "La banquette de pierre, *mapar*, à Wazang et à Durum"

(17) Sur la durée des règnes de prince, cf. Tableau 11, "Les princes de Wazang"

(18) photo de couverture, "Les *mazgla* au travail dans le château du prince"

2. POLYGAMIE ET VIE FAMILIALE DU PRINCE

a) nombre d'épouses

La première différence, immédiatement perceptible, entre le château du prince et l'habitation de ses sujets tient à leurs tailles dissemblables commandées par le nombre des femmes. Plus les épouses sont nombreuses, plus la concession du "chef de maison" s'étend. Or le prince est de loin le plus grand polygame de sa chefferie. Cette polygamie importante n'est pas récente. En reprenant sur chaque *ngwa* les listes dynastiques et en interrogeant les anciens des clans de prince, nous avons pu constater qu'au XIXème siècle tout prince de *ngwa* avait plusieurs dizaines d'épouses, entre 20 et 50. A Wazang notre interlocuteur, le prince Bello, était arrivé progressivement en 1980 au chiffre de 24 épouses et son père, Bi-Makabay, en avait eu 25, mais son grand-père Tsila en avait eu davantage : 30. Quant à Slakama père de Tsila il avait, dit-on, 50 épouses à la fin de sa vie, vers 1885 (1). De même on dit à Duvangar de Bi-Bigney, arrière-grand-père du prince Bizi-Durum, qu'il avait eu *"environ 30 femmes"*. Bizi-Durum lui-même nous était présenté par ses sujets, au début de nos enquêtes en 1968 comme le mari de plus de 60 femmes. La réalité s'est révélée plus modeste : une quarantaine d'épouses.

Ces chiffres sont proches de ceux que nous avons relevés pour la chefferie giziga de Marva : *"plus de 50 femmes"* chez Bi-Loa, né vers 1840, grand-père de Ngataran, dernier chef traditionnel déposé en 1978; *"30 à 40 femmes"* chez Umate son père. Chez les montagnards mafa voisins nous n'avons pas trouvé mention de polygamie importante, liée ou non à un chef ou prince de montagne. Par contre au cours de nos rapides enquêtes chez les Mofu-Gudur en 1970 nous avons relevé 13 femmes pour Bi-Tokwo, prince de Gudur, et 8 femmes pour Bi-Marba, son père.

Ces nombres d'épouses sont comparables à ceux indiqués pour les chefs Birom du Nigeria central, entre trente et cinquante (2). Ceux concernant les Mundang étaient toutefois supérieurs : 200 femmes pour Go-Come II, roi de Léré au début du XX° siècle, se rapprochant de ceux indiqués pour le roi d'un petit royaume montagnard, les Nso, dans l'ouest du Cameroun, en 1913, 300 épouses. Toutefois on est loin des effectifs bamum : le roi Njoya reste le plus important des souverains polygames de cette zone avec ses 1200 femmes (3).

Si l'on sort du cadre des trois grandes chefferies mofu le chiffre des épouses reste à peu près identique, à Molkwo où Magataka, grand-père du prince actuel, est dit avoir eu 40 femmes, et à Tsaki-Dzebe, sur la montagne de Dugur, où Bi-Meftek, grand-père du prince régnant, aurait eu 24 épouses. Par contre chez les Meri et les Gemzek il n'est plus question d'effectifs aussi importants : le chef de *ngma*, "montagne" *"peut avoir de 2 à 4 femmes, pas plus"*. Cette différence, on le verra, n'est pas due à des raisons économiques : les Meri et les Gemzek sont plus nombreux que les montagnards des chefferies de Dugur par exemple. Elle traduit une autre conception et une autre pratique du pouvoir politique.

b) choix de l'épouse

Le prince remarque rarement lui-même sa future épouse. Il arrivait pourtant qu'il se pose en demandeur, sollicitant certains de ses visiteurs puisqu'il ne sortait pas de chez lui. C'est de cette façon que Mangala de Duvangar avait connu l'existence de Tengezeng, une de ses dernières épouses et notre interlocutrice : *"Le prince avait dit à des gens de Meri venus le voir 'J'ai besoin d'une femme', et ils lui avaient parlé de moi"*. Le plus souvent ce sont les habitants de sa chefferie - surtout s'il est prince en titre depuis quelques années - qui l'avertissent : *"Dans tel quartier il y a une belle fille pour toi"* ! De même l'attention du roi bamum peut-elle être attirée par la description que lui font ses serviteurs de la beauté d'une jeune fille (4). Parfois aussi la beauté de la jeune fille est si remarquable que *"tout le monde dit : 'Cette fille est belle ! Elle doit être normalement pour le prince'"*, comme si les sujets eux-mêmes ressentaient la nécessité d'offrir cette jolie fille au prince, et comme si celui-ci avait une exclusivité sur les plus belles filles de chez lui.

Quel que soit leur nombre les femmes du prince ont un point commun : elles ne peuvent avoir été mariées à un autre homme avant de devenir "épouse de prince". *"Si le prince se fiance avec une fille et que celle-ci prend contact avec un homme, le prince ne doit plus l'épouser"*. De même *"il ne peut pas épouser des femmes qui ont déjà été mariées"*, état désigné par le mot *bulvar*. Toutes les épouses du prince doivent être venues chez lui jeunes filles ce qui, selon le code de valeurs mofu, signifie qu'elles étaient vierges (5). Elles répondent ainsi à l'appellation *ngwas ma sasay*, "épouses au cache-sexe", car le prince a été leur premier mari, celui chez qui elles ont enlevé le petit cache-sexe de ficelles ornées de perles, porté par les *kokwa*, jeunes filles et jeunes femmes sans enfant. Elles ont ensuite revêtu chez lui le costume réservé aux femmes véritables, *utet*, fait d'une longue lanière de peau de taureau, enroulée par la femme autour de ses hanches (6). Ce changement de costume a lieu non pas après les premières relations sexuelles mais au bout de plusieurs mois, voire plusieurs années, lorsque la nouvelle mariée a conçu un enfant et que sa grossesse est suffisamment avancée pour qu'elle puisse annoncer son changement d'état : de *kokwa* elle accède alors au statut de *ngwas*, "femme", femme parce que future mère. La féminité véritable passe par la maternité. Ce n'est pas le mariage qui marque un changement d'état de la femme : elle était *kokwa* avant d'entrer dans la maison de son mari et elle le reste après. Le vrai repère permettant de passer dans la catégorie des femmes est le premier enfantement (7).

Ngwas ma sasay est donc avant tout la femme qui a conçu pour la première fois grâce à un tel mari. On pourrait imaginer qu'une *ngwas ma sasay* puisse abandonner ensuite cet homme pour un autre mari, chez qui cette fois elle ne pourrait plus être "*l'épouse au cache-sexe* ". Cette mobilité se rencontre chez d'autres groupes montagnards voisins chez qui on retrouve la même expression, les Mada et les Mouyeng, par exemple (8). Chez les Mofu par contre l'expression *ngwas ma sasay* a une signification différente : "*l'épouse au cache-sexe* " ne peut être appelée ainsi que si elle n'a jamais changé de mari et si à la fin de sa vie elle est toujours l'épouse de celui chez qui elle était venue jeune fille, "*si elle a gardé fidélité au même mari* ".

Existe-t-il sur ce point une différence de comportement entre les femmes ordinaires et les épouses de prince ? Nous sommes en mesure de l'établir car nous avons mené des enquêtes distinctes chez les unes et les autres. En 1969 puis en 1970 nous avions étudié la situation matrimoniale des femmes, d'abord sur toute l'étendue de la chefferie de Wazang - plus de 500 femmes mariées - puis de façon plus détaillée sur un échantillon raisonné portant à la fois sur Wazang et Duvangar et représentant plus de 300 femmes (9). Aucune épouse de prince n'avait à l'époque été interrogée. Aussi avons-nous repris des enquêtes spécifiques auprès de cette catégorie de femmes. Nous avons d'abord interrogé en 1980 les épouses de Bello, prince de Wazang, âgé alors de 65 ans, avec l'assentiment de celui-ci (cf. Tableau 15 : "Epouses et enfants du prince Bello de Wazang (1914-1980)") (10). Cette enquête peut être rapprochée de celle que nous avons menée ensuite en 1984-85 auprès des très nombreuses épouses de Bizi-Durum, prince de Duvangar, à peu près contemporain de Bello par l'âge (cf. Tableau 16 : "Epouses et enfants du prince Bizi-Durum de Duvangar (né en 1912))", (11). L'une et l'autre ont obtenu des résultats similaires, s'opposant en plusieurs points aux conclusions de l'enquête menée en 1984 auprès d'Usmaanu-Nukokwo, prince actuel de Wazang et fils de Bello, appartenant à une génération plus jeune et polygame beaucoup plus modeste.

Nous ne saurions affirmer que la virginité, valeur placée très haut par nos informatrices d'un certain âge, avait été l'apanage des centaines de femmes interrogées en 1969 et 1970. Par contre nous avons pu établir que le plus grand nombre d'entre elles - 3 femmes sur 4 - n'avaient connu qu'un seul mariage au moment où elles avaient été interrogées (128 mariages pour 100 femmes mofu mariées, contre 271 mariages pour les femmes mouyeng et 361 pour les femmes mada à la même époque, 273 mariages enfin pour les femmes peules). En considérant l'ensemble des femmes interrogées, tous âges confondus, nous avons également découvert un nombre de divorces très faible : moins d'une femme sur cinq (19 divorces pour 100 femmes) en avait fait l'expérience. En nous limitant aux femmes de plus de 40 ans dont la vie sentimentale est à peu près terminée nous avons obtenu une proportion un peu plus forte de 23 divorces pour 100 femmes (12) mais amenant tout de même à cette conclusion : plus de 75 % des femmes mariées à Duvangar et Wazang étaient des *ngwas ma sasay*, des "*épouses au cache-sexe* ", n'ayant jamais quitté leurs maris.

Cette proportion remarquable contraste déjà fortement avec la situation chez les montagnards voisins. Et pourtant elle frôle les 100 % chez les épouses de prince : *"Aucune de ses épouses ne quitte le prince "*. Pour Bello de Wazang les informateurs étaient unanimes à souligner le fait et l'enquête a montré qu'effectivement malgré quelques orages et tensions - dont nous avons parfois été témoin ou dont nous avons entendu les échos - sur les 24 épouses de Bello on relève un seul divorce véritable; encore s'agit-il d'une épouse héritée de son père, Nsakow (cf. Tableau 15 : "Epouses et enfants du prince Bello de Wazang"). Ses 18 épouses personnelles, toutes sans exception, l'avait eu pour premier mari. Aucune ne l'avait quitté définitivement ; même Ahutaya qui, devant le décès successif de ses enfants, s'était séparée de lui, n'a pris un nouveau mari qu'après la mort du prince. La situation est semblable pour les épouses de Bizi-Durum à Duvangar en ce qui concerne leur situation avant de venir chez le prince : il avait été pour toutes leur premier mari. Et même parmi ces épouses mal traitées, disait-on, on ne trouve que 7 divorcées sur 44 femmes, remariées généralement sur un autre *ngwa*, la raison la plus fréquemment invoquée étant la mort de plusieurs enfants à la suite. Ces divorcées représentent 16 % des épouses princières, une proportion inférieure à celle que l'on trouve chez les femmes ordinaires, elle-même une des plus basses du Nord-Cameroun, on vient de le voir.

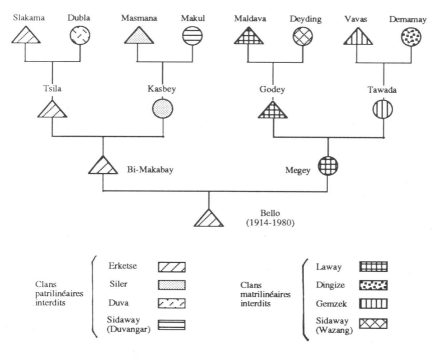

**Tableau 13   Interdictions de mariage chez les Mofu-Diamaré
le cas du prince Bello de Wazang**

A la génération suivante représentée par Usmaanu-Nukokwo de Wazang, fils de Bello, une évolution importante s'est produite : plus de la moitié de ses épouses avaient été mariées avant de le rencontrer; toutefois aucune ne l'avait quitté. Pour épouser une femme le prince se comporte comme n'importe quel homme de sa chefferie : il respecte les interdits qui l'empêchent de se marier dans 6 clans. Ce chiffre important peut, dans certaines circonstances, monter jusqu'à 7, voire 8 clans.

Société de type omaha la société mofu-Diamaré interdit le mariage à l'intérieur du clan d'ego et du clan de la mère du père d'ego, ainsi que dans les clans de la mère du grand-père paternel et de celle de la grand-mère paternelle d'ego. A ces quatre clans du côté du père, il faut ajouter deux clans interdits du côté matrilinéaire : celui de la mère elle-même, le clan des *gumsa*, et celui de sa mère à elle, auxquels peuvent s'ajouter celui de la mère du grand-père maternel, *gumsa*, et celui de la mère de la grand-mère maternelle, "*si tous deux sont encore vivants et s'opposent à une union entre leur petit-fils et une fille de leur clan*" (13). Tout comme le prince mofu, le roi Bamum se soumet aux mêmes règles de mariage que ses sujets : il lui est interdit d'épouser une parente. En revanche le roi de Léré est "hors clan" et par conséquent en dehors du système des échanges matrimoniaux réguliers (14).

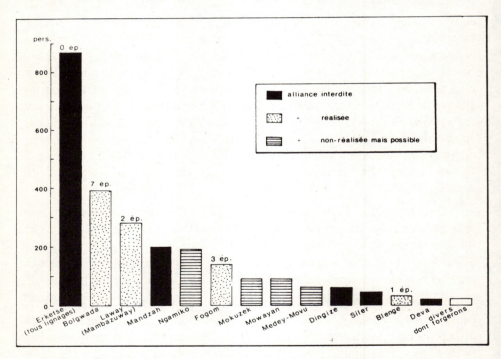

Tableau 14 Alliances du prince Bello sur sa chefferie de Wazang

Lorsqu'on parle au prince mofu d'une jolie fille il fait d'abord *"prendre des renseignements pour voir s'il peut l'épouser et s'il n'y a pas d'empêchements"*. Le prince et ses sujets partagent, en effet, le même système de croyances religieuses et c'est en faisant appel à la croyance aux ancêtres que certains nous ont expliqué les raisons de ces interdictions. *"Les interdits de mariage sont exactement les mêmes pour le prince et pour n'importe quel homme : le prince, lui aussi, doit tenir compte de la parenté afin que ses sacrifices soient bien acceptés. Si tu épouses une fille qui est ta parente vous aurez les mêmes ancêtres. Or si les ancêtres se mélangent les sacrifices ne seront pas bien acceptés"*. Effectivement si l'on confronte l'origine clanique des épouses de Bello, prince de Wazang, avec la liste des clans dont il descend on constate qu'aucune de ses épouses n'est fille de ces clans et qu'il a observé scrupuleusement les interdits (15).

On remarque aussi la forte proportion d'épouses de princes étrangères aux chefferies. *"Le prince prend des femmes partout. Nous étions nombreuses à être venues des différents ngwa"*. A Wazang les épouses étrangères de Bello n'étaient pas moins de 11 sur 24, près d'une épouse sur deux. Bello avait "pris" femme - le mot est le même en mofu de Duvangar *a sga*, "il prend" - dans les *ngwa* immédiatement voisins du sien. Quatre de ses épouses étaient originaires de Durum, au nord-ouest de Wazang, et deux épouses venaient de Duvangar, parlant ainsi la même langue que leur mari. Trois étaient filles de Masakal, *ngwa* limitrophe, situé au sud de Wazang et peuplé par des Mofu-Gudur, ethnie différente parlant une autre langue, on l'a vu. Une autre épouse venait de Tsaki-Dzebe et une enfin de Meri ; ces deux-là parlaient, elles aussi, des langues différentes avant leur mariage. De même à Duvangar les épouses de Bizi-Durum se répartissent à peu près à égalité entre celles qui viennent des *ngwa* avoisinants et celles qui sont de la chefferie même. Toutefois parmi ces épouses du prince de Duvangar figurent de nombreuses femmes originaires des *ngwa* dominés par Duvangar, neuf de Gwoley et huit de Ngsar : les clans Genduver et Gaywa, principalement concernés, ont fourni à Bizi-Durum 40 % de ses épouses (16).

Cette proportion d'épouses princières nées hors du *ngwa* reproduit, en fait, celle que l'on peut observer chez les simples sujets qui, dans un peu plus d'un cas sur deux seulement, se marient à l'intérieur de leur chefferie (17). Par contre le choix d'épouses étrangères par les princes est intéressant : dans une forte proportion elles appartiennent elles-mêmes à des clans de prince.

Dans sa propre chefferie le prince n'essaie pas de nouer des alliances de façon équitable avec tous les clans qui lui sont permis. Bello, par exemple, avait évité deux petits clans au statut social peu élevé, les Mariyam, clan de forgerons-devins, et les Medey, redoutés de beaucoup. Toutefois un prince *"épouse qui il veut"* : parmi les épouses de Bizi-Durum, prince de Duvangar, figure ainsi Maourdey, trente-sixième épouse, fille de forgerons du *ngwa* de Durum (cf. Tableau 16 : Epouses et enfants du prince Bizi-Durum de Duvangar).

C'est dans les clans de son *ngwa*, importants sur le plan numérique, que le prince trouve le plus grand nombre de ses épouses : A Wazang 7 des épouses de Bello provenaient du clan Bologwada, le plus important après le sien. Derrière le clan Bologwada venaient le clan Fogom qui avait fourni 3 épouses et le clan Mambazaway qui, entre Durum et Wazang, lui avait donné 2 autres épouses. Il est vrai qu'un interdit valable pour les hommes ordinaires - qui ne peuvent épouser deux soeurs au sens restreint du terme (deux filles d'un même père et d'une même mère), interdit que l'on retrouve chez les montagnards muktele (18) - ne s'applique pas aux princes : le prince mofu, tout comme le sultan bamum, peut redoubler l'alliance non seulement dans un même segment lignager, mais dans la même famille restreinte (19).

On ne remarque pas d'alliance obligatoire du prince avec les autochtones, représentés à Wazang par le seul clan Siler. Tsila, grand-père de Bello, avait cependant pris pour femme une Siler, et de cette union était né Bi-Makabay, père de Bello. Mais il avait été ensuite impossible à Bello, respectant les interdictions de mariage, de nouer une alliance dans le clan des parents maternels de son père.

Quelles sont les réactions des jeunes filles remarquées par le prince, directement ou indirectement ? Les épouses avec qui nous nous sommes entretenue avaient connu la même situation : âgées de 15 à 18 ans et déjà courtisées par d'autres jeunes gens, elles avaient appris sans enthousiasme que se manifestait un nouveau soupirant, le prince de leur *ngwa* ou d'un *ngwa* voisin, ayant plus de trois fois leur âge et dont les enfants avaient parfois "donné" des enfants. Quel moyen de s'opposer aux désirs d'un prince relayés par la volonté d'un père ? *"Je n'avais rien à dire et j'ai accepté sans discussion"*, explique Tengezeng, veuve de Mangala de Duvangar. *"Cela ne me plaisait pas d'épouser le prince "*, dit en écho Tuyek, veuve de Bi-Makabay, puis de Bi-Bello, *"mais je ne pouvais pas m'opposer à cette décision. C'était un cas de force majeure : mon père m'y obligeait "*.

Comme un homme ordinaire, le prince remet une dot, *ldeley*, à la famille de chacune de ses épouses. *"Le prince paie une dot lui aussi, et même il paie plus que les autres car il est prince !"*. *"Si la fille lui plaît, là le prince double la dot car il est le prince !"* (20). Il est vrai que la dot n'a jamais été élevée chez les Mofu ; payée jadis en petit bétail, elle n'excédait pas trois à quatre chèvres, or le prince Bi-Makabay avait donné vers 1940 *"huit grandes chèvres"* pour pouvoir épouser Mefetey, notre interlocutrice, montrant selon elle une générosité véritablement princière. Les prestations en travail dans les champs du futur beau-père et de la future belle-mère font partie de la dot chez les Mofu et il n'est pas question que le prince s'y dérobe. Toutefois son rang lui interdit de travailler en personne. Il se contente d'envoyer ses serviteurs retourner les champs à sa place.

Il semble pourtant que les familles ne se réjouissent guère à l'idée d'avoir un prince pour allié, *mesey*. Le prince ne peut se comporter en toutes circonstances comme un homme quelconque. Il ne fréquente pas les marchés, or une belle-mère y rencontre son gendre de temps à autre et elle s'attend à recevoir alors de lui, bière, viande fraîche ou poisson séché. Avec un prince pour gendre les possibilités de cadeaux disparaissent. Par ailleurs les parents de la nouvelle épouse ne se sentent guère à l'aise au château du prince ; ils ont *"un peu peur"* d'aller rendre visite à leur fille. Epouse du prince elle leur devient presque inaccessible ; elle est comme perdue pour eux.

En effet pour elle aussi les déplacements sont difficiles. Sa première visite à son quartier d'origine ne peut se faire qu'avec un certain apparat. *"Il faut que le prince ouvre la voie"* à sa jeune épouse : il fait égorger pour elle *"un gros bélier "*, de la bière est brassée, et une escorte portant les cadeaux du prince à ses alliés, *mesey*, accompagne la nouvelle mariée dans sa famille. Les visites deviendront par la suite plus faciles, mais néanmoins chaque épouse doit obtenir la permission de son mari, le prince, avant de retourner chez elle et *"pour avoir la permission il fallait la demander plusieurs fois !"* explique Tuyek. Le prince faisait escorter chaque femme en visite chez elle. On ne peut dire néanmoins que les épouses se soient senties prisonnières du château : *"Les princes d'autrefois n'enfermaient pas leurs femmes"*.

On remarque que, parmi ces nombreuses épouses, aucune n'a été remise gratuitement comme c'est parfois le cas en Afrique, ainsi dans le royaume bamum et les royaumes montagnards voisins (21). Le prince mofu ne dispose donc pas d'un capital de droits matrimoniaux lui permettant d'attribuer à un de ses parents, voire un de ses sujets, une femme qui aurait dû être son épouse (22). C'est là une limitation à sa puissance.

Habitantes haut perchées au sommet de la montagne les épouses du prince n'en descendent pas moins chaque jour, pour puiser l'eau, ramasser le bois et cultiver leurs champs, comme n'importe quelle femme. Comme elle en effet elles ont chacune leurs champs, donnés à vie par leur mari ; (si elles épousent le successeur du prince, elles recevront de lui un champ supplémentaire). Toutefois elles y travaillent moins qu'une femme ordinaire car elles organisent facilement des séances de travail contre bière, *meuney*, et, nous ont dit les épouses de prince rencontrées, les gens se rendent à ces "invitations de travail" plus facilement que pour une femme ordinaire. Et puis il arrive que le prince demande aux habitants des quartiers de venir nettoyer et défricher les champs de ses épouses. De plus, une année sur quatre il peut y envoyer la nouvelle promotion de jeunes gens, les *mazgla*. Par ailleurs entre les épouses du prince et les *mazgla* s'établissent des liens d'aide et d'amitié : à Wazang tout *mazgla* doit se choisir une épouse du prince à qui il apportera régulièrement du bois, et qui, au bout de son temps de travail le régalera spécialement, lui et tous ceux qui auront travaillé pour elle.

c) "l'épouse de pouvoir"

A la différence des ménages polygames ordinaires où la femme importante, *"la grande femme "*, *ngwas ndwhana*, est celle que le chef de famille a épousée jeune homme, chez les princes cette première épouse compte peu. Sans doute il arrive qu'elle mette au monde le premier fils de son mari, celui qui lui succédera nécessairement puisque chez les Mofu-Diamaré comme à la cour des Rois de France le dauphin est le fils aîné. Elle tire alors de cette maternité un prestige certain, mais, par ailleurs, elle ne se distingue en rien de ses co-épouses. En effet dans la quasi totalité des cas lorsqu'un futur prince se marie pour la première fois son père est encore en place. Ce premier mariage de l'héritier passe presque inaperçu au regard des nombreuses alliances de son père qui, jusqu'à sa mort, continue à épouser de nouvelles femmes.

Le futur prince entre lentement dans son état de polygame, et le rythme de ses unions est au début de sa vie plus espacé que celui de son père (23). La mort du prince en titre lui ouvre l'accès au pouvoir. C'est alors qu'il noue la plus importante de ses unions, celle qui est indissolublement liée à sa prise de pouvoir.

"Un nouveau prince", nous faisait remarquer le vieux Ndekelek de Durum en 1976, *"il lui faut une nouvelle épouse, une nouvelle peau de panthère, et un nouveau tambour"*. En même temps que le prince prend possession de la chefferie, en même temps il doit prendre femme (24). Et lorsqu'on interroge les anciens pour savoir laquelle parmi les dizaines d'épouses du prince est la plus importante, la plus "grande", ils n'ont aucune hésitation : *"C'est celle qu'on lui a donnée au moment des funérailles de son père"*, *"celle qu'il épouse le jour même où il prend la chefferie, ngwas ma pada bay "*. On la dénomme aussi tout simplement *kokwa ma bay*, *"la jeune demoiselle,"* non pas *"du prince"*, mais *"de la chefferie, du pouvoir"*, celle qui est liée à la chefferie et au pouvoir, en attendant qu'elle devienne *"la femme de chefferie"*, *"l'épouse de pouvoir"*, *ngwas ma bay*, titre qu'elle conservera toute sa vie et qu'elle sera la seule à porter. Ainsi Bello à Wazang avait-il commencé par épouser vers 1942 Membedey, future mère du prince actuel, puis six ans après elle Ngaviya et peu après encore Kadaway. Il n'était qu'un petit polygame époux de trois femmes, lorsque quatre ans plus tard, en 1953, la mort de Bi-Makabay lui permit de prendre le pouvoir, acte décisif qu'il sanctionna par son mariage avec Di-Blet, son *"épouse de pouvoir"*. Toutefois le cas de Bizi-Durum, de Duvangar, est différent : lui avait réussi à se marier de nombreuses fois avant de devenir responsable de la chefferie et Aïssatu, son *"épouse de pouvoir"*, fut sa dix-neuvième femme.

L'*"épouse de pouvoir"* ne peut avoir une apparence physique quelconque, expliquent les informateurs. Elle doit se faire remarquer par sa beauté. Doit-elle être d'origine étrangère ? Dans quatre cas sur les cinq relevés, elle provenait d'un *ngwa* différent. Seul Usmaanu-Nukokwo avait épousé une jeune fille de chez lui, tournant peut-être le dos aux usages.

Cette nouvelle épouse n'a aucune chance de donner au prince l'héritier de la chefferie - elle arrive alors que son mari a déjà engendré plusieurs fils - et pourtant c'est elle qui compte. Elle est est la plus importante de ses co-épouses. L'insistance avec laquelle on souligne la nécessité de la beauté de l' *épouse de pouvoir"* montre qu'une certaine conception du pouvoir est perceptible à travers cette institution.

d) fécondité et postérité des princes

Le rythme de la vie des épouses est dominé par le souci du prince d'exploiter au mieux leur fécondité : elles doivent lui donner le plus d'enfants possible. A son arrivée au château la jeune *kokwa* est accueillie par l'ensemble des épouses qui lui fait bon visage ; ce n'est pas à ce moment-là que se manifeste la jalousie dont l'existence nous a diverses fois été signalée. On conduit la jeune fille à la chambre du prince où elle passe toute la nuit. Elle pourra ensuite se voir attribuer sa cuisine ; elle peut aussi partager celle d'une épouse plus âgée, voire d'une veuve du précédent prince. Celle-ci ne lui donne aucune formation, aucun enseignement sur la façon de se comporter avec le mari dont elle va chaque nuit partager la chambre.

Durant cette première partie de sa vie d'épouse elle peut apparaître comme l'épouse la plus importante, ou tout au moins la mieux aimée : à Wazang elle rejoint chaque soir le prince et reste dans sa chambre toute la nuit, elle seule. Ceci ne signifie pas que le prince délaisse sexuellement ses autres femmes : il fait appeler l'une puis l'autre, mais de jour seulement. A Duvangar les prérogatives sexuelles de la jeune mariée sont beaucoup moins marquées : elle a droit seulement à deux nuits d'affilée avec le prince.

"Quand tu es jeune mariée on fait tout pour toi", nous expliquait Tuyek. La nouvelle épouse ne va pas chercher l'eau en bas de la montagne par exemple. Le prince prend soin qu'elle soit particulièrement bien nourrie. *"Cette bonne vie dure à peu près trois à quatre mois"*, au bout desquels un enfant est le plus souvent conçu. Tout change alors. La nouvelle mariée apprend à vivre au même rythme que ses co-épouses. Elle ne connaît plus que les rapides relations sexuelles de jour. Le prince appelle une autre épouse pour passer la nuit avec lui, *"une femme dont l'enfant a plus de six mois"*. Il peut prendre cette décision de lui-même, mais souvent aussi c'est la femme qui demande à le rejoindre *"parce que son enfant est déjà grand et qu'elle souhaite en avoir un autre"*.

Les autres épouses ont néanmoins avec leur mari des relations sexuelles régulières. Celles-ci sont décidées parfois non par le prince mais par l'existence d'un tour : l'épouse qui prépare la nourriture du prince le rejoint le soir dans sa chambre, puis au matin encore elle cuisine pour lui : *"Faire la nourriture du prince suit l'ordre de partager sa chambre"*.

Nourriture et relations sexuelles sont liées mais on ne peut dire que la première entraîne les autres : chez chaque prince nous avons relevé des périodes avec

Nom de l'épouse		ngwa, chefferie		clan	née vers	date de mariage	enfants Bi-Makabay				
		Wazang	autre				morts	vivants			Tot.
								G	F	T	
Membedey	1	x		Bolgwada	1925	1942					
Ngaviya	2		Masakal	Uley	1934	1948					
Kadaway	3	x		Bolgwada	1934	1949					
Di-Blet, ép. de p.	4		Durum	Mambazuway	1936	1953					
Mefetey	5	x		Fogom	1925	1953	2	1	1	2	4
Di-Dahar	6		Durum	Mandzah	1926	1953	1	0	1	1	2
Nsakow	7		Duvang.	Metelever	1928	1953	1	2	1	3	4
Tuyek	8		Dugur	Dingize	1931	1953	1	1	0	1	2
Medkwey	9	x		Bolgwada	1933	1953	1	0	0	0	1
Mayad	10		Durum	Mandzah	1933	1953	2	0	0	0	2
Tsefemey	11		Duvang.	Dongoza	1939	1954					
Ahutaya	12	x		Mambazuway	1942	1958					
Tsetsekw	13		Meri	Gaywa	1944	1958					
Di-Mofo	14	x		Fogom	1945	1959					
Dzefey	15		Masakal	Sidaway	1943	1960					
Megwey	16	x		Bolgwada	1946	1961					
Mengedkey	17		Masakal	Uley	1947	1963					
Dirsaada	18		Durum	Mandza	1948	1965					
Medewey	19	x		Bolgwada	1950	1965					
Nefey	20	x		Bolgwada	1950	1966					
Di-Memey	21	x		Mokuzek	1950	1968					
Mama	22	x		Fogom	1954	1972					
Sklido	23	x		Bolgwada	1956	1974					
Dudza	24	x		Blenge	1958	1976					
TOTAL		13	11				8	4	3	7	15
		24									

Tableau 15 Epouses et enfants du

enfants Bi-Bello					Nombre total d'enfants					SORT ACTUEL						
morts	vivants			Tot.	morts	vivants			Total	décédée	remariée	autres	veuve			divorcée
T	G	F	T		T	G	F	T		Erketse		enf.	ben	aut. enf.	seule	en
5	1	1	2	7	5	1	1	2	7	1957						
3	1	1	2	5	3	1	1	2	5	1978						
4	3	1	4	8	4	3	1	4	8					x		
6	1	2	3	9	6	1	2	3	9				x			
3	1	2	3	6	5	2	3	5	10				x			
0	2	2	4	4	1	2	3	5	6	1973						
1	0	1	1	2	2	2	2	4	6					x		1965 isl
3	3	0	3	6	4	4	0	4	8				x			
0	2	1	3	3	1	2	1	3	4	1964						
0	1	2	3	3	2	1	2	3	5							
1	2	2	4	5	1	2	2	4	5				x			
6	3	0	3	9	6	3	0	3	9		x (div)					1977 sép
1	2	2	4	5	1	2	2	4	5		x (div)				x	
6	1	1	2	8	6	1	1	2	8		x					
1	2	1	3	4	1	2	1	3	4		x	x				
0	0	0	0	0	0	0	0	0	0		x					
4	1	1	2	6	4	1	1	2	6		x (isl,div)					
1	2	0	2	3	1	2	0	2	3		x	x				
2	1	1	2	4	2	1	1	2	4		x	x				
3	2	0	2	5	3	2	0	2	5		x	x				
0	1	0	1	1	0	1	0	1	1		x	x				
0	1	0	1	1	0	1	0	1	1		x	x				
0	0	1	1	1	0	0	1	1	1		x	x				
0	0	0	0	0	0	0	0	0	0		x					
50	33	22	55	105	58	37	25	62	120							

prince Bello de Wazang (1914-1980)

cuisinières attitrées. Ainsi à Wazang Bello aux premiers temps de son règne avait désigné deux de ses femmes qui seules lui préparaient sa nourriture - les autres se contentant de cuisiner pour la maisonnée du prince et pour ses visiteurs - mais les cuisinières, chargées d'enfants, refusèrent de continuer et on en arriva au tour de cuisine, doublant le tour de relations maritales.

Toutefois ce tour revenant à intervalles très espacés il arrive que "*les femmes elles-mêmes décident qu'elles veulent coucher avec le prince et qu'elles aillent le trouver*", nous expliquait le vieux Medingway, un des derniers fils conçus par le prince Slakama de Wazang, et qui avait vécu dans l'entourage de quatre princes successifs. A Duvangar comme à Wazang on mentionne l'utilisation par les princes, "*de jour ou de nuit*", d'aphrodisiaques à base de plantes, *mesiduren*, stimulants puissants et renommés de l'activité sexuelle masculine que, de la ville de Maroua, les Peuls peu féconds viendraient acheter. Les princes pouvaient ainsi satisfaire leurs nombreuses épouses : ne chuchotait-on pas à Duvangar en 1976 que le prince qui à cette époque était âgé de 55 ans environ et avait plus de quarante femmes "*utilisait huit femmes par nuit, et encore en plus deux à trois femmes le matin*" ? Il accomplissait peut-être ainsi des exploits sexuels mais ce n'était pas le désir de jouissance qui était moteur, plutôt la quête d'une postérité toujours plus nombreuse. Et dans ce souci les épouses rejoignaient leur mari.

Notre amitié avec les derniers princes régnant à Duvangar et à Wazang nous a permis d'enquêter de façon précise auprès de leur épouses sur le nombre des enfants mis au monde par chacune, les vivants et les morts. En rassemblant les données concernant les 14 premières épouses de Bello, ayant 45 ans et plus au moment de la mort de leur mari en 1980, on constate qu'aucune n'est restée stérile. Elles ont mis au monde 96 enfants en tout, soit en moyenne presque sept enfants par femme (6,85). Parmi ces enfants la mortalité a été forte, frappant exactement la moitié d'entre eux. Néanmoins, avec chacune 3,43 enfants vivants, les épouses du prince Bello se situent parmi les femmes très fécondes du Nord-Cameroun (25).

Le fait d'avoir pour mari un grand polygame a étonnamment peu perturbé leur fécondité : celle-ci se situe seulement un peu au-dessous de celle des femmes de leur chefferie, épouses de monogames ou de petits polygames. Nos enquêtes de 1969 auprès de la totalité du *ngwa* de Wazang nous ont permis en effet de recueillir des données concernant des femmes mariées de plus de 40 ans. Chez les 48 femmes sélectionnées, femmes ordinaires cette fois, le nombre moyen d'enfants mis au monde a été de presque huit enfants (7,64), mais seulement de moins de quatre enfants vivants (3,64), en raison d'une forte mortalité - plus importante que chez les épouses du prince - frappant exactement 4 enfants par femme.

La faible différence de fécondité entre épouses de prince et épouses de montagnards quelconques tient à une particularité dans le comportement sexuel du ménage princier : "*Les femmes ordinaires arrêtent les relations avec leur mari un an, et même deux ans, pour éviter les naissances trop rapprochées"*, explique Mefetey de Wazang, *"mais les femmes d'un prince, elles, les arrêtent six mois seulement après la naissance de leur enfant"*. En rejoignant après une naissance la chambre de leur mari deux à quatre fois plus tôt que les "femmes ordinaires" les épouses du prince compensent en partie le handicap représenté par le partage des services sexuels d'un seul homme entre tant de femmes. Elles n'hésitent pas à reprendre les relations avec le prince car, point capital sur lequel toutes insistent, la nourriture abonde au château, viande, bière, boule de mil. Etre femme de prince cela signifie d'abord bien manger : *"Il y a toujours à manger, il y a toujours de la viande"*. Pour certaines épouses c'était d'ailleurs le seul avantage à leur situation. Les jeunes mères n'hésitent pas à courir le risque d'une nouvelle naissance sachant que leur bébé surmontera les inconvénients d'un sevrage précoce. *"Si l'enfant du prince mange bien, les accouchements de sa mère ne le dérangeront pas"*.

Remarquons pourtant qu'à Duvangar les épouses de Bizi-Durum ont vu leur fécondité davantage troublée par la polygamie de leur mari, presque deux fois plus importante que celle du prince de Wazang, il est vrai. Si l'on s'intéresse aux 23 premières femmes de Bizi-Durum dont la période de fécondité pouvait être considérée comme terminée en 1985 on constate qu'elles ont mis au monde 147 enfants, soit presque deux enfants de moins par femme que les épouses du prince de Wazang. La moyenne n'est ici que de 6,39 enfants par femme. Cette fois les conséquences du nombre très important d'épouses se partageant un seul mari se font sentir et la fécondité de chacune en est amoindrie. La différence la plus frappante entre Duvangar et Wazang concerne la mortalité infantile : elle est aussi importante à Duvangar parmi les enfants du prince que parmi les enfants ordinaires (frappant 4,01 enfants par épouse du prince), si bien que chaque épouse du prince n'a eu que 2,56 enfants vivants en moyenne.

Si l'on se place maintenant du point de vue des princes, on constate que la polygamie a permis à la plupart d'engendrer un nombre d'enfants important, frôlant ou dépassant la centaine, parmi lesquels seul le nombre des enfants vivants a été conservé, non seulement celui des fils mais aussi celui des filles, précision révélatrice de la place des femmes dans la société.

Certains informateurs nous ont avancé des chiffres pour les princes du XIXème siècle, variant parfois d'un individu à l'autre. A Wazang, en remontant le plus haut dans le temps, on dit que Bi-Leleng aurait eu *"environ 25 enfants vivants"*. Summaka, son fils en aurait eu 30. A Slakama, important prince, on attribue 120 fils et filles - ce qui suppose au moins 250 enfants mis au monde - et un peu moins à Tsila, son fils : 80. Bi-Makabay, père de Bello, aurait engendré moins d'enfants que ses prédécesseurs, une cinquantaine, sur lesquels 26 étaient toujours vivants en 1970. Bello par contre, disparu à l'âge de 66 ans, avait engendré 105 enfants, parmi lesquels 55 sont vivants aujourd'hui, 33 garçons et 22 filles. A Molkwo, Magataka

Nom de l'épouse		ngwa		clan	née vers	date de mariage
		Duvangar	autre			
Tekwetsek	1		Meri	Daboua	1921	1936
Tsedzing	2	x		Kiluwo	1920	1937
Napadlam	3		Meri	Gaywa	1924	1939
Timana	4		Meri	Gaywa	1925	1939
Talvagay	5		Ngsar	Gaywa	1929	1947
Asaya	6	x		Dongoza	1930	1947
Di-Dedmal	7	x		Diyaf	1931	1947
Gsatay	8	x		Genduver	1932	1947
Diuzek	9	x		Gudzubo	1934	1949
Di-Katal	10		Ngsar	Gaywa	1938	1953
Di-Kidep	11	Gwoley		Genduver	1933	1953
Audeley	12		Dugur	Tsingelew	1937	1953
Minga	13	x		Mokuzek	1937	1954
Tohoy	14		Meri	Gogmay	1938	1955
Tekewey	15	x		Erketse	1938	1955
Kaymey	16	Gwoley		Genduver	1938	1955
Taudgar	17		Ngsar	Gaywa	1939	1955
Maybay	18		Ngsar	Gaywa	1940	1955
Aysatu, ép de p	19		Wazang	Gudzubo	1941	1956
Di-Ktsek	20	x		Dongoza	1940	1957
Mamirdey	21	x		Dongoza	1937	1957
Gwongredl	22		Meri	Daboua	1940	1957
Keskey	23	Gwoley		Genduver	1941	1957
Zimbzey	24		Wazang	Madjede	1939	1958
Ngasakay	25	Gwoley		Genduver	1942	1958
Debatsa	26		Ngsar	Gaywa	1939	1958
Kakay	27		Meri	Gaywa	1939	1959
Mabetsey	28	x		Mokuzek	1939	1959
Teketsey	29	Gwoley		Genduver	1941	1959
Atsbar	30		Ngsar	Gaywa	1943	1960
Di-Masahay	31		Ngsar	Gaywa	1949	1961
Mihaymey	32	Gwoley		Genduver	1942	1961
Tekanatsa	33	Gwoley		Gambar	1941	1962
Teseye	34		Meri	Nzadlar	1948	1963
Di-Mamey	35	x		Mokuzek	1946	1963
Mahurdey	36		Durum	Sebe forger	1947	1964
Metkey	37		Ngsar	Gaywa	1947	1964
Disawdew	38	x		Diyaf	1946	195
Margvedley	39	x		Zangat	1948	1967
Di-Madzagay	40	x		Diyaf	1949	1967
Mogogogey	41	x		Mowayan	1950	1968
Mandzeda	42	Gwoley		Mokuzek	1952	1969
Amdzar	43		Dugur	?	1954	1972
Mausa	44	Gwoley		Genduver	1954	1974
nombre total d'enfants						

Tableau 16   Epouses et enfants du prince

ENFANTS									sort actuel	
morts			vivants			G	F	Total		remariée
G	F	T	G	F	T				décédée	ailleurs
3	3	6	2	2	4	5	5	10		
5	3	8	0	2	2	5	5	10		
2	2	4	0	3	3	2	5	7		
0	0	0	0	1	1	0	1	1		
1	1	2	2	1	3	3	2	5	1976	
2	2	4	2	1	3	4	3	7		
0	1	1	2	3	5	2	4	6		
3	3	6	1	1	2	4	4	8		
2	4	6	0	0	0	2	4	6		
1	6	7	0	1	1	1	7	8		
3	1	4	1	0	1	4	1	5		
1	2	3	0	1	1	1	3	4		div. date ?
3	1	4	1	1	2	4	2	6		
3	0	3	2	2	4	5	2	7		
1	1	2	4	2	6	5	3	8		
2	1	3	1	2	3	3	3	6		
3	2	5	0	0	0	3	2	5		div. 1975
2	3	5	0	3	3	2	6	8		
2	2	4	2	2	4	4	4	8		
2	0	2	1	1	2	3	1	4		
0	0	0	2	2	4	2	2	4		
0	2	2	0	1	1	0	3	3		
1	0	1	2	2	4	3	2	5		
1	2	3	1	2	3	2	4	6		
1	0	1	2	2	4	3	2	5		div. 1981
1	2	3	1	1	2	2	3	5		
0	1	1	1	2	3	1	3	4		
2	1	3	0	0	0	2	1	3		div. 1976
2	2	4	0	0	0	2	2	4	1977	
0	3	3	0	0	0	0	3	3		
2	0	2	0	0	0	2	0	2		div. 1975
0	0	0	2	2	4	2	2	4		
0	1	1	0	2	2	0	3	3		
1	0	1	2	1	3	3	1	4		
1	1	2	0	0	0	1	1	2		
0	4	4	0	0	0	0	4	4		
0	1	1	1	2	3	1	3	4		
0	1	1	1	2	3	1	3	4	1979	
2	0	2	1	1	2	3	1	4		
0	2	2	0	0	0	0	2	2		
2	0	2	0	0	0	2	0	2		div. 1977
0	0	0	0	2	2	0	2	2		
0	0	0	1	0	1	1	0	1		div. date ?
0	0	0	0	0	0	0	0	0	1977	
57	61	118	38	53	91	95	114	209		

Bizi-Durum de Duvangar (né vers 1912)

avec ses 40 femmes aurait eu lui aussi *"plus de 80 enfants"*, égalant presque les princes de Wazang. Bizi-Durum de Duvangar, ayant engendré plus de 209 enfants, frise les records mofu, même si seulement moins de la moitié de ces enfants a survécu, 38 garçons et 53 filles, soit 91 enfants.

Cette proportion d'enfants survivants est assez semblable à celle que l'on trouve pour Njoya, le grand roi bamoum, 163 sur 350 enfants, soit 46,5 % de survivants (26). Toutefois si l'on songe qu'on lui attribue 1200 épouses ce nombre d'enfants apparaît peu élevé : avec un nombre d'épouses près de 30 fois plus important que le prince de Duvangar, Njoya a engendré seulement un peu moins du double d'enfants que lui. Cette fois la fécondité des épouses du souverain bamoum est bien inférieure à celle des femmes ordinaires (27).

L'emploi fréquent de nombres ronds par nos interlocuteurs mofu traduit, encore mieux que lorsqu'il était question d'épouses, leur embarras à chiffrer la descendance de leurs princes. Ils peuvent seulement indiquer un ordre de grandeur. Par contre les princes eux-mêmes tenaient souvent un compte précis des enfants qu'ils avaient engendrés et ils ont parfois joué de bonne grâce le rôle d'informateurs, nous indiquant aussi bien le chiffre exact de leurs enfants morts - ajoutant parfois les enfants perdus au terme d'une fausse-couche avancée - que celui des vivants. Cette différence de savoir paraît liée aux idées - sur lesquelles nous reviendrons - concernant la nécessité pour les princes de se montrer non seulement les plus grands géniteurs de leur chefferie mais de surpasser en ce domaine leurs prédécesseurs.

e) la reprise des épouses du père

A la mort d'un prince ses veuves ont le choix entre trois solutions. Elles peuvent décider de ne pas se remarier ; elles partent alors vivre dans le foyer de leur fils le plus jeune, leur benjamin, *gudar*. Elles n'agissent pas différemment en ce cas des femmes ordinaires (28) : nombre de nos amies mofu vivaient cette situation, qu'elles avaient parfois choisie alors qu'elles avaient entre 35 et 40 ans, âge auquel elles auraient pu retrouver un mari pourtant (29). Si elles n'ont pas de fils pouvant les entretenir et si elles ne souhaitent pas se remarier elles peuvent continuer à habiter chez le nouveau prince, chez qui elles conservent leurs cuisines personnelles, mais elles auront désormais chez lui le seul statut de veuves. Tel avait été le choix de Tengezeng, à Duvangar, restée au château de Bizi-Durum à la mort de Mangala, son mari. Les relations sexuelles ne l'intéressaient plus, explique-t-elle, *"puisqu'elles n'avaient pas réussi"* : elle avait en effet perdu cinq enfants sur les six qu'elle avait mis au monde. Faut-il en conclure que le plaisir sexuel passe, pour une femme mofu, bien après la joie de la conception (30) ?

Si au contraire les épouses sont encore jeunes à la mort du prince, si elles sont *kokwa* et n'ont pas eu d'enfants avec leur défunt mari, et aussi si elles n'ont eu que peu d'enfants avec lui, elles peuvent fort bien se remarier, non plus avec un frère de clan du défunt, comme on le voit également dans toute l'Afrique Noire, mais avec le nouveau prince, le propre fils de leur mari.

Ce n'est pas là une situation à part, un remariage étonnant qui ne se rencontrerait que dans les clans de prince. Dans les autres clans aussi, il est possible au fils aîné d'épouser ces jeunes veuves. *"C'est même ce que chacun souhaite, épouser les femmes de son père!"*. Toutefois cette union a lieu rarement : elle suppose en effet une très grande différence d'âge entre le défunt et ses dernières épouses, liée souvent à une polygamie importante qui n'existe pas chez les Mofu (31). De plus, ceux-ci ont vaguement honte de ce que pareil mariage soit permis chez eux : ils pensent en effet que cette pratique leur est particulière. Ce remariage des veuves avec les fils de leur mari se retrouve pourtant chez divers voisins, proches ou lointains. Chez les Mundang il est fait allusion à la présence d'une quarantaine d'épouses chez le roi actuel, qui les a héritées de son père et - ce qui est plus remarquable - de son grand-père (32). Chez les Beti du Sud-Cameroun on se trouve devant une situation semblable : à la mort d'un grand polygame ses fils se partageaient ses jeunes veuves (33).

Chaque nouveau détenteur mofu du pouvoir commence son règne en augmentant brusquement le nombre de ses épouses. Il se marie d'abord avec sa *"femme de pouvoir"* et, quelques semaines ou quelques mois après, au moment de la levée de deuil du prince défunt, il reprend les plus jeunes de ses veuves. Il n'en a pas l'exclusivité. Quelques-unes peuvent, si elles le souhaitent, épouser un membre quelconque du clan du prince disparu. (C'est ce qui s'est passé à Wazang en 1980 où, après la mort de Bello, ses femmes, n'ayant pas été reprises par le fils héritier, converti à l'islam, se sont toutes remariées à l'intérieur du clan Erketse (cf. Tableau 15 : "Epouses et enfants du prince Bello de Wazang").

Pour Bello prince de Wazang la prise de pouvoir lui permit de presque tripler le nombre de ses épouses (34). Il passa cette année là de 3 à 10 épouses grâce à son "épouse de pouvoir" et aux 6 plus jeunes femmes de son père qui avaient à la mort de leur mari entre 20 et 28 ans. Lui-même en avait 39. Il se trouvait qu'aucune n'appartenait à un clan qui lui était interdit : cela aurait fort bien pu se produire, le père et le fils n'ayant pas la même liste d'interdictions puisque chacun a des ancêtres maternels différents. Toutes avaient déjà mis au monde des enfants dont un peu moins de la moitié avait survécu. C'est à cause de ces très jeunes enfants de princes qu'elles épousèrent le nouveau détenteur de la chefferie. Comme nous l'a expliqué Mefetey, la plus âgée, *"à la mort du prince Bi-Makabay, Wandela, le dernier fils que j'avais eu avec lui, était encore un tout petit enfant. Je n'avais donc pas le choix pour épouser un autre mari : il est interdit qu'un fils de prince grandisse chez un homme ordinaire. Si je voulais rester avec mon enfant je devais épouser le nouveau prince"*. Toutefois une autre veuve de Bi-Makabay, la mère de Sidi, un de nos voisins de Wazang, ne s'était pas sentie liée par son fils, peut-être parce que Sidi avait alors huit ans. Elle était partie dans la maison d'un autre Erketse, et le nouveau prince avait recueilli l'enfant et l'avait confié à Tuyek, une des femmes de son père qui avait choisi de l'épouser. C'est donc chez elle que Sidi avait fini de grandir.

Ces jeunes veuves, fécondes comme toutes les femmes mofu, mettent ensuite au monde des enfants avec leur deuxième mari, le nouveau prince. Ces enfants ont avec les premiers une curieuse parenté oblique dont les Mofu se plaisent à souligner l'originalité (35).

Ces enfants sont en effet demi-frères par leurs mères mais demi-oncle et demi-neveu par leurs pères. Ce sont des frères *malam medzer idzer*. Si l'on reprend le cas de Tuyek qui traita Sidi comme son propre fils, elle avait mis au monde vers 1950 Bi-Tsere, fils de Bi-Makabay, futur responsable de la promotion des *mazgla* en 1968. A la mort de Bi-Makabay, Bi-Tsere avait un peu moins de trois ans. Sa mère, devenue épouse de Bello, eut ensuite trois fils, Dabal, Mineo et Masay, nés vers 1954, 1958 et 1962, qui considèrent Bi-Tsere à la fois comme leur demi-frère - de *"même ventre"*, c'est-à-dire de même mère - et comme leur oncle paternel, puisque lui-même est *"frère"* de leur père.

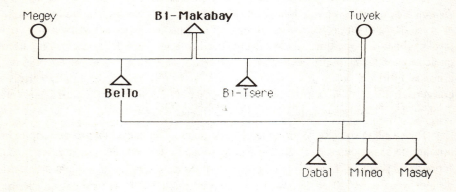

Tableau 17 : Parenté oblique entre fils de princes

Entre ces femmes du père devenues les siennes et celles qu'il a épousées personnellement le prince fait une distinction. Il les traite comme deux ensembles séparés qui ne doivent pas se mélanger. Ainsi en 1971 Bello de Wazang fut frappé de paralysie, causée selon un devin par l'une de ses épouses. Une ordalie par le poulet fut décidée (la position des pattes du volatile figées par la mort permettant de découvrir la coupable). Au lieu de demander à chaque épouse de se présenter avec un poulet, le devin se contenta de réclamer deux poulets, l'un pour les épouses, anciennes femmes du père, l'autre pour les propres femmes du prince.

Malgré le caractère aujourd'hui banal de ce remariage avec les jeunes épouses du père on peut se demander s'il a toujours existé. Lors du culte aux ancêtres en effet le "chef de maison" qui se trouve dans cette situation boit la bière des sacrifices dans une calebasse spéciale, ne pouvant toucher au matériel sacrificiel *"à cause de son remariage avec les femmes de son père"*. On peut penser que si les ancêtres désapprouvent cette conduite c'est qu'ils ne l'ont eux-mêmes jamais pratiquée.

f) entente entre co-épouses

Il semble plus facile à des co-épouses de s'entendre lorsque leur mari est un grand polygame que lorsqu'elles se retrouvent à deux ou trois chez le même homme. Plusieurs solidarités peuvent alors jouer, solidarité entre originaires de la même chefferie, entre les trois épouses de Bello originaires de Masakal, par exemple ; solidarité entre soeurs de clan, même si celui-ci est fractionné entre *ngwa* différents : nous avons vu en 1976 Di-Blet, femme de Bello, du clan Mambazuway de Durum, tenter de réconforter, comme il était de son devoir de le faire, sa co-épouse et soeur de clan Ahutaya, Mambazuway de Wazang, accusée d'avoir par ses "bavardages" nui à la santé de leur commun époux. Il s'agit là de solidarités spontanées. Nous n'avons pas observé de liens créés artificiellement entre les épouses les plus âgées et les nouvelles venues.

Ces solidarités permettent de réagir contre les jalousies fréquentes. Celles-ci sont sans doute parfois d'origine sexuelle - malgré les exigences théoriques d'égalité le prince a ses préférées - mais ces rancoeurs éclatent rarement au grand jour. La mort des enfants est une autre cause plus avouable - et fréquemment mise en avant - de frictions entre co-épouses, ou de colère reportée sur le mari. Il y a celles dont les enfants vivent et celles qui, folles de douleur, les voient mourir, l'un après l'autre. Si Ahutaya, femme de Bello, s'était faite remarquer par ses paroles jugées inconsidérées c'est qu'après quinze ans de mariage et huit enfantements elle avait seulement deux enfants vivants... Pourtant Di-Mofo, co-épouse un peu plus jeune, se trouvait dans une situation semblable - six enfants morts, pour elle aussi - encore moins enviable car elle n'avait qu'un enfant vivant, or elle supportait son malheur en silence (36) ainsi qu'on le faisait remarquer à Ahutaya. Chez le prince de Duvangar la mortalité infantile a été encore plus forte, sa deuxième épouse, Tsedzing a perdu ainsi huit enfants en bas âge, et Dikakal, sa dixième épouse, sept. Pourtant, à côté de ces éprouvées on trouve quelques mères comblées n'ayant perdu aucun enfant, Mamirdey ou Mikaymey, qui, toutes deux, ont eu quatre enfants, tous vivants (cf. Tableau 16 : Epouses et enfants du prince Bizi-Durum de Duvangar). Le contraste est frappant.

Ces femmes si nombreuses sont présentées comme ayant été généralement fidèles à leur mari (37). Avec qui commettre l'adultère d'ailleurs ? N'habitaient au château sur le sommet de la montagne que les jeunes envoyés du prince avec qui, sans doute en raison de leur âge, l'adultère était impossible, nous ont dit les épouses rencontrées. Quelques femmes pourtant ont pu tromper leur mari, faire un "acte d'impureté", *madama*, admettent nos interlocutrices, mais très peu, expliquent-elles, car "*toi qui commets madama, cela entraîne ta mort*". La conduite des épouses de prince se révèle ainsi très semblable à celle des femmes ordinaires, remarquablement peu volages et pour la même raison, par crainte du châtiment des ancêtres.

2. POLYGAMIE ET VIE FAMILIALE DU PRINCE

Notes des pages 256 à 276

(1) Ces estimations résultent de la confrontation entre les chiffres, parfois approximatifs, donnés par plusieurs vieux Erketse (Bi-Kaliao, Bi-Hura, Sariya et Kadegal)
(2) 26, 36, 48 épouses (T. BAKER citée par J.C. MULLER, 1979, p. 17)
(3) A. ADLER, 1982, pp. 308 -309; C. TARDITS, 1980, p. 602
(4) C. TARDITS, 1980, p. 609
(5) Pour une description des étapes du mariage mofu cf. J.F. VINCENT, 1980 b, cf. en particulier pp.242-243
(6) Sur le costume des jeunes filles et des femmes cf. p. 78
(7) J.F. VINCENT, 1985 b, p. 71
(8) Dans ces groupes montagnards situés au nord des Mofu-Diamaré et culturellement très proches d'eux, la place à part des "femmes cache-sexe" comme les appelle leur observatrice, M. Richard, se conjugue avec une très forte instabilité féminine : entre 3 et 4 mariages par femme en 1968 (M. RICHARD, 1977)
(9) Au cours de l'enquête de 1969 437 "chefs de maison" de Wazang avaient été interrogés ainsi que leurs 552 femmes. L'enquête de 1970 s'est au contraire limitée aux femmes. Elle a permis d'interroger 334 femmes en tout, 128 à Wazang et 206 à Duvangar. Une partie des résultats a été exploitée dans un article paru en 1972.
(10) Nous avons effectué durant notre mission de 1980 les premières étapes de l'enquête auprès des 24 femmes de Bello, ayant un entretien avec chacune puis reportant sur fiches les renseignements recueillis. Ces fiches ont été confiées pour vérification et compléments éventuels à l'un des fils du prince qui, la même année, les a reprises une à une après une conversation avec chaque intéressée. La mission de 1984 nous a permis de faire disparaître les derniers points obscurs. Le prince Bello étant mort en novembre 1980, nous nous sommes informée du sort connu par chaque veuve. Une dernière enquête a été réalisée au cours de la mission de 1984, sur le modèle de la précédente, auprès des 7 épouses d'Usmaanu-Nukokwo, prince actuel de Wazang.
(11) Durant l'année 1985 une enquête, décidée en 1984 avec l'accord de l'intéressé, a été effectuée auprès des 44 épouses de Bizi-Durum, prince de Duvangar (né vers 1912. Paralysé depuis 1980 il vit dès lors comme un monogame avec l'épouse qui a accepté de s'occuper de lui, Mamirdey, vingt et unième épouse de nos listes)
(12) J.F. VINCENT, 1972, pp. 316 et 318
(13) Sur ces interdictions, cf. J.F. VINCENT, 1985, pp. 82 et 83). Le nombre de clans interdits est le même chez les Muktele, voisins nord des Mofu-Diamaré (B. JUILLERAT, 1968 a, p. 115)
(14) C. TARDITS, 1982, p. 603; A. ADLER, 1982, p. 310. Il était difficile à A. ADLER de donner l'origine clanique des épouses du roi, mais l'absence de cette précision empêche de voir s'il s'agit là d'une règle théorique ou de faits observables. Il serait particulièrement intéressant de savoir si le roi de Léré, comme il en avait le droit, avait pris femme "dans son propre clan, voire son propre lignage" (ibid, p. 311) .
(15) Les parents maternels, *gumsa*, du prince Bello, sont Laway. Or le Tableau 14 pourrait faire croire que Bello a épousé une fille Laway, une de ses "mères". En fait l'usage courant à Wazang confond sous le nom de "Laway" plusieurs clans - Mambuzuway et Sidaway en particulier - originaires de Duvangar, jadis parents mais distincts aujourd'hui au point, à Duvangar même, de se marier entre eux. Le prince Bello n'a pas agi différemment : Laway par sa mère il a épousé une Mambazuway de Wazang, après avoir épousé une Mambazuway de Durum.

(16) Le prince de Duvangar n'avait pas hésité à proposer le mariage à une étrangère complète, une soeur française appartenant à une Mission catholique proche, plus hardi en cela que Njoya, le grand roi bamum, qui vers 1929 se contenta d'"envisag(er) d'épouser une métisse" (C. TARDITS, 1980, p.609).

(17) Sur 334 femmes mariées vivant à Duvangar et Wazang nous avions trouvé en 1970 57 % originaires de la chefferie et 43 % "étrangères" au *ngwa* (26 % parlant en fait la même langue, le Mofu de Duvangar-Durum-Wazang, mais 17 % venant de *ngwa* aux langues différentes), (J.F. VINCENT, 1972, p. 314).

(18) B. JUILLERAT, 1968, p. 115

(19) C. TARDITS, 1980, p. 603

(20) Les seuls cas d'absence de dot relevés concernaient Bizi-Durum, prince de Duvangar, qui entre 1965 et 1975 épousa dans sa chefferie de nombreuses filles sans rien verser à leurs parents, au grand mécontentement de ceux-ci. Cet usage est au contraire une nécessité pour le roi de Léré qui "épouse sans 'dot'" (A. ADLER, 1982, p. 310).

(21) C. TARDITS, 1980, p. 439, p. 605

(22) Alors que l'avantage de la grande polygamie d'un prince consiste souvent en cette possibilité d'attribution de femme (G. BALANDIER, 1985, p. 70)

(23) cf. "Ann. chap. IV : 'Evolution numérique des épouses du prince Bello à Wazang'"

(24) De même chez les Tsokwe de l'Afrique centrale un nouveau chef reçoit-il une femme à laquelle il doit s'unir (cité par G. BALANDIER, 1985, p. 66)

(25) A.M. PODLEWSKI, 1972, Notice de la carte démographique *Atlas du Cameroun*

(26) C. TARDITS, 1980, p. 631

(27) Le roi actuel de Léré a "une centaine d'épouses", mais le nombre de ses enfants n'est pas indiqué (A. ADLER, 1982, pp. 308-309)

(28) Nous avons souligné ailleurs la forte proportion de femmes mofu vivant seules sans rechercher un nouveau conjoint (J.F. VINCENT, 1972, p. 320, 1980 b p. 244).

(29) E.P. BROWN a fait la même constatation chez les Nar, population Sar du sud du Tchad, notant le "nombre important de veuves qui ne se remarient pas" (E.P. BROWN, 1983, p. 25).

(30) Pour E.P. BROWN (ibid.) cette proportion notable de veuves choisissant de rester sans hommes montre leur indépendance sur le plan économique. La même interprétation est valable - en plus - pour les femmes mofu.

(31) Parmi les 297 femmes interrogées en 1970 une sur trois était pourtant femme de polygame mais il s'agissait d'une polygamie peu importante (143 femmes pour 100 hommes), bigamie dans 26 % des cas, passant à une polygamie à 3 femmes dans seulement 5 % des cas et à plus de 3 femmes dans 2 % des ménages (J.F VINCENT, 1972, p. 323).

(32) A. ADLER, 1982, p. 309

(33) T. TSALA-J.F. VINCENT, 1985, prov. 3210

(34) A bien des égards Bello apparaît comme un prince du XIXème siècle, au comportement resté traditionnel. Ni Bi-Loa de Durum, ni Bizi-Durum de Duvangar, ses contemporains, n'ont quant à eux repris les jeunes veuves de leur père.

(35) cf. sur le Tableau 15 le cas de quatre des épouses de Bello, Mefetey, Di-Dahar, Nsakow et Tuyek (épouses n° 5, 6, 7 et 8), ayant eu des enfants avec Bi-Makabay, puis avec son fils .

(36) Elle a eu par la suite un deuxième enfant de Bello, une fille née en 1981 après la mort de son père.

(37) On est loin de l'adultère voulu par la femme, et encore plus de l'adultère offert par le mari à son épouse, comme chez les Beti Le mari constatant un désintérêt de sa femme à son égard pouvait "la confier à un de ses parents ou amis, généralement en demandant à sa femme quel homme elle préférait" (T. TSALA-J.F. VINCENT, 1985, prov. 3126)

3. LES SERVITEURS DU PRINCE

Dans la société mofu, l'esclavage était inconnu : les montagnards ne le découvrirent que lorsque les Peuls se mirent à les razzier. Sans doute certains, à leur exemple, se mirent alors à enlever d'autres montagnards, non seulement chez leurs voisins mais à l'intérieur de leur propre chefferie. Ces "vols" aboutirent à un *"commerce des personnes",* mais on ne vit pas pour autant l'esclavage s'enraciner dans la société mofu : les princes n'ont jamais utilisé d'esclaves (1). Tout prince possédait par contre des serviteurs. Il disposait d'hommes attachés à son service, appartenant à sa propre société et exerçant auprès de lui diverses tâches.

a) les envoyés

Venaient d'abord dans son propre château les *madurlam ma bi-ay*, les "envoyés du prince", vivant tout près de lui. Chaque prince était ainsi entouré d'une petite troupe de 5 à 10 jeunes adultes, les *gaola ma bi ay*, les *"jeunes gens du prince"*. Ils avaient généralement grandi chez lui et ils étaient considérés comme ayant été élevés par lui, *"soit parce qu'ils avaient perdu leur père étant jeunes et qu'il n'y avait personne pour les nourrir ",* soit *"parce qu'il n'y avait pas assez de jeunes chez le prince "* et que celui-ci avait demandé à leurs parents de les lui confier. *"Parfois il les aimait plus que ses propres fils".* C'étaient les circonstances qui amenaient un jeune à devenir *gaola ma bay*, et non l'appartenance clanique. *"N'importe qui pouvait faire le travail du prince. Il n'y avait pas de clan spécial pour cela".* A la mort d'un envoyé son fils pouvait le remplacer ou non :*"9a n'avait pas d'importance".* Ces jeunes gens avaient pourtant une caractéristique clanique commune : ils étaient *ndu te dehe,* "hommes de rien ", n'appartenant pas au clan du prince. On restait envoyé *"pendant toute la vie du prince".* Un envoyé pouvait donc cesser ses fonctions en pleine force de l'âge ou au contraire vieillir en même temps que son souverain, quitte à se faire remplacer par son fils s'il devenait trop âgé.

Elevés par le prince, les jeunes envoyés dépendaient totalement de lui : ils n'avaient pas de champs personnels et devaient être nourris par lui.

En quoi consiste leur travail ? Le prince quittant très rarement son château les serviteurs compensent cette immobilité en allant porter ses messages jusque dans les quartiers éloignés. Ils sont *madurlam,* "envoyés", chargés de répéter textuellement un ordre du prince sans le déformer (2). Ainsi en mai 1970, un *madurlam* du prince de Wazang s'était-il présenté chez le prince de Morley son voisin mofu-Gudur, afin de lui dire : *"J'ai fait mon sacrifice plusieurs fois mais la pluie n'est pas venue. Il faut donc que tu fasses le tien".* Plusieurs *madurlam*, un dans chaque quartier, seront également envoyés pour annoncer aux habitants la décision du prince d'organiser une ordalie collective et préciser le jour où elle se tiendra chez eux. Parcourant la chefferie au nom du prince ils sont parfois désignés comme *ndu sek ma bay,* "homme-pied du prince", "l'homme qui se déplace pour le prince ".

Les *madurlam* peuvent aussi être chargés d'exécuter un ordre du prince. Ils contribuent à assurer le fonctionnement de sa justice et se rendent chez le fauteur de troubles ou l'auteur de coups et blessures pour l'arrêter et le ramener chez le prince. Ils veillent ensuite au suivi des décisions du prince, accompagnant l'accusé désireux de se disculper sur le lieu choisi pour son serment, tirant de force de l'étable la chèvre, parfois le taureau, qui doit régler l'amende édictée par le prince, tentant éventuellement de ramener chez son mari l'épouse enfuie dans un autre quartier, enfin parachevant l'oeuvre des bourreaux mettant à mort les sorciers. Ceux-là appartiennent à un clan précis et il n'est pas question que les envoyés se substituent à eux ; ils se chargent seulement d'enterrer le cadavre des coupables.

Dans ces différentes tâches les envoyés jouent un rôle répressif et il arrive que les jeunes Mofu les désignent aujourd'hui comme les "gendarmes" du prince. L'utilisation de ce terme ne doit pas faire illusion : les envoyés mofu existaient avant l'arrivée des étrangers et cette institution ne résulte pas d'un emprunt.

Quand ils ne sont pas en déplacement pour le prince les envoyés peuvent l'être avec lui. Car il arrive tout de même que le prince descende de sa montagne, ne fut-ce aujourd'hui que pour répondre aux convocations impératives de l'administration. Il est impensable alors qu'il se déplace seul ou accompagné d'un seul homme : *"Il lui faut des gens devant et des gens derrière"*. Les envoyés font partie de cette escorte ; ils portent les affaires personnelles du prince, ainsi sa gourde à eau et la pierre où il s'assoit. Toutefois cette escorte comprend d'autres personnes. On y trouve aussi les *gurpala*, membres d'un clan variant sur chaque *ngwa*, dont la fonction consiste, entre autres, à escorter également le prince. Il ne faut pas les confondre avec les envoyés. Eux ne sont pas des serviteurs. C'est en raison de leur appartenance clanique qu'ils se retrouvent provisoirement aux côtés des *madurlam*. Toutefois leur statut est totalement distinct et fait d'eux des dignitaires de la chefferie.

Les jours où les *madurlam* restent au château ils jouent le rôle d'hommes à tout faire du prince, écorçant les tiges de mil pour la cuisine, réparant à l'occasion les nombreux toits, et même les murs des habitations.

En échange de tous ces services, les envoyés recevaient du prince, chaque année lors de la fête de l'année, *"de beaux grands habits"*, de coton filé et tissé à la main ou plus modestement une chemise brodée comme celle que nous avons vue arborée, lors de la fête de *mogurlom* en 1969, par l'envoyé du prince de Wazang dans le quartier de Gabo.

En plus de ses serviteurs habitant près de lui et perpétuellement disponibles, le prince faisait appel à d'autres envoyés, dispersés cette fois dans les quartiers. Ils montaient régulièrement au château du prince, *"chaque jour"* nous a assuré le vieux Padak de Duvangar, qui jusqu'à sa mort fut un de ces *madurlam* du prince. Ils lui rapportaient minutieusement les petits événements et paroles du quartier, permettant au prince d'intervenir rapidement en cas de conflit.

Les nombreux parents claniques du prince, ses demi-frères en particulier, peuvent aussi se mettre à son service en des circonstances précises, moitié serviteurs, moitié hommes de confiance. Ainsi Tagedom à Duvangar, Laway comme le prince, joue-t-il un rôle d'intendant au moment du sacrifice du taureau. C'est lui qui réceptionne les parts de viande apportées au château et qui range celles qui seront conservées pour la maisonnée du prince.

b) le page

Différent des envoyés et entretenant avec le prince des relations beaucoup plus étroites est le *bizi a mi ver*, "*l'enfant du devant de la chambre* ", parfois nommé simplement *bizi ma ver*, "*l'enfant de chambre* " (3). Il s'agit d'un tout jeune homme attaché au service du prince pour quelques années, jusqu'à ce qu'il atteigne l'âge de se marier et que le prince le remplace. Chaque prince utilise donc au cours de son règne plusieurs "*enfants de chambre* " successifs, mais il n'en a qu'un à la fois.

Ainsi que le suggère son appellation, il existe une certaine intimité entre le prince et lui. Il est celui qui peut entrer dans la chambre du prince, et qui par exemple connaît aussi bien et même mieux que lui ses nombreux vêtements (4). On serait tenté de le désigner comme le "valet de chambre" personnel du prince, voire comme "son ordonnance", expression qui nous a été proposée par des Mofu. Toutefois la confiance que celui-ci lui accorde lui donne un statut supérieur. C'est lui qui garde aujourd'hui les clefs des cantines et réserves du prince par exemple, et qui range son fusil et ses cartouches. Il joue auprès du prince le rôle de '"page". Le prince lui confie des tâches de responsabilité : nous avons vu par exemple Daha, "page" du prince Bello de Wazang, âgé d'environ 17 ans en 1979, au cours d'un rituel de pluie, seconder le vieux sacrificateur en lavant avec lui les "enfants de pluie", ces pierres permettant d'obtenir la pluie, puis en les oignant de graisse de python (5). C'était le même Daha qui lors d'un autre rituel, de purification de la demeure du prince cette fois, accompagnait partout l'officiant, lui indiquant ou lui rappelant, pièce après pièce, où il devait opérer. Deux ans plus tard Daha, trop âgé, fut remplacé par un de ses jeunes demi-frères. Tous deux étaient du même clan que le prince. C'est là, nous-a-t-il été indiqué, la situation habituelle : l'"*enfant de chambre*" est un proche du prince, généralement orphelin de père, un des plus jeunes fils du précédent prince par exemple. Sa parenté avec le prince renforce donc sa fonction.

3. LES SERVITEURS DU PRINCE

Notes des pages 279 à 281

(1) Au contraire les Hadjeray du Tchad, razziés à la fois par les royaumes de Baguirmi et du Waday, devinrent eux aussi razzieurs et ramenèrent chez eux des étrangers, leurs esclaves, intégrés ensuite progressivement à la société (J.F. VINCENT, 1975, pp. 58-61)

(2) C'est ce mot *madurlam*, "envoyé", qui a été repris par les missions chrétiennes pour désigner les "anges", "messagers célestes" - Gabriel, par exemple - et aussi "anges gardiens".

(3) En fait chez les Mofu comme dans beaucoup de sociétés africaines on désigne encore comme "enfant" un adolescent et aussi souvent un jeune homme (sur "l'enfant" beti opposé à "l'homme-mère", l'homme fait, cf. par exemple T. TSALA-J.F. VINCENT, 1985, comment. proverb. 2201 et 2202)

(4) La richesse de cette garde-robe possède une signification symbolique qui sera examinée plus loin

(5) cf. Illustration chap. IX, Planche XXXVI, photo 1 "Onction des pierres polies 'enfants de la pluie'".

4. LA PART DU PRINCE

Outre les services rendus le prince a droit à des redevances matérielles, essentiellement des produits de consommation, qui lui sont remises par les plus aisés de ses sujets.

a) la part du prince sur la viande de taureau

La plus importante de ces redevances - versée encore régulièrement, nous l'avons observée aussi bien à Gwoley qu'à Duvangar, Wazang et aussi à Dugur - est la part prélevée pour le prince tous les quatre ans sur tout taureau offert aux ancêtres à l'occasion de la fête *maray*. *"Au prince on porte sa part ; autant de côtes que le taureau a d'années : donc trois, quatre ou cinq côtes"*. Ce principe est celui des chefferies appartenant au cycle quadriennal, de Dugur à Wazang et concerne la redevance minimale versée par le "chef de maison" ordinaire. Toutefois, plus on est proche du prince, plus important sera le morceau de viande offert. Padak, messager et ami du prince de Duvangar, avait l'habitude de lui faire porter à chaque *maray* l'épaule gauche tout entière de son taureau. De même que l'épaule offerte est la gauche, de même ces côtes *"ne peuvent être que les côtes gauches"* et il est précisé qu'il faut offrir au prince *"la partie meilleure, la partie gauche"*. En effet, dans le système de valeurs mofu le côté gauche est lié à la masculinité, aux statuts les plus valorisés, au succès.

Cette redevance en viande porte un nom particulier, *megeged*. Mise de côté au moment de la découpe du taureau (1) *megeged* n'est pas portée au château du prince par le propriétaire de l'animal offert. Celui-ci doit passer par l'intermédiaire du chef de son quartier qui, lui, convoiera au sommet de la montagne, autant de fois qu'il le faudra, les lourds morceaux de viande portés par les jeunes gens venus des maisons ayant sacrifié un taureau (2). De tous les quartiers, au fur et à mesure que la fête du taureau progresse à travers la chefferie, des dizaines de *megeged* convergent vers le prince. Malgré les besoins de son immense maisonnée tous ne sont pas consommés par lui. Il en redistribuera une partie, et tel chef de quartier, venu remettre deux *megeged* versés par les hommes de chez lui, pourra repartir avec un *megeged* provenant d'un autre quartier.

Ce n'est pas la seule bonne volonté qui pousse les sacrifiants de taureaux à faire remettre au prince sa part de viande : celui qui a l'audace de se soustraire à cette obligation risque une amende en chèvres. On rappelle encore à Duvangar comment vers 1920 le père de Maldak, du clan Genduver, avait été taxé de neuf chèvres - énorme amende ! - pour n'avoir pas fait porter le *megeged* au terrible prince Mangala. *"Et, en plus, il avait été battu !"*. Porter au prince sa part de viande constitue en effet un acte d'obédience, à la fois religieuse et politique. Religieuse car les morceaux arrivés chez le prince sont immédiatement accrochés dans sa salle des greniers, *dalay*, au-dessus de ses autels d'ancêtres (3). Toutefois cette remise a surtout une portée politique. Comme l'explique Kankan, doyen du segment lignager Blenge d'origine giziga-Marva, établi à Wazang depuis plusieurs générations (4), *"nous lui envoyons sa part puisque c'est son sacrifice , kuley, et que son sacrifice le veut ainsi"*. De cette façon les étrangers d'hier montrent qu'ils reconnaissent ce prince comme leur chef et qu'ils se veulent intégrés à sa chefferie. Quant aux sujets de longue date ils remettent le *megeged* "*parce que le prince est grand et qu'il commande tous les gens qui sont sur sa terre* ".

Cette redevance en viande n'est-elle que quadriennale - ce qui en limiterait la portée - ou bien la retrouve-t-on lors des sacrifices de taureaux à l'occasion de la "fête de l'année", *mogurlom* ? On observe des divergences sur ce point entre les chefferies : à Dugur et Durum on ne remet pas le *megeged* au prince pour *mogurlom* tandis qu'à Duvangar et Wazang c'est au contraire une obligation. Il y a là une évolution relativement récente des usages, commencée il y a une soixantaine d'années à Duvangar *"du temps du prince Mangala"*, mais qui s'était produite plus tôt à Wazang, "*au temps de Tsila*", au début du XX° siècle. Les raisons en sont différentes : force du pouvoir de Mangala à Duvangar mais à Wazang affaiblissement progressif de la fête du taureau, aboutissant à une diminution notable des animaux abattus. Dans les deux cas cependant la remise du *megeged* est conçue comme résultant de l'importance d'un prince et comme un hommage rendu.

On remarquera que cette remise d'une part de viande au prince mofu ne concerne que les taureaux, des animaux domestiques. Il n'est pas question d'animaux sauvages. Ceci s'explique par la rareté du gibier en pays mofu. Cette absence permet ainsi au prince mofu de se différencier de toute une catégorie de chefs africains - le "maître de la terre" hadjeray par exemple (5) - qui, de par leurs liens avec la terre, doivent recevoir une part du gibier abattu sur "leur" territoire.

On envoie enfin au prince un morceau du taureau tué lors d'un enterrement. Il s'agit alors de celui d'un notable dont le corps sera enveloppé dans la peau de l'animal abattu. Le prince peut recevoir une cuisse de l'animal, surtout si le défunt appartenait au même clan que lui, mais il s'agira cette fois d'une cuisse droite, sans doute parce que la mort est conçue par les Mofu comme le grand bouleversement qui inverse tout, y compris le symbolisme habituel des côtés du corps.

Il faut souligner qu'on ne trouve pas de véritable "part du chef" sur la viande des taureaux sacrifiés dans les "montagnes" appartenant à un cycle triennal, ni à Méri, ni à Molkwo où l'on n'en a jamais entendu parler. Cette absence montre que cette remise correspond à une reconnaissance de dépendance et qu'elle est liée à celle d'une autorité s'étendant à l'ensemble d'un massif géographique : à Méri où plusieurs "chefs de montagne" se retrouvent juxtaposés aucun ne reçoit du petit groupe de voisins se soumettant à son pouvoir une offrande d'importance. Chaque sacrifiant lui remet pourtant *"un morceau pris sur n'importe quelle partie du taureau"* mais il s'agit d'une part de viande minime, auquel s'ajoute le bout de la langue de l'animal sacrifié, morceau de viande de peu de poids possédant néanmoins la valeur symbolique attachée à la langue de tout animal (6). Cette remise souligne ainsi la nature essentiellement religieuse du pouvoir reconnu au chef de montagne meri.

b) la part du prince sur la bière des sacrifices

De façon beaucoup plus courante, le prince mofu a droit à une part sur la bière de mil brassée dans sa chefferie. Il s'agit uniquement de la bière brassée à l'occasion de sacrifices. Le prince ne prélève pas sa part sur la bière-récompense ordinaire, *meuney,* offerte à une équipe de travailleurs après l'exécution d'une tâche effectuée en commun, (cultures ou constructions diverses par exemple), encore moins sur la bière à vendre que confectionnent aujourd'hui les femmes à la recherche de ressources personnelles, bière exceptionnelle jadis mais qui devient de plus en plus courante.

Une part de bière sacrificielle constitue néanmoins une redevance appréciable car non seulement la bière est préparée lors des fêtes de chefferie mais elle entre aussi dans la composition des nombreux sacrifices individuels, réclamés par le culte aux ancêtres et par le culte aux génies de possession, plus récent mais s'étant développé très rapidement.

Chaque sacrifiant fait brasser de la bière par sa femme, ou, si c'est une femme qui est actrice, elle la brasse elle-même. Une jarre est prélevée sur cette bière sacrificielle, quelle que soit la quantité obtenue car *"on ne veut pas donner au prince quelque chose de trop ridicule "*... Aussi à l'époque des sacrifices, au début de la saison sèche, juste avant la fête de l'année, *mogurlom,* lorsque chacun, au moment d'entamer une année nouvelle, se hâte d'offrir les sacrifices recommandés par le devin et restés en suspens, le va-et-vient est intense entre les différents quartiers et la demeure du prince où la bière abonde.

A la bière offerte au prince en saison sèche par ces gens simples, il faut ajouter celle qui est due en pleine saison des pluies par les grands, chefs de quartiers et membres du clan du prince. C'est au moment où les greniers des pauvres gens sont vides qu'ils ouvrent, eux, le leur, pour offrir un sacrifice spécial à leurs ancêtres, "la bière de la lune *kebet*", (correspondant à juillet-août du calendrier grégorien; cf. Tableau 19 : "Calendrier lunaire et religieux des Mofu"). L'époque inhabituelle choisie donne à ce sacrifice un caractère ostentatoire : *"Il montre qu'on est un homme important"*. Une ou deux dizaines d'hommes par chefferie parviennent à s'en acquitter et à envoyer au prince la jarre de bière prélevée sur la bière prête à l'offrande.

Il est intéressant de remarquer que des redevances en bière - préparée à partir de mil germé - sont remises au prince alors qu'aucun versement de mil en grains ne lui est dû, alors aussi que ce mil en grains peut servir de paiement : c'est avec lui par exemple que sont souvent récompensés les services du devin ou ceux du forgeron.

Ces redevances en bière, versées au prince ou à un chef plus modeste, se retrouvent dans tout le groupe mofu-Diamaré, sur la puissante chefferie de Durum comme dans chacune des petites "montagnes" meri.

c) absence de part du prince sur le fer

Au temps où les Mofu-Diamaré n'utilisaient que le fer fondu par eux-mêmes le prince ne prélevait aucune dîme sur ce métal. C'est là une constatation importante si l'on songe que l'on trouvait - l'on trouve toujours - le minerai de fer en abondance sur l'ensemble des chefferies. Dans chacune fonctionnaient chaque année de nombreux hauts-fourneaux, *gidley*, entre dix et cinquante suivant l'importance du *ngwa*, avec, semble-t-il, une moyenne d'une trentaine par grande chefferie, à Duvangar, Durum ou Wazang. Chaque haut-fourneau était approprié individuellement mais nulle part on ne vit ces "maîtres de hauts-fourneaux" se faire contrôler par les princes. Ceux-ci n'étaient que des clients, importants sans doute mais dépendant comme leurs sujets du savoir-faire du fondeur.

Pour obtenir du fer il faut commencer par récolter le minerai, *mbizeo*, se présentant sous forme d'une pesante poudre noire dispersée dans le sable des cours d'eau, sable de granite dans presque toutes ces chefferies. La seule méthode employée par les Mofu-Diamaré était le lessivage de ce sable dans des calebasses, le minerai restant par gravité dans le fond, travail de spécialiste toujours effectué par des femmes. Celles-ci pouvaient garder pour elles le minerai obtenu et le porter elles-mêmes aux métallurgistes au fur et à mesure de leurs besoins. Elles pouvaient aussi en faire don à leurs maris ou à leurs fils, ou enfin le vendre elles-mêmes.

Demandeur de minerai, le prince devait lui aussi commencer par l'obtenir auprès des femmes de sa chefferie. Il faisait crier périodiquement sa demande. Les femmes d'un quartier particulier s'entendaient sur un jour. Elles se mettaient au travail et revenaient le soir au château avec le minerai patiemment collecté au cours de longues heures. *"Dans la calebasse de chacune le prince mettait un morceau de viande"*. Il avait fait tuer un boeuf et *"donnait la viande à chacune pour la remercier"*. Aucune calebasse de *mbizeo* ne lui était donnée gratuitement et les "récompenses" du prince qui nous ont été décrites doivent être considérées comme un paiement en nature.

Une fois le minerai collecté le prince devait se procurer du charbon de bois : ainsi pourrait-il remettre au métallurgiste la totalité de ce qui lui était nécessaire. Comme le minerai, ce charbon de bois était obtenu au terme d'un appel au travail collectif. Là encore un groupe d'hommes, généralement des voisins de quartiers, répondait et partait couper en brousse les plus gros arbres possibles, brûlés ensuite pour être transformés en charbon. Là il s'agissait d'un travail gratuit, dû au prince et faisant partie des corvées obligatoires, *mangawa*. De plus, tous les quatre ans, les nouveaux promotionnaires, *mazgla*, pouvaient aussi se charger de ce travail. Toutefois le prince nourrissait aussi ses travailleurs, leur fournissant boule de mil et bière, veillant particulièrement à la satisfaction des plus importants d'entre eux, le métallurgiste et son aide, qui se chargeaient de la dernière opération de la chaîne, la réduction du minerai. Au terme de celle-ci le prince récupérait son fer sous forme d'éponges, *zeydey*, ou de houes, *ldogom*, après que le fondeur eut prélevé le paiement de son travail sous forme d'une petite partie du travail fini.

Le prince apparaît ainsi tout au long de la fabrication du métal comme un simple consommateur, à qui son aisance matérielle permet seulement de se procurer une quantité de fer plus importante que celle de ses sujets. Il thésaurise ensuite ce fer chez lui, accumulant les houes neuves dans sa propre chambre. *"Les houes chez le prince, ça ne finit pas !"*. Il les distribuait ensuite à ses épouses au fur et à mesure de leurs besoins. Cette constitution par les princes de la fin du XIXème siècle de réserves d'objets forgés était destinée en partie à l'impôt exigé par les Peuls voisins, avec une assurance croissante, impôt qui, on l'a vu, était versé sous forme de houes de fer.

d) la part du prince sur les esclaves

L'esclavage ne pénétra que lentement dans la société mofu-Diamaré et il n'y obtint jamais totalement droit de cité. Pourtant de razziés certains montagnards se transformèrent en razzieurs, allant comme les Peuls chasser l'homme dans les chefferies voisines afin de les revendre et de s'enrichir. Ils n'étaient toutefois pas libres d'agir à leur guise : avant de partir en expédition il leur fallait avoir obtenu l'accord de leur prince et ils devaient à leur retour lui remettre un des esclaves capturés. Le prince le gardait quelque temps à son service puis il finissait par devenir lui aussi revendeur, mais il ne se chargeait pas lui-même de l'opération, agissant par personne interposée puisqu'il ne quittait pas sa montagne. Pour lui aussi la pratique de l'esclavage devint progressivement une façon de s'enrichir, parfois sans passer par le stade de la prise de possession de l'esclave. Il se contentait alors de prélever une dîme sur les prix de revente. A Mukyo il *"avait sa part sur tout esclave vendu : une 'gandura' sur quinze"*.

C'était à lui aussi qu'on remettait tout prisonnier de guerre - à Duvangar par exemple on cherchait surtout à capturer les hommes de Meri - après que le combattant auteur de ce haut fait eut reçu de son prince *"une 'gandura' et une vache"*. Le prince recevait ainsi régulièrement des esclaves, *"six à dix esclaves par année"*. Il les gardait chez lui, les faisant travailler dans ses plantations. Toutefois ces hommes n'étaient pas sa propriété et il ne pouvait les revendre pour en tirer des biens. Leur valeur était autre. Ils lui permettaient de récupérer au coup par coup ses sujets capturés par les Peuls et représentaient une monnaie d'échange, lui évitant de verser de trop lourdes rançons. Particulièrement intéressants de ce point de vue étaient les Peuls isolés, commerçants généralement capturés par surprise : le prince n'essayait même pas de les mettre au travail. Il cherchait à obtenir à leur place la restitution du plus grand nombre possible de montagnards.

Le prince risquait pourtant d'apparaître à certains moments comme un fournisseur d'esclaves, car il lui arrivait de faire vendre certains de ses sujets. Toutefois il s'agissait essentiellement, dit-on, des mauvais éléments de la chefferie : tous ceux qui par leur conduite - désobéissance au prince et manque de respect en particulier - s'étaient désignés comme bons à exclure du groupe. Ils étaient alors vendus aux Peuls, impitoyablement, et cette fois, semble-t-il, le prince touchait pour son compte personnel le produit de leur vente. Il lui arrivait donc de se compromettre avec l'esclavage, situation ambiguë qui se rencontrait particulièrement dans les petites chefferies proches de Maroua, à Mikiri ou Dugur par exemple : responsable du versement aux Peuls d'un tribut en esclaves c'était à lui de décider qui partirait. Il choisissait de préférence les individus peu recommandables mais, pour arriver au nombre fixé, il devait parfois établir une quote-part : "*dans les familles de cinq ou six enfants il en prenait un* ".

Malgré ces responsabilités les princes semblent avoir mal contrôlé le produit de rapport que représentaient les esclaves, presque aussi mal que la fabrication du fer. Les redevances qu'ils prélevèrent sur les esclaves faits par leurs sujets restèrent peu élevées. Ils ne semblent pas avoir tenté - il est pourtant impossible qu'ils n'en aient pas eu l'idée - d'accaparer à leur profit cette importante ressource (7).

4. LA PART DU PRINCE

Notes des pages 283 à 288

(1) Plusieurs autres bénéficiaires ont droit également à un morceau de l'animal suivant un code précis : les diverses catégories de parents maternels, *gumsa*, l'engraisseur, la femme qui a puisé l'eau pour l'animal, enfin le chef de maison lui-même (cf. J.F. VINCENT, inéd. 1972 et 1985, p. 92)

(2) cf. Illustration chap. IV, Planche XII - Photo 14 "Remise d'une redevance en viande, *mageged*, au château de Wazang"

(3) cf. Illustration chap. IV, Planche XII - Photo 15 "Part de viande-redevance déposée au dessus des autels d'ancêtres princiers à Wazang"

(4) à la suite de la prise de la Marva des Giziga par les Peuls et de la dispersion de la population

(5) J.F. VINCENT, 1975, p. 150

(6) lors de l'offrande d'un animal en sacrifice il fait partie de la part du "chef de maison"; cf. également Ch. VON GRAFFENRIED, 1984

(7) Ils ont par contre décidé très tôt de prélever leur part sur la nouvelle forme de richesse apportée par les colonisateurs, l'argent. Grâce aux cultures de rapport, chacun de leurs sujets dispose de ressources personnelles qu'il touche le plus souvent en une fois, au moment de la récolte du coton. Il verse alors à son prince, présent lors du "marché annuel du coton", une somme égale au cinquantième environ de son gain.

5. LES REDEVANCES EN TRAVAIL

Les sujets doivent aussi à leur prince un autre type de redevance, en travail cette fois, désignée par un terme spécifique, *mangawa*. Les Mofu insistent sur le caractère particulier de ce travail. Il est, disent-ils,*"gratuit "*. On l'effectue pour le prince sans rien attendre de lui en retour : ni bière, ni nourriture. Cela le différencie totalement du travail en commun à la demande, *meuney*, organisé par tout homme aisé - donc par le prince à l'occasion - parfois même par une femme, travail qui, lui, est toujours récompensé par de la nourriture. Aussi les montagnards distinguent-ils nettement parmi les travaux qu'ils effectuent pour leur prince, ceux qui lui sont dus et *"font partie du mangawa"*, auxquels nul ne peut se soustraire, et ceux auxquels ils se livrent par choix, par plaisir d'aller chez le prince et de se faire nourrir par lui.

a) les plantations du prince et le travail gratuit

Le prince peut apparaître comme un important propriétaire terrien car le sommet de la montagne où il réside constitue une plantation d'un seul tenant, *li ma bay*, *"la plantation de pouvoir"*, décrite comme *"immense "*. De même le chef rukuba du Nigeria central dispose-t-il d'un champ explicitement réservé à la chefferie, transmis de chef en chef sans être partagé (1). La taille de la plantation du prince montre clairement qu'elle doit être entretenue par des cultivateurs extérieurs à sa maisonnée. Située tout près du château, *"devant la porte du prince"*, elle constitue le seul lieu où il puisse se promener librement .

Cette plantation porte presque uniquement du mil de montagne, *dleraway*, ce mil semé chaque année sans jachère qui couvre l'ensemble des massifs mofu. On n'y trouve aucune des cultures nouvelles, ni coton, ni riz, ni mil repiqué (il est vrai que ces cultures de piémont réussiraient mal en montagne). Haricots et arachides, cultures de femmes, n'y figurent pas non plus, mise à part une seule, l'éleusine, *marta*, culture résiduelle.

Un examen attentif - la différence de maturité des épis de mil, par exemple - montre que ce vaste espace n'est pas cultivé en une fois. Il est divisé en autant de champs que la chefferie compte de quartiers, séparés entre eux par des bornes et des repères naturels et juxtaposés : *"Les mangawa se touchent "*. A Wazang par exemple, pour accéder au château du prince, on traverse d'abord la plantation de mil du quartier de Maldoa, puis celle de Gabo, reconnues et distinguées au passage grâce à des pierres et des murets : la taille de chacune est proportionnelle à l'importance du quartier qui l'entretient et au nombre de travailleurs qu'il représente.

Le *mangawa* pour le mil du prince se décompose en une série d'opérations correspondant à la presque totalité des phases de la culture du mil : *"Chaque année les gens viennent travailler dans les champs du prince. Ils doivent nettoyer le terrain, semer, sarcler, butter les pieds de mil, enfin couper les épis avec leurs tiges entières. Ils font en tout cinq jours de travail".*

Ce travail a lieu quartier par quartier mais il n'est pas une simple réponse collective aux ordres du prince, de même que celui-ci ne prend pas sa décision subitement. Un long enchaînement se crée à partir d'une consultation divinatoire dans la demeure du prince, utilisant les pattes d'un poulet (2). Favorable, elle entraîne un sacrifice aux ancêtres du prince, dans sa salle des greniers, doublé par un autre sacrifice, à l'esprit de la montagne, *mbolom*, desservi par le prince. Alors, le prince fait prévenir les chefs de quartier qu'il est temps de *"faire son mangawa"*, ce qui signifie que chacun doit répercuter cet ordre chez lui, parfois en convoquant une assemblée de quartier, *mokusey*, au cours de laquelle sera déterminé le jour où les hommes de quartier iront travailler pour le prince. *"Tout le monde ne cultive pas le même jour : chaque quartier choisit son jour"*, sans que soit cherchée une concertation avec les autres quartiers, sans non plus que soit respectée une priorité ou un ordre entre eux. Les dates de ces semailles dans la plantation du prince peuvent varier de plusieurs jours suivant les quartiers. Cet écart remarquable ne s'explique que par l'habitude des montagnards de semer à sec, mode de culture dont ils nous ont patiemment expliqué les avantages et les risques. Semer à sec est un acte arbitraire - on enfouit le grain dans le sol parce que c'est l'époque, mais aucune pluie n'est attendue dans l'immédiat - mais c'est aussi un acte d'espoir, un coup de poker permettant de profiter au maximum de la première pluie importante qui tombera sur un champ entièrement ensemencé et prêt à le recevoir. Si par malheur cette première pluie est insuffisante et ne peut constituer une vraie *"pluie à mil "*, *yam dô*, s'il s'agit seulement d'une *"pluie pour les mauvaises herbes"*, le mil germera mais les pousses de mil trop faibles sècheront et la semence sera perdue. Il faudra semer à nouveau, soit à sec, soit plus prudemment, après une nouvelle bonne pluie, mais avec un décalage dans le temps préjudiciable au nouveau grain enfoui. On comprend mieux le besoin des Mofu de faire endosser par quelqu'un la responsabilité de la date des semailles à sec. Qui pourrait mieux convenir que le prince ?

Chacune des familles restreintes du quartier envoie un de ses membres participer à ces semailles dans le champ commun, *"n'importe qui, pourvu qu'il soit apparenté "*. Ainsi en avril 1969 notre voisin Kasfal, du quartier Matsaray de Wazang, s'était-il fait représenter par le fils de sa soeur habitant Durum, Amidou, garçon d'une douzaine d'années, en visite chez lui pour quelques jours. Chaque quartier envoie plusieurs dizaines de travailleurs, affluence inhabituelle traduite pour nous en images par les jeunes garçons de Wazang. Dans cette chefferie où l'on comptait en 1969 près de 450 cellules familiales, le nombre théorique des travailleurs du prince oscillait entre 35 et 110 par quartier (cf. Tableau 4 "Répartition des clans et des cellules familiales dans les quartiers de la chefferie de Wazang"). On s'explique mieux l'insistance des informateurs sur la taille très importante de ces plantations. L'idéal est que toute la montagne travaille pour son prince. D'ailleurs il arrive souvent à celui-ci d'assister au travail que les gens font pour lui. *"Sa présence n'est pas vraiment nécessaire, mais s'il vient, c'est bien. Car il encourage les gens par ses paroles : 'C'est bien ! Merci à vous !'"* (3).

C'est seulement après le retour des travailleurs que les semailles peuvent être faites par les paysans dans leurs propres champs. Ces semailles individuelles sont donc subordonnées aux semailles chez le prince et déterminées par elles : l'ordre du prince de venir travailler pour lui a une répercussion à long terme dans chaque ferme de la montagne.

Parallèlement au *mangawa* concernant le mil a lieu le *mangawa* pour l'éleusine, *marta*. Cette fois ce travail en commun ne concerne que les femmes qui, comme les hommes et si possible le même jour qu'eux, montent chez le prince pour y semer à sec dans une partie de la plantation de leur quartier les petites graines d'éleusine. Ainsi le *mangawa* du prince concerne-t-il aussi bien les femmes que les hommes. Toutefois l'éleusine est de moins en moins cultivée et ce *mangawa* des femmes, ne rassemblant qu'un petit nombre de cultivatrices, tombe en désuétude.

Une fois les plants de mil sortis de terre il faut sarcler les mauvaises herbes, opération que *"même une petite fille peut faire"*. De même le buttage de chaque pied et l'arrachage des feuilles inutiles ne réclament pas un participant particulier. Garçon ou fille, homme ou femme, les représentants des maisons du quartier se retrouvent dans le champ commun et consacrent deux journées de travail distinctes à ces tâches. Par contre la dernière partie du *mangawa* du mil, la coupe de la tige presque entière portant l'épi, peut être exécutée seulement par des hommes accomplis, généralement des hommes d'âge. Cette fois en effet ne peuvent se rendre à la convocation du chef de quartier que *"les hommes qui sont responsables d'une maison, les bi ma ay, et parmi eux seulement ceux dont le père est mort"*. Les âges des participants peuvent donc être variés : *"Si tu as encore ton père tu ne peux pas travailler dans le champ du prince. Et, par contre, même si tu as dix enfants, chacun avec sa maison, c'est toi qui dois aller dans le champ du prince !"*. Toutefois le jour de la coupe des épis on voit surtout des travailleurs aux cheveux blancs (4).

Cette exigence est révélatrice de la révérence avec laquelle est traité le mil, qui *"lui aussi est un prince"* : il ne peut être manié que par l'élément important de la société. Elle permet aussi de saisir les distinctions qu'opèrent les Mofu entre les adultes ainsi que la façon dont certains accèdent au statut d'homme responsable. Là encore le travail dans les champs du prince permet d'effectuer ensuite les mêmes opérations dans son propre champ. Inverser cet ordre est interdit, particulièrement au moment où le mil est prêt à être récolté : nul ne peut couper le sien avant d'avoir coupé celui du prince.

Là s'arrête le *mangawa* du mil. Il reste pourtant encore plusieurs opérations avant que le mil en grains puisse être versé dans le grenier. D'abord la séparation de l'épi - la "tête" - et du reste de la tige. Elle est faite aussi par des hommes mûrs, mais elle n'entre pas dans le *mangawa* et vaut à ceux qui s'en chargent un repas de boule de mil avec sauce, porté en plein champ. Cette séparation entre les deux coupes du mil, l'une - celle de la tige - faisant partie du *mangawa*, l'autre - celle de l'épi - non, est d'ailleurs surprenante. Il est vrai que le battage du mil du prince, pris en mains lui aussi par les seuls "chefs de maison" âgés, ne fait pas partie non plus du *mangawa* du mil. Il est lié à un important sacrrifice permettant au prince d'affirmer son emprise dans un domaine qui n'est plus seulement économique : celui de l'année agricole et donc du temps. Le battage du mil du prince se situe, à la différence des travaux de *mangawa*, après tous les battages des simples sujets : il clôt l'année de travail et constitue une charnière dans l'année agricole.

Malgré l'atmosphère bon enfant qui marque les séances de travail collectif dans les plantations du prince - et qui nous a frappée chaque fois que nous y avons participé - le *mangawa* n'est pas accompli dans l'enthousiasme. *"Qui aime vraiment le mangawa ? personne !"* On y va en traînant les pieds. Le *mangawa* est en effet ressenti comme un *"impôt en travail"*, *djangal*, disent les jeunes Mofu, reprenant le mot peul, cependant que les vieux précisent : *"Autrefois nous versions aux Peuls un impôt en houes ; à notre prince nous versons aussi un impôt sous forme de travail. Pas en argent, mais le travail c'est presque de l'argent !"*. De même, les Alur d'Ouganda effectuent chaque année pour leur chef diverses prestations constituant un "impôt en services" (5).

On ne peut se soustraire au *mangawa*. D'ailleurs le rebelle sait qu'il encourt une amende : *"Au retour du mangawa on allait prendre chez lui une chèvre. Et la fois suivante, il était le premier à aller au mangawa en courant !"*. Il est vrai que la sévérité variait suivant la situation sociale du coupable. On ne tolérait aucun manquement de la part des "inférieurs", *mbidlew* ; par contre, envers un "homme du prince", on se montrait plus indulgent.

Il y a aussi une raison beaucoup plus importante à l'empressement et à la régularité des sujets du prince. Ils établissent un lien direct entre ce travail qu'ils font dans les champs du prince et la pluie qui fécondera leurs propres champs. Le pouvoir que possède le prince sur l'arrêt des pluies est lourd de menaces. En maniant sa pierre de sécheresse, *kwalay*, en l'exposant à l'extérieur de son habitation, il empêche les pluies de tomber, disent les Mofu. *"Si nous commençons à débrousser d'abord nos propres champs le prince risque de se fâcher et de sortir son kwalay : il y aura donc une mauvaise récolte"*. Y a-t-il pire châtiment que l'arrêt des pluies ? Mieux vaut accomplir docilement le *mangawa* qui lui est dû.

b) les greniers d'emprunt du prince

Les greniers du prince sont de deux sortes. Il existe d'abord au château - comme dans n'importe quel ensemble familial d'habitations - une salle des greniers renfermant les greniers personnels du prince qui se font remarquer par leurs très grandes dimensions. Dans ces greniers est versée une partie du mil-impôt. Une partie seulement, car le prince possède d'autres greniers remplis aussi avec ce mil - le quart du mil ainsi récolté, estiment certains - qui constituent des greniers d'emprunt, dits *hataka*. La consonance de ce terme, peut-être peul selon nos informateurs, semble montrer que ces greniers d'emprunt ne constituent pas une institution mofu (6). Celle-ci aurait été "copiée", disent les montagnards, sur les chefferies giziga, mais à date ancienne, il y a un siècle environ. Duvangar, plus proche de la plaine, semble avoir donné l'exemple : la tradition y attribue à Bi-Bigney, "Prince-Eléphant", qui régna durant la deuxième partie du XIX° siècle, les premiers greniers *hataka* (cf.Tableau 9 : "Les princes de Duvangar").

Dans chaque chefferie il existe généralement plusieurs greniers d'emprunt, appartenant au prince. Le plus important se trouve au château, mais le prince le complète par quelques autres placés dans les différents quartiers sous la garde des chefs de quartier.

Pour remplir ses greniers le prince utilise surtout le mil cultivé pour lui lors du *mangawa*, mais il peut y ajouter du mil provenant de ses propres plantations et de celles de ses femmes. Il peut aussi, les années de bonnes récoltes, décider que ses sujets doivent compléter ses réserves et que chaque maison doit venir verser dans ses greniers *hataka* une certaine quantité de mil, proportionnelle au nombre de ces habitants, *"pour une grande famille, une jarre ; pour une petite famille, une calebasse"*.

Le prince remplit ses greniers *hataka* en vue des mauvais jours : la famine est toujours présente à son esprit. Après une mauvaise saison des pluies il fait surveiller la croissance des plants de mil, attendant qu'ils aient formé leurs épis. Si les tiges sont trop grêles ou les épis peu développés, signe de disette prochaine, il décide de *"faire le hataka"*. Les chefs de maison dont les greniers se vident et dont la famille commence à souffrir de la faim savent qu'ils peuvent alors venir le trouver et lui demander du mil qu'il accorde *"en proportion de la taille de la famille"*.

Il arrive que ce mil soit un don. *"Quand il y avait famine, les princes donnaient un grenier ou deux"*. Mais la famine pouvait se prolonger, les solliciteurs se multiplier, *"le prince disait alors : 'Là, c'est le hataka'"*. Lorsqu'il passe au régime de *hataka*, d'emprunt réglementé, le prince garde en mémoire la quantité de mil qu'il a accordée : un jour ce mil devra lui être rendu. Toutefois les modalités du remboursement varient suivant qu'on est *"au temps de la famine"* ou non. Ceux qui ont emprunté poussés par la faim - et dont le nombre semble avoir été jadis important, *"incomptable"*, nous assure-t-on - ne doivent rendre à la récolte suivante qu'une quantité équivalente. Par contre, ceux qui ont pris du mil chez le prince en dehors de toute famine doivent rendre le double de la quantité empruntée. S'ils ne le font pas l'année suivante, la quantité double encore. Si la dette devient trop importante ils l'éteindront avec une offrande au prince de petit bétail, chèvre ou *"mouton bien gras"* (7). Comment le prince pourrait-il se montrer implacable en réclamant avec trop de rigueur le remboursement d'un mil *"que les demandeurs mêmes ont cultivé pour lui"*.

Si les bonnes années se succèdent, rendant les emprunteurs moins nombreux, le niveau du mil des greniers *hataka* reste haut. Le prince en transvase dans ses autres greniers pendant la saison des pluies et, par une décision autoritaire, il oblige chaque famille à lui emprunter de ce mil excédentaire, même si elle dispose d'une récolte suffisante. Tous les sept ans les greniers *hataka* doivent être vidés - au-delà le mil est perdu - et cet emprunt, malgré son caractère forcé, sera lui aussi l'occasion pour le prince d'un bénéfice en mil.

Les montagnards portent un regard approbateur sur cette institution, pratiquée également par les chefferies de Dugur et Molkwo, mais ignorée des "chefs de montagne" meri et gemzek. Elle constitue pour leur prince un moyen de les nourrir, disent-ils, et la générosité qu'il doit montrer l'empêche de transformer l'institution en moyen d'extorsion.

Même si les greniers d'emprunt ont trouvé place dans l'idéologie du pouvoir princier, même s'ils y constituent une greffe réussie ils ne sont pas liés aux princes. Dans presque toutes les chefferies on signale que les notables pouvaient, eux aussi, bâtir un grenier *hataka*, le remplir cette fois de leur mil personnel, et prêter à leurs voisins, dans les moments de disette, du mil qui leur était rendu doublé.

L'existence de ces greniers *hataka*, manifestation de prévoyance, montre qu'une stratégie alimentaire est l'apanage des seuls princes et de quelques "grands" (8). Les simples sujets ne cherchent pas à les imiter, ni à agir de façon collective : même si les greniers d'emprunt des princes fonctionnent grâce au travail de tous ils ne sont pas des greniers-réserves véritablement communs.

c) les autres formes de travail gratuit

A côté du travail dans les plantations de mil comportant diverses opérations se plaçant avant et pendant la saison des pluies, *piya*, les redevances effectuées en saison sèche représentent une moindre somme de travail.

Le prince a d'abord droit à des corvées de pailles et de bois qui seront utilisées à la remise en état de son château, chaque année avant le début des pluies. Les pailles seront tressées en épaisses nattes-cloisons (*"seccos"* ou *"charganiers"*) ou couvriront à neuf les toits. Les bois serviront d'armatures. Là aussi, tant qu'on n'a pas travaillé pour le prince on ne peut en faire autant dans sa propre habitation.

L'organisation du travail repose à nouveau sur la division de la chefferie en quartiers. Cette fois en effet l'ensemble des hommes de la chefferie peut être convoqué par le prince et partir lui couper la paille ou le bois qu'il demande. Toutefois lorsqu'à la fin de la journée la longue file de travailleurs s'étire sur le sentier menant au château, chacun portant sur sa tête la gerbe de paille ou le fagot de bois qu'il a rassemblé personnellement (9), les hommes, à la demande du prince, répartissent leurs collectes en six tas correspondant aux six quartiers. Ils reproduisent ainsi la structure de la chefferie.

Le prince peut aussi réclamer l'aide de ses sujets s'il veut exécuter des réparations importantes et imprévues dans son château. Il demande alors par exemple de lui apporter des pierres (10), ou de la terre pour bâtir de nouvelles cases. De plus, à cette liste de travaux de base, certains princes ont pu ajouter des tâches imprévues d'intérêt collectif : la construction du rempart de protection contre les Peuls a pris parfois l'aspect du *mangawa*, à Duvangar par exemple. Le creusement au XIXème siècle dans la montagne d'énormes puits-entonnoirs aux murs de pierres taillées et encastrées - dont plusieurs sont encore en eau aujourd'hui à Duvangar, Durum et Wazang - a été réalisé grâce à des *mangawa* exceptionnels décrétés par les princes de l'époque. A date plus récente le prince Mangala de Duvangar fit construire trois barrages - seul le troisième fut couronné de succès - grâce à un gigantesque *mangawa* dont les anciens se souviennent encore : "*Toute la montagne y a travaillé ! Tout le monde sans exception !*".

d) la signification politique du travail gratuit

En répondant à l'appel de leur prince les sujets posent un acte dont la signification va bien au-delà d'une aide matérielle. Travailler pour le prince, envoyer chez lui un membre de sa famille, ne fût-ce qu'une petite fille, c'est "*faire bien voir qu'on le reconnaît, qu'on lui obéit*".

Ainsi le segment lignager Blenge de Wazang, d'origine giziga, fait-il scrupuleusement le *mangawa* pour le prince de Wazang. "*Plusieurs fois par an nous allons dans les champs du prince dans la montagne. Ils sont très loin pour nous, mais il n'y a pas de "très loin" pour le prince. Il peut t'envoyer "très loin" et tu iras toujours !*". En soulignant son attitude de docilité, Kankan, doyen du groupe, mettait en valeur l'acte politique auquel elle correspondait. Le travail gratuit ne peut être considéré comme le résultat d'un système fiscal subi. Il serait aussi trop simple d'en faire uniquement le résultat d'un consensus du groupe ainsi que l'interprète J.C. Muller à propos du chef rukuba (11). Les Mofu invitent à interpréter ce travail volontaire comme l'acceptation de la supériorité du prince, accompagnée de reconnaissance pour la protection supra-naturelle qu'il accorde à son peuple.

Le *mangawa* constitue une institution-clé pour déterminer de l'extérieur les diverses unités politiques mofu-Diamaré : du moment que l'on voit des hommes travailler ensemble pour le compte d'un seul, c'est qu'il existe là un responsable à l'autorité reconnue, un prince. Un chef de quartier, même d'un quartier très vaste - Meftek par exemple à Wazang - ne peut en effet demander le *mangawa* à ses gens. Ils lui riraient au nez, nous a-t-on dit. Cette seule supposition est presque inconvenante. *"Dans tout Wazang"* explique Amadzi, le chef du quartier Meftek, *"seul le prince a droit au mangawa. C'est un impôt en travail; on le lui doit, mais à lui seul. Si un chef de quartier veut qu'on travaille chez lui, il fera, lui, de la bière"*.

Inversement, même si un groupe n'occupe qu'un petit espace, du moment que les habitants de cet endroit travaillent pour celui qu'ils présentent comme leur unique responsable, c'est qu'il y a là une chefferie distincte, groupe soumis à un seul homme et indépendant sur le plan politique. La chefferie de Morley près de Wazang couvre moins de km2 et son chef règne sur peu d'hommes, *"pourtant, il peut leur demander des mangawa ! "*.

Les récits mythiques mettent en évidence ce lien entre travail gratuit et fondation d'un nouveau type de chefferie. A Durum on explique qu'au temps où les autochtones, Fogom et Mokuzek, habitaient seuls sur la montagne, le chef Fogom, ignorant ce qu'était le *mangawa*, ne pouvait l'exiger. Par contre, après avoir rencontré l'immigrant Mandzah et noté ses signes extérieurs de supériorité, son armement de fer par exemple, Fogom et Mokuzek se précipitent et, sans que l'immigrant le leur demande, ils se mettent à travailler pour lui, débroussant le terrain et lui proposant d'y construire une grande maison. Ils accomplissent ainsi d'eux-mêmes le premier *mangawa*, faisant comprendre à l'immigrant qu'ils le choisissent comme leur chef (12).

La démarche a été la même tout récemment, vers 1950, sur la montagne de Makabay proche de Maroua, recolonisée après 1932 par des Mofu-Diamaré, chassés de chez eux par la famine due aux sauterelles. Les individus isolés commençant à former un groupe et augmentant en nombre certains se mirent à travailler pour l'un d'entre eux, Vatsar, premier arrivé sur les lieux : *"On m'a fait le mangawa pour le sarclage du mil et le buttage. Sans bière en échange ! Gratuitement ! Je n'avais rien demandé et les gens sont venus comme ça ! "*.

L'observation du *mangawa* permet donc de déterminer de l'extérieur l'existence des chefferies, dans les mythes comme dans la réalité. Le même récit mythique du peuplement de Durum souligne par exemple comment après un certain temps d'existence la chefferie Mandzah se divisa en deux, un frère restant à Givel, l'autre partant à Mangerdla : *"Va habiter là-bas maintenant "* lui dit l'assemblée des anciens, *"les gens de là-bas te feront le mangawa et travailleront pour toi"*. L'existence de ce *mangawa* dont les travailleurs sont disjoints de la chefferie primitive, traduit concrètement l'apparition d'une nouvelle unité politique. De la même façon, sur la montagne de Dugur trois chefferies coexistent, Gayam, Dugur et Tsakidzebe, dissemblables par la taille mais correspondant à autant de *mangawa*. Le minuscule Gayam a toujours refusé de venir travailler dans les plantations du prince de Tsakidzebe, ce qui fait dire aux habitants de Dugur que *"les habitants de Gayam ont leur propre prince"*, et que *"le prince de Tsakidzebe ne les a jamais commandés"*.

En accomplissant docilement le *mangawa* du prince les sujets gardent présente en arrière-plan l'idée de sa maîtrise sur l'arrêt des pluies. Le *mangawa* permet de saisir à quel point le pouvoir sur les hommes est pour les Mofu lié à un pouvoir sur les pluies. S'ils font le *mangawa* c'est d'abord parce que - tout simplement - *"ils espèrent que le prince va leur donner une bonne pluie régulière"*. Certains vont plus loin et présentent ce travail gratuit comme un échange : *"Vous travaillez pour le prince et en échange lui va faire pleuvoir"*. C'est parce que le prince est grand, *bi ndwana*, qu'il fait tomber la pluie, aussi a-t-il *"droit à son mangawa"*. Le travail fait pour lui apparaît alors comme un témoignage de reconnaissance envers le responsable des pluies bienfaisantes.

Pour un prince, rappeler son droit au travail gratuit, en obtenant que celui-ci soit effectué régulièrement et sans problème, constitue un des moyens de se poser en chef suprême. L'absence de cette institution permet d'établir un clivage net entre les *ngwa*. Il y a les chefs, tel celui de Duvangar, qui *"ont des centaines d'hommes travaillant pour eux"*, et ceux qui ignorent l'existence du *mangawa*, ainsi les montagnards de Meri. Comme l'explique un de leurs voisins de Duvangar : *"Les gens de Meri ne connaissent pas le mangawa car il y a trop de petits chefs chez eux ! Chacun dit : 'je suis chef'*. Cette absence de travail gratuit s'accompagne d'une absence de plantations de pouvoir. *"Chez eux"*, disent leurs voisins montagnards, *"la plantation de chef est seulement un peu plus grande que celle d'un homme ordinaire ..."*.

Entre les divers groupes mofu-Diamaré commence donc à apparaître une différence : à côté de chefferies où les manifestations du pouvoir sont nombreuses et englobent le domaine économique figurent d'autres groupes plus modestes par la taille, où les manifestations du pouvoir sont réduites. Nous les distinguons en leur réservant le nom de "montagne". Pratiquent le *mangawa* les habitants de Dugur, Duvangar, Durum et Wazang. Plus au sud, les Mofu-Gudur le connaissent également sous la même forme - travail du mil et corvées de bois et de paille - car chez eux aussi les chefs importants, celui de Gudur par exemple, possèdent de par leur fonction de très vastes plantations.

Par contre le travail gratuit effectué par les adultes est inconnu chez les Méri, ainsi que chez les Zulgo et Gemzek. Il existe seulement dans ces "montagnes" quelques prestations en travail dues par les nouveaux adultes - dont les promotions se rassemblent ici tous les trois ans - sur lesquelles nous allons revenir. Chez les habitants de Molkwo non plus le chef n'a pas droit à du travail gratuit, alors que ses plantations sont présentées comme très grandes. Toutefois n'étant pas divisées en champs de quartiers, elles ne peuvent être entretenues que par des volontaires en quête de nourriture : le chef fait préparer *"de la bière en énorme quantité"* ou il *"fait égorger un boeuf tiré de son étable comme remerciement à la population"*. A Mikiri également le travail gratuit est inconnu, ainsi qu'à Tséré.

Il est intéressant de noter que la situation semble avoir été identique chez les Giziga du nord : le puissant Bi-Marva possédait des plantations décrites comme immenses. Toutefois on n'y trouvait pas de divisions internes correspondant aux quartiers de la chefferie. Pas plus que les petits princes des montagnes-îles mofu-Diamaré, les princes giziga n'avaient aucun droit à du travail gratuit pour la culture de leur mil. Bi-Marva ne manquait pourtant pas de travailleurs car il savait les régaler de façon fastueuse (13). L'absence de travail gratuit ne correspond donc pas partout à un pouvoir politique peu développé. Nous retiendrons ici que chez les Mofu-Diamaré sa présence constitue un marqueur permettant de souligner des différences entre types de pouvoir.

5. LES REDEVANCES EN TRAVAIL

Notes des pages 290 à 299

(1) J.C. MULLER, 1979, p. 22
(2) Pour qu'elle soit considérée comme favorable, il faut que le poulet adopte pour mourir la position *dugla skevene* : patte gauche en avant, d'où "activité", "succès" (cf. J.F. VINCENT, 1971, pp. 85-86)
(3) cf. Annex. chap. IV, Dessin d'enfant, "Travail pour le prince : dans les plantations"
(4) cf. Planche XIII, Photo 16, "Travail en commun, *mangawa*, pour la coupe des épis de mil à Wazang"
(5) "tribute service", A.W. SOUTHALL, 1956, p. 81
(6) Toutefois ...les Peuls n'utilisent pas de greniers (R. LABATUT, 1987, comm. person.)
(7) Les jeunes princes actuels n'hésitent pas à demander une vache pour consentir à oublier le montant de remboursements gonflés par des doublements successifs.
(8) Et pourtant elle se manifeste chez la plupart des montagnards du nord des Monts Mandara, mais ce sont les paysans de base, et non les chefs, qui par leur comportement montrent qu'ils n'ont rien oublié ni les mauvaises récoltes d'autrefois, ni les criquets (A. HALLAIRE, inéd. 1986)
(9) cf. cf. Planche XIII, Photo 17, ", "Livraison de bottes de paille au château par un quartier de Wazang" et Annex. chap. IV, Dessin d'enfant, "Travail pour le prince : apport de paille au château".
(10) cf. Annex. chap. IV,Dessin d'enfant, "Travail pour le prince : apport de pierres au château"
(11) J.C. MULLER, 1979, p. 24
(12) cf. Annex. chap. IV, "Mythe de la fondation de Durum"
(13) Enquêtes J.F. VINCENT chez les Giziga-Marva, 1980

6. L'ORGANISATION EN CLASSES D'AGE ET LE SERVICE DU PRINCE

Les chefferies et montagnes mofu-Diamaré connaissent également une institution qu'elles présentent comme fondamentale et qu'elles placent au coeur de leur identité culturelle, le rassemblement des jeunes gens en classes d'âge.

Certes pour ces montagnards leurs frères sont d'abord ceux qui offrent comme eux, à intervalles réguliers, un taureau *maray* à leurs ancêtres. Ils délimitent ainsi un vaste ensemble, puisque parmi les montagnards pratiquant ce sacrifice - tous les deux, trois, ou quatre ans - on trouve non seulement les Mofu-Diamaré mais aussi les Mafa. Toutefois, précisent les informateurs de Duvangar-Durum-Wazang, véritables "gens des montagnes - "vrais" *ndu ma ngwa ay* - sont ceux qui, en plus du *maray*, connaissent la fête des *mazgla*, l'obligation du passage des jeunes gens par une série de classes d'âge. Ce deuxième ensemble est beaucoup plus restreint - dix fois moins important que le précédent - et correspond essentiellement aux huit chefferies rassemblées dans le cycle quadriennal de la fête du taureau, de Dugur à Wazang (1), avec un léger débordement sur l'ensemble mofu-Diamaré à rythme triennal, dans les "montagnes" meri et gemzek.

L'institution des *mazgla* est spectaculaire. Rougis d'ocre, parés de perles, de plumes, et de clochettes de cuivre, revêtant plusieurs uniformes successifs de cuir et de peaux, brandissant couteaux de jet et lances, les promotionnaires parcourent leur montagne en petites bandes pendant des mois. Ils se sont fait remarquer dès 1940 d'un observateur étranger : on ne savait rien sur ces chefferies que l'on avait déjà une description - rapide mais bien vue - des *mazgla* de Duvangar (2). A notre tour nous nous sommes intéressée à cette institution, découvrant à propos des cinq promotions de *mazgla* que nous avons connues entre 1968 et 1984 (3) de nouveaux détails, remarquablement cohérents, éclairant son fonctionnement.

Le rassemblement des jeunes gens dans la classe d'âge des *mazgla* peut être considéré comme une forme particulière d'initiation. Ainsi que l'a établi une étude comparative des classes d'âge en Afrique il existe des liens étroits entre initiation et classes d'âge, avec parfois passage insensible de l'une à l'autre institution (4). C'est bien ainsi qu'apparaîtront dans le cours de la description les faits mofu : ici, pas de circoncision ni d'autre forme de marquage du corps. Pour devenir adulte il faut seulement avoir dansé et "fait son service" en se mettant à la disposition de son prince. C'est bien là que se trouve l'aspect original des classes d'âge mofu - et qui justifie que l'on s'intéresse à elles - dans cette liaison nécessaire entre le fonctionnement des classes d'âge et le responsable de la chefferie. Ce lien est rare, à tel point qu'on a pu se demander si le système des classes d'âge ne supposait pas nécessairement l'absence d'un pouvoir central (4). Les faits mofu montrent qu'il n'en est rien. Les promotions de *mazgla* accomplissent pour leur prince une somme non négligeable de travail gratuit et le passage par les classes d'âge apparaît comme inséparable du pouvoir.

a) le rassemblement de la promotion

Qui peut devenir *mazgla* ? Normalement les membres de tous les clans installés depuis assez longtemps pour faire partie intégrante d'une chefferie (5). C'est en effet au niveau de la chefferie que se produit le rassemblement de la classe d'âge, et non à celui du clan comme on l'observe dans certaines sociétés africaines, chez les "Somba" du Dahomey par exemple (6).

A Wazang pourtant plusieurs clans font exception et restent en dehors de l'institution. Le clan de forgerons Mariyam, tout d'abord, ne peut envoyer ses jeunes gens rejoindre les autres *mazgla*; la deuxième exception est représentée par le clan Medey qui dans tous les *ngwa* où il est installé subit suspicion et rejet (7). Ces exclusions laissent entendre que le service du prince ne concerne pas les clans considérés comme marginaux ou qui pour des raisons diverses - le caractère récent de leur arrivée par exemple; ainsi les Mariyam, venus il y a trois générations - sont incomplètement assimilés sur le plan culturel. Cette forme de transformation des jeunes gens en adultes est loin d'être générale, on le verra. Pour envisager ce passage par les classes d'âge il faut que les clans venus d'ailleurs aient adopté totalement les coutumes - les "règles", *kuli*, nous reviendrons sur ce terme - en usage dans leur nouvelle patrie. Or le berceau des Mariyam et des Medey se trouve en pays Mofu-Gudur où l'on ignore les *mazgla*. Enfin le clan Blenge qui représente la troisième exception de Wazang accomplit avec empressement, on l'a vu, le travail gratuit dû au prince, mais il ne laisse pas ses jeunes devenir *mazgla* : d'origine Giziga-Marva ses membres, pourtant installés depuis six générations à Wazang, se sentent toujours "gens des plaines" et n'ont pas adopté l'institution.

Les autres clans de Wazang par contre - plus de dix - quelle que soit leur origine envoient leurs jeunes gens rejoindre la promotion. "Gens du prince" et "gens de rien" se retrouvent sur le même plan, au service du prince. L'institution joue un rôle nettement intégrateur, faisant passer au second plan les différences entre les deux strates de la société.

La proclamation des *mazgla* succède au sacrifice quadriennal du taureau, *maray*. Celui-ci offert à Duvangar lors de la "quatrième lune", *kya ma fat* - correspondant à février mars du calendrier grégorien - se termine six mois plus tard à *kya Wazang*, en août-septembre (cf. Tableau 19: "Calendrier lunaire et religieux des Mofu"). Les jeunes gens sont convoqués la même lune chez le prince après que celui-ci ait offert lui-même un grand sacrifice au *mbolom* de Halalay réservé aux princes lequel, parmi ses attributions, possède celle de "*surveiller les mazgla*".

Les jeunes gens attendaient depuis longtemps ce moment. Au *maray* précédent, âgés d'environ quatorze ans - on les appelle à ce moment *mambulazo* - ils avaient commencé à se rassembler quartier par quartier pendant la saison des pluies, avant même que leurs aînés de la promotion suivante partent chez le prince. Ils se réunissent spontanément, sans qu'aucun adulte ne leur en ait donné l'ordre, tout comme les garçonnets bobo mais à un âge un peu plus avancé (8).

Un jour les chefs de quartier, ainsi qu'ils nous l'ont expliqué, voient arriver les *mambulazo* chez eux, par petits groupes d'une dizaine d'adolescents. *"Il y en a de toutes tailles parmi eux "* : la classe d'âge comprenant des jeunes ayant entre douze et seize ans, certains sont presque des enfants encore, d'autres déjà des adultes. Ils viennent à plusieurs reprises, sans avoir été convoqués par personne - leur rassemblement en promotion n'est pas obligatoire - travaillant sous les ordres du chef qu'ils se sont donné. La tâche traditionnelle qui leur est assignée est la constitution pour leur chef de quartier d'une provision de bois à brûler, et le rassemblement des épines qui hérisseront et orneront ses murs. En retour le chef de quartier sait se montrer généreux le soir envers ses *mambulazo*, en boule de mil, en viande et aussi en bière : il les traite comme les adultes qu'ils s'efforcent de devenir. Leur chef de promotion appartient traditionnellement à certains clans : à Wazang il doit être Erketse-Meftek ou Ngamiko. Toutefois cela ne lui donne aucun droit pour l'avenir; il est précisé au contraire qu'il lui sera impossible de conserver son titre par la suite. C'est un clan qui est honoré à travers ce responsable : il y a là une volonté de compensation qui se dévoilera plus nettement par la suite.

Quatre ans plus tard, les anciens *mambulazo* ont entre seize et vingt ans. Ayant été "presque *mazgla*" ils n'ont aucun mal à se sentir appelés par celui qui commande leur chef de quartier, le prince. Toutefois il y a à côté d'eux de vrais novices puisque le travail de *mambulazo* est facultatif. Comment ceux-là pourront-ils savoir s'ils sont assez âgés ou non pour être *mazgla* ? Souvent c'est le père qui avertit son fils. Comme l'écrit joliment un écolier de Duvangar : *"Ton père te dit : 'Va mon enfant, pars avec tes compères ; allez à la maison du prince ; le prince vous demande'!"* (9). Ou alors ce sont les camarades de la même classe d'âge qui parlent entre eux, passant en revue leurs voisins : *"Lui doit y aller; lui est trop jeune!"*. Les anciens aussi peuvent donner leur avis et parfois c'est le prince lui-même qui fait prévenir les intéressés après en avoir discuté avec chaque chef de quartier. Il arrive que les jeunes gens ainsi désignés fassent la sourde oreille, on comprendra plus tard pourquoi. S'ils tardent trop, une amende d'une chèvre les ramènera à la raison. Parfois aussi l'ensemble de la promotion surgit, inflige une correction sévère au père et au fils, et entraîne de force le nouveau *mazgla*.

Si la mère du futur adulte est encore jeune et risque d'avoir un autre enfant après que son fils soit devenu *mazgla*, mieux vaut que le garçon renonce à rejoindre sa classe d'âge. En effet, suivant les nombreuses et patientes explications qui nous ont été données, ou bien le bébé né par la suite mourrait ou, pire, sa seule vue ferait mourir son grand frère - son aîné de tellement d'années qu'il apparaîtrait d'une génération différente. Le dernier fils pourrait aussi être cause de la mort de ses parents. Afin d'éviter ces morts une solution radicale était possible : la mère du futur *mazgla* *"ne pouvait plus rejoindre son mari et arrêtait donc jusqu'à sa mort les relations sexuelles"*. Pour ne pas l'obliger à recourir à cette extrémité on pouvait aussi retarder l'intégration du jeune homme qui ne rejoignait sa promotion qu'au *maray* suivant, éventuellement à celui d'après encore, non sans que son père ait été s'entendre avec le prince qui empêchait des représailles éventuelles du groupe des *mazgla*.

Les parents du jeune homme pouvaient enfin aller chez le devin-guérisseur, *mbidla*, qui, à la demande du mari, frappait avec un bâton le dos de la femme, mettant fin en elle à toute possibilité de conception (9). Autre méthode plus paresseuse : on ne faisait rien pour empêcher qu'un nouvel enfant soit conçu, se contentant autrefois de le mettre à mort en l'enterrant vivant. Aujourd'hui on *"l'abandonne totalement"* en le portant aux Peuls de Gazawa (qui l'accueillent avec plus de réticences qu'auparavant). La solution est moins cruelle et elle a le même résultat : *"Plus jamais cet enfant ne verra ses parents"*.

A travers les détails des explications on entrevoit la raison du rejet de cette nouvelle naissance : par son passage au service du prince le fils aîné va faire partie d'une nouvelle génération, celle qui à son tour pourra engendrer et concevoir. La naissance d'un frère supplémentaire annulerait cette transformation, ramenant l'aîné parmi les enfants et faisant de lui un non-adulte. La mise à mort du bébé empêche cette mort sociale. Ainsi cette interdiction aide-t-elle à saisir la signification de la participation aux *mazgla*.

Au début du siècle dans les grandes chefferies une promotion de *mazgla* comprenait entre 100 et 150 jeunes gens. La promotion de notre vieux Padak à Duvangar avait, en 1916, *"manqué d'un mazgla pour atteindre la centaine"*. Les effectifs maximum semblent avoir été atteints dans la période 1940-1955. A Durum la dernière promotion à s'être réunie normalement, celle de 1956, comptait 170 *mazgla*. Les effectifs décrurent ensuite avec les migrations de travail à Maroua, la grande ville toute proche, et avec la période actuelle : néanmoins la promotion de Wazang fut encore en 1968 de 92 *mazgla*, en 1972 de 78, peut-être en 1980 de 120 (sur, il est vrai, les 150-170 membres que, selon les participants, elle aurait dû compter).

Ces effectifs sont proportionnels à la taille du *ngwa*. Ngwahutsey, la chefferie dissidente de Wazang, à la population peu importante, était fière de pouvoir annoncer qu'en 1968 elle avait eu une promotion de 20 *mazgla* (10). De même sur la montagne de Dugur - qui par sa taille se situe entre Wazang et Ngwahutsey - la promotion des *mazgla* de Tsakidzebe rassemblait en 1940 50 jeunes environ.

b) les trois classes d'âge quadriennales

Dans les six chefferies de l'ensemble Duvangar-Durum-Wazang tout jeune homme passe par trois classes d'âge successives. Il est d'abord *mazgla* lorsqu'il a entre 16 et 20 ans. La moyenne d'âge de cette promotion se situe aux environs de 18 ans. Puis quatre ans plus tard, au *maray* suivant, il change de classe d'âge. A Durum et Duvangar, on appelle *gaola* les membres de cette classe âgés de 20 à 24 ans - ayant 22 ans en moyenne - à Wazang, *wogwoy*. Il reste encore à ces jeunes hommes qui au *maray* suivant ont entre 24 et 28 ans - soit un âge moyen de 26 ans - à faire partie d'une dernière classe d'âge, dont les membres sont appelés *gaola tuban* à Duvangar et Durum, *mesikuley* à Wazang (11).

Ainsi au cours de douze années consécutives un jeune homme passe le barrage de trois classes d'âge - quatre, si l'on compte la classe des apprentis, *mambulazo* - durant lesquelles s'achève son développement physique. A l'issue de la dernière il rejoint la masse des hommes faits entre lesquels les Mofu n'opèrent plus de distinctions, et les rites soulignent et explicitent cette transformation.

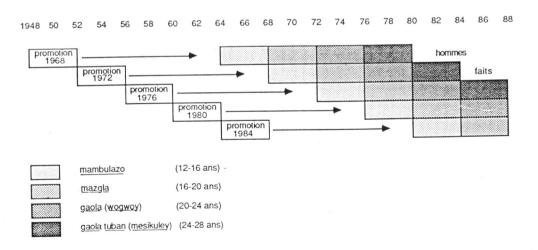

Tableau 18 L'enchaînement des classes d'âge quadriennales

Cette description de l'institution permet de poser le problème de la nature du rite et de ses liens avec le domaine religieux. Pour devenir des adultes complets les jeunes Mofu doivent exécuter un ensemble de tâches, accomplir certains gestes, revêtir des tenues précises, en un mot respecter un ensemble de rites, parfois dans un contexte religieux - peu marqué, il est vrai - le plus souvent en dehors de toute référence à des puissances supra-naturelles.

Devenir *mazgla*, affirmer son changement d'état auprès des autres membres de la société - et des femmes en particulier - c'est d'abord revêtir un costume qui ne sera plus quitté pendant deux mois. Les éléments en sont les mêmes pour tous. Ils constituent véritablement un uniforme. La grande affaire du jeune homme consiste donc à rassembler, plusieurs mois avant son entrée dans les *mazgla*, les différentes parties de cette tenue. Il s'efforce d'y parvenir seul, mais parfois, "*s'il n'a pas la force*" il se résigne à demander l'aide de son père. Sur la tête le *mazgla* doit porter un petit bonnet plat, fait d'une peau de daman, tannée et rougie à l'ocre, portée poils contre cheveux. Les bords de ce couvre-chef, qui tient aussi du bonnet, emboîtent la tête étroitement et sont ornés d'anneaux de cuivre rouge. Le nouveau jeune homme est vêtu d'un court cache-sexe en peau de chèvre, serré par une large ceinture en cuir de boeuf. Autour de son cou, il enroule, en écharpe torsadée plus ou moins épaisse, des rangs de perles de verre aux couleurs vives, blancs, rouges, jaunes ou bleus. Ces perles ne lui appartiennent pas. Il les a empruntées aux jeunes filles de son âge (12), à une seule si son coeur est déjà occupé, à plusieurs à la fois s'il n'est fixé sur aucune mais populaire - "*c'est à ce moment-là que l'on voit les garçons qui ont du succès*"... - ou encore - solution de facilité un peu piteuse - à ses soeurs. "*Tout le temps des mazgla les filles sont peu parées*". L'idéal est d'apparaître, même lors d'un coup d'oeil rapide, comme un homme apprécié des femmes.

Dans sa main droite le *mazgla* tient un couteau de jet en fer, *zengzeng*, finement décoré de guillochures, qui lui a été confié par son père, ou à défaut par un de ses oncles paternels, et qui a souvent servi aussi à ses frères aînés. Il peut également, surmontant sa défiance envers son oncle et son grand-père maternel, *gumsa*, leur emprunter cet accessoire indispensable (13). Sa main gauche serre une lance, prêtée là encore par l'un de ses ascendants masculins. La plus belle pièce de cette tenue est représentée par une longue peau de bélier de couleur blanche, formant un somptueux manteau (14). Le *mazgla* met sa fierté à se le procurer lui-même, sans avoir recours à l'aide paternelle.

D'une chefferie à l'autre les détails de cet uniforme varient. Celui que nous venons de décrire est l'uniforme de Wazang, tandis que par exemple les *mazgla* de Durum et Mangerdla ornent leur bonnet en peau de daman non pas avec des anneaux de cuivre mais avec des cauris. Quant à Duvangar et Gwoley, elles ont opté pour le manteau en peau de chèvre et non de mouton. Chaque chefferie affirme ainsi sa spécificité. Au-delà de ces menues différences on retrouve partout le même principe :

les jeunes gens doivent porter un uniforme, double d'ailleurs, correspondant aux deux grandes phases de leur temps de *mazgla*, travail puis danse.

Au bout de quatre mois en effet cette première tenue - *mekudey*, "arracher" - fait place à une nouvelle tenue totalement différente, *dumsakar*, du nom du faisceau de trois lances que porte à présent le *mazgla*. La peau de daman formant bonnet a disparu. A Wazang elle est remplacée par un étroit bandeau de perles tissé dans la montagne - auquel fait pendant aujourd'hui à Duvangar et Gwoley une bande de pagne aux couleurs vives - où sont fixées deux longues plumes de queue de coq, recourbées l'une sur la droite, l'autre sur la gauche. Plus de petit cache-sexe mais une vaste culotte de peau de chèvre, portée avec les poils à l'extérieur, afin, nous semble-t-il, de rappeler que les jeunes sont en train de vivre une période hors de l'ordinaire : le costume masculin comporte une peau portée poils à l'intérieur (15).

Deux baudriers - faits de bandes de cuir prélevées sur le taureau *maray* de l'année - se croisent sur leur poitrine. Du côté gauche pend une ou plusieurs cloches de cuivre jaune, du côté droit une tabatière-aumônière faite avec une corne de taureau *maray*, objet-bijou que se repassent les jeunes gens d'une même famille. Enfin la grande peau de mouton-manteau a été remplacée par une peau de chèvre, formant cache-sexe.

Autour de ses reins le garçon attache plusieurs rangs de grelots de cuivre jaune, joliment filigranés, fabriqués localement à la cire perdue, qui sonneront au moment de sa danse (16). Ces clochettes sont portées traditionnellement par les jeunes filles, *kokwa*. Il emprunte donc là un autre élément de costume féminin, car pour les Mofu - et c'est là un détail rapprochant de l'initiation ce passage par les classes d'âge - les jeunes gens doivent rappeler avant de rejoindre les hommes qu'ils étaient jusque-là du côté des femmes. Ne mangent-ils pas dans les premiers temps d'existence de la promotion des haricots en sauce, nourriture considérée comme féminine ? Les montagnards sont conscients de l'aspect féminin que le port de ces parures donne à leurs jeunes. Les *mazgla* doivent s'habiller, nous expliquait le prince de Mangerdla en 1985, "*comme des filles coquettes*", car "*ils sont alors proches des filles*". Le passage par les classes d'âge va permettre aux jeunes gens d'abandonner définitivement le monde de l'enfance qui, chez les Mofu-Diamaré comme dans de nombreuses sociétés, est conçu comme un monde féminin (17).

A chaque promotion correspond un costume ou tout au moins des détails vestimentaires particuliers, tout comme chez les "Somba" du Dahomey par exemple (18). Les *wogwoy* sont beaucoup moins parés que les *mazgla*. Plus de perles ni de clochettes. Leur cache-sexe de peau de chèvre, à l'inverse de celui des *mazgla*, est porté avec la peau à l'extérieur ; il est ainsi moins décoratif mais plus proche de la tenue des hommes adultes. Trait distinctif, les *wogwoy* portent, accrochée à la ceinture par devant et par derrière, une très longue et mince peau de mouton, *mazawal*.

Devenus presque des hommes d'âge les *mesikuley* se drapent dans un manteau en peau de mouton et ils se contentent de brandir leur seul couteau de jet, magnifique il est vrai, orné de trois anneaux et de minuscules cloches doubles de fer, réservées à eux seuls, dont les tintements métalliques scandent leurs danses (19).

c) les responsables de promotion

La plupart des classes d'âge africaines comportent un responsable : celles des Bobo ou des "Somba" par exemple (20). De même au sein d'une promotion de *mazgla* quelques jeunes gens se font remarquer par un uniforme encore plus orné que celui des simples recrues. Ce sont les chefs : le *"grand magaola"*, le chef de promotion, assisté de *"petits magaola"* - un ou deux suivant l'importance de la chefferie - flanqués eux-mêmes d'adjoints, *melebes*. Tous portent ès-qualité divers accessoires d'âge vénérable - bracelets de cuivre jaune à Duvangar, grand couteau de jet en fer à Wazang, *mambediba* - confiés par le prince et repris après que la promotion a cessé ses activités. Leurs vêtements sont plus recherchés : ainsi les *magaola* de Wazang portent un cache-sexe de peau de chèvre, encore plus vaste que celui de leurs *mazgla*, orné d'une bordure de plusieurs dizaines de cauris. Seuls par ailleurs, ils ferment leurs rangs de perles avec des ornements de cou, plaques de cuivre jaune filigranées, et s'ornent le front d'un anneau de cuivre jaune, monté transversalement sur un support, attaché autour de la tête par un lien de cuir. Le grand responsable porte une petite flûte, *halaga*, qui, on le verra, marque symboliquement ses fonctions. Ses adjoints, eux, ont droit au port de la chicotte.

Tous les clans de la chefferie ne peuvent prétendre fournir les responsables des *mazgla*. Ces charges sont réservées à un nombre de clans restreint. Parfois le grand *magaola* doit être un "homme du prince" : à Wazang par exemple, c'est nécessairement un Erketse, *"pris une fois dans la maison du prince, une fois en dehors"*, donc alternativement parmi les "vrais" Erketse, parents proches du prince, et parmi les "Erketse anciens", ses parents éloignés.

Plus souvent le responsable doit être un "homme de rien", *mbidlew* : à Duvangar et à Durum il est impossible à un Laway et à un Mandzah d'être *magaola*. On énumère alors les clans qui, suivant un ordre convenu, fournissent le chef de promotion. A Duvangar le *magaola* est choisi uniquement dans trois clans *mbidlew* alternativement - Zeley, Genduver et Dongoza - arrivés à date relativement récente dans la chefferie (cf. Tableau 8 en annexe : "Stratigraphie des clans par ancienneté décroissante"). Cette décision a été prise par un prince lassé de l'esprit frondeur des "gens du prince", ses frères de clan pourtant : il leur a préféré ces clans, voisins de son château, entre lesquels la charge tourne désormais. Ainsi ont-ils été mieux intégrés à Duvangar.

Chaque chefferie s'est forgé son propre système d'alternance, ses propres critères : à Durum le "grand *magaola*" est pris en alternance dans deux clans *mbidlew*; il est tantôt Mokuzek, tantôt Zeley. Cette fois c'est l'ancienneté de ces clans qui a été prise en compte, nous explique-t-on, car les Mokuzek sont autochtones à Durum, on l'a vu, et les Zeley y sont arrivés parmi les premiers. Pourquoi alors l'absence des Fogom, qui sont autochtones au même titre que les Mokuzek ? *"Parce que les Fogom viennent juste après le prince"*. *"Ils sont "*, explique-t-on, *"presque nobles "*: ils ont été en effet "gens du prince" à l'aube de l'existence de la chefferie de Durum. Or à Durum *"le magaola est toujours un "homme de rien "*. De même dans la chefferie de Wazang on fait remarquer que, si le *magaola* doit appartenir au clan du prince, le fils aîné du prince régnant - son héritier présumé - ne peut jamais, lui, devenir responsable en chef. Par ailleurs le *magaola* du clan du prince est nécessairement assisté à Wazang de deux *magaola* appartenant à des clans de "gens de rien". Il est vrai que ces jeunes dignitaires sont flanqués à leur tour d'assistants, *melebes*, appartenant au clan du prince.

Les charges de responsables de promotion apparaissent ainsi certes comme un mécanisme compensateur, permettant aux "gens de rien" de figurer parmi les "grands" de la chefferie, mais la portée de ces attributions est minime : il ne s'agit que de jeunes gens et d'un temps limité, les quelques années d'existence d'une promotion. Par contre l'examen du choix des clans *mbidlew* sélectionnés, lié souvent à leur ordre d'arrivée dans la chefferie, met en valeur un autre trait, l'importance de la référence historique.

d) l'entrée dans la classe d'âge

Les *mambulazo*, les adolescents apprentis-travailleurs, avaient choisi eux-mêmes leur chef de promotion, on l'a vu. Devenus *mazgla* ils n'ont plus cette initiative et doivent s'en remettre au prince et aux anciens. Cette désignation a lieu lors de la première cérémonie d'investiture, *pas mepi mazgla-ay*, *"le jour où l'on place les mazgla"*, parfois nommée *metsiley ay bay*, *"la montée au château du prince"*, marquant à la fois le choix du responsable et la prise de costume par chaque jeune homme.

Un soir en fin d'après-midi on entend crier au sommet de la montagne : *"Venez, venez les mazgla ! Montez!"*. Chacun rassemble alors les éléments de sa tenue, prête depuis plusieurs jours, et part chez le prince. *"Il ne revêt pas sa tenue ; il la transporte seulement ."* Arrivés au château les futurs *mazgla* se groupent dans la cour des visiteurs, attendant le prince et les anciens qui, dans la salle des greniers, sont en train de choisir le nom du grand *magaola*. C'est l'attente et l'incertitude car personne ne sait qui sera désigné. Le prince et les anciens sortent alors et "l'homme de sacrifice" du prince - *ndo kuley* - son double sur le plan sacrificiel, proclame le nom du responsable de la nouvelle promotion. Parfois la surprise est totale, comme à Wazang en 1968 où Bi-Tsere, proclamé grand *magaola*, était pourtant sûr, nous a-t-il dit, que le choix du prince s'était porté sur son parent Wasa.

Il s'agit d'une nomination de longue durée : la promotion changera plusieurs fois d'appellation et de tenue mais son responsable, lui, restera le même. Une fois proclamé, dans toute la chefferie le nom du responsable de la nouvelle promotion ne sera plus oublié. Ce nom constitue en effet un moyen d'identifier chaque promotion. Les *mazgla* qui en ont fait partie gardent le nom de leur responsable en mémoire, prêts à le citer. Des vieillards interrogés sur leur temps de *mazgla* citent des noms de *magaola* qu'ils sont presque seuls à connaître. Ce nom particulier permet à tout homme de situer sa promotion et donc de se situer lui-même par rapport à la nouvelle promotion datant du dernier *maray*. Grâce au nom de son responsable il peut également montrer comment sa promotion se place dans la succession des quinze à dix-huit noms que connaissent ceux qui ont bénéficié d'une longue existence.

Ces listes nous ont plusieurs fois été récitées. Elles constituent un canevas temporel d'après lequel on parvient à replacer dans le calendrier grégorien les fêtes du taureau et les promotions de jeunes gens qui leur sont liées. Toutefois pareille préoccupation est encore celle des seuls chercheurs étrangers (21). Ces noms de responsables de promotion permettent à chaque prince d'évaluer la longueur de son règne : il compte le nombre de fêtes du taureau qui ont été célébrées de son vivant, en retenant et énumérant les noms de chaque responsable. A Duvangar un procédé mnémotechnique rend plus sûr ce décompte : chaque nouveau responsable remet à son prince la houe neuve qu'il a fait forger pour cette occasion.

Donner son nom à une promotion est un honneur. Toute sa vie on saluera l'ancien responsable en lui donnant son titre de *magaola*, le prince d'abord, et aussi les simples habitants de la chefferie. Le *magaola* revendique la direction de sa promotion et la petite trompe, *halaga*, qu'il porte au cou est l'insigne de sa charge : il y soufflera chaque fois que sa promotion devra se rassembler ou agir en commun.

Ce choix peut apparaître contraignant à l'élu. Il est vraiment responsable de sa promotion, on le verra, et plusieurs interdictions le frappent, liées, nous a expliqué un ancien *magaola* de Wazang, à la consommation de la boule des sacrifices à laquelle, seul de la promotion, il doit goûter : "*La puissance des esprits d'ancêtres me surveille particulièrement*", concluait-il avec un soupir.

Une fois le *magaola* désigné l'investiture des *mazgla* peut avoir lieu. A travers les chefferies les mêmes temps forts se retrouvent. Il y a d'abord l'alignement des *mazgla* qui sont comptés par le prince, et le résultat, quartier par quartier, est annoncé à voix haute. A Wazang, le prince ou un ancien fait asseoir toute la promotion sur la longue banquette de pierres, *mapar*, qui borde la cour extérieure du château (22). Puis il relève un à un chacun des jeunes gens en commençant par le *magaola* : tout au long des rites il apparaîtra ainsi comme l'initiateur. On procède à cette élévation deux fois de suite. Le symbolisme de ce changement de position paraît clair : les *mazgla* montrent qu'ils sont en train de franchir une étape et de s'élever dans la société en rejoignant les anciens.

Vient ensuite un rite important, l'onction d'ocre rouge, *mpsak*, que reçoivent les *mazgla* toujours assis. Chacun est marqué à l'épaule gauche, passant ainsi dans le monde des hommes, puisque la gauche est liée à la virilité. Cette onction peut être considérée comme le rite le plus significatif car si par la suite la promotion rencontre, au marché par exemple, un jeune qui a choisi de ne pas se rendre chez le prince et de fuir les *mazgla,* elle peut se précipiter sur lui, l'immobiliser et lui faire de force ce signe à l'ocre rouge sur l'épaule gauche. Bon gré mal gré, il devra se considérer désormais comme *mazgla*.

Puis c'est le revêtement par chaque *mazgla* de la tenue qu'il a transportée. Il met seul son cache-sexe, sa ceinture, ses perles et ses clochettes mais c'est le prince lui-même, à défaut son sacrificateur, qui lui accroche aux épaules son manteau de mouton et qui lui fixe sur la tête son bonnet de daman. En le revêtant de la peau de cet animal il consacre le jeune homme comme un véritable montagnard. Le daman est en effet non seulement le plus courant des animaux sauvages vivant dans les rochers, apparaissant ainsi presque comme une émanation de la montagne elle-même, mais il est aussi, on le verra, lié à l'esprit de la montagne lui-même.

Les *mazgla* sont toujours assis lorsqu'est apportée une énorme boule de mil destinée à leur consommation à tous. Dans la plupart des chefferies les jeunes gens n'ont pas de préparatrice attitrée. C'est seulement à Wazang que cette boule est préparée par une des épouses du prince, une femme relativement jeune, qui a été choisie par son mari pour être "mère des *mazgla*" de cette année-là. Elle ne pourra exercer qu'une fois dans sa vie cette tâche consistant principalement à nourrir la promotion.

Chaque *mazgla* reçoit une seule bouchée de cette boule, par l'intermédiaire d'un enfant, servant de "l'homme de sacrifice". L'enfant fait face à l'adulte, tournant ainsi le dos au *mazgla* à qui il tend sa part sans le voir. Par ce rite le jeune homme est invité, nous semble-t-il, à adopter une dernière fois l'attitude d'un enfant irresponsable qui reçoit sa nourriture des adultes (23). Lorsque la totalité de la boule a été distribuée et consommée le sacrificateur relève les *mazgla* un à un.

Plusieurs thèmes s'expriment à travers ces rites : transformation des adolescents venant rejoindre les hommes faits, matérialisée par les nouveaux vêtements reçus des anciens, progression rappelée avec insistance, ignorance des jeunes gens qui doivent faire confiance à leurs aînés, nécessité enfin de l'union entre membres d'une même promotion.

La cérémonie se poursuit à l'extérieur du château dans la plantation à côté de l'aire de battage. Les nouveaux jeunes hommes doivent la sarcler, d'où le nom "arracher" donné à leur première tenue. Ce petit travail est certes un prélude aux tâches plus importantes qu'ils effectueront par la suite pour le prince mais il constitue surtout une ordalie. Si l'un des *mazgla* trouve un prétexte pour se soustraire à cette tâche, *"s'il court se cacher dans une grotte"*, c'est qu'il est sorcier. En effet un sorcier, nous a-t-on plusieurs fois expliqué, ne peut effectuer ce sarclage, sinon il meurt. Le refuser c'est donc avouer clairement son état. *"Tout le monde peut voir que tu es sorcier"*. Cependant *"chacun sait qui est sorcier mais le garde secret"*. Le résultat escompté à partir de ce rite n'est peut-être pas un décompte des "hommes bons", comme on appelle les sorciers par antiphrase, (toutefois on chuchotait en 1968 que trois *mazgla* s'étaient ainsi démasqués) ; il permet surtout de créer un début de solidarité à l'intérieur de la promotion.

Dernier acte après le retour au château, la consommation de *"l'euphorbe, mezeved, qui fait grandir les hommes"*. Coupée en petits morceaux, que l'on mélange à une bouillie crue de farine de mil et d'eau, elle constitue la base d'un mets spécial, *tselam*, qui se retrouve dans toutes les chefferies. Cette fois le prince n'intervient pas. C'est le *magaola* et ses aides, sous le regard d'anciens de tous les clans, qui confectionnent la préparation et la partagent entre leurs *mazgla*, car *"le tselam renforce l'homme"*. Pour tenter de les faire grandir ils en donnent une portion plus importante aux *mazgla* de petite taille, puisque en même temps *"le tselam étire les os"*.

Cette première cérémonie d'investiture est ponctuée de chants particuliers réservés aux *mazgla*, différents des chants de défi. Chacun les avait appris depuis plusieurs semaines, en composant parfois en secret un nouveau, avec l'espoir de le voir retenu et passant dans le répertoire commun. Le *magaola* entonne et tous reprennent : les chants de *mazgla* nécessitent en effet un soliste qui peut être n'importe qui.. Il suffit de se lancer... Ces chants sont la base de danses, là aussi réservées aux *mazgla*, qui ont lieu en cercle, sur un rythme paisible, scandées par le bruit des lances marquant le rythme (24). Elles vont par séries de trois, le trois et l'impair étant le signe de la masculinité (25). Après les derniers chants et danses des *mazgla* entre eux - les vieux les ont quittés pour redescendre - le *magaola* souffle plusieurs fois trois coups dans sa trompe - autant de séries que la chefferie compte de quartiers - et l'investiture des *mazgla* est terminée.

Les *mazgla* sont conscients de l'importance de cette journée d'ouverture. *"Ce moment-là est le plus important. C'est le vrai baptême"*, nous expliquait en 1976 un *mazgla* de Duvangar fréquentant la mission catholique. *"Si tu n'as pas assisté à cette cérémonie tu n'as rien fait ..."*

e) le service du prince

C'est au rythme de la trompe que vont vivre désormais les jeunes gens. Chacun regagne la maison de son père, grande différence avec d'autres formes d'initiation africaine où les membres d'une même promotion vivent en groupe, à l'écart du village, à l'image des initiés mbum, dourou ou doayo pour prendre des exemples au Nord-Cameroun ; citons également dans le sud le cas des Beti (26). Les montagnards ont noté d'eux-mêmes ce point qui, disent-ils, les oppose aux sociétés voisines dont les circoncis parcourent la brousse durant des mois (37).

C'est le son du *halaga* résonnant là-haut chez le prince qui tirera les *mazgla* de chez eux, et les amènera au château où commencent la plupart de leurs réunions. Au cours de leurs déplacements les *mazgla* ne doivent pas être seuls. Ils ne peuvent se promener qu'en groupes et s'ils rencontrent une femme, de loin, avant que sa route ne croise la leur, ils lui crient impérieusement : "Recule" ! Nous avons assisté à cette scène. La femme a non seulement obtempéré immédiatement et quitté le sentier mais elle s'est excusée : "Je ne vous avais pas vus!" Normalement, en effet, c'est aux femmes à ne pas se trouver sur la route des *mazgla*. C'est d'ailleurs pour cela qu'un *mazgla* doit toujours garder sur la tête son bonnet en peau de daman : afin que de très loin les femmes le reconnaissent et modifient leur parcours. Celles qui d'aventure continueraient devraient "payer" leur hardiesse d'un poulet, dont le sang servirait à des onctions faites sur le *mazgla*. Cette nécessité fait apparaître les femmes comme source possible de contamination, de *madama*. Elle montre aussi, suivant une nécessité courante dans nombre de sociétés pratiquant l'initiation, que les initiés doivent être séparés du monde féminin (28).

Le *magaola* et ses adjoints se sont déjà rendus au sommet de la montagne alors que le jour n'était pas encore levé. *"Ils regardent les étoiles pour voir si c'est le moment"* et ils se précipitent alors vers la chambre du prince : à chaque fois c'est la compétition entre eux pour voir qui ouvrira sa porte. Puis ils reviennent dans la salle des greniers où il se mettent à chanter des chants glorifiant leur prince - musique la plus agréable pour les oreilles d'un souverain - et c'est ainsi qu'ils le réveillent. Ils se comportent comme les adultes qu'ils seront bientôt et qui, régulièrement, se livrent de temps à autre pour leur prince à des manifestations de respect incluant la récitation de louanges. S'ils n'ouvraient pas la porte le prince ne pourrait pas sortir de chez lui, explique-t-on. Les responsables attendent ensuite patiemment la venue de leurs troupes - de moins en moins empressées et nombreuses au fil des *maray* - car diverses tâches rituelles doivent être effectuées par la promotion.

Etre *mazgla* c'est commencer une vie de travail au service du prince. Les *mazgla* ne travaillent pas chacune des quatre années qu'ils passeront dans cette classe d'âge ; ils ne le font que la première année mais les tâches qui leur sont imposées sont nombreuses. Elles demandent de surcroît force, adresse, continuité, toutes qualités d'adultes. C'est donc en effectuant leur travail de *mazgla* que les jeunes gens montreront qu'ils se sont transformés en hommes.

Dix jours après l'investiture la promotion se rassemble pour sa première corvée, la coupe des épines, *tsarak*, destinées au château du prince. Elle donne lieu à diverses épreuves rituelles qui se retrouvent identiques à travers les chefferies.

Il y a d'abord le regroupement de l'ensemble de la promotion sur une même dalle de rocher. *"Tous les mazgla doivent monter à la fois sur cette pierre en s'aidant l'un l'autre"*. *"La pierre est petite mais elle s'agrandit"*, précisent plusieurs. Les jeunes gens se précipitent tous en même temps sur la dalle. Il ne faut pas qu'ils restent en bas : celui qui ne parviendrait pas à y monter mourrait. Il y a alors entr'aide, mais seulement entre *mazgla* d'un même quartier. D'un quartier à l'autre au contraire la compétition est âpre.

Une fois escaladé le rocher et donné le spectacle de l'unité de la promotion, a lieu la coupe des épines, but de la journée. Cette corvée d'épines n'est que la première d'une série de huit. Cette première fois les *mazgla* ne travaillent pas en personne ; chacun s'est entendu avec un parent qui a déjà été *mazgla*. Cet aîné part couper les épines pour le nouvel initié et les lui rassemble. Il y a ainsi transmission des tâches des anciennes promotions à la nouvelle.

Pendant que se fait la coupe des épines a lieu à Wazang la course historique des *mazgla* vers le quartier de Patsar et son *mbolom*. Placés jadis sous l'autorité de Wazang ceux-ci dépendent aujourd'hui de la chefferie voisine de Masakal. La nouvelle promotion, *magaola* en tête, doit gagner en courant le rocher de Patsar. Elle court *"le plus vite possible"*, quartier par quartier, chaque groupe de jeunes gens étant accompagné d'adultes de chez lui en armes, *"avec casque de guerre, arc, flèches, massues, lances et bouclier"*. Le responsable de la promotion doit arriver le premier. D'ailleurs, explique un *mazgla*, *"les anciens lui indiquent la voie directe et ils égarent les autres mazgla en leur faisant faire des détours"*. Chaque *mazgla* touche alors le rocher de la main, devant les anciens qui attendent son arrivée : désormais, lui assurent-ils, il pourra se marier. On comprend donc que le responsable de la promotion soit le premier à recevoir cette autorisation.

A Wazang cette course, mi-guerrière mi-sportive, constitue un rappel à la fois historique et religieux de la grandeur passée de la chefferie, et cette intrusion de l'histoire risque de faire apparaître cette course comme un épisode isolé. En fait, dans toutes les chefferies plusieurs courses entre *mazgla* étaient organisées. *"On fait courir les mazgla jusqu'en haut de la montagne. On regarde qui arrive le premier, et on dit aux autres : 'Vous n'êtes que des mazgla de rien du tout !"*. Partout en effet l'accent est mis sur les prouesses physiques, et les luttes entre *mazgla*, bien loin d'être réprimées, sont encouragées. *"Les mazgla doivent lutter entre eux. On veut savoir s'ils sont grands et forts. Celui qui ne veut pas se battre est un peureux !"*. Ces refus de luttes sont notés par les responsables et donc finalement connus du prince : la physionomie de chaque *mazgla* commence à se dessiner. Toutefois ces luttes sont non pas livrées au hasard mais codifiées : un simple *mazgla* ne peut pas provoquer le responsable de sa promotion. Celui-ci se bat seulement avec son adjoint, tandis que leurs assistants luttent entre eux et qu'enfin les simples initiés en font autant. C'est tout juste si *"les courageux peuvent attaquer les adjoints."* Souvent aussi ces combats ont lieu entre *mazgla* de quartiers différents, voire quartier contre quartier : à Duvangar les initiés de Mokuzek et Baldak se retrouvaient contre Kiluwo, le quartier du prince : leurs luttes ne faisaient que prolonger, voire préfigurer celles des adultes.

Il ne s'agissait pas de combats pour rire. Le sang pouvait couler et les anciens *mazgla* en gardent la trace. "*On voit beaucoup de crânes de mazgla couverts de cicatrices"*. Parfois même il y avait mort d'homme lorsqu'un de ces combats réveillait de vieilles haines entre jeunes, "*mais le père ne peut rien dire si le mazgla meurt*", explique le vieux Padak qui conclut : *"C'était dangereux d'être mazgla, mais c'était la loi d'y aller "*...

Dans ce pays de pierres et de rochers les *mazgla* étaient invités à un autre type d'exploit sportif : le saut d'un piton à un autre sommet rocheux, par-dessus le vide (29). Chaque chefferie possède un site se prêtant à ce genre de compétition où se retrouve un jour l'ensemble de la promotion : tous les *mazgla* doivent sauter, chacun à son tour (30). En fait la plupart avait déjà tenté l'exploit auparavant et certains l'avaient réussi. Même les *mambulazo* de quatorze ans s'y essaient. *"Il faut sauter d'un rocher à un autre... Les mambulazo qui sont forts y arrivent; les autres y renoncent : ils sont faibles"*. Toutefois le jour de l'épreuve solennelle venu, le coeur manque à beaucoup. *"Sur les 66 de ma promotion, 20 à peu près ont réussi"*, nous expliquait Gogwoz de Duvangar (31), sans préciser s'il avait fait partie des gagnants. Padak, pourtant *magaola* de la promotion 1916, a été net : il n'a pas fait le grand bond mais, dit-il, *"c'était très difficile, ce saut d'un rocher à l'autre ! Il y avait un fossé très profond entre eux. Parmi mes camarades quatre seulement ont réussi"*. Toujours à Duvangar Berdey, de la promotion suivante, savait comment il aurait dû procéder pour franchir le vide : *"Il fallait courir juste bien"*, mais il avoue : *"J'ai eu peur, je n'ai pas essayé "*...

Nous avons pourtant rencontré des vainqueurs, Takawats, par exemple, de la promotion 1976 de Wazang, qui expliquait modestement : *"J'ai sauté et j'ai réussi, mais cela faisait déjà longtemps que je réussissais. Le premier jour, nous n'avons pas été nombreux à réussir : 7 sur 70 environ. Il commençait à faire nuit. Cela nous faisait peur. Alors le prince a défendu qu'on continue. On a repris quelques jours plus tard et là, vingt garçons à peu près ont réussi à sauter "*. Cette proportion rejoint celle indiquée à Duvangar : moins du tiers de la promotion accomplissait l'exploit. En effet le prince n'obligeait pas ses *mazgla* à réussir coûte que coûte. Il les testait seulement. *"C'était une épreuve de courage"*. Le prince notait l'identité des valeureux et tout le *ngwa* faisait de même. Après avoir réussi ce saut *"on devient célèbre ! On a son nom connu !"*. La performance était réellement dangereuse. Un *mazgla* pouvait manquer son saut et se fracasser dans le profond à-pic entre les rochers. "*S'il est blessé gravement et s'il meurt on l'enterre à cette place*" concluait Berdey. Le prince ne tenait pas à ce que l'épreuve tourne au drame, c'est pourquoi il arrêtait les tentatives si les conditions de succès ne paraissaient pas, ou plus réunies. "*Je n'ai pas réussi,*" explique Padak, "*mais le prince Mangala m'a défendu ensuite de sauter*". Il semble pourtant que les princes d'autrefois acceptaient moins facilement les renoncements, si bien que cette épreuve pouvait se transformer en saut mortel, éliminant impitoyablement les faibles.

Il ne reste plus aux vaincus d'aujourd'hui qu'à courber le dos car "*si tu n'arrives pas à sauter on se moque de toi*" ! De plus la défaite ne se situe pas seulement sur le terrain sportif. Le fait que toutes les chefferies, sélectionnant un site approprié, procèdent à la même épreuve montre que ce saut prodigieux possède aussi une valeur symbolique : les *mazgla* sont invités à la fois à franchir la distance les séparant des adultes et à se comporter en montagnards accomplis.

- le travail pour le prince

Heureusement les *mazgla* ont d'autres occasions de prendre leur revanche et de montrer force, courage et soumission au prince. A la première corvée d'épines - sur laquelle se greffent rites et prouesses - succèdent sept autres séances de travail consacrées cette fois à leur seule collecte. Les *mazgla* coupent les épines aux extrémités du terroir, *dala*, et aux limites du *ngwa*, en plaine, là où il n'y a pas d'habitation ; à Talaf et Bizipray par exemple pour la chefferie de Wazang (32). Cette fois, ayant été initiés à ce travail ils peuvent l'accomplir eux-mêmes et ce sont eux aussi qui, après avoir transporté les épines au château, les disposent sur le haut des murs, jetant au préalable celles mises en place par la promotion précédente (33). Ces travaux au château comprennent aussi des séances de réfection des murs, indispensables car les murailles du château, construites en pierres sèches sans mortier, sont chaque année mises à mal par les pluies violentes de juillet et août. C'est grâce à ces vérifications quadriennales que les châteaux peuvent occuper le même site depuis des décennies, voire des siècles : c'est ainsi par exemple que les murs du château de Duvangar, Ar-Wede-Wede, déserté depuis 80 ans, sont encore debout. Les *mazgla* doivent aussi "*tout nettoyer, enlever les saletés*", tout ce qui a pu s'accumuler au château depuis les travaux d'entretien de la promotion précédente. Enfin, dernière tâche, ils doivent débrousser la route menant au château.

Aussitôt après les séances de coupe d'épines ont lieu celles de coupe de bois, à la fois travail et épreuve. Quatre séances sont prévues sur les douze effectuées de quatre en quatre jours. Ces nombres sont les mêmes dans toutes les chefferies : on y constate un accent mis sur le chiffre quatre et ses multiples, huit et douze. Ainsi le prince de Mangerdla nous faisait-il remarquer : "*Pour les corvées, le nombre huit est obligatoire*". Cette insistance est frappante, sans que nous puissions en proposer une justification autre que la coïncidence avec le nombre des années séparant deux initiations.

"*On partait de bonne heure sans manger pour couper le bois du prince*", se rappelle Kadegal de Wazang; certains précisent : "*avant le lever du soleil*". Le travail dure une journée complète, à l'issue de laquelle chacun doit rapporter une grande quantité de bois. "*Sur l'ensemble des quatre corvées*", dit Padak, "*chaque mazgla confectionne en tout huit fagots très lourds ; mais le magaola, lui, coupait du bois de façon à en faire seize fagots!*". "*Le plus difficile c'est de couper les troncs d'arbres*", assure Gogwoz. "*Puis chaque mazgla doit les apporter chez le prince. Le magaola doit en couper douze, ses aides huit, et les mazgla ordinaires six*", qui sont comptés à l'arrivée. Parcourir ruisselant de sueur les sentiers de montagne, avec un tronc d'arbre en équilibre sur la tête, constitue un exploit d'homme. Car c'est ce que veulent les *mazgla* : prouver qu'ils sont "*devenus grands et forts*", "*montrer qu'ils sont de vrais mazgla*".

Ce bois péniblement collecté est appporté au château et rangé en une énorme pyramide, régulièrement disposée, dans laquelle viendront se fournir jusqu'à épuisement les épouses du prince. Elle est l'oeuvre collective de la promotion et les initiés mettent leur orgueil à ce qu'elle soit la plus haute possible, dépassant celle de la promotion précédente dont les restes sont souvent encore disponibles. Il faut que les épouses du prince puissent utiliser le bois de la nouvelle promotion au-delà des quatre ans prévus. A Duvangar quelques troncs sont mis de côté pour un usage tout autre : au moment des sacrifices *marza* marquant la fin du *maray*, ils délimitent dans la cour intérieure du château l'espace où seront déposées les poteries sacrificielles.

A côté des épreuves de force que constituent ces coupes, les travaux des champs représentent peu de choses. Les *mazgla* ne touchaient pas aux épis de mil : ils n'en avaient pas encore l'âge. Ils étaient chargés de sarcler les plants dans les plantations du prince, enlevant à la houe les feuilles du bas des tiges, coupant les mauvaises herbes et les brûlant, enfin réparant les murets des champs. Ils pouvaient également creuser le sol pour les plantations de souchet, *mbada*. On leur demandait aussi de faire des provisions d'herbe pour les taureaux et les vaches du prince, ce qui à Duvangar, où les princes possédaient de grands troupeaux, représentait un travail important, stimulé par les flûtes et les tambours. "*Quand le soleil n'était pas encore levé, on partait très loin couper de l'herbe, que l'on faisait sécher au soleil pour les vaches,*" se rappelait pour nous un ancien *mazgla*. "*Quand c'était sec on partait construire des maisons que l'on remplissait entièrement d'herbe, mise en réserve pour les chèvres durant la saison sèche*".

En plus "*si les mazgla s'ennuient et n'ont rien à faire ils vont tresser la corde chez le prince*". Ce n'est pas là une sinécure, affirment nos vieux informateurs : les *mazgla* tressaient interminablement. Pour remettre en état les toits du château il fallait des centaines de mètres de corde et aussi de nombreuses bottes de paille. Les jeunes gens devaient également consacrer une corvée à leur coupe et leur transport (34).

Ces travaux sont dus par tout *mazgla*, quelle que soit son appartenance clanique : les "gens du chef" travaillent comme les "inférieurs". Les rites obligent d'ailleurs les jeunes gens à ne pas faire de différence entre eux. A Wazang au moment de la première coupe d'épines, lorsque les *mazgla* sont rassemblés à la fin de la journée , *"on apporte la bière que le prince a donnée. Normalement cette bière est pour les Erketse, ainsi que la boule et la viande, pour dire : 'Nous sommes les enfants du prince!' Mais nous partageons avec tous les camarades pour dire : 'Mangez, vous aussi'!"* "Gens du prince" et "gens de rien" soudés par les mêmes épreuves ne font plus qu'un. Toutefois, même si ce clivage est dominé, partage ne signifie pas fusion : *"Ils mangent à part la portion que nous leur avons donnée, et nous, les Erketse, nous mangeons ensemble"*. Par contre chaque *mazgla* est venu accompagné d'un petit garçon portant un pot de haricots en sauce, don de ses parents maternels, *gumsa*.. Le contenu de ces pots est mis en commun dans le même creux de rocher, grand plat naturel auquel cette fois tous mangent en commun, avant d'abandonner les restes aux habitants de la petite chefferie voisine de Masakal.

Les journées de travail dues au prince étant nombreuses il arrive qu'un *mazgla* manque un appel de la trompe. S'il a un motif valable pour excuser son absence il se hâte de faire prévenir son chef de promotion. *"Le magaola est là sur le rocher. S'il y a deux gars qui sont malades ils doivent l'avertir ! Ou bien ils disent : 'Un tel ne vient pas parce qu'il est allé acheter du mil au marché'. Mais si un gars ne vient pas alors qu'il est en pleine forme, simplement parce qu'il se promène, la première fois on le laisse, mais la deuxième fois, là, il doit payer une chèvre!"*. C'est là le tarif unique, la chèvre-amende, fixé par le *magaola* se concertant avec le prince. La promotion vient la prélever elle-même, soit dans l'étable du fautif, ou dans celle de son père, ou encore dans celle d'un des frères de son père.

Les *mazgla* effectuent l'ensemble de leurs corvées pour le prince lorsqu'ils sont revêtus de leur première tenue. Cette période qui couvre quatre mois est essentiellement consacrée au travail. Pourtant, dès ce moment celui-ci alterne avec les chants et les danses au château où l'ensemble de la promotion est présente. Cette première étape prend fin avec le revêtement du deuxième costume. *"Lorsque les mazgla mettent la peau de chèvre cela veut dire : 'Le château du prince est propre'"*.

Tandis que la classe d'âge des *mazgla* travaille dur et longtemps pour son prince, celle qui est immédiatement son aînée, la classe des *gaola* (*wogwoy* à Wazang), fournit un effort bien moindre. Elle ne doit au prince que douze jours de travail en tout - au pire deux semaines si les pluies sont insuffisantes - soit quatre corvées de sarclage sur ses plantations, auxquelles s'ajoute une coupe de bois pour ses femmes, enfin le sarclage des abords de la route menant à son château. Cette diminution si marquée aboutit à l'inactivité de la classe la plus âgée des *gaola tuban* qui se contente de se rassembler, de porter sa tenue spécifique et de danser. Pour elle le service du prince est totalement terminé.

- les glissements de promotion

Alors que la première prise de costume rassemblait les seuls nouveaux *mazgla* autour du prince et de quelques anciens, dans un contexte religieux peu marqué, cette seconde investiture s'insère dans la série des sacrifices *marza* clôturant le plus grand sacrifice mofu, la fête du taureau *maray*, commencée six lunes auparavant (35). La promotion des *mazgla* est rejointe par les deux autres classes d'âge qui doivent être présentes, car la prise de costume des plus jeunes va déclencher la leur. *Marza* comprend six journées de rites à chaque fois différents, portant des noms distincts. Les trois promotions de jeunes gens y participent, procédant parallèlement à leurs propres rites qui se décomposent en deux phases dont la dernière précède immédiatement la fête de l'année, *mogurlom*. Tous les quatre ans on assiste ainsi durant ces semaines à une interpénétration des trois grandes fêtes mofu - véritable "tuilage" - aboutissant à une chaîne sacrificielle presque continue.

La cérémonie de *matimbi mbal*, "changer la peau", concerne l'ensemble des trois classes d'âge, *mazgla*, *gaola* et *gaola tuban*.. Ce sont les *gaola* qui ouvrent le cycle en célébrant un soir au château leur propre rite, *metki halaga*, "boucher la trompe *halaga*" (36). *"Le prince égorge un taureau pour terminer les gaola"*. Vêtus de leur tenue particulière ils *"ferment le travail du prince"*, aussi tous les *gaola* doivent-ils être là. Les absents risqueraient d'ailleurs une amende d'une chèvre. Le rite principal consiste à obturer la trompe du responsable de la promotion, qui avait sonné les rassemblements de travail durant les huit ans du temps de *mazgla* puis de *gaola*. Une boule de mil est apportée sur laquelle le prince (son représentant en 1984) prélève trois fois une portion, qu'il fait mine d'enfoncer dans la trompe, avant de le faire pour de bon. Chaque *gaola* se voit ensuite mettre par lui dans la bouche une bouchée de boule, trois fois, jusqu'à ce que la boule, ainsi partagée entre les jeunes gens, soit épuisée. Les rites montrent l'unité de la promotion, rappelant peut-être la nécessité de la solidarité entre ses membres. Ils servent aussi de repère temporel : *"Cela signifie que pour ces jeunes leur temps de gaola est fini. On va placer d'autres jeunes, d'autres gaola qui danseront avec la longue peau de mouton. Il leur reste à attendre leur temps de gaola tuban"*. Ce changement de promotion n'est toutefois qu'amorcé et les *gaola* n'abandonnent pas encore leur costume.

La cérémonie *matimbi mbal* - deuxième investiture pour les *mazgla* - va rendre manifeste la transformation des *gaola tuban* et celle des deux promotions plus jeunes. Elle peut se dérouler le soir du jour où est célébré le premier sacrifice de *marza, ar mepek* ("premières gouttes"), ou le précéder de quelques jours (37), la coïncidence dans le temps avec le grand sacrifice aux ancêtres donnant à la fête des *mazgla* un caractère beaucoup plus religieux.

Les rites de la prise de peaux s'organisent autour de l'élément architectural qu'on retrouve dans tous les châteaux, la longue banquette de pierre, *mapar*, bordant la place de danses et dominant l'à-pic dont la séparent les défenses d'épines. Elle est recouverte de dalles de pierres neuves, apportées par les *mazgla* qui y danseront le soir. "*Si un mazgla n'a pas apporté sa pierre et essaie de monter sur la banquette, les autres mazgla le poussent en disant : 'Ce n'est pas ton mapar ici !' Il est donc obligé de danser au pied*", en contrebas de sa promotion, sans être, comme elle, mis en valeur.

Au début de la cérémonie les futurs *gaola* occupent le terrain, portant pour la dernière fois la tenue des *mazgla*. Cette tenue ne leur appartient pas. Elle leur a été prêtée par les membres de la nouvelle promotion, qui depuis quelques semaines rassemblaient patiemment les éléments de ce deuxième et rutilant costume. Ils l'ont apporté, rassemblé en paquet, souvent accompagnés d'un petit frère jouant le rôle de porteur, après avoir fait toilette à la maison, rafraîchissant leur coupe de cheveux et s'enduisant d'huile avec l'aide de leur père, voire de leur mère (38).

Toute l'attention est d'abord concentrée sur leurs aînés. Au mieux de leur forme ils vivent leurs derniers moments de *mazgla* comme une apothéose. Brandissant leurs trois lances en faisceau ils chantent et dansent au son du tambour sur la banquette de pierres.

Le prince est présent au milieu d'eux, dansant et portant la même peau de chèvre que ses *mazgla*. Il est seul des hommes d'âge à agir ainsi. On dit en effet qu'en tant que prince il n'aura jamais à rejoindre les hommes faits. Quel que soit son âge au moment où il accède à la dignité de prince, au *maray* suivant il redevient *mazgla* et passe ensuite dans les deux classes d'âges suivantes. Toutefois lorsqu'au bout de douze ans celle qu'il avait accompagnée passe pour de bon parmi les *baba*, les "pères", les hommes d'âge, il revient en arrière et se fait à nouveau *mazgla*. parmi les *mazgla*. tout neufs.

De temps à autre les jeunes gens descendent d'un bond au bas de la banquette, puis ils s'élancent et y remontent, toujours en dansant, avec fougue et légèreté. C'est bien à une danse-exhibition que l'on assiste. Comme le soulignent les informateurs dans toutes les chefferies : les *mazgla* finissants "*montrent aux nouveaux mazgla comment il faut danser*". Ceux-ci, restés en contrebas, assistent à la démonstration de leurs aînés, habillés très simplement d'un petit caleçon en peau de chèvre, comme les travailleurs qu'ils étaient jusque-là : ils tiennent d'ailleurs en main la faucille rappelant le sarclage qu'ils viennent de terminer. A la danse provocante de leurs aînés ils réagissent avec vivacité en les injuriant : "*Vous êtes vieux !*". Certains vont jusqu'à "*jeter du sable sur le rocher pour que les vieux tombent et ils leur disent alors : 'Voilà ! vous ne pouvez plus danser'!*" Leur conviction peut être forte, ces scènes n'en suivent pas moins un schéma appris, dont les grands traits se retrouvent dans toutes les chefferies. Les nouveaux *mazgla* doivent se moquer quatre fois des "anciens", et si leur cri "*Vous êtes vieux!*" n'est pas poussé avec assez de vigueur, les anciens le leur font recommencer. Les aînés ne se laissent pas troubler tout de suite. Ils dansent de plus belle en chantant. "*Venez, petits garçons ! Regardez comment on danse !"* dit-on à Gwoley, tandis que Wazang s'exclame avec conviction : *"Vous les mazgla, vous ne savez pas danser. Regardez-nous et apprenez !"*. Les nouveaux de leur côté les défient eux aussi en chantant. Dès le rassemblement de la promotion quelques mois auparavant les anciens avaient en effet invité les jeunes gens *"à trouver un chant, un bon chant pour injurier vos aînés, puisque vous êtes les nouveaux et que vous allez devenir mazgla"*. Chaque promotion met donc ses propres paroles sur la mélodie particulière de cette fête et elle traite avec ses mots à elle le thème, revenant tous les quatre ans, des "vieux" s'inclinant devant les "jeunes". La conviction reste identique à travers les classes d'âge, mais le chant ainsi composé est plus ou moins réussi. A chaque promotion de prouver qu'elle a renouvelé le genre et trouvé des paroles plus percutantes que la promotion précédente.

Les ordonnateurs de la cérémonie mettent fin à ces échanges en rassemblant les deux promotions. Ils les font asseoir en rangs parallèles, esquissant le geste pour chaque garçon, puis le faisant asseoir pour de bon. Les plus jeunes, les nouveaux *mazgla*, sont assis les plus hauts, dominant leurs aînés, les presque *gaola*, installés à leurs pieds, et le prince en personne vient vérifier que tous les jeunes gens sont bien à leur place. Un ancien touche alors la tête de chaque *gaola* (à Duvangar et à Gwoley ; à Wazang il lui touche les épaules), ce qui permet au jeune homme de se lever et d'enlever le costume emprunté : grelots de danse, baudriers, coiffure rutilante, sont détachés un à un et tendus par le danseur à un *mazgla* qui, récupérant la tenue qu'il avait apportée, s'empresse de les revêtir avec l'aide de son aîné (39). La promotion perd graduellement sa parure éclatante, symbole de force et de jeunesse. Elle est devenue *gaola*, au bénéfice des plus jeunes qui triomphants prennent sa place, s'élançant à leur tour sur la banquette de pierres et dansant la danse des *mazgla* (40).

La signification de ces rites - notés minutieusement au moment de l'événement mais sans effort pour découvrir entre eux des corrélations - nous paraît claire aujourd'hui. La succession des classes d'âge est affirmée avec force : par leur bond sur le rocher les nouveaux initiés rejoignent leurs aînés en devenant comme eux, et avec leur participation, de vrais "hommes des rochers", des "montagnards". Toutefois la marche du temps est rappelée : *gaola* et *mazgla* ne peuvent se trouver en même temps sur la banquette de pierre. Les seconds n'y montent que si leurs aînés acceptent de reconnaître chez eux la beauté et la vigueur dont ils estimaient avoir jusque-là l'exclusivité, s'ils veulent bien descendre du *mapar*, s'effacer devant leurs cadets, leur laisser la place.

Les membres de la promotion la plus âgée qui vient de devenir *gaola tuban* (*mesi kuley* à Wazang) dansent de leur côté, le visage blanchi de farine de mil, *"pour montrer qu'ils sont déjà vieux et que leurs cheveux et leurs barbes vont devenir blancs "*. Certains portent même une fausse barbe blanche, une bande de fourrure de mouton poudrée de farine. Un à un, bras croisés derrière le dos, mains posées sur les reins, dans un silence complet, la promotion, *magaola* en tête, s'avance à genoux pour boire quelques gorgées d'une énorme calebasse de bière de mil - les lèvres ne doivent pas en toucher le bord - et elle regagne sa place à reculons, toujours à genoux. Ce silence, cette soumission et cette attitude presque animales suggèrent que les nouveaux *gaola tuban* sont en train de rejoindre la masse des anciens mais que, puisqu'ils en forment la strate la plus récente, ils ne peuvent encore s'exprimer. Ils sont pour l'instant condamnés à la déférence et à la docilité.

Ainsi installées dans leurs nouvelles classes d'âge, les trois promotions participent plusieurs jours durant à la dernière étape de la fête du taureau, le sacrifice *marza*. Seuls les responsables des jeunes gens, les *magaola*, en perçoivent les aspects religieux complexes car ils entrent dans la salle des greniers du prince et assistent aux offrandes faites par le prince aidé par les anciens. Les simples membres, eux, se contentent de danser à l'extérieur. La présence de l'ensemble des jeunes gens donne à *marza* un éclat particulier. Chaque classe d'âge possède non seulement ses chants à elle avec son répertoire particulier, mais aussi ses mélodies qui s'harmonisent avec celles des deux autres promotions, en un choeur à quatre voix, où les hommes faits interviennent avec leurs propres accords, en une mélodie spéciale appelée *wolday*.

La fête de *marza* est l'occasion pour chaque classe d'âge de s'affirmer en tant que promotion, de se situer par rapport aux moins âgées. Au moment des distributions de bière elles s'affrontent. C'est ainsi que les *gaola* ne tolèrent pas que les *mazgla* essayent de boire avant eux : "*Nous sommes plus âgés ! C'est nous les grands ! Il faut nous servir les premiers !*". Et les *gaola tuban* de leur côté proclament en des disours enflammés leur droit de s'asseoir les premiers !

Le long sacrifice de *marza* permet à chaque classe d'âge de revendiquer sa nouvelle identité, non seulement par son costume et par ses chants mais aussi par ses rythmes. Ainsi la danse de la classe des *gaola* comporte un balancement de la longue peau de mouton agitée par les danseurs, se tenant aux épaules et tournant en rond, particularité ignorée des autres classes d'âges. Les jeunes filles sont présentes aux côtés des danseurs. Elles dansent presque sur place au milieu des cercles des garçons, tout près des *mazgla*, leurs frères d'âge, s'arrangeant pour se cogner à eux "*afin de voir s'ils sont forts*".

La fête de *marza* constitue un des grands moments de la vie de la chefferie par son intensité religieuse - c'est là que se manifeste le plus clairement le souci des montagnards de communiquer avec leurs ancêtres - et par sa gaieté : tous ceux qui dans la chefferie sont capables de se laisser porter par le rythme des flûtes et des tambours sont présents.

Les rites de transformation des jeunes gens en adultes se poursuivent au-delà de la fin du sacrifice *marza*. Il reste encore à la promotion la plus âgée, la quatrième au-dessus des nouveaux *mazgla*, celle des *gaola tuban* finissants, à franchir le pas le plus significatif puisqu'elle doit "sortir" et rejoindre les hommes faits (cf. Tableau 18 :"L'enchaînement des classes d'âge"). Quelques jours après la fin de *marza* les jeunes gens se rassemblent une dernière fois au château où le prince doit les marquer d'ocre rouge. Cette onction fait écho à celle qu'ils avaient reçue douze ans auparavant, lors de la cérémonie d'investiture qui avait fait d'eux des initiés. Tous l'avaient reçue sur l'épaule gauche. Au contraire le prince applique cette nouvelle onction - simple petite marque - sur l'épaule gauche ou sur l'épaule droite du *gaola tuban*. C'est qu'entre temps la situation de l'ancien *mazgla* a changé. Si tout s'est bien passé pour lui il s'est marié et il a engendré un enfant, et c'est au sexe de son premier-né, *marakwoy*, que fait allusion la place de l'onction : gauche, elle montre à tous que ce premier-né est un garçon; droite, que c'est une fille. Cette fois donc les jeunes gens "*sont considérés comme des adultes*". On leur fait cette onction "*pour dire que vous n'êtes plus jeunes, que vous êtes déjà vieux, que vous n'allez plus porter de parure mais la peau toute simple !*". Toutefois dans cette promotion figurent souvent encore quelques célibataires. Lorsqu'ils se présentent devant le prince celui-ci en guise d'onction leur barbouille largement le sommet du crâne, "*pour les salir complètement et dire qu'ils ne valent encore rien, qu'ils sont en retard, qu'ils ne sont pas parmi les hommes*".

La cérémonie de rupture des *gaola tuban* d'avec leur jeune âge se poursuit avec un dernier rite, *mekwi mblor*, "jeter le tamarinier", qui a lieu en pleine nuit, deux à trois heures avant le lever du jour (41). Chaque jeune homme s'est procuré une canne fourchue faite d'une branche de cet arbre. Après les offrandes et prières aux ancêtres du prince dans sa salle des greniers, prince, anciens - parmi eux le doyen du clan autochtone - et jeunes gens partent en chantant au pied du château en un lieu-dit convenu, où tous les *gaola tuban*, d'un même élan, se débarrassent de leurs cannes en les jetant dans la même direction, le plus loin possible. Les peaux de mouton de leur tenue sont rassemblées : eux-mêmes ne pourront plus les porter et on en fait cadeau aux vieux de la chefferie.

Le jet de la canne de tamarinier a une double signification : "*Cela montre qu'on est vieux maintenant, qu'on a tout fait, que le temps de gaola tuban est fini. On est devenu grand, on est adulte*". "*On fait le geste de jeter pour montrer qu'on a tout fini, toutes les classes d'âge. On ne peut plus revenir en arrière, retourner parmi les jeunes.*" Si le jet de la canne constitue un acte symbolique le choix du bois du tamarinier n'est pas, lui non plus, indifférent, soulignent les informateurs : "*Si quelqu'un garde une parole dans son coeur il prend des feuilles de tamarinier qui vont effacer ces paroles car elles sont très amères*". "Garder des paroles" c'est se sentir plein de ressentiment, de rancune, de rancoeur, sentiments qui ne peuvent qu'être ceux des *gaola tuban* disant adieu à leur jeunesse. Le tamarinier à l'amertume antidote leur permettra de se dominer et de rejoindre les anciens en acceptant le déroulement du temps.

Le jet de la canne de tamarinier clôture donc l'ensemble d'une époque et l'on s'explique que le sacrifice où il intervient soit désigné parfois comme "le sacrifice de fin du temps de *mazgla*". A peine est-il terminé que la "fête de l'année", *mogurlom ma mevey*, prend le relais : elle débute le lendemain du jour où les *gaola tuban* ont jeté leur canne et leur jeunesse.

- les danses de *mazgla*

Pour les *mazgla* à part entière la prise du deuxième costume correspond à une nouvelle période de leur vie entièrement consacrée à la danse. La danse apparaît comme la nouvelle tâche des *mazgla* car ceux-ci ne peuvent l'organiser selon leur fantaisie. Leurs danses sont destinées à honorer les "grands" du *ngwa* et dans chaque chefferie il existe un ordre à respecter. Les *mazgla* dansent d'abord au château, en haut de la montagne, puis le lendemain chez celui qui, socialement parlant, se situe juste en dessous du prince. L'ensemble de la promotion va ensuite de chef de quartier en chef de quartier avant de se fragmenter entre les simples chefs de maison. Cet ordre, on l'a vu, possède un fondement historique; il est un révélateur. Les danses de *mazgla* permettent de raconter d'une nouvelle façon l'histoire de chaque chefferie.

Les danses de *mazgla* permettent aussi à chaque jeune homme de se distinguer par ses chants. Sur les accords lancés par le choeur un soliste se lance. Improvisation ? Rarement. Chacun depuis des mois a eu le temps de polir son couplet sur le thème de son choix : beauté de la belle, dureté de coeur de l'oncle maternel, *gumsa*, lamentation devant la société qui change. L'inspiration est variée et révélatrice des préoccupations et des valeurs des jeunes gens.

f) signification et conséquences de l'institution des *mazgla*

Les rites d'intégration aux trois classes d'âge sont interprétés par les montagnards à deux niveaux différents, d'abord en se plaçant du point de vue des jeunes gens eux-mêmes, puis en situant l'institution par rapport au prince. Pour les montagnards le passage par les *mazgla*, rite collectif, est à rapprocher de la circoncision pratiquée dans d'autres sociétés. De nombreux informateurs ont spontanément effectué la comparaison - dans les deux cas il y a reconnaissance de la transformation physique des jeunes - tout en soulignant des différences importantes entre les deux types de cérémonies.

Etre *mazgla* c'est prouver sa force. Les épreuves imposées permettent au jeune homme de faire admettre qu'il a franchi une étape et que sa vigueur fait de lui désormais un adulte. Tout *mazgla* veut "*montrer qu'il est déjà grand*", "*qu'il est devenu un homme*", "*qu'il a achevé sa croissance*". C'est à une démonstration que se livrent les jeunes gens auprès des membres de leur groupe et leur réussite les remplit de fierté. Aussi sont-ils demandeurs pour pouvoir être *mazgla*. Lorsqu'à Durum le prince cessa à partir de 1964 de réunir les promotions, il se trouva à chaque *maray* des jeunes volontaires pour commencer à travailler d'eux-mêmes dans ses plantations, brûlant, nous fut-il expliqué, de faire leurs preuves.

L'institution apparaît aussi comme une glorification de la beauté virile, mise en valeur par les uniformes riches et colorés. Pendant leurs danses les jeunes gens dans la fleur de leur jeunesse s'offrent aux regards, ceux des jeunes filles en particulier. L'état de *mazgla* permet à la séduction masculine de se déployer et de gagner le coeur de quelque belle. *"C'est à ce moment-là qu'on peut trouver une femme ! Y-a-t-il un autre moyen pour cela ?"* Mariage et participation aux rites de *mazgla* sont intimement liés : pour prendre femme mieux vaut attendre d'avoir été *mazgla* - d'"avoir dansé", dit-on couramment de façon condensée - et d'avoir frappé le rocher, ce qui donne au jeune homme une permission de se marier que l'on peut qualifier d'officielle.

A Durum et Wazang les mariages avant le temps de *mazgla* sans être encouragés sont tolérés mais à Duvangar la logique de l'institution était poussée à son extrême : il était interdit à un jeune homme de se marier avant d'avoir été *mazgla*.. S'il passait outre et engendrait un enfant il fallait enterrer vivant le bébé car, disait-on, il aurait fait mourir son jeune père. La solution est la même que dans le cas d'un enfant naissant après le départ de son frère aîné aux *mazgla*. Là aussi on sous-entend que le passage par les *mazgla* équivaut au franchissement d'une génération et que cette transformation doit se faire dans les règles, dans un certain ordre qui ne peut être renversé. Les montagnards vont plus loin : celui qui n'a pas rejoint sa classe d'âge et qui, délibérément, n'a pas été *mazgla* ne peut pas se marier car *"si tu prends une fille, si elle met au monde un enfant, toi le père, tu meurs!"*. *"Il faut danser le passage par les classes d'âge, car si tu te maries sans danser, tu meurs!"*, assurent les écoliers après enquête auprès des anciens.

Seul celui qui a commencé son temps de *mazgla* peut se marier. Et même, il doit le faire, car les filles, assure-t-on, ne veulent pas d'un trop vieux mari et un garçon qui participe à la classe des *mazgla* puis à celle des *gaola* et devient *gaola tuban* sans avoir trouvé femme aura bien du mal ensuite à en convaincre une. Il a été la cible des moqueries et son célibat est apparu en pleine lumière lorsque le prince lui a demandé avant de lui faire l'onction d'ocre : *"Quel est le sexe de ton premier né?"* car il a dû répondre : *"Je ne suis pas marié..."* Etre marié ne signifie pas nécessairement avoir bâti sa propre habitation : il y a décalage au moins de quatre ans entre les deux étapes. Pour se construire une maison il faut normalement attendre d'être *gaola tuban* ; en attendant le jeune marié, père de famille ou non, vivra dans l'habitation paternelle.

Celui qui n'a pas été *mazgla* reste toute sa vie *malagar*, "un bleu". Il est en butte aux plaisanteries, aux moqueries, qu'il aurait subies aussi s'il n'avait pas triomphé des épreuves proposées. Il est *"un paria"*, *"un isolé"*, si bien qu'*"il lui est difficile de se marier"*. *"Il ne peut pas épouser une fille mofu"*. Il n'est même plus besoin d'interdiction : la société fait le vide autour de lui. Quelle société d'ailleurs ? Le *malagar* n'en fera jamais partie : *"Si on ne fait pas le mazgla on n'est pas un montagnard, on ne fait pas partie des ndu ma ngwa ay"*. L'institution des *mazgla* apparaît comme un moyen pour la société d'intégrer les jeunes gens en les différenciant par rapport aux ethnies voisines et aussi par rapport à l'autre élément fondamental, les femmes. Si l'on se moque de celui qui n'est pas passé par les *mazgla* c'est *"parce qu'il est exactement comme une femme"*. Il n'est donc pas étonnant qu'il ne puisse pas réussir à se marier. Le *malagar*, le non-*mazgla*, est perçu comme un corps étranger gênant tout le groupe.*"Si tu ne veux pas danser, quitte le ngwa!"* disaient en 1976 les anciens de Gwoley à un jeune, adepte du protestantisme, converti zélé refusant de rejoindre sa promotion, ce départ leur apparaissant comme la solution la moins perturbante pour leur chefferie.

Une autre justification à l'institution des *mazgla* est constamment mise en avant : elle *"permet de compter les années"*. Grâce aux fêtes du taureau déclenchant le rassemblement d'une nouvelle promotion chaque homme adulte peut prendre conscience du rythme de son existence et certains comptabilisent, on l'a vu, les périodes de quatre ans qu'ils ont vécues après le *maray* où ils ont "jeté le tamarinier" et rejoint les hommes faits. L'imbrication entre les deux fêtes quadriennales est telle qu'on entend certains montagnards affirmer que *"permettre de reconnaître l'année pour danser les classes d'âge"* constitue la vraie justification de la fête du taureau. Dans cette perspective - largement minoritaire, il est vrai - c'est le passage par les *mazgla* qui devient le pivot du fonctionnement de la société mofu.

Le fait d'avoir vécu ensemble le temps fort de la vie en promotion, avec les mêmes épreuves et les mêmes joies, crée entre anciens camarades des liens particuliers. Ils sont *mandala*, *"camarades"* les uns des autres, *"conscrits"*, *"du même âge"*, *"nés ensemble"*, *"de la même promotion"*, bref *"compères"*, traduit pour sa part librement un écolier ingénieux.

Même si on avait perdu tout souvenir d'un jeune avec qui on avait fait le service du prince, même si on n'avait eu ensuite aucun contact avec lui, lorsqu'on se retrouve et qu'on s'aperçoit qu'on a été de la même promotion on se donne le nom de *mandala* et la fraternité se recrée aussitôt. Aussi ne peut-on épouser la fille de son *mandala*, même s'il appartenait à un clan différent du sien. Duvangar pousse le scrupule jusqu'à interdire le mariage avec la fille du *mandala* du père, comme si le passage par les *mazgla* avait créé une nouvelle fraternité biologique, encore perceptible à la génération suivante. Il faut noter que cette parenté artificielle déborde le cadre du *ngwa* : le *mandala* est non seulement celui qui a fait partie de la même promotion de *ngwa* que soi, mais le jeune de la chefferie voisine dont la promotion s'est réunie au même *maray* que la sienne. Il est rare de perdre contact avec ses *mandala*. Un homme, surtout lorsqu'il avance en âge, sait combien il lui reste de camarades de promotion, se référant comme lui au nom de leur commun responsable et il sait où ils se trouvent dans le *ngwa*. *"Je suis de la promotion qui a eu Yelkey comme magaola mais nous ne sommes plus que trois vivants : moi dans le quartier de Kiluo, plus un à Mokuzek et un à Baldak"* (42).

Présentée du point de vue du prince l'institution des *mazgla* constitue un moyen permettant de déterminer son audience, de visualiser spatialement son aire d'influence. *Mazgla* et *gaola* viennent travailler puis danser pour celui qu'ils reconnaissent comme leur prince.

L'histoire des chefferies montre comment leur croissance s'est traduite par une simplification des ensembles de *mazgla*. Au début du peuplement de Duvangar, par exemple, on trouve sur le massif deux unités politiques indépendantes, l'une composée des Mowayan, arrivés les premiers sur la montagne, l'autre dominée par les Laway, immigrants récents. Dans un premier temps chaque groupe a chez lui ses propres *mazgla*, qui dansent et travaillent uniquement pour leur chef et la juxtaposition des *mazgla* traduit l'existence de deux pouvoirs politiques indépendants. Toutefois l'un finit par absorber l'autre : les Mowayan sont aujourd'hui simple composante au sein de la nouvelle chefferie de Duvangar. Seuls les rites rappellent qu'autrefois ils étaient princes; leur doyen reçoit une visite de consolation des trois promotions de la chefferie, qui viennent danser chez lui puis partent définitivement honorer le seul prince Laway (cf. Carte 12 : "Constitution progressive de la chefferie de Duvangar").

Par la suite le clan Laway devait se scinder en deux lignages, l'un prenant pied sur le massif après l'avoir emporté sur les Mowayan, cependant que la petite montagne-île de Marvay au milieu de la plaine devenait le siège d'une chefferie modeste commandée par la branche aînée des Laway (cf. Carte 12). Malgré sa taille réduite elle était indépendante de Duvangar puisqu'elle rassemblait ses jeunes gens en une classe d'âge distincte. *"Les habitants de Marvay ne faisaient pas partie de Duvangar : ils faisaient leurs mazgla et leurs gaola pour leur prince à eux et non pour celui de Duvangar "*.

Un examen minutieux du fonctionnement des *mazgla* dans les petites chefferies conquises ou dominées - Gwoley ou Mangerdla - montre que la situation de celles-ci entraîne des modalités particulières dans le fonctionnement des classes d'âge. Le prince de Mangerdla, par exemple, a sans doute droit à ses propres *mazgla*, appartenant aux clans placés sous son autorité. Toutefois lorsqu'ils commencent leurs corvées de bois les *mazgla* de Mangerdla doivent d'abord aller livrer au château de Durum deux des huit troncs qu'ils ont coupés. Le partage rappelle la domination du prince de Durum, "aîné" de celui de Mangerdla, mais reconnaît malgré tout au prince de Mangerdla un pouvoir distinct.

L'institution des *mazgla* constitue donc un nouveau biais pour distinguer de l'extérieur l'extension territoriale des chefferies, tout en soulignant les diverses modalités du fonctionnement du pouvoir politique.

g) l'organisation de classes d'âge chez les autres
Mofu-Diamaré et dans le nord du Cameroun

L'organisation de classes d'âge chez les jeunes gens, mise au point par les Mofu, sans circoncision ni tatouage, sans enseignement véritable, basée uniquement sur l'exaltation de la force et de l'ardeur au travail et sur la glorification de la beauté virile, apparaît comme un phénomène relativement isolé et original. C'est seulement chez les voisins immédiats de l'ensemble Duvangar-Durum-Wazang - donc chez d'autres Mofu-Diamaré - que l'on rencontre ce passage nécessaire des jeunes gens par des classes d'âge qui toutefois, d'un massif montagneux à un autre, fonctionnent suivant des modalités distinctes reflétant les différences d'organisation politique.

Parmi les habitants des montagnes-îles seuls les montagnards de Dugur pratiquent - ont pratiqué, la dernière promotion date de 1976 - le rassemblement en classes d'âge, ignoré par contre des chefferies voisines de Molkwo, Mikiri et Tsere. Il s'agit ici seulement de deux classes d'âges quadriennales - *dzavar* et *gola* - trois si on leur adjoint celle des adolescents âgés de 12 à 16 ans, *mambulazo*. A l'intérieur d'une même chefferie les jeunes de tous les quartiers et tous les clans se rassemblent en une seule promotion qui a sa tenue - bonnet en peau de daman, colliers de perles, multitude de clochettes de cuivre - et son responsable, choisi ici par les jeunes gens eux-mêmes mais dans le clan du prince. Toutefois la montagne de Dugur se divisant en trois chefferies (cf. Tableau 5 : "Inventaire des chefferies"), il existe trois promotions distinctes, travaillant et dansant chacune pour son prince. On retrouve les mêmes prouesses sportives qu'à Duvangar ou Wazang : courses de vitesse et d'endurance - avec une variante sur le nombre quatre : les jeunes gens étant invités à rivaliser de vitesse quatre par quatre - permettant de distinguer "faibles" et "courageux", et aussi sauts dangereux d'un rocher à un autre, avec ... tas d'herbe sèche entre les deux : *"Le courageux saute dans un sens ... puis dans un autre !"*. La cérémonie de clôture du temps de jeunesse apparaît comme une condensation des deux étapes - prise de peau et jet du tamarinier - distinguées par l'ensemble Duvangar-Durum-Wazang. Cette fois une lutte constitue l'essentiel des rites : les "jeunes", *dzavar*, obligent les "vieux", *gola*, à rejoindre les hommes faits. Les deux promotions sont rassemblées en deux cercles, le cercle extérieur étant formé par les aînés, que les jeunes défient un à un, non seulement par des moqueries mais par une série de luttes où ils doivent l'emporter sur les plus âgés, leur "arrachant la place" et les chassant vers le groupe des adultes (43).

La promotion effectue des corvées - d'épines, de bois et d'herbe - pour son prince et pour lui seul. Il n'est pas question de travailler pour un chef de quartier *"car si une partie des jeunes gens travaillait pour un chef de quartier cela voudrait dire qu'il y a deux princes dans la chefferie !"*. La juxtaposition des *mazgla* traduit l'existence de groupes politiques distincts dont aucun ne peut se dire supérieur à l'autre.

Chez les Mofu-Diamaré des "montagnes" de Meri et Gemzek l'institution concerne là aussi tous les hommes du groupe et nul ne peut s'y dérober (44). *"Impossible de trouver dans la montagne un vieil homme qui n'ait pas été 'compère'"*. Chaque jeune homme passe par trois classes d'âge - où il est appelé successivement *gaola*, *madgula*, puis *baba* - dont la succession est liée à celle des *maray*. La cadence des *maray* étant ici triennale il ne faut que neuf ans aux Meri et Gemzek, au lieu de douze dans les chefferies du cycle Dugur-Wazang, pour devenir homme fait. Une comparaison entre ces groupes et ceux à rythme quadriennal montre néanmoins diverses convergences dans les rites : là aussi il existe une *"plante à faire grandir"* les jeunes gens, une dalle rocheuse où tous les "compères" - *mandala*, le terme est le même - doivent réussir à se hisser ensemble, des uniformes avec perles, clochettes et fourrures, pourtant moins colorés. Les membres de la classe d'âge la plus âgée se frottent également le visage de farine pour montrer qu'ils se rapprochent irrémédiablement de l'âge mûr. Là aussi on passe du travail des jeunes gens à leur danse. La signification de l'institution est très proche : *"Tant qu'on n'a pas été gaola on n'est pas un homme véritable". "On part à mandala pour devenir adulte, n'être plus un jeunot ! Devenir un autre, un homme!"* Et la *"fierté"* des *gaola*, pareillement remarqués des filles, est identique, après qu'ils aient *"montré aux vieux de la montagne que désormais ils sont des adultes !"*

L'idée d'un emprunt par ces montagnards à leurs voisins se fait jour. Toutefois l'institution apparaît ici beaucoup moins structurée. Le travail fourni est insignifiant : une journée seulement ; ce qui compte, c'est la danse. A Meri et Gemzek pas de responsable car il n'existe pas de véritable promotion : les futurs adultes se regroupent en petits ensembles de cinq à dix jeunes gens correspondant chacun à une minuscule chefferie, une "montagne", *ngma*, et à ce niveau l'existence d'un chef n'est pas nécessaire. A Méri les jeunes de la "montagne" de Zuval *"font les gaola chez eux pour leur chef"*, tout comme les jeunes de Girmedeo pour le leur : il existe non pas une promotion unique des jeunes du massif montagneux de Meri mais huit classes d'âge juxtaposées. Dans les quatre "montagnes" de Gemzek la situation est la même (cf. Tableau 5 "Inventaire des chefferies et montagnes mofu-Diamaré") : Meri et Gemzek vivent à côté des grandes chefferies, leurs voisines, la juxtaposition des classes d'âge, donc du pouvoir, connue par celles-ci au début de leur histoire.

Du côté des plaines nous n'avons trouvé aucune allusion à une institution similaire ni dans les chefferies Giziga, proches voisines des Mofu-Diamaré - avec qui pourtant elles partagent de nombreux traits culturels - ni chez les Gidar un peu plus éloignés (45). Les habitants des montagnes - Mafa, Muktele, Mofu-Gudur, par exemple - ignorent eux aussi pour la plupart toute forme d'organisation en classes d'âge. C'est seulement à l'ouest des Mafa, chez les Kapsiki que nous avons relevé un lointain écho à l'institution mofu-Diamaré (46).

6. L'ORGANISATION EN CLASSES D'AGE ET LE SERVICE DU PRINCE

Notes des pages 301 à 329

(1) Gayam-Dugur-Tsakidzebe-Duvangar-Gwoley-Durum-Mangerdla-Wazang-Ngwahutsey
(2) due à J. MOUCHET, 1944
(3) 1968, 1972, 1976, 1980, 1984
(4) D. PAULME, 1971, p.11
(5) Nous synthétisons ici une documentation de terrain abondante, représentant plusieurs dizaines d'entretiens approfondis ou partiels, et autant d'observations étalées entre 1968 et 1984
(6) P. MERCIER, 1971, p.94
(7) A Durum-Mangerdla où le clan Medey fait également partie intégrante de la chefferie, ses jeunes gens, là non plus, ne deviennent pas *mazgla*. Par ailleurs on a vu que les princes prenaient femme dans tous les clans, y compris ceux de forgerons, sauf dans le clan Medey
(8) G. LE MOAL, 1971, p.116
(9) Détails extraits d'une série de 120 rédactions d'écoliers et écolières de Duvangar, du cours moyen 1ère année (CM1), âgés d'environ 11 ans, écrites après enquête auprès de leurs parents ou grands-parents sur le thème "Coutumes mofu", aimablement communiquées par la directrice de l'école primaire catholique (octobre 1976).
(10) Ngwahutsey fondée en 1934 - sur les circonstances de cette fondation cf. p. 227 - comprend aujourd'hui environ 400 personnes.
(11) Dans les chefferies de la montagne de Dugur on distingue les *dzavar*, correspondant aux *mazgla* et les *gola* correspondant aux *wogwoy* ou *gaola*. Par contre il n'existe pas de troisième classe d'âge : on devient donc à Dugur "homme fait" quatre ans plus tôt.
   Notre description se limitera aux faits notés dans l'ensemble Duvangar-Durum-Wazang, et comportera seulement de rapides comparaisons avec l'initiation à Dugur
(12) De même les jeunes hommes beti revêtent-ils au début de leur temps d'initiés la jupe de fibres de bananiers portée par les jeunes filles et les femmes (T. TSALA-J.F. VINCENT, 1985, prov. 1115)
(13) Sur les réticences marquant les relations entre neveu utérin et parents maternels masculins - oncle et grand-père - cf. J.F. VINCENT, 1985
(14) cf. les photos 18 et 19 de la Planche XIV; cf. également Photo de couverture, "Promotionnaires de la nouvelle classe d'âge au travail (château de Wazang)" ainsi que le dessin d'enfant, "Les nouveaux *mazgla* montent an château" (Annex. chap. IV). Entre 1968 et 1976 nous avons fait dessiner une vingtaine d'enfants de Wazang sur le thème "Les *mazgla*", chacun illustrant une scène de son choix. Nous avons ainsi réuni une collection de dessins, confirmant ou complétant les indications déjà recueillies.
(15) cf. Planche XII, Photo 13 "Construction d'une maison par des hommes revêtus de la tenue traditionnelle"
(16) cf. Planche XV Photo 20 et 21 - "Les nouveaux adultes, *mazgla*, parés "comme des filles coquettes" "
(17) M. ELIADE, 1976, p.66
(18) P. MERCIER, 1971, p.100
(19) cf. Annex. chap. IV, Dessin d'enfant, "Les membres de la classe d'âge aînée, *mesikuley*, montent au château"
(20) G. LE MOAL, 1971, p.126, P. MERCIER, 1971, p.103

(21) Les habitants d'Olympie, en Grèce, eux aussi découpaient le temps en périodes de quatre ans dont chacune avait son nom. Or ils ont d'abord utilisé ce système sans chercher à comptabiliser le nombre d'années auxquelles elles correspondaient. Ce n'est qu'à la cent-trentième olympiade qu'ils manifestèrent ce souci, remontant dans le temps sur plus de cinq siècles et faisant ainsi coïncider cette façon de compter le temps, nouvelle pour eux, avec le calendrier annuel connu du reste de la Grèce (P. COUDERC, 1981, p. 50, p. 68).

(22) cf. Planche X - Photos 10 et 11 : "L'habitation du prince : Banquette de pierres, *mapar*, du château de Wazang"

(23) M. ELIADE, 1976, pp.48-49

(24) cf. Annex. chapit. IV, Dessin d'enfant 3 : "Danse des *mazgla* revêtus de leur deuxième tenue, *dumsakar*"

(25) Le trois ou le un - parfois le cinq, mais jamais le sept - sont associés comme le côté gauche à l'homme, alors que le quatre, le deux ou le six, ainsi que le côté droit, sont associés à la femme (J.F. VINCENT, 1978, pp. 493-496)

(26) Chez les Beti les futurs initiés au rite *So* connaissaient une longue période de retraite en forêt (T. TSALA - J.F. VINCENT, 1985, prov. 5601, 5620 à 5623)

(27) Les Mofu font figurer la société peule parmi les sociétés envoyant leurs jeunes initiés séjourner en brousse, alors qu'en réalité la circoncision est chez les Peuls un évènement uniquement familial (R. LABATUT, 1987, rens. or.). Pareille mécon-naissance illustre l'absence de contacts entre les deux populations.

(28) La nécessité de cette séparation entre les femmes et les initiés apparaît nettement chez les Beti, sans qu'il soit fait appel toutefois à cette notion de souillure (T. TSALA - J.F. VINCENT, 1985, prov. 5611, 5619 ; T. TSALA, 1958, p. 60).

(39) Cet exploit impressionne les petits dessinateurs de Wazang : trois ont mis en scène ce "saut des *mazgla*"

(30) Ce "saut dela mort" existe aussi à Dugur et Tsaki-Dzebe.

(31) Promotion 1928

(32) cf. Annex. chapit. II : "Carte du terroir de Wazang".

(33) cf. Planche XI - Photo 12 : "Les nouveaux adultes *mazgla* (revêtus de leur première tenue) vérifiant la muraille du château de Wazang" et aussi "Annexes du chapitre IV, Dessin d'enfant : "Réfection du château du prince par les *mazgla*"

(34) Ce retour de la corvée de paille - montrant la longue file des porteurs de bottes de paille en uniforme, suivant le sentier menant au château - a été traité dans plusieurs dessins d'enfants de Wazang

(35) Nous avons assisté partiellement au *marza* de Wazang en décembre 1968 et décembre 1976, complètement à ceux de Duvangar, du 17 au 25 novembre 1976 et de Gwoley, du 27 novembre au 2 décembre 1976

(36) Nous avons observé *metki halaga* à Wazang le 4 décembre 1984. La cérémonie eut lieu la veille de *metimbi mbal* mais elle aurait dû être célébrée trois mois plus tôt à la mi-juillet, au début de la lune *kebet*

(37) C'est ce qui s'est produit à Gwoley où nous avons assisté à l'ensemble de *marza* et en même temps à *metimbi mbal* le 27 novembre 1976. A Duvangar et Wazang où nous avons été invitée à observer les mêmes sacrifices, *metimbi mbal* a précédé de quelques jours le début de *marza*

(38) Comme ce fut le cas lors de la "prise de peaux" de Gwoley le 27 novembre 1976

(39) Cf. Annex. chapit. IV , Photo 5 : " Echange de costumes entre membres de classes d'âge différentes"

(40) Cf. Annex. chapit. IV , Photo 6 :" Les nouveaux adultes dansant sur la banquette de pierres, *mapar*"

(41) observé à Wazang, le 13 janvier 1969

(42) Il s'agissait en effet de la promotion née entre 1888 et 1892

(43) cf. "Annex. chapit. IV, récit : "Cérémonies de fin de classes d'âge dans la chefferie de Tsakidzebe"".
(44) Le rassemblement des jeunes en classes d'âge semble, selon quelques informateurs gemzek, avoir été connu jadis des Zulgo. Les Muyang, chez qui nous avons fait une rapide enquête, paraissent avoir pratiqué également autrefois cette institution.
(45) Qu'en est-il chez les Mundang ? L'étude d'A. ADLER cite seulement des "responsables de l'initiation" mais ne donne aucune description de l'institution (1982, p. 424).
(46) Lors d'une rapide enquête comparative chez les Kapsiki de la région de Sir (janvier 1971). Notons l'emploi là aussi du mot *gaola* pour désigner les jeunes gens rassemblés en classes d'âge, mot qui semble lié à l'institution elle-même.

CHAPITRE V L'EXERCICE ORDINAIRE DU POUVOIR

La description du travail dû au prince et celle de la répartition en classes d'âge ont permis d'entrevoir la présence d'un pouvoir politique fort, prenant d'autant plus de relief qu'il apparaît en cette région comme isolé. Il est temps de cerner de façon plus précise la réalité de ce pouvoir, en montrant la façon concrète dont il s'exerce et les domaines où il se manifeste. En toile de fond nous ferons apparaître chaque fois que nous le pourrons les autres groupes mofu-Diamaré, soulignant en quoi l'exercice du pouvoir dans les grandes chefferies s'apparente et en quoi il diffère avec la pratique de ces unités politiques qui ne connaissent qu'une autorité moins contraignante, reflet affaibli ou base commune de départ de ce pouvoir fort.

Pour les Mofu des trois chefferies il est nécessaire qu'une relation d'autorité s'instaure entre le prince et ses sujets : un prince est celui qui donne des ordres (1). Il doit le faire pour *"commander la montagne", mewey mamba*. Le premier sens du mot *mewey* est "mesurer", remplir un récipient-mesure en le faisant déborder : le prince est celui qui impose sa volonté (2) car il peut édicter la norme, mais en même temps, on le verra, il doit faire bonne mesure.

1 - LES DECISIONS DANS LE DOMAINE RELIGIEUX

De quelle façon le prince exerce-t-il son autorité ? Les Mofu n'hésitent pas : pour "commander" il doit d'abord se montrer *bi ma kuley*, "prince des sacrifices". L'autorité du prince touchant à des domaines variés, cette priorité est significative : pour les Mofu le pouvoir d'un prince concerne d'abord le religieux. Aussi avons-nous choisi de commencer comme eux par aborder ce domaine.

a) la décision des fêtes religieuses communes

"Personne ne peut commencer la fête si je ne l'ai pas dit", nous faisait remarquer le prince de Wazang. Cette responsabilité par le chef politique des cérémonies religieuses, célébrées par tout le groupe et devenant fête, se retrouve en diverses sociétés africaines, chez les Hadjeray du Tchad par exemple ou tout simplement chez les montagnards mafa voisins des Mofu (3).

Une fête religieuse en effet ne se traduit pas par un rassemblement de la population dans un même lieu de culte. Elle est la somme de dizaines, voire de centaines de sacrifices individuels, célébrés au même moment ou en chaîne par les habitants d'une même chefferie, d'un même *ngwa*. On pourrait concevoir que les sacrifices correspondent à une démarche religieuse commune, sans le recours à un ordonnateur. L'originalité des Mofu des grandes chefferies est bien de présenter cette présence comme indispensable. Ils ont besoin de cet ordonnateur, leur prince, et de lui seul : aucun chef de quartier ne peut donner sur ce point un ordre à des gens qui, en d'autre domaines, ont l'habitude de lui obéir. Lorsqu'il s'agit de fêtes religieuses, ce relais habituel est supprimé. *"Un chef de quartier ne peut pas dire 'Voilà, faisons la fête tel jour !' Le grand chef décide"*.

Lorsque les Mofu disent "la fête" ils font référence en premier lieu à celle qu'ils offrent chaque année, *mogurlom*, dite *mogurlom ma mevey*, "la fête de l'année", qualifiée parfois de "fête des récoltes", mais ils possèdent également une autre fête annuelle, *zom Erlam*, "la bière de Dieu". A ces deux fêtes se surajoute tous les quatre ans, on l'a vu, la fête du taureau, *maray*.

- la décision de la "fête de l'année", *mogurlom*

Certes, le prince est celui qui fixe la date de la fête, mais il ne le fait pas seul et s'entoure de divers conseillers. Dans chaque chefferie il provoque à son château une assemblée des anciens venus de tous les quartiers du *ngwa* : il "rassemble les têtes", *mokusi ar*. C'est seulement après cette réunion de concertation qu'une date pourra être annoncée à la population. De plus, à Wazang où un clan est reconnu comme autochtone, la participation du descendant des premiers habitants est indispensable. Le prince Erketse doit rencontrer le doyen du clan Siler pour décider le jour de la fête, explique-t-il. Et celui-ci participera en personne à la célébration des rites. *"Il y a toujours un Siler présent aux sacrifices. Il est là à côté de moi, parce que c'était les Siler qui étaient chefs autrefois"*.

Décider du jour où sera célébrée la fête de l'année cela signifie faire commencer dans toutes les maisons le brassage de la bière de mil. C'est en décomposant les phases de cette fabrication et en les ordonnant que le prince fixe par étapes le jour de sa fête. Ainsi prévient-il sa chefferie, longtemps à l'avance, que la fête *mogurlom* va avoir lieu et ses sujets lui en savent gré car chaque famille va pouvoir faire ses préparatifs, bière sans doute, mais aussi achats et invitations : la fête n'en aura que plus d'éclat.

Pour transformer le mil en bière plusieurs opérations sont nécessaires, dont chacune a une durée fixe. Il suffit donc au prince de commander l'exécution des opérations charnières.

La première consiste à faire germer le mil. Placé dans une jarre et recouvert d'eau il y demeure un minimum de vingt-quatre heures et commence à germer. Il est alors sorti, versé sur un rocher - il s'en trouve toujours un à proximité d'une maison mofu - et recouvert d'une épaisse natte de paille. Quatre jours s'écoulent ainsi durant lesquels le mil parfait sa germination. La maîtresse de maison peut alors enlever la natte protectrice et laisser son mil germé sécher au soleil, ce qui prend deux jours.

Pour obtenir du mil germé il ne faut pas moins de sept jours, aux termes desquels un arrêt de durée variable peut être observé. Pour les fêtes il est de deux à trois jours. Dans la vie courante il peut être plus long : un mois et même davantage car le mil germé bien séché se conserve facilement. Certaines femmes ayant du mil germé d'avance pourraient donc brûler cette première étape et rejoindre leurs voisines seulement lors des opérations suivantes. Cette éventualité ne peut être envisagée. En effet le prince, par l'intermédiaire de ses chefs de quartiers, intervient dans cette première phase de préparation de la bière de la fête. Ils viennent à l'assemblée de la chefferie - en même temps que d'autres hommes âgés moins importants - afin de discuter avec le prince de la date la plus favorable, voyant avec lui si la date choisie correspond bien au mois lunaire habituel, aujourd'hui la dernière lune du calendrier mofu, *kya deba glan*, "la lune du battage du mil", correspondant à octobre-novembre du calendrier grégorien (cf. Tableau 19 : "Calendrier lunaire et religieux"). La fête doit avoir lieu après les récoltes, à la saison dite *mesfey*, "l'abondance".

Montagnards entourés de rochers aux formes toutes originales, dominant de plus la plaine du Diamaré d'où émerge la silhouette de diverses montagnes-îles, les Mofu-Diamaré connaissent le mouvement apparent du soleil : ils ont remarqué que le lieu de son lever variait en fonction des saisons et des mois lunaires. Dans chaque chefferie existent des spécialistes du calendrier, surveillant les oscillations pendulaires du soleil entre nord et sud. L'un d'entre eux - à Durum, dans les années 1930, c'était le père de notre informateur Hagik - est chargé de prévenir le prince que l'époque de la fête s'approche et que la lune de la fête va bientôt sortir. Les anciens examinent aussi si la bonne lune occupera alors la position qui est traditionnellement recherchée dans chaque chefferie pour la fête *mogurlom*. Les Mofu-Diamaré identifient en effet et nomment différentes phases du cycle lunaire, auxquelles ils se réfèrent lorsqu'ils doivent procéder à un comput très précis du temps. Ainsi *mogurlom* doit se situer quelque temps après la pleine lune, explique-t-on à Duvangar, lorsque le croissant se rétrécit, mais, étant encore haut dans le ciel, éclaire suffisamment : lorsque la lune a "*taillé sa bouche*" (4).

Après cette assemblée le prince consulte s'il le souhaite les devins et voit avec eux si aucun obstacle venu des ancêtres ne s'oppose à la fête, mais... , expliquent aujourd'hui certains montagnards, il vaut mieux ne pas le faire *"sinon le devin dira de faire des sacrifices et cela risque de retarder mogurlom"*.

Chaque chefferie inscrit sa fête dans un cycle, on l'a vu. Le prince ne dispose donc pas d'une totale liberté pour en fixer la date. Sa fête doit se situer dans un étroit créneau temporel. A Duvangar le prince guettait les préparatifs de la fête dans la montagne de Dugur chargée de commencer le cycle. Si Dugur traînait et risquait d'être en retard, le prince de Duvangar lui envoyait un message impérieux, mais il n'aurait pu se permettre pour autant de faire préparer la bière dans sa chefferie sans se soucier de Dugur! Il ne pouvait non plus renoncer à son tour : la fête de l'année doit *"passer devant, devant"*, de montagne en montagne, en une irrésistible progression sans retour en arrière, dont le trajet ne peut se faire que d'est en ouest, suivant la trajectoire privilégiée par les Mofu. Ce sens "inverse des aiguilles d'une montre", qui est celui du mouvement du soleil, est le sens préféré de la culture mofu : les cercles

nom mofu des mois lunaires	calendrier grégorien	consommation du mil	sacrifices individuels
			chefs de mbolom
1 *kya m'asta* "lune (de) un"	nov. - déc.	mil de l'homme	
2 *kya me tcheo* "lune deux"	déc. - janv.	grapillé aux champs	
3 *kya ma makar* "lune trois"	janv. - fév.	mil de la (des) femme (s)	
4 *kya ma fa*t "lune quatre"	fév. - mars		
5 *kya ma ldam* "lune cinq"	mars - avril		sacr. chefs mbolom avant semailles
6 *kya ma m'kwa* "lune six"	avril - mai	soudure avec mil de marché	
7 *kya ma tslala* "lune sept"	mai - juin		
8 *kya Durum* "lune de Durum"	juin - juillet	mil de l'homme	
9 *kya ma kebet* "lune de Kebet"(?)	juillet - août		
10 *kya Wazang* "lune (de) Wazang"	août - sept.		
11 *kya ma* "lune de ma (?)"	sept. - oct.		
12 *kya deba glan* "lune (du) dos (de) l'aire de battage"	oct. - nov.		

Tableau 19 Calendrier

sur ordre prince "chefs de maison"	sacrifices en commun		sacr.individ. du prince
	annuels	quadriennaux	
bizi dey, "fond (du) grenier" aujourd. avant ensilage nouveau mil	mogurlom général. aujourdhui		
		maray, fête du taureau (Duvangar)	sacrif. battage mil, puis bizi dey autrefois
		maray, fête du taureau (Wazang)	
		meheli madama "ramasser mal"	sacr. battage mil aujourd'hui
			sacr. prince demande pluies kuli ma yam
mi ma do "bouche du mil", ouvert. gren. simples chefs fam.			
			sacrifice prince à son mbolom
mi ma do ouverture gren. chefs quart.			mi ma do prince zom makya makebet
	zom Erlam "bière (de)Dieu"	marza, sacrif. qui clôt le maray	
	mogurlom "fête de l'année" chez prince		
bizi dey, "fond (du) grenier" autrefois sacrifice avant ensilage nouv. mil	mogurlom "fête de l'année pour le ngwa" autrefois	metimbi mbal "prise peau, nouv. adultes	

lunaire et religieux des Mofu

de danses tournent de cette façon par exemple (5). Prévenue par le chef de son quartier de la date où elle doit commencer son travail aucune femme n'a le droit de se dissocier des autres cuisinières de la chefferie : elle aurait l'air de se soustraire à l'autorité de son prince. Lui seul est responsable de la date de la germination du mil.

Ces consignes des chefs de quartiers sont données en fonction d'un véritable "compte à rebours de la bière" établi d'après la durée de sa fabrication (6). Le prince mofu part de loin. La germination du mil doit commencer onze à treize jours avant la date souhaitée pour la fête (7). Toutefois il faut laisser en plus le temps aux chefs de quartiers - un à deux jours - d'en répercuter l'ordre et la date. Aussi l'assemblée chez le prince a nécessairement lieu deux semaines avant la fête, peu après la nouvelle lune. Deux à trois jours après cette réunion les femmes pourront commencer le brassage de la bière (8). C'est donc au signal indirect de leur prince, relayé par les chefs de quartiers, que les cuisinières d'une même montagne commencent à faire germer leur mil, *"mettent le mil dans l'eau"*, ainsi que les Mofu dénomment cette opération.*"Tout Wazang met son mil dans l'eau le même jour"*. Notons pourtant que la maisonnée du prince s'est désolidarisée du reste de la montagne : les femmes du château ont procédé à la germination de leur mil un jour avant les femmes ordinaires, rappelant ainsi indirectement la prééminence du prince, initiateur des rites.

Le prince intervient à nouveau, et de façon décisive, lorsqu'il faut passer à la deuxième grande phase du brassage. Chaque cuisinière doit procéder à une suite d'opérations qui, cette fois, ne souffrent aucun arrêt dans la chaîne. Elles débutent par la transformation du mil germé et séché en farine. Le mil doit passer par la meule et c'est cette opération-clé qui est commandée par le prince. Cette fois il donne un ordre direct et fait crier d'*"écraser la bière"*. C'est à partir de cette mouture que commence la deuxième phase du brassage. Cet ordre sert également de repère. Chacun sait qu'il correspond au "jour de la fête moins trois"; "moins quatre" lorsqu'est respectée la prescription d'*ar mepek*, la journée supplémentaire de préparation.

Chaque femme se met au travail fastidieux de la meule de pierre un matin de bonne heure. La farine obtenue est versée la même matinée dans de l'eau. En fin d'après-midi le mélange est mis à bouillir plusieurs heures durant, *"jusqu'après le repas du soir"*, puis il se décante toute la nuit. Au matin du deuxième jour la cuisinière filtre le liquide épais qui a changé de couleur; de blanc il est devenu rouge. Elle le remet à bouillir quelques heures puis le laisse refroidir dans son pot. En temps normal elle transvase le mélange durant la soirée du même jour dans une jarre spéciale, *kulom*, réservée à la fermentation de la bière et déjà toute imprégnée des bières précédentes. Par contre pour les grandes fêtes et les occasions solennelles, un jour complet de décantation doit être rajouté : le mélange reste dans son pot de cuisson et il n'est versé dans la jarre à fermenter qu'après cette journée spéciale, *ar mepek*, "premières gouttes".

Lors d'un enchaînement de rites cette journée sert de repère et déclenche le début des rites venant se surajouter. C'est ainsi que se passe par exemple le tuilage de la fin de la fête du taureau et du début de celle du changement de costume des nouveaux promotionnaires. Le prince de la chefferie devant prendre le relais peut aussi "crier" sa fête ce jour-là et faire ainsi démarrer la cuisson de sa propre bière avec un décalage de trois jours par rapport à la chefferie qui le précède. Avant la destruction de la chefferie de Marvay par les Peuls c'est ainsi que la fête de Duvangar venait se greffer sur celle de Marvay, son aînée. C'est également l'existence de cette journée d'*ar mepek* à Molkwo qui permet à la chefferie de Mikiri de prendre le relais par rapport à ses voisins septentrionaux.

L'existence d'un jour de repos pour la bière présente un autre intérêt : la boisson obtenue, mieux fermentée, aura bien meilleur goût que la bière à vendre, fabriquée hâtivement par des cuisinières pressées de récupérer leur mise.

Jour 0	1er jour	2e jour 3e jour 4e jour 5e jour	6e jour 7e jour	8e jour 9e jour	10e jour
	mil recouvert d'eau	germination du mil	séchage mil germé	repos mil germé	
assemblée prince et chefs quart. 1ère décision	fabrication mil germé				2e décis. prince ordre crié

11e jour	12e jour	13e jour	14e jour	15e jour
mouture mil germé, mélangé à eau 1ère cuisson	filtrage, nouvelle cuisson refroidissement	*ar mepek* fermentation supplémentaire	bière de fête prête à consommation	fête
fabrication bière				*mogurlom*

Tableau 20   Fabrication de la bière de la fête *mogurlom* et interventions du prince

Lorsque les Mofu veulent montrer le rôle décisif de leur prince au moment de *mogurlom*, ils disent que celui-ci *"crie la fête"*, *"a meudi mogurlom"*. Le prince ne la crie pas lui-même, ce qui serait contraire à son rang. Il charge un homme de chez lui de faire connaître son ordre - le soir au coucher du soleil ou le matin avant son lever, lorsque les voix portent au loin - et ce cri parti du château est reçu par les sujets et au besoin retransmis à ceux qui ne l'auraient pas entendu. Ce cri concerne une besogne matérielle : le prince ordonne seulement d'écraser le mil germé, mais, à partir de cet ordre la fête s'enchaîne suivant un déroulement inexorable. Pour passer du stade du mil germé et sec à la bière prête à l'utilisation trois ou quatre jours complets sont nécessaires à n'importe quelle cuisinière. En exigeant que les femmes de la chefferie ne se mettent au travail qu'après son ordre, le prince sait que *"la bière sera prête au même moment chez tout le monde"* et que la fête ne pourra commencer dans les maisons qu'au jour choisi par lui.

Au moment où la fête *mogurlom* atteint l'ensemble des familles de la chefferie le prince a terminé son propre *mogurlom* depuis un mois. Dans chaque chefferie on retrouve en effet le même schéma : le prince célèbre le premier la fête au château, à *kya ma*, la onzième lune mofu (cf. Tableau 19 : "Calendrier lunaire et religieux"), puis c'est la fête pour le reste de la chefferie. En commençant la fête en personne, nettement avant ses sujets, le prince affirme symboliquement sa prééminence.

Malgré le décalage dans le temps le rite principal, rite de purification, est le même pour le prince et pour les simples chefs de maison. Chacun, homme et femme, doit enflammer une tige de mil et passer ce feu d'abord autour de ses autels d'ancêtres, puis autour de sa propre tête (9), dans le sens propre à la culture mofu en criant : *"Mal, mal !"* - ou encore : *"Fête, fête !"* - *"Va-t-en !"*, puis il doit jeter ce tison éteint en direction de l'ouest, direction vers laquelle on chasse toute forme de souillure. Ce rite a lieu en pleine nuit, deux heures environ avant le lever du soleil. Dans chaque maison le chef de famille veille, vérifiant par la position des étoiles que le moment s'approche. Il ne procède pas de lui-même au rite : il guette le battement des tambours chez le prince (10). C'est seulement lorsqu'il l'a perçu qu'il réveille les siens et que tous se purifient par le feu. Les habitants des concessions voisines agissent de même. Dans la nuit profonde - spectacle saisissant - s'élèvent alors des dizaines de petites lumières vacillantes (11), cependant que la voix des tambours se fait entendre successivement chez les chefs de quartier, dans un ordre lié à leur rang, puis chez les "grands", qui eux aussi peuvent battre tambour, mais seulement à leur tour.

Toutefois, avant de se transformer en une manifestation de rang social le bruit du tambour avait permis au prince de transmettre un ordre purement religieux. Le passage du feu autour de la tête s'accompagne en effet de prières rapides, adressées à Dieu ou aux ancêtres suivant l'inspiration de chacun. C'est donc l'épisode le plus religieux de la fête - que les Mofu considèrent comme son coeur - qui a lieu au commandement du prince.

Cette flamme que chacun doit allumer possède plusieurs significations : elle est signe de purification, expulsion du mal accumulé au long de douze lunes. En ce sens *mogurlom* est fête de l'année passée. En même temps la flamme que chacun fait jaillir suggère qu'avec *mogurlom* commence l'an nouveau. *Mogurlom* est doublement fête de l'année, à la fois de l'année écoulée et de l'année à venir. *"On bat les tambours pour signifier la fin de l'année et le début de l'année nouvelle"*.

Après cette nuit consacrée au culte *mogurlom* se prolonge quatre à cinq jours durant par des festivités profanes : *"C'est la joie dans la montagne !"*. Chaque maison a brassé de la bière et souhaite accueillir le plus de visiteurs possible. Plusieurs nuits de suite les danses s'organisent, jusqu'à ce que, la bière venant à manquer, la fête se termine d'elle-même.

Mogurlom est un jalon dans le cours de l'année. Grâce à elle la chefferie sait que les douze lunes de l'année se sont écoulées. Et les grands cris jaillis dans la nuit sont des cris de joie *"pour dire que nous avons terminé une année. Tout le monde est en joie d'avoir achevé un an"*.

La nouvelle année commence à *mogurlom* : c'est *"à partir d'elle que l'on compte les lunes"*. Aussi dira-t-on d'un bébé né une lune avant la fête qu'il a *"un an"* après la célébration de celle-ci. Le mil récolté deux mois auparavant sera décrété de la même façon *"mil de l'an passé,"* une fois *mogurlom* terminé. L'ordre du prince de battre les tambours prend alors une nouvelle dimension : ce roulement manifeste que l'année commence au signal du prince qui apparaît comme le "maître du temps".

L'existence de *mogurlom* est étroitement liée à celle de son prince. Décide-t-il de ne plus la "crier" et elle s'arrête aussitôt. Durum, médusé et impuissant, assista ainsi durant près de douze ans, de 1964 à 1975, à la disparition temporaire de sa fête : son prince Bi-Loa avait cessé d'en ordonner la célébration et nul ne pouvait se substituer à lui. Par *mogurlom* le lien qui relie le prince à ses sujets devient un lien politique car l'obéissance à son ordre, en principe seulement religieux, traduit une subordination totale.

Chacun célèbre en effet la fête de son prince, donc de son *ngwa*. Si un montagnard quitte sa chefferie - l'histoire de chacune additionne, on l'a vu, de multiples et courtes migrations d'arrivée ou de départ - il ne rompt pas tout de suite le lien avec sa patrie d'origine. Comme nous l'expliquait un Mandzah de Durum venu se fixer à Wazang , *"au début, lorsque c'était le tour de Durum de faire sa fête, nous ici à Wazang, en cachette, nous célébrions la fête en même temps que Durum"*. *"Pour célébrer la fête nous faisions seulement l'entourage de la tête par le feu, et c'était tout"*, montrant par sa réflexion que ce geste constitue le moment culminant des rites. Les hommes étaient seuls à obéir à l'ordre du prince de Durum ; *"pour suivre Wazang, là, c'était les enfants et les femmes"*. Ce n'était pas là manifestation d'une ouverture ou d'une docilité plus grande de la part de l'élément féminin, mais plutôt la traduction d'un statut moins important : les femmes et les enfants répondaient à l'ordre de leur nouveau prince ; ils donnaient des gages d'assimilation. Les hommes, eux, ne tenaient compte que de celui qu'ils considéraient toujours comme leur souverain, le prince de Durum. Le temps passant, eux aussi ont fini par obéir au prince de Wazang : *"Nous nous sommes convertis à Wazang"*, résumait notre interlocuteur.

Le choix de ce terme traduit bien la nature ambiguë de la subordination des montagnards à leur prince. Célébrer la "fête de l'année" d'après son ordre, c'est sans doute poser un acte religieux mais c'est surtout se reconnaître comme installé définitivement en un lieu et donc sujet d'un nouveau prince. Toutefois, inversement, on peut se passer le feu autour de la tête à son ordre - et fêter *mogurlom* à cause de lui - sans que cette soumission toute politique change son comportement religieux profond : Wazang compte une fraction giziga Bi-Marva accueillie depuis plus d'un siècle, après ses errances causées par la chute de Marva. *"Nous faisons l'entourage de la tête avec le feu au moment de la fête de l'année, puisqu'ils font ainsi à Wazang. Puisque nous sommes dans les terres de Wazang, nous devons faire comme eux"*. Cette docilité n'empêche pas le petit groupe de procéder également - mais de loin - aux mêmes cérémonies que ses parents Giziga Bi-Marva, en exil eux aussi, installés à Dulek à une vingtaine de kilomètres de Wazang. Il les effectue lorsqu'il entend dire que le prince Bi-Marva, descendant direct du souverain chassé par les Peuls, va célébrer sa fête.

A chaque prince correspond une "fête de l'année" distincte. Pour déterminer l'indépendance d'un groupe il suffit, expliquent les Mofu, de regarder si son chef *"crie"* sa fête, donc s'il est prince. Sur ce qui est aujourd'hui la terre de Duvangar, entièrement unifiée, coexistaient au XIXème siècle deux chefferies commandées par le clan Laway (Cf. Carte 12 : "Constitution de la chefferie de Duvangar", n° 4-5-6). Marvay constituait bien une chefferie indépendante, un *ngwa*, et non un quartier de Duvangar, car son chef, explique-t-on, *"criait sa fête"*, de façon à précéder d'un jour Duvangar. Proximité et décalage traduisaient à la fois la parenté entre les deux branches du même clan de prince, et le rang d'aînesse de Marvay, s'affirmant donc comme supérieure malgré sa taille plus modeste. Un autre exemple est représenté par la chefferie de Ngwahutsey, fondée il y a moins de cinquante ans par un prince banni de Wazang (cf. Tableau 11 : "Les princes de Wazang et Ngwahutsey"). Elle célèbre sa fête trois jours après sa montagne d'origine : *"Wazang fête d'abord"*, ce qui est conforme à son rang. De même pour trancher l'épineux problème de l'indépendance de Morley, la petite voisine de Wazang - est-elle chefferie, *ngwa*, ou non ? - on fait remarquer que Morley a toujours possédé sa propre fête de l'année - c'est donc un *ngwa*, concluent les montagnards - mais il ne peut célébrer sa fête qu'après Wazang, reconnaissant ainsi son infériorité.

Le décalage dans le temps d'une "fête de l'année" par rapport à celle du voisin immédiat peut déjà être interprété en termes de hiérarchie et de supériorité lorsqu'il s'agit de chefferies dont les clans de prince sont apparentés. Lorsque ces clans sont différents on se trouve devant une nette subordination : le prince Genduver de la chefferie de Gwoley crie certes sa propre fête, mais seulement après que celui de Duvangar, un Laway, a crié la sienne : l'arrière-grand-père du prince Laway avait vaincu un prince de Gwoley dont les descendants n'ont plus leur indépendance, et cette sujétion se traduit d'abord sur le plan religieux.

Dans les six chefferies de l'ensemble mofu un prince manifeste son autorité d'abord en célébrant le premier la fête de l'année chez lui, puis en faisant commencer la fête dans sa chefferie par des ordres, donnés à l'occasion de la fabrication de la bière de mil.

La situation est différente chez les montagnards voisins. Aucune des huit "montagnes" de Méri, par exemple, ne convoque assemblée d'anciens pour fixer la date de la fête : il n'y a pas de décision à prendre car, explique-t-on, la position de la lune et la hauteur du soleil suffisent pour indiquer que la fête s'approche : *"Tout le monde voit bien que le moment est venu"*. A partir d'un calendrier de même type, d'observations de la lune et du soleil identiques à celles de leurs voisins des grandes chefferies, les Meri aboutissent à une situation différente : parmi les huit chefs de "montagne" pas un ne cherche à prendre en mains la fabrication de la bière que chaque femme brasse isolément.

La fête de l'année commence pourtant au signal d'une seule personne. Autrefois ce signal était donné par le doyen du clan Bizimofu, autochtone probable. C'était à lui de se saisir de son tambour et de le frapper, exemple suivi ensuite par les autres chefs de "montagne", mais "en désordre", sans aucune préséance. Ce schéma simple a été perturbé il y a quatre générations, voici donc un peu plus d'un siècle, par le chef Gaywa de Megeveley, le chef des immigrants qui,*"sans combat ni cadeaux"*, précise-t-on, s'adjugea le droit de frapper son tambour le premier et donc de signifier le démarrage de la fête. En effet, explique Biyak, descendant du Bizimofu écarté, *"les gens du chef de Megeveley étaient nombreux"*. En agissant ainsi ce chef de clan a *"arraché le pouvoir"* aux Bizimofu. Depuis, c'est son descendant qui fait commencer la fête, si bien qu'il existe*"une fête de l'année unique pour l'ensemble de Meri"*, mais malgré cette conquête de la prise de décision l'autorité du chef de Megeveley est faible. Entre l'autochtone et le nouvel arrivant il y a eu lutte pour la main mise sur la fête, mais sans véritable bénéfice pour le vainqueur. Bien que la manifestation religieuse commune rassemble chaque année les Meri en un seul groupe, il n'y a pas fusion. Chaque "montagne", *ngma*, célèbre sa fête à la suite de *son* chef, répondant à l'appel de *son* tambour : si les "montagnes" Gaywa - y compris celle de Ngsar, soumise pourtant depuis cinquante ans à Duvangar - reconnaissent parmi elles la supériorité d'un aîné, battant tambour le premier, la "montagne" Zuval ne s'occupe que de son chef à elle. C'est donc... la lune - le choix est le même pour toutes les "montagnes" meri - qui est la véritable unificatrice du massif, mais en lui laissant le rôle moteur les Meri n'ont pu dépasser le stade de la juxtaposition religieuse, donc politique. Chez les Gemzek le phénomène est encore plus apparent car cette fois les quatre montagnes, *ngma*, malgré leur proximité d'habitat et leur unification culturelle et linguistique ne célèbrent pas leur "fête de l'année" à la même lune. Trois d'entre elles ont choisi la dixième lune de leur calendrier (mai-juin du calendrier grégorien). La quatrième "montagne", celle de Gadoa-Sirem, attend la lune suivante pour célébrer la sienne, rejoignant ainsi le groupe des Zulgo (12).

Les "montagnes" de Mukyo et Molkwo, installées sur la montagne-île de Molkwo, représentent une autre illustration du combat entre le pouvoir du "premier arrivé" et celui de ceux qui se sont imposés comme souverains. Cette fois on se trouve devant deux souverains, d'origines et de clans différents, relativement puissants. Face à eux, le doyen du clan Diya revendique son caractère de premier occupant de la montagne de Molkwo. Au nom de cet héritage historique il a le droit de donner chaque année le signal de la "fête de l'année" - appelée ici *medivokwo*. *"Le Diya est le chef de la fête dans tout Molkwo"*. *"Il annonce la fête pour toute la montagne, Molkwo et Mukyo ensemble, lui seul !"*. "Annoncer la fête", cela signifie que le chef des Diya, comme à Meri, prend son tambour qu'il tape lui-même le premier. Il ne délègue pas son droit à des serviteurs ou des parents comme à Duvangar-Durum-Wazang. L'ordre dans lequel cette frappe du tambour doit être poursuivie est codifié : le prince de Mukyo le frappe en deuxième, puis celui de Molkwo appartenant au clan Ftak et aussitôt après le chef des Moloko-Subo, autrefois indépendant mais dominé par les Ftak à leur arrivée de Marva, et devenu simple "chef de quartier". *"Après ces trois-là tous les autres chefs (de quartier) tapent sur leur tambour"*, et aussi tous les notables détenant des tambours chez eux. *"La fête se généralise dans toute la montagne de Molkwo"*, avec toutefois des rites particuliers : chaque famille brûle une tige de mil dans la nuit mais ce feu n'est pas passé autour de la tête, par exemple.

Là aussi célébrer une fête sur l'ordre d'un prince traduit une subordination politique. Les fractions Maya, installées à Mukyo et Molkwo depuis au moins deux siècles, savent que jadis, lorsque leurs ancêtres étaient sur leur terre de Doulo en pays mandara, ils célébraient leur fête lors d'une autre lune mais, puisque les Maya sont désormais sur une terre qui n'est pas la leur, ils ont abandonné leur ancien calendrier et ils sont *"obligés d'attendre que les princes et le chef des Diya aient crié la fête"*.

Le rôle joué par les autochtones dans ces "montagnes" et chefferies aide à apprécier celui qui leur est dévolu à Wazang. Le doyen du clan autochtone Siler est présent dans la salle des greniers du prince lors de la "fête de l'année" car suivant une démarche commune en Afrique, les autochtones jouent un rôle religieux. Ainsi que le souligne le prince de Wazang, le doyen du clan doit *"parler"*, prononcer des prières à voix haute dans la salle des greniers du château, d'autre part, on le verra, c'est lui qui souffle le premier dans la grande trompe *mezezen*, marquant ainsi le début de la fête. Malgré leur puissance politique les princes de Wazang n'ont pu s'affranchir de la nécessité d'un geste symbolique effectué par les autochtones.

Cette présence active, lors de la "fête de l'année", de ceux qui détenaient autrefois le pouvoir se retrouve chez les Giziga-Marva. Dans la chefferie de Marva le doyen du clan des anciens "nobles", passés au rang d'inférieurs par l'arrivée d'immigrants fournissant désormais le chef, a la consolation de donner le signal de la fête en soufflant le premier dans sa flûte (13).

- la décision de la fête "bière de Dieu", *zom Erlam*

Outre leur "fête de l'année" les Mofu ont une autre fête annuelle, *zom Erlam*, littéralement "bière de Dieu", appelée encore *sudege*, terme dérivé de l'arabe *sadaga*, "offrande", traduit par les Mofu "remerciement à Dieu". Son existence, et aussi son appellation, sont assez surprenantes et nous nous sommes posé des questions au début de nos enquêtes sur l'ancienneté et l'authenticité de cette fête. Célébrée pour Dieu, *Erlam* ou *Bi Erlam*, était-elle un emprunt relativement récent à l'Islam ? Tant il est répété que le "Dieu du Ciel", largement connu en Afrique, n'a pas de culte organisé (14). Il n'y a là pourtant, semble-t-il, nul emprunt, et l'on peut admettre que les Mofu, tout comme nombre de leurs voisins montagnards du nord (15), se soucient concrètement de ce grand Dieu dont le nom revient si facilement sur leurs lèvres. Leurs offrandes apparaissent comme des bouffées de reconnaissance : plus la récolte est abondante, plus souvent *zom Erlam* est célébrée. N'a-t-on pas vu à Wazang, certaines bonnes années, jusqu'à huit *zom Erlam* ? Un de ces *zom Erlam* est obligatoire, celui que l'on offre juste avant la récolte, au moment où le mil sur pied balance ses têtes au sommet de longs épis, bien au-delà d'une hauteur d'homme. Ce sacrifice apparaît en même temps comme un moyen de prévenir tout danger, le vent qui risque de casser les tiges par exemple, ou une épidémie. Il peut aussi marquer le souci d'empêcher les conséquences d'un incident inhabituel, telle l'éclipse solaire de juillet 1973, marquée dans les montagnes mofu par une cascade de *zom Erlam*, *"pour supplier Dieu de redonner le soleil"*.

Toutefois, pas plus que la fête de l'année, *mogurlom* - encore moins qu'elle, peut-on même dire - *zom Erlam* n'est considérée par les montagnards comme un trait saillant de leur culture. Pas une fois elle n'est citée comme moyen permettant de les distinguer de leurs voisins.

Comme pour *mogurlom* il est dit que *zom Erlam* ne peut avoir lieu sans le signal du prince. La nécessité de l'intervention du prince dans le domaine religieux est donc à nouveau affirmée. Toutefois, là non plus cet ordre ne peut être donné unilatéralement : le prince doit se concerter, non plus avec les autochtones, qui ne jouent ici aucun rôle, ni avec les grands de la chefferie - il n'y a pas cette fois d'assemblée - mais avec les spécialistes de l'invisible. Parmi eux il y a les "voyants", *klen*, doués de seconde vue et capables de monter au ciel, mais ne se présentant jamais au grand jour. Il y a surtout les devins *mbidla*, maîtrisant les techniques géomantiques et divinatoires (16). On chuchote que des "voyants" viennent chaque année dire au prince d'organiser une offrande au grand Dieu. Dans la réalité ce que l'on voit ce sont des devins convoqués au château et affirmant au prince la nécessité d'un *sudege*, sous peine de malheur futur. *"Le prince ne décide pas sudege sans avoir été conseillé. Un prince est comme les autres, il ne voit rien ! Les devins, eux, connaissent la volonté de Dieu, car parmi eux il y a beaucoup de klen qui partent au ciel"*. Le prince peut repousser ces suggestions. Plus souvent il tient compte des conseils : ainsi en novembre 1968 Bello, prince de Wazang, a-t-il suspendu la célébration du *sudege* qu'il s'apprêtait à décréter. Un grand vent avait commencé à coucher le mil, ce qui nécessita une consultation divinatoire. Ces perturbations atmosphériques signifiaient qu'il valait mieux attendre, lui avait alors expliqué Bletey, le devin de Wazang.

Lorque plusieurs devins consultés successivement voient que le moment est favorable, lorsqu'il y a concordance entre leurs avis, le prince peut enfin prendre la décision de célébrer *zom Erlam*. Toutefois, on le voit, sa liberté est rognée par les devins. Certains d'entre eux ne nous ont-ils pas affirmé que *"si les devins ne disent pas au prince de faire le sudege celui-ci n'a pas le droit de le faire !"* ?

Une fois acquise cette convergence entre son point de vue et celui des devins, le prince peut prévenir sa chefferie. Comme pour *mogurlom*, il se montre à la fois décideur et initiateur. Il fait crier de commencer la préparation de la bière mais dans cette tâche il a précédé ses sujets. *"Lui-même met son mil dans l'eau pour le faire germer, puis il fait frapper le tambour pour avertir les gens de faire pareil"*, et, au bout de quelque temps, *"il fixe le jour où il faut écraser la bière"*. Comme pour "la fête de l'année" cet ordre et cet exemple sont impératifs. Ainsi que le rappelait une prière prononcée lors d'un *zom Erlam* célébré en 1970 : *"Le prince a commencé à offrir la "bière de Dieu" à Wazang. Si le prince commence, nous autres nous devons faire pareil !"*.

Une simultanéité absolue est recherchée : toute la montagne célèbre *zom Erlam* le même jour, quartier par quartier, sans aucune préséance. Cependant là encore le prince se distingue de ses sujets : alors qu'il égorge le matin la bête qu'il veut offrir, les simples chefs de maison ne le font que le soir du même jour, au moment où toute la chefferie doit boire en même temps la bière du sacrifice. A la différence de *mogurlom* la "bière de Dieu" se déroule sur un temps très court - tout est réglé en une seule journée - et elle ne concerne qu'une chefferie. Ici, pas de voisins impatients attendant que le sacrifice soit terminé pour prendre le relais : *zom Erlam* ne s'inscrit dans aucun cycle.

Le contrôle du prince sur cette fête diffère de celui exercé sur "la fête de l'année". Il est plus lâche : les devins jouent un rôle déterminant, restreignant la marge de décision du prince. Toutefois cette fête dont la signification politique est presque nulle permet au prince d'apparaître sous un jour différent : recevant les conseils et les suggestions des "voyants" il est l'homme qui peut dialoguer avec le monde invisible.

- la décision de la fête du taureau, *maray*

C'est pour la fête du taureau - la plus importante, la seule discriminante, on l'a vu, parmi les fêtes religieuses - que l'intervention du prince est considérée comme la plus nécessaire.

Ainsi qu'il l'avait fait pour *mogurlom*, il commence par "rassembler les têtes" et provoque une assemblée plénière des anciens de la chefferie. Là aussi il faut faire coïncider moment traditionnel, inscrit dans le calendrier solaire et lunaire, et participation à un cycle de fêtes, avec succession obligée à la chefferie voisine. Il faut aussi s'assurer en consultant les devins qu'aucun obstacle venu du monde des ancêtres ne vient s'opposer au déroulement de la fête. Il faut enfin que la fête ait lieu, comme pour *mogurlom*, dans la deuxième partie du cycle lunaire, au moment où la lumière de l'astre est encore suffisante. Cette fois le choix d'une date ne cherche pas à aboutir à un jour précis : il n'y a ni bière à préparer au même moment dans toutes les maisons comme pour *mogurlom*, ni victimes à sacrifier le même jour comme pour *zom Erlam*. Il faut seulement sélectionner la bonne lune - suivant les chefferies il s'agira de la troisième ou de la quatrième lune, *kya ma makar*, ou *kya ma fat*, janvier-février ou février-mars du calendrier grégorien (cf. Tableau 19 : "Calendrier lunaire et religieux"). Pour cela prince et anciens partent de *mogurlom*, comptant les lunes après qu'elle a pris fin. Alors la fête du taureau peut commencer. Son déroulement est différent des deux fêtes annuelles puisqu'au lieu d'être célébrée le même jour en tous les points d'une même chefferie, elle parcourt les différents quartiers au long de plusieurs jours, après avoir pris naissance au château.

Responsable de la chefferie, le prince doit ouvrir le *maray* en célébrant le premier les rites. Cette fois il ne s'agit plus d'une modeste offrande de bière ou de poulet. Si le *maray* constitue un sacrifice aussi célèbre - sa renommée a dépassé les limites du pays mofu - c'est que l'offrande est prestigieuse : chaque ensemble d'ancêtres familiaux se voit sacrifier un taureau, animal qui n'est plus élevé couramment dans ce pays de montagnes, et qu'il faut se procurer dans les lointains marchés de plaine sous forme de petit veau. Il a été enfermé dans une étable et engraissé au long de plusieurs années : trois, quatre, parfois cinq. Il y a là un véritable exploit, presque une gageure.

Les princes se sont longtemps efforcés de débuter le *maray* en sacrifiant des animaux appartenant à la seule race connue par leurs ancêtres, des taurins autochtones, disparus aujourd'hui. Il leur reste une possibilité d'offrir aux ancêtres des taureaux acceptables pour eux : acheter des vaches peules, pleines, puis les élever sur la montagne jusqu'à ce qu'elles mettent bas, chez le prince lui-même ou chez des particuliers, des veaux qui seront naturalisés montagnards. Ainsi les princes, et eux seuls, disposent-ils de quelques "taureaux de pays", *sla da ngwa* - des "taureaux montagnards", comme on peut aussi les appeler - parmi lesquels ils choisissent plusieurs animaux (17). C'est le sacrifice de ces bêtes au sommet de la montagne - même si le château n'est plus habité, le sacrifice a toujours lieu dans ses ruines, ainsi à Ar-Wede-Wede à Duvangar - en respectant un schéma liturgique identique dans ses grandes lignes à celui observé par les simples "chefs de maison", qui marque l'ouverture de la fête *maray* (18).

Une fois offerts les taureaux du prince - au moins deux, et parfois quatre comme à Durum - le sacrifice est repris par les chefs de quartier, suivant un ordre qui, dans chaque chefferie, traduit l'importance de chacun dans la hiérarchie sociale, elle-même dépendant de l'histoire de la chefferie : plus ces notables sont proches du prince sur le plan généalogique ou plus leur clan est ancien dans la chefferie, plus tôt ils sacrifient après lui. A Duvangar par exemple c'est l'ancien du clan Mowayan, premier installé dans la chefferie, qui sacrifie après le prince, avant même les propres frères de celui-ci (cf. Carte 12: "Constitution de la chefferie de Duvangar").

Un haut mât d'honneur, *sokwol* - parfois plusieurs comme à Durum - érigé dans la cour du château, domine la masse des toits de sa silhouette élancée (19). Fait d'un arbre au bois jaune vif *sesem*, écorcé tout entier et strié de bandes colorées en rouge et noir il est réservé à Durum et Wazang aux princes, ainsi qu'à ceux qui ont offert le *maray* juste après eux (20). A travers toute la chefferie de Wazang, par exemple, on ne rencontre que cinq mâts de *maray*. Toutefois à Duvangar l'institution est encore plus sélective : seuls ont droit au mât de *maray* le prince de Duvangar et son vassal, le prince de Gwoley.

Lorsque les chefs de quartiers ont offert leur taureau à la suite du prince les simples chefs de maison peuvent sacrifier un taureau à leurs propres ancêtres. Ils offrent aujourd'hui un taureau d'origine peule, un zébu. C'est là leur seule possibilité mais il semble qu'autrefois ils pouvaient se rendre chez leurs voisins mafa, chez qui ils achetaient des veaux de race autochtone, des petits taurins proches de ceux élevés par le prince. La présence du chef de quartier est requise à ces sacrifices. Non seulement il joue un rôle important lors du premier *maray* offert en personne par un homme, mais il doit être présent ensuite à chaque *maray* au début des sacrifices : il lui revient de commencer l'ouverture de l'étable en démolissant symboliquement la première pierre.

Chaque sacrifiant est entouré d'anciens et de parents de son lignage et il a rassemblé autour de lui ses enfants mariés - sa fille aînée en particulier - ses parents par les femmes et par les filles, dont un ou plusieurs neveux utérins. Il lui faut le secours d'une équipe nombreuse pour offrir dans les règles ce sacrifice aussi redoutable que prestigieux. Après que le chef de maison ait mis de côté certains morceaux du taureau sacrifié pour la deuxième partie du *maray*, *marza*, le partage a lieu suivant des règles précises. Elles attribuent un morceau de viande à chaque catégorie de parents. Dans cette répartition le prince trouve également place : chacun des sacrifiants de sa chefferie lui doit son *megeged*, une partie des côtes du taureau, redevance non négligeable à laquelle il n'est pas question, on l'a vu, de se soustraire.

Il appartient au prince de terminer au bout de quelques semaines la série des mises à mort des taureaux. C'est lui qui avait offert les premières bêtes, c'est lui qui offre la dernière, la mettant à mort de sa propre main :*"Après ce sacrifice il n'y a plus moyen d'égorger"*. Il boucle ainsi provisoirement la fête.*"Le sacrifice du dernier taureau est aussi important que celui du premier"*, car après le partage intégral de l'animal les os de tous les taureaux offerts sur la chefferie qui, quartier par quartier avaient été gardés en réserve, sont rassemblés en plusieurs paniers, portés nécessairement par des "gens de rien", *mbidlew*. C'est là une indication supplémentaire du lien existant entre eux et la souillure. Ces os sont jetés de nuit dans le lit du cours d'eau faisant limite avec la chefferie voisine. Hommes, femmes, enfants, se tiennent sur la rive, tenant chacun une tige de mil qu'ils lancent en direction de l'autre bord en criant. Ils chassent ainsi la souillure - d'où le nom donné à ce dernier sacrifice, *meheli madama*, "ramasser la souillure" - et transmettent aux voisins qui, à leur suite, ont commencé à célébrer leur fête *maray* le soin de s'en débarrasser à leur tour. C'est peut-être le désir de lutter efficacement contre la souillure avec l'aide des chefferies voisines, beaucoup plus que le souci de poser un acte religieux commun, qui justifie les cycles de fêtes unissant un ensemble de *ngwa* ou de *ngma* .

Quelques mois plus tard, en pleine saison des pluies, aura lieu le sacrifice *marza*, l'offrande des morceaux mis de côté dans le grenier des sacrifices par chaque sacrifiant. Là aussi il faut compter les lunes et ne pas laisser passer celle qui convient, la dixième lune du calendrier, correspondant à août-septembre (cf. Tableau 19 : "Calendrier lunaire et religieux"). Là encore il est impossible d'offrir son *marza* au gré de sa fantaisie : le prince doit ouvrir la série des sacrifices et son retard éventuel rejaillit sur sa chefferie. Ainsi à Duvangar *marza* fut-il offert seulement en mai 1969, huit mois après la date traditionnelle, mais, nous faisait remarquer en soupirant le vieux Padak, *"quand le prince n'a pas commencé, on ne peut rien faire..."*. L'ordre dans lequel est ensuite offert *marza* reproduit celui du *maray* : il est marqué par les mêmes soucis de hiérarchie sociale, et traduit l'ordre du peuplement propre à chaque chefferie : d'abord le chef de tel quartier, puis de tel autre, et après seulement les chefs de maison ordinaires. Cette fois le prince n'a droit à aucune redevance, ni en viande, ni en bière. Seul Duvangar se distingue par l'existence d'une redevance en bière versée au chef de quartier.

Dans les trois grandes chefferies la célébration de la fête du taureau - et son existence même - est liée au bon vouloir du prince. Qu'en est-il dans les massifs mofu-Diamaré voisins ? Alors que cette fête joue le même rôle central de pivot des institutions, qu'elle se déroule suivant des modalités liturgiques très proches, on constate que les "chefs de montagnes" jouent ici un rôle moins important. C'est seulement l'existence des cycles qui oblige chaque groupe montagnard à célébrer sa fête du taureau à un moment précis. *"Si les Zulgo sont en retard pour égorger leurs taureaux, nous ici nous sommes en retard car nous ne pouvons pas égorger avant eux"*, dit-on chez les Gemzek. Les termes employés sont à peu près les mêmes que ceux des montagnards de Duvangar, mais cette fois il n'est plus question de modeler son attitude sur celle d'un homme. La décision prise en commun s'appuie seulement sur l'observation des lunes : il suffit pour les Gemzek d'attendre la lune suivant la fête des Zulgo. *"Les Mboko font leur sacrifice la même lune que nous"*, poursuivent-ils, *"puis ce sont les Meri la lune suivante"*.

Dans chaque "montagne" c'est pourtant celui qui est appelé "chef" qui se distingue en égorgeant le premier taureau offert aux ancêtres - chez les Meri, les Mowosl et les Mikiri par exemple - mais la victime est unique : la puissance économique de ces responsables est limitée.

La coutume du mât d'honneur accuse également des variations révélatrices par rapport à l'usage qui en est fait à Duvangar, Durum et Wazang. Le mât d'honneur ne se rencontre pas partout : on l'ignore chez les Mboko comme chez les Mikiri et Dugur. Par contre, là où on le trouve - chez les Gemzek et les Meri - il a une signification uniquement individuelle. La présence du mât indique que le propriétaire de cette maison a réussi l'exploit représenté par le sacrifice du taureau. Il est donc à la fois un descendant attaché à ses ancêtres et un homme d'âge et d'expérience. *"Cela montre qu'on est vraiment le 'chef de la maison'"*. Cette multiplicité de mâts d'honneur fait sourire les Duvangar, voisins des Meri. C'est là pour eux la meilleure démonstration de l'absence chez les Meri d'un pouvoir politique véritable.

Si peu développé que soit le pouvoir religieux de ces chefs de montagne, il existe : le sacrifice du taureau débute chez eux avant d'être repris par le reste du groupe. De plus ils ont un rôle à jouer lors du sacrifice de chacun des taureaux offerts sur leur terre : à Meri ils vont de maison en maison faire boire à chaque animal avant sa mise à mort une décoction d'euphorbe *mezeved*. Sur le massif Gemzek le chef de montagne *"vient lui-même planter le mât d'honneur de celui qui n'avait jamais tué (de taureau)"*. Il exerce donc un contrôle précis, et son rôle est celui d'un chef de quartier dans les grandes chefferies. Dans le grand groupe mafa, célébrant lui aussi le sacrifice d'un taureau aux ancêtres, le chef de montagne joue un rôle très semblable à celui du chef de montagne meri. Lui aussi doit tuer le premier son taureau et c'est seulement quelques jours plus tard que les autres taureaux de sa montagne seront sacrifiés. Par ailleurs le *bi* mafa doit être présent à la sortie de chacun des taureaux égorgés chez lui (21).

La corrélation entre sacrifices de taureaux aux ancêtres et pouvoir politique n'est pourtant pas générale : les Mada et les Muyang, voisins nord des Mofu-Diamaré, offrent l'exemple - souligné par nos informateurs - d'une juxtaposition de sacrifices individuels offerts sans l'intervention d'un coordinateur : *"Chacun fait son sacrifice pour ses propres ancêtres; chacun pour soi, sans signal d'un chef, sans ordre, sans ensemble".*

b) les ordres donnés aux desservants d'esprits de la montagne

Les décisions religieuses du prince ne règlent pas seulement les fêtes communes célébrées par l'ensemble de ses sujets. De façon plus indirecte elles s'adressent aussi à des hommes qui sont également chefs, *bi*, car dotés de responsabilités dans le domaine religieux. Ils sont en effet desservants d'"esprits de la montagne", *bi mbolom ma ngwa*. Le terme *mbolom* - en mofu de Duvangar-Durum-Wazang - peut être traduit par "puissance", "esprit" (22). Désignant avant tout un grand esprit de la nature vivant dans la montagne, le mot *mbolom* est utilisé aussi dans le monde des ancêtres pour nommer des esprits appartenant à la troisième génération au-dessus de celle d'ego (cf. Tableau 21 : "Culte rendu par un "chef de maison" à ses ancêtres"). Un *mbolom* exerce son pouvoir sur un territoire déterminé - une portion de la chefferie - et sur ses habitants, tous clans confondus. C'est donc un esprit des lieux, lié au clan qui le premier s'installa à ses côtés, et c'est en même temps une divinité clanique, en qui se fondent les ancêtres séparés par six générations et plus de leurs descendants (23).

Le clan qui a découvert le *mbolom* en fournit par voie héréditaire le desservant. Par l'intermédiaire de ce *bi mbolom* les autres clans, venus habiter par la suite en ce lieu, bénéficient de l'action positive de l'esprit de la montagne. De simples sujets peuvent aussi tisser des liens personnels avec lui, sollicitant sa protection et lui rendant un culte régulier qui meurt avec eux. Il faut noter le caractère étroitement local des *mbolom* : le territoire d'une chefferie, d'un *ngwa*, se décompose en une juxtaposition de terres de *mbolom*, chacune avec son responsable.

Parmi ces chefs de *mbolom*, certains sont plus importants que d'autres : ce sont les descendants des clans qui, les premiers, s'installèrent dans un quartier déterminé. Aussi de père en fils sont-ils chefs du quartier. Leurs ancêtres virent ensuite arriver d'autres clans s'installant à leurs côtés. Chacun de ces clans immigrants possède lui aussi "son" *mbolom* protecteur. Tous ces desservants de *mbolom* doivent leur offrir chaque année un grand sacrifice qui a lieu généralement au moment des semailles et avant les premières pluies, à la "cinquième lune" - vers mars-avril du calendrier grégorien. La liste des offrandes se répète identique d'un chef de *mbolom* à l'autre malgré les différences de clan et de chefferie : mouton si possible, parfois chèvre, un ou deux coqs - blancs si possible, sinon bruns, en tout cas jamais noirs - une patte de boeuf, du sel, de la boule de mil et de la bière.

La coordination des nombreux sacrifices de *mbolom* offerts sur le territoire d'une chefferie (la moyenne se situe autour d'une dizaine, mais ce nombre peut aller jusqu'à vingt) est assurée par le prince. C'est lui qui convoque les chefs de *mbolom* à son château. Il les reçoit dans sa cour intérieure, où il leur donne l'ordre collectif de faire leur sacrifice. Chaque desservant exécutera ce sacrifice de retour chez lui, sans souci des autres chefs et sans souci de préséance, en fonction de ses disponibilités monétaires, car il sait qu'il aura à fournir lui-même l'essentiel des offrandes, le mouton d'abord, et aussi la boule et la bière de mil.

Pourtant le prince participe aussi à ces offrandes aux esprits de la montagne, en envoyant dans les quartiers une patte de boeuf - réduite parfois à un sabot - aux chefs des principaux *mbolom*. Quant aux habitants du quartier ils donnent le mil que le desservant convertira en boule et en bière. Un sacrifice au *mbolom* est donc une entreprise collective.

Le sacrifice est offert en milieu de matinée par le chef de *mbolom* en personne, assisté d'un jeune garçon - *"un garçon pas encore marié ; quand il devient trop grand on le change"* - et en présence d'un ou plusieurs hommes de son clan. Aucune femme ne peut y participer.

Ces hommes, munis des offrandes nécessaires, se rendent dans la montagne, à l'emplacement même de l'autel du *mbolom*, col de poterie ou demi-jarre dont l'ouverture est fermée d'une pierre plate. Cette poterie est placée sur le haut d'un rocher, au point culminant du territoire relevant de l'esprit des lieux, en son centre (24). La gorge du coq est à demi tranchée et le desservant enduit de sang la pierre de l'autel et la patte de boeuf. A voix haute, il adresse des prières à l'esprit, lui demandant de faire régner l'ordre à l'intérieur de ses terres, d'assurer la protection du groupe humain contre les sorciers, et de lui envoyer la prospérité : bonnes récoltes, gains monétaires, parfois bonnes pluies. Il coupe alors la gorge du poulet, examine, dans un but divinatoire, la position du volatile figé par la mort, la configuration de ses pattes surtout, et il en déduit les sentiments du *mbolom* à l'égard de ses fidèles ainsi que l'avenir du groupe. La cuisine sacrificielle a lieu sur place. Les offrandes sont bouillies puis divisées en trois parts. L'une, la plus importante, est posée sur la pierre de l'autel et constitue la part du *mbolom*, l'autre est donnée aux assistants, enfin des fragments sont jetés par le desservant à l'intention de chacun des *mbolom* de la chefferie appelé par son nom. Seul le chef de *mbolom* mange la part de l'esprit, après en avoir glissé de petits morceaux à l'intérieur de sa poterie-autel. Des offrandes de bière et de boule doublent l'offrande animale suivant le même schéma : part du *mbolom* - fragments et libation - en contact avec l'autel, prières de demande, puis consommation par les hommes du restant de l'offrande. Le bâton neuf ayant servi à mélanger la pâte de farine de mil durant sa cuisson est glissé sous la pierre-couvercle de l'autel. Remplaçant celui du précédent sacrifice il en dépasse, rappelant ainsi à l'esprit - et, par sa blancheur, aux passants - que le sacrifice a eu lieu (25).

Ainsi que le révèlent les prières prononcées, ce sacrifice renouvelle l'alliance entre l'esprit des lieux et les hommes ayant choisi d'habiter sur sa terre. Le chef de *mbolom* joue là le rôle principal : comme il le rappelle dans ses prières c'est lui qui *"commande cette terre"* et qui est l'intermédiaire nécessaire entre le *mbolom* et les montagnards. Aussi face à lui le prince doit-il affirmer son propre pouvoir. En obligeant les chefs de *mbolom* à attendre son signal pour exécuter leurs rites il se présente symboliquement comme leur supérieur. De plus, en leur faisant don d'une partie des offrandes, il participe indirectement à leur sacrifice et se l'approprie.

Ce souci si net de coiffer sur le plan religieux les desservants d'esprits de la montagne est limité aux princes des trois grandes chefferies. Chez les autres Mofu-Diamaré, on le verra, on retrouve seulement la nécessité pour un chef d'étayer son pouvoir par une charge de desservant d'esprit de la montagne. Toutefois à Dugur et Molkwo le prince émerge à peine de l'ensemble de ces desservants, cependant que chez les Meri et les Gemzek ces différents responsables sont placés sur le même plan, sans qu'il soit possible de voir l'un d'eux s'imposer aux autres.

c) la décision des purifications collectives du terroir

La notion de souillure après avoir longtemps hanté les ethnologues - les premiers penseurs de l'ethnologie, E. Durkheim et M. Mauss, R. Hertz, ne faisaient-ils pas de "l'impur" une de leurs catégories fondamentales ? (26) - a presque disparu des préoccupations actuelles. Il semble qu'il existe - perspective jadis inimaginable - des sociétés africaines où l'idée de souillure n'occupe qu'une place modeste. Tel n'est pas le cas chez les Mofu-Diamaré. Quel que soit le biais par lequel on aborde l'étude de leur société - les techniques matérielles par exemple, ou les séances chez le devin - on débouche sur la notion de *madama* (27), "souillure", mais aussi "impureté", "mal", que, selon ces montagnards, on risque de commettre à tout moment. Les croyances concernant *madama* constituent un système cohérent qui déborde largement leur groupe ethnique. On le retrouve à peu près identique, selon nos sondages, chez les Mofu-Gudur et chez les Giziga par exemple.

Entraînent des souillures les sécrétions du corps - excréments, sang des règles pour les femmes - et surtout l'acte sexuel. La femme est donc particulièrement liée à l'impureté. Elle est, par sa nature même, source de *madama*. Aussi des prescriptions codifient-elles l'émisssion ou l'exécution des sécrétions corporelles afin de limiter les risques : elles ne peuvent avoir lieu que dans un cadre précis : la maison, le clan. Certains *madama* sont légers : les souillures par déjection étourdie des petits enfants, ou par présence de femmes étrangères au clan, ayant leurs règles ou venant d'avoir des relations sexuelles avec leur mari.

Ces manquements ont des conséquences que l'on pourrait qualifier de matérielles. Tout se passe comme si *madama* entraînait la production d'une substance invisible - comparée parfois à une toile d'araignée - se développant d'abord à l'intérieur de la maison et y gênant l'action des ancêtres. Aussi les esprits familiaux sont-ils présentés comme les premiers adversaires de ces *madama* dont ils ont horreur, frappant de maladie les membres de la maison l'un après l'autre, jusqu'à ce qu'une chasse au *madama* ait été entreprise. Il appartient au chef de maison, averti des dégâts que la souillure est en train de produire, de remettre en état sa concession en faisant appel à un devin, *mbidla*, ou, de façon plus spécialisée, à un purificateur, issu du ou des quelques clans qui, sur chaque chefferie, ont l'exclusivité de cette tâche, soit qu'ils soient arrivés les derniers dans la chefferie - Sidaway à Wazang par exemple - soit qu'ils descendent d'un ancêtre exclu du clan détenant le pouvoir - Zengene, jadis Mandzah, à Durum - soit enfin que leur clan soit considéré comme autochtone - Siler à Wazang. Le choix de ces clans placés en situation d'infériorité est révélateur de la répugnance inspirée par *madama* (28).

Après *mogurlom* les chefs de famille aisés, dont la maison et la bière avaient été appréciées de nombreux visiteurs, font souvent venir par précaution un purificateur afin d'effacer la trace de ces souillures involontaires, presque impossibles à éviter, qui constituent le revers de la fête. Il semble que ce soit aussi des petites souillures qui, dans chaque maison ayant offert un taureau *maray*, menacent la qualité des morceaux de viande mis en réserve en vue de *marza*, l'offrande finale aux ancêtres. Une purification s'impose, mais cette fois elle fait partie de la fête *maray* elle-même, dont elle constitue, on l'a vu, la phase ultime.

Il existe toutefois des *madama* beaucoup plus graves. Ceux-là ne se contentent pas de contaminer une famille restreinte : leurs conséquences peuvent s'étendre d'abord à tout le clan des fautifs, puis à l'ensemble de leur chefferie, car ces souillures sont contagieuses (29). Qualifiées de "grandes souillures" elles sont causées uniquement cette fois par des relations sexuelles interdites. "*De telles conduites gâtent la montagne*", *menksey*, "gâter", signifiant littéralement : "être usé, hors d'usage, partir en lambeaux". Ces souillures font éclater l'unité de la chefferie.

Si ce sont des "frère" et "soeur" de clan qui se sont unis ils commettent une impureté de type spécial appelé *mazurday*. On finit par s'en apercevoir, soit que le ventre de la jeune fille s'arrondisse et qu'elle avoue le nom du père de son enfant, soit que, sans enfant conçu, l'un ou l'autre des coupables tombe malade et, pris de peur, avoue ce qu'il a fait. La faute est si grave qu'elle entraînait dans le passé la condamnation des coupables à une mort atroce (30). Parfois la mise à mort était commuée en exil définitif des coupables sur une autre montagne, en prenant toujours soin de les chasser vers l'ouest, "*très loin, de telle façon qu'on ne puisse plus les revoir*". On pouvait aussi les faire disparaître en les vendant comme esclaves.

L'essentiel est de libérer la montagne de leur présence physique et donc de cette souillure qu'ils portent en eux. Ce n'est pas là un choix mais une obligation. On provoque ainsi le "renvoi", l'"expulsion" de la souillure : celle-ci n'est pas le mal absolu puisqu'on peut s'en débarrasser.

La faute est presque aussi grave - mais le moyen de la traiter identique - si des relations sexuelles ont lieu entre un homme et la femme de son frère de clan : les Mofu les distinguent des relations que celui-ci pourrait avoir avec la femme de n'importe quel voisin appartenant à un clan différent du sien. Il n'y aurait là qu'adultère banal, sans *madama*, donc moins dangereux. Dans le premier cas au contraire il faut affronter la situation et "renvoyer le *madama*".

Une dernière forme de "grande souillure" est commise par les hommes qui, en dehors de leur chefferie pourtant, ont des relations sexuelles avec les femmes étrangères des plaines, giziga parfois, mais surtout peules. Tant qu'ils restent loin de chez eux leur conduite n'a pas de conséquences mais une fois revenus sur leur montagne ils risquent de tomber malades - c'est pourquoi certains préfèrent ne plus jamais revenir chez eux - et, après eux, tous les habitants du *ngwa*.

L'arrêt des pluies représente la conséquence la plus redoutée de ces "grandes souillures". *"Un grand madama gâte la montagne et peut empêcher la pluie de tomber"*. Ce souffle brûlant du *madama* dessèche et détruit : *"Si on garde les fautifs sur la montagne il ne pleut pas, il n'y a pas de mil. Si l'on met de l'eau sur les pierres "enfants de pluie", il ne pleut pas ! Si on donne le mil aux ancêtres, ils n'en veulent pas..."*. Les premiers irrités sont en effet les ancêtres, non pas les ancêtres du coupable, mais l'ensemble des ancêtres appartenant à tous les clans. Cela signifie que les *mbolom*, les esprits de la montagne, adoptent la même attitude, ce qui s'explique aisément puisque, selon les Mofu, les ancêtres éloignés finissent par se fondre dans le *mbolom* le plus proche. Des pluies insuffisantes, alors que la saison est déjà installée et que les jeunes plants de mil ont besoin d'eau, sont le signe qu'il faut "purifier la montagne" en "renvoyant *madama*".

Le prince intervient dans toutes ces expulsions de "grandes souillures". On l'avait déjà vu à la fin du *maray* orchestrer la purification collective du *ngwa*, chaque famille se débarrassant à son appel des souillures accumulées à l'occasion de la fête et menaçant la viande du taureau encore à offrir. Cette fois le prince décide - après avoir consulté toutefois l'assemblée des anciens - et contrôle la purification de toute sa terre, à l'aide d'une victime animale - un mouton nécessairement - fournie parfois par lui, plus souvent par les coupables. C'est là qu'il se pose à nouveau en chef religieux de sa communauté.

Le sacrifice a lieu un matin de bonne heure *"au sommet de la montagne"*. Le prince égorge lui-même le mouton en un lieu spécialisé, une dalle rocheuse située dans l'enceinte du château, *pray madama*, "la roche de la souillure" sur laquelle le sang doit couler (31). En égorgeant la bête, on lui tourne la tête vers l'ouest. Le sacrifice est destiné au plus grand des esprits de la montagne, celui que le prince dessert personnellement, et il se poursuit par la purification matérielle du terroir, *dala*. Le schéma en est le même sur les trois chefferies. Le contenu de la panse du mouton sacrifié est partagé entre deux purificateurs dont l'identité n'est pas indifférente : il s'agit de deux dignitaires de la chefferie, *maslay*, "l'homme de la terre" et son assistant *gurpala* . Ils se rendent ensemble à l'extrémité du terroir où le soleil se lève puis se séparent. A Wazang ils vont ainsi à M'Bozo; à Duvangar ils se rendent sur la montagne des Dongoza (32). Ensuite chacun des purificateurs remonte les limites, de la chefferie, *kokwi*, en marchant vers l'ouest, tout en projetant des pincées d'herbe digérée, d'abord à l'intention de l'esprit de la montagne, *mbolom*, du prince puis de tous les petits *mbolom* que le *mbolom* du prince commande, et dont le purificateur traverse la terre. En même temps, à haute voix, il interpelle la souillure, la sommant de quitter ces lieux. Des deux côtés la souillure est donc rabattue, telle un gibier invisible, et poussée vers la seule direction où il soit possible de la mener, l'ouest. Les purificateurs se rejoignent alors et se séparent : leur tâche est accomplie. Il n'est pas question pour eux de sortir des limites du terroir et de se préoccuper des voisins, *"puisque là-bas ils ont leurs propres esprits de la montagne"*. Chaque chefferie représente en effet une unité de purification et même Gwoley conquise par Duvangar ne peut être débarrassée de la souillure qu'à la décision de son petit prince et par ses propres purificateurs. L'étude des modalités de la purification représente donc une nouvelle façon de cerner l'extension et la réalité du pouvoir du prince.

Chez les autres Mofu-Diamaré le rôle du chef de montagne ne s'étend pas comme ici à la purification de l'ensemble de la "montagne". On retrouve pourtant chez les Gemzek, les Mowosl et les Mikiri le même "renvoi" de la souillure, dernière phase là aussi de la fête du taureau, mais cette purification commune n'est prise en main par personne. De même en cas d'inceste clanique, explique-t-on à Meri, si la réaction d'horreur est identique - les coupables, expulsés, doivent prendre le chemin de l'exil - les conséquences matérielles sont moins importantes : seul l'esprit de la montagne dont la terre a été souillée recevra un sacrifice. A l'intérieur du massif de Meri aucun des autres chefs de *mbolom* n'est concerné puisque, parmi ces voisins juxtaposés, aucun ne peut se dire supérieur aux autres.

d) les interventions du prince dans le culte individuel aux ancêtres

C'est sans doute par le biais du culte individuel aux ancêtres que se manifeste le mieux l'étendue du pouvoir du prince mofu dans le domaine religieux. Même lorsqu'un montagnard veut offrir un sacrifice à son père défunt il lui faut bien attendre le plus souvent l'ordre de son prince. Dans le culte rendu par chacun à ses ancêtres figurent en effet des sacrifices occasionnels, décidés par lui seul après consultation d'un devin, par exemple, en cas de maladie d'un des membres de la famille. Les autres sont des sacrifices réguliers qui ne peuvent être offerts que lorsque l'ordre du prince en a été répercuté de quartier en quartier.

Un chef de famille doit en effet à ses ancêtres des sacrifices liés aux étapes de la consommation de son mil, et du moment qu'il n'a plus son père vivant il se trouve desservant d'un culte rendu à ses ancêtres. Entre eux et lui existe un lien généalogique direct, de plus en plus ténu cependant car ce culte remonte cinq générations à travers lesquelles sept ancêtres sont privilégiés, cinq ancêtres masculins et deux ancêtres féminins.

Parmi ces ancêtres, le plus proche dans le temps du maître de maison, *baba*, "le père", occupe une place importante. Les devins aiment à le présenter comme le plus actif des "esprits de la maison", *kuli ma ay*, représentés également par l'esprit du grand-père défunt, *magamza*, et celui du père du grand-père, *mbolom mavom kuley*, spécialement chargé de veiller sur le mil.

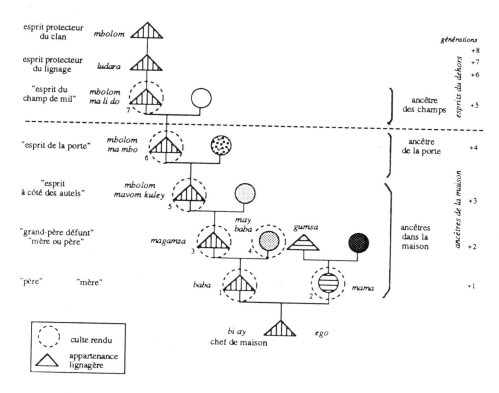

Tableau 21 Culte rendu par un "chef de maison" à ses ancêtres dans les chefferies de Duvangar, Durum et Wazang

Au père défunt est offert le sacrifice d'ouverture du grenier, *mi ma do*, littéralement "bouche du mil", d'où le "début du mil". Il a lieu à la "lune sept", en mai-juin, lorsque le maître de maison veut commencer à manger le mil qu'il a récolté quelques mois auparavant et auquel il n'a pas encore touché (cf. Tableau 19 : "Calendrier lunaire et religieux").

Le sacrifice appelé *bizi dey* (littéralement "racine (du) grenier", "fin du grenier"), marque la fin de la consommation du mil de l'année et a lieu quelques mois plus tard. On l'offre avant le battage individuel du mil. Autrefois celui-ci avait lieu à la dernière lune du calendrier mofu, appelée précisément "lune de derrière l'aire à battre", correspondant à octobre-novembre. *Bizi dey* se situait alors, comme *mogurlom*, deux lunes plus tôt qu'aujourd'hui.

Le prince de montagne intervient d'abord pour le sacrifice d'ouverture du grenier. En apparence chaque "chef de maison" est libre d'entamer à sa guise ses réserves de grains : les dates d'ouverture varient entre la "lune trois" (janvier-février) et la "lune sept" (mai-juin). Chacun livre à la consommation familiale le mil récolté par sa ou ses femmes, prolongé par du mil acheté au marché.

Toutefois, pour entamer le contenu de ses propres greniers, il lui faut avoir célébré le sacrifice de "début du mil", *mi ma do*, et là, il doit attendre le signal de son prince. Celui-ci bat d'abord son propre mil et offre un sacrifice solennel à ses propres ancêtres. C'est alors qu'on frappe les tambours chez le prince. Ainsi est signifié le début de la période favorable à la célébration des sacrifices d'ouverture de grenier. C'est seulement à l'intérieur de celle-ci que chaque chef de maison pourra exercer sa liberté et déterminer le moment de son sacrifice. Il le fera en fonction de l'abondance de son mil de soudure acheté au marché, donc en fonction de son aisance sur le plan économique et de son rang social. *"L'époque où on fait mi ma do dépend de la richesse de chacun. Plus on est riche, plus on le fait tard"*.

L'ordre du prince est à nouveau attendu lorsqu'il s'agira d'offrir le sacrifice, *bizi dey*, "fond (du) grenier". *"Tant que le prince n'a pas fait crier bizi dey personne ne peut faire le sien, qu'il soit du clan du prince ou non"*. *Bizi dey* a toujours lieu après la fête *mogurlom* : celle-ci marquant le renouvellement de l'année, le mil dans le grenier est considéré comme vieux d'un an, ainsi que le réclament les ancêtres. Ainsi en décidant des dates de sacrifices liés au mil c'est en réalité sur la consommation de ce mil que le prince a la possibilité d'exercer son contrôle.

1 - DECISIONS DANS LE DOMAINE RELIGIEUX

Notes des pages 333 à 358

(1) Cette relation de commandement, se traduisant par des ordres suivis d'exécution, ne se rencontre pas dans toute société : en Amérique du Sud on peut être chef sans l'établir. "S'il est quelque chose de tout à fait étranger à un Indien c'est de donner un ordre ou d'avoir à obéir", (P. CLASTRES, 1974, p. 12)

(2) Les chrétiens mofu dans leur traduction de la Bible ont choisi le mot *mewey* pour rendre l'expression "la loi", "les commandements", de Moïse par exemple : *"mewey ma Moïse".*

(3) J.F. VINCENT, 1975, pp. 184-205, P. FUCHS, 1974, pp. 201-203. Sur le signal de la "fête du boeuf" donné par le "chef de village" cf. J.Y. MARTIN, 1970, p. 128

(4) Cf. Annex. chap. V: "Les phases de la lune vues par les Mofu"

(5) Un Mofu tournera spontanément une cuiller dans une casserole dans le sens inverse du "sens des aiguilles d'une montre", étonné de constater que pour un Français ce sens est le seul "normal"

(6) Pour reprendre l'expression de G. Le Moal qui, chez les Bobo du Burkina, a observé le caractère également codifié de cette fabrication (inéd.1982).

(7) Par contre chez les Bobo le "compte à rebours" part du début de la cuisson de la bière et ne porte que sur trois jours (G. LE MOAL, inéd.1982).

(8) Ainsi le prince de Wazang vu le 16 décembre 1979 nous expliquait que pour que la bière soit prête le jour de *mogurlom* - prévue cette année-là pour le lundi 24 décembre - les chefs de quartier avaient commencé à partir du 11 décembre à annoncer aux femmes de "mettre leur mil dans l'eau". Et il avait calculé qu'il ferait crier le vendredi 21 décembre son ordre d'écraser le mil germé.

(9) cf. Planche XVII Photo 1, "Purification des femmes et des enfants par le feu durant la nuit de *mogurlom*"

(10) cf. Planche XVII Photo 2, "Un des tambours de la chefferie de Wazang"

(11) Perceptibles pour le seul prince dominant sa chefferie, et que nous avons pu contempler en 1968 et 1979 du haut du château de Wazang. Nous avons pu aussi observer la célébration de *mogurlom*, vue du côté des simples sujets, à Wazang en décembre 1985.

(12) Le décalage d'un mois entre la célébration de la "fête de l'année" chez Gemzek et Zulgo explique le décalage de leurs calendriers : chez eux l'année commence par cette célébration. La "lune 1" est forcément différente de part et d'autre

(13) J.F. VINCENT, à par. 1990

(14) Il existe pourtant, chez les Dogon, ou les Bobo par exemple (D. LIFSZYK et D. PAULME, 1935, p. 95, G. LE MOAL, 1980, p. 110)

(15) Les Mada par exemple, (enqu. J.F. VINCENT, 1970).

(16) Sur le rôle et l'importance des devins; cf. J.F. VINCENT, 1971 p. 109-113

(17) cf. Illustr. chapit. V, Planche XVIII, Photo 3 : "Mise à mort d'un taureau chez le prince de Gwoley "

(18) Pour une première description du *maray*, cf. J.F. VINCENT, inéd. 1972. Par sa complexité liturgique, le nombre de ses acteurs, son importance familiale, clanique et économique, la fête mofu-Diamaré du taureau mériterait une analyse minutieuse. Son étude a été effectuée chez les Mafa par J. BOISSEAU (1975) et, récemment, chez les Zulgo et Gemzek par Ch. Von GRAFFENRIED (1984).

(19) cf. Planche XVIII, photos 4 et 5: "Mâts de *maray* chez le prince de Mangerdla et celui de Gwoley "

(20) On peut rapprocher ces mâts d'honneur mofu, *mutatis mutandis*, de ceux plantés aujourd'hui encore dans le centre de la France, devant la maison de ceux qui ont réussi leur élection au conseil municipal. Le langage muet est le même : souligner l'accès à un statut particulier dans la hiérarchie sociale.
(21) J. BOISSEAU, 1975, p. 45, p. 48, et p. 37
(22) Ce mot *mbolom* ne se retrouve pas dans les autres langues mofu-Diamaré qui, toutes, emploient avec quelques variantes le même terme *skal*, *skar*. Les Mofu-Gudur croient eux aussi en un esprit de la montagne qu'ils nomment d'un terme encore différent, *halay*.
(23) On trouve de nombreux équivalents aux *mbolom* dans diverses sociétés africaines. Ils seront présentés au chapitre VIII (1-11)
(24) Cf. Planche XXVII, photo 1, "Autel de grand *mbolom* en situation dominante"
(25) On notera les nombreuses ressemblances entre ce sacrifice et ceux que les Beri du Tchad et du Soudan offrent à un esprit de la montagne (M.J. TUBIANA, 1979, pp. 146-153).
(26) E. DURKHEIM et M. MAUSS, 1903, p. 70; R. HERTZ, 1909, p. 575
(27) *hadama* en mofu de Molkwo, *dueke* en mofu de Gemzek, etc...
(28) Chez les Mofu-Gudur où les forgerons sont castés ce sont eux qui se chargent de la purification.
(29) Cette contagion de la punition atteignant "l'ensemble de la communauté qui se trouve en quelque sorte contaminée" se rencontre en diverses sociétés africaines (A.R. RADCLIFFE-BROWN, 1964, p. XVII)
(30) Sur ce châtiment cf V-52
(31) Cf. Planche XIX, photo 6 : "Sacrifice de purification effectué au château de Wazang"
(32) Cf. Annex. chap. II, "Cartes du terroir de Duvangar et de Wazang".

2. LES DECISIONS CONCERNANT LA TERRE DE LA CHEFFERIE

A chaque chefferie correspond, on l'a vu, un ensemble de terres, *dala*, délimité de façon précise, qui en constitue la projection matérielle. Entre ce terroir et les hommes qui l'habitent aujourd'hui le prince joue un rôle privilégié : la terre est pour lui un moyen de manifester son emprise sur ses sujets, de traduire concrètement son pouvoir. Les décisions du prince concernant la terre et la coloration que l'on pourrait qualifier de "laïque" de cette autorité apparaissent comme originales, et elles se distinguent du rapport à la terre de nature différente, entretenu par les "chefs de "montagne" mofu-Diamaré environnants.

a) droits du prince sur la terre cultivée

Pour les Mofu la définition de la place du prince dans la société passe par l'affirmation de son pouvoir sur les terres de la chefferie. *"C'est lui qui commande tous les gens, c'est sa terre". "Bi ma dala c'est celui qui commande le pays".* Le prince est *bi ma dala*, "chef du terroir", "chef de la terre". L'autorité sur les hommes passe par la libre disposition de la terre, mieux par un lien personnel, direct, entre le prince et cette terre, tout comme dans les grandes chefferies giziga, à Muturwa par exemple, le *boui* est présenté comme "l'unique maître de la terre" (1).

C'est à dessein que nous n'employons pas l'expression "chef de terre", utilisée par des générations d'ethnologues, car elle nous paraît équivoque aujourd'hui. Le mot "terre" y renvoie tantôt au sol et à sa réalité palpable et matérielle : le "chef de terre" désigne alors un homme au statut particulier, considéré comme proche de la terre, lié à elle car descendant généralement des autochtones ou du clan le premier installé, ce qui lui donne des pouvoirs spéciaux. "Terre" peut aussi être employé dans le sens de "terroir délimité", "pays", et le "chef de terre" est alors le détenteur du pouvoir politique (2). Il existe aussi, il est vrai, des cas où le même homme est "maître du sol" et "chef du pays", situation qui serait en Afrique de l'ouest presque aussi courante que la séparation des deux fonctions (3). Dans ces deux sens très différents, le "chef de terre" a donné lieu à de nombreux développements ou études, auxquels nous ne ferons allusion que dans la mesure où nous pourrons ainsi préciser et faire mieux ressortir la réalité du pouvoir du prince mofu sur sa terre (4).

L'histoire de chaque chefferie mofu se construit autour de la répartition des terres : les immigrants n'ont aucun droit sur elles au début, les trouvant entre les mains du clan autochtone ou premier arrivé. Leur souci immédiat est donc de se faire attribuer de la terre, au besoin en trompant ou en séduisant le naïf occupant. Ils parviennent ainsi non seulement à acquérir des droits sur des terres, mais à inverser le rapport entre la part de l'autochtone et la leur, devenue la plus importante et qu'ils bornent alors soigneusement. Ce renversement marque symboliquement le triomphe des immigrants dont le chef devient le maître de la nouvelle chefferie, et c'est à ce titre que l'ensemble du terroir passe sous son autorité. Toutefois cette division initiale n'est que le premier acte d'un morcellement progressif du terroir, au fur et à mesure de l'installation de nouveaux venus.

L'attribution de terre n'est pas seulement celle de champs, de moyens de production. Elle permet surtout aux arrivants de s'intégrer à la chefferie, de s'y fondre, de tisser des liens avec elle, de s'y enraciner de telle façon que son territoire devienne "leur" terre. Cette appropriation est donc en même temps identification, mais identification progressive, dans laquelle il faut laisser le temps jouer son rôle. Les exilés de Wazang qui ont fondé à Ngwahutsey leur chefferie il y a un demi-siècle précisent : *"Nous avons trouvé la brousse ici; nous l'avons cultivée. Maintenant nous y sommes installés, mais notre dala, notre terre est toujours à Wazang. Peut-être nos enfants qui sont nés ici pourront dire, eux, que leur terre est à Ngwahutsey..."* (5). Pour transformer une terre en "sa" terre il faut en même temps lui donner petit à petit ses limites, au besoin en les fixant par la force auprès des voisins. Cette nécessité fait dire aux habitants de Wazang que les Peuls de M'Bozo, leurs voisins depuis une soixantaine d'années, *"n'ont pas de terre ici, car ils n'ont pas fait leurs limites. Seuls les montagnards avaient fait les leurs"*. De la même façon encore les Mofu parlant des Giziga en exil à Dulek, sur la terre des Dugur, remarquent : *"La terre des Giziga est à Marva, pas ici"*.

Le schéma de l'installation d'un clan dans une chefferie déjà constituée est celui d'une entrevue entre le prince et un homme seul - donnant naissance ensuite à une nombreuse descendance - parfois entre le prince et un groupe, à qui il indique une place précise dans sa chefferie. Ce faisant il lui "donne de la terre". A Wazang certains racontent en ces termes l'installation des Wuley originaires de la chefferie voisine de Masakal, à qui le prince de l'époque attribua le lieu nommé Patsar, ou encore celle des Medey venus du sud et du pays Gudal sous la conduite de leur ancêtre Getemke, *"au temps du chef Bi-Leleng"*, et qui, bien accueillis par lui, sont envoyés à Makabay, endroit jusque-là non défriché. Dans ces cas d'installations très anciennes l'attribution de terres a lieu directement, du prince à l'immigrant. Parlant avec des habitants de la chefferie de la façon dont leurs ancêtres ou eux-mêmes en sont devenus membres à part entière, nous n'avons recueilli que des récits d'entrevues positives : les différents princes avaient accédé à ces demandes de terre. Aurait-il pu en être autrement ? Des cas de refus n'ont pu être relevés, ce que les Mofu estiment normal car *"un prince veut que son village s'agrandisse"*. Il ne peut, selon eux, que souhaiter que les habitants de sa chefferie soient toujours plus nombreux et se réjouir de nouvelles arrivées.

Une autre possibilité de fragmentation du terroir se situant dans les premiers temps d'existence de la chefferie est représentée par l'attribution de terres à un parent du prince, appartenant au même clan mais partant s'installer à l'autre bout du terroir, Mangerdla à Durum, Meftek à Wazang par exemple. Cela permet à leurs descendants de dire : *"Ici, c'est ma terre que nous avons partagée avec le prince"*.

Une fois que les quartiers ont été créés, chacun avec son clan fondateur, le processus de l'installation se complique car le doyen de ce clan apparaît, par la décision du prince, comme un responsable de la terre. *"Cette terre lui appartient complètement"*, précise-t-on même. Une succession pyramidale de "responsables de la terre", tous "chefs de la terre", *bi ma dala*, s'est constituée. Il faut insister cependant sur le fait que le terme *dala* possède une valeur collective et ne peut s'appliquer qu'à un territoire commun, même exigu. Jamais *dala* ne désignera les champs d'un chef de maison particulier; *"on ne peut pas dire dala d'un Tel"*. Cette juxtaposition se traduit par le découpage du terroir de la chefferie en terres de tailles diverses. Ces divers "chefs" néanmoins dépendent en dernier ressort et de la même façon du grand *bi ma dala*, le prince.

Les terres de Wazang sont ainsi divisées en six grandes terres, correspondant aux quartiers de cette chefferie, et chaque chef de quartier, comme le rappelle Amadzi, chef du quartier de Meftek, est en droit de dire : *"Ici, c'est ma terre; c'est moi qui commande"*. Dans les grandes chefferies des quartiers sont pluriclaniques, aussi les terres du quartier, à l'image de celles de la chefferie, sont-elles divisées à leur tour entre plusieurs segments lignagers ou *gwalay*, appartenant à autant de clans différents : six à Gabo et autant à Makabay, quartiers de Wazang, par exemple (cf. Tableau 4 : "Clans et cellules familiales dans les quartiers de Wazang"). Chaque *gwalay* possède lui aussi son terroir, son *dala*, placé sous l'autorité de son doyen : Kankan gère la terre des Blenge à Makabay de Wazang, tout comme Whadamay celle des Laway dans le quartier Matsaray. Entre les différents *dala* existent donc des rapports d'inclusion : il n'y a qu'un *dala*, celui correspondant à la chefferie, mais ce *dala* se décompose en *dala* de quartiers et eux-mêmes en *dala* de segments lignagers, les uns s'emboîtant dans les autres. De la même façon chez les Bamoum de l'ouest du Cameroun le mot *ngu*, désignant à la fois la "terre" et "le groupe organisé qui l'occupe", s'applique à des unités emboîtées : le village d'un chef de lignage est *ngu* tout comme le royaume lui-même (6).

Le pouvoir de tous ces hommes sur la terre - du prince au petit responsable de segment lignager, en passant par les chefs de quartier importants - leur vient des liens qu'ils entretiennent avec l'esprit de la montagne, *mbolom*, et dont ils sont les desservants, qu'il s'agisse du puissant et redoutable *mbolom* du prince, ou du petit *mbolom* lignager. Ce lien entre "maître de la terre", "chef de la terre", "chef de terre", et esprit des lieux est très fréquent en Afrique, ainsi que nous l'avions déjà remarqué lors de nos études sur les Hadjeray du Tchad. On le trouve aussi bien chez les Bariba du Dahomey ou les Asna hausaphones du Niger que chez les Mundang du Tchad (7).

Pour les Mofu *"chaque mbolom a sa terre"*, dont sans doute l'extension varie considérablement, mais qui ne dépend que de lui. Aussi est-ce à un *mbolom* précis qu'un sacrifice sera offert si une chasse - une capture de panthère par exemple - est organisée sur la terre de tel quartier. Le culte qu'un desservant rend à "son" *mbolom* fait de lui un *bi mbolom*, et le lien entre un *mbolom* et une terre transforme son desservant en "chef" de cette terre. Toutefois les pouvoirs de l'un et de l'autre sont des pouvoirs délégués. Le *mbolom* lignager est qualifié de "représentant" du grand *mbolom* de la chefferie. Il est "commandé" par lui, tout comme son desservant, placé sous l'autorité du prince, ne dispose pas d'un champ autonome de décision.

Concrètement, comment cela se traduit-il ? L'immigration d'agriculteurs totalement nouveaux a été rare en ces chefferies au cours du XIXème siècle en raison de la menace peule, et son rythme s'est peu modifié dans les premières décennies du XXème siècle. Notre recensement effectué en 1969 établissant l'origine des hommes adultes de la chefferie de Wazang découvrait ainsi que 93 % d'entre eux (404 sur 434) étaient nés dans la chefferie (encore, parmi les 7 % d'immigrés, 67 % provenaient-ils de Durum et Duvangar) (8). A Duvangar, Durum et Wazang les vrais immigrés - peu nombreux mais néanmoins en augmentation depuis une quinzaine d'années - sont en fait des voisins, généralement montagnards mais pas toujours mofu-Diamaré. La chefferie de Duvangar assiste depuis quelques années sur son piémont à une lente infiltration des gens de Durum, cependant que le long de la Tsanaga, la plaine de Durum, Gabaga, est colonisée par les Mofu-Gudur et les Mafa les plus proches. On observe aussi dans chaque chefferie d'assez nombreux mouvements de population de quartier à quartier : à Wazang en 1969 17 % des hommes adultes étaient nés dans un quartier différent de celui où ils vivaient. Ils constituaient des immigrés d'un genre particulier, ayant effectué la plus courte des migrations, interne à la chefferie, qui les avait néanmoins obligés à se procurer de nouveaux champs, tout comme de véritables étrangers.

Pour s'installer sur une terre il faut demander la permisssion de la défricher au "chef" de cette terre, mais auquel ? Peut-on s'entendre directement avec le responsable du *mbolom* "couvrant" cette terre ? Ou faut-il le négliger en allant trouver le chef du quartier à l'intérieur duquel ce petit terroir est inclus ? Impossible : "*Le nouvel arrivant va demander d'abord au grand chef : 'Voilà ! Je voudrais m'installer là où vous commandez', ou bien il va voir le chef d'un grand quartier et tous deux vont voir le prince*". "*La terre du chef de quartier est sa terre à lui, et pourtant ce n'est pas à lui que les autres clans ont demandé la permission de s'installer mais au prince de la montagne*". Le prince est celui qui - lui ou l'un de ses ancêtres - "*a installé tous les autres*".

Aujourd'hui comme autrefois le schéma est donc le même, car dans les trois chefferies il reste de la terre vierge, ce qui n'est pas le cas chez certains montagnards, les Ouldeme par exemple connaissant une densité humaine très élevée de plus de 200 habitants au kilomètre carré (9). Le chef de *mbolom* n'est au mieux que l'intermédiaire, l'intercesseur; le prince, seul, "*donne la permission*" à l'étranger, souvent après avoir convoqué le chef de quartier et avoir vu avec lui en quelle partie du quartier loger le nouveau venu. Il lui indique à quel endroit il avait pensé mais il ne fixe pas de limites précises : au nouvel arrivant de se tailler ses champs en les prélevant sur la brousse à la force de sa hache. Chez les Mundang les droits des "chefs de terre", doyens des différents clans, semblent plus importants que ceux des chefs de segments lignagers et même que ceux des chefs de quartiers mofu. Sans doute, c'est d'un roi qu'ils ont reçu jadis l'autorisation de défricher la terre, mais ils sont devenus ainsi les "chefs de terre" de cette zone que nul ne peut cultiver sans leur permission et qu'ils accordent sans en référer à leur roi, semble-t-il (10).

Pour les Mofu l'accord avec le prince est le seul qui compte. Les montagnards de Duvangar, en voyant leurs voisins de Durum franchir le cours d'eau de Primamba marquant la limite entre les deux terroirs et venir à partir de 1980 construire leurs maisons sur ce qu'ils considéraient comme leur terre, se sont enquis incrédules : *"Avez-vous demandé la permission au prince de Duvangar ?"*. La réponse : *"Est-ce qu'il y a deux princes ?"* était éloquente. De part et d'autre on était d'accord sur la nécessité d'obtenir l'accord du prince ayant pouvoir sur cette terre, avant une installation définitive devant aboutir à la construction de maisons, mais chaque partie estimait que cette portion était placée sous l'autorité de son propre prince. Le prince est en effet le seul vrai *bi ma dala*. Il est *"le propriétaire de la montagne"*, traduisait même pour nous le jeune prince de Durum de façon lapidaire.

Entre son terroir et lui le lien est si fort qu'il ne doit pas passer la nuit ailleurs. Cet interdit obligeant le prince à rester sur sa terre se retrouve dans toutes les chefferies où on l'explicite dans les mêmes termes : *"Le prince ne peut pas traverser les limites de sa terre ; il ne doit pas sortir de sa terre"*.

Pour installer chez lui un étranger le prince ne demande pas d'argent. Tout juste acceptera-t-il plus tard un coq et la bière en témoignage de reconnaissance. Cette terre qu'il a accordée - et non vendue, tous insistent là-dessus - ne peut plus ensuite, normalement, être reprise par lui mais nous avons relevé des exceptions. Pourtant on affirme qu'il est impossible au prince d'*"arracher un champ à celui qui est encore sur son territoire"*.

L'homme qui a reçu de la terre - ou dont l'ancêtre a reçu de la terre - se comporte vis-à-vis de cette terre comme un propriétaire : tant qu'il ne quitte pas la chefferie, et s'il ne s'endette pas en mil, il n'a de comptes à rendre à personne concernant ces champs. Non seulement il ne verse aucune redevance qui leur serait directement liée (11), mais il les transmet à ses enfants : ses champs, défrichés par le premier de ses ancêtres avec l'accord d'un *bi mbolom*, possèdent en effet leurs propres limites, marquées au besoin par des bornes de pierre, comme les terroirs de quartier, et, au-delà, comme ceux de chefferie. Le "propriétaire" en partagera une partie entre ses fils au moment de leur mariage, mais à sa mort son aîné sera largement avantagé, suivant la règle inégalitaire - luttant contre l'émiettement des terres - qui, chez les Mofu, oblige les cadets à trouver ailleurs d'autres champs (12).

L'aîné seul "mange la maison" et les champs qui l'entourent, et la faim de terre de ses cadets peut les pousser à quitter leur quartier d'origine pour un quartier voisin.

La terre se transmet de père à fils aîné, souvent plusieurs générations durant, et l'on comprend que ce type de relations entre les montagnards et la terre ait pu être considéré comme une véritable "appropriation individuelle de la terre" (13). En fait, pas plus que les *bi mbolom* ne possèdent en propre les terres protégées par "leur" esprit de la montagne, les paysans ne sont propriétaires de leurs champs. L'ancienneté de leur usage de cette terre n'a pas transformé leurs droits : ceux-ci sont exactement les mêmes que ceux d'un nouveau venu qui vient de recevoir un champ. *"J'ai des champs mais je ne fais que cultiver le mil dessus"*, expliquait Hagik de Durum. Tout agriculteur a reçu du prince une "permission", non une reconnaissance de propriété. Il lui est donc impossible de vendre son champ à un étranger. *"S'il veut partir un jour, il le fera... sans rien emporter : le champ restera là. Il lui est prêté seulement ; il n'est pas donné pour toujours"*. *"Lorsque quelqu'un s'installe à Wazang avec la permission du prince, il peut défricher ce qu'il veut et c'est à lui. Mais s'il s'en va... ce n'est plus à lui, même si depuis des générations la terre était cultivée par les ancêtres de cet homme"*. *"S'il part pour toujours et veut vendre sa terre à quelqu'un, le prince l'en empêchera"*.

"La terre revient toujours au prince", dit-on encore. Toutefois le prince lui-même ne peut être dit "propriétaire" de la terre de sa chefferie, n'en déplaise aux jeunes princes actuels. Les anciens le présentent seulement comme un gestionnaire à qui, de son vivant même, ce droit peut être retiré. Nous en avons pris conscience à l'occasion de l'islamisation du jeune prince de Wazang. Pour les vieux montagnards en effet *"à cause de cette conversion les champs de son père ne lui appartiennent plus. Il est d'une autre religion, donc il n'a plus droit à la terre. Les terres sont aux ancêtres : du moment que tu ne fais plus le sacrifice des ancêtres tu n'as plus droit aux terres qu'ils possédaient"*. Les liens que le prince entretient avec la terre ont beau être les plus étroits ils n'en sont pas moins de nature contractuelle, comme pour les chefs de quartier et les doyens de lignages, ou, à plus forte raison pour les "chefs de maison". Personne ne peut se dire propriétaire de la terre, sauf les entités supra-naturelles.

L'attitude vis-à-vis de la terre est la même chez les Gemzek. Chez eux non plus nul n'a le droit de *"défricher de la terre sans demander de permission"*, et c'est le "chef de montagne", *bi ngma*, en même temps responsable d'un culte à un esprit de la montagne, *skar*, qui l'accorde, sans réclamer aucun cadeau : il *"donne la terre pour rien"*. La chèvre qui lui est due sera seulement offerte par lui à ses ancêtres en un sacrifice qui ne sera plus renouvelé.

Aucun de ces "chefs de montagne" n'étant supérieur à ses voisins, on trouve non pas un seul détenteur de terre comme dans les grandes chefferies, mais plusieurs, juxtaposés. Togwoye, "chef de montagne" à Musro, installe chez lui les nouveaux venus, essentiellement des voisins M'Boko, et Mebiteme, "chef de montagne" à Mandzof, en fait autant sur ses terres. Malgré la plus grande surface de la montagne de Mandzof, plus peuplée également, il n'est pas question que Mebiteme aille donner son avis au chef des Musro. L'un et l'autre se comportent ainsi à la fois en princes et en doyens de lignage de grande chefferie. L'examen de la cession de la terre permet donc de préciser ce qui était déjà apparu à l'occasion des décisions de fêtes religieuses : l'absence chez les Gemzek - et le reste des Tsklam - d'un rouage institutionnel intermédiaire entre le "chef de montagne", correspondant au prince, et les "chefs de maison".

b) le prince initiateur des travaux des champs

Le "chef de terre" qui apparaît dans les études ethnologiques a pour principale fonction de donner le signal des travaux de la terre. Sans lui impossible à ses voisins, membres du même groupe, de nettoyer et préparer leurs champs, impossible surtout de semer, souvent aussi de récolter - le cas du "chef de terre" massa au Tchad est particulièrement net (14) - si bien que ces hommes sont parfois appelés "maîtres des cultures" dans les vieux rapports des administrateurs (15). Leurs responsabilités vis-à-vis de la terre n'en font pas nécessairement des chefs : ce sont souvent d'humbles cultivateurs que rien, chez les Massa par exemple, ne distingue des autres. Cette charge leur incombe en tant que premiers occupants des lieux : ainsi "l'homme de la terre" hadjeray est le doyen des "gens de la terre", les *bulon*, représentant la couche de peuplement la plus ancienne (16).

Chez les Mofu des grandes chefferies au contraire, alors qu'il existe des autochtones véritables, ou tout au moins des clans reconnus comme premiers arrivés, ceux-ci ne jouent aucun rôle observable vis-à-vis de la terre et c'est le prince mofu, descendant des envahisseurs, qui apparaît comme un "chef de terre", un "maître du sol". La dépossession des premiers occupants des lieux a été totale et définitive, tout comme chez les Samo du Burkina-Faso où les autochtones se sont vus dépouiller de leurs droits par les premiers arrivants qui se sont répartis ensuite les fonctions particulières dont la "maîtrise de la terre" (17). On peut discerner là une logique des institutions mofu selon lesquelles le prince désamorçait déjà le pouvoir des *bi mbolom*, les "chefs d'esprits de la montagne", en étant le seul à permettre une installation sur leurs terres. Cette fois les *bi mbolom* n'ont aucun rôle à jouer au moment des travaux des champs et c'est le prince qui donne le signal de ces travaux : seul, il contrôle les activités agricoles.

Le début du travail du mil commence avec le nettoyage des champs. Des plantes épineuses s'y sont développées après la récolte et elles doivent être arrachées avant le retournement de la terre à la houe. C'est l'ensemble de ces opérations de nettoyage que les Mofu parlant français désignent curieusement par le terme "cultiver", comme si ce nettoyage constituait l'opération essentielle aboutissant à la production du mil.

Pour entamer cette préparation du sol il faut un ordre du prince, faisant ainsi débuter la nouvelle année de travail. Comme pour le début de l'année ordinaire annoncé au cours de la fête, le prince s'exprime par la voix des tambours. Là encore cette frappe a lieu à la fin d'un sacrifice. Cette fois le prince est seul à l'offrir : il remercie ses ancêtres à l'occasion du battage et de l'ensilage de son mil (18), récolté sur ses plantations de fonction avec l'aide des hommes de tout un quartier tiré au sort. Le prince est le dernier de la chefferie à rentrer son mil dans ses greniers et tous insistent là-dessus. Tout comme dans une famille ordinaire le "mil des hommes" doit nécessairement être consommé après le "mil des femmes". Cette exigence formulée au niveau de la chefferie révèle la situation éminente de son responsable.

Une fois l'ensilage terminé et le sacrifice offert, quatre grands tambours de chefferie sont sortis de leur pièce et juchés au sommet des rochers auxquels s'adosse le château *"pour qu'on puisse les entendre de loin"*. Frappés par huit jeunes gens ils *"signifient que l'année est terminée"* et qu'une nouvelle année de travail commence : *"à ce moment-là seulement on peut nettoyer les champs"* et - association à première vue surprenante - *"jouer de la guitare"*. En faisant battre ses tambours le prince rappelle en effet à ses sujets que les travaux aboutissant à la production de mil commencent. Or musique et mil sont opposés. Certains instruments sont néfastes aux phases de sa croissance : la guitare, *ganzaval*, la petite flûte à trois trous, *ndirlay*, à la voix aiguë, ainsi que les contes traditionnels comportant des morceaux chantés - et assimilés à de la musique - pourraient entraîner une diminution du mil prêt à être battu mais pas encore ensilé, et ils sont donc interdits. C'est là une idée qui dépasse largement le groupe mofu-Diamaré et se retrouve chez les Mafa par exemple : même si la récolte a été abondante - se traduisant par un nombre élevé de paniers de grain connu du maître de maison - le mil peut diminuer, pense-t-on, au dehors et en dedans du grenier. Cette conviction apparaît dans le mythe d'origine et de transformation du mil connu dans la même zone (19). La frappe des tambours permet de se laisser aller à nouveau au plaisir du maniement de ces instruments et à celui du chant, mais pour une courte période allant jusqu'aux semailles, car cette fois c'est la pousse du mil qui pourrait être contrecarrée par leur usage (20).

En ouvrant la nouvelle année de travail - c'est aussi à partir de ce moment que peut commencer la réfection des habitations jusque-là interdite - le prince n'indique pas lui-même à ses sujets une date précise pour le début du retournement des champs. Ce début est conditionné par le travail gratuit, *mangawa*, qui lui est dû.

Les semailles sont subordonnées aux semailles chez le prince et déterminées par elles. On ne peut donc dire qu'il y ait véritablement un commandement du prince en matière de travaux des champs. A partir de la frappe des tambours lors de l'ensilage de son mil on observe seulement un enchaînement d'opérations, ressenti par les Mofu comme contraignant, ce qui explique la formule lapidaire si souvent entendue : *"on sème toujours au signal du prince"*.

Le prince se contente-t-il d'être présent aux différentes phases du travail gratuit que lui offrent ses sujets ou travaille-t-il en personne ? Et en ce cas doit-il travailler le premier ? La question n'est pas claire pour le nettoyage des champs où son rôle actif paraît seulement probable. Le doute provient sans doute de ce que l'entourage du prince est gêné à l'idée de le montrer travaillant de ses mains comme un homme ordinaire. Par contre pour les semailles il est établi que le prince sème en personne, ou en charge quelques-uns de ses enfants. "*Le prince sème devant sa porte, de très bonne heure*", le jour où il sait que les habitants de sa chefferie viendront lui faire son travail gratuit. Ils reprendront les gestes de leur prince, d'abord dans les champs de la chefferie puis dans les leurs, mais "*le prince en personne doit commencer*". De même, semble-t-il, il commence à couper lui-même quelques épis de mil, marquant le début de la moisson dans ses champs, ce qui là encore conditionne celui de toutes les moissons de sa chefferie. Par contre il ne joue aucun rôle lors de la consommation du mil nouveau, alors qu'ailleurs elle dépend parfois du maître de la terre", chez les Hadjeray par exemple (21).

En commençant ces opérations le prince mofu apparaît comme un "maître du sol", dont les gestes initiateurs ouvrent la voie au reste de ses sujets, leur permettant d'agir à leur tour. Toutefois il les exécute dans un contexte qui ne paraît pas religieux. Aucune référence n'est faite à une puissance supra-naturelle. Le prince ne procède pas à un sacrifice sanglant, il ne récite aucune prière comme le "chef de terre" massa, par exemple, qui, après avoir accompli le sacrifice d'un bouc dont le sang est répandu sur le sol, invoque le Dieu suprême, lui demandant d'accorder aux hommes de sa terre une bonne récolte (22). Il ne porte pas non plus sur l'autel de l'esprit de la montagne une offrande des prémices comme le fait le "maître de la terre" hadjeray (23).

Le prince mofu n'agit pas dans la logique qui est habituellement celle des "maîtres de la terre" : il n'est pas autochtone, né sur cette terre, de cette terre. Les liens qu'il entretient avec elle sont ceux d'un immigrant qui, parce qu'il a pris le pouvoir aux premiers arrivés, tente de se substituer à eux - c'est à lui de commencer les travaux des champs - mais sans affirmer l'existence d'un lien entre la terre et lui. Ce n'est pas à ce niveau qu'il recherche une sacralisation de son pouvoir mais dans son rapport à ses ancêtres, qui, au-delà de lui, se préoccupent de la chefferie tout entière.

Une rapide incursion chez les montagnards voisins permet de mieux cerner la spécificité des interventions du prince mofu. Seuls les gens de Dugur - à nouveau - montrent des institutions semblables : leurs princes ayant droit à du travail gratuit amalgament permission pour leurs sujets de se livrer aux travaux agricoles et entretien des plantations de la chefferie, tout en accomplissant eux-mêmes auparavant les principales phases du travail du mil : nettoyage des champs, semailles, récoltes.

Par contre chez les Meri et Gemzek - et, semble-t-il, dans l'ensemble des Tsklam - ainsi qu'à Mowosl et Mikiri la situation est différente. Le chef de montagne, *bi ngma*, affirme pourtant l'impossibilité pour les habitants de sa "montagne" de commencer les travaux des champs avant que lui-même ne les ait accomplis, situation analogue à celle des voisins montagnards Muktele chez qui la préparation des champs et les semailles du mil doivent être commencée par un "chef de la montagne" (24). Le chef de montagne meri s'y livre à la demande des habitants, le jour où ceux-ci sont prêts, et une fois qu'il a nettoyé ou ensemencé son champ ses voisins peuvent l'imiter dans les leurs. Chaque "montagne" se rassemble ainsi autour de son chef dans un joyeux ensemble. La prolifération des "montagnes" à Meri et à Gemzek limite la portée de ce geste : il n'a valeur que pour les habitants de cette "montagne". Sur le même massif de Gemzek, par exemple, Musro et Mandzof, ne se préoccupant que de l'initiative de leur chef, font le premier nettoyage de leurs champs à des jours différents. Ces "chefs de montagne" apparaissent ainsi comme des "maîtres du sol", mais, à la différence de ce qu'on observe dans les grandes chefferies leur pouvoir n'a pas de retombées économiques : ils n'ont droit à aucun travail gratuit, à aucune plantation de quartier.

2. DECISIONS CONCERNANT LA TERRE DE LA CHEFFERIE

Notes des pages 361 à 370

(1) J. FOURNEAU, 1938, p. 168
(2) Lors de notre étude de la société hadjeray nous avions déjà souligné la gênante dualité de cette expression appliquée aussi bien au "maître du sol" qu'au "chef temporel". Pour les Hadjeray seul le *moger*, le prince, peut être dit "chef de la terre", car "terre" signifie alors "pays", mais ils reconnaissent en même temps au doyen du *bulon*, "gens de la terre", des pouvoirs particuliers qui en font un "homme de la terre", un "maître du sol" (J.F. VINCENT, 1975, p. 149). Sur le caractère "équivoque" et "inexact" de l'expression "chef de terre", cf. également R. VERDIER, 1965, p. 333.
(3) H. LABOURET, 1941, p. 78.
(4) Toutefois - est-il besoin de le rappeler ? - il existe des sociétés africaines, les Somba du Dahomey par exemple, où aucun homme ne peut se targuer de liens spéciaux avec la terre (P. MERCIER, 1968, p. 272)
(5) Les Mofu rejoignent ainsi les juristes européens d'accord sur l'existence d'un *jus soli* : les enfants d'immigrés nés dans la nouvelle patrie de leurs parents sont d'office citoyens de ce pays.
(6) C. TARDITS, 1980, p. 285
(7) J.F. VINCENT, 1975, p. 148; J. LOMBARD, 1965, p. 51; G. NICOLAS, 1969, p. 212 ; N. ECHARD, 1975, p. 174; A. ADLER, 1982, p. 314
(8) Exploitation inédite de certains résultats de cette enquête : "Lieu de naissance des chefs de famille à Wazang en 1969"
(9) A. HALLAIRE, 1971, p. 48
(10) A. ADLER, 1982, p. 96.
(11) alors qu'une redevance annuelle a commencé à être versée par les Mofu pour des champs de plaine : à Wazang un montagnard versait annuellement en 1973 800 F. CFA pour un champ d'une "corde" (80 m. x 80 m.) loué par un habitant de M'Bozo
(12) Chez les Mafa c'est le dernier-né qui, au contraire, est l'héritier principal (J.Y. MARTIN, 1970, p.126). Toutefois cette institution d'un héritier favorisé ne se retrouve pas chez tous les montagnards : chez les Ouldeme - à la densité d'habitants pourtant particulièrement élevée - les champs d'un homme sont partagés entre ses fils de façon égalitaire (A. HALLAIRE, 1971, p. 48).
Notons que chez les Mofu une femme possède ses propres champs, donnés au début de son mariage par son mari, parfois le père de son mari. Après sa mort, ces champs reviendront nécessairement à son benjamin, (J.F. VINCENT, 1984, p. 15)
(13) A. HALLAIRE, 1971, p. 46 ; Ph. COUTY et A. HALLAIRE, 1980, pp. 25-27
(14) J. MOUCHET, 1937 ; I. DE GARINE, 1965, film *Chef de terre*
(15) C'est ainsi que les dénomment deux d'entre eux, signalant leur existence chez les montagnards Doayo de la région de Poli au Nord-Cameroun (L. SALASC et J. FLOCH, 1938, p. 74)
(16) J.F. VINCENT, 1975, p. 18
(17) F. HERITIER-IZARD, 1973, p. 123
(18) Sacrifice auquel nous avons assisté à deux reprises à Wazang, le 7 avril 1968 et le 11 avril 1970
(19) Cf. Annexe chap III : "Mythe d'origine du mil"
(20) cf. Tableau 26: "Calendrier des différentes activités"
(21) J.F. VINCENT, 1975, p. 154
(22) J. MOUCHET, 1937, p. 1
(23) J.F. VINCENT, 1975, p. 154
(24) B. JUILLERAT, 1971, p. 90

3. LES DECISIONS CONCERNANT LA JUSTICE

A peine les militaires avaient-ils pris pied dans le nord du Cameroun qu'ils y installaient des "tribunaux de village" et "de race" (1). Est-ce à dire que la justice n'y était pas rendue jusque-là ? Ou n'était-elle connue que de certains groupes ethniques, si bien qu'installer chez tous, de la même façon, une nouvelle forme de justice constituait une oeuvre de première urgence ? Plus vraisemblablement l'établissement de leur propre justice - et son exclusivité - apparaissait aux militaires comme un biais, à la fois commode et nécessaire, pour s'imposer aux populations (2).

Telle est bien l'opinion des Mofu pour qui l'exercice de la justice a toujours été inséparable du pouvoir. *"Bien sûr qu'avant l'arrivée des Blancs les princes s'occupaient de la justice! Si les princes ne rendent pas de jugements à quoi servent-ils ?"*, s'exclamait l'un d'entre eux avec une certaine impatience. Les jugements constituent une partie essentielle de la tâche des princes et, dans l'usage traditionnel, ils en ont l'exclusivité (3). En de très nombreuses circonstances les sujets se tournent vers le prince, confiants en son impartialité car *"le prince n'a pas d'ami"*, dit un proverbe (4), aussitôt commenté : *"le prince punit donc n'importe qui"*.

a) motifs des jugements et étapes de la justice

Tous les conflits ne sont pas portés devant le prince. Certains hommes ont qualité pour trier et trancher les affaires modestes : ils constituent un premier recours (5).

Le niveau le plus humble est représenté par le doyen de segment lignager, détenteur de l'autel collectif aux ancêtres, *ludara*. Cette responsabilité lui donne autorité pour prononcer de *"petits jugements"* concernant ses frères : réconciliation entre ceux qui s'opposent pour un prêt de chèvres par exemple. Même à ce niveau il n'est pas question qu'il juge seul : s'il est sollicité, il réclame de lui-même l'assistance de voisins de même lignage. Tout comme le chef de lignage muktele il joue un rôle de conciliation (6) et peut même fixer de petites amendes suivant le même principe que pour des jugements plus importants : un montant est édicté et doit être versé par le fautif à la victime, mais l'auteur du jugement prend là-dessus une petite part : si l'amende est une chèvre, le doyen de segment lignager réclamera une patte.

Seuls les doyens les plus écoutés se voient solliciter par leurs frères. Souvent ceux-ci n'utilisent pas cette première possibilité et le plaignant éventuel s'adresse tout de suite au niveau situé au-dessus, celui du chef de quartier. Le chef d'un quartier exerce une activité judiciaire continue car tous les délits peu importants commis à l'intérieur de ses terres aboutissent chez lui : petits vols de poulets ou de chèvres par exemple, batailles après bière - la grande perturbatrice - n'ayant pas entraîné de blessures graves, échanges d'insultes ou contestations faciles à débrouiller. *"On va d'abord voir le chef de quartier qui essaie de juger"*. Le fonctionnement de la justice dans les chefferies giziga semble très proche de ce système mofu. Les "villages" occupent la même place que les quartiers mofu et le "chef de village" doit transmettre au grand chef, *bi*, le jugement des affaires qu'il n'a pu régler (7). Pour juger le chef de quartier mofu fait appel à un ou deux sages, toujours des hommes âgés, appartenant ou non à son clan. Le chef de quartier joue le rôle de conciliateur mais sa justice ne se situe pas à ce seul niveau : il impose de raisonnables amendes - d'une chèvre généralement - qu'il partage entre lui, ceux qui l'ont aidé à juger, et les victimes. Son jugement doit être suivi d'exécution. S'il constate que l'amende qu'il a prononcée tarde à être versée, il peut aller lui-même chercher dans l'étable du fautif la chèvre exigée. En règle générale, les parties se plient à sa sentence, sachant que s'ils la refusaient et portaient chez le prince leur affaire, celle-ci risquerait de "s'approfondir" et la nouvelle sentence prononcée de leur convenir encore moins.

Il se peut qu'après avoir écouté chaque partie le chef de quartier et son petit conseil jugent l'affaire trop compliquée, lorsque les responsabilités dans une bataille sont délicates à démêler par exemple. De lui-même le chef de quartier la remettra entre les mains du prince, en priant les protagonistes de l'accompagner ultérieurement au château. En effet même dans les domaines où il n'a pas ou ne se reconnaît plus une compétence et où le jugement revient au prince la présence du chef de quartier est requise car il joue cette fois le rôle d'un avocat, plus modestement d'un témoin, auprès du plaignant ou de la victime relevant de son quartier. Ainsi le mari dont la femme s'est enfuie chez son père ira trouver le chef du quartier dont elle est originaire afin que celui-ci l'accompagne chez le prince. C'est là, semble-t-il, sa fonction la plus importante. Il est pour le prince l'aide indispensable, ayant fait pour lui l'enquête de terrain et lui retraçant les tenants et les aboutissants de l'affaire.

Par rapport au chef de quartier le prince représente le niveau le plus élevé de la justice, le tribunal de dernière instance. Relèvent directement de lui, parmi les affaires non criminelles, tous les conflits liés aux femmes : versement de dot en retard, père ayant reçu des prestations en travail de plusieurs candidats pour la même fille, mari constatant après le mariage que l'épousée n'était plus vierge, jeune fille mariée contre son gré et partie chez un autre, père refusant de rembourser la dot reçue alors que sa fille est revenue habiter chez lui, femme ayant trompé son mari avec un étranger ou - pire - avec un frère de clan de celui-ci, échanges d'injures et de coups entre femmes de polygame enfin. Les conflits ayant trait au mil - vols importants, emprunts non remboursés - sont également du ressort exclusif du prince ; *"le chef de quartier sert seulement d'intermédiaire : il explique le cas au prince"*. De même seul le prince, gestionnaire de la terre, peut trancher les problèmes de champs : les frères ne parvenant pas à s'entendre pour le partage de l'héritage de leur père ne peuvent demander justice qu'au prince.

Le prince se sent aussi touché par des propos qu'il estime insultants pour lui. L'homme de Gwoley - sous la tutelle administrative de Duvangar - exaltant imprudemment l'indépendance de sa petite patrie et parlant du *ngwa* de Gwoley, risque de se faire ensuite taxer d'amende par le prince de Duvangar prévenu par un mouchard. De même le prince ne peut-il admettre ce qui lui apparaît comme une forme de rébellion à son autorité, un refus de travailler pour lui ou de lui donner sa part. C'est ainsi qu'un homme surpris à revendre des esclaves était jugé avec sévérité, peut-être parce que l'opération était jugée choquante, plus sûrement parce qu'il avait cherché à agir en dehors de son prince.

Le prince s'occupe aussi des affaires de même nature que celles jugées par le chef de quartier, les vols par exemple, mais uniquement des vols sortant de l'ordinaire. *"Pour un petit vol de chèvre on n'essaie pas de demander justice au prince. On le sollicite seulement pour un vol grave, un taureau par exemple"*. Il juge aussi les disputes et les rixes si elles sont le fait d'hommes de clans différents. Elles le concernent particulièrement si le sang a coulé; quelles que soient les responsabilités concernant l'origine du conflit, le blessé demande un dédommagement et il y a droit. De même, et à plus forte raison, le prince seul peut juger les affaires de meurtre. C'est là une responsabilité importante, que l'on appréciera mieux en relevant que chez les Bamoum le roi ne juge que les affaires civiles et que les affaires criminelles sont du ressort des sociétés secrètes (8). Nous n'avons pu relever aucun exemple de crime crapuleux. Les rares meurtres avaient lieu *"par accident"*, après consommation trop abondante de bière, par exemple, ou lors de bagarres violentes entre quartiers, presque des petites guerres. Aussi le prince était-il le seul à pouvoir ramener le calme en sanctionnant les coupables, et parfois à travers eux tout leur segment lignager.

Parmi les matières graves réservées au prince viennent enfin celles qui peuvent donner lieu à la punition suprême, la mort : l'inceste entre frère et soeur de même clan et la sorcellerie. On ne s'étonnera donc pas que le prince de Gwoley, dominé par celui de Duvangar, se voie interdire ces jugements. Seul un prince pleinement responsable peut édicter pareil châtiment.

b) le déroulement des jugements du prince

Souvent le prince juge à la demande d'un chef de quartier qui, ayant vu qu'un conflit le *"dépassait"*, *"prend sa canne et va directement chez le prince, de très bonne heure, pour lui remettre l'affaire"*. Tous deux procèdent alors à un premier dégrossissement des faits avant le jugement véritable.

Le prince peut aussi être saisi d'une affaire directement, par dénonciation - les amis d'un mari trompé venant lui révéler la conduite de son épouse - ou parce que l'homme - ou la femme - lésé est venu droit chez lui, sous le coup de la colère ou de la passion, parfois en pleine nuit. Il dormira alors au château car le prince ne jugera son affaire que le lendemain. Il rend la justice le matin dans sa cour - à l'extérieur de son habitation, plusieurs insistent là-dessus - regroupant parfois plusieurs affaires différentes. Malgré le premier tri effectué par les chefs de quartier, la variété des conflits soumis au prince l'oblige à siéger plusieurs fois par semaine, tous les jours même dans les grandes chefferies.

C'est un véritable tribunal qui se réunit, présidé par le prince. Partout on souligne le fait que *"le prince ne peut pas, n'a jamais jugé seul"*. Outre le chef de quartier concerné - *"l'intermédiaire obligé"* - quelques anciens sont présents, convoqués par le prince - *"entre quatre et dix"*, a-t-il même été précisé. *"Il faut que les vieux soient là. S'ils n'y sont pas le prince renvoie le plaignant"*. Les auxiliaires de la justice n'appartiennent pas nécessairement au clan du prince. Toutefois *"tous les clans ne sont pas représentés; seuls sont présents les doyens les plus renommés"*, connus pour leur éloquence, tel à Wazang le vieux Madugomdugom, Laway du quartier de Gabo, jadis participant obligé à tous les conseils judiciaires du prince. Ces juges assistants sont toujours les mêmes : *"Il y a une sorte de liste"*. *"Le prince parle et chacun de ceux qui l'aident parle à son tour "*.*"Certains vieux peuvent servir d'avocats"* (9). La parole est donnée également aux plaignants présents dans le couloir-souterrain qui sont invités à exposer leur point de vue. Pour cela ils s'avancent dans la cour jusque devant le tribunal puis ils reculent vers le couloir où ils se tenaient et d'où ils suivent de loin les débats. Parfois d'ailleurs ceux-ci ont lieu en dehors de leur présence.

Des solutions sont proposées par les participants au conseil, par le prince également mais celui-ci n'impose pas nécessairement sa décision. Selon Berdey de Duvangar *"on peut lui dire : 'Oh là là, prince, ce n'est pas juste ! Tais-toi un peu !' Si le prince veut quand même faire payer l'homme, les anciens ne l'acceptent pas"*. Et Ndekelek, vénérable notable de Durum (10) parlant d'expérience, renchérit : *"Si le prince veut une sanction trop importante et que les vieux ne sont pas d'accord, le prince n'y arrivera pas : il doit tenir compte de l'avis des vieux"*. Un dignitaire de la chefferie, le *maslay*, représentant du clan des autochtones ou maître de la terre adjoint, joue un rôle d'intercesseur particulièrement influent. Alors qu'on présente le prince comme le recours suprême, le juge des juges, on affirme en même temps qu'un autoritarisme absolu lui est impossible.

Il est pourtant essentiel que l'opinion du prince finisse par s'imposer. Il dispose pour cela d'un moyen, la récitation de son nom-devise, *membedi vo*, qualifié également de "nom de louange, d'éloge, de révélation". *"Si les gens acceptent mal le jugement du prince, il peut sortir son nom de louange pour clore les discussions. Là, les gens ne disent plus rien et se taisent. Tous les vieux du coup accorderont leur parole avec celle du prince"*. Le dernier mot revient donc au prince mais après mûre réflexion de sa part : sous peine de se déconsidérer il ne peut réciter son nom-devise qu'une fois...

c) sanctions et moyens de la justice du prince

- les amendes

Après avoir jugé, le prince et son conseil se mettent d'accord sur une sanction, représentée le plus souvent par une amende dont la composition montre quelles étaient les valeurs monétaires mofu. Toutefois ce versement était différent d'une banale opération commerciale. Le coupable devait certes "payer" mais la langue mofu distingue entre *medkey*, "payer dans le cas d'un achat", au marché par exemple, et *mawhurkey*, "payer dans le cas d'une faute", "racheter".

Une amende était fixée parfois en rouleaux de coton traditionnel, *petekwed*, le plus souvent en chèvres, éventuellement en taureaux pour les cas très graves, mais jamais en mil. Cette impossibilité est révélatrice de la valeur symbolique attachée au mil, ne pouvant non plus figurer dans des transactions commerciales.

La plupart des amendes que nous avons relevées ont été payées en chèvres, jamais en moutons. La remise d'une chèvre constitue le tarif de base mais ces amendes ne peuvent pour autant être qualifiées de modestes : pour un montagnard une chèvre représente un bien appréciable car les étables bien remplies contiennent rarement plus d'une douzaine d'ovins. Une amende d'une chèvre tel est, on l'a vu, le tarif rencontré lors du rassemblement de la nouvelle promotion de jeunes gens : ceux qui tardent à la rejoindre, ou qui se dispensent des corvées de travail pour le prince risquent de faire taxer ainsi leur père. De même certains vieux ont-ils gardé le souvenir d'une amende d'une chèvre infligée aux paresseux négligeant l'édification au XIXème siècle de la muraille de protection contre les Peuls. L'amende sera aussi d'une chèvre pour les chefs de maison ayant sacrifié un taureau à leurs ancêtres et omettant de remettre au prince, par l'intermédiaire de leurs chefs de quartier, la part de viande avec côtes, *megeged*, à laquelle il a droit (11). Quant à ceux qui refusent de contribuer aux greniers d'emprunts *hataka* et d'y verser une contribution en mil ils seront taxés, eux, de deux chèvres. Notre ami Derka, devin de Duvangar, avait ainsi grandi chez le prince : son père incapable de rembourser en chèvres le mil emprunté au grenier *hataka* du prince dont, de doublement en doublement, il avait laissé imprudemment le montant grimper, avait jugé bon de remettre son fils au prince qui en avait fait son "enfant". Non plus des chèvres mais un fils, c'était là la plus forte amende...

Les amendes en chèvres frappent ceux qui refusent au prince leur concours, première manifestation d'une rébellion contre son autorité. Par contre les châtiments corporels n'ont jamais fait partie des sanctions officielles. S'ils sont mentionnés parfois c'est qu'ils ont été ajoutés fortuitement : frapper sans faire couler le sang - seul châtiment corporel acceptable selon un Mofu - n'est pas si aisé.

Le prince ordonne une amende d'une chèvre dans un cas particulier : lorsqu'a été bafouée l'interdiction de célébrer à l'extérieur de l'habitation des funérailles, cérémonie complexe s'étalant sur plusieurs jours (12). Cette défense prend effet après la fête du battage de son mil, dûment annoncée par tambours, qui marque on l'a vu une nouvelle année de travail. Aussi à compter de cette date charnière est-il interdit de crier tout son saoûl sa douleur. Le mort ne peut être pleuré qu'à l'intérieur, sous peine, dit-on, de mécontenter les ancêtres princiers qui risqueraient de frapper de maladie les membres de l'entourage du prince. La famille endeuillée qui volontairement passe outre, ainsi que nous l'avons vu à Wazang, sait qu'elle sera condamnée à une amende d'une chèvre.

Il ne faudrait pas conclure de la fréquence avec laquelle le prince décrète ces amendes d'une chèvre qu'il y avait là un code fixe, existant en dehors de lui. Le prince mofu n'est pas un simple arbitre comme le roi nyamwezi de Tanzanie (13). Des opinions divergentes peuvent se manifester entre lui et ses assesseurs. L'amende en chèvres n'est d'ailleurs pas la seule possible. Il existe d'autres formes d'amende, ainsi celle assez particulière, prononcée uniquement dans les cas d'injure grave au prince, si on l'a insulté ou si on a eu des relations sexuelles avec l'une de ses épouses. *"Là le prince peut vous arracher votre champ"*. S'il peut chasser des terres de la chefferie celui qui s'est exposé à sa colère c'est qu'il est seul responsable de leur répartition.

Ni les conseillers du prince, encore moins le prince lui-même, ne se chargent - à la différence du chef de quartier - de l'exécution des sanctions prononcées. Le prince dispose, au château et dans les quartiers, d'un groupe de serviteurs spécialisés, *madurlam ma bi-ay*, "les envoyés du prince", dont la tâche principale est de faire régner l'ordre dans la chefferie, sans initiative de leur part, uniquement en exécutant la volonté du prince. Ils sont chargés tout naturellement de faciliter son rôle de juge. Si un accusé risque de ne pas répondre à la convocation du prince ce sont eux qui l'amènent au château pour le jugement, parfois en l'arrêtant préventivement et en le convoyant au jour dit. Ce sont eux aussi qui iront chercher dans l'étable du coupable la chèvre qu'il doit et dont le prince a besoin : une fois l'amende édictée le fautif peut garder sa bête mais il reconnaît qu'elle est à la disposition du prince qui pourra la faire prendre plus tard par l'un de ses envoyés, pour la faire offrir en sacrifice par exemple. Au cas où l'étable serait vide l'envoyé peut enfermer le coupable chez lui, dans sa propre case, jusqu'à ce qu'il paie. Si un père refuse de rendre à son ex-gendre la dot qu'il avait reçue pour sa fille remariée ailleurs, c'est de force également que les envoyés iront tirer de l'étable un taureau cette fois.

Ces exemples de sanctions prononcées et exécutées appartiennent à la période actuelle - ils ont été choisis parmi beaucoup d'autres notés lors de nos séjours - alors que le tribunal administratif concurrence directement la justice mofu. Ils laissent soupçonner à quel point la justice du prince, encore *"beaucoup plus forte autrefois"*, intervenant dans les aspects les plus divers de la vie quotidienne, contribuait de façon importante à son prestige et son autorité.

La compensation exigée par le prince en cas de meurtre était particulièrement élevée : *"Le prince faisait payer cette mort"* . Pour "payer", le meurtrier devait fournir une chèvre et des pièces traditionnelles de coton pour envelopper le cadavre, et en plus il devait verser au frère ou au père de sa victime une énorme compensation en valeurs monétaires : un et parfois deux taureaux, plusieurs chèvres - jusqu'à dix - des pagnes, du tabac et des houes. Un des taureaux était nécessairement égorgé : *"Il faut que le sang répandu - celui de la victime - soit remplacé par celui d'un taureau"*.

L'importance de ce versement dépassait généralement les moyens du meurtrier qui était obligé de faire appel aux membres de son lignage, se cotisant pour l'aider. Il pouvait aussi fournir à la famille de l'assassiné une jeune fille sans dot. Lorsque celle-ci avait mis au monde un enfant celui-ci remplaçait le disparu, explique-t-on. Ainsi *"la vengeance s'arrêtait"*, *"et le père pouvait reprendre sa fille"*. Sinon un processus de vendetta aurait pu s'engager, *"une mort en appelant une autre"*. Par ailleurs pour se prémunir contre une action supra-naturelle de sa victime et désarmer sa vengeance par delà la mort, le meurtrier lui élevait un autel personnel particulier, *tokwora*.

En rendant la justice le prince désarme les conflits dans sa chefferie ; il rend service à ses sujets et pourtant, disent ceux-ci, *"il ne demande rien en échange"*. Cette affirmation n'est pas tout à fait exacte : sur toute amende qu'il prononce et qu'il attribue au plaignant reconnu lésé le prince mofu prélève une part pour lui-même et pour ses assesseurs. De même chez les Nyamwezi le "prix" d'une faute est-il payé en bétail, soit au roi directement, soit au groupe adverse et alors le roi en prélève une partie (14). La part du prince mofu est toutefois moins élevée que celle de la victime. Les Mofu estiment en effet nécessaire que la justice du prince ne puisse être soupçonnée d'avidité. Le prince peut ordonner des amendes mais il ne doit pas être celui pour qui la moindre discussion devient une occasion de prendre.

- les ordalies

Le prince doit aussi trancher dans les cas peu clairs où un prévenu refuse de reconnaître sa culpabilité. Accusé par exemple chez le prince d'un vol important - mil, taureau - d'un adultère, d'un empoisonnement ou - cas le plus fréquent - de sorcellerie, il affirme son innocence. La seule façon pour lui de la prouver est d'accepter ou même de proposer une ordalie (15). Par serment solennel il prend à témoin une puissance invisible, dont, par avance et dans un temps limité, au cas où celle-ci le reconnaîtrait coupable, il accepte le châtiment : maladie, accident, morsures de serpent ou attaque d'animal sauvage. Si à la fin du temps fixé rien n'est arrivé, si le jureur n'est pas "pris", son innocence est établie. Parfois l'ordalie est une façon de trancher entre deux hommes réclamant le même bien, portion de champ, petit bétail, enfant même. L'un peut refuser de jurer ce qui est une façon de reconnaître le bon droit de l'autre. Tous deux peuvent aussi prononcer le même serment : en ce cas on attendra le premier "pris".

Ce recours au serment d'épreuve n'est pas particulier aux Mofu-Diamaré. On le rencontre aussi bien chez les Giziga que dans l'ensemble des montagnards : ainsi chez les Kapsiki et les Mafa le "serment-ordalie" est signalé par les premiers observateurs comme une façon de régler une contestation (16). Il a été très vite reconnu par les administrateurs comme ayant valeur judiciaire et son usage a été encouragé par eux (17). Il constitue d'ailleurs une épreuve judiciaire largement répandue en Afrique Noire au point qu'un livre entier a pu être consacré à la seule épreuve du poison en Afrique Noire, soulignant en même temps l'importance centrale du serment d'innocence de l'accusé (18).

Plusieurs possibilités d'ordalies sont à la disposition du jureur : il peut prononcer son serment auprès d'un esprit de la montagne, *mbolom*, de sa propre chefferie, dont la réputation d'efficacité en ce domaine est établie. En son absence il peut se rendre auprès d'un *mbolom* se trouvant sur le territoire d'une autre chefferie, voisine ou non; ainsi le *mbolom* Urgom de Mangerdla voit-il affluer des jureurs, venus non seulement de Mangerdla et Durum, mais de Wazang, Meri et aussi Masakal, tout comme chez les Hadjeray le sanctuaire d'un esprit de la montagne renommé peut être choisi par des montagnards originaires de différentes chefferies villageoises comme lieu de serment d'épreuve (19). Le serment prononcé devant un grand arbre - tamarinier ou ficus - vient compléter la liste des possibilités mofu.

L'accusé étranger à la chefferie doit venir accompagné d'un envoyé de son prince, montrant qu'il *"a demandé la permission"* de cette ordalie à son prince et qu'il agit avec son accord. De plus avant de se rendre sur le lieu où il doit prêter serment il se présente devant le prince dont dépend cet endroit. Ainsi sa présence sur le lieu du serment est-elle authentifiée vis-à-vis des puissances invisibles - on ne doit pas déranger en vain un esprit de la montagne - et de part et d'autre les princes s'efforcent-ils d'établir un contrôle, sinon sur ces puissances elles-mêmes, du moins sur leur accès.

Ce contrôle peut être plus étroit encore. Cette fois c'est chez le prince qu'a lieu l'ordalie, soit à la fin d'un procès dont elle constitue l'épisode ultime, soit à l'initiative d'un sujet, homme ou femme qui, à la suite d'une dispute avec un voisin par exemple, s'estime insulté et, sûr de lui et de son innocence, réclame l'ordalie. Point n'est besoin de courir au loin chercher un supplément de preuve. Le prince avait formulé la première accusation et c'est encore lui qui fournit à l'accusé de quoi mettre en évidence son innocence : on le retrouve à chaque étape.

Un prince dispose en effet d'objets spécialisés, qu'il peut présenter ou dont il peut suggérer l'utilisation, à celui qui réclame le supplément de preuve que constitue l'ordalie. Que l'ordalie ait lieu chez le prince ou non, le principe en est partout le même. Après avoir juré son innocence et appelé sur lui-même le châtiment suprême, la mort, l'accusé doit établir un contact avec l'objet médiatisant la puissance supra-naturelle : il mâche un peu d'écorce de l'arbre devant lequel il a prononcé son serment, ou il touche du bout de la langue un fragment de la substance contenue dans l'objet-témoin. A Wazang il s'agit d'une corne d'antilope-cheval, *mezezeng*, utilisée comme instrument de musique au moment des grandes fêtes religieuses de la chefferie. L'autel où réside l'esprit gardien de la porte du château, *mbolom ma mbo*, peut jouer également ce rôle ainsi que l'autel de la chefferie ; à Wazang il s'agit de l'autel dédié à l'esprit de la montagne de Mazengel, point culminant de la chefferie.

Le ou la prévenue se voit présenter une corne contenant un reste de la boule offerte aux ancêtres princiers lors du dernier sacrifice, parfois un peu d'eau seulement, ou encore les fragments de contenu de panse, *zikotof*, collés sur l'autel lors du dernier sacrifice. Il prononce alors son serment. Pour un simple vol il peut être invité à jurer en prenant à témoin la terre, *dala*, ou encore une hache. *"Si je suis sorcière et que j'ai fait du mal aux habitants de mon quartier, que l'objet sacré, kuli, me tue!"* s'est exclamée devant nous Menenkwey, jeune femme du quartier de Meftek, à Wazang (20). Puis elle toucha de la langue une paille ayant trempé dans la corne médiatrice du serment et quitta aussitôt le château (21).

Les Mofu résument ces rites en disant que le prévenu "mange" - parfois "goûte" - "l'objet sacré", *"mezimi kuley"*. En établissant un contact physique avec l'objet susceptible de lui apporter la mort, l'accusé montre qu'il est prêt à être châtié dans son corps et que son innocence peut être corporellement démontrée. Il indique aussi à l'objet châtieur qu'une connection est établie entre lui et son corps et que cette voie peut être empruntée. On peut être acculé à "manger le *kuli*", mais on peut aussi le proposer de soi-même, afin de couper court à des rumeurs trop insistantes. "Manger le *kuli*" peut constituer enfin un engagement à ne plus recommencer, lorsqu'on a été convaincu de sorcellerie par exemple. Cette fois il y a reconnaissance des faits reprochés et limitation volontaire du mal.

L'accusé peut fixer lui-même le délai à l'intérieur duquel le *kuli* devra agir : *"Tue-moi d'ici dix jours!"* lui ordonne-t-il, s'il est impatient d'établir son innocence. Plus souvent le délai est d'un an, et jusqu'à trois. Durant cette période l'entourage de l'accusé guettera les signes de dérèglement dans lesquels chacun peut reconnaître l'action du *kuli* : maladie suspecte avec boutons sur le corps, chute du haut d'un rocher ou d'un arbre : *"Avant de mourir l'homme dit alors : 'c'est l'objet sacré kuli de tel endroit qui m'a tué'!"*. Il appartiendra à ses frères de lignage de reconnaître la culpabilité du mort et de *"demander pardon"* à sa place au prince, sous peine d'être attrapés eux aussi. Si au contraire le délai fixé s'est écoulé sans qu'un événement fâcheux soit venu révéler une culpabilité, le prince taxera l'accusateur d'une forte amende - un taureau ou plusieurs chèvres - dont il donnera une partie à l'innocenté.

Dans les cas d'ordalie individuelle l'accusé possède une certaine marge de liberté qu'ont cherché à réduire les derniers princes. La prise en main de la justice par le pouvoir politique apparaît encore plus clairement lors des ordalies collectives. Cette fois ce n'est plus l'accusé qui dans un sursaut désespéré veut établir son innocence, c'est le prince qui impose aux membres d'un groupe de procéder l'un après l'autre à la même ordalie, parce qu'il veut savoir qui est coupable. Ainsi à Wazang en 1980 le vieux prince, malade, avait vu un "homme de remède" lui présenter du verre pilé, retiré de son cou où il avait été placé là par un sorcier, lui avait-il expliqué. L'action du malfaisant avait été contrecarrée à temps mais il fallait le démasquer pour l'empêcher de recommencer. C'est pourquoi le prince obligea tous les hommes de son clan à venir "manger le *kuli*"... sans résultat : aucun coupable ne fut désigné.

Ces ordalies collectives peuvent concerner aussi tout un quartier *"pour un malheur, grave maladie ou vol important"* (22), parfois une chefferie entière. Elles ont lieu sous la responsabilité du prince, qui, comme à Duvangar, fait "goûter" lui-même la substance choisie, assisté des chefs de *mbolom* importants. Il peut aussi procéder à ces ordalies à une cadence régulière, tous les deux ou trois ans, provoquant dans sa chefferie une remise en ordre, rassurante pour ses sujets, heureux de voir les mauvais éléments démasqués et se démarquant des honnêtes gens.

- le mouvement anti-sorcier Mokwiya

Une chefferie constitue une unité judiciaire dont le prince est le magistrat suprême : aucun de ses sujets ne songe à se faire rendre justice par le prince voisin. Pourtant en 1961 une vague d'ordalies, restée sans lendemain, parcourut le nord des Monts Mandara, passant de groupe ethnique en groupe ethnique. Elle concerna plus de cent mille montagnards - principalement des Mofu-Diamaré, mais aussi des Mafa et des Mofu-Gudur. Le mouvement n'eut par contre aucun succès parmi les populations de plaine. Pour se débarrasser de la sorcellerie et prouver en même temps leur innocence ils allèrent prêter serment auprès de Mokwiya, un Mada, descendant direct des princes traditionnels, que nous avons rencontré en 1970 et 1971. Mokwiya, après avoir été inspiré en rêve - par Dieu, disaient ses voisins - faisait enjamber une chaîne de fer qu'il disait avoir reçue du ciel. Il fallait aussi boire de l'eau, prononcer un serment, et payer une petite somme d'argent. Les sorciers ayant prêté serment mouraient le jour même ou quelques jours plus tard, nous avait-il assuré. Devant son énorme succès - des chefferies entières se déplacèrent, ne laissant personne dans les maisons - quelques montagnards s'étaient intitulés ses adjoints, proposant à leurs voisins une ordalie-relais à une distance raisonnable de chez eux : pour les Mofu et les Mofu-Gudur elle eut lieu à Mazgiya, dans le lit à sec de la Tsanaga faisant limite entre Durum et Gudur, où ils burent une gorgée de l'eau ayant été en contact avec la chaîne de Mokwiya (23). Les habitants de Duvangar, Durum et Wazang s'y rendirent tous, car, précise-t-on à Wazang, *"c'était le prince qui avait ordonné à tout le monde d'y aller"*. Le prince avait donc repris l'initiative en tentant de canaliser cette ruée vers l'ordalie qui, semble-t-il, se serait de toutes façons produite, mais alors sans lui.

- la divination-accusation

Dans le schéma traditionnel de l'ordalie un long délai est nécessaire pour permettre au châtiment de s'exercer ou inversement à l'innocence d'éclater. Le prince peut décider d'une procédure plus expéditive en cas de sorcellerie individuelle. *"Averti par les voyants qu'un tel a apporté la maladie"*, nous expliquait le prince de Wazang, *"j'appelle l'homme, et il vient avec un poussin"*. La divination par les pattes de poulet est en effet massivement utilisée par les Mofu ainsi que par leurs voisins, de montagne comme de plaine (24). Divination des pères de famille et de la vie de tous les jours, elle est aussi pratiquée par les spécialistes à qui elle offre l'avantage d'une réponse rapide, au moment des funérailles par exemple, lorsque le lignage du défunt se demande si la mort frappera encore un de ses membres. C'est aussi pour être rapidement fixé sur la culpabilité de l'accusé que le prince utilise cette forme de divination. Si le poulet meurt en libérant sa patte gauche tendue en avant, cette figure, traduisant en règle générale l'activité, la rapidité, constituera une réponse positive. *"Si le poulet tombe mal on arrête l'homme, car c'est lui qui a apporté la maladie"*, concluait le prince de Wazang.

Le même procédé divinatoire peut permettre au prince, comme pour les ordalies collectives, de démasquer un sorcier au sein d'un groupe important, quartier ou chefferie. *"Le prince convoque tout le monde et chacun vient avec un poussin."* Parfois les femmes sont convoquées également. La séance de divination a lieu dans le quartier soupçonné où - fait remarquable - le prince se déplace en personne, renonçant à sa quasi-réclusion dans son château au sommet de la montagne.

Les poussins sont nécessaires car, explique-t-on parfois, le prince ne possède aucun don de clairvoyance. *"Il ne sait pas qui est sorcier : c'est le poussin qui le dit"*. Toutefois selon un analyste plus subtil *"le prince sait bien qui est sorcier mais il faut que la sorcellerie éclate devant tous. Il ne peut pas accuser de sa propre autorité et il doit passer par le poussin"*. Ainsi, par élimination successive des poussins, fait-il établir dans quel clan se trouve le coupable, puis entre les hommes de ce clan lequel est sorcier.

Il existe une dernière façon - encore plus rapide - de démasquer un sorcier, l'interrogatoire du cadavre de la présumée victime. On y procède lorsque le mort était jeune et que son décès paraît anormal; on l'utilise également *"même pour un homme âgé, si cette mort fait mal au coeur à son enfant"*. Toutefois aucun segment lignager, si puissant soit-il ne peut procéder de lui-même à cette procédure solennelle : on la pratique *"seulement si le prince est d'accord"*. Sans son autorisation les proches du défunt garderont leurs doutes et leurs regrets.

L'homme ou la femme reconnu coupable à la suite d'une divination par le poulet ou d'un interrogatoire du cadavre ne peut être déclaré sorcier que s'il reconnaît ses responsabilités. L'aveu est rarissime, disent les Mofu. L'accusé hurle au contraire son innocence. Il semble qu'autrefois on ne tenait guère compte de ses protestations. Aujourd'hui on lui laisse une dernière chance, l'ordalie, que d'ailleurs, le plus souvent, il réclame de lui-même. On se trouve alors ramené au cas précédent, guettant le signe qui permettra enfin de démasquer de façon définitive le sorcier.

- les exécutions

Le sorcier identifié doit être puni. Son châtiment est souvent la mort. Cette décision ne peut être prise que par le prince : *"Tout ce qu'on peut faire dans le quartier c'est d'attacher le sorcier et l'amener devant le prince. On ne peut pas le tuer! C'est trop grave ! Seul le prince peut le décider"*. Le prince qui déjà était seul qualifié pour juger les meurtriers a donc aussi l'exclusivité des condamnations à mort.

Les exécutions appartiennent au passé, mais à un passé proche sur lequel les témoignages sont nombreux. On enterrait le sorcier vivant, opération que les Mofu dénomment *meldeli ndo*, "creuser un homme", l'enfermer dans la tombe alors qu'il respire encore. Un proverbe fait allusion à cette forme de châtiment comme s'il était le seul possible pour le sorcier :*"C'est le sot qui est enterré le premier, et seulement après lui le sorcier"*, remarque-t-il avec malice, et aussi avec un certain scepticisme (25). Le sorcier recevait ainsi le même châtiment spectaculaire que les coupables d'inceste, mais ces deux types de crimes étaient les seuls à entraîner la peine capitale : on ne pouvait mettre à mort un voleur, si importants qu'aient été ses méfaits, ni, on l'a vu, un meurtrier. De même chez les Mafa la peine capitale ne peut intervenir que dans les deux mêmes circonstances : inceste et sorcellerie. Il existe toutefois une différence notable entre les deux groupes, car chez les Mafa la sanction est automatiquement appliquée, sans recours au jugement du chef de village (26).

Les condamnés à mort mofu étaient menés à une place spéciale, propre à chaque quartier, au pied d'un rocher, désigné comme *pray madama*, parfois *ngwa madama*, "dalle", "roche de la souillure" ou *pray mamba*, "dalle de la montagne", comme si un contact avec la pierre, le rocher, était nécessaire avant d'oser mettre à mort un habitant du massif, et comme si une permission devait être demandée à la montagne elle-même. Au pied de la roche, en direction de l'ouest - *"car c'est là qu'on chasse tout ce qui est mauvais"* - une fosse rectangulaire était creusée à l'intention des coupables par les "envoyés du prince", ses serviteurs personnels. Il ne s'agit pas là d'un détail mais d'une caractéristique révélatrice : les défunts ordinaires, hommes et femmes, sont enterrés assis sur une banquette, dans un tombeau arrondi qui évoque une demeure en réduction (27). La forme même de la tombe des incestueux et des sorciers, ainsi que la position des cadavres, montraient que les coupables s'étaient mis à l'écart du groupe, pire, qu'ils n'appartenaient plus à leur ethnie, puisqu'on adoptait pour eux même par delà la mort des normes particulières.

Les fauteurs d'inceste étaient allongés dans cette tombe, la femme en contact avec le sol, l'homme par dessus-elle, dans la position qui avait été celle de leurs relations sexuelles, et ils étaient transpercés vivants avec le même épieu épointé de bois dur, *ngararay*. A Wazang le sorcier aussi était couché dans sa tombe et on l'écrasait sous les pierres ou on le lapidait "*pour l'empêcher de ressortir*", tandis qu'à Duvangar il était présenté attaché au prince et, sur un signe de celui-ci, étranglé à l'aide d'une corde puis enterré. Les tombes étaient ensuite refermées et sur celle du sorcier on dressait une longue pierre.

Ces exécutions impressionnantes avaient lieu généralement en public, devant tout le quartier, voire la chefferie, convoquée par le prince afin que le châtiment effraie d'autres coupables éventuels, parfois simplement devant les hommes importants, les "chefs de maison", parmi lesquels un homme, le *maslay*, jouait un rôle important en raison de sa responsabilité des mises à mort. Ensuite tout ce que les victimes de la justice du prince avaient possédé revenait au prince, leurs champs, leurs biens, et aussi leurs enfants, qui étaient amenés au château pour y être élevés : ils devenaient plus tard serviteurs .

Toutefois la mort n'était pas toujours le lot des coupables. Il arrivait que le prince prononce à l'encontre d'un sorcier une sentence plus clémente. Quelqu'un, chef de quartier ou *maslay*, pouvait avoir plaidé à temps sa cause - on se souvient à Wazang que Wurtlama, du clan Mowayan à Gabo, déjà dans la tombe réussit à en sortir grâce à l'éloquence de Bi-Gaola, chef de son quartier - ou bien sa sorcellerie pouvait avoir été considérée comme peu dangereuse. Le prince le faisait alors châtier physiquement : il était copieusement battu, on lui frottait yeux, nez, oreilles et bouche - les autres orifices n'ont pas été nommés - avec un mélange de piment et de natron (28) "*et on l'envoyait crier à l'intention des autres sorciers : 'Regardez comme on traite les sorciers ici !'*". Ensuite il payait une lourde amende, un taureau ou plusieurs chèvres, et la vie reprenait son cours dans le quartier.

- les bannissements

Le prince avait une dernière sanction à sa disposition : le bannissement, l'expulsion à vie de la chefferie. Le coupable la quittait en y laissant tout, son habitation et surtout ses champs sur lesquels il perdait tout droit. Le prince pouvait par exemple bannir la famille de la jeune présomptueuse refusant de l'épouser. C'est parce qu'elle ne voulait pas voir infliger ce châtiment à son père que Mefetey, vers 1940, avait accepté à regret d'épouser le vieux prince de Wazang, Bi-Makabay. La vente autrefois de montagnards comme esclaves - mauvais sujets de préférence - représentait une autre forme de bannissement dont la décision appartenait au prince seul .

L'expulsion à vie concernait surtout les fauteurs d'inceste, car parfois le prince pouvait commuer leur exécution en simple bannissement (il semble d'ailleurs que les princes de Wazang, plus indulgents que ceux de Durum ou de Duvangar, se soient toujours contentés en ce cas de cette punition). Cette transformation de la sentence se produisait plus facilement si les coupables étaient membres d'un clan puissant numériquement dont le prince, en cas d'exécution, aurait pu redouter les remous. Exécution ou bannissement il fallait se séparer à vie des incestueux sinon la maladie s'abattant sur eux aurait petit à petit gagné leur clan, puis toute la chefferie. Le prince avait pour tâche de détourner ce châtiment et de substituer sa propre justice aux sanctions supra-naturelles.

Grâce au prince et à ses jugements la chefferie élimine les causes de perturbation et elle surgit à nouveau intacte, une, *ngwa asta*, à travers les conflits qui auraient pu amener sa décomposition. De plus, pour éviter un pourrissement redouté, le prince est supposé juger dans l'équité : sanctionnant les fauteurs de trouble il importe qu'il soit lui-même irréprochable. Une question se pose pourtant : les lois propres aux Mofu - "la coutume" - existent-elles en dehors du prince dont l'unique rôle consisterait à les faire appliquer. Ou bien peut-il les infléchir, créer une jurisprudence? Un fait récent semble incliner à une réponse affirmative. Le prince de Wazang consulté il y a quinze ans sur la possibilité pour deux jeunes gens christianisés de s'épouser au mépris des règles en vigueur avait *"rassemblé les têtes"* et déclaré qu'il donnait son accord à ce mariage pourtant traditionnellement prohibé (29). En effet, disait-il, *"Asana est chrétien et ne fait plus les sacrifices : il peut ne pas respecter les règles d'autrefois"*. Deux enseignements peuvent être tirés de cette décision et de ses justifications. Pour le prince les règles traditionnelles constituent un tout dont le fondement ultime est religieux. Changer de religion c'est donc se mettre en mesure d'adopter un ensemble de comportements nouveaux, y compris en matière de mariage. Toutefois c'est bien lui, le prince, qui seul est en mesure de proposer un pareil changemment, se posant ainsi comme supérieur aux règles traditionnelles.

d) chefs et justice chez les autres Mofu-Diamaré

Chez les autres Mofu-Diamaré le rôle judiciaire du chef apparaît beaucoup moins net et il est parfois même totalement absent. Dans les deux petites chefferies de la montagne de Dugur il y a jugement chez le prince mais la présence des anciens - dont certains sont des dignitaires spécialisés - éclipse presque celle du prince. A Molkwo les faits sont un peu différents : les petits princes jugeaient certains cas avec l'aide de quelques vieux, mais les sanctions redoutées paraissent avoir été aussi bien celles de l'esprit de la montagne, *skar*, que celles du prince : en cas de dispute sanglante par exemple, le prince prononce une amende d'une chèvre mais celle-ci doit être égorgée sur la pierre servant aussi à l'exécution des fauteurs d'inceste, *"chez l'esprit de la montagne"*. En cas de sorcellerie la sévérité du prince était soutenue par l'horreur ressentie par toute la chefferie mais l'exécution n'était pourtant pas automatique, une culpabilité clairement établie - par la mauvaise position des pattes de quatre poulets successifs - pouvant entraîner un bannissement ou un serment-ordalie. Ce n'est qu'en dernière solution qu'avait lieu la mort du sorcier, attaché puis *"étranglé avec des cordes"*.

Les faits sont totalement différents à Meri car on y affirme dans les différentes "montagnes" qu'en cas de vols ou de batailles ayant entraîné de graves blessures il n'y avait pas jugement.*"Il n'y avait pas de recours. A qui réclamer réparation ? Il n'y avait personne. On finissait par se réconcilier. On ne savait pas ce qu'était une plainte..."*. Cette absence était étonnante, remarquait pour nous un informateur, car les mêmes segments lignagers se regroupant habituellement chez le responsable d'esprit de la montagne, *skal*, au moment de son sacrifice, ne songeaient pas à se tourner vers lui en cas de dissension. Pourtant, tout comme dans les grandes chefferies, les incestueux et les sorciers étaient solennellement mis à mort devant les habitants rassemblés, ou seulement bannis s'ils appartenaient à un lignage puissant numériquement. Là aussi le recours à l'ordalie accompagnée de serment était usuel, avec une gamme d'objets-médiateurs étendue où l'on retrouve la terre ou le sable et le fer de hache, et où l'on voit apparaître de nouveaux objets symboliques : un crâne de varioleux chez les Gemzek, ou le lieu de sépulture d'un monstre - enfant né sans tête ni membres - à Dugur.

Aucun personnage important contrôlant ou ordonnant ces séances judiciaires n'apparaît à travers les descriptions. On note seulement la présence fréquente du desservant de l'autel à l'esprit de la montagne devant qui est prononcé le serment-ordalie. Dans ces petits groupes, pourtant indépendants politiquement, un pouvoir judiciaire indépendant du religieux est absent, les rares manifestations de ce qu'on pourrait appeler une ébauche de justice ne se rencontrant que dans un cadre religieux.

Entre les montagnes meri et les chefferies des Duvangar, Durum et Wazang, la différence - on serait tenté de dire la faille - est donc immense : face à un pouvoir judiciaire fort les premières offrent le cas - très rare en Afrique noire - de société sans possibilité de recours à un chef, non seulement qui juge et sanctionne, mais même qui arbitre. Chez les Muktele, les voisins montagnards du nord, la justice était également très peu développée puisque le chef de massif ne jugeait pas et qu'il n'existait pas d'instance suprême ; toutefois on y observait, à la différence des Meri, une conciliation sans sanction au niveau du chef de lignage (30). Les Nar du sud du Tchad appartenant au groupe de populations Sara, offrent un autre exemple, plus proche des faits meri, d'une société sans instances judiciaires, cette fois non seulement au niveau d'ensemble du groupe mais aussi à l'échelon plus modeste du clan. Pour les Nar les tribunaux mis en place par l'administration française ont été une innovation complète, considérée d'ailleurs par eux comme un net progrès (31).

On trouve donc chez les Mofu-Diamaré deux situations totalement distinctes : à la fois une justice exigeante pouvant être rapprochée de celle des "rois" africains, et une situation de justice minimale - sans que l'on puisse dire que la seconde ait constitué un stade initial - où l'on confie aux puissances supra-naturelles, et non à un homme, le soin de punir les coupables. Dans ce dernier cas la notion de justice est inséparable du domaine religieux.

3. DECISIONS CONCERNANT LA JUSTICE

Notes des pages 372 à 387

(1) Rapport annuel pour 1918", Archiv. Yaoundé, APA 12032. En fait les "tribunaux de race" ne seront véritablement constitués au nord des Monts Mandara qu'à partir de 1942 (Rapport B. LEMBEZAT, 1945, doc. inéd. 88 p., don de l'aut., cf. p. 45)
(2) Aussi les administrateurs civils, leurs successeurs, avaient-ils parmi leurs fonctions celle de rendre la justice : en tournée, ils passaient de longues heures à "régler de nombreuses contestations, remontant pour quelques-unes, à plusieurs années". (Ar CHAULEUR, 1928 : "Rapport de tournée des 21-28 octobre" Archiv. Yaoundé, APA 12337)
(3) De même "la justice /est-elle/ une fonction essentielle de la chefferie" chez les Alladian de Côte d'Ivoire (M. AUGE, 1975, p. 5)
(4) *dzom ma bay dakay*, ("ami de prince, il n'y a pas"), P. ASFOM, inéd. 1969
(5) Nous nous situons pour l'essentiel dans les années 1950, lorsque le centre administratif de Meri n'existait pas. A la suite de sa création, dans la logique des premiers colonisateurs, un tribunal administratif a été mis en place.
(6) B. JUILLERAT, 1971, p. 81
(7) Enquête inéd. J.F. VINCENT, Kaliao, janv. 1980
(8) C. TARDITS, inéd. 1985
(9) Dans un contexte culturel différent, chez les Beti du Sud-Cameroun, on retrouve la présence de quasi-spécialistes des jugements, *bedzo*, orateurs accomplis, "reconnus pour leurs dons accomplis, qui résumaient l'affaire en proposant une solution (T. TSALA-J.F. VINCENT, 1985, prov. 4314). Pour une description des procès et de leurs péripéties cf. ibid. prov. 4301 à 4330.
(10) Grâce à un décompte précis des *maray* fait par Ndekelek lui-même, son âge pouvait être connu avec une certaine précision : né vers 1890, il est mort en 1984.
(11) Elle peut même être plus élevée. Ainsi agissait, on l'a vu, l'irritable et puissant Mangala, prince de Duvangar.
(12) Sur les rites funéraires mofu, cf. J.F. VINCENT, inéd. 1980 a et 1982 a
(13) S. TCHERKEZOFF, 1983, p. 79
(14) S. TCHERKEZOFF, 1983, p. 79
(15) De même chez les Lugbara d'Ouganda l'ordalie constitue-t-elle une des façons de régler un conflit (J. MIDDLETON, inéd.1974)
(16) Cne VALLIN, 1933, p. 54
(17) B. LEMBEZAT, 1945. Il est d'ailleurs toujours utilisé aujourd'hui par les tribunaux administratifs de Meri et de Mora.
(18) A. RETEL-LAURENTIN, 1974, p. 13, p. 111
(19) J.F. VINCENT, 1975, p.132
(20) cf. Annexes chapit. V, "Un serment de disculpation chez le prince de Wazang"
(21) cf. Planche XX, Photo 7, "Accusée de sorcellerie "mangeant le *kuli*". au château de Wazang"
(22) En 1970 le prince de Wazang, apprenant qu'une fillette étrangère séjournant sur sa chefferie s'était fait voler... sa poupée, avait fait crier qu'il obligerait tous les enfants du quartier avec lesquels elle avait joué, garçons et filles, à "manger le *kuli*", afin de déterminer parmi eux le coupable. Il ne fut pas nécessaire d'en arriver là : dès le lendemain, de très bonne heure, la poupée fugitive fut retrouvée posée devant la porte de sa propriétaire.

(23) Dans un contexte culturel et géographique très différent le mouvement Mokwiya présente des affinités avec les mouvements congolais de lutte contre la sorcellerie, en particulier avec le mouvement Croix-Koma, étudié par nous au Congo-Brazzaville en 1964. Là aussi le village du fondateur du mouvement *"Ta"* Malanda (*"Père"* Malanda) vit arriver des dizaines de milliers de personnes, venues du sud de la république, le pays kongo, pour prononcer un serment de renonciation, l'objet-témoin étant, dans ce contexte christianisé, une croix (J.F. VINCENT, 1966).

(24) Parmi les montagnards, citons des Mafa, Mofu-Gudur, Mada et Muyan et parmi les habitants des plaines les Giziga, Gidar, Hina (cf. notre étude sur la divination, J.F. VINCENT, 1971)

(25) Proverbes mofu recueillis par P. ASFOM, inéd.1969

(26) J.Y. MARTIN, 1970, p. 171

(27) Sur les détails de la mise en terre mofu cf. J.F. VINCENT, inéd. 1982 a

(28) De même chez les Beti du sud-Cameroun l'utilisation du piment constituait-elle un supplice : le piment était introduit dans le vagin de la femme adultère (J.F. VINCENT, 1976, p. 65)

(29) Sur les interdictions de mariage de type omaha dans la société mofu cf. Tableau 13 : "Interdictions de mariage chez les Mofu-Diamaré". Le mariage projeté par les jeunes gens aurait dû unir une jeune fille à un garçon du même clan que sa grand-mère paternelle, un "maternel, *gumsa*, de son père" (J.F. VINCENT, 1985, p.87)

(30) B. JUILLERAT, 1971, p. 81 et p. 101.

(31) E.P. BROWN, 1983, p. 35 et p. 70

4. LES DECISIONS CONCERNANT LA GUERRE

De tout temps la guerre a fait partie de l'existence des Mofu-Diamaré et ce n'est que depuis trente ans à peine qu'ils font l'expérience - diversement appréciée - d'une paix en continu (1). C'est donc au passé qu'il nous faut parler de l'intervention du prince dans ce dernier domaine. Les passions des combats étant à peine refroidies et les souvenirs laissés encore vifs, nous avons pu recueillir nombre de témoignages.

La place occupée ici par le prince est discrète - l'ordre suivi en ce chapitre est bien un ordre décroissant - néanmoins on verra que lors du déroulement d'une guerre le prince contrôle diverses phases ou alors que sa présence y est requise. Par comparaison avec ce qui se passe chez les voisins mofu-Diamaré, Meri et Gemzek, son rôle apparaît important : les trois grandes chefferies montrent concrètement - même si la prise en mains des guerres n'est pas totale - comment celle-ci contribue à mieux asseoir le pouvoir politique.

a) les ennemis

A qui faire la guerre ? Pour les Mofu-Diamaré on ne peut combattre que ceux que l'on connaît : des voisins proches, que l'on peut atteindre après une marche - ou une course - à pied, située dans un rayon de moins de dix kilomètres : les ennemis sont forcément des montagnards.

Dès que l'on a franchi les limites de sa chefferie, on est chez des étrangers, *bra*, qui représentent autant d'ennemis potentiels. Malgré la parenté étroite entre les trois chefferies de Duvangar, Durum et Wazang, malgré l'endogamie presque exclusive qui les a toujours reliées, les guerres, *vrom*, étaient incessantes entre elles. De même les chefferies de Molkwo et Mukyo implantées sur la même montagne-île, chacune choisissant pour épouses de façon préférentielle les filles de l'autre, se combattaient avec âpreté. De plus chaque chefferie avait d'autres ennemis habituels : pour Duvangar il s'agissait de Meri et Mboko, pour Durum, de Meri, et, semble-t-il, des massifs mafa proches, pour Wazang, de Masakal : les guerres avaient lieu aussi bien entre Mofu-Diamaré exclusivement qu'entre Mofu-Diamaré et Mafa, voire entre Mofu-Diamaré et Mofu-Gudur. La zone d'extension des guerres était plus large que celle des unions potentielles, tout en la recoupant partiellement.

La proximité géographique était une condition nécessaire, mais non suffisante, pour permettre l'éclosion d'une guerre : entre Giziga et Mofu-Diamaré nous n'avons pu relever aucun exemple d'hostilité armée, ni dans les traditions orales, ni dans les archives administratives entre 1918 et 1950. Les Giziga-Marva dans la partie nord de leur zone d'extension étaient presque hors de portée de Duvangar et Durum mais ils étaient proches des petites chefferies de Dugur, Mikiri et Tsere. De même Wazang contemple - par delà, il est vrai, le mayo Kaliao dont le large lit fait barrière - la montagne de Huduvo, siège d'une chefferie de village giziga (2). Cette constante absence d'hostilité doit, selon nous, être attribuée à la lointaine parenté historique existant entre la plupart des clans de prince mofu et giziga. Elle n'en est pas moins frappante par ce qu'elle révèle de l'importance du lien clanique et de sa lenteur à disparaître.

En dehors des montagnards les Mofu-Diamaré avaient d'autres ennemis, les Peuls, à la fois plus lointains et plus insaisissables : il y avait entre les deux groupes une hostilité permanente mais peu de véritables combats. C'était là, semble-t-il, le résultat d'une volonté des Peuls qui harcelaient les montagnards en leur laissant rarement la possibilité de livrer les batailles rangées dont ils avaient l'habitude. On parle souvent de "guérillas" pour évoquer la tactique de combat de certaines sociétés africaines, contre les colonisateurs en particulier. Ici la guérilla fut utilisée par les Peuls contre les montagnards, et non l'inverse, mis à part quelques coups de main aboutissant à l'enlèvement de Peuls isolés. Une fois construites les murailles isolant - relativement - les Mofu du danger peul, les montagnards prirent le parti de la résistance passive. Au-delà du mur ceinturant la montagne c'était le monde hostile de l'homme devenant gibier, non le domaine du guerrier. Les guerres opposèrent donc les Mofu seulement à d'autres montagnards, appartenant à des *ngwa* ou *ngma* proches.

En recensant les récits de peuplement on remarque que des combats fratricides éclatèrent aussi à diverses reprises à l'intérieur des chefferies. Les Mofu constatent leur existence mais les distinguent des guerres menées contre les étrangers et qui, seules, sont menées avec l'intention de tuer. L'armement aussi différait en ce cas. Contre les étrangers un guerrier prenait son arc et ses flèches empoisonnées son casque, son bouclier et ses lances (3). Contre ses concitoyens du même *ngwa*, il utilise seulement le gourdin, arme qui peut devenir redoutable et fendre un crâne, mais qui normalement n'entraîne pas de mort d'homme.

b) les motifs de guerre

Les guerres contre les "étrangers" étaient de deux types différents. Dans le premier cas, courant, la chefferie épousait la cause d'un individu et partait en guerre afin de régler le conflit de celui-ci. Il s'agissait le plus souvent d'un problème de femme, affectant parfois le prince lui-même : une épouse originaire d'une chefferie voisine était partie en visite chez son père et ne revenait plus. Ou encore mariée dans la chefferie et enceinte, ou mère d'un enfant, elle avait abandonné son premier mari pour un homme d'une autre chefferie, chez qui elle avait accouché ou amené son premier enfant. Une guerre pouvait naître aussi après une rixe entre hommes de chefferies différentes. Le vaincu, ruminant sa défaite, entraînait sa chefferie dans la vengeance. La guerre devenait ainsi vastes représailles collectives et riposte parfois disproportionnée à l'incident initial.

Le second type de guerre concernait les problèmes du terroir et cette fois elle était l'affaire de chefferies tout entières. Les habitants de l'une franchissaient par exemple les limites de leur chefferie pour aller cultiver les terres de l'autre, sans que les champs concernés aient fait l'objet d'accords individuels entre eux et le prince de cette chefferie. Les démarches individuelles additionnées prenaient l'allure d'une invasion sournoise, d'un investissement du terroir voisin dont les habitants et le prince ne pouvaient que s'inquiéter, avant de décider d'y mettre fin par la force. C'est ainsi qu'éclata en 1964 la dernière guerre entre Gemzek et Mboko - la plus récente, semble-t-il, au sein de l'ensemble Mofu-Diamaré - et que couve depuis une dizaine d'année le conflit entre Durum et Duvangar : s'il s'était déclaré au début du siècle il aurait forcément abouti à une guerre.

Il s'agissait bien en ce cas de guerres territoriales entre chefferies mofu-Diamaré, mais aux enjeux modestes, de quelques hectares, voire quelques ares. Pourtant les informateurs de Duvangar, Durum et Wazang, chacun de leur côté, ont gardé le souvenir d'anciennes fluctuations du terroir de la chefferie portant sur une plus vaste surface : ils mentionnent l'annexion et le commandement de quartiers entiers, ayant oscillé entre chefferies voisines avant d'en arriver aux frontières actuelles (4).

Une seule guerre ressemblant à une guerre de conquête et portant sur une chefferie entière peut être citée. Elle fut menée par la chefferie de Duvangar qui, il y a une centaine d'années (5), annexa sa petite voisine de Gwoley. C'est là un exemple intéressant de guerre s'avouant comme politique, qui entraîna la vassalisation des princes de Gwoley et la prise d'une partie des plantations des "gens du prince" de Gwoley, les membres du clan Genduver, situées en zone limitrophe des deux chefferies. Toutefois on n'assista pas à une véritable absorption de la chefferie dominée, ni sur le plan du terroir - Gwoley resta distincte avec ses propres limites - ni sur le plan des institutions : le prince de Gwoley garda ses privilèges personnels.

Les contestations portant sur la terre ont été le motif le plus fréquent des combats ayant éclaté à l'intérieur des chefferies, les "*luttes à coups de bâtons*". Ces "*batailles pour les champs*" opposaient un lignage au reste de son clan dans les cas de clans importants numériquement comportant plusieurs lignages, presque toujours les clans fournissant les princes. Ou alors un petit clan se trouvait subitement en butte à l'hostilité du clan de prince de sa chefferie : une guerre à coups de bâtons précipitait ainsi vers l'exil la plus grande partie du groupe dont les plantations étaient reprises et partagées entre les vainqueurs. Ainsi les Diyaf, jadis habitants de Duvangar mais implantés aujourd'hui à Meri, jadis aussi Laway appartenant au clan du prince, se souviennent-ils avec rancoeur de leur anciens "frères" à qui ils doivent cette expulsion. Quant aux Mandzah de Mangerdla ils reconnaissent avoir livré aux Meuley installés avant eux une bataille en règle qui opposa de part et d'autre de nombreux combattants. "*Nous n'avions pas d'armes, seulement des bâtons. Avec les bâtons on ne peut pas tuer quelqu'un et nous ne voulions pas tuer les Meuley !"*. Les Mandzah voulaient "seulement" leur prendre leurs champs, et ils y parvinrent. Il y eut aussi, toujours pour des problèmes de terre, des guerres opposant cette fois des quartiers entiers l'un à l'autre, l'ensemble du quartier prenant fait et cause pour un clan lésé par l'empiètement sournois sur ses champs réalisé par les habitants d'un autre quartier.

L'autre grand motif de guerre à l'intérieur de la chefferie est représenté par la recherche du pouvoir politique. Wazang, par exemple, est encore meurtrie des luttes qui opposèrent entre eux dans la deuxième moitié du XIXème siècle les lignages du clan Erketse : Erketse du prince contre Erketse Gwolvo, puis contre Erketse Meftek, en provoquant à chaque fois des morts. Les vaincus, chassés ou ayant fui d'eux-mêmes, n'avaient eu d'autres ressources que l'exil dans des chefferies voisines mofu-Gudur, et l'un des lignages, celui des Erketse Gwolvo, ne s'est jamais remis de cette lutte.

C'est en termes d'appétit du pouvoir que ces "guerres" nous ont été généralement racontées. Toutefois, à y regarder de près, au moins une de ces guerres internes apparaît au départ comme une révolte contre un prince ayant outrepassé ses droits concernant la terre : le prince Tsila avait fait don à un de ses serviteurs d'un champ déjà entretenu et l'ancien utilisateur, en refusant d'accepter cette nouvelle attribution et de céder son champ, avait soulevé tout son lignage - appartenant pourtant au clan du prince - contre le prince et le reste du clan. Il s'était alors posé en candidat au commandement de la chefferie, et c'était bien un "combat des chefs" qui avait ainsi pris naissance.

A date très récente - en 1976 - un début de révolte semblable a opposé le prince de Duvangar à un lignage de son clan, les "gens de Hudzah", pour des plantations qu'il avait arrachées et redistribuées. Plus de cent hommes - *"cent vingt, avec leurs bâtons"*, nous a-t-on même précisé - ont failli en venir aux mains avec le restant de leur clan, 200 combattants environ. L'affrontement ne se produisit pas, le prince ayant rendu les plantations prises. Sinon les gens de Hudzah auraient nécessairement eu le dessous et... ils auraient été sans doute expulsés de Duvangar, et avec eux leur chef Maslawakwor, l'âme du soulèvement.

Ces tentatives malheureuses de prise du pouvoir ont aussi amené dans les chefferies mofu-Diamaré des candidats évincés ailleurs, arrivant avec ou sans troupes - Getemke, ancêtre des Medey, évincé du pouvoir à Gabaga, par exemple (Cf. Carte 14 : "Constitution progressive de la chefferie de Wazang") - parfois des troupes seules, tels les Gurdelek, quelques chefs de famille installés à Duvangar il y a moins de cent ans - *"du temps de Sambala"* - après avoir dû quitter Tsuvok, *"pour la question du pouvoir"* (6).

Nous pourrions multiplier les exemples. Leur abondance montre à quel point la compétition pour le pouvoir et les guerres fratricides jouèrent un rôle moteur dans les migrations. Cette fréquence est révélatrice : elle indique la possibilité d'une compétition à la mort d'un prince et l'existence d'un choix entre plusieurs candidats, alors que chez les Mofu-Diamaré, comme chez les Giziga, aucune hésitation n'est possible : entre les frères et les fils d'un prince décédé seul l'aîné peut normalement succéder à son père.

A travers les détails donnés on entrevoit que les luttes au bâton, réservées aux frères de clan ou de chefferie, purent être beaucoup plus meurtrières et pertubatrices pour l'unité de la chefferie que leur présentation théorique aurait pu le faire supposer. Elles posent aussi, par un autre biais, le problème de la surpopulation déjà abordé lors de l'étude du peuplement : les densités humaines étaient-elles au siècle dernier aussi fortes - voire plus fortes en zone de montagne - que maintenant ? Au point d'obliger les clans à s'entredéchirer et à se voler leurs champs ? Si l'on songe au "bouclage" peul empêchant les montagnards de se desserrer en zone de piémont, à plus forte raison d'émigrer, si l'on fait entrer aussi en compte les grandes calamités de la fin du XIXème et du début du XXème siècle qui effectuèrent de fortes ponctions humaines, l'hypothèse d'une importante densité dans ces montagnes au siècle dernier est tout à fait vraisemblable.

c) les interventions du prince dans le déroulement des guerres

La variété des motifs de guerre l'avait laissé entendre, il n'existe pas de schéma de guerre uniforme. Lorsque la passion domine une guerre peut éclater en quelques jours, et c'est toute la montagne qui se laisse emporter. Toutefois il existe aussi des guerres soigneusement mûries où cette fois le prince joue le rôle principal. Il fait venir chaque chef de quartier, calculant avec lui le nombre de combattants dont il dispose et discutant de la tactique la plus prudente *"car si le prince se laisse aller à la fureur et n'arrive pas à vaincre l'ennemi, ça n'ira pas!"* Ensuite seulement il *"rassemble les têtes"*, convoquant une assemblée des conseillers de la chefferie à la suite de laquelle il prend en personne la décision de la guerre : le prince faisait *"crier la guerre"* et *"il battait lui-même le tambour, afin que tous les hommes aillent à la bataille"*. Dans chaque quartier les combattants se rassemblaient alors au son des trompes de guerre (7).

Chacun est en effet concerné : *"Tous les hommes de la chefferie sans exception partaient se battre"*. Le jeune lâche qui se serait caché pour ne pas participer aux combats - impossible d'imaginer un homme mûr se comportant de la sorte - aurait été tué par les guerriers à leur retour, et avec l'assentiment de son propre père. Les effectifs des combattants ont donc été importants. Ils rassemblaient dans une chefferie comme Wazang plusieurs centaines d'hommes - *"tous ceux qui voulaient y aller et qui savaient courir"* - ayant entre 18 et 60 ans. *"Seuls restaient les vieux et les malades"*. Il existait pourtant un clan, un seul, qui dans toutes les chefferies où il était implanté ne participait jamais aux guerres, le clan Medey. Dans cette société où la guerre tenait une si grande place les Medey paradoxalement s'affirmaient non concernés par elle. Ils ne portaient jamais d'armes et se déplaçaient les mains vides, sans même une lance. *"On ne leur faisait rien, même lorsqu'il y avait la guerre !"* car leur pouvoir sur la nature les dispensait de déployer leur force physique.

Les guerres opposaient le plus souvent une chefferie à une autre chefferie. On rencontre pourtant quelques cas de chefferies s'unissant contre le même ennemi : Mangerdla faisait généralement cause commune avec Durum contre Duvangar (mais on trouve aussi mention de guerre où Durum a combattu seul contre Duvangar, car Mangerdla plus éloigné n'avait pas été prévenu à temps). Et lors de la guerre livrée à Duvangar par Gwoley - qui vit sa défaite et son asservissement - Gwoley avait pris la précaution de se faire aider par Ngsar, la montagne-chefferie meri, *ngma*, la plus proche d'elle.

Les femmes étaient tenues à l'écart de ces guerres : elles ne les concernaient pas, ou parfois elles les auraient trop concernées : la chefferie pouvait partir combattre leur groupe d'origine. Mieux valait cacher systématiquement à l'ensemble des épouses le but de la campagne : *"On ne disait pas devant elles à qui on allait faire la guerre de peur d'être trahis par elles. On mentait : 'Nous allons à Meri !' Même si c'était à Wazang !"*.

Les combats n'étaient pas livrés en un lieu indifférent : *"Il existe des places spéciales pour se battre, toujours en plaine"*, dont l'emplacement variait selon l'identité de l'ennemi : à Wazang, par exemple, on allait *"à Mazgiya pour combattre les gens de Durum, à Palah pour combattre ceux de Duvangar"*. Il s'agissait là de champs de bataille institutionnalisés, nécessairement placés aux limites, *kokwi*, de la chefferie, identiques à ceux des Muktele dont B. Juillerat a pu dresser la carte (8). Ces limites après avoir connu une période de flexibilité, étaient devenues fixes à la suite de guerres très anciennes dont il n'était plus question de remettre en cause les résultats. Le lieu de bataille constituait un terrain neutre dont il s'agissait de chasser l'adversaire : celui qui était contraint à reculer et devait réintégrer sous la contrainte son territoire était nécessairement le vaincu.

Avant de partir en guerre il fallait se concilier les puissances supra-naturelles. Le grand Dieu, *Bi-Erlam*, n'était pas concerné par cette agitation des hommes, mais un esprit de la montagne, *mbolom*, aux compétences territoriales étroitement délimitées, pouvait intervenir. Suivant le lieu des combats et l'identité des adversaires, il fallait se tourner vers tel esprit, le plus proche du champ de bataille du jour : *"Dans chaque direction il y avait un mbolom à qui s'adresser"*. L'esprit de la montagne peut en effet lever des tourbillons de poussière aveuglant l'ennemi, non seulement l'ennemi montagnard mais aussi le Peul. Le desservant du *mbolom* priait à haute voix l'esprit, lui expliquant la protection attendue de lui et lui offrant en sacrifice un poulet dont il observait la position des pattes : si elle était favorable les combattants pouvaient s'élancer, sinon..."*il fallait offrir d'autres sacrifices jusqu'à ce que les pattes aient adopté la bonne position*".

C'était le prince qui commandait ce sacrifice au desservant, tout comme on l'a vu ordonner les sacrifices offerts avant les premières pluies par l'ensemble des desservants d'esprits de la montagne. De plus lui-même offrait avant les combats un sacrifice à un esprit particulier, le *mbolom ma Halalay*, rencontré seulement dans les grandes chefferies. A la différence des autres esprits de la montagne, aussi anciens dans la chefferie que les clans qui en ont la charge, le *mbolom ma Halalay* fait son apparition dans chaque chefferie à un moment datable sur le plan historique : il coïncide avec la maturité des chefferies et sa présence semble traduire sur le plan religieux le développement de la puissance politique d'un prince. Il est donc normal de voir présenter ces esprits comme les vrais défenseurs de la chefferie en temps de guerre. On dit par exemple à Wazang que grâce au *mbolom ma Halalay* les morts au combat peuvent n'être que peu nombreux. Avant sa fondation au contraire "*les Peuls venaient avec leurs chevaux jusqu'en haut de la montagne*" et les habitants de Wazang se faisaient tuer à la guerre. Une fois installé le *mbolom ma Halalay* cette situation d'infériorité prit fin.

- la présence du prince à la guerre

La présentation de la participation du prince aux combats est paradoxale. On souligne la nécessité de sa présence - "*il était obligé de partir à la guerre sinon ses sujets n'auraient pas voulu la faire*". "*Si le prince n'y va pas, personne n'ira!*" - et en même temps on le présente comme inactif : "*il assistait aux combats sous un arbre*", armé entièrement et pourtant ne combattant pas personnellement.

Cette interdiction de s'exposer physiquement peut être interprétée comme le résultat de la peur qu'auraient ses sujets à le voir s'exposer et mourir prématurément. En fait, dit-on, il n'aurait rien risqué car "*même les ennemis ne tirent pas de flèches sur lui*". Toutefois le prince tient à montrer qu'il n'est pas un lâche. Il cherche à gagner les lignes avancées "*mais les grands le retiennent : 'Non, prince, n'y va pas ! Les jeunes gens y sont déjà !'*". Le prince en est donc réduit à encourager de la voix ses combattants, agissant de la même façon avec eux qu'avec les travailleurs dans ses champs : entouré de quelques anciens il se place tout près des guerriers à qui il lance des conseils. Son inactivité à la guerre peut aussi être considérée comme liée à ses pouvoirs. Tout comme les Medey il n'a pas à recourir au courage physique pour s'affirmer.

A l'inactivité du prince répond le déploiement de courage de certains hommes, les *bi gaola*, expression qui signifie littéralement "chef jeune". Les jeunes Mofu la traduisent par "chef de guerre" mais il serait plus juste de parler de "chef de combat". Dans chaque quartier il y avait un *bi gaola*, chacun avec son adjoint, *melebes*. Cela faisait deux braves pour Makabay, quartier de Wazang, nous expliquait Pemley, dix pour l'ensemble de Mangerdla selon Ohunom, tous deux anciens *bi gaola*. Derrière le *bi gaola* et son adjoint, doublant chacun de leurs gestes, se pressaient leurs voisins. Ainsi la chefferie partait à la bataille dans un ordre qui reproduisait sa structure territoriale, les combattants se regroupant en fonction de leur origine géographique.

Un *bi gaola* a commencé par se faire remarquer par son courage : il court plus vite que les autres, tout droit, et il n'a pas peur. C'est un courageux professionnel. Aussi ses camarades le signalent-ils d'eux-mêmes au prince qui de son côté a remarqué son comportement. Lorsque ce brave aura tué un homme, le prince pourra le nommer *bi gaola* en lui remettant un bouclier spécial, au cours d'une réunion où il lui tuera un taureau : *"Alors le bi gaola est capable de tout faire ! Et même d'aller chez les Peuls!"*. Pour devenir "chef de combat" il n'est question ni de clan, ni d'hérédité. Seule compte la valeur personnelle de l'homme, reconnue de ceux qui se massent derrière lui.

Le *bi gaola* porte un uniforme : outre son grand bouclier il utilise à chaque bataille une peau de panthère tannée qui lui est confiée par le prince, thésaurisant les peaux des fauves abattus sur sa chefferie. Cette peau avait une double utilité, explique-t-on à Wazang. Elle terrifiait d'abord l'ennemi. *"Dès que les Duvangar voyaient les bi gaola avec cette peau de panthère sur le dos, ils détalaient et rebroussaient chemin"*. De plus, ceux qui ne se laissaient pas intimider et décochaient leurs flèches sur le *bi gaola* constataient que celles-ci ne faisaient pas mouche, ne pouvant traverser la peau de panthère. On comprend mieux le courage de leurs porteurs. Entre les princes et leurs "chefs de combat" existe un lien de reconnaissance personnelle : chaque année, à la fête de l'année, *mogurlom*, le prince habille les *bi gaola* avec de grands pagnes de coton teints à l'indigo, et il leur tue un taureau.

Le "chef de combat" conserve ses responsabilités tant qu'il reste vigoureux. Lorsque sa force décroît le prince prend l'initiative de le convoquer, et, par accord entre eux, il décide de donner son titre à un autre, qui à son tour aura montré qu'il ne craignait pas l'ennemi et qu'il était capable d'entraîner derrière lui les autres guerriers.

Au-dessus des *bi gaola* se trouvait enfin un véritable chef d'armée, le *ma gaoleley*. Désigné par le prince parmi les anciens responsables de promotion de jeunes gens, les *magaola*, il changeait à chaque guerre. Chargé d'entraîner les troupes il soufflait dans sa trompe le premier. Il n'y en avait qu'un par chefferie. En cas d'alliance, entre Durum et Mangerdla par exemple, chaque chefferie avait le sien, choisi par son prince. Son rôle n'était pas seulement technique - les "chefs de combat" étaient là pour courir à la tête des guerriers - mais supra-naturel : il pouvait repérer par voyance les combattants adverses en qui les flèches ne pouvaient pénétrer.

La tactique en cours de combat était simple. Les guerriers étaient légèrement vêtus - juste un pagne de coton roulé autour des reins, si possible de couleur rouge - parfois même nus. Outre leur flûte-sifflet autour du cou ils portaient un armement, léger lui aussi : bouclier de cuir de taille moyenne, épais bonnet renforcé tenant lieu de casque, massue, arc et flèches, enfin plusieurs lances, jusqu'à quatre. Flèches et lances, empoisonnées, provoquaient des blessures parfois mortelles, ou mettant des mois à guérir.

Les guerriers s'élançaient en courant mais cette trajectoire était brisée par une pantomime compliquée évoquant une danse. Nous l'avons bien des fois observée aux enterrements puisque les hommes y viennent habillés en guerriers et se livrent à cette même parade : deux ou trois pas en avant, corps courbé et penché en avant, bras brandissant la lance, puis bonds de côté et nouvelle course vers l'avant. Ces changements de trajectoire, selon nos vieux informateurs, étaient destinés à empêcher l'ennemi de vous viser.

Cette identité pose le problème du sens de cette démonstration de force. Etait-elle dirigée contre les autres clans parmi lesquels pouvait se trouver le responsable du décès, sorcier ou meurtrier caché? Cette interprétation est celle d'E. DURKHEIM s'interrogeant sur le "besoin de venger la mort survenue" manifestée par les parents du mort, se livrant à une attaque "quelquefois réelle (...) quelquefois feinte" (rééd. 1960, p.562). A moins que cette démonstration ne soit destinée à la mort elle-même ? Nos informateurs penchent pour la seconde interprétation. Notons également que lorsqu'un quartier part réclamer la pluie à son prince les hommes prennent leurs armes et s'habillent également en guerriers (cf. IX-63). Pour les Mofu, semble-t-il, il est possible de faire la guerre à la sécheresse comme à la mort.

Tous les combattants progressaient à la rencontre de l'armée ennemie. Parmi eux certains étaient particulièrement hardis, les "blindés", *dakwal*, dans la peau desquels *"les flèches n'entrent pas, la lance non plus"*, grâce à des charmes achetés à des spécialistes parfois étrangers, giziga en particulier. Les *bi gaola*, eux aussi, étaient partiellement à l'abri, non seulement à cause de leur peau de panthère mais parce que *"certains sont déjà intraversables. Ils peuvent arrêter les flèches avec les mains, et même si on les vise les flèches dévieront toujours"*. Les tout jeunes gens représentaient une dernière catégorie de combattants ayant peu à redouter de l'adversaire et se montrant particulièrement audacieux. N'ayant encore jamais eu de relations sexuelles *"ils ne pouvaient pas être atteints par les flèches. Ils ne les voyaient même pas"*. Pour les Mofu en effet l'homme qui a entretenu des relations sexuelles, à plus forte raison l'homme marié qui couche régulièrement avec une femme, subit une déperdition de force, surtout lorsqu'il vient de faire la découverte de l'amour physique. Aussi vaut-il mieux ne pas se marier trop jeune, nous expliquait Berdey de Duvangar : *"celui qui se marie trop tôt, lorsqu'il va au combat, tient son bouclier sans force. Il tombe, ne pouvant supporter les coups"*. De même les fauteurs d'impureté, *madama*, recherchaient les positions en retrait, leur souillure passée les exposant à recevoir les premières flèches et les rendant craintifs. De même lors d'une épidémie, de variole par exemple, ils risquaient, disent les Mofu, d'être les premières victimes.

Les gauchers représentaient une dernière catégorie de combattants, très appréciée car réputée particulièrement adroite. Sachant utiliser la main gauche - pour les Mofu *"main de l'homme"* et *"main du bouclier"* - ils étaient à la fois pleinement hommes et pleinement guerriers, à la différence des droitiers qui ne se servent que de la *"main à manger la boule"* - la main droite considérée comme *"main de la femme"*. Aussi affirmait-on des archers gauchers qu'*"ils ne rataient pas leur coup"* et les utilisait-on comme une réserve en cas d'adversité : *"Si les choses tournent mal et si l'on sent venir la défaite, on fait chercher les gauchers car ils attraperont leurs adversaires facilement. On dit que leurs flèches attrapent toujours quelqu'un"*.

La diversion avait à peine le temps de se produire car les guerres étaient très courtes : toujours moins d'une journée. Pour allonger le temps des combats il arrivait que les guerriers viennent dormir le plus près possible du champ de bataille. Ainsi précise-t-on à Gwoley que lors de sa grande guerre avec Duvangar, les hommes de Ngsar, alliés de la petite chefferie, avaient passé la nuit à Gwoley. Toutefois pareille préméditation demeurait exceptionnelle (10).

Les guerrres commençaient le matin, deux à trois heures après le lever du soleil, et à midi elles étaient le plus souvent déjà terminées. *"Elles duraient quelques heures "*. On comprend comment Mangerdla, alliée en puissance de Durum, avait pu plusieurs fois, lors d'hostilités entre Durum et Duvangar, arriver sur le champ de bataille alors que la guerre était déjà finie... Les guerriers n'emportaient aucune provision et au bout de quelques heures, par accord mutuel, il était temps d'en finir car... *"tout le monde avait soif, et faim aussi !"*. On cite pourtant quelques guerres qui après avoir paru cesser s'étaient rallumées à la nuit : les tardifs combats nocturnes avaient été une façon de compenser les mauvais résultats de la journée.

Il ne fallait pas que les guerres durent trop longtemps, sinon *"il y aurait eu trop de morts !"*. Le bilan de ces "guerres à tuer" était en effet peu élevé : entre un et trois morts de chaque côté. On cite les guerres qui ont abouti aux résultats désastreux de six, et même huit morts de part et d'autre. Il faut passer aux rares affrontements avec les Peuls pour découvrir le chiffre de dix tués originaires de la même chefferie. Les vainqueurs revenaient chez eux en chantant : de loin, le restant de la chefferie apprenait l'heureuse issue des combats par ces chants spécifiques qui accompagnaient aussi le retour des chasseurs ayant réussi à capturer des panthères pour leur prince (11).

Les morts étaient transportés par leurs frères et voisins : ils ne pouvaient être enterrés que chez eux, où une tombe spéciale portant une longue pierre dressée - la même que pour les guerriers ayant tué - rappellerait les circonstances de leur décès. En attendant de se faire remarquer par delà la mort les guerriers, victorieux mais meurtriers, se préoccupaient d'élever, dès leur retour, un autel spécial, *tokwora*, à l'esprit de leur victime, à qui jusqu'à leur mort ils offriraient l'année de la fête du taureau un sacrifice quadriennal."*Quand on tue quelqu'un on devient son enfant ; or on ne peut aller voir son père sans lui offrir quelque chose*". L'entretien d'un autel *tokwora* était aussi le signe tangible, immédiatement perceptible, de leur valeur car si le fait de tuer un homme possédait des conséquences dangereuses c'était aussi "*un acte de gloire*", la plus sûre manifestation du courage, et une preuve de virilité : "*Celui qui n'a pas de tokwora cela lui fait mal dans le coeur : il est exactement comme une femme*".

Les guerres étant livrées en plaine, loin des habitations, ne pouvaient être l'occasion pour les combattants de piller, ni de rapporter du butin ; mais qu'en était-il de la richesse de l'époque, les esclaves ? Selon quelques informateurs minoritaires, les guerres entre chefferies n'étaient pas destinées à de telles captures, qui étaient réalisées plutôt de nuit par de petites bandes spécialisées dans le "*vol des personnes*". De nombreux témoignages concordants montrent pourtant qu'au cours de ces guerres il est arrivé à plusieurs reprises que des combattants aient été isolés et faits prisonniers. Certains furent directement revendus aux intermédiaires peuls ayant leurs entrées nocturnes dans la chefferie. D'autres, gardés en prévision de capture de membres du *ngwa*, permirent au prince de procéder à des échanges et de récupérer ses sujets.

d) l'établissement de la paix et les rites de paix et d'alliance

La fin des combats ne signifiait pas nécessairement l'arrêt de la guerre. Entre certaines chefferies l'état de guerre était endémique et le moindre prétexte rallumait les hostilités.

Lorsque la guerre avait provoqué trop de morts on procédait à des rites de paix et d'union. Leur caractéristique était l'utilisation de chiens, coupés vivants puis partagés entre les anciens ennemis. Ces rites spectaculaires avaient été connus très tôt des premiers administrateurs qui s'empressèrent d'obliger les populations à les utiliser sous leur contrôle (12).

Les Mofu-Diamaré n'en sont pas les inventeurs : ils signalent d'eux-mêmes qu'ils les ont utilisés avec leurs voisins du sud, les Mofu-Gudur, pour mettre fin à une guerre entre eux. Les Mafa font de même, disent-ils, et aussi les Giziga-Marva entre eux,"*Dzebe avec Kaliao*". Effectivement les archives confirment que ces rites - baptisés par les administrateurs "sacrifice du chien" - étaient connus des populations de plaine, non seulement des Giziga mais aussi des Mundang (13). Ainsi semble se confirmer l'affirmation mofu suivant laquelle "*tous les voisins font la paix en coupant le chien, tout le monde !*". La paix par le partage d'un chien apparaît comme un rite largement transethnique, utilisé en région de plaine comme de montagne.

Chez les Mofu ces rites de paix sont présentés comme nettement antérieurs à l'arrivée des Européens. Ils étaient utilisés lorsque les deux parties souhaitaient *"une vraie paix, afin que l'on puisse aller se promener de montagne à montagne"*, afin aussi que les mariages puissent reprendre : *"On voulait faire la paix à cause des femmes : Duvangar aime les filles de Durum et Durum aime les filles de Duvangar !"*.

La paix fut ainsi proclamée entre Durum et Duvangar, Duvangar et Gwoley, Wazang et Durum; sans doute à plusieurs reprises, mais nos informateurs ne se souviennent que de la dernière paix. Par contre Duvangar et Wazang affirment avec force qu'il n'y eut jamais de partage de chiens entre elles, car *"les guerres étaient trop fréquentes"*. Les gens de Gwoley non plus ne firent jamais la paix avec les Mboko car *"c'était des étrangers pour nous"*. On saisit mieux ainsi la portée de ces rites : ils permettaient la réconciliation entre voisins immédiats, qui se côtoyaient nécessairement et entre qui la guerre permanente aurait posé trop de problèmes.

Pour faire la paix les deux chefferies se rassemblaient *"à la frontière"*, *"de chaque côté de la limite"*. *"Les hommes étaient là, bien groupés, et se regardaient"*. Il s'agissait, comme pour le combat, de la totalité de la chefferie, au milieu de laquelle se tenait le prince. De chaque groupe se détachaient *"quatre ou huit personnes"*, des hommes âgés portant un chien.

Pourquoi cet animal ? Parmi les montagnards pratiquant ce rite se trouvent aussi bien des non-consommateurs que des consommateurs de chien. Ce n'est donc pas la nature particulière de cette viande qui a motivé ce choix, mais les qualités symboliques attribuées à l'animal, le courage et l'agressivité.

Dans chaque groupe un homme âgé, le propre sacrificateur du taureau *maray* chez le prince, rappelait les circonstances des hostilités passées et exposait le désir de paix des siens. Puis il procédait à la mise à mort du chien en le coupant vivant par le milieu du corps. Quelques jeunes de chez lui tenaient la partie supérieure de l'animal tandis que des jeunes de l'autre groupe tenaient les pattes postérieures. La répartition des rôles était importante : le chien était coupé en deux parties sensiblement égales mais la partie supérieure était valorisée : fournir le chien en le tenant par le haut, c'était rappeler qu'on avait été le plus fort au cours de la guerre.

Le sang de chaque animal coulait dans une branche d'arbre creusée en forme de gouttière, faite en bois d'acacia. Une gouttière étant toujours placée - dans ces habitations composées d'un ensemble de cases rondes - au confluent de deux toits le symbolisme recherché paraît clair : le sang provenant des deux chiens et s'écoulant dans le même canal montrait que l'agressivité des deux groupes qui jusque-là était dirigée contre l'autre allait s'exercer dans une seule direction, contre le même adversaire.

Quand les deux chiens avaient été sectionnés les groupes échangeaient les morceaux des animaux. *"Chaque parti prenait le haut d'un chien et le bas d'un autre"*, de façon à ce que les deux chefferies se retrouvent, avec un chien complet (14). Chaque détail du partage avait son importance - la gouttière était par exemple cassée également en deux parties, de tailles identiques distribuées aux chefferies intéressées - c'est pourquoi une réconciliation autoritaire entre Durum et Wazang, suscitée vers 1950 par un administrateur dont le nom n'a pas été gardé, avait fort mal tourné : le prince de Durum s'était fait remettre les deux hauts de chien, nous a-t-on expliqué à Wazang, apparemment sans que l'administrateur eût réalisé l'énormité de cette prétention. Les gens de Wazang voulurent alors arracher leur dû, d'où une bataille n'ayant pas empêché malgré tout la proclamation de la paix par l'administrateur, mais dans une confusion générale...

Un seul de nos informateurs a ajouté qu'après cet échange avait lieu un autre rite. *"Pour dire qu'on ne va plus recommencer la guerre, qu'on va faire la paix vraiment, les guerriers allaient donner chacun un coup de flèche sur la tête du chien"*. Ils déchargeaient ainsi une dernière fois leur volonté d'attaque, mais sur un animal représentant les deux chefferies à la fois. Enfin chaque prince faisait enterrer sur ses terres le chien reconstitué qui lui était dévolu, ensevelissant avec lui les éventuelles mauvaises dispositions de son groupe. Cet enterrement avait lieu tout près des frontières, sans doute à l'emplacement même du champ de bataille utilisé peu auparavant.

Pour bâtir la paix il fallait passer par cette suite d'opérations. Il y avait là une obligation. C'était, disent les Mofu, un *kuli*, une "loi du groupe". Toutefois il n'était pas procédé à un sacrifice religieux : ni les ancêtres, ni le Dieu du ciel n'étaient invoqués au moment de la mise à mort des chiens, dont aucun morceau n'était préparé ni consommé. On se trouve là, comme dans l'initiation des jeunes gens, devant une séquence symbolique codifiée - que l'on peut baptiser rite - dont le but est de souligner un moment important de la vie du groupe en faisant prendre conscience aux participants de sa signification.

Devant l'arrêt définitif des guerres les réactions sont opposées. Une minorité composée d'hommes dans la force de l'âge - appartenant à la première génération pour qui l'interdiction des guerres est devenue effective - regrette ouvertement de n'avoir pu prouver sa valeur et se démarquer des femmes. *"Ce sont les costauds, les brutaux qui réagissent ainsi"*, décrétait doctement un jeune homme de vingt ans. *"Ils regrettent la vie troublée d'autrefois, avec les rapts de personnes, les vols de bétail, car ils pensent qu'eux auraient pu en profiter"*.

Un premier argument employé fréquemment était déjà apparu à propos de la paix entre chefferies voisines : grâce à *"la suppression de la guerre"* - la paix générale, *bla ma zey*, "le monde de la paix", que les montagnards attribuent à la présence des colonisateurs - *"on peut se promener comme on veut"*. Les décennies de maintien forcé à l'intérieur des montagnes derrière les murailles, à la fois protection et moyen d'enfermement, ont marqué les esprits : la conséquence la plus appréciée de la paix est la possibilité de sortir enfin librement, de parcourir non seulement les montagnes mais la plaine, de voir de ses yeux les découvertes nouvelles - l'avion par exemple - et de faire reculer ce qui avait été jusque-là pour le groupe les limites du monde connu.

Les hommes âgés, même ceux qui se montrent très critiques vis-à-vis de la présence destructurante des Blancs - les administrateurs européens et leurs successeurs - sont unanimes dans leur appréciation positive de la paix. *"Vous, les jeunes, vous regrettez la guerre parce que vous n'y êtes pas allés, mais si vous aviez reçu comme moi une flèche dans la cuisse..."*. Il est vrai, constatait un informateur âgé, qu'il est dans la nature des jeunes de souhaiter la guerre ; *"moi je ne regrette pas la guerre parce que je suis vieux..."*. Quant aux princes ils apprécient de ne plus avoir à craindre les guerres et leurs ponctions en hommes, calamité que ne peut accepter un prince, soucieux de voir sa chefferie la plus peuplée possible. Il est vrai qu'un autre danger menace aujourd'hui la chefferie, la sorcellerie, en constante augmentation, dit-on. *"Maintenant ce sont les sorciers qui remplacent la guerre..."*.

On trouve, chez les autres Mofu-Diamaré, de grandes différences dans le comportement des princes et chefs vis-à-vis des guerres. Un groupe composé des "gens de l'est", rejoints par les chefferies de Molkwo, accorde comme dans les trois grandes chefferies un certain contrôle de cette activité au prince : à Dugur le prince réunit son assemblée et *"il lui demande conseil sur la guerre qu'il veut mener"*.

Au sein de l'ensemble mofu-Diamaré on garde le souvenir de guerres déclenchées pour une raison très particulière, l'arrêt des pluies. A Mikiri par exemple on explique comment le prince de Dugur avait décidé les hommes de sa chefferie à attaquer son voisin qui, affirmait-il, avait provoqué volontairement une sécheresse à l'aide de sa pierre arc-en-ciel. Pour obliger le prince de Mikiri à faire revenir les pluies Dugur se lança dans une guerre dont le lourd bilan - huit morts - est encore connu. Même aujourd'hui le milieu de la saison des pluies - avec les périodes sèches inattendues qu'il peut connaître - voit croître les tensions, allant jusqu'aux rixes entre chefferies voisines et même à l'intérieur d'une même chefferie. On peut donc prendre à la lettre ce récit. On peut aussi en faire une lecture symbolique et estimer que cette guerre menée par Dugur a été non pas représailles mais tentative infructueuse pour dominer sa voisine Mikiri.

Dans ces chefferies des montagnes-îles le prince ne se bat pas lui-même et il envoie aux combats les braves à qui il a confié une des peaux de panthère, trésor de la chefferie. Toutefois à Molkwo s'il existe une assemblée générale avant la guerre, réunissant l'ensemble des hommes adultes - les futurs combattants - elle semble débattre sans qu'intervienne le prince. Là aussi on observe l'existence de courageux professionnels, un par quartier, appelés *bi gaola* (15), mais on ne note pas de lien privilégié entre eux et leur prince.

Chez les Meri et Gemzek les guerres éclatent et s'arrêtent en dehors de toute intervention des "chefs de montagne", et les "chefs de combat", *bi gaola,* agissent en pleine indépendance. L'humeur belliqueuse de ces montagnards, celle des Meri en particulier, a beaucoup frappé les observateurs étrangers, les Peuls d'abord, puis les administrateurs qui notent leurs guerres incessantes et fratricides. Même sans connaître le fonctionnement de la société il était clair que ces guerres n'opposaient que de tout petits groupes, unis par des liens de parenté et pourtant se combattant à mort. Le caractère incessant des guerres meri traduisait "l'absence de chefs", disent les Peuls (16), "l'anarchie la plus complète", s'écrient les administrateurs (17). Les enquêtes en pays meri et gemzek ont pourtant montré que des chefs existent mais la guerre n'entre pas dans le champ de leurs compétences. La seule façon pour eux d'y participer consistait à offrir avant le départ en guerre un sacrifice aux esprits de la montagne, *skar*, dont ils étaient les desservants : le *skar*, comme le *mbolom*, avait tout pouvoir pour protéger les guerriers habitant sur sa terre.

Il arrivait pourtant aux "montagnes" meri et gemzek de combattre toutes ensemble le même ennemi représenté par un groupe ethnique proche : paradoxalement c'étaient les guerres qui leur fournissaient une de leurs rares occasions de surmonter leurs dissensions.

4. LES DECISIONS CONCERNANT LA GUERRE

Notes des pages 390 à 404

(1) La dernière guerre entre Durum et Duvangar remonterait selon nous à 1947
(2) Mogudi de la carte IGN au 1/200 000e. Aucun chercheur ne s'est jusqu'ici intéressé à Mogudi, la plus au sud des montagnes-îles giziga-Marva
(3) Les Mofu ignoraient la cuirasse - sorte de chemise métallique fabriquée par les forgerons locaux - utilisée par les combattants Hadjeray au début du XXème siècle et dont nous avons remis en 1967 au Musée du Tchad à N'Djaména un exemplaire acheté par nos soins.
(4) La conquête d'une partie du quartier de Gabo annexée par Durum se serait située "du temps de Bi-Leleng", c'est-à-dire à la fin du XVIIIème siècle (cf. Tableau 11 : "Les princes de Wazang et Ngwahutsey").
(5) "Du temps de Bi-Sambala" (cf. Tableau 9 : "Les princes de Duvangar").
(6) Les Tsuvok sont un petit groupe ethnique montagnard ayant sa propre langue, voisins à la fois des Mofu-Gudur, des Mafa - avec qui ils sont comptés d'ordinaire - et, dans son extrémité sud-est, de l'ensemble mofu-Diamaré
(7) C'est à ces trompes que font parfois allusion dans leurs rappports divers administrateurs qui les ont entendues de leurs oreilles (Cne VALLIN, 1929 : "Tournée dans la région de Mada, Gemchek et Moukia (4-23 décembre)", Archives Yaoundé T.A. 11 832/J, (Ar CHAULEUR, 1929 : "Tournée à Duvangar (3-7 mai)").
(8) B. JUILLERAT, 1971, p. 112
(9) E. DURKHEIM (rééd. 1960, p.562).
(10) A des détails comme celui-là on mesure la distance entre le royaume du Mandara et un petit état mofu. Les guerres des Mandara contre les Peuls avaient elles aussi un aspect ritualisé : elles possédaient leurs itinéraires et leurs lieux de halte, toujours les mêmes. Toutefois elles comportaient de véritables campagnes de plusieurs jours, telle celle à laquelle a participé le major Denham en 1823 (J.F. VINCENT, 1979, pp. 592-593)
(11) Sur cette capture des panthères cf. J.F. VINCENT, 1986, p. 203
(12) La première allusion à ce rite du partage du chien relevée par nous concerne le lieutenant Belmondo qui, au cours d'une tournée en 1929, procède à la "réconciliation de Douvangar, Mboko et Tchakidjebe par le chien coupé" ("Rapport de tournée du 14 au 21 février 1929", Archiv. IRCAM, Yaoundé, ss numérot.). Vingt ans plus tard un administrateur en tournée à Meri signale qu'il a obligé deux quartiers de Meri à "une réconciliation par le chien coupé" (M. COQUEREAUX, 1948, Archiv. Meri, ss numérot.).
(13) Une étude effectuée par trois administrateurs signale en 1937 que "le sacrifice du chien" a été "utilisé entre Moundang et Guissiga pour sceller leur alliance" (COURNARIE, CEDILE, FOURNEAU, 1937)
(14) Cette nécessité d'utiliser non pas un chien - comme le croyaient les premiers administrateurs - mais deux, a été comprise et expliquée par l'administrateur COQUEREAUX.
(15) On retrouve chez les Giziga du sud de Maroua un terme très proche, *bi-gaolay*, mais malgré la désinence semblant indiquer un pluriel il s'agit d'un homme unique, "le chef des armées" (G. PONTIE, 1973, p. 50)
(16) Buba NJODA, M'Bozo-Debi, déc. 1970
(17) Ar COQUEREAUX, 1948

CHAPITRE VI
LES AUTRES DETENTEURS DE POUVOIR

La variété des domaines où le pouvoir du prince s'exerce - et qui fait son originalité - pourrait laisser supposer que la totalité du pouvoir susceptible de se manifester dans sa chefferie se trouve concentrée entre ses mains. Pourtant, ainsi qu'on a pu déjà le remarquer, entre le prince et ses sujets divers personnages apparaissent, détenant une parcelle, voire un pan de pouvoir dont il faut maintenant apprécier l'importance : chefs de quartier et responsables d'autels aux esprits de la montagne, dignitaires aux rôles codifiés et - les moins estimés mais les plus irremplaçables - spécialistes cumulant les connaissances techniques, la divination en particulier. A leurs côtés il faut ranger les assemblées, de chefferie et de quartier, personnes morales composées non pas de l'ensemble de la chefferie, mais des éléments de poids, ceux que l'on appelle *" les hommes vrais"*.

1. LES CHEFS DE QUARTIER

a) appellation

Les plus grands personnages de la chefferie après le prince sont les chefs de quartier que l'on a vus agir en concertation avec lui. On les appelle *bi ma tlatlam*, "chefs", *"détenteurs d'autorité"* sur un quartier, *tlatlam* étant, semble-t-il, une forme particulière du mot *tlala*, "quartier", portion de chefferie. Un *bi ma tlatlam* est donc un chef à l'autorité limitée, un dépendant. Si grand que soit son quartier il ne pourra jamais être désigné comme *bi ndwhana*, *"chef vrai"*, chef indépendant, prince. On appelle aussi le chef de quartier *masa'ay* (1), mais ce terme est en même temps un titre valorisant et on ne l'emploie que pour les chefs de quartiers les plus peuplés et les plus anciens. S'il est utilisé pour un responsable de moindre importance c'est afin de le flatter.

b) origine de la charge et transmission

Le chef de quartier appartient à un clan, toujours le même, alors que plusieurs autres clans sont également représentés dans son quartier (cf. Tableau 4 : "Répartition des clans dans les quartiers de Wazang"). La raison de cette permanence est d'ordre historique : fournit le chef de quartier le clan reconnu comme fondateur, celui dont l'ancêtre a le premier défriché la terre en cette partie de la chefferie qui, rappelle-t-on, lui a été concédée par un prince d'autrefois. En l'identifiant à cet ancêtre on dit de lui qu'*"il est venu le premier à cet endroit". "Quand il est venu s'installer, c'était la brousse. Il l'a coupée. D'autres gens sont venus ensuite à ses côtés"*. Dans le quartier Gabo à Wazang le chef de quartier est ainsi un Laway. Conséquence fréquente de cette antériorité, ce clan fondateur est le plus important numériquement du quartier : 35 des 99 "chefs de maison" de Gabo sont Laway (cf. Tableau 4). Toutefois la démographie ne vient pas toujours soutenir l'histoire : dans la même chefferie de Wazang un autre quartier, Makabay, a pour chef un Medey - dont le clan est présenté comme le premier arrivé et défricheur - mais aujourd'hui cinq autres clans sont plus importants que lui sur le plan numérique (cf. Tableau 4). Le prestige du premier occupant a été ici suffisamment fort pour que la préséance de ses descendants continue à être affirmée malgré les faibles effectifs du clan.

Le mode d'accès aux responsabilités de chef de quartier est simple : le fils aîné succède à son père, même s'il est très jeune. C'est lui qui doit prendre la charge. Il doit "*manger le mbolom*", *mezimey mbolom*, le verbe "*manger*" étant employé ici comme dans toutes les opérations de transmission héréditaire. Toutefois si le fils du chef de quartier défunt n'est vraiment qu'un enfant le frère du disparu peut lui succéder, et nous avons observé le cas dans le quartier Gandzuway de Wazang. cependant, à la mort de ce titulaire temporaire, la charge reviendra au fils du précédent chef.

Le prince n'intervient pas dans ces successions : il ne peut normalement faire désigner un homme de son choix : *"Que le nouveau chef de quartier lui plaise ou non, il doit l'accepter"*. Celui-ci exercera ensuite ses fonctions jusqu'à sa mort : *"Il est impossible de changer un chef de quartier"*.

c) la responsabilité d'un autel de *mbolom*, signe et fondement de la charge

Tout chef de quartier est nécessairement détenteur d'une charge religieuse : il est responsable d'un culte à un esprit de la montagne, *mbolom*, véritable premier occupant des lieux, dont le pouvoir est reconnu par les hommes venus habiter" sa terre". Premier parmi les hommes à s'installer en ce lieu le clan du chef de quartier a pris l'initiative de commencer à honorer ce *mbolom*. Est-ce à dire que l'esprit de la montagne s'est manifesté matériellement à son ancêtre ? Cela peut arriver et nos enquêtes sur l'origine d'une trentaine d'autels de *mbolom* ont souvent découvert la mention de grands vents ou de tourbillons, interprétés comme le signe donné par un *mbolom* voulant faire comprendre sa présence. La "folie" d'un membre de la famille du fondateur - femme, enfant - reçoit la même explication. Ces divers phénomènes cessent dès qu'un autel - le premier d'une longue série - est élevé au *mbolom* révélé. Les montagnards peuvent d'ailleurs ne pas attendre ces manifestations tangibles du *mbolom*. D'avance ils connaissent sa présence sachant qu'*"il n'y a pas de place sans mbolom"* : Quand un homme s'installe en un lieu nouveau, jusque-là inhabité, *"il est sûr qu'il s'y trouve un mbolom "*. Il n'existe donc *"pas de chef de quartier sans autel de mbolom"*. La détention de l'autel est une façon de montrer que le clan responsable du culte à l'esprit de la montagne détient le pouvoir sur le quartier. *"Quand un clan a un mbolom cela veut dire que ce clan commande le quartier"*. Pour les montagnards la détention d'un autel de *mbolom* possède une valeur de signification qu'ils perçoivent et sur laquelle ils insistent : il existe un lien nécessaire entre détention de l'autel et fonction de chef de quartier.

A l'origine d'un *mbolom* il y a le plus souvent une démarche volontariste : ce sont les hommes qui fabriquent un autel en plaçant un col de poterie sur une éminence rocheuse. Et l'esprit de la montagne répond à cet appel en manifestant sa puissance par une protection concrète, accordée par l'intermédiaire de son desservant. La réciproque est également vraie. Du moment qu'un homme commande un quartier il doit entretenir un culte à un esprit de la montagne : *"Pour être chef de quartier il faut avoir un mbolom "*. Vatsar, Mofu de Wazang venu après la grande famine des années 1930 s'installer près de Maroua sur la montage de Makabay, vide alors, fournit une illustration limpide à ce principe. Premier à défricher la montagne il fut rejoint par d'autres Mofu auprès de qui il joua le rôle de chef. A ce titre, dans les années 1940, il fut pressé par eux - et par les devins - de se découvrir un *mbolom*, ce qu'il fit. Cette création récente éclaire les fondations anciennes et montre le lien étroit entre les deux aspects, sacré et profane, de la fonction de chef de quartier.

Ces aspects sont d'ailleurs tellement mêlés que les Mofu font parfois mal la distinction entre eux : ils pourront expliquer qu' Un Tel est chef de quartier *parce qu'*il est responsable d'un autel à un esprit de la montagne. Pour eux l'exercice d'une responsabilité et la détention d'un pouvoir sur les hommes sont forcément doublés - faut-il dire sous-tendus ? - par l'existence d'une charge religieuse. Il y a là une nécessité qui se manifeste à tous les niveaux de la société, qu'il s'agisse du prince - on l'a déjà vu décider en matière de fêtes religieuses, mais ce lien apparaîtra plus nettement encore - ou du simple chef de famille. Cette imbrication du pouvoir et du sacré a d'ailleurs été si souvent signalée en d'autres sociétés africaines qu'elle en apparaît comme banale (2). Elle se fait remarquer seulement ici par sa particulière netteté.

d) les desservants non responsables de quartier

La détention d'un autel de *mbolom* n'est cependant pas l'exclusivité des chefs de quartier. Ayant accueilli à la demande de leur prince des représentants de clans différents - venus d'un autre quartier de la chefferie ou étrangers véritables - ils leur ont attribué des terres sur lesquelles les nouveaux arrivants ont découvert à leur tour la présence d'esprits de la montagne, devenus "leurs" *mbolom*. Toutefois, rappelle-t-on, ces *mbolom* sont *"petits"* et *"commandés"* par le *"grand"* mbolom du chef de quartier. Ils sont *"sous le mbolom du chef de quartier"*, tout comme celui-ci , on le verra, est *"sous le mbolom du prince"*.

A chaque *mbolom* correspond un autel dont les responsables, là aussi, se succèdent de père en fils. On s'enorgueillit de détenir un *mbolom*. Tous les clans n'en possèdent pas. Il faut pour cela qu'ils soient anciennement implantés dans un quartier, bien regroupés et y ayant fait souche. Un clan qui *"n'a pas de mbolom "* - les Mokuzek à Wazang, par exemple - montre qu'il est dispersé entre plusieurs lieux,*"qu'il n'a pas de quartier à lui"* dans cette chefferie. Il peut aussi avoir ses lettres de noblesse dans un quartier et ne pas avoir réussi à se faire reconnaître dans un autre. Les Fogom, clan anciennement implanté dans le quartier Makabay à Wazang, y possèdent un *mbolom* mais ils n'en ont pas à Maldoa, autre quartier de Wazang, où ils constituent pourtant un noyau assez important (cf. Tableau 4).

Sur chaque quartier on trouve donc une juxtaposition de *bi mbolom*,*"chefs de mbolom"* responsables d'autels à des esprits de la montagne, dits parfois *"autels de rocher "* par allusion à leur situation en un lieu élevé, éminence ou chaos rocheux dominant les habitations des hommes (3). Seul parmi les *bi mbolom* qui l'entourent le chef du quartier a droit à l'appellation de *masa'ay*, titre de respect qui souligne sa situation éminente. Un *masa'ay* est le desservant de l'esprit de la montagne le plus important du quartier. C'est donc une autre façon de désigner le chef de quartier en faisant allusion à ses fonctions religieuses. Lorsqu'à Wazang on parle du *masa'ay* de Gabo on sait qu'il s'agit de Kramsadao, du clan Laway, chef du quartier.

Tous responsables d'un culte à un esprit de la montagne, les différents chefs de quartier ne sont cependant pas sur le même pied. Il existe entre eux une hiérarchie, analogue à celle qui sur un même quartier différencie les petits *bi mbolom*. Cette hiérarchie nous est apparue concrètement lors de l'assistance aux sacrifices de *mbolom*. Au cours de ceux-ci l'esprit de la montagne concerné reçoit certes l'essentiel des offrandes de nourriture cuisinée, chèvre et boule de mil. Toutefois de minuscules boulettes sont également projetées par le sacrificateur à l'intention de tous les autres esprits de la montagne inventoriés sur la chefferie. Chacun appelé à voix haute reçoit sa part. On a déjà vu l'intérêt historique de cette énumération qui garde trace des limites anciennes de la chefferie. Cette longue liste est récitée suivant un certain ordre, respecté grâce aux efforts de mémoire collectifs. A Wazang on nomme ainsi en premier les *mbolom* du prince et des Siler autochtones, terminant, à la fin d'une liste de plus de vingt noms, par les esprits de la montagne protégeant les petits quartiers de Maldoa et de Makabay. Cet ordre qui nous a été commenté est à la fois historique et hiérarchique : les esprits de la montagne les moins importants sont, selon les montagnards, ceux attachés aux quartiers les plus récents. Les responsables de leur culte reproduiront eux aussi ce classement lorsqu'à leur tour ils offriront leur sacrifice. Ainsi se reconnaissent-t-ils comme les plus "petits".

e) rôle des chefs de quartier

Le premier aspect du rôle des chefs de quartier - sinon le plus apparent, du moins le plus souvent nommé - est l'aspect religieux. Le chef de quartier est celui qui offre régulièrement des sacrifices à son esprit de la montagne. Il ne le fait qu'à certaines conditions. Il lui faut n'avoir eu les jours précédents aucun contact avec la mort : avant de célébrer son sacrifice il évite de participer à des funérailles, événement pourtant important dans la vie de la chefferie. Il doit surtout observer une abstinence sexuelle et ne pas s'approcher de sa ou ses femmes *"dès que l'on a commencé à écraser la bière du sacrifice"*, donc trois nuits avant le sacrifice (cf. Tableau 19 : "Fabrication de la bière de *mogurlom*"). Cette exigence, expliquent les chefs de *mbolom* rencontrés, est celle de l'esprit de la montagne lui-même qui déclarerait *"sale"* le desservant ayant eu des relations avec son épouse et *"ne mangerait pas le sacrifice offert"*. On retrouve, à nouveau affirmée, une liaison entre sexualité et souillure.

Il existe entre l'esprit de la montagne et son desservant un lien personnel que l'on perçoit par l'existence d'un autre interdit, autrefois permanent, celui pour le *bi mbolom* de sortir à l'extérieur de son quartier, de voyager ou d'accomplir un déplacement l'obligeant à passer la nuit en dehors de chez lui. Cet interdit est de même nature que celui qui lie le prince à sa terre : si le chef de quartier ne peut quitter son territoire, c'est qu'il doit *"s'occuper de son esprit de la montagne"*. *"Il ne doit pas le laisser tout seul. Sinon celui-ci risquerait de lui demander : 'Où étais-tu ?'"*. De plus en allant sur d'autres terres le chef de quartier, tout comme le prince, risque de se souiller et de n'être plus accepté ni reconnu par son esprit. Il lui faut alors à son retour se purifier par des onctions de sang, ici d'un poulet.

Offrir un sacrifice à son esprit de la montagne c'est pour un chef de quartier d'abord lui parler, ainsi que nous l'avons constaté en assistant à des sacrifices ordinaires. Le chef de quartier rappelle à son esprit que cette terre est la sienne et qu'il doit satisfaire les désirs des hommes qui la peuplent : ils veulent des épouses, la vente de leur coton à un bon prix, le départ des sorciers éventuels (4). L'esprit de la montagne peut et doit les leur obtenir, affirme le desservant, montrant ainsi l'étendue du pouvoir de son esprit.

Le chef de quartier s'adresse aussi au *mbolom* en des circonstances extraordinaires : départ pour la guerre ou pour la chasse à la panthère, afin qu'elles n'entraînent aucune mort d'homme, ou encore retard dans la venue des pluies, lorsque le devin a désigné son *mbolom* comme le responsable de cet arrêt. Toutefois, dans la plupart de ces cas, et même lors des sacrifices réguliers, le chef de quartier n'a pas la responsabilité de ces sacrifices. Il ne peut les offrir qu'après en avoir reçu l'ordre de son prince, qui de plus contribue au rassemblement des offrandes nécessaires. Certes, lors des sacrifices réguliers, le prince ne fait porter à ses chefs de quartier qu'un modeste jarret de boeuf et eux-mêmes fournissent le plus gros des offrandes.

Néanmoins ils savent qu'ils n'ont pas eu l'initiative de ce geste religieux et que ce sacrifice n'est pas totalement leur.

Le rôle religieux du chef de quartier ne se limite pas à celui d'intermédiaire entre son esprit de la montagne et les habitants de son quartier. Dans toutes les fêtes de chefferie il se distingue des simples chefs de maison par une activité spécifique. Elle est particulièrement apparente lors de la fête "bière de dDeu", *zom Erlam*, où il dirige la cérémonie d'offrande des animaux égorgés par les habitants du quartier ainsi que la consommation en commun de la bière. Elle apparaît aussi lors de la "fête de l'année" *mogurlom*, où avec les autres chefs de quartier - et dans un ordre convenu - il frappe le premier son tambour, annonçant l'exécution des rites, cependant que lors du sacrifice du taureau il offre son propre taureau aussitôt après le prince, avant de présider à la mise à mort de chaque bête de son quartier. Ce comportement différent lors des fêtes religieuses ne fait que souligner par un autre biais sa place dans la société : il se trouve au-dessus des simples sujets, mais dépourvu de réelle initiative.

Il appartient aussi au chef de quartier d'effrayer préventivement les sorciers de chez lui. Cela fait partie de ses attributions. La nuit, lorsque la voix porte au loin, on l'entend interpeller et menacer : *"Vous, les sorciers, faites bien attention ! Je sais que vous vous apprêtez à agir mais je vous surveille !"*. C'est par ces menaces criées par Lokwondo, chef du quartier de Matsaray à Wazang, que nous fûmes réveillée une nuit, réveil en sursaut qui fut le point de départ d'une enquête sur la responsabilité des chefs de quartier vis-à-vis des "hommes bons" habitant sur leurs terres. Lorsqu'il crie la nuit le chef de quartier ne prononce aucun nom - il ne peut ni ne veut porter une accusation précise - mais il cherche à désamorcer l'action d'éventuels sorciers en donnant l'impression qu'il détient leur identité. *"Il crie seulement en disant : 'Dans tel clan il y a deux sorciers, une femme et un homme. On vous connaît !' Mais... il ne dit le nom de personne"*.

Jamais, expliquent les montagnards, le chef de quartier ne crie suivant sa propre initiative. Il a été prévenu que des sorciers ont apporté la mort, ou une épidémie, ou sont sur le point de "manger" une personne. Parfois ce sont des voyants, *klen*, qui sont venus le trouver durant la nuit et qui, sans prononcer de nom, lui ont précisé la nature de la forfaiture préparée. Le chef de quartier se rend alors chez son prince afin de voir avec lui comment parer à la menace, et c'est après cette entrevue qu'il se met à crier. Plus souvent la demande émane du prince, prévenu directement par les voyants qu'il avait fait convoquer au château : *"9a ne va pas. Il faut crier afin que ces gens-là ne recommencent plus !"* Le prince ne peut crier lui-même car son rang le lui interdit. De plus il ne veut pas démasquer immédiatement le sorcier mais lui laisser une chance - apparente ? - de renoncer à sa volonté de nuire. Le recours aux chefs de quartier lui permet d'utiliser cette procédure progressive tout en rappelant à ceux-ci leur situation de dépendance : ils ne peuvent crier d'eux-mêmes et ne le font qu'à sa demande. Parfois d'ailleurs les menaces nocturnes du chef de quartier ont lieu seulement après que le prince est venu en personne dans un quartier menacé par un sorcier. Elles constituent alors une façon d'amplifier l'impression causée auprès des montagnards par le déplacement princier.

Les chefs de quartier apparaissent ainsi comme de simples exécutants qui n'ont aucun contact avec le monde de la sorcellerie sinon pour jouer, sur ordre de leur prince, un rôle répressif. Les sujets ne s'y trompent pas. Lorsqu'ils entendent leur chef de quartier crier la nuit ils se réjouissent de constater que *"le prince fait son travail, car son travail consiste à effrayer les sorciers"*. Le chef de quartier prête seulement sa bouche : à travers lui c'est l'autorité du prince qui se manifeste.

Le chef de quartier tient également une place particulière au moment de la culture du mil. Sans doute les semailles faites dans les champs individuels du quartier ne peuvent avoir lieu qu'après l'ensemencement de la plantation du prince : ce travail collectif constitue, on l'a vu, le signal des semailles individuelles. Toutefois lorsque le quartier peut enfin travailler pour lui il laisse à son chef l'initiative des semailles au niveau du quartier. Tout comme avait fait le prince, le chef de quartier sème quelques grains de mil le premier, *"et personne ne peut semer avant qu'il l'ait fait"*. *"On ne va pas semer dans la concession du chef de quartier mais on attend qu'il ait commencé à semer devant sa porte. Tout le monde alors fait de même devant sa propre maison"*. Cette nécessité, explique-t-on, est liée à son rôle de représentant de l'esprit de la montagne, chargé de la fertilité de la terre. Avant les semailles le chef de quartier avait déjà offert à son *mbolom* les sacrifices annuels réguliers qu'il lui devait et il lui avait parlé. En commençant à semer le premier il rappelle la puissance de l'esprit avec qui il est en relations. *"Cela veut dire"*, explique un desservant, *"que mon esprit de la montagne couvre cette terre, que le mil pousse selon son ordre"*. Aussi coupera-t-il également le premier quelques épis du mil mûr.

Nous passerons rapidement sur les aspects proprement politiques du rôle du chef de quartier car il agit en effet en étroite liaison avec le prince, à sa demande, et lorsque nous avons décrit les différentes décisions du prince nous avons pu montrer le chef de quartier à diverses reprises comme un auxiliaire docile, jouant le rôle d'une courroie de transmission entre le prince et ses sujets.

Cet aspect est apparu lors de l'attribution de terres à des nouveaux arrivants. C'est lui qui les accueille et les guide vers le prince. La terre du quartier a beau être sa terre à lui, il ne peut de lui-même donner l'autorisation de s'y installer. C'est après une concertation avec le prince qu'il indiquera aux nouveaux venus telle partie de son territoire, suivant le choix du prince, parfois contraire au sien. Le rôle d'intermédiaire du chef de quartier apparait surtout lorsque les habitants doivent travailler pour le prince. C'est lui qui organise les modalités pratiques de ce déplacement, fixant le jour et criant cette date d'avance aux hommes de chez lui. Il les convoque, donne le signal du départ et il les accompagne. Il les encourage au travail mais il ne travaille pas de ses mains, qu'il s'agisse de la plantation de mil de son quartier ou des corvées de paille ou de bois. Le chef de quartier est vraiment *"celui qui fait faire le travail du prince"*. Sa tâche de coordination est nécessaire car dans les grands quartiers les habitants sont trop nombreux pour constituer un seul ensemble. Ils se répartissent en deux, trois, et jusqu'à quatre groupes, dont chacun se forme autour d'un responsable de petit esprit de la montagne. Ainsi dans le quartier Meftek de Wazang le chef de quartier coordonne les travaux de deux groupes, deux *mangawa*, le premier composé principalement de gens de son lignage, des Erketse-Meftek, le second de membres du clan Fogom. Gabo, autre quartier de Wazang, se partage entre quatre groupes secondaires. Il appartient au chef du quartier de les souder et de coordonner leur travail. Il joue si bien son rôle que lors du service quadriennal pour le prince il lui arrive de désigner lui-même les futurs adultes, *mazgla*, se substituant aux pères de ces jeunes gens. Il peut aussi vérifier en personne que les jeunes de chez lui participent effectivement aux corvées qu'ils doivent au prince.

Dans le domaine judiciaire aussi le chef de quartier ne peut agir qu'en étroite liaison avec le prince, et sous sa direction. On l'a vu se comporter en auxiliaire de sa justice, lui demandant de juger au château les cas graves qu'il ne se permet pas de juger lui-même, ou le priant de descendre dans son quartier éclaircir en personne les affaires de sorcellerie. Il se place ainsi de lui-même en situation de simple collaborateur, libre de ses paroles certes - le prince sollicite son avis et les discussions entre eux peuvent être vives - mais sans moyen de manifester une prépondérance.

Le chef de quartier se trouve donc dans une situation à part : il est un notable, un *ndo ndwana*, un *"homme vrai"*, le plus important parmi les *"grands"* de la chefferie, responsables de *mbolom*, doyens de segments lignagers et frères du prince. Après le prince il a droit aux danses d'honneur des jeunes adultes, et là aussi l'ordre dans lequel ces danses sont exécutées traduit la place à part qui est la sienne, liée à l'ancienneté de l'implantation de son clan. Il a même droit à de modestes corvées qui ne s'adressent qu'à lui : les adolescents de 14 à 18 ans, *mambulazo*, avant de danser et de travailler pour le prince, s'essaient aux tâches qui seront les leurs en venant travailler pour lui.

Un chef de quartier est un homme aisé, ce qui chez les Mofu signifie qu'il dispose de surplus en mil. Il peut en utiliser une partie pour constituer comme le prince un grenier d'emprunt où chacun pourra puiser en cas de disette, avec l'obligation de rendre plus tard le double de la somme empruntée. Son aisance lui permet aussi d'acheter chez les spécialistes, *ndo sidem*, "hommes (de) remède", les charmes protecteurs à base d'euphorbe *mezeved*, qui mettront ses champs à l'abri de l'action du sorcier. Ces charmes coûtent très cher et la plupart des particuliers ne peuvent se les offrir. Le chef de quartier peut également se faire fabriquer les énormes tambours faits d'un seul tronc d'arbre, dont la frappe lui permettra de se distinguer le jour de la "fête de l'année". Il partage ce privilège avec quelques autres *"grands"* de la chefferie. On a vu aussi certains chefs de quartier posséder leurs propres hauts-fourneaux aux côtés du prince - en nombre moins important toutefois - celui-ci n'ayant pas cherché à détenir l'exclusivité de la fonte du fer, sans doute en raison de l'abondance du minerai.

Cette aisance se traduit sur le plan religieux : les chefs de quartier sont parmi les derniers à entamer leurs greniers de mil : eux seuls ont pu nourrir aussi longtemps leur famille avec du mil de soudure. En célébrant tardivement leur sacrifice de "début de mil", *mi ma do*, ils rappellent ostensiblement à la chefferie l'importance de leurs réserves de mil.

Un prince ne peut intervenir dans la nomination d'un chef de quartier. Il ne peut le remplacer par un homme d'un autre clan. Telle est la théorie répétée avec conviction. Et pourtant dans les grandes chefferies ce principe fut bafoué : les princes tentèrent de doubler, et parfois de remplacer, les chefs de quartier légitimes par des membres de leur clan, fils, frères véritables ou demi-frères, ou à défaut parents par les femmes, "enfants de fille" ou "de soeur". C'est à Duvangar que se manifesta la première tentative au milieu du XIXe siècle, faite par le prince Bi-Bigney, qui plaça auprès des *masa'ay,* responsables des trois quartiers de la chefferie, trois de ses propres fils, trois Laway, qui construisirent chacun leur habitation dans leur nouveau quartier. Le cas du quartier de Kiluo nous a été exposé en détails, car le Laway que le prince y avait envoyé mourut aussitôt, frappé, explique-t-on aujourd'hui, par le *mbolom* du chef de quartier légitime appartenant au clan Metelever. C'était un véritable sacrilège qu'avait voulu commettre le prince : la mort de l'usurpateur avait rappelé de façon éclatante la nécessité du lien entre chef de quartier et premier esprit rencontré sur la montagne. Sans se décourager le prince Bi-Bigney persista dans sa tentative de doubler ce *masa'ay*. Il mit en place un membre du clan de sa mère, un *gumsa*, du clan Dongoza, qui, lui, fut *"aimé par le mbolom"*. Et depuis six générations - plus d'un siècle - le quartier Kiluo connaît un curieux partage entre deux chefs de quartier qui subsistent côte à côte : l'un, du clan Metelever, est chargé des tâches traditionnelles - c'est lui par exemple qui sème le mil le premier - l'autre, du clan Dongoza, dessert aussi un *mbolom* - *"très petit devant celui des Metelever",* reconnaît-il - et il est surtout l'intermédiaire direct entre le quartier et le prince qui ne se concerte qu'avec lui, ignorant le chef de quartier légitime.

Ce coup de force révélateur montre que les princes de Duvangar se sont livrés très tôt à des calculs politiques faisant fi des considérations religieuses. Ceux de Wazang se sont montrés moins hardis : c'est à date plus récente, il y a un demi-siècle environ, *"du temps de Tsilkaway"* (cf. Tableau 11 : "Les princes de Wazang"), qu'ils ont envoyé plusieurs des leurs s'installer dans les quartiers de Gabo et Makabay pour y jouer le rôle de chefs. On trouve aujourd'hui à Gabo un Erketse parent du prince, doublant le *masa'ay* légitime appartenant au clan Laway, et un autre à Makabay cherchant à remplacer le *masa'ay*, du clan Medey. Ainsi à Wazang comme à Duvangar deux chefs coexistent pour un même quartier, tous deux avec leurs *mbolom*, l'un ancien, l'autre récent. Lorsque le prince de Wazang récite la liste des esprits de la montagne de sa chefferie, il les nomme tour à tour mais il fait entre eux une distinction subtile, nommant en premier "*l'esprit du masa'ay de Gabo* ", puis aussitôt après "*l'esprit de Bi-Gabo*". Le "*chef de Gabo*" sans précision, c'est-à-dire son parent, est présenté ainsi officiellement comme le chef véritable du quartier. On note que l'usurpateur est lui aussi desservant d'un esprit de la montagne, tout comme chez les Hadjeray du Tchad un immigrant devenu chef doit se découvrir la responsabilité d'un culte (5). Cette démarche montre le manque d'intérêt des Mofu pour imaginer, encore plus pour mettre en place, un pouvoir traditionnel uniquement laïque, même au niveau subalterne des chefs de quartier.

Pourquoi cette tentative d'usurpation ? En raison de la fertilité des terres de ces quartiers aux rendements remarquables, explique-t-on à Duvangar. En plaçant un de ses proches comme chef le prince espérait, semble-t-il, éliminer peu à peu les chefs appartenant à d'autres clans que le sien, les *mbidlew*, mais cette domination des "gens du prince" ne réussit pas à se mettre en place.

Une autre explication apparaît plus vraisemblable - mais seules quelques allusions y ont été faites - le désir de mieux contrôler la collecte de l'impôt exigé par les étrangers. Le rôle d'auxiliaire joué par les chefs de quartier dans les domaines économique et judiciaire les a amenés très tôt à apporter au prince leur concours dans cette tâche particulière. L'impôt n'a pas été pour les Mofu, on l'a vu, une invention des colonisateurs. Dès le milieu du XIXe siècle ils en avaient fait l'expérience avec les chefs peuls, les *lamido* de Maroua et Miskin, qui exigèrent d'eux la remise annuelle de houes : chaque famille restreinte devait contribuer à un versement. Aussi, tout naturellement, ce furent les chefs de quartier qui, chacun de leur côté, se chargèrent de sa collecte. Lorsque l'impôt peul en houes fut remplacé par l'impôt en argent exigé par l'administration coloniale les chefs de quartier continuèrent à faire rentrer le nouveau venu, divisant leur quartier en petits territoires de *mbolom*, constituant autant de zones d'imposition. Cette tâche devint une de leurs attributions les plus importantes, travail de responsabilité et de prestige dont ils parlent avec fierté. Toutefois ceux qui l'accomplissent aujourd'hui ne sont plus qu'exceptionnellement les chefs de quartier traditionnels, *masa'ay*. Les princes voyant les *masa'ay* prendre sous leurs yeux une importance socio-économique, liée à celle des sommes qui transitaient par leur mains, ont, dans les trois chefferies, poursuivi et amplifié le mouvement ancien de doublement des chefs de quartier par des membres de leur clan. On trouve désormais côte à côte un *masa'ay* et un responsable nouveau, "homme du prince", qui peut d'ailleurs être changé de temps à autre pour malhonnêteté. Ces responsables portent le seul titre peul de *dzauro*, "chef de village", "de quartier", "chef dominé". En effet il existe entre eux et les premiers "chefs de quartier" -" gens du prince "- une différence importante : ils ne sont plus nécessairement chefs de *mbolom*. Le développement progressif de ces mises en place et leur réussite imparfaite incitent donc à s'interroger sur ce qui, dans ces chefferies, constitue la racine du pouvoir.

Parmi les autres groupes Mofu-Diamaré les habitants de Dugur connaissent une organisation de leurs chefferies semblable à celle des montagnes de Duvangar-Durum-Wazang : chez eux aussi les chefs de quartier responsables d'esprits de la montagne constituent des relais entre le prince et la population. Or ils ont été pareillement, il y a quelques décennies, déchargés de la responsabilité de l'impôt au profit de frères des princes de l'époque. **"Le prince Melki"**, explique-t-on à Tsakidzebe, *"voyait que les chefs de quartier étaient plus considérés que ses frères"*.

Chez les Meri le fonctionnement de la société est totalement différent : il n'y a pas concentration du pouvoir en raison du maintien de sa division et de sa juxtaposition. Chaque montagne, *ngma*, constitue une unité sociale de petite taille, autonome, où le quartier n'existe pas : "montagne" et "quartier" sont confondus. Un relais n'est pas nécessaire chez les Meri en raison de la faible extension de chaque "montagne" et de la parenté qui unit tous ses membres : il y a homogénéité clanique sur l'étendue du *ngma*. Le chef de "montagne" meri présente donc, condensés en sa seule personne, des traits qui chez ses voisins des différentes chefferies se trouvent répartis entre deux hommes distincts. Il apparaît à la fois comme un prince - nous le verrons plus loin - et comme un simple chef de quartier. Ainsi l'entend-on la nuit crier lui-même en apostrophant et menaçant les sorciers. Chez les Meri en raison du cloisonnement des unités sociales de base il n'y a pas eu développement de la complexité du pouvoir politique.

Les chefferies de Duvangar, Durum et Wazang apparaissent comme un terme moyen entre le fonctionnement du pouvoir à Meri et celui observé dans le groupe ethnique voisin Giziga. On rencontre dans les chefferies Giziga au-dessous du *bi*, homologue du prince mofu, des chefs traditionnels religieux *masa-hay*, se succédant de père en fils et, en même temps, des chefs temporels - appelés en français " chefs de village" - appartenant nécessairement au clan du *bi* et exerçant aux côtés du *masa-hay* un pouvoir temporel dans le village. L'originalité du système veut que ces "chefs de village" ne puissent transmettre leurs fonctions : ils sont renouvelés à chaque changement de *bi* et remplacés par des frères, parfois des fils, du nouveau prince (6).

Le système mofu cherche à concentrer, comme le système giziga, le pouvoir entre les mains des seuls membres du clan du prince. Toutefois à la différence de son proche voisin, il en est resté au stade de la tendance, sans parvenir à mettre au point une véritable institution.

GIZIGA					MOFU-DIAMARE						
					Duvangar - Durum Wazang			Meri			
chef de groupe, *bi*					chef de "montagne", *ngwa*, prince, *bi*			chef de "montagne", *bi* *ngma*	chef de "montagne", *bi* *ngma*	chef de "montagne", *bi* *ngma*	chef de "montagne", *bi* *ngma*
chef de village	chef religieux *masa ay*	chef de village	chef religieux *masa ay*	chef de village	chef religieux *masa ay*	chef de quartier *masa'ay*	chef de quartier *masa'ay*	chef de quartier *masa'ay*			
changé à la mort du *bi*	à vie	changé à la mort du *bi*	à vie	changé à la mort du *bi*	à vie	à vie	à vie	à vie	à vie	à vie	à vie

Tableau 22 Chef souverain et chefs subordonnés chez les Mofu-Diamaré et chez les Giziga

1. LES CHEFS DE QUARTIER

Notes des pages 407 à 418

(1) Malgré sa terminaison -*ay masa'ay* est un mot singulier. L'apostrophe marque une attaque glottale et non une aspiration (comm. pers. D. BARRETEAU)

(2) Dès 1940, M. FORTES et E.E. EVANS-PRITCHARD constataient, dans les sociétés africaines, le caractère général de ce lien entre "fonctions rituelles" et "charges politiques" (éd. fr. 1964, p. 16). Nous avons pour notre part montré comment chez les Hadjeray du Tchad il était impossible d'exercer un pouvoir politique sans le renforcer par une responsabilité religieuse (J.F. VINCENT, 1975, p. 169-173; cf. également C. VANDAME, 1975, p. 86)

(3) cf. Planche XXI, Photo 1 : "L'autel de rocher du *mbolom* de quartier à Meftek".

(4) cf. Ann. chap. VIII : "Prières adressées par Amadzi, chef du quartier Meftek, lors du sacrifice offert à son esprit de la montagne"

(5) J.F. VINCENT, 1975, p. 124-125.

(6) G. PONTIE, 1973, p. 48; J.F. VINCENT, à par. 1991

2. LES DIGNITAIRES DE LA CHEFFERIE

Un des premiers administrateurs en tournée dans le massif de Durum parle de sa rencontre - en l'absence du *"chef"*, invisible - avec ses *"deux grands ministres"* (1). Cette appellation maladroite a le mérite de souligner l'existence, non seulement à Durum mais dans tout l'ensemble Mofu-Diamaré, de deux personnages à part que nous n'avons pas de mal à identifier. Il s'agit du *maslay* et du *gurpala*, distincts des grands chefs de quartier *masa'ay*. Ils apparaissent comme des dignitaires de la chefferie, dans laquelle ils jouent un rôle précis, indépendant de leur personnalité individuelle.

a) le *maslay*, un ancien "maître de la terre" devenu assistant du prince

Le rôle du *maslay* est particulièrement important. Proche du prince, il pourrait être pris pour un serviteur un peu particulier mais l'étude des relations qu'il doit entretenir avec le prince montre en lui une puissance cachée, que l'on découvre progressivement en l'éclairant par le recours à l'histoire. Sa présence se révèle nécessaire à l'équilibre fonctionnel de la chefferie car il fait figure de caution sur le plan religieux et symbolique, contribuant ainsi à l'insertion du prince dans son groupe et aussi à sa domination sur ce groupe.

- définition du terme

Le terme *maslay* est assez proche sur le plan phonétique de *masa'ay*, *"chef de quartier important"*, et nous aurions pu les confondre au début de nos enquêtes si les montagnards n'avaient insisté sur le caractère distinct des personnages. Les deux termes se retrouvent d'ailleurs sous la même forme dans la plupart des langues mofu-Diamaré - et aussi en Giziga-Marva (2) - et là aussi ils correspondent à des réalités différentes.

Le mot *maslay* désigne une personne chargée d'une fonction. Il est possible pourtant d'en donner une traduction car les Mofu l'appliquent par comparaison à d'autres réalités. Ainsi les autels consacrés aux grands esprits de la montagne comportent un col de poterie, placé au centre et présenté comme l'objet important, néanmoins flanqué d'un deuxième élément qui le complète et fait partie de l'autel, une petite pierre plate posée à son pied. Les Mofu la présentent comme le *maslay* du col de poterie, *maslay* signifiant, disent-ils, "second", "suivant". L'autel du grand *mbolom* a son *maslay* ," *de même qu'un prince a toujours un maslay"*, mais, est-il souligné également, on trouve un *maslay* uniquement dans les autels aux grands esprits de la montagne car *"seul un prince a un maslay"*.

Au moment de son sacrifice, l'esprit de la montagne viendra consommer l'offrande déposée sur le col de la poterie qui lui est consacré, dont le desservant aura prélevé une petite part qu'il posera sur la pierre *maslay*. Là se rassembleront les esprits qui n'ont plus personne pour s'occuper d'eux, *"afin d'être un peu honorés et nourris eux aussi"*.

Cette comparaison fait apparaître l'originalité du *maslay* : il n'existe que par rapport à un prince, auquel toutefois il est indispensable car il joue auprès de lui un rôle d'intermédiaire, de relais.

- identité clanique et origine de la charge

Sur chaque chefferie il n'y a qu'un seul *"grand maslay"* appartenant toujours au même clan. Ainsi à Wazang le *maslay* est le doyen du clan Siler; à Durum celui du clan Mokuzek; à Gwoley celui du clan Gaywa. Les deux premiers clans, on l'a vu, peuvent être considérés comme ayant toujours habité leur montagne, dans des grottes au milieu des panthères ou au fond d'anfractuosités profondes entre les rochers. Faut-il donc assimiler *maslay* et autochtone ? En ce cas on s'explique mal l'équivalent qui vient d'en être donné. Les mythes d'origine nous éclairent en mentionnant comment à Wazang le Siler a, de lui-même, demandé au Erketse de lui donner du sel, s'exclamant après l'avoir mangé : *"Maintenant tu es le chef, moi je suis ton maslay !"*. Le *maslay* est donc celui qui s'est mis en position de *"second"*, de *"suivant"*, alors que sa situation le désignait comme premier sur le plan historique, et donc sur le plan politique. Une autre version plus détaillée de la rencontre entre Siler et Erketse fait dire au Siler, après qu'il s'est régalé de sel : *"Comme cela, tu vas être prince et moi je serai ton maslay. Quand tu feras ton sacrifice il sera nécessaire que le Siler soit là"*. Se plaçant en retrait du nouveau venu, le *maslay* n'oublie pas qu'il dispose de l'atout de l'antériorité et il sait que sa présence aidera l'immigrant sur le plan religieux. Aussi propose-t-il que tous deux forment désormais un couple indissociable : le prince et son *maslay*.

On rencontre le personnage du *maslay* même dans les chefferies où il ne se trouve pas d'autochtones reconnus. Mieux, le *maslay* existe à Gwoley, alors que le clan du prince, les Genduver, s'y présente comme autochtone détenant toujours le pouvoir (il constitue le seul cas de ce genre connu chez les Mofu : cf. Tableau 6 : "Autochtones et premiers arrivés"). Il existe néanmoins dans cette chefferie un *maslay*, fourni par le clan Gaywa qui, dit-on, est arrivé juste après le clan du prince Genduver. Ici le *maslay* mérite son titre de *"second"* mais en même temps il ne peut se prévaloir d'aucune prééminence, d'aucun lien religieux déjà établi avec la montagne. Si le Gaywa est cependant *maslay* c'est, à l'évidence, parce que pour les Mofu une chefferie ne peut pas fonctionner sans ce personnage. Aussi le fabrique-t-elle lorsque les circonstances historiques ne le mettent pas à sa disposition. Cette obligation est révélatrice d'une certaine conception du pouvoir qui apparaîtra mieux plus loin.

- liens institutionnalisés entre prince et *maslay*

Alors que nous avons pu observer par nous-même diverses institutions caractéristiques des chefferies, notre description des liens entre prince et *maslay* repose presque entièrement sur des récits. L'intimité entre les deux hommes appartient déjà au passé. Le mot intimité n'est pas trop fort : le *maslay* est présenté comme le compagnon du prince, à la fois dans la vie de tous les jours et même dans les grands moments connus par la chefferie. Il est *"celui qui reste à côté du prince", "celui qui est toujours devant le prince"*. Par bien des aspects les relations entre le prince et le *maslay* évoquent celles que nous avons observées chez les montagnards Hadjeray du Tchad entre le chef politique saba, *moger*, et le maître du sol, *mi na rupe*, cependant que chez les Zaghawa du Tchad le chef des autochtones, *takanyon* - qui, par le détail de ses charges montre une grande ressemblance avec le *maslay* - vit en étroite union avec le souverain, descendant des envahisseurs (4).

Si le *maslay* n'avait pas de travail urgent le retenant chez lui - il devait assumer lui-même l'entretien de ses champs - il montait chaque jour de bonne heure au château, et les informateurs insistent sur le caractère quasi quotidien de ses visites. Il pouvait trouver le prince encore endormi, et il était le seul à pouvoir donner le signal d'ouvrir la porte de la chambre du prince, le seul aussi à pouvoir le réveiller,*"même s'il était couché avec l'une de ses épouses. Le prince ne lui disait rien"*.

Tout le jour il tenait compagnie au prince qu'il ne quittait pas. A Duvangar, signalent les habitants de Wazang, cette proximité entre *maslay* et prince était telle que le *maslay* accompagnait le prince quand celui-ci allait satisfaire ses besoins naturels. Ce point nous a été confirmé à Duvangar où certains montagnards ont précisé que le *maslay* était alors chargé de torcher son prince avec de la moelle de mil, ou au moins *"de lui tenir sa canne"* pendant que le prince était occupé. Partout on retrouve mêlés le souci - poussé très loin à Duvangar et par là même d'autant plus significatif - de faire vivre ensemble le prince et le *maslay* et l'idée que le prince n'a rien à cacher, ne doit rien cacher à son *maslay*. C'est ainsi que celui-ci était chargé de mettre au prince ses vêtements : il jouait tous les jours auprès de lui le rôle d'habilleur.

Le partage entre eux s'étendait aux repas. Sans doute le prince les prenait seul mais le *maslay*, présent au château, n'était pas loin.*"Puisqu'il était là dehors, le prince lui faisait porter le reste de sa boule par le page"* : ils consommaient l'un après l'autre la même nourriture, tout comme chez les Hadjeray le maître du sol - un descendant des autochtones nécessairement - mange le restant de la nourriture laissée pour lui par le chef politique (3). De plus le prince se souciait de la famille de son dignitaire : *"s'il n'y avait pas assez de nourriture chez le maslay le prince la nourrissait"*.

Un aspect particulier de leurs relations consistait pour le *maslay* à balayer chaque jour la cour du château. Cette fonction intrigante, mentionnée sans détails mais avec constance, nous parait liée au devoir de purification du *maslay*. Si le *maslay* nettoie le château - et peut-être s'il assiste à la défécation du prince - c'est parce qu'il peut manier les substances impures : *"C'est là son travail le plus important"*, assurent certains. Il est donc le mieux placé pour faire disparaître ces déchets de la vie courante. Il les accumule en un coin de la demeure, d'où ces tas seront enlevés lors du nettoyage quadriennal par les initiés venus refaire à neuf le château. Cette obligation pour le *maslay* d'agir dans l'intérêt du prince, en liaison avec lui, finissait par créer entre eux des liens personnels étroits : pour le prince le *maslay* était vraiment *son maslay*.

- responsabilités particulières du *maslay*

Le *maslay* était tenu d'accompagner le prince lors de ses rares déplacements. Cette obligation peut être interprétée comme manifestant un souci de maintenir prince et *maslay* en contact. Toutefois lorsque le prince descendait de son château, il le faisait presque uniquement pour aller rendre justice dans les quartiers.

Ces jugements en dehors du château avaient pour objet les cas d'inceste et aussi de sorcellerie, à propos desquels le *maslay* avait alors son propre rôle à jouer. Les Mofu considèrent comme un crime particulièrement nocif, on l'a vu, les relations sexuelles entre *"frère"* et *"soeur"* du clan. Elles entraînent l'apparition d'une maladie contagieuse puis de la mort elle-même, frappant d'abord le clan des coupables et ensuite la chefferie entière. Aussi fallait-il empêcher ce châtiment collectif en mettant à mort ceux qui avaient commis l'inceste, *mazurday*. On les clouait l'un à l'autre avec le même épieu pointu, et c'était au *maslay*, et à lui seul, qu'il appartenait d'infliger ce terrible supplice. De même lorsque la présence d'un sorcier était soupçonnée dans un quartier et que les habitants étaient convoqués, chacun venant avec un poussin, c'était le seul *maslay* qui était chargé de couper le cou de chaque poussin - *"même s'il y en avait deux cents !"* - afin de déterminer l'identité du coupable.

A plus forte raison devait-il ensuite diriger l'exécution du sorcier. Ce n'était pas à lui de creuser la tombe - les serviteurs du prince s'en chargeaient - par contre il mettait lui-même à mort le coupable, suivant des modalités qui pouvaient varier d'une chefferie à l'autre : à Wazang, par exemple, il fracassait avec un gourdin, *wulov*, la nuque du sorcier qui était achevé à coup de pierres, cependant qu'à Duvangar il étranglait le sorcier avec une corde avant de l'enterrer. Chargé autrefois d'infliger le châtiment suprême c'est à lui aujourd'hui de faire subir les peines corporelles, par exemple les coups de chicotte à ceux qui se sont rebellés contre l'autorité du prince, comme on nous l'a expliqué à Duvangar. C'est lui aussi qui *"ligote"*, *"attache"* les différents coupables car le prince lui a donné une corde, insigne de ses fonctions. Encore actuellement le *maslay* apparaît comme le responsable des différentes formes de châtiment du prince et il incarne l'aspect répressif de sa justice.

Toutefois il remplit ces fonctions sans passion, avec impartialité, punissant de la même façon les "gens de rien" et *"le propre fils du prince"*. De plus changeant de rôle - et les informateurs soulignent cette inversion - il peut prendre la parole, cette fois en faveur d'un accusé : *"Du moment qu'il demande au prince de laisser cet homme, le prince devra le libérer et celui-là pourra partir. (...). Le prince ne refuse jamais à son maslay, même si le coupable a fait une faute grave. Le prince doit écouter son maslay"*. En dehors même du tribunal il lui arrive de conseiller le prince de manière pressante : *"Si le maslay dit au prince de faire tel ou tel acte, normalement le prince doit l'exécuter"*.

Le *maslay* est donc l'homme qui, de toutes les façons, peut remettre en ordre la chefferie, en supprimant les causes de tension comme de contamination. De même qu'on l'avait vu balayer la cour du château on le retrouve purifiant le terroir de la chefferie. C'est à lui que revient la responsabilité de la purification d'avant les pluies et à Duvangar, lors du ramassage de la souillure à la fin de la fête du taureau, c'est le *maslay* qui doit porter le plus grand des paniers d'os et expulser ainsi la souillure chez les voisins. L'énumération de ses obligations et possibilités laisse entendre qu'il existe entre lui et la terre - de façon plus précise entre lui et la montagne - un lien qui apparaîtra mieux avec la description de ses autres tâches.

Certains lui attribuent des dons de voyant : si une épidémie menace la chefferie le *maslay* voit qui la dirige et il peut crier pour effrayer les sorciers. Toutefois là non plus il n'agit pas de sa propre initiative. Plus clairvoyant que les chefs de quartier il doit cependant attendre comme eux l'ordre du prince avant de lancer ses menaces nocturnes et d'intimider les sorciers éventuels. Sa forme de pouvoir est ici dominée, récupérée par le prince.

Au moment de la mise en terre du prince les liens complexes qui l'unissaient à son *maslay* se révèlent une dernière fois. Le *maslay* qui n'a pas participé au creusement du tombeau se tient debout à côté de l'ouverture, tandis que le corps du prince mort est déposé à terre. Tous deux sont laissés face à face, seuls. Le *maslay " touche alors le prince avec le bâton qui avait servi à creuser la tombe, tout doucement, et le prince entre dans sa tombe, seul"*. Cette version des faits met en lumière l'existence d'un pouvoir du *maslay* sur son prince : c'est au signal du *maslay*, parce que, semble-t-il, il ne peut lui résister, que le prince finit par descendre dans son tombeau. Cette autorité particulière du *maslay* ressortira clairement à travers les détails de l'intronisation du prince (5).

- rôle religieux du *maslay*

Il est un domaine où le *maslay* joue un rôle irremplaçable, c'est le domaine sacrificiel : *"Le maslay doit être présent aux grands sacrifices"* (...). *"Il faut absolument qu'il soit là !"* remarquait le prince de Wazang. Pour de nombreux montagnards la participation du *maslay* aux sacrifices du prince constitue son rôle essentiel. Le prince ne peut se passer de lui et le *maslay* le sait : *"Il faut absolument que je sois à chaque sacrifice chez le prince"* nous expliquait Dahaway du clan Siler, *maslay* de Wazang, utilisant la formule même de son prince, et les montagnards confirment : *"Si le maslay n'est pas là, on l'attend"*. Le *maslay* en effet ne vient pas de lui-même. Il faut que le prince le fasse appeler mais il ne se dérobe jamais à cette sollicitation.

Pourquoi cette présence du descendant des autochtones ? *"Parce qu'ils étaient chefs autrefois"*, explique-t-on à Wazang. On peut effectivement analyser simplement cette participation comme un de ces rappels de l'histoire des chefferies, si fréquents dans les sacrifices mofu et si frappants pour l'observateur qui constate à quel point rites et histoire sont liés. Il existe d'ailleurs un rituel particulier qui, ainsi que le font les montagnards eux-mêmes, doit être interprété d'abord dans cette perspective historique. Au début de la série des sept jours de sacrifices marquant la fin de la fête du taureau, *marza*, le *maslay* doit se prosterner devant son prince. A Duvangar le prince le lui a ordonné devant nous : *"Jette-toi à terre !"*, et le *maslay* s'est aplati sur le sol, les deux genoux et les deux mains en contact avec lui, allant le toucher avec son front qu'il a roulé par deux fois dans la poussière (6). Cette grande prosternation existe dans les trois chefferies *"pour rappeler"* nous expliquait le prince-héritier de Wazang, *"qu'il y a longtemps c'est le maslay qui a donné la chefferie au prince"*. Le *maslay* se prosterne ainsi *"pour faire plaisir au prince"*, lui montrant par son attitude qu'il accepte l'inversion des situations et que le passé est bien aboli. Toutefois, poursuivait notre commentateur, *"en se prosternant le maslay veut dire aussi : 'Où que tu partes moi je suis là, à côté de toi. Tu me commandes et moi je suis là, à côté de toi'"*. Le *maslay* dans cette perspective n'est plus seulement une figure historique. On l'a vu dans la vie de tous les jours jouer le rôle d'un accompagnateur, d'un double, voire d'un jumeau du prince. Il en va de même dans le domaine religieux. Le *maslay* doit participer aux sacrifices chez le prince, en même temps que lui, prolongeant l'action du prince, lui donnant une autre résonance, l'authentifiant. Il lui apporte une caution qui se situe cette fois sur le plan de l'efficacité supra-naturelle. C'est à ce niveau profond que se trouve la justification de sa présence. C'est cet aspect que privilégiait le vieux prince de Wazang en nous expliquant : *"Aujourd'hui encore le maslay continue à venir car c'est notre sacrifice à tous deux. Pour que le sacrifice soit réussi, il faut absolument qu'il soit là !"*. Le *maslay* doit doubler le prince et en même temps *"il montre comment on fait le sacrifice"*, jouant auprès du prince le rôle d'un guide sur le plan religieux. Le *maslay* présent aux côtés du prince est la figure vivante de l'union qui doit régner dans la chefferie : *" Siler et Erketse nous sommes un"*.

Le *maslay* participe ainsi à tous les sacrifices chez le prince : ceux qui accompagnent les grandes fêtes, la *"fête de l'année"*, mogurlom, et la *"fête du* taureau", *maray*, et aussi les sacrifices plus secrets, ceux offerts avant les premières pluies par exemple - nous avons pu y constater par nous-même sa présence - et il est là aussi pour les sacrifices offerts par le prince à son esprit de la montagne. Nous l'avons vu dans la salle des greniers de Wazang se tenir non comme un observateur admis par faveur - notre cas - mais comme un membre actif de l'équipe sacrificielle, placé à la gauche - la place d'honneur - du sacrificateur, alors que le prince n'occupait qu'une place en retrait (7). Il nous avait été présenté alors comme *"l'homme qui aide le sacrificateur"*.

Le *maslay* peut n'apparaître à ce moment que comme un simple auxiliaire, toutefois son rôle devient parfois plus important. Il semble bien par exemple que pendant la *"fête de l'année"* du prince, célébrée par lui avant ses sujets, ce soit le *maslay* qui du fond de la salle des greniers du château souffle le premier dans la grande trompe *mezezeng*, dont la voix alterne avec les battements du tambour marquant le début de la fête. C'est donc lui qui, de façon fort peu apparente, joue le rôle d'initiateur. Son importance n'est cependant soulignée ni par lui-même, ni par les autres.

Il joue également le rôle principal lors des sacrifices offerts par le prince à son esprit de la montagne. Une variante du récit mythique de la rencontre entre autochtone et immigrant anticipe d'ailleurs la nécessité de sa présence. Elle fait dire au Siler qui vient de donner la chefferie en échange du sel : *"Quand tu feras ton sacrifice à l'esprit de la montagne, il sera nécessaire que le maslay soit là, sinon l'esprit ne pourra pas le manger"*. Toutefois nous avons appris seulement au bout de quelques années, au détour d'une conversation à Duvangar, à quel point la présence du *maslay* était effectivement indispensable. Lorsque le prince fait une offrande à son esprit de la montagne non seulement le *maslay* en personne égorge le poulet offert, mais il doit poser le premier sur l'autel la nourriture cuisinée ; *"le prince ne peut le faire qu'après lui"*. Le prince se comporte comme si l'esprit de la montagne, qu'il honore en un autel que ses ancêtres ont élevé, avait d'abord été celui des autochtones, alors qu'il apparaît clairement à Wazang que les faits ne se sont pas déroulés ainsi : si les autochtones ont été les premiers à élever un autel *mbolom* au sommet de la montagne ils l'ont ensuite transporté avec eux sur les basses pentes, et ils ont laissé les immigrants nouveaux maîtres du pays installer leur *mbolom* à leur place. En exigeant que les dépossédés restent malgré tout initiateurs du culte au *mbolom* du prince, les Mofu semblent - mais seulement lors d'un rite limité - ne pas avoir vraiment admis la conquête des Erketse. On peut dire qu'en un certain sens ils nient l'histoire : les rites considèrent le Siler comme toujours en relations avec le plus grand esprit de la montagne de la chefferie. On retrouve chez les Hadjeray Kenga un pareil retour à la situation antérieure vécu grâce aux rites : là aussi lors des sacrifices offerts par les "gens de la chefferie" à leurs esprits de la montagne, *margay*, les autochtones continuent à accomplir les rites les premiers et les "gens de la chefferie "peuvent seulement les répéter après eux (8).

Chez les Mofu la démarche est toutefois à peine esquissée. Sans être passé sous silence le rôle religieux du *maslay* est évoqué brièvement : les montagnards ne s'attardent pas sur les détails concrets qui pourraient tirer sa figure de l'ombre, alors qu'informateurs et institutions cherchent à l'envie à présenter le prince comme le détenteur de tous les pouvoirs et d'abord du pouvoir religieux.

Petit à petit la figure du *maslay* se précise, celle *"non pas d'un serviteur supérieur mais d'un grand"*. Les épouses du prince elles-mêmes doivent lui témoigner leur considération, en adoptant devant lui la démarche respectueuse des femmes (9), et en se gardant de lui adresser la parole. Cette position importante n'est basée sur aucun privilège matériel. Elle lui vient des liens que ses ancêtres ont entretenus avec la montagne. On doit compter avec lui *"parce qu'autrefois la montagne était à son clan"*. Il - son ancêtre - a porté lui aussi le titre de *"chef de la terre"* : *"il était alors bi ma dala"*. Tout cela n'est-il pas le passé ? Puisqu'un "nouveau" *bi ma dala* règne sur la chefferie depuis des décennies, voire des siècles, on ne devrait plus se soucier, semble-t-il, de celui qui a été dépossédé. Or les Mofu continuent à accorder au *maslay* un droit de regard sur la terre, à tisser un lien entre lui et la terre : *"On l'appelle parfois ndu ma dala, 'l'homme de la terre'"*. On dit de lui à Wazang :*"Il est une sorte d'autorité pour commander la terre "*, et à Durum les Fogom affirment sans hésiter *"C'est nous qui commandons la terre, les récoltes par exemple "*. Pourtant, fait-on remarquer, *"ce n'est pas le maslay qui accorde la permission de s'installer sur la terre"*. Ce don de futurs champs est le privilège du seul prince, agissant en accord avec l'un ou l'autre de ces chefs de quartier importants et il constitue l'aspect le plus visible, le plus matériel de son pouvoir sur la terre. Jamais le *maslay* n'y intervient. Il lui reste la face cachée de ce pouvoir. On dit de lui :*"S'il se fâche, c'est toute la montagne qui ne va pas"*, et il apparaît ainsi comme*"un maître de la terre"* dont l'humeur peut retentir sur le terroir, tout comme celle du maître du sol hadjeray qui peut avoir des conséquences sur les récoltes du village (10).

Prince et *maslay* forment à eux deux *"un maître de la terre"* complet. Aussi pour qu'un prince puisse diriger son groupe il lui faut sentir derrière lui le descendant du clan autochtone. Aussi dans les chefferies qui n'en ont pas on fera jouer ce rôle au premier clan possible. Le prince doit s'assurer le concours d'un adjoint, spécialisé parfois malgré lui. Parce qu'il est chef politique le prince ne peut pas manipuler seul la puissance mystérieuse de la terre.

b) le *gurpala*, servant du prince

A côté du *maslay* on trouve chez l'ensemble des Mofu-Diamaré un autre grand dignitaire, le *gurpala*, recruté toujours dans le même clan, différent de celui du *maslay*, dont les fonctions sont également bien définies. Au *gurpala* il faut ajouter le *kaygama* ou *slagama* qui, lui, ne se retrouve que dans quelques chefferies et dont les traits sont plus flous. Le *gurpala*, présenté comme inférieur au *maslay* - *"il est au maslay ce que le maslay est au prince"* - intrigue car son nom sonne clairement comme un nom d'emprunt (11), contrairement au *maslay* qui, lui, porte un nom local.

Alors que le *maslay* joue un rôle qui va bien au-delà des services matériels dont il est chargé, et qui en fait, face au prince, l'autre pôle de la chefferie, le *gurpala* est cantonné dans des tâches humbles où il est surtout chargé d'exalter la grandeur du prince. Celles-ci englobent le domaine des sacrifices où il joue un rôle précis se situant dans le même registre que celui du service du prince.

A Wazang où nous l'avons le mieux observé, le *gurpala* appartient au clan Sidaway venu de Duvangar après avoir perdu le pouvoir, ce qui permet d'estimer l'ancienneté de sa charge - elle n'a jamais été en la possession d'un autre clan - à environ deux siècles (cf. Tableau 9 : "Les princes de Duvangar"). A Durum le *gurpala* est un Diyaf dont le clan remonte à un ancien lignage Laway, expulsé aussi de Duvangar mais à date plus récente. A Duvangar le *gurpala* est un membre du clan Erketse, clan du prince par ses origines là encore, fixé également à date ancienne. Ces coïncidences sont troublantes : il semble que les princes aient éprouvé un malin plaisir à attacher à leur service les membres d'un clan détenant le pouvoir dans la chefferie voisine. En effet, à la différence du *maslay* qui est nécessairement le même homme, le doyen du clan autochtone, le prince n'a pas un seul *gurpala* à son service : il utilise alternativement plusieurs hommes, frères de même père et si possible de même mère, qui, suivant leur disponibilité, sont "le" *gurpala* du prince (12).

Dignitaire moins important que le *maslay* le *gurpala* peut cependant se substituer à lui en son absence : lorsqu'à Wazang en 1971 le prince Bello, malade, a fait égorger un poulet pour poser le problème de la culpabilité éventuelle de ses épouses, le poulet a désigné quelques-unes des femmes épousées par lui personnellement, et c'est par le *gurpala*, faute de *maslay*, semble-t-il, que celles-ci ont été copieusement battues. Le *gurpala* peut aussi dans les mêmes circonstances faire la grande prosternation devant le prince, comme nous l'avons vu à Duvangar.

La gamme des tâches du *gurpala* est moins étendue que celle du *maslay*. Il est avant tout celui qui escorte le prince dans ses déplacements, coiffé autrefois d'un bonnet fait de la fourrure du rongeur *slaldak*. Il marche devant le prince en lui portant son sac. Il est *"comme l'ordonnance du prince"*. Autrefois lui seul - et non une épouse du prince - était chargé de lui faire sa cuisine. Dans une assemblée il doit se placer non seulement aux côtés du prince mais tout près de lui, claquant respectueusement des doigts ou applaudissant, tout en répétant régulièrement : *"Merci prince ! Merci prince !"*. Au moment de l'enterrement du prince c'est le *gurpala* qui est chargé de crépir avec de l'ocre rouge l'intérieur du tombeau.

groupe ou ensemble ethnique		dénomination	*maslay* assistant-suivant du prince	*kaygama/slagama /tlagama* aide du prince	*gurpala* servant du prince
M O N T A G N A R D S	M O F U - D I A M A R E	chefferies de Duvangar-Durum-Wazang	autochtone, compagnon journal. prince se nourrissant de ses repas purificateurs, exécuteur sorciers, fauteurs inceste, sentences justice pr., mène prince à sa tombe, intronise nouveau prince, liens avec terre, voit les épidémies, indispensable à tous sacrifices y compris culte esprit de la montagne, personnage important	(uniquement à Duvangar) compagnon prince, pouvant le remplacer	escorteur et porte-sac prince en voyage, cuisinier personnel prince, laudateur et applaudisseur purificateur av. *maslay* cuisinier offrandes sacrificielles, indispensable servant
		chefferies de l'est (Dugur, Molkwo Tsere)	compagnon quotidien prince, exécuteur justice, culte personnel esprit montagne le plus important, intronise nouveau prince	autochtone pouvant commander aux panthères, protège prince des sorciers, chef de guerre,	rassemble les sujets, ferme porte du prince servant sacrificiel
		Mofu du nord (Meri)	messager du chef de montagne	pas signalé	pas signalé
	M A F A		pas signalé	pas signalé	pas signalé
H A B I T A N T S	D E S P L A I N E S	Giziga-Marva (du nord)	compagnon du prince se nourrissant de ses repas aide du prince dans jugements	pas signalé	pas signalé
		Giziga-Maturwa (du sud)	pas signalé	pas signalé	homme de confiance *bi*, désigne les guerriers et leur responsable
		Mandara	voir *tlagama*	maître de la terre (abs. détails sur la fonction)	pas signalé

Tableau 23   Les dignitaires de la chefferie et leurs fonctions
chez les Mofu-Diamaré et leurs voisins

Assistant du *maslay* il l'aide à purifier, à la demande du prince, le territoire de la chefferie, *"renvoyant madama, l'impureté"*. Chaque année, au moment des pluies, tous deux parcourent les limites du terroir - *"eux seuls peuvent le faire"* - et leur identité s'efface devant leur fonction.

Enfin, comme le *maslay*, le *gurpala* est présent durant les sacrifices offerts au château. On retrouve alors son rôle d'escorteur : lorsque le prince se rend de sa case d'habitation au sanctuaire de la salle des greniers deux *gurpala* - parfois le *maslay* et un *gurpala* - tiennent respectueusement les bords de sa longue robe qu'ils soulèvent et agitent. *"Tenir l'habit du prince"* constitue une tâche distincte qu'ont rappelée divers informateurs. Sa valeur symbolique paraît en effet importante : les *gurpala* contribuent, en déployant le vêtement de leur prince, à mettre en valeur sa spendeur et à faire admirer celui qui le porte. En même temps ils apparaissent comme des instruments qu'utilise le prince pour en imposer à ses sujets. Il est donc normal qu'au moment de l'investiture du prince ils jouent un rôle spécifique en lui faisant revêtir une partie de sa nouvelle tenue.

Au cours des sacrifices chez le prince le *gurpala* s'ajoute au neveu utérin qui, même chez un chef de maison ordinaire, doit venir assister son oncle maternel lors des grands sacrifices (13). Le prince dispose ainsi en toutes circonstances de deux servants sacrificiels, parmi lesquels le *gurpala* est particulièrement actif : c'est lui par exemple qui apporte des cuisines la bière des offrandes et la remet au neveu utérin. Sa présence est indispensable au sacrifice, dit-on de lui comme pour le *maslay*. Cette précision aide à comprendre son rôle. Le *gurpala* représente l'ensemble des clans de la chefferie autres que celui du *maslay*, symbolisant leur soumission au prince et leur empressement à se mettre à son service.

c) la figure du *kaygama*

Dernière figure de dignitaire, le *kaygama* a été rencontré uniquement dans la chefferie de Duvangar : Durum et Wazang affirment ne l'avoir jamais connu. Son titre est exactement celui porté jadis par le premier notable de la cour du Bornou, sans que l'on sache par quelle voie il a été connu des montagnards, ni quelles étaient les fonctions du dignitaire bornouan ainsi nommé (14). A Duvangar le *kaygama* est décrit comme *"celui qui est toujours devant le prince"*, *"l'adjoint du prince, celui qui peut le remplacer"*. Il serait en ce cas, comme le *kaygama* bornouan ou son homologue, le *"tlagama"* mandara, le premier dignitaire de la chefferie après le prince (15).

Comment se situe-t-il alors vis-à-vis du *maslay* qui est déjà apparu comme l'homme éminent de la chefferie après le prince ou - mieux - face au prince ? Les montagnards de Duvangar semblent avoir perçu la difficulté car ils expliquent que *kaygama* et *maslay* sont deux fonctions pouvant être remplies par le même homme. Peut-être le titre de *kaygama* n'a-t-il été emprunté qu'en raison de l'homologie de fonctions entre *maslay* et *kaygama* ? En ce cas le *maslay* aurait été rebaptisé en certaines circonstances *kaygama*, peut-être pour des raisons de prestige assez obscures. On peut supposer aussi que la chefferie de Duvangar a réellement connu et utilisé les services de deux dignitaires distincts, mais aux attributions proches

- l'exemple de Dugur incite à conclure en ce sens, on le verra - et qu'ils ne se sont fondus en un seul qu'à date récente, lorsque les diverses charges ont commencé à tomber en désuétude. C'est alors la plus artificielle dans le cadre de la chefferie, la charge du *kaygama* - celles du *maslay* et du *gurpala* résistant mieux - qui n'a plus été assumée.

Il existe dans l'ensemble ethnique mofu-Diamaré de grandes différences concernant la présence des trois dignitaires. Chez les Mofu-Diamaré du nord, au moins chez les Meri où nous avons mené une enquête précise, *gurpala* et *kaygama* sont inconnus. Quant au *maslay* la seule mention relevée lui attribuait des fonctions n'ayant rien de commun avec celles du *maslay* décrites précédemment. Ce *maslay* meri est présenté comme un simple *gaolibay* - un jeune homme au service du chef - jouant le rôle de *"messager"*. On peut donc considérer qu'il ne s'agit pas de fonctions distinctives et conclure à l'absence de dignitaires dans les "montagnes" méri, et sans doute dans l'ensemble des "Gens du nord".

Au contraire dans les petites chefferies mofu-Diamaré de l'est, on retrouve les trois figures du *maslay*, du *gurpala* et du *kaygama* appelé ici *slagama*. Le *maslay* à Dugur est présenté comme un personnage important - *"l'adjoint du prince"* et son compagnon quotidien - chargé principalement d'exécuter la justice du prince : attacher les coupables, mettre à mort les incestueux, ou, à défaut d'hommes, les poussins des présumés coupables de sorcellerie mais il est aussi capable par sa seule autorité d'arrêter net les disputes. La décision de l'exécution d'un sorcier était prise en commun, prince et *maslay*, mais c'était le seul *maslay* qui la réalisait.

Alors que nos informateurs de Dugur ont surtout décrit le rôle laïque du *maslay* on rappelle à Molkwo que le *maslay* n'est pas seulement l'exécuteur des hautes oeuvres : il est chargé d'un culte à un esprit de la montagne qui, cette fois, *"est considéré comme le premier de la chefferie"*, même si son desservant reconnaît par ailleurs l'autorité du prince. De plus, le jour de l'investiture du prince c'est le *maslay* qui le fait chef, lui posant sur la tête son bonnet rouge

A Tsere, minuscule chefferie constituée par un seul clan, l'accent est mis aussi sur le rôle religieux du *maslay*, desservant d'un *skal*. Le point original est ici que le *maslay* partage avec son prince cette responsabilité : les sacrifices à l'esprit de la montagne sont offerts en commun par les deux hommes, peut-être en raison de la parenté clanique existant entre eux.

Dans ces petites chefferies de l'est la figure du *maslay* est doublée par celle du *slagama* surgissant à ses côtés. Paradoxalement le rôle du *slagama* est ici mieux explicité malgré la taille plus modeste des unités socio-politiques, sans doute en raison d'une proximité plus grande avec le royaume du Mandara. Ceci est particulièrement vrai dans la montagne-île de Molkwo. Toutefois le *slagama* apparaît surtout comme un parent, un décalque du *maslay* des grandes chefferies dont il possède quelques attributions.

Le *slagama* tel qu'on le décrit à Dugur et à Molkwo est issu du clan autochtone. A Dugur par exemple il est Wulger et peut commander aux panthères, les envoyant chez celui qui lui a nui, fût-il prince. Il est desservant d'un puissant esprit de la montagne, à l'intention duquel son prince lui envoie de la bière, afin que ses libations et ses prières de demande entraînent la multiplication des gens et du mil. On précise à Molkwo que le *slagama* est aussi un voyant, chargé de voir l'avenir. *"Si un danger survient, c'est lui qui prévient les gens"*. Lorsque la présence d'un sorcier a été détectée le *slagama* vient verser de la bière devant la porte du prince, tout en prononçant des paroles pour le protéger, mais ces fonctions ne l'empêchent pas de jouer le *"chef de guerre"* s'élançant à la tête de ses troupes.

Certains points obscurs - la détention d'un culte à l'esprit de la montagne attribuée à chacun des deux dignitaires par exemple - suggèrent que *maslay* et *slagama* pourraient n'être qu'un seul personnage, désigné alternativement par des termes distincts, l'un local, l'autre emprunté au Mandara. L'utilisation du mot mandara par les Mofu souligne, sans doute, des ressemblances perçues par eux entre *maslay* et *"tlagama"* mandara. Ce *tlagama* est considéré effectivement par les Mandara comme un ancien "maître de la terre". Il faut malheureusement se contenter de ce seul commentaire : après deux siècles d'Islam le détail de ses fonctions a été oublié et il est impossible de le déduire à partir des faits mandara actuels. De plus la figure énigmatique du *tlagama* mandara est difficile à déchiffrer, du fait de l'existence à ses côtés d'un autre dignitaire important, le *tlija*, chargé d'introniser le souverain (16).

On retrouve dans toutes les chefferies de l'est un notable *gurpala,* présenté là aussi comme l'adjoint du *maslay*. Son rôle consiste à aider le prince dans ses tâches matérielles : il regroupe les sujets lors des grands rassemblements, le travail dans les plantations du prince par exemple, ou aujourd'hui la participation aux défilés des fêtes nationales. De plus il a avec le prince quelques liens directs : il est chargé de fermer sa porte par exemple. Là aussi les services profanes se prolongent sur le plan sacrificiel : le *gurpala* est présent pendant les sacrifices offerts par le prince de Molkwo à son esprit de la montagne, *skar*, et il transporte la nourriture cuite depuis les cuisines jusqu'à l'autel. Enfin au moment de l'enterrement du prince c'est lui qui est chargé de recouvrir de bandelettes le visage du défunt. L'important est, semble-t-il, que ces tâches soient reconnues comme distinctes et effectuées par un homme spécial. Son appartenance clanique par contre n'est pas toujours précisée : si à Dugur le *gurpala*, de père en fils, appartient au même clan, le clan Zuval, à Molkwo on peut fort bien nommer *gurpala* un membre du clan du prince, afin qu'il exécute une tâche précise, un rite funéraire, par exemple.

L'existence de dignitaires chez les Mofu-Diamaré peut être mise en relation avec la complexité du pouvoir politique : il n'est pas indifférent que ce soit à Meri, où les manifestations du pouvoir sont peu variées et peu nombreuses, que l'on n'en trouve pas trace. La présence de dignitaires aux côtés du prince doit être interprétée comme la marque d'un pouvoir fort, attribuant des tâches distinctes aux clans déjà en place ou venus s'installer à côté de lui, en se plaçant sous son autorité.

Un autre facteur vient renforcer cette première constatation, la proximité de la plaine, lieu d'implantation du royaume du Mandara, des chefferies giziga, et aussi des chefferies peules. En s'éloignant de la plaine on arrive chez les Mafa chez qui aucun observateur n'a signalé la présence de dignitaires (17). Chez les Giziga-Marva par contre nos enquêtes nous ont montré l'existence d'un *maslay* - distinct du "*massahaï/-massaï* des Giziga-Muturwa (18) - présenté comme le compagnon du Bi-Marva, se nourrissant des reliefs de ses repas et l'aidant à rendre la justice. Par contre, d'autres traits qui, chez les Mofu-Diamaré, seraient caractéristiques du *maslay* sont ici attribués au *masa'ay*. Originaire du clan qui a perdu le pouvoir à cause d'un immigrant devenu prince (19) le *masa'ay* est responsable d'un culte aux esprits de la terre, rendu à la demande du *bi*, prince, et avec les offrandes fournies par lui. Pour la "fête de l'année", c'est le *masa'ay* qui souffle le premier dans sa flûte pour marquer le début des festivités : la marge d'initiative calculée laissée à ce *masa'ay* giziga-marva rappelle en tous points celle dont dispose le *maslay* Siler dans la chefferie de Wazang.

Il n'existe pas dans l'ensemble giziga de *slagama*, semble-t-il. Par contre un *gurpala* a été signalé dans le sud du groupe,"*homme de confiance du chef*" (20), chargé par ailleurs de choisir le responsable des jeunes guerriers et aussi de désigner ces troupes. Cette fonction inviterait plutôt à reprocher ce "*kirpala*" giziga du *slagama* "chef de guerre" des chefferies de Molkwo.

Les flottements entre les rôles de ces divers dignitaires sont révélateurs. Ils indiquent que la présence de dignitaires aux côtés du prince a été conçue dans ces groupes païens comme facteur d'une complexité valorisante. Toutefois ainsi que le montrent le flou fréquent des attributions propres à ces charges, l'institution empruntée a été mal assimilée.

2. LES DIGNITAIRES DE LA CHEFFERIE

Notes des pages 420 à 433

(1) Ad. LENOIR, 1928 : "Rapport de tournée à Durum", Archiv. IRCAM, ORSTOM, Yaoundé, sans numérot.
(2) Enquêtes J.F. VINCENT, 1976, 1980. Par contre le terme *maslay* ne paraît pas exister en Giziga-Muturwa ; (R. JAOUEN, com. pers. 1976)
(3) J.F. VINCENT, 1975, p. 157
(4) M.J. TUBIANA, 1964, p. 32
(5) De même chez les Hadjeray saba c'est le "maître du sol" qui intronise le chef politique (J. F. VINCENT, 1975, p.157)
(6) cf. Planche XXI, photo 2 : "Prosternation du *maslay* devant le prince à Duvangar".
(7) J.F. VINCENT, 1978. Ces observations ont été faites au sacrifice aux ancêtres du prince de Wazang, à l'occasion du battage et de l'engrangement de son mil (7-4-1968).
(8) C. VANDAME, 1975 , p. 100-101
(9) Cette démarche adoptée par les femmes devant les hommes - *medesley*, "courber le dos ", verbe qui ne s'emploie que pour les femmes - consiste à s'avancer lentement en aplatissant le dos, bras gauche replié, mains posées sur les reins. Sur ce qu'elle traduit de la situation de la femme mofu, cf. J.F. VINCENT, 1980, pp. 233-234.
(10) J.F. VINCENT, 1975, p. 155
(11) Nous n'avons pas retrouvé le terme mandara qui aurait pu être à son origine. S'il s'agit d'un emprunt aux Peuls, le terme pourrait être en fait hausa car les Peuls ont copié les titres et charges des royaumes hausa (R. LABATUT, com. person., 1987)
(12) A Wazang autour des années 1970 cinq frères de même père et de même mère - Whadamay, Katsba, Aldamsa, Karata et Zerma - étaient ainsi *gurpala* de Bi-Bello.
(13) Sur le rôle sacrificiel du neveu utérin, cf. J.F. VINCENT, 1985, pp. 93-94
(14) Le *kaigama* bornouan occupait une situation prépondérante parmi les dignitaires bournouans. Ce titre correspondait à la charge militaire la plus importante au Bornou (R. LABATUT, com. person., 1987). Il est le pendant du *tlagama* wandala étudié par E. MOHAMMADOU (1982, p. 142) qui signale la parenté entre les deux dignitaires sans décrire les fonctions du *"kaygama"*. De même, A. ADLER signale l'existence d'un *kaygama* mundang mais n'indique pas le contenu de la charge (1982, p. 364).
(15) Le *tlagama* wandala était en effet considéré comme "le premier de tous les dignitaires" (E. MOHAMMADOU, inéd.1982, p. 130).
(16) E.MOHAMMADOU s'interroge sur le fait que bien que le *tlagama*, "maître de la terre" soit "le premier de toute la titulature wandala" c'est au seul *tlija* - qui "occupe la seconde place parmi les dignitaires" - qu'il appartient d'introniser le souverain wandala (1982, p. 130 et 132). Il l'explique par l'alliance passée entre les ancêtres du *tlija* et les "génies protecteurs" qui en a fait les premiers "détenteurs des cultes locaux". On se trouverait, explique-t-il, devant une partition terre/cultes aux "génies protecteurs". Celle-ci parait pourtant étonnante car la référence à la terre est alors vidée de tout contenu religieux. L'existence primitive, comme chez les Mofu, d'un seul dignitaire wandala, correspondant au *maslay*, dédoublé par la suite, paraîtrait plus satisfaisante.
(17) On n'en trouve mention ni dans l'étude de J. Y. MARTIN ni dans celle de J. BOISSEAU
(18) Signalé chez les Giziga, les Giziga-Muturwa, par J. FOURNEAU (1938, p. 169) puis par G. PONTIE (1973, pp. 164-167). Par contre ni l'un ni l'autre n'ont, semble-t-il, rencontré un *maslay*, à moins que la ressemblance phonétique des deux termes ne les ait amenés à les confondre.
(19) J.F. VINCENT, à par. 1991
(20) COURNARIE, CEDILE, FOURNEAU, 1937, pp. 15-16, in G. PONTIE,1973, p. 50

3. LES SPECIALISTES-DEVINS : LE POUVOIR DE VOYANCE FACE AU POUVOIR DU PRINCE

Les mythes de peuplement font mention de l'intervention de spécialistes en divination alors que la chefferie vient à peine de se constituer : à Duvangar c'est grâce à un *mbidla* que les raisons d'une terrible sécheresse sont dévoilées et qu'une solution est trouvée, permettant un changement de dynastie sans rupture. Cette intégration du recours aux devins dans les récits mythiques montre l'enracinement de leur présence.

a) désignation

Nous avons choisi de traduire le terme *mbidla* par "spécialiste", lors de nos premières enquêtes qui nous ont tout de suite mise en présence de ce personnage clé (1). Nous aurions pu aussi parler de "connaisseur", lequel sera ici surtout présenté dans ses fonctions de devin. Ce serait pourtant une erreur de rendre *mbidla* uniquement par "devin". L'étendue des connaissances du *mbidla* est grande, on le verra, et les domaines abordés par lui, variés. Les Mofu parlant français nous ont proposé comme équivalent du terme "marabout", "magicien", et aussi "savant". L'ensemble de ces termes divers - dont aucun n'est totalement satisfaisant - a le mérite d'évoquer ce qui effectivement constitue la spécificité du *mbidla*, la détention de connaissances par des voies supra-naturelles.

Il existe aujourd'hui dans la société mofu deux types de *mbidla* - il vaudrait mieux dire deux strates de "spécialistes" - possédés par des génies totalement différents. Les premiers, des hommes et aussi des femmes, désignés par le seul terme de *mbidla*, sans détermination, sont dits en relations avec des génies montagnards qui portent un nom significatif, *"bizi mbidla"*, "enfants des *mbidla*.". Ces spécialistes, qui apparaissent aussi anciens que les chefferies elles-mêmes, sont les seuls devins consultés par les princes et les grands.

Le deuxième type de devins est représenté par les *mbidla ma Fakalao*, les spécialistes en liaison avec les génies *Fakalao*. Les génies *Fakalao* sont venus des plaines et ont été acclimatés très récemment dans la société mofu, depuis moins de deux générations. Cette fois leurs possédés sont nécessairement des femmes dont l'unique fonction est la divination, et il serait légitime de traduire ici *mbidla* par "devin". Cette restriction récente du terme ne fait que traduire l'évolution des tâches du spécialiste mofu qui, au cours des décennies, se sont à la fois réduites et ennoblies.

Bien que le culte des *Fakalao* se soit répandu avec une rapidité et un succès remarquables le nombre des femmes-devins possédées reste très peu important. Elles sont consultées presqu'uniquement par des gens ordinaires et leur pouvoir est faible (2). Elles et leurs génies apparaisssent comme une pâle démarcation des devins inspirés par les "enfants des *mbidla*", qui seront seuls étudiés ici.

b) le phénomène de la possession

Etre *mbidla*, c'est agir en liaison avec des êtres invisibles que l'on porte en soi, que l'on appelle ses "enfants" et avec qui on dit dialoguer constamment. A notre étonnement, et contentement, les spécialistes que nous avons rencontrés - une vingtaine d'hommes et de femmes - se sont plu à évoquer, parfois longuement, les liens tissés par eux avec leurs génies (3). Entre ces descriptions les convergences sont nombreuses et il s'en dégage un schéma initiatique, remarquablement constant d'un informateur à l'autre. Elles soulignent aussi l'existence d'un type particulier de manifestations propres aux génies de possession. Enfin - et ce n'est pas le moindre intérêt de ces récits autobiographiques - un certain vécu de la possession s'y exprime.

- l'initiation du spécialiste en divination

Dès l'enfance - à l'âge de 4 ou 5 ans parfois, au plus tard dès l'adolescence - le *mbidla* se sent envahi à certains moments par des êtres dont la présence en lui se traduit par de violents maux de tête, parfois par de courtes maladies. Devant les pleurs de son enfant, sa révolte parfois, le père reste calme : il sait qu'" ils'" commencent à venir. Parfois d'ailleurs le fils - tel Gilver de Mangerdla - comprend de lui-même ce qui lui arrive : il a été prévenu par son père de la prochaine irruption en lui de génies. Cette entrée est progressive. Un ou deux génies se manifestent en lui, ce qui permet au jeune homme de commencer une activité professionnelle comme adjoint docile de son père. D'apprenti-forgeron il se transforme en apprenti-ensevelisseur, allant là où celui-ci l'envoie. Toutefois cette installation des génies est temporaire. *"A ce moment-là les "enfants des mbidla" n'étaient pas encore dans ma tête"*, explique Derka de Duvangar, *"ils venaient seulement de temps en temps"*. Si le fils souffre trop, le père *"gronde les génies et l'enfant va bien à nouveau"*.

Pour que le fils puisse recevoir la totalité de ses génies il faut la mort du père, (le schéma est le même dans le cas d'une fille qui reçoit, elle aussi, des génies mais de sa mère). La société mofu met en effet très fortement l'accent sur la nécessaire succession des générations, qui cependant doit se produire seulement à son heure : un fils ne peut pas se livrer à la même occupation que son père. En s'y adonnant malgré tout il montrerait qu'il souhaite la mort de son père. Comme le faisait remarquer Gilver de Mangerdla : *"Avant que les génies viennent je pouvais déjà faire la forge, mais je ne la faisais pas bien, puisque mon père était encore là. Je ne pouvais pas prendre la place de mon père. J'étais seulement son apprenti"*. En mourant le père ouvre à son fils la voie de l'accomplissement professionnel, et donc l'accès à la divination noble, celle qui utilise les galets de quartz.

Toutefois après cette disparition le futur spécialiste doit d'abord attendre. Il faut qu'il soit frappé par une maladie grave aux manifestations variées - maux de tête ou d'yeux, affaiblissement, dépérissement progressif - signe irrécusable qui lui montrera qu'il continue à progresser vers la possession. On retrouve pareille irruption de la maladie, interprétée comme le signe de la manifestation des génies, dans nombre de schémas de possession africaine, chez les Songhay par exemple, les Wolof ou les Hausa (4). Pour Kandawom, devin de Mangerdla, cette maladie-signe ne dura pas moins de trois ans.

Sa venue est le signal qu'attendait le possédé pour offrir aux génies le premier de deux sacrifices fondateurs. Il ne peut pas les célébrer seul et doit faire appel à un *mbidla* plus âgé et plus expérimenté - il ne s'agit pas nécessairement d'un homme : Bletey de Wazang s'est fait initier par un devin-femme - qui parle en son nom aux génies, réclamant la guérison de son protégé et faisant tourner en même temps les offrandes autour de sa tête. Ce sacrifice, "*mohurkwey*", "commencement", marque une nouvelle étape dans la vie professionnelle du spécialiste qui peut se livrer à la plupart des tâches réservées aux *mbidla*, et commencer la petite divination par la calebasse, mais non la grande par les pierres.

La célébration du second sacrifice, dirigé encore par l'initiateur, intervient au bout d'un laps de temps assez long, deux ans au minimum et parfois beaucoup plus. Son nom évocateur - "*membedi har*", "changement de main" (5) - montre que le possédé a définitivement franchi une première étape, qu'il n'est plus un débutant agissant sous la conduite d'un guide, qu'il se "prend en mains" et célébrera désormais seul le culte à ses génies. Il a *"pris le pouvoir"*, dit-on aussi parfois : après son deuxième sacrifice il va pratiquer à son tour la divination par les pierres et pourra s'affirmer comme une des figures marquantes de la chefferie.

Après ce sacrifice-charnière le devin est pleinement possédé par des génies. Il les *"voit"*. Comment se manifeste cette symbiose entre l'homme et ses génies ? Qui sont-ils ? Les devins que nous avons rencontrés ont tenté avec bonne grâce de répondre à nos questions et de nous transmettre la connaissance qu'ils avaient de leurs esprits. Toutefois en synthétisant dans des mots et des formules ce qui est surtout du domaine de l'impression nous sommes consciente du risque de gauchir leurs propos.

- les génies de possession ; les "enfants des mbidla"

Le *mbidla* mofu est toujours possédé par plusieurs génies. La possession par un seul esprit, toujours le même, est pourtant fréquente en Afrique : chez les Hadjeray du Tchad, par exemple, le possédé est envahi par un esprit de la montagne, *margay*, de tel ou tel lieu, ou encore, à l'autre bout de l'Afrique, chez les Ethiopiens de Gondar chaque possédé est pris par un seul génie *zâr* (6). Chez les Mofu au contraire tout possédé a en lui un minimum de trois et jusqu'à dix génies, envahissement identique à celui que connaissent les Wolof par exemple, qui peuvent avoir jusqu'à douze *raab* par possédé, ou encore les possédées-femmes hausa qui ont nécessairement au moins deux génies chacune (7).

Ces génies forment un ensemble constitué, composé toujours des mêmes individus et constamment en mouvement. Les devins parlent d'eux en disant *"ils viennent"*, *"ils arrivent"*. Entre le spécialiste et ses génies la communication n'est pas constante. Le contact est parfois perdu : *"ils"* peuvent dormir ou être *"partis en promenade"*.

Les génies ne sont presque jamais du sexe de leur possédé. Ils sont à la fois hommes et femmes - six hommes et quatre femmes, par exemple, pour le vieux Mangalay de Durum - mais ils sont frères et soeurs et ne peuvent avoir d'enfants : parmi eux, pas de couples. Leur apparence est humaine : leur fidèle le sait car il les voit et les décrit. L'un est présenté comme manchot ou gaucher, ou bien il est muet, ou sourd, et il se contente de désigner les choses du doigt. La plupart des génies portent encore le costume traditionnel des Mofu, les cache-sexes et ceintures de peau : *"S'ils viennent pour un sacrifice, là ils viennent avec leur peau. Toutefois il leur arrive de plus en plus souvent de venir avec des habits en tissu, comme les gens de la plaine"*. *"La première fois, tous, hommes et femmes, étaient venus avec des peaux. Maintenant, depuis quelque temps déjà, ils portent la couverture. La vie change..."*. La perception qu'ont les possédés de leurs génies n'est pas seulement visuelle, elle est aussi auditive. Ils font de fréquentes allusions à la voix des génies, à leur rire aussi : le possédé est lui-même la scène sur laquelle les génies se déplacent, commentent, se moquent. Il en parle comme d'un spectacle qui s'offre à lui sans qu'il puisse y jouer un rôle (8). On a l'impression d'une substitution : le possédé est muet parce que les génies parlent en lui.

Dans l'ensemble, les génies des *mbidla* semblent être de bonne compagnie. Toutefois dans le groupe attaché à un possédé on trouve parfois un *"méchant"* au mauvais caractère, se querellant avec ses compagnons ou se mettant en colère contre son possédé, ce qui a pour plus sûre conséquence de rendre celui-ci malade. On y découvre aussi parfois un menteur, le pire des défauts pour un génie de divination, car son possesseur, abusé par lui, sera incapable de remplir la tâche qui lui est fixée, *"dire la vérité"*.

Vivant dans l'intimité de leurs génies pendant plusieurs dizaines d'années, les possédés constatent progressivement des changements dans leur apparence. Comme les hommes, leurs génies sont soumis au cours du temps. *"Quand j'ai commencé à être devin ils étaient jeunes. A présent ils sont vieux comme moi"*, remarquait Bletey de Wazang. Ce vieillissement souligne la symbiose qui s'est instaurée entre l'homme et les génies, mais il n'est pas définitif. A la mort du possédé les génies n'étant pas mortels - ils ne sont jamais malades non plus - ne disparaîtront pas comme lui : ils investiront un autre porteur.

Qui sont-ils ? La plupart de leurs fidèles n'ont que des idées vagues sur leur identité. Ils seraient *"des hommes devenus génies"*, d'anciens spécialistes, et ils n'auraient rien à voir avec les esprits de la montagne, *mbolom*, alors que la possession africaine est fréquemment le fait d'esprits des lieux, tels les *margay hadjeray*, on vient de le voir, ou les "divinités de la nature" de l'Ader nigérien (9).

Les génies ne se présentent pas toujours à leurs possédés sous une forme humaine. Il arrive que ceux-ci les *"voient"* revêtir une forme animale. De nombreux devins nous les ont décrits comme des *"mouches"*, des *"abeilles"*, des *"guêpes maçonnes"*, et d'autres insectes encore, *"aux ailes colorées de bleu et de vert"*. *"Je les vois entrer dans ma case mais les autres ne les voient pas. Je suis le seul"*. Cette expérience évoque celle des possédés éthiopiens qui éprouvent une impression - très proche - d'être "envahis" ou "ravagés" par des "fourmis" ou des "abeilles", que cependant ils ne voient pas (10). La constance avec laquelle nos différents informateurs nous ont indiqué cet unique avatar animal de leur génies est frappante. Sans doute l'idée de cette transformation en petits insectes bourdonnants s'explique-t-elle par les manifestations physiques de la prise de possession : fourmillements, picotements et bourdonnements d'oreilles. La présence de petits animaux volants est aussi liée chez les Mofu à la spécificité de certaines tâches du spécialiste : lui seul peut " rappeler l'âme" des malades ensorcelés et, dans cette quête, peut-il rêver auxiliaire plus efficace qu'une armée d'insectes ailés ?

- le vécu de la possession

Dans le monde trouble de la possession la communication s'établit suivant un mode particulier. Pour évoquer leurs relations avec leurs génies les *mbidla* recourent à diverses comparaisons. Ils utilisent d'abord le registre du rêve, de la vision nocturne : *" Au début cela me faisait comme un rêve"*. D'ailleurs, expliquent-ils, ils ont souvent commencé leur vie professionnelle par un rêve initiatique au cours duquel ils découvraient les instruments de divination qu'ils utiliseraient par la suite. Après l'initiation les rêves se font plus nombreux, et cette fois ce sont les génies eux-mêmes qui se manifestent. C'est ainsi par exemple qu'ils communiquent avec leur fidèle et qu'ils lui parlent . L'expression *"en rêve"* revient ensuite constamment dans la bouche du devin cherchant à faire partager son expérience. Une autre comparaison fréquente est celle de la folie : lorsque les génies se manifestent à leur possédé celui-ci se sent *"comme fou"* et il se met à *"courir dans la brousse"*. La possession peut aussi évoquer l'ivresse : la présence de ses génies *"tourne la tête"* du possédé, *"comme la bière"*.

C'est en effet la tête qui est le siège des génies. Etre possédé, c'est *"avoir des enfants de mbidla dans la tête"*. Les génies sont insérés dans le propre corps du devin et la communication entre eux tous est immédiate, le dialogue constant. *"Ils sont dans ma tête quand je travaille et ils disent : 'Voilà ce qu'il faut dire !' Je vois alors ce qu'il faut dire. Ils parlent avec ma propre bouche comme je parle maintenant"*.

Les génies se substituent à leur fidèle : ils pensent à sa place, ils parlent à sa place ou tout au moins ils lui dictent ses paroles. *"Les enfants de mbidla me parlent dans la tête et ils disent :' Il faut parler comme ça, comme ça !'"*. Parfois aussi ils obligent le possédé à un certain comportement : *"Si je monte chez le prince et qu'il ne me donne rien, les génies me disent : 'N'y retourne pas !'"* C'est pendant les séances de divination par les cailloux que les ordres des génies se font les plus précis : *"J'entends des voix qui me disent : "Fais comme ci, fais comme ça !"*. La main du devin pose les galets de quartz mais, explique-t-il, il ignore la signification de son geste. Il est totalement guidé de l'intérieur. Cette présence insistante n'est pas ressentie comme une violence. C'est sans doute pourquoi le possédé ne se présente jamais comme le "cheval" de ses génies, alors que cette comparaison est largement répandue, dans et hors du monde africain (11).

Vis-à-vis de ses génies le devin éprouve des sentiments complexes; de reconnaissance d'abord, ne sont-ils pas son gagne-pain ? *"Je suis content d'avoir des génies car je suis vieux maintenant. Si je ne les avais pas je ne pourrais pas manger, mais grâce à eux on m'apporte tout"*, remarquait le vieil aveugle Mangalay, de Durum. De plus leur longue accoutumance a créé entre eux une relation de parenté : le possédé est le "père" et les génies ses "enfants", dont il parle en termes généralement positifs. C'est là une des grandes différences entre possédés par les *bizi mbidla* et possédées par les génies *fakalao* : les secondes éprouvent une véritable répulsion pour leurs génies, et elles ressentent leur irruption comme une maladie à crises répétées dont elles aimeraient guérir. On se trouve devant deux types de possessions totalement opposés (12).

Le devin possédé par les *bizi mbidla* n'accorde pas un crédit égal à chacun de ses génies. Pour jouer valablement son rôle de devin il doit révéler la face cachée de la réalité et il craint l'étourderie ou la mauvaise volonté du génie qui le fera basculer du côté de l'erreur, entamant ainsi son crédit auprès de ses consultants, et surtout auprès du plus illustre d'entre eux, le prince.

c) les domaines de compétence du spécialiste

La pratique de la divination apparaît comme le couronnement de la carrière du *mbidla*, le signe de sa maîtrise professionnelle, elle-même liée à la pleine communication avec ses génies. Toutefois son habileté commence par se manifester en d'autres domaines techniques, totalement distincts à première vue de la divination. Ces diverses tâches composent un éventail à l'étendue remarquable, surtout lorsqu'on la compare avec la faible technicité des connaissances du montagnard ordinaire.

Le *mbidla* est d'abord "l'homme qui forge", *ndu mevedey*, et le terme *mbidla* qui le désigne peut, en fonction du contexte, être traduit simplement par "forgeron". Le même nom générique désigne donc à la fois les forgerons et les devins, soulignant l'ambivalence de ces spécialistes, que l'on retrouve dans d'autres sociétés africaines, les Sar de Bédaya au Tchad, par exemple (13). Dans la minuscule hutte élevée à côté de sa maison le *mbidla* fabrique tous les outils utilisés sur la chefferie - en particulier la houe et la faucille de petite taille, indispensables à tout cultivateur, homme ou femme - et il en assure ensuite l'entretien. Toutefois s'il arrivait aux clans de forgeron mofu, il y a encore quelques décennies, de pratiquer la fonte du fer - en spécialisant certains d'entre eux dans la réduction du minerai, d'autres dans la forge - ils n'avaient pas l'exclusivité du travail des hauts-fourneaux. Ceux-ci ont été nombreux chez les Mofu-Diamaré - ils ont fait leur réputation, parfois loin de leurs montagnes - et tous les clans, appartenant aux "gens du prince" comme aux "gens de rien", pouvaient se construire un haut-fourneau et le faire fonctionner librement.

En même temps que l'adolescent commence à servir d'apprenti-forgeron à son père il l'aide dans un tout autre domaine, l'ensevelissement des morts : mise en peaux du cadavre, enveloppé et cousu dans des peaux de chèvres, puis mise en terre proprement dite dans un vaste tombeau. Le père envoie son fils s'occuper de l'enterrement des enfants, lui-même se réservant les adultes.

Lorsqu'il se livre au travail de la forge l'adolescent est assisté irrégulièrement par ses génies : ils ne sont pas encore complètement présents en lui. Devenu possédé à part entière, il peut compter, lorsqu'il forge, sur l'aide d'au moins un de ses génies. S'il décide de se livrer à ce travail *"l'enfant des mbidla vient lui aussi"*, et cette présence-substitution permet au possédé de travailler efficacement et adroitement. D'ailleurs, disent les *mbidla*, *"on ne peut pas forger si on n'a pas de génie de mbidla dans la tête : on peut seulement aider le forgeron"*.

Si coopératifs lorsqu'il faut forger, les génies *mbidla* manifestant les répulsions des Mofu - et les traduisant en clair - fuient leur fidèle lorsque celui-ci s'occupe de l'enterrement d'un défunt. *"Pour le cadavre ils ne viennent pas, à cause de l'odeur"*. Ainsi délaissé le possédé ne peut que conclure au caractère dégradant du travail qu'il est en train d'accomplir : c'est la seule de ses tâches où il n'est plus aidé par ses *"enfants"*. Aussi abandonne-t-il cette responsabilité, dès qu'il le peut, à un *mbidla* plus jeune, se réservant seulement, éventuellement, l'ensevelissement des personnes âgées et importantes.

Même s'il a renoncé au travail technique du maniement des cadavres le spécialiste est non seulement présent lors des rituels post-funéraires, mais il les dirige (14). Aucun non-spécialiste ne peut le remplacer dans ce rôle où il doit être présent, tout comme le forgeron mafa ou, semble-t-il, le forgeron giziga-Muturwa (15). Dans tout le Nord-Cameroun, celui des montagnes comme celui des plaines le "spécialiste", casté ou non, apparaît comme le seul maître des complexes rituels d'enterrement et de levée de deuil. Chez les Mofu, non seulement il procède à la grande divination de lendemain d'enterrement, mais au cours des mois et des années suivantes il assure la transformation du mort en ancêtre par une série d'étapes rituelles, ne se retirant qu'une fois mise en place la poterie-autel du nouvel ancêtre.

Pour accéder aux fonctions de devin le jeune spécialiste, déjà forgeron et ensevelisseur, doit attendre la mort de son père et la révélation initiatique. C'est alors qu'il pourra mener de front divination, guérison des maladies par sorcellerie, aide aux accouchements difficiles, enfin enlèvement des substances impures, le lien entre ces tâches variées étant créé par sa collaboration avec *"ses enfants de mbidla"*. C'est grâce à leurs génies, disent les spécialistes, qu'ils peuvent pratiquer la divination (16). Les observateurs qui les voient utiliser deux matériels divinatoires distincts - calebasse et cailloux de quartz - peuvent conclure que leurs réponses sont le fruit de techniques divinatoires (17). Les possédés, eux, affirment que ce sont les génies qui leur commandent les mouvements de leurs doigts et qu'en dernier ressort, ce sont eux les véritables techniciens en divination (18). Un devin n'a plus qu'à exécuter des ordres en faisant les gestes et répétant les mots que lui soufflent ses conseillers-esprits.

En utilisant lors de la divination par les cailloux une technique basée sur des décomptes pairs et impairs le devin mofu pratique une "divination inductive". Toutefois son recours à ses génies permet aussi de qualifier sa divination d'"intuitive", mais cette distinction classique entre deux modes de consultation du sort se révèle artificielle, ici comme souvent en Afrique, ainsi que l'avait déjà remarqué D. Paulme (19).

Par le biais de la divination les devins interviennent dans les moindres détails de la vie quotidienne des montagnards. On leur demande d'expliquer et d'interpréter les événements qui se sont produits ou qui sont en cours : toutes les formes de maladie et de mal-être, et aussi la morsure d'un serpent, l'incendie d'une maison, la croissance trop lente du mil et aujourd'hui... le gain trop faible d'un employé à la ville. On les consulte aussi sur la conduite à tenir : quel parent le consultant doit-il choisir comme sacrificateur, *ndo kuley*, tâche importante qui en fait le co-responsable du culte des ancêtres ? On vient aussi les voir dans les circonstances les plus inattendues, les plus nouvelles parfois : vaut-il la peine, dans une affaire de champ arraché par la force, d'aller au tribunal de la sous-préfecture se faire rendre justice ? Faut-il faire soigner un malade à l'hôpital de la mission catholique ? Imperturbable, le devin tapote sa calebasse à petits coups pressés, ou brasse ses cailloux, et il livre sa réponse.

C'est surtout dans le domaine religieux ou supra-naturel que les devins apparaissent comme les maîtres à penser des montagnards : aucun culte ne leur est étranger. Ils voient tour à tour, dans les mêmes signes extérieurs, l'action de toutes les puissances du monde invisible mofu : esprits de la montagne, génies de possession divers, ancêtres surtout, prompts à s'irriter et à envoyer des maladies-représailles devant le moindre manquement. Les génies évoquent aussi par la bouche de leurs possédés l'ingéniosité et l'esprit de nuisance des sorciers, ainsi que le pouvoir destructeur de la mauvaise parole, malédiction silencieuse envoyée avec constance par les parents maternels, *gumsa*.

Les devins ou plutôt leurs génies - consultés souvent à voix haute au cours de la consultation - savent tenir compte aussi des esprits secondaires qui peuvent rendre malade autant que des grands : esprits d'engoulevents, de biches-cochons, "esprits pour des jeunes hommes". Ce sont les *mbidla* qui décident pour leurs consultants la création des autels, si bien que grâce à eux aucun esprit n'est oublié. A cause d'eux l'univers religieux mofu garde force et cohérence. Comment ne pas croire à la présence agissante de l'ancêtre-femme, *may baba*, dont le devin vient d'évoquer la colère avec tant de réalisme qu'il en décrit le bâton qu'elle s'apprête à brandir ? Aussi l'assistance aux consultations divinatoires constitue-t-elle pour l'observateur la meilleure façon de saisir le fonctionnement du monde supra-naturel mofu, ou tout au moins de le comprendre en profondeur.

De nature différente - mais pareillement due aux *bizi mbidla* - est la clairvoyance qui permet aux spécialistes de diagnostiquer la présence dans le corps d'un malade - dans ses yeux, ses articulations, sa poitrine - de cailloux, parfois de fragments d'os ou d'épines, projetés en lui par un sorcier. Le *mbidla* "voit" les substances, logées à l'intérieur du corps amaigri du malade. Il lui indique leur nombre, leur grosseur, leur emplacement puis il le renvoie à un autre *mbidla* qui, se transformant en guérisseur, les lui enlèvera par succion. Le renvoi est nécessaire - car le même spécialiste ne peut voir puis soigner - et le choix facile : *"Normalement tous les spécialistes savent retirer par succion les cailloux du corps des malades"*. Ces connaissances techniques sont aussi celles des devins guérisseurs dangaléat, Hadjeray du Tchad chez qui on retrouve un lien identique entre possession, divination et guérison par extraction de petits cailloux logés dans la poitrine du malade [20]. Après avoir aspiré et recraché le corps étranger, mélangé à de la boue noirâtre [21], le *mbidla* frotte le trou formé avec un fragment d'euphorbe, *mezeved*, et il en confie un autre morceau au patient [21]. L'euphorbe - qui *"fait grandir et grossir les gens"* - est l'unique médication des *mbidla* car ils s'attaquent aux seules maladies causées par les sorciers. Les *mbidla* ne doivent pas être en effet confondus avec les guérisseurs ordinaires. Pour toutes les maladies "naturelles" dont beaucoup sont connues, nommées et décrites par les Mofu, les "hommes de remède", *ndo sidem*, sont là, chacun avec sa spécialité et sa médication, et les montagnards ne les placent pas dans la même catégorie que leurs *mbidla*.

Une autre façon de nuire des sorciers consiste à s'emparer de l'âme d'une personne et à la cacher, de sorte que la victime tombe gravement malade. Grâce à ses *"enfants de mbidla"* le spécialiste peut lui rendre la santé. A sa demande les génies, transformés en insectes ailés, effectuent un modeste voyage chamanistique, s'envolant à la recherche de l'âme égarée et la rapportant à leur maître qui n'a plus qu'à la restituer au malade.

Les spécialistes, grâce à la présence en eux des *bizi mbidla*, peuvent aussi apporter leur concours en cas de naissance difficile. Si la femme s'épuise en un accouchement interminable *"je la touche et elle accouche bien"*, disait le vieux Mangalay. *"En fait"*, explique Dimblar, femme-*mibdla* cette fois, *"si l'enfant se présente bien, tête la première, je laisse faire. Mais si l'enfant se présente par le siège, j'appelle vite mes bizi mbidla pour détacher les pieds et la tête de l'enfant et il sortira bien"*. Capable d'aider la fécondité des couples à parvenir à son terme le spécialiste peut aussi la tarir, lorsqu'un père dont le fils est parti comme *mazgla* au service du prince craint que sa femme encore jeune ne conçoive ensuite un enfant : toute nouvelle naissance créerait un dangereux mélange de générations, on l'a vu, et aboutirait à des morts dans le cercle bouleversé de la famille restreinte. Le spécialiste, en frappant le dos de la femme, évite le pire en la rendant stérile.

Aidé par ses "enfants" le devin peut au cours d'une consultation diagnostiquer la souillure d'une maison par un malveillant : il voit que celui-ci a enterré des substances impures dans la concession du consultant. Elles y constituent ce que les Mofu appellent un *bi-madama*, "chef-impureté", une souillure de première importance, présente dans le sol. Il faut la repérer et la faire disparaître, sous peine de voir les ancêtres contrariés d'abord refuser les sacrifices, puis rendre malades l'un après l'autre les membres de la famille. Le "chef de maison", *bi (ma) ay*, fera donc appel à un nouveau *mbidla*, différent de celui à qui il avait demandé une consultation divinatoire. Tout *mbidla* sait en effet "creuser la chose", *meldeley tek*, déterminer quelle maison, parmi celles qui constituent l'habitation, est contaminée à un endroit dont lui seul peut "voir" l'emplacement. Ainsi saura-t-il fouiller le sol pour en retirer les substances mauvaises et remettre en ordre l'enclos de son consultant.

Le spécialiste exerce ses diverses tâches sans ordre, au gré des circonstances, passant de l'abri à forger - si par exemple un nombre suffisant de clients lui a demandé de raviver le tranchant des faucilles avant les pluies - à l'aire divinatoire où l'attendent presque chaque jour plusieurs consultants, venus des extrémités de la chefferie, souvent aussi de chefferies voisines. Il ira ensuite creuser le sol d'une maison souillée et, à peine revenu, repartira derrière un montagnard le guidant vers la maison où il est attendu pour envelopper un cadavre dans ses peaux. Il ne repousse aucune demande, sauf si ses génies - explique-t-il en se retranchant derrière eux - ont justement décidé que ce jour-là ils refusaient telle ou telle tâche, mais pareille attitude est rare.

Il ne faudrait pas conclure pourtant que les *mbidla* mofu exercent un monopole sur l'ensemble de ces techniques : les tâches matérielles qui ne requièrent que de l'habileté et du savoir-faire - le travail du métal et l'ensevelissement des morts - sont exécutées par d'autres montagnards qui peuvent s'en faire une spécialité (en particulier la mise en peaux, puis en terre, car les *mbidla* très peu nombreux -

moins de 1% de la population - ne peuvent l'assurer pour toute une chefferie). Les *mbidla* ont par contre l'exclusivité des tâches liées à leur don de voyance : divination - funéraire en particulier - et enlèvement des substances cachées.

Le spécialiste apprécie de façon diverse les travaux que l'on attend de lui et il les classe suivant sa hiérarchie à lui. Celui qu'il fait sans aucun plaisir et qu'il place au bas de l'échelle est le maniement des cadavres. Projetant son dégoût sur ses génies, il affirme de façon significative que, lorsqu'il doit participer à des funérailles, ceux-ci refusent de "venir" en lui pour l'aider à pratiquer la divination. L'enlèvement de la souillure vient ensuite. Tous les *mbidla* le pratiquent. Toutefois le vieux Mangalay de Durum était fier, ainsi qu'il nous l'a signalé à plusieurs reprises, de s'en être toujours abstenu en le confiant à d'autres *mbidla* car, expliquait-il, il faisait partie des "gens du prince" et il n'allait pas se mettre à manier l'impureté.

Le travail de la forge est nettement plus apprécié : les *mbidla* considèrent que celui qui transforme le métal en outils, en armes et en parures, est un homme important. Enfin ils mettent à la première place la divination. Elle constitue " *le travail le plus grand*", décrètent-ils, celui qui leur donne le plus de poids dans la société. Aussi lorsqu'un clan de spécialistes comporte plusieurs hommes adultes le plus âgé renonce souvent à l'ensevelissement des cadavres, à la forge aussi parfois, mais on ne le verra jamais cesser de pratiquer la divination par les cailloux.

Aucune de ces tâches n'est exécutée gratuitement, le spécialiste se fait payer - modestement - le plus souvent en nature, haricots parfois si le client est une femme, généralement mil en grains, accompagné aujourd'hui de pièces de menue monnaie.

d) place du "spécialiste" dans la société

Les Mofu-Diamaré sont en contacts du côté de l'ouest avec deux groupes ethniques, Mafa et Mofu-Gudur, chez qui on trouve également des "forgerons", ainsi qu'ils sont appelés depuis les premières descriptions ethnologiques. Cette appellation est certes plus courte mais elle simplifie abusivement la situation d'hommes qui, comme les *mbidla* mofu-Diamaré, pratiquent alternativement des tâches variées, parmi lesquelles la forge, la divination et l'enterrement des morts (22). Dans les deux groupes les "forgerons" sont tenus rigoureusement à l'écart de la société : les autres montagnards ne prennent pas leurs repas avec eux - ils ne boivent pas même la bière ensemble (23) - et ils ne se marient avec eux en aucun cas : leur endogamie - qui a fait l'objet d'études démographiques précises (24) - est absolue au point qu'ils ont été considérés comme formant une véritable caste (25).

Il n'en va pas de même chez les Mofu-Diamaré qui affirment que leurs "spécialistes" peuvent épouser des filles de n'importe quel clan, et inversement que les hommes des autres clans peuvent prendre pour épouses les filles des *mbidla*.

Néanmoins dans les deux chefferies mofu-Diamaré faisant frontière avec les Mafa et les Mofu-Gufur - Durum et Wazang - la ségrégation rigoureuse exercée par ces groupes tout proches est connue et c'est à elle que nous attribuons une certaine mise à l'écart des *mbidla*, d'ailleurs venus pour la plupart à date assez récente de ces mêmes groupes ethniques. Cette situation légèrement marginalisée n'a pas empêché Marlamsa, actuel *mibdla* de Wazang, d'épouser une "fille de prince", appartenant au clan Laway de Duvangar. Toutefois nous avons noté une tendance des *mbidla* de ces deux chefferies à se marier entre eux. Dans le reste de l'ensemble Mofu-Diamaré, au fur et à mesure que l'on va vers l'est l'ouverture est plus grande : alors que le prince de Wazang ne compte parmi ses épouses aucune fille de *mbidla*, le prince de Duvangar n'a pas hésité à prendre femme dans le clan des *mbidla* de Durum. Sadamay, forgeron de Duvangar, et ancien fondeur, souligne cette liberté de se marier, nouvelle pour son clan : originaire du pays Tsuvok proche des Mafa celui-ci est venu se fixer dans la chefferie il y a deux générations. *"Là-bas, à Tsuvok, les forgerons ne pouvaient épouser qu'une fille de forgeron car les filles des autres hommes leur étaient interdites. En arrivant ici tout a changé. Nous épousons qui nous voulons : ma mère est une fille du clan du prince de Duvangar et moi j'ai épousé une fille du clan du prince de Dugur."* L'endogamie des "spécialistes" apparaît ainsi comme une contrainte imposée de l'extérieur, à laquelle ceux-ci renoncent sans difficulté, dès lors que la société où ils se trouvent n'en fait plus une loi (26).

Même si les *mbidla* mofu-Diamaré peuvent se marier librement il subsiste vis-à-vis d'eux un certain sentiment de supériorité chez les *"gens inoffensifs"*, *ndurgefay*, *"ceux qui n'ont rien dans la tête"*, ainsi que les appellent de leur côté les spécialistes. Les premiers considèrent les *mbidla* comme *"sales"*, en raison de leur maniement des cadavres et des substances impures. Peut-être même certains rejettent-ils les hommes eux-mêmes dans le domaine de la souillure, tout comme semblent le faire les Dogon appelant les spécialistes de l'enterrement "les impurs" (27). Cette répugnance - qui se transforme parfois en mépris - est telle à Duvangar que les "gens du prince" - à la différence des autres clans - ne prennent pas leurs repas avec un *mbidla*. Ils sont également fiers, on l'a vu, de ne compter aucun *mbidla* parmi eux : c'est dire la distance qui selon eux les sépare.

Quel que soit leur rang social lorsque les montagnards sollicitent du *mbidla* une consultation divinatoire ils manifestent souvent de la méfiance à son égard. Il ne s'agit pas de scepticisme - aucun ne mettra en cause ouvertement la possession du devin - mais de crainte. Le spécialiste si disert, qui saoûle sous le flot de ses paroles, a-t-il vraiment répété tout ce que lui disaient ses génies ? Ne les a-t-il pas irrités par sa désinvolture ? N'a-t-il pas fait une erreur d'interprétation ? Est-ce la vérité qu'il exprime ou le *"mensonge"*, produit d'une erreur ou d'une falsification délibérée. Il est significatif que le propriétaire d'un haut-fourneau avant sa mise à feu consulte un devin sur le jour le plus favorable, puis contrôle cette date en se faisant sa propre divination par les pattes d'un poulet (28). Nous avons vu le même "grand", après l'incendie de sa maison, consulter en série plusieurs devins afin de déterminer la cause de la catastrophe, et ne retenir que leurs seules convergences.

Les devins connaissent cette inquiétude car eux-mêmes dans une certaine mesure la partagent. Parmi leurs "enfants de *mbidla*" il peut se trouver un élément douteux, expliquent-ils, ou bien eux-mêmes peuvent par étourderie remuer les pierres, alors que leurs génies sont absents temporairement de leur tête. Aussi dans leurs discours s'efforcent-ils de rassurer leurs consultants par des affirmations péremptoires : "*Je dis la vérité, moi !*" "*Je ne mens jamais !*". Et c'est cette même vérité que réclame aux génies l'initiateur lors du premier sacrifice offert pour le futur devin car c'est d'elle que dépendra la réputation de son protégé : "*Puisque vous avez volé dans sa tête voici cette viande. Si quelqu'un vient, il faut dire la vérité. Ne mentez pas !*"

Malgré ces appréhensions les consultants sont nombreux : toutes les catégories sociales ont besoin des services du devin. Les montagnards ordinaires - hommes et femmes - viennent le trouver chez lui, devant la dalle ou l'emplacement rocheux près de sa maison. Là reste disposé en permanence un alignement de pierres-chambres attendant leurs pierres-exposants (29). Aux côtés de ces gens simples figurent parfois des "grands", chefs de quartier ou chefs de *mbolom*, venus non pas pour des raisons personnelles mais pour demander au devin, au nom du groupe dont ils sont responsables, les conditions de célébration d'un sacrifice le concernant. Le prince enfin sollicite les consultations divinatoires, mais cette fois c'est au devin à se rendre au château où une aire de divination attend les spécialistes de passage. La demande du prince prend la forme d'une convocation. Nul devin ne saurait s'y soustraire.

e) la collaboration entre prince et devins

C'est par la possibilité, à lui seul réservée, de faire venir le devin que les montagnards définissent un prince. Ils le différencient ainsi des chefs de quartier qui, si importants soient-ils, sont obligés de se rendre au domicile du spécialiste. Le prince, lui, agit en *bi ma ngwa*, dont dépend l'ensemble de la chefferie. La convocation de devins par le responsable de Gwoley est un des arguments montrant, selon nos informateurs, que ce chef important est en réalité *bi ma ngwa*, prince, et par là même que Gwoley constitue un *ngwa*, un ensemble indépendant.

Le prince "appelle le devin" tout au long de l'année. Il n'en fait venir qu'un à la fois, souvent le même, son devin attitré pour des raisons de proximité et de disponibilité : ainsi à Wazang, Bletey, et après lui son fils Marlamsa, a été devin officiel du prince. Toutefois il peut arriver que le prince convoque un devin plus éloigné, originaire ou non de sa chefferie. Enfin il y a les devins de passage proposant leurs services, appartenant souvent à des groupes ethniques voisins, mais parfois de parfaits étrangers : nous avons vu en exercice à Wazang un devin podokwo.

Les montées du devin au château peuvent avoir des causes banales - maladies, insuccès, discordes ne manquent pas dans cette importante maisonnée - mais les venues les plus remarquées, ponctuant l'année, sont liées au calendrier. Le devin apparaît alors comme le conseiller privé du prince en matière religieuse. Le prince a besoin de lui pour savoir si tel sacrifice peut être offert, telle fête célébrée. Il ne lui suffit pas d'avoir été averti par ses experts en décompte du temps que d'après leurs repères on approche de la bonne lune, il lui faut s'assurer qu'aucun obstacle venu du monde invisible ne s'oppose à cette célébration : là, le devin lui est indispensable.

En fin de saison sèche, avant les semailles, le prince provoque chez lui une grande assemblée à laquelle doit se rendre également le devin. Il s'agit avant la venue des premières pluies de *"chercher le ngwa"*, d'examiner, quartier par quartier, les causes possibles de mécontentement des esprits qui entraîneraient un dysfonctionnement de la chefferie. Dans cette quête tous se tournent vers le devin qui sous leurs yeux construit, chambre par chambre, l'image offerte par le *ngwa* ce jour là. Il procède ensuite à la deuxième phase de la consultation, le commentaire détaillé des figures obtenues. Passant en revue les chambres munies de leurs coefficients, fastes ou néfastes, il livre à chaque chef de quartier sa vérité. Il voit les événements qui se dérouleront dans le *ngwa* et les signale au responsable concerné : *"Dans ton quartier il y aura de graves discussions. Il faut faire attention !"."Une femme va tomber dans les tiges de mil restées dans les champs et se blesser"*. Il apparaît ainsi comme l'élément moteur de la réunion, à laquelle il délivre un message clair.

Le devin se charge surtout d'expliquer les désirs des esprits de la montagne, examinant chaque quartier et signalant les *mbolom* réclamant un sacrifice. *"Le devin dit : 'Dans ton quartier, il y a tel sacrifice à faire à ton mbolom. Tu vas présenter telle offrande'"*, nous expliquait un chef de quartier de Duvangar, et il ajoutait : *"C'est le devin qui décide, et tous les chefs de quartier obéissent"*. Les sacrifices d'avant les pluies étant obligatoires il n'a aucune possibilité de modifier leur succession. Il a seulement le pouvoir de décréter à quel sacrifice de *mbolom* le prince doit participer, en fournissant à son desservant une patte de boeuf, car *"le prince ne donne pas automatiquement une patte ; il le fait seulement si le devin dit d'en donner une"*.

"Les chefs de mbolom vont faire ce sacrifice pour que les pluies viennent vraiment ". Les sacrifices aux *mbolom* constituent en effet la première étape de la demande de pluie. Ensuite le prince doit célébrer son propre *"sacrifice de pluie"*, *kuli ma yam*, au cours duquel il utilise ses pierres de pluie, *bizi yam*. Il ne le commence pas avant d'avoir demandé au devin de lui tirer les cailloux. Celui-ci lève alors pour lui l'hypothèque des ancêtres quémandeurs : avant un grand sacrifice il y a toujours un esprit qui réclame sa part et qu'il faut identifier afin de le satisfaire. Le

devin voit aussi si une impureté, *madama*, a été apportée dans la chefferie et par qui. Enfin il aide le prince à fixer la date du sacrifice de demande de pluie. En retour il reçoit un repas, princier par son abondance et sa variété, car le prince tient à rappeler au devin leurs situations respectives : le spécialiste de la divination doit redevenir celui qui reçoit, l'inférieur. De plus le prince garde ses distances car il n'accorde pas à son devin un crédit aveugle : à Wazang il a l'habitude de contrôler les dires du spécialiste en égorgeant un poulet pour en regarder les pattes. Il suivra les conseils du devin seulement si sa divination personnelle concorde avec eux.

Le devin est le spécialiste des pluies vers qui le prince se tourne à nouveau en cas d'arrêt des pluies. Fréquemment en cette région le régime des précipitations se dérégle et une sécheresse apparaît, provoquant l'inquiétude puis la colère des montagnards qui en rendent leur prince responsable. En toute hâte le prince peut faire chercher le devin. Accouru, celui-ci proposera une explication à cet arrêt et un remède - un sacrifice secondaire - tout en précisant quel quartier doit fournir la chèvre nécessaire. Grâce au devin l'affrontement entre le prince et ses sujets tourne court.

Seule parmi les trois grandes fêtes mofu *zom Erlam*, "bière de Dieu", voit le devin jouer un rôle important. Certes le prince en décrète la date de célébration mais il a d'abord pris conseil du devin qui peut freiner ou retarder sa prise de décision. Le devin pourrait en conclure qu'il a la haute main sur *zom Erlam* aussi est-ce, nous semble-t-il, pour le remettre à sa place que le prince de Wazang a pris l'habitude de consulter pour cette fête plusieurs devins, "*dont moi*", nous expliquait Marlamsa, devin officiel. "*Et s'il y a convergence d'opinions entre nous là, il décide de faire le sudege*".

Entre le devin et le prince on remarque une certaine compétition, au moins au niveau du discours. Celle-ci est le fait du devin qui cherche à se mettre sur le même plan que le prince. "*Je suis prince ! Même si le prince en personne était là, je continuerais à dire que je suis prince !*", affirmait de façon provocante Krerte, devin de Durum, lors de notre première rencontre. De même Bletey de Wazang, au début de nos enquêtes sur les sacrifices de pluie, nous affirmait avoir le pouvoir non seulement de toucher mais de remuer sans dommage la pierre arc-en-ciel. C'était là une façon de se poser en prince que nous n'avons comprise que plus tard. Enfin n'avons-nous pas entendu Kandawom, notre vieux complice de Durum, affirmer que le signal des travaux des champs était donné certes par le prince mais qu'il fallait d'abord que lui le devin sème devant sa propre porte ? Il proposait ainsi une variante au schéma habituel, due à sa seule imagination ainsi que nous l'avons compris après enquête. C'est le prince qui sème le premier, avant que les quartiers aillent lui faire son travail gratuit, *mangawa*.. Avec ce geste il se pose en "maître du sol". Par son affirmation Kandawom cherchait bien à se présenter comme un égal du prince, sinon réel au moins symbolique. De même chez les montagnards Marghi du Nord-Nigeria, voisins et parents culturels des Mafa, le responsable des "forgerons" est appelé "roi des forgerons", porte la même coiffure et le même bracelet que lui, cependant que tous deux se rejoignent dans la mort, étant enterrés de la même façon : assis sur un tabouret de fer entouré de charbon (30).

Une attitude plus courante pour les devins mofu consiste à se démarquer du reste des montagnards, en se plaçant juste au-dessous du prince : *"Dieu a d'abord fait le prince"*, expliquait Mangalay de Durum, *"puis le mbidla qui fait la houe, puis le mbidla qui voit dans la calebasse ou les cailloux, enfin ceux qui n'ont rien dans la tête, les inoffensifs, ndurgefay"*. En raison de ses connaissances techniques et de son don de voyance le spécialiste se place de lui-même dans une catégorie à part. De leur côté les montagnards parlent de lui comme de *"l'homme qui voit"*, *"celui qui voit bien"*. Lui-même explique comment son don de voyance lui donne une certitude totale : *"Le guérisseur - ndo sidem, "l'homme de remède" - guérit les gens avec les écorces et les herbes mais il ne sait pas si les gens vont guérir"*, expliquait Bletey de Wazang. *"Le mbidla, lui, voit par ses génies mbidla : il sait donc si les gens vont guérir ou non"*.

Cette certitude lui permet aussi de conseiller le prince avec efficacité. Le devin se plait à souligner ce rôle : *"Nous disons au prince ce qu'il faut faire, à qui offrir le sacrifice"*, mais il ajoute prudemment *"C'est tout !"*. Emporté par l'élan il peut remarquer : *" Le prince et nous, nous ne connaissons rien aux raisons de la sécheresse"*, mettant temporairement prince et devins sur le même plan. Il se hâte ensuite de faire la différence : *"Le prince seul a le droit de parler"*. Seul le responsable de la chefferie peut accuser celui qui par son acte d'impureté, *madama*, est cause de l'arrêt des pluies.

Le devin voit, sait, tandis que le prince parle, agit. Tous deux se complètent. Pourtant le prince cherche à amoindrir le rôle du devin. Ainsi le prince de Wazang a refusé de voir en lui l'"adjoint" que nous lui proposions, ajoutant avec un mépris certain : *"Un mbidla , c'est celui qui porte le cadavre dans sa tombe ! Prince et devins n'ont rien à voir ensemble! D'ailleurs le devin n'a pas le droit de donner une consultation divinatoire si je ne suis pas d'accord ! Je ne demande pas au devin comment il faut faire la fête ! Cela dépend de moi ! Je lui demande seulement quels sacrifices il faut faire avant"*.

La volonté des princes de rabaisser les devins est évidente mais il y a là pour eux une nécessité. Ainsi s'explique l'existence d'un rituel de prosternation du devin devant le prince en fin de consultation divinatoire : tandis que le prince se lève pour montrer qu'il a saisi les paroles du devin et que la consultation est terminée, celui-ci enlève ses vêtements et se précipite à terre devant le prince, touchant la poussière avec son front, d'abord du côté droit, puis du côté gauche (31). *"Alors le prince envoie un homme se prosterner devant les cailloux de divination, tout comme j'avais fait moi-même devant lui"*, explique Kandawom de Durum. Le sens de ce rite est clair : le devin doit oublier qu'il vient de dicter sa conduite au prince et montrer par son attitude qu'il reconnaît la supériorité de celui-ci, moyennant quoi le prince rendra hommage, non au devin lui-même, mais à la clairvoyance qui se manifeste à travers lui.

Le devin pourrait apparaître comme un personnage politique. N'est-il pas l'homme le mieux renseigné de la chefferie, jouissant d'un énorme prestige auprès des petites gens ? Ne rend-il pas de nombreux services aux grands de la chefferie ? Le prince le cantonne pourtant dans le domaine de la voyance, du supra-naturel, du religieux.

Dans cette démarche il est aidé par les spécialistes eux-mêmes : aucune coordination n'est établie entre les *mbidla*. Le lien qui s'est créé entre jeune possédé et initiateur reste sans lendemain et il n'existe à travers la chefferie aucun collège de devins qui pourrait chercher à concurrencer le pouvoir des princes. Chez les populations voisines il n'existe aucun regroupement non plus des spécialistes de la divination. Chez les Mundang, voisins indirects de plaine des Mofu, on observe pourtant des collèges de possédés soumis à un responsable "sur le modèle de la relation du peuple mundang à son souverain" mais il s'agit uniquement de possédées-femmes dont le responsable est une "maîtresse" et cette organisation ne semble pas pouvoir déboucher sur un véritable contre-pouvoir (32).

Le devin jouit d'un certain pouvoir dont lui-même est conscient, toutefois ce pouvoir n'est jamais explicité dans la chefferie. Il représente certes un personnage important, mais à condition de se cantonner dans des relations individuelles. Sa situation est ambiguë : indispensable à la chefferie il ne jouit d'aucun statut défini.

Contrairement à la démarche suivie dans les chapitres précédents, nous ne traiterons pas ici du "spécialiste" dans les autres groupes mofu-Diamaré. Nous ne disposons en effet pour ces groupes que de matériaux limités, montrant néanmoins une forte convergence entre le rôle joué dans ces "montagnes" par le spécialiste en divination - *maharram* en mofu de Gemzek - auprès des simples "chefs de maison" et celui qui est le sien dans les grandes chefferies. Par contre nos enquêtes de terrain - effectuées sur ce point en majeure partie avant 1971 - n'avaient pas cherché à cerner l'existence éventuelle d'un lien entre "chefs de montagne" et "devins", ce qui empêche tout développement sur les différences entre chefs de montagne et princes dans leurs rapports avec les devins.

3. LES SPECIALISTES-DEVINS

Notes des pages 435 à 451

(1) C'est par des enquêtes auprès des spécialistes en divination, portant sur leur mode d'inspiration, leurs techniques et le contenu de leurs consultations, que nous avons abordé le fonctionnement de la société mofu. Cette étude de la divination a constitué la première - et la plus détaillée - de nos publications consacrées aux Mofu (J.F.VINCENT, 1971).

(2) On trouvera une description de leur possession et leurs techniques dans notre étude de 1971 (cf. pp. 77-78, 100, 103). L'évaluation du pouvoir des possédés-devins pose celui de la femme dans la société mofu, que nous avons abordé en 1980 (cf. également inéd. 1984).

(3) La majeure partie de ces entretiens a eu lieu avant 1971. Ils ont été complétés en 1976 et 1979.

(4) J. ROUCH, 1960, p. 116, A. ZEMPLENI, 1974, p. 38, J. NICOLAS, 1972, p. 62

(5) Ces deux étapes dans l'installation d'un nouvel autel se retrouvent dans divers cultes, *tokwora*, par exemple, et aussi *fakalao*.

(6) J.F. VINCENT, 1975, pp. 174-180; M. LEIRIS, 1958, pp. 17, 25, etc...

(7) A. ZEMPLENI, inéd. 1978, N. ECHARD, inéd. 1981

(8) Aussi l'expression "théâtre vécu" proposée par M. LEIRIS à propos des possédés éthiopiens (1958, p.95) s'applique-t-elle parfaitement aux possédés mofu par les *bizi mbidla*.

(9) J.F. VINCENT, 1975, pp. 174-180; N. ECHARD, 1975, p. 187.

(10) M. LEIRIS, 1958, p. 82

(11) Citons par exemple en Afrique les "chevaux " hadjeray (J.F. VINCENT, 1975, p. 174), songhay (J. ROUCH, 1960, p. 188), minyanka (J.P. COLLEYN, inéd. 1986, P. JESPERS. inéd 1976) ou éthiopiens (M. LEIRIS, 1958, p. 25).

(12) auxquelles s'applique bien la distinction entre possession enrichissante et possession-agression proposée par L.V. THOMAS et R. LUNEAU (1975, p. 171).

(13) J. FORTIER, 1976, p. 151

(14) Sur la description de ce travail de la mort et sur le rôle du "spécialiste-ensevelisseur", cf. J.F.VINCENT, inéd. 1982 a.

(15) Chez les Mafa de l'est l'ensevelisseur est également devin et procède le lendemain de la mise en terre à une consultation divinatoire par les pierres pour savoir les causes de la mort (enqu. J.F.VINCENT, Roua et Sulede, 1971). Chez les Giziga du sud le devin par les pierres joue aussi "un rôle lors des cérémonies funéraires", signale D. BELLON-PONTIE (1976, p. 35).

(16) Les Minyanka offrent l'exemple d'un autre type de lien entre possession et divination (P. JESPERS, inéd. 1979 ; J.P. COLLEYN, inéd. 1986). Cette fois, à la différence des Mofu, la possession constitue l'aspect important et la divination n'en est qu'une conséquence.

(17) Pour la description de ces techniques on se reportera à notre étude de 1971 : divination par la calebasse, pp. 97-98, divination par les cailloux, pp. 89-90.

(18) Pour S. GENEST "il faut séparer la divination de la possession" (1974, p. 504). Pourtant nous avons retrouvé chez les Mafa les mêmes techniques divinatoires par les pierres que chez les devins mofu et, d'après les devins-forgerons mafa rencontrés, ces techniques vont de pair avec la présence d'esprits qui leur "parlent" lorsqu'ils commencent à "remuer les pierres" (enqu. J.F. VINCENT, 1971).

(19) à propos de la Pythie de Delphes (D.PAULME, 1956, p. 150)

(20) J. FEDRY, 1971, p. 45

(21) Ainsi que nous l'avons vu faire par Dimblar, femme-*mbidla* de Wazang, lors d'une séance de guérison en 1969; cf. Planche XXII, Photos 3 et 4, "Femme-*mbidla* soignant par succion".
(22) Aussi A.M. PODLEWSKI (1966) souligne-t-il "combien cette appellation de forgeron est insuffisante" ; quand à J. BOISSEAU il parle, lui, de "fossoyeur-forgeron" (1974, p. 134).
(23) Enquête J.F. VINCENT, 1970, chez les Mofu-Gudur de Masakal.
(24) A.M. PODLEWSKI, 1966, p. 12
(25) Sur le problème des castes en Afrique de l'ouest - et également au Nord-Cameroun et au Nord-Nigeria - cf. les travaux de T. TAMARI, 1988.
(26) Pourquoi certaines sociétés imposent-elles l'endogamie à leurs forgerons et d'autres non ? A.M. PODLEWSKI a jusqu'ici été le seul à tenter de répondre à cette question pour les "forgerons" mafa. Selon lui c'est en raison de la "charge indélébile" que représente leur exclusivité de l'enterrement - et non à cause de leur pratique de la forge - que ces techniciens ont été transformés en une caste (1966, p. 10). Toutefois cette explication ne tient pas compte du fait que les forgerons non-castés - les forgerons mofu-diamaré par exemple - sont, eux aussi, les grands responsables des différentes phases et des rituels de l'enterrement.
(27) D. PAULME, 1940, p. 55
(28) Sur la signification des 32 positions possibles prises par les pattes de poulet, cf. J.F.VINCENT, 1971, p. 86.
(29) Sur la description de la technique, cf. J.F. VINCENT, 1971, pp. 90-94
(30) J.H. VAUGHAN, 1970, pp.85-89,1973, p.168; cité par T. TAMARI, 1988
(31) La salutation est identique à celle que le *maslay* effectue devant le prince.
(32) A. ZEMPLENI, 1973, p. 163

4. LES ASSEMBLEES D'HOMMES VRAIS

Un des derniers administrateurs en poste à Maroua dans les années 1950, réfléchissant à l'avenir politique du "secteur mofu et giziga", après avoir recommandé comme plusieurs de ses prédécesseurs la suppression de la tutelle peule, s'interrogeait - suggestion plus originale - sur la possibilité de créer "un conseil des anciens sur le modèle des *'djemaa'* kabyles" (1). Ainsi révélait-il une certaine culture ethnologique africaine mais une ignorance regrettable du fonctionnement des sociétés relevant de sa juridiction. Dans toutes les chefferies mofu-Diamaré en effet ces "conseils d'anciens" existent, non seulement au niveau du *ngwa*, de la chefferie, mais aussi au niveau inférieur, celui du quartier. Quelle est leur marge d'autonomie et de pouvoir ? S'agit-il d'instances dirigeantes ou consultatives ? Auraient-elles pu jouer le rôle central qu'imaginait l'administration ? Ou bien le fait qu'elles soient restées dans l'ombre est-il révélateur de leur faible importance ?

a) les participants de base : de l'initié à "l'homme vrai"

Pour participer à l'une de ces assemblées un premier critère intervient, l'âge. *"Ce sont juste les gens âgés qui vont là-bas, au lieu des réunions"* ; ce sont *"surtout des vieux"* : le *ndo ndwana*, *"l'homme vrai"*, participant de base à ces assemblées, est le plus souvent un ancien.

Suffit-il donc d'attendre que l'âge vous vienne pour devenir *"homme vrai"* ? Assurément pas, car d'autres facteurs interviennent, permettant de distinguer plusieurs étapes dans l'accession à ce titre. La toute première condition est le passage par le service du prince. Celui qui n'a jamais été *mazgla* ne pourra jamais participer aux assemblées où l'on *"discute des affaires du ngwa"*. A la fin de son temps de service du prince - douze ans fractionnés en trois classes d'âge - l'initié de la classe la plus âgée, *mesi kuley*, rejoint presque à regret la masse des hommes faits qui l'ont regardé lancer la canne de tamarinier, symbole de sa jeunesse écoulée. Il n'est plus en effet considéré comme un *"jeune"* : on vient de lui répéter au long des rites de passage qu'il était *"vieux"*. Il a autour de 30 ans et il est déjà très différent du garçon de 18 ans qui était monté pour la première fois au château (2). Deux événements marquants se sont en effet produits pendant son temps de service. Il s'est d'abord bâti une maison personnelle. C'est là le premier pas vers la rupture avec son père - le plus souvent encore en vie - pas *"vers l'indépendance"*, qu'il faut accomplir au moment convenable fixé par la société mofu : seulement à la fin de la deuxième classe d'âge et juste au début de la troisième, neuf ans après le début du temps de *mazgla*, vers l'âge de 27 ans. *" Un jeune garçon peut se construire une maison lorsqu'il a déjà dansé deux fois de suite. Il ne doit pas danser la troisième fête du taureau chez son père"*. *"Une fois qu'il a déjà dansé la danse des wogwoy, qu'il a fait tournoyer la peau, là il peut bâtir sa maison"*. Jusqu'alors il habitait chez son père dans une habitation personnelle mais de petites dimensions, *ver*, la chambre à coucher des jeunes gens, construite toute en terre y compris la voûte, à peine plus vaste qu'un grand grenier. Son implantation est révélatrice du statut de son propriétaire : elle se trouve à l'entrée de l'enclos familial du père dans une situation presque indépendante, mais elle en fait néanmoins partie.

Ayant franchi le barrage de deux classes d'âge le nouvel adulte va élever désormais son propre ensemble de maisons, sa "concession", sur un emplacement qui lui est donné par son père. Cette obligation d'attendre un âge fixé est particulièrement importante pour les fils aînés, alors que leurs cadets peuvent, surtout aujourd'hui, élever leur habitation personnelle plus tôt. Cette remarque souligne la nécessité pour un fils, surtout l'aîné, de ne jamais apparaître comme un rival et surtout comme un remplaçant de son père. Ainsi a t-on vu l'impossibilité pour le fils d'un spécialiste de la divination de pratiquer les grandes techniques prestigieuses tant que son père était vivant. Un fils ne doit pas sembler trop pressé de vouloir devenir comme son père un adulte complet. Cette nécessité est particulièrement importante pour un prince. On ne s'étonnera donc pas de constater que Bello, futur héritier à Wazang du prince Bi-Makabay, a scrupuleusement respecté le schéma et le temps d'attente traditionnels.

Lorsque le jeune homme se construit enfin une habitation personnelle il est déjà marié depuis quelque temps. Les années de service du prince sont les plus favorables pour se faire remarquer des filles et il a généralement réussi le difficile exploit de la quête d'une épouse. Toutefois ce n'est pas le mariage qui est considéré comme une étape : l'évènement majeur transformant définitivement le jeune en adulte est la mise au monde d'un premier enfant, *marakwoy*. Cette première naissance peut d'ailleurs intervenir avant que le jeune père ne soit entré dans sa maison personnelle : les deux étapes s'entrepénètrent souvent.

La naissance du premier enfant constitue pour la jeune épouse la même étape capitale que pour son mari. Jusque là tous continuaient à l'appeler *kokwa*, *"jeune personne"*, employant le mot qu'ils utilisaient déjà avant son mariage. Par contre une fois qu'elle a enfanté son *marakwoy* elle est appelée "femme", *ngwas* : la coupure entre une "fille" et une "femme" n'est pas constituée par le mariage mais par la mise au monde d'un nouvel être humain.

D'un point de vue pratique et matériel cette première naissance est importante car c'est elle qui détermine quel nombre - pair ou impair - sera désormais réservé aux parents du nouveau-né. Pour les Mofu en effet le pair est attaché au sexe féminin, l'impair au sexe masculin. Or couramment dans la vie religieuse, les rites de passage et aussi dans la vie de tous les jours - pour tout ce qui touche le mil en particulier - il faut diviser des offrandes, répéter des gestes, répartir des parts suivant le principe du pair ou de l'impair. Le sexe du premier enfant permettra de trancher. Un nouveau-né garçon voue ses parents aux chiffres impairs, le 1 ou le 3, parfois le 7 ; un nouveau-né fille les attache au 2 ou au 4, parfois au 6. Ils conserveront ce symbolisme toute leur vie, même si l'enfant à qui il correspond vient très tôt à disparaître.

Ce symbolisme individuel des nombres pairs ou impairs, déterminé par le sexe du premier-né, se retrouve identique chez les voisins montagnards des Mofu, Mafa ou Muktele, ainsi que dans diverses populations de plaine, parfois éloignées des Mofu. Au Tchad il est signalé brièvement chez les Mundang, ainsi que chez les Sar où l'impair est associé à l'homme, le pair à la femme, expressément cette fois, cependant qu'il est dit que la "chance" du père dépend du sexe de son premier enfant (3). L'association entre impair et mâle, pair et femelle, n'est toutefois pas constante en Afrique : il existe des populations pour qui au contraire c'est le pair qui est masculin et l'impair, féminin, les Serer du Sénégal par exemple (4).

La naissance d'un premier enfant constitue un phénomène déterminant que soulignent les montagnards. *"C'est très important d'avoir son marakwoy. Jusque-là tu n'avais jamais mis au monde !". "Ton premier-né est là ! Tu as déjà engendré !"*. Malgré nos efforts nous n'avons pas réussi à obtenir de commentaires plus détaillés concernant les raisons de cette insistance sur le premier-né (5). On entrevoit seulement que l'enfant mis au monde "cale" son père dans sa génération. Il apporte à ses parents un surplus d'existence. Une fois qu'il a procréé l'homme accède à une puissance nouvelle. Grâce à son nouveau-né il est en train de passer au nombre des adultes accomplis. Aussi le prince reconnaît-il cette nouvelle dimension et marque-t-il symboliquement le jeune père lors d'une des dernières cérémonies rassemblant les initiés de la classe la plus âgée. Il demande à chacun le sexe de son premier-né et, en fonction de sa réponse, il le marque d'ocre rouge sur l'épaule - gauche si l'enfant est un garçon, droite s'il est une fille. Par contre il distingue ces nouveaux adultes de ceux qui ne peuvent annoncer aucun premier-né : il les barbouille largement d'ocre sous les moqueries de l'assistance. Alors qu'ils en ont l'âge ils n'ont pas encore engendré. *"Ils ne valent encore rien"* : ils ne peuvent pas se considérer comme hommes; ils n'ont pas rejoint les vrais hommes. Ce sont en somme des usurpateurs.

La dernière étape à franchir pour devenir un adulte véritable est représentée par la mort du père. Si son père est toujours vivant un homme n'est pas considéré comme *bi ay*, "chef (de) maison". Aussi lorsqu'un homme avance en âge mais que son père ne se décide pas à quitter ce monde on sent chez le fils, surtout s'il est l'aîné, une certaine impatience que nous avons perçue à diverses reprises.*"Tant que son père est encore vivant, un homme, père de famille, n'est pas un chef de famille complet"*. Le père constitue le dernier obstacle.

Etre *bi ay*, cela signifie d'abord exercer son contrôle sur les occupants de l'enclos familial - femme(s) et grands enfants célibataires - en surveillant matériellement leurs allées et venues hors de l'habitation, à partir du siège de pierre placé tout contre l'unique porte d'entrée. C'est au *bi ay* qu'il appartient de l'ouvrir et de la barricader chaque jour, matin et soir, à l'aide d'une épaisse porte mobile de bois ou d'une claie d'épineux : nul ne peut sortir sans qu'il en soit informé (6). Le "chef de maison" manifeste le même contrôle vis-à-vis de la nourriture produite dans sa maison : sortie du mil en grains ensilé chez lui - lorsque son épouse en emporte pour une visite dans sa famille il doit en croquer au passage quelques grains pour montrer son accord - et préparation des plats cuits : c'est à lui de manger les premières bouchées. Il doit "goûter" non seulement la viande en sauce mais même la "boule" de mil en sauce, avant que les autres membres de la famille puissent eux aussi la consommer. S'il est parti au marché et ne rentre que le soir l'attente semblera longue ! Pour la bière de mil l'exigence est la même : le père doit entamer la jarre de bière nouvelle, sinon personne ne boira (6).

Avant de boire lui-même l'homme verse à terre une petite quantité de bière. C'est là qu'il se révèle "chef de maison", à tel point qu'on définit parfois le *bi ay* comme *"celui qui verse la bière lui-même dans sa case"*. Si le vieux père est encore vivant c'est lui que le fils va chercher - non sans pester parfois - pour lui faire goûter sa bière et effectuer à sa place cette première libation, et le vieux s'excuse presque d'être encore de ce monde, donc indispensable. Le fils peut aussi faire porter un peu de la nouvelle bière à son père par un enfant, afin que le vieux la verse chez lui. Cette libation de bière représente un geste essentiel; elle s'accompagne de paroles aux ancêtres qui en font un acte religieux, bref mais intense, dont le recueillement contraste avec le joyeux brouhaha marquant les consommations suivantes.

Le contrôle du père s'étend encore au travail des enfants célibataires - qui n'ont ni champ ni grenier à eux - et il porte, même aujourd'hui, sur leurs gains en argent. Un célibataire est en effet dépourvu de toute personnalité juridique et religieuse. C'est ainsi que même s'il connaît le langage divinatoire des pattes de poulet il lui est impossible de procéder lui-même à la divination : le grand fils célibataire de Ndavaram de Wazang a été obligé de donner à son père, sous nos yeux, le poulet de la divination, pour que celui-ci l'égorge et interprète pour lui la position des pattes du volatile.

Le dernier trait caractérisant le *bi ay* est d'ordre religieux. Pour mériter l'appellation de "chef de maison" il faut avoir son indépendance cultuelle. Le *bi ay* peut verser la bière à terre pour ses ancêtres parce qu'il est déjà leur desservant. Jusqu'à la mort du père l'habitation du fils, quel que soit son âge, était une coquille vide. On y trouvait seulement quelques autels individuels destinés à des cultes porte-chance, auxquels pouvait s'ajouter en plein air - dans les champs ou sur un emplacement rocheux - un autel consacré à l'esprit de la montagne. La mort du père marque la transformation du fils en chef de culte familial. Il est désormais responsable d'un ensemble indissociable, composé de sept autels d'ancêtres, hommes et femmes, parmi lesquels le plus important est celui du mort le plus récent, *baba*. Pour que le père défunt accède à la dignité d'ancêtre une année après son décès est nécessaire. Elle voit célébrer - avec l'aide du spécialiste, *mbidla* - d'abord *tsfa*, la levée de deuil, puis *meteuley baba*, "placer le père". Le nouveau " chef de maison" peut alors lui installer dans son habitation un autel, petite jarre entière, ainsi que d'autres correspondant chacun à un ancêtre : anse de poterie à eau pour la mère, tessons, pierre plate et col de petite jarre pour les ancêtres plus éloignés. La plupart de ces autels sont regroupés dans la salle des greniers, tandis que l'un d'entre eux est placé dans une niche près du linteau de la porte d'entrée et qu'un autre, à l'extérieur de l'habitation, est installé au milieu du champ de mil dont vient d'hériter le nouveau maître de maison (cf. Tableau 21 : "Culte rendu par un chef de maison à ses ancêtres"). Grâce à la détention de ces autels - qui se retrouvent identiques d'un enclos familial à l'autre - le père de famille se sent "chef de maison". Il possède en ces ancêtres des auxiliaires vigilants, prolongeant sa propre surveillance, dont à l'occasion le devin, de façon imagée et vivante, lui dépeindra le comportement.

La disparition du père et la transformation du fils en "chef de maison" ne suffisent pas à en faire un participant aux assemblées. Il faut qu'il ait l'âge requis. Pour cela *"on compte les maray"*, nous a-t-on expliqué. *"Une fois fini le maray de mesikuley on compte encore deux maray"*. Après le temps de *mesikuley* les périodes de quatre ans n'ont plus de nom particulier. L'ancien initié en fait le décompte en mettant un fer de houe de côté à chaque *maray* et il l'appelle seulement *metsi ar*, "couper (la) tête", expression dont le sens est peu clair. Peut-être faut-il en retirer l'idée, avancée par certains, que l'homme qui compte les *metsi ar* a *"tout coupé"*, *"tout fini"*, qu'il commence à faire partie des vrais adultes. Après deux *metsi ar* il peut se rendre aux réunions *"sauf si son père est encore vivant : tu ne peux pas y aller si ton père vit encore ! "*. Impossible en effet pour le père et le fils de participer ensemble à la même activité, d'être sur le même plan : ils ne peuvent que se succéder, une génération précédant l'autre.

Les Mofu lettrés fixent à une moyenne de 38 ans l'âge pour devenir membre des assemblées. Seule exception à cette règle *"le fils d'un chef de quartier mort assez tôt pour que son remplaçant soit un tout jeune homme"*. Approchant la quarantaine un homme a normalement perdu son père. Nos observations nous ont montré que la différence d'âge courante entre un père et son fils aîné vivant était comprise entre 30 et 35 ans, différence importante et qui ne serait pas toujours naturelle : un homme en effet n'apprécie guère d'avoir pour premier-né un garçon : *"Cela signifie qu'on a déjà un remplaçant"*, et la perspective en serait peu attrayante ! On murmure dans la chefferie de Durum que *"les princes font tout pour que leur premier-né garçon meure"*... Si cette attitude était générale la différence d'âge entre père et fils ne pourrait que s'en trouver augmentée. On peut aussi avancer plus banalement qu'il existe selon les Mofu un âge idéal pour que les pères cèdent la place à leurs fils et que celui-ci se situe autour de 70 ans.

En quittant la classe d'âge des *mesikuley* l'ancien initié rejoint la masse des *"hommes vrais"*, *ndo ndwana*, parmi lesquels le vocabulaire n'exerce plus de distinction : le même terme est utilisé pour désigner des hommes d'âges très différents. Certains ont les cheveux blancs et sont vraiment des anciens, tandis que d'autres sont à peine plus âgés que les nouveaux *ndo ndwana* qui viennent grossir leurs rangs : les premiers sont désignés par eux seulement comme des *"aînés"*.

On peut être chef de maison et *ndo ndwana*, et pourtant ne pas compter encore parmi les hommes vraiment importants. C'est l'offrande personnelle d'un taureau, lors de la fête quadriennale, qui permet d'accéder à ce rang, d'où en même temps un nouveau clivage, cette fois parmi les *ndo ndwana*. Certains de ces hommes ne pourront jamais réaliser ce sacrifice d'un taureau à leurs ancêtres : leur père n'avait pu y parvenir et, même par delà la mort, ils ne peuvent pas le *"dépasser"*. Les autres attendent seulement d'avoir l'âge, un âge élevé, puisqu'après la mort du père le fils ne peut encore égorger lui-même le taureau qu'il a élevé : deux *maray* de suite il le fait égorger par le frère de son père. Ce n'est qu'au troisième *maray*, douze ans plus tard, que celui-ci viendra lui tenir la main chez lui, marquant ainsi la fin de son apprentissage de sacrificateur. *"Il a alors quatre ou cinq enfants et à peu près 50 ans"*, nous a-t-on expliqué comme s'il existait parmi les vies humaines une moyenne. En fait à cet âge il se peut qu'il soit déjà membre d'une assemblée.

Le "chef de maison" offrant lui-même un taureau *maray* est considéré comme un homme de poids. Autrefois seuls ces hommes payaient personnellement une houe destinée à l'impôt du lamido peul, alors que les autres chefs de maison se mettaient à quatre pour cela. Malgré la considération attachée à la célébration personnelle du *maray* il n'est pas exigé des participants aux assemblées qu'ils soient tous des sacrifiants de *maray*. Cette qualité ajoute simplement à leur poids.

Dernier élément important pour pouvoir se rendre au conseil, tout simplement présenter les qualités requises. Y participe seulement *"celui qui se sent capable d'y aller"* car *"il réfléchit bien"*. En approchant de la quarantaine *"on ne dit plus de bêtises comme les enfants"*, on ne parle qu'à bon escient et, surtout, on sait s'exprimer. La plus grande des qualités est en effet l'éloquence. *"Un ndo ndwana sait parler, et quand il a parlé tout le monde est convaincu"*. Parfois d'ailleurs il a eu l'occasion, malgé son jeune âge et sans faire partie de l'assemblée, de venir s'exprimer devant elle. *"Pour ce qui est de bien parler un jeune peut dépasser un vieux !"*. Si la réputation d'éloquence d'un jeune est établie on peut le faire venir exposer un problème particulier. L'essentiel est qu'il sache analyser une situation et faire partager sa conviction. De même si un homme devient trop vieux et a plusieurs fils il peut cesser de se rendre aux assemblées et s'y faire représenter par l'un d'entre eux, à condition, bien sûr, que celui-ci ne soit pas l'aîné.

On notera qu'aucune femme, quel que soit son âge, ne se retrouve aux côtés des hommes pour donner son avis sur les affaires du groupe. Certaines sociétés africaines accordent pourtant à l'élément féminin une assez large participation, les Diola du Sénégal par exemple (7).

b) les petites assemblées

Les Mofu distinguent d'eux-mêmes entre les *"petites assemblées"* et les *"grandes"*. Parmi les *"petites"* figurent celles qui rassemblent uniquement les "hommes vrais" d'un même clan. Elles peuvent concerner des problèmes de succession mais elles restent alors exceptionnelles car la charge de "chef d'esprit de la montagne", *bi mbolom*, détenue par un clan, est normalement héréditaire, si bien qu'aucune discussion n'est nécessaire. Le motif courant qui suscite pareilles assemblées claniques est la préparation du sacrifice à l'esprit de la montagne offert par le clan. A l'intérieur d'un quartier on compte plusieurs *mbolom* juxtaposés, chacun avec son territoire sur lequel il exerce juridiction et protection, chacun avec son desservant appartenant toujours au même clan. Lorsque le responsable du *mbolom* doit procéder à un sacrifice ordinaire ou extraordinaire, il réunit les anciens de son clan : chacun des chefs de maison implantés sur la terre du *mbolom* se verra taxé par eux d'une participation aux offrandes habituelles.

Par *"petites assemblées"* on entend surtout les assemblées de quartier, beaucoup plus fréquentes. Elles se réunissent plusieurs fois dans l'année et cette fois elles rassemblent des anciens de tous les clans du quartier, quel que soit leur statut social : les" gens de rien" s'y rendent comme les "gens du prince" ; aucun clan n'en est exclu. Toutefois le nombre de participants à ces réunions est peu élevé : on a vu l'abondance des conditions suspensives concernant leur mode d'accès. Entre quinze et vingt personnes - suivant l'importance du quartier - entourent le chef de quartier, soit le quart ou le cinquième de l'ensemble des "chefs de maison" (cf. Tableau 4 : "Répartition des clans et cellules familiales").

Le chef de quartier est l'initiateur de ces réunions. *"Il crie le soir sans dire le sujet du mokusey"*, et les participants se présentent le lendemain. Les réunions ont lieu le matin. Chaque ancien arrive de bonne heure, se rendant directement à la place des réunions, un large affleurement rocheux, *pray*, ombragé par un ou plusieurs tamariniers, *mblor*, l'arbre de la conciliation et de l'union retrouvée.

Les assemblées ont toujours lieu en plein air, alors que les vastes proportions des habitations et de leurs vérandas d'entrée, *dalambo* - surtout celles de *"grands"* comme les chefs de quartier- permettraient de tenir ces conseils à l'intérieur de maisons. Les Mofu semblent en effet estimer nécessaire lors de ces rassemblements la présence du rocher. Les anciens ne peuvent se regrouper que sur des dalles de pierre, qui peuvent apparaître comme une manifestation de la montagne elle-même ou une façon de rester à son contact. Cette liaison est si bien établie que lorsque sont évoquées ces assemblées on ajoute parfois *mokusey ma pray*, "*le rassemblement sur le rocher*". Le lieu des assemblées est aussi appelé *pray madama*, "*la roche de la souillure*", d'abord parce qu'on exécutait et enterrait là les auteurs d'inceste et aussi parce qu'au moment de la "fête du taureau" les os de tous les animaux offerts par le quartier, symbolisant *madama*, la souillure, sont d'abord rassemblés à cet endroit avant d'être jetés en direction des voisins. Ainsi repousse-t-on chez eux la souillure et montre-t-on que la fête est bien terminée. *Pray madama* constitue le centre symbolique de chaque quartier, d'où partent toutes les décisions.

Parmi ces assemblées de quartier il faut distinguer entre celles qui ont été suscitées par une demande du prince et celles tenues par le chef de quartier de sa propre initiative ou à celle de quelques-uns. Divers *mokusey* répondent, on l'a vu, à l'ordre du prince : ils peuvent concerner la préparation des fêtes religieuses de la chefferie ou la recherche des responsables d'une épidémie menaçant le quartier. Un premier dépistage est organisé et c'est seulement s'il échoue que le prince viendra présider en personne une nouvelle séance de divination-accusation, espérée décisive. De façon plus prosaïque ces assemblées peuvent être motivées par le travail pour le prince : avant d'aller entretenir ses plantations - aujourd'hui avant de contribuer à l'entretien des routes carrossables traversant la chefferie ou de remettre le montant de l'impôt péniblement collecté - une assemblée a lieu à *pray madama*, la dalle des délibérations.

Par contre le chef de quartier agit de sa propre initiative lorsqu'il s'entoure de quelques anciens afin de mieux rendre la petite justice qui est de son ressort. Il ne réunit pas l'assemblée dans sa totalité mais il fait appel seulement à un petit nombre d'experts formant un conseil restreint. Il lui arrive pourtant de convoquer la totalité des hommes participant à l'assemblée de quartier lorsqu'il veut leur demander conseil, par exemple devant une demande d'installation définitive dans le quartier, formulée par des étrangers.

C'est au moment d'une sécheresse que l'assemblée de quartier agit en totale autonomie. Le spectacle des jeunes plants de mil se flétrissant dans l'attente d'une pluie qui ne vient pas est tellement insupportable que le chef de quartier, parfois un simple membre de l'assemblée, propose un soir pour le lendemain la convocation d'une assemblée exceptionnelle : il s'agit de voir comment le quartier organisera les "*pleurs*" qui pourront décider le prince à redonner la pluie à ses sujets : le quartier agira-t-il seul ou en liaison avec d'autres ? Quel sera le trajet emprunté ? En mettant au point les détails de la démarche considérée par les Mofu comme la limite extrême de l'insubordination, les membres de l'assemblée de quartier agissent d'après leur seule volonté. Ils ne demandent à aucun devin de leur dicter leur conduite et manifestent une indépendance rarement constatée par ailleurs.

c) les grandes assemblées de chefferie chez le prince

Les petites assemblées préfigurent les "*grandes*" et le nom qui les désigne est le même, *mokusey*. Le prince "*rassemble les têtes*", *mokusi ar*, tout comme le chef de quartier. La diversité clanique est identique et des anciens de tous les clans entourent le prince : il n'y a pas accaparement par les "gens du prince" de ces fonctions de conseiller. Toutefois le nombre de participants est beaucoup plus élevé : une cinquantaine de personnes - soixante-trois à Wazang en 1979, d'après un décompte du fils aîné et héritier du prince (8) - chaque quartier étant représenté par son chef, *masa'ay*, auquel s'ajoutent une demi-douzaine d'anciens, toujours les mêmes, appartenant à des clans différents : *"Il existe une sorte de liste des représentants des clans"*. De même chez les Mundang fonctionne un conseil dit des "Excellents", qui, rassemblant les anciens, non seulement des quatre clans anciens mais de tous les clans du pays (9), évoque cette "grande assemblée" mofu.

Les assemblées ordinaires mofu agissant comme un conseil restreint sont les plus courantes. Pourtant en cas de guerre le nombre des participants pouvait devenir très important, car l'assemblée, englobant les jeunes hommes, s'élargissait brusquement. *"Tout le monde pouvait y aller, y compris des gens ayant encore leur père. On y allait du moment qu'on était capable de porter les armes"*. On se rappelle ainsi à Wazang qu'avant l'attaque de la chefferie par les troupes allemandes en 1912 le prince Tsila avait fait une assemblée "*de toute la montagne*" et que des centaines d'hommes en âge de combattre s'y étaient rendus. Une telle assemblée plénière constituait la première phase des opérations, destinée à encourager le prince dans sa décision. Il n'était pas question d'échanger des arguments et de peser une situation mais la présence des hommes en armes constituait en elle-même une réponse aux interrogations du prince. C'est comme un *mokusey* de prélude à la guerre qu'il faut interpréter le rassemblement récent de l'ensemble des hommes adultes de Wazang partis, devant les menaces pesant sur leurs terres, à la sous-préfecture de Méri.

Les assemblées ordinaires n'existent que par le prince. C'est lui qui les convoque plusieurs fois dans l'année, faisant crier la réunion la veille pour le lendemain. *"Pour les mokusey importants, là, il va faire appeler chacun par son nom. Si tu n'es pas appelé, tu ne peux pas y aller !"*.

S'il y a assemblée c'est qu'il y a motif sérieux, "affaire" : maladie, contrariété, conflit. *"On ne peut pas appeler les gens quand il n'y a rien"*, remarque avec bon sens Zirgendef, prince de Mangerdla. Ainsi que le montre l'énumération de ces motifs l'étude des assemblées recoupe en partie la description des décisions du prince. Le prince convoque l'assemblée de la chefferie lorsqu'il lui faut donner un ordre religieux - choisir la date de la *"fête de l'année"*, *mogurlom*, en particulier - ou édicter une lourde sanction judiciaire, en particulier mettre à mort les fauteurs d'inceste ou le sorcier. De même provoquait-il une réunion de l'assemblée de chefferie au temps de l'esclavage : la décision de vendre un de ses sujets lui appartenait mais auparavant il tenait à s'entretenir avec ses conseillers afin de fixer avec eux l'identité des jeunes gens à exclure de la chefferie.

L'assemblée de chefferie, comme celle de quartier, a lieu en plein air, sur un vaste affleurement rocheux, ombragé cette fois par un imposant ficus aux racines et aux branches énormes, tel celui de Mangerdla. Tous sont assis sur des sièges de pierre installés en permanence parmi lesquels le plus imposant, *"le trône"*, est réservé au prince. Il parle à son tour, aussi longtemps qu'il le veut, souvent avec aisance et élan, ainsi que nous l'avons constaté en spectatrice, le reste de l'assemblée ponctuant les temps forts de son argumentation : *"andza ha !"*, *"(C'est) comme ça ! Oui, oui!"*. Le prince écoute et il rendra son propre verdict. C'est bien à lui que revient la décision finale.

d) les pouvoirs de l'assemblée

La décison du prince n'est pourtant pas totalement indépendante des opinions émises. Lors d'une assemblée de la chefferie de Wazang à laquelle nous assistions, le prince tint compte des avis exprimés et modifia son projet : malade - selon lui par sorcellerie - il limita la recherche du coupable aux hommes et aux femmes de son propre clan, ainsi qu'à ses propres épouses, alors que dans un premier temps il avait envisagé de faire subir une ordalie à l'ensemble de ses sujets.

L'assemblée détient donc un pouvoir, celui d'influencer le prince. Elle joint sa voix à celle du *maslay* plaidant la cause de l'accusé de sorcellerie à la culpabilité mal établie, tentant avec lui de *"diriger un peu le prince"* et d'obtenir sa clémence, qu'effectivement elle obtient parfois.

Il arrive même que l'iniative des réunions soit prise par un ancien. L'urgence d'un sacrifice lui est par exemple apparue. Il peut aller trouver le prince qui "rassemblera les têtes" pour soumettre à ses conseillers le problème. Autrefois il arrivait souvent, dit-on, que le prince tienne compte de telles suggestions individuelles : les conseillers, confortés dans leur rôle, concluaient à leur influence sur leur prince.

L'assemblée peut aller jusqu'à s'opposer au prince et à critiquer son action (10). Lorsque le prince voulait prendre les champs de quelqu'un *"les anciens pouvaient se réunir et lui dire : 'Non, ce n'est pas bien !'"*. N'importe quel conseiller ne peut pas s'opposer au prince aussi nettement. Seuls les chefs de quartier, *masa'ay*, osent formuler un jugement négatif. *"Si le prince fait mal quelque chose, seuls ils peuvent lui dire: '9a ne va pas, ce n'est pas bien !'"*. Cette possibilité de critique et d'opposition apparait toutefois comme de plus en plus hasardeuse car mal ressentie par les princes actuels. Il semble qu'elle soit allée en se réduisant, depuis les débuts des chefferies où les récits mythiques nous montrent les assemblées se réunissant en dehors de tout ordre du prince dès que survient un événement imprévu, fuite d'un taureau ou sécheresse.

C'est au moment de la disparition du prince que l'assemblée de chefferie joue un rôle important : la transmission du pouvoir semble constituer son domaine d'élection. Déjà lorsque le prince était là elle pouvait parler avec lui de son successeur et le conseiller. Son pouvoir apparaît clairement durant le bref moment où le siège du prince est vacant. Les récits mythiques eux-mêmes font de fugitives allusions à son intervention : n'est-ce-pas l'assemblée des anciens qui, à Durum, décide la création à Mangerdla d'une nouvelle chefferie, soeur cadette de celle de Durum, attribuée en consolation au prince écarté du pouvoir ? Chez les Giziga-Marva également le mythe d'origine montre l'existence d'une assemblée d'anciens complotant contre son prince jugé trop avare, puis le déposant pour mettre à sa place l'étranger nouvellement arrivé (11). La situation est presque semblable chez les Mundang où les anciens jouent un rôle déterminant dans l'élimination de leur premier chef, là aussi trop chiche envers son peuple (12).

Tout près de l'époque actuelle on a pu voir l'assemblée des anciens, à Durum encore, après la mort prématurée de Bi-Siyaf et la régence durant quelques années d'un de ses frères Findow, refuser de reconnaître Findow comme prince et exiger la fin de sa régence ainsi que la mise en place du fils du défunt, Bi-Loa (cf. Tableau 10 : "Les princes de Durum et Mangerdla").

L'assemblée des anciens constitue un bloc, gardien de la légitimité. Elle peut être considérée comme l'incarnation de la coutume. Ce rôle apparaît avec netteté dans les bouleversements de l'époque actuelle. Lorsqu'à Wazang et à Durum les princes ont envisagé une conversion à l'islam, la leur ou celle de leur héritier, ils ont d'abord consulté l'assemblée de chefferie. A Durum il n'a pas fallu au jeune prince moins de six rencontres pour obtenir de l'assemblée des anciens, violemment opposée au début à ce changement de religion, qu'elle le laisse finalement agir à sa guise.

On retrouve la trace, chez les autres Mofu-Diamaré, de l'existence d'assemblées, et à nouveau une coupure se dessine entre les chefferies des montagnes-îles, chez les "gens de l'est", et les montagnards du nord, les Tsklam. A Molkwo et à Dugur les assemblées - on ne nous a parlé que d'assemblées de chefferie - sont composées de *"gens âgés"*, d'*"anciens"*, de *"vieillards"*, avec probablement un temps d'attente pour en faire partie, peu facile à distinguer dans le vocabulaire, car à Dugur un homme devient *baba*, *"père"*, et il est qualifié de *"vieux"* lorsqu'il a passé le seul barrage de deux classes d'âge de quatre ans après son entrée au service du prince.

Ces assemblées ont pour mission d'*"aider le prince"*, en fixant par exemple avec lui la date des fêtes religieuses de la chefferie ou en recherchant en sa compagnie le responsable d'une épidémie, puis, lorsqu'il est découvert, en décidant avec lui du châtiment à infliger. A travers les quelques indications recueillies l'institution des assemblées apparaît chez les "gens de l'est" comme proche de la réalité mofu à Duvangar, Durum et Wazang. L'assemblée détient un pouvoir complémentaire de celui du prince. Toutefois il n'est pas possible d'apprécier dans quelle mesure il peut entrer en compétition avec celui du prince.

A Meri l'assemblée existe mais elle fonctionne seulement au niveau de la "montagne", *ngma*. Il n'existe ni quartier, ni assemblée intermédiaire (cf. tableau 22). Chacun des *ngma* composant un ensemble individualisé par son nom, Meri, Gemzek, possède son assemblée, mais on ne trouve au-dessus de ces assemblées de *ngma* aucune assemblée commune à l'ensemble du groupe. Ces assemblées restreintes de "montagne" avaient pour rôle de se préoccuper chacune pour son compte de la *"santé du pays"*, en pourchassant fauteurs d'inceste et sorciers. De même c'est *ngma par ngma* que fut au XIXe siècle discutée et décidée la construction d'une muraille défensive contre les cavaliers peuls. Une guerre pouvait pourtant rassembler l'ensemble de Meri contre un groupe voisin, formé par les Gemzek ou les Mboko par exemple, mais la décision en avait d'abord été prise dans chaque "montagne" par son assemblée. Malgré l'absence d'un chef suprême une décision commune parvenait à se faire jour, mais cette fois par la seule action des assemblées auxquelles ne faisait obstacle aucun autre pouvoir.

4. LES ASSEMBLEES D'HOMMES VRAIS

Notes des pages 454 à 465

(1) Ar DELMOND, 1950, " Rapport annuel pour Maroua". (Archiv. Nation. Yaoundé, APA 11 618).
(2) Il a entre 28 et 32 ans. Pour simplifier nous utiliserons l'âge médian (cf. Tableau 18 : "L'enchaînement des classes d'âge quadriennales").
(3) J. BOISSEAU, 1975, p. 81; B. JUILLERAT, 1971, p. 197; A. ADLER, 1982, p. 354; J. FORTIER, 1976, p. 168.
(4) Sur le pair masculin et l'impair féminin cf. E. DAMMANN, 1964, p. 216, M. DUPIRE, 1980, com. pers.
(5) Le laconisme est le même chez les auteurs qui se sont intéressés au symbolisme du pair et de l'impair lié au sexe du premier-né. Ils le signalent mais aucun ne semble s'être penché sur ses raisons.
(6) Sur cette possibilité de clore l'unique porte de l'enclos familial cf. Planche XXII-XXIII, photo 5 "Chef de maison franchissant le seuil de sa porte". Pour d'autres détails sur le pouvoir du "chef de maison" mofu ,cf. "Le pouvoir dans la famille restreinte chez les montagnards Mofu", 1976, 51 p. dact. (cf. pp. 1-15), étude restée inédite.
(7) O.JOURNET, 1976, p. 175
(8) 8 à Gandzuway, 10 à Gabo, 6 à Makabay, 12 à Meftek, 20 à Matsaray, d'après son énumération
(9) A. ADLER, 1982, p. 119
(10) De même le "collège" des Excellents chez les Mundang constitue-t-il une instance capable de condamner le souverain "s'il est jugé défaillant ou mauvais" (A. ADLER, 1982, p. 285)
(11) J.F. VINCENT, à par. 1991,
(12) A. ADLER, 1982, pp. 36-38